Bedrohte Ordnungen

Herausgegeben von
Renate Dürr, Ewald Frie und Mischa Meier

Beirat
Regina Bendix, Astrid Franke, Klaus Gestwa,
Andreas Holzem, Irmgard Männlein-Robert, Rebekka Nöcker,
Steffen Patzold, Christoph Riedweg, Martina Stercken,
Hendrik Vollmer, Uwe Walter, Benjamin Ziemann

18

Sebastian Koch

Identitätskrisen nach dem Ende des Britischen Empire

Zur kulturellen *Neu*-Verortung in Kanada,
Australien und Aotearoa Neuseeland

Mohr Siebeck

Sebastian Koch, geboren 1989; Studium der Germanistik und Geschichte an der Eberhard Karls Universität Tübingen; 2015 Staatsexamen (für das Lehramt an Gymnasien); 2015–2019 Wissenschaftlicher Mitarbeiter am Tübinger Sonderforschungsbereich 923 „Bedrohte Ordnungen"; 2021 Promotion; Fachreferent bei der Deutschen Forschungsgemeinschaft.
orcid.org/0000-0003-1061-2118

Gefördert durch die Deutsche Forschungsgemeinschaft (DFG) – Projektnummer 170320015-SFB923.

ISBN 978-3-16-161480-4 / eISBN 978-3-16-161481-1
DOI 10.1628/978-3-16-161481-1

ISSN 2197-5477 / eISSN 2568-4035 (Bedrohte Ordnungen)

Die Deutsche Nationalbibliothek verzeichnet diese Publikation in der Deutschen Nationalbibliographie; detaillierte bibliographische Daten sind über *http://dnb.dnb.de* abrufbar.

© 2023 Mohr Siebeck Tübingen. www.mohrsiebeck.com

Das Werk einschließlich aller seiner Teile ist urheberrechtlich geschützt. Jede Verwertung außerhalb der engen Grenzen des Urheberrechtsgesetzes ist ohne Zustimmung des Verlags unzulässig und strafbar. Das gilt insbesondere für die Verbreitung, Vervielfältigung, Übersetzung und die Einspeicherung und Verarbeitung in elektronischen Systemen.

Das Buch wurde von Gulde Druck in Tübingen gesetzt und von Hubert & Co. in Göttingen auf alterungsbeständiges Werkdruckpapier gedruckt und gebunden. Den Umschlag entwarf Uli Gleis in Tübingen. Umschlagabbildung wie Seite 375.

Printed in Germany.

Danksagung

Bei der vorliegenden Studie handelt es sich um die leicht überarbeitete Fassung meiner Dissertationsschrift, die im Sommersemester 2020 von der Philosophischen Fakultät der Eberhard Karls Universität Tübingen angenommen wurde. Sie ist Bestandteil des am Tübinger Sonderforschungsbereich (SFB) 923 „*Bedrohte Ordnungen*" angesiedelten Projekts G04 „*End of Empire. Re-ordering in Australien, Neuseeland und Kanada*".

Bedanken möchte ich mich insbesondere bei der Deutschen Forschungsgemeinschaft, ohne deren großzügige finanzielle Unterstützung meine Studie unter dem Dach des SFB 923 nicht hätte realisiert werden können. Auch der FAZIT-Stiftung danke ich herzlich dafür, dass sie in der finalen Phase meiner Dissertation an mein Projekt geglaubt und mir ein Abschlussstipendium gewährt hat. Neben diesen Einrichtungen sind einige Personen hervorzuheben, ohne deren Unterstützung dieses Buch nicht hätte entstehen können. Allen voran meinem Doktorvater, Ewald Frie, danke ich dafür, dass er für meine Ideen, Thesen und Ansätze sowie auch für spontan aufkommende Probleme immer ein offenes Ohr hatte. Er hat mir im Verlauf meines Schaffens die Freiräume gewährt, derer es zum eigenständigen Denken bedarf, und mir stets das Gefühl vermittelt, dass er an mich und meine Arbeit glaubt. Für seine (meist in Form der berühmten Frie'schen Fragen) angeregten Denkimpulse, seine Hilfe und vielfältige Unterstützung auch während der Pandemiezeit gebührt ihm mein aufrichtiger Dank. Nicht minder ist Bernd-Stefan Grewe hervorzuheben, der bei einem SFB-Retreat auf mein Projekt aufmerksam geworden ist und mir freundlicherweise angeboten hat, das Zweitgutachten zu erstellen. Für seine vielfältige Unterstützung, sein Interesse an meinem Thema sowie für die Möglichkeit, meine Arbeit im Kolloquium des Tübinger Instituts für Geschichtsdidaktik und Public History vorstellen zu dürfen, danke ich ihm herzlich. Für die Aufnahme in die Reihe „*Bedrohte Ordnungen*" sowie für wichtige Überarbeitungshinweise danke ich der Herausgeberin, den Herausgebern und dem wissenschaftlichen Beirat der besagten Reihe.

Eine Studie, die vom deutschen Standort aus betrachtet gleich drei ferne Länder wie Kanada, Australien und Neuseeland in den Blick nimmt, wäre ohne internationale Unterstützung nicht möglich gewesen. Dabei ist es alles andere als selbstverständlich, dass mir Stuart Ward einen Einblick in das Manuskript seiner Weltgeschichte „*Untied Kingdom*" ermöglicht hat. Ebenso wenig selbstverständlich ist es, dass sich Graeme Davison und John Darwin die Zeit genommen haben, um den ersten Entwurf meines Kapitels zu den Erinnerungspraktiken Kanadas und Australiens während des Festjahres 1967 zu lesen und zu kommentieren. Weitere wichtige Denkanstöße habe ich von den Teilnehmenden der internationalen Konferenzen „*What Do We Still Know? Knowing and Forgetting in Times of Threat*" (2018) sowie „*End of Empire. The British World after 1945*" (2018) erhalten. Ihnen allen sowie namentlich insbesondere Philippa Mein Smith möchte ich herzlich danken.

Auch die intensive Archivarbeit wäre ohne die Unterstützung von außen sehr viel beschwerlicher gewesen. In diesem Zusammenhang ist insbesondere Paul Marsden zu danken, der dem gesamten Tübinger *End-of-Empire*-Team mit seiner Expertise im kanadischen Nationalarchiv in Ottawa zur Seite stand. Ferner bedanke ich mich bei den studentischen Hilfskräften Miriam Adler, Rebecca Heim und Quintin Copper für ihre tatkräftige Unterstützung.

Meine abschließenden Worte richten sich an diejenigen Personen, die mich in meinem persönlichen Umfeld auf dem langen und oft auch turbulenten Weg in Richtung Promotion begleitet haben. Clara-Maria Seltmann und Maike Hausen, der verbleibende Platz hier reicht wohl kaum aus, um angemessen zu beschreiben, wie aus unserem Projektteam, das einmal um die halbe Welt reisen durfte, enge Freunde wurden. Unsere Erlebnisse in den Archiven, aber vor allem unsere Unternehmungen im Gatineau Park, in Coromandel, auf der Cuba Street und an unzähligen weiteren Orten, die mal vom Schnee und Eis und mal von sommerlicher Wärme und Meeresrauschen geprägt waren, werden für immer mit einer Zeit verbunden sein, an die ich mich sehr gerne zurückerinnere. Dir, Sören L. Stirn, den ich seit vielen Jahren einen Freund nennen darf, danke ich von ganzem Herzen für die Momente des geteilten Kummers, aber auch für all die Zerstreuung in Hamburg und den von uns dort zelebrierten Klamauk. Auch dir, mein lieber Freund Lars Scheel, danke ich für zahlreiche Ablenkungsangebote unter anderem in Rhodes und deine Mahnung, dass das Leben nicht nur aus der Doktorarbeit bestehe. Carolin Klenck, für dich muss die Zeit, die ich während der finalen Phase meiner Studie häufig „im Skepsiskorsett" verbracht habe, zuweilen sehr anstrengend gewesen sein. Dass du diese beschwerlichen Tage mit mir durchgestanden hast, dafür bin ich dir sehr dankbar. Das hier vorliegende Buch sei in tiefster Dankbarkeit drei besonderen Menschen gewidmet: meiner Schwester, Saskia Koch, die mir während meiner Promotionszeit in so mancher Hinsicht zum Vorbild geworden ist, meiner Mutter, Sonja Koch, die mir für die letzten Schritte meiner Arbeit unendlich viel Zeit und Raum am Albtrauf gewährte, und meiner Zweitmama, Petra Rauch. Dir, liebe Petra, hier für dein ehrliches Interesse, deine bedingungslose Unterstützung, deine endlose Geduld und dein stets offenes Ohr zu danken, fällt mir wahrlich am schwersten, da du dieser Welt völlig unerwartet, kurz nachdem mein Vorwort bereits geschrieben war, entrissen wurdest. Du fehlst.

Stuttgart, im November 2021

Inhaltsverzeichnis

Danksagung V
Abkürzungsverzeichnis XIII

I. Einleitung 1

   1. Ein Blick auf das Empire zwischen Vergangenheit und Gegenwart   1
   2. Gegenstand und Zielsetzung der Studie 11
   3. Aufbau und Quellen der Untersuchung 31

II. Kontextualisierungen und theoretischer Zugriff 37

   1. Abschied vom Empire – Identitätskrisen und die Suche nach
      einer ‚neuen' Identität 37
   2. Folgen der Dekolonisation oder: Wie postkolonial sind
      die ehemaligen Siedlerkolonien Kanada, Australien und
      Aotearoa Neuseeland? 70
      2.1. *Colony to Nation?* Vorstellungen von der Überwindung
          eines ‚pubertären' Zeitalters 70
      2.2. Die Kontinuität des Empire im *New Commonwealth*
          und die Auswirkungen der Dekolonisation 78
      2.3. Das ewige Spiel der Differenz, das Problem des
          Eurozentrismus und die Frage nach der Postkolonialität . . . 86
   3. Identität 93
      3.1. „*Who needs Identity?*" 93
      3.2. *Britishness, Whiteness, family values* aus
          identitätstheoretischer Sicht 97
      3.3. Das Problem des Siedler-Nationalismus im Forschungskontext 109

III. Auswirkungen des *cultural cringe*. Zwischen identitärem
Vakuum und Chancen der Identitätsfindung 123

1. *Fighting for survival:* Kanadas Angst vor der Amerikanisierung . 131
2. Amerikanisierung und *cringe* in Australien und
   Aotearoa Neuseeland 162
3. Die Bedeutung der räumlichen *distance* 194
4. Die Botschaft der Propheten 214
5. Exkurs: Inhaltliche und strukturelle Veränderungen
   der Geschichtswissenschaften 249

IV. „*Wanted: a new identikit*" – Die Suche nach einem
‚neuen' Mythos im Kontext des *New Nationalism* 259

1. Der *New Nationalism*. Kontext und Begriff 267
2. *It's Time* – Visionen nationaler Einheit im post-nationalistischen
   Zeitalter 277
3. Symbole im Wandel 307
   3.1. Kanadas Flaggenstreit und die Auseinandersetzung
        mit der Frage nach neuen nationalen Symbolen 307
   3.2. Von neuen australischen Ehren, Nationalhymnen, Feiertagen,
        Peinlichkeiten und Sinnkrisen 323
   3.3. Neuseelands Debatten rund um eine neue nationale Symbolik 338
   3.4. Abkehr von der Monarchie? Hinwendung zur Republik? . . . 350
4. *Celebrating new identities* – Bikulturalismus, Multikulturalismus
   und Indigenität als Bewältigungsstrategien bedrohter Ordnung . . 356
   4.1. 1967: Kanadas *Coming-of-Age-Party* 364
   4.2. *Vorhang auf – postkoloniale Bühne frei!?* Kanadas und
        Australiens Selbstdarstellung auf der Expo 67 376
   4.3. 1974: Von der bi- zur multikulturellen Nation?
        Die Inszenierung und Dramaturgie des ersten
        New Zealand Day 393

V. Fazit und Ausblick 427

Kommentierte Zeitleiste zu ausgewählten Ereignissen in Kanada,
Australien und Aotearoa Neuseeland, 1939–1999 453
Übersicht über die Regierungszeiten bedeutender Premierminister 459

Bibliographie 461
1. Archivalien 461
2. Bildquellen 467
3. Periodika 468
   3.1. Parlamentsdebatten 468
   3.2. Zeitungen und Magazine 469
4. Publizierte Quellen 475
5. Literatur 481

Personen- und Sachverzeichnis 503

Abkürzungsverzeichnis

ABA	Australian Bicentennial Authority
ACA	Australia Council for the Arts
ANZAC	Australian and New Zealand Army Corps
ANZW	Archives New Zealand/ Te Rua Mahara o te Kāwanatanga, Wellington
ATL	Alexander Turnbull Library, Wellington
CANZUK	Die Vorstellung einer neuen Allianz zwischen den ehemaligen weißen Siedlerkolonien *Canada*, *Australia*, *New Zealand* und dem *UK* für die Zeit nach dem *Brexit*
CBC	Canadian Broadcasting Corporation
CC	Canada Council for the Arts
CCA	Canadian Centre for Architecture, Montréal
DPMCL	Department of Prime Minister and Cabinet Library
EEC/ EWG	European Economic Community/ Europäische Wirtschaftsgemeinschaft
EU	Europäische Union
FLQ	Front de Libération du Québec
LAC	Library and Archives Canada, Ottawa
MOOHR	Maori Organisation on Human Rights
MUL	McMaster University Library, Archives & Research Collections, Hamilton
NAA	National Archives Australia, Canberra
NIC	National Indian Council
NLA	National Library of Australia, Canberra
NLNZ	National Library of New Zealand/ Te Puna Mātauranga o Aotearoa, Wellington
PQ	Parti Québécois
QEAC	Queen Elizabeth II Arts Council
SAB	Saskatchewan Archives Board/ Provincial Archives of Saskatchewan, Regina
TNA	The National Archives, Kew, London
UOASC	University of Auckland Library, Special Collections
USASK	University of Saskatchewan, University Archives & Special Collections, Diefenbaker Centre, Saskatoon
UTA	University of Toronto Archives

I. Einleitung

> I still have the map of the world that was given to me when I was a boy, with the power of the old Empire celebrated in great areas of red. I made my first journey to Britain with this map, 40 years ago, passing India, Aden, Egypt, the Canal and then Gibraltar. They made the journey seem British all the way. That nice, safe old illusion has perished.
> (*Hector Bolitho*)[1]

1. Ein Blick auf das Empire zwischen Vergangenheit und Gegenwart

In einem Zeitalter der Sorge, so schreibt Daniel Francis über den Umgang der Kanadier mit ihren Nationalmythen, sei es nicht verwunderlich, wenn Menschen nostalgische Gefühle für etwas hegten, das ihnen vormals eine vermeintliche Stabilität und Sicherheit gegeben habe. Es sei vor allem das Festhalten am Altvertrauten, demjenigen, an das man seit frühester Kindheit gewöhnt sei und an das man sich gerne zurückerinnere, das einem dieses positiv besetzte Gefühl einer Vergangenheit zu geben imstande sei, in der die Welt noch in Ordnung erschien.[2]

Eine solche Art von Rückgriff auf eine nostalgisch verklärte Vergangenheit, jene „nice, safe old illusion", die der eingangs zitierte Journalist Hector Bolitho beschreibt, kann gerade in Zeiten des gesellschaftlichen Umbruchs stabilisierend wirken. In diesem Sinne erinnerte sich Bolitho im Jahre 1966 unter dem Eindruck des sich in Auflösung befindenden britischen Empire mit Hilfe einer von ihm aufgehobenen Weltkarte an das alte Weltreich. Die in seinem Zeitungsartikel beschriebene Karte, die neben dem Union Jack jahrzehntelang zum festen Inventar einer jeden Schule im Empire gehörte, steht in diesem Zusammenhang für eine stabilisierende Konstante aus vergangenen, besseren Tagen.[3] Als

---

[1] Hector Bolitho: The Alarming Pacific, in: The Daily Telegraph, 12.2.1966.

[2] Vgl. Daniel Francis: National Dreams. Myth, Memory, and Canadian History, Vancouver ⁴2005, S. 176.

[3] Vgl. dazu ebd., S. 52 f.: „The Union Jack flew at all the schools [...]; students pledged

Bestandteil des Schulalltags mit all seinen Ritualen wie dem Singen der britischen Nationalhymne vor dem Beginn des Unterrichts kann sie mit einer alten Erwartungssicherheit assoziiert werden. Jörg Baberowski hat in diesem Kontext auf die Bedeutung von wiederkehrenden sozialen Praktiken für die Stabilität von gesellschaftlichen Ordnungen verwiesen:

> Warum und wodurch sind Ordnungen stabil? Eine mögliche Antwort könnte lauten: wenn Menschen Erwartungssicherheit haben und sich durch wiederkehrende soziale Praktiken daran gewöhnen, für normal zu halten, was ihnen täglich widerfährt. Gegen Gewohnheiten kann die Vernunft nicht Recht behalten, weil Gewohnheiten das Leben strukturieren und es in eine stabile Ordnung bringen. Menschen nehmen an Ritualen teil, obgleich sie wissen, dass sie vor der Vernunft nicht bestehen können, aber sie tun es nicht, weil sie von ihrem überlegenen Sinn überzeugt sind, sondern weil sie ihrem Leben einen Halt geben und es berechenbar machen.[4]

Für Hector Bolitho, der sich in der britischen Tageszeitung *The Daily Telegraph* explizit als „inbred ‚colonial' [...] fourth-generation New Zealander and third-generation Australian"[5] präsentierte, galt das alte britische Empire als ein Garant für Größe, symbolisiert durch die roten Einfärbungen auf seiner Karte. Eben weil diese Karte so lange ein fester Bestandteil in seinem Leben gewesen war, konnte er sich nun trotz der offensichtlichen Auflösungserscheinungen des Empire nicht einfach von ihr trennen, stand sie doch für ein ordnungsstiftendes Bild von der Vergangenheit. Zumindest die Erinnerungen schienen Bolitho in einer von ihm als krisenhaft wahrgenommenen Zeit etwas Trost spenden zu können – einer Zeit, die ihm angesichts des einbrechenden Exportmarktes, der Einführung des Dollars in Australien und in Aotearoa Neuseeland[6] (1966) sowie der allgemein zu beobachtenden schwindenden (wirtschafts-)politischen

---

allegiance to the monarch and sang ‚Rule Britannia' and ‚Soldiers of the Queen'". In diesem Sinne erinnert sich Francis auch an seine eigene Schulzeit, die unter einem britischen Vorzeichen gestanden habe. Von seiner Schule, die nach Queen Mary benannt war, über das Klassenzimmer, welches mit einer „wall map, the flags, and the pictures of British royalty" (ebd., S. 53) dekoriert war, bis hin zur Baseball-Liga, die Teams wie z. B. „Queen Elisabeth, Lord Kitchener, Lord Tenyson, and General Gordon" (ebd., S. 52) umfasste, verwies nahezu alles auf die Verbindung zum britischen Mutterland.

[4] Jörg Baberowski: Erwartungssicherheit und Vertrauen: Warum manche Ordnungen stabil sind, und andere nicht, in: Ders. (Hg.): Was ist Vertrauen? Ein interdisziplinäres Gespräch, Frankfurt a. M., New York 2014 (Eigene und fremde Welten. Repräsentationen sozialer Ordnungen im Wandel 30), S. 7–29, hier S. 10.

[5] Bolitho: The Alarming Pacific, in: The Daily Telegraph, 12.2.1966.

[6] *Aotearoa* (Land der langen, weißen Wolke) ist die Bezeichnung der Maori für Neuseeland. Aufgrund des bikulturellen Fundaments, auf dem die neuseeländische Nation basiert, wird in vielen Publikationen aus oder über Neuseeland von *Aotearoa New Zealand* gesprochen. Im Folgenden wird auf diese kombinierte Form verzichtet. In Kanada und Australien gibt es keine vergleichbare indigene Bezeichnung für die jeweiligen Länder.

und kulturellen Bezüge zu Großbritannien ansonsten nur als ein einziges *melancholy theme* erschien.[7] Vor diesem Hintergrund lebt Bolithos Artikel von Oppositionen, durch die die gute Zeit unter dem Empire – das Empire, in dem die Sonne niemals untergeht – der unsicheren Gegenwart gegenübergestellt wird. So ist auch seine Erinnerung an die alten englischen Lieder, die von Frauen wie seiner Großmutter „on their up-right pianos" gespielt wurden, Teil seines nostalgischen Blicks auf die eindeutig britisch konnotierte Vergangenheit. Ihr gegenüber steht eine Gegenwart, in der massenhaft industriell gefertigte *Juke-Boxes* mit ihren „exploding [...] American tunes"[8] anstelle der schönen britischen Lieder von früher (ab-)gespielt werden.

Hinter Bolithos Ausführungen verbirgt sich, das wird die hier vorliegende Studie zeigen, mehr als nur ein nostalgisch verklärter Blick eines Mannes, der nicht wahrhaben wollte, dass das Empire längst zu einem Ende gekommen war. Sein Artikel steht vielmehr exemplarisch für die Auswirkungen einer kollektiven Identitätskrise, die in den ehemaligen ‚weißen'[9] Siedlerkolonien Kanada, Australien und Neuseeland ab den 1960er Jahren immer spürbarer werden sollte. Während dieser Zeit zeichnete sich für die jeweiligen Länder immer deutlicher ab, dass das Empire, das sie kannten, nicht mehr existierte. Auf das Mutterland, das sich nun in Richtung Europa umorientierte und damit ganz offensichtlich beabsichtigte, der alten weißen Empire-Familie den Rücken zuzukehren, schien kein Verlass mehr zu sein.

Trotz aller Niedergangserscheinungen lebte das Empire nach dem Zweiten Weltkrieg noch einmal auf: „The idea of a greater British world, the just reward of victory, seemed to have a future that rested on more than the projection of nostalgia."[10] Auch nach 1945 fungierten die britische Kultur, die gemeinsame Geschichte und die Anbindung an das Mutterland weiterhin als fundamentale Referenzpunkte für nationale Selbstbeschreibungen in den ehemaligen Siedlerkolonien. Aus diesen Selbstbeschreibungen resultierten grundlegende Ordnungsvorstellungen, die Ökonomie, Politik und Gruppenidentitäten rahmten. Gerade deshalb, so die übergeordnete These meiner Studie, war die Infragestellung dieser Gewissheiten infolge des *End of Empire* für die ehemaligen weißen Siedlerkolonien mit einer grundlegenden Bedrohung verbunden. Verstärkt wurde diese durch eine ganze Reihe an Entwicklungen, die auf innergesellschaftliche Transformationsprozesse, Protestbewegungen und die *counterculture*

---

[7] Vgl. Bolitho: The Alarming Pacific, in: The Daily Telegraph, 12.2.1966.
[8] Ebd.
[9] Zur kritischen Einordnung dieses Attributs vgl. die Erläuterungen auf S. 13.
[10] A.G. Hopkins: Rethinking Decolonization, in: Past and Present 200.1 (2008), S. 211–247, hier S. 227.

während der *global 60s* zurückzuführen waren.[11] Im Zuge dieser Entwicklungen erschienen die alten, auf *Britishness* und *Whiteness* basierenden Identitätskonzepte immer weniger tragfähig. Umso mehr waren ‚neue' Identitätskonzepte und kulturelle Strategien zur Bewältigung der Identitätskrise während der *langen* 1960er Jahre notwendig, die in Anlehnung an Lara Campbell und Dominique Clément als ein Drehpunkt „for transformations in politics, social life, culture, and the economy"[12] mit Auswirkungen bis über die 1970er Jahre hinaus verstanden werden können.[13]

Auch heute noch – d.h. im Zeitalter des *Brexit*[14] – sind in Großbritannien Referenzen auf die vermeintlich glorreiche Empire-Vergangenheit verbreitet. Wie mit David Thackeray und Richard Toye festgehalten werden kann, seien viele öffentlich bekannte Akteure, aber auch viele Medienschaffende der Auffassung, dass das Empire eine positive Konstante gewesen sei. Diese Meinung, ein mit *Britishness* verknüpfter Stolz sowie das Gefühl, dass eine glorreiche Nation wie Großbritannien die EU nicht nötig habe, seien zentrale Charakteristika der Debatte rund um den *Brexit* gewesen.[15] Obgleich in der Forschung da-

---

[11] Vgl. Tamara Chaplin/ Jadwiga E. Pieper Mooney (Hgg.): The Global 1960s. Convention, contest, and counterculture, London, New York 2018 (Decades in Global History). Fragen zur Periodisierung der 1960er Jahre wurden in der Forschung insbesondere unter dem Einfluss von Frederic Jameson und Arthur Marwick mit der Vorstellung der *langen 1960er* Jahre beantwortet, die in etwa von 1950 bis in die 1970er Jahre reichen. Vgl. Frederic Jameson: Periodizing the 60s [1984], in: Ders.: The Ideologies of Theory. Essays 1971–1986, Vol. 2: The Syntax of History, Minneapolis ²1989 (Theory and History of Literature 49), S. 178–208; Arthur Marwick: The Sixties. Cultural Revolution in Britain, France, Italy, and the United States, c.1958–c.1974, Oxford, New York 1998. Vgl. zu den Debatten um die Periodisierung der 1960er Jahre v.a. die Übersicht in M.J. Heale: The Sixties as History: A Review of the Political Historiography, in: Reviews in American History 33.1 (2005), S. 133–152, hier v.a. S. 135f. Wie Timothy S. Brown anmerkt, sei man mittlerweile mit der Vorstellung der *global 1960s* dazu übergegangen, eine möglichst breite Periodisierung der 1960er Jahre vorzunehmen, bei der transnationale Verflechtungen eine zunehmend entscheidende Rolle spielten. Vgl. Timothy S. Brown: 1968. Transnational and Global Perspectives, in: Docupedia-Zeitgeschichte, 11.6.2012, abgerufen unter: http://docupedia.de/zg/1968?oldid=125618, (1.11.2017), S. 1–11, hier S. 4, 15.

[12] Lara Campbell/ Dominique Clément: Introduction: Time, Age, Myth: Towards a History of the Sixties, in: Lara Campbell, Dominique Clément und Greg Kealey (Hgg.): Debating Dissent. Canada and the 1960s, Toronto, Buffalo, London 2012 (Canadian social history series), S. 3–26, hier S. 15.

[13] Vgl. ebd., S. 20.

[14] Zur historischen Einordnung des *Brexit* vgl. jüngst Volker Berghahn: Englands Brexit und Abschied von der Welt. Zu den Ursachen des Niedergangs der britischen Weltmacht im 20. und 21. Jahrhundert, Göttingen 2021.

[15] Vgl. David Thackeray/ Richard Toye: Debating Empire 2.0, in: Stuart Ward, Astrid Rasch (Hgg.): Embers of Empire in Brexit Britain, London u.a. 2019, S. 15–24, hier S. 16.

rauf hingewiesen wird, dass die Vorstellung von der Wiedererrichtung des Empire in Form eines *Empire 2.0*, anders als in vielen Berichten häufig dargestellt, von den *Brexiteers* nachweislich nicht verfolgt worden sei,[16] lässt sich nicht von der Hand weisen, dass eine gewisse Empire-Nostalgie sowie die „enorme Langlebigkeit [der viktorianischen Leitmetaphern] in der gesellschaftlichen Imagination, so etwa die Vorstellung des Empire als Großfamilie, mit Großbritannien als ‚Mutterland'"[17], beim *Brexit* eine gewisse Rolle spielten. Das zeigt sich etwa daran, dass einige britische Akteure zu glauben scheinen, man könne im Post-*Brexit*-Zeitalter durch neu auszuhandelnde Wirtschaftsbeziehungen an alte, aus der Zeit des Empire stammende (familiäre) Beziehungen im Commonwealth problemlos wieder anknüpfen, zumal sich Großbritannien doch auch durch eine vermeintlich unproblematische Geschichte auszuzeichnen scheint. In diesem Sinne äußerte sich etwa der britische Handelsminister Liam Fox in einem Tweet im Jahre 2016, wenn er betonte, dass das „Vereinigte Königreich [...] eines der wenigen Länder in der EU" sei, das seine „Geschichte im 20. Jahrhundert nicht vergraben"[18] müsse. Inwiefern die britische Vergangenheit im Zuge des *Brexit* nutzbar gemacht werden konnte, zeigte auch der Konservative Jake Berry, der sich im britischen Parlament zusammen mit etwa einhundert Mitstreitern dafür engagierte, die alte königliche Yacht *Britannia* wieder einzusetzen:

In der Nach-Brexit-Welt, in der wir Handelsabkommen wieder selber vorantreiben, gibt es eine Rolle für eine neue Britannia. Sie wird jenes kleine Stück Britannien sein, das zeigt, was an uns das Beste ist und was die Soft-Power der Königsfamilie bewirken kann.[19]

---

[16] Vgl. ebd.
[17] Astrid Erll: s.v. British Empire, in: Stephanie Wodianka, Juliane Ebert (Hgg.): Metzler Lexikon moderner Mythen. Figuren, Konzepte, Ereignisse, Stuttgart, Weimar 2014, S. 63–67, hier S. 66. Die Beschreibung der Beziehung zwischen den Siedlerkolonien und Großbritannien im Rahmen eines familiären bzw. verwandtschaftlichen Verhältnisses ist ein Topos aus der Zeit des Empire. Im Jahre 1940 etwa stellte ein Kanadier einen direkten Zusammenhang zwischen dem Muttertag und der Gemeinschaft der britischen Völker im Empire her. So führte er in einem Editorial kritisch aus, dass es zwar einen jährlichen Muttertag gebe, aber keinen *Britannia Day* oder eine *Britannia Week*. Einen solchen Tag einzuführen, so der Kommentator, sei für die globale Gemeinschaft der Briten unter anderem in Indien, Australien, Neuseeland, Südafrika, Kanada „and all the British island possessions" ein löbliches Ziel, um der Mutternation und dem Mythos der Seegöttin *Britannia* zu huldigen. Vgl. A Battleship for Britannia. Lest we forget, in: The Globe and Mail, 11.1.1940.
[18] Liam Fox MP: Tweet vom 4. März 2016, zitiert und übersetzt in: Markus Becker: Das Ende des Empire-Gefühls, in: Der Spiegel, 21.7.2017, abgerufen unter: http://www.spiegel.de/politik/ausland/brexit-empire-am-ende-a-1159102.html, (23.7.2017).
[19] Jake Berry über die neue Rolle der *Britannia*, zitiert aus den Tagesthemen vom 11.10.2016, abgerufen unter: https://www.tagesschau.de/multimedia/sendung/tt-4779.html, (10.7.2017).

Im Hinblick auf die Indienstnahme der Vergangenheit als nützliche Vergangenheit für gegenwärtige Ordnungen hat Jürgen Osterhammel die These aufgestellt, dass die Mythosanfälligkeit eines Geschichtsbildes in einem quasi-proportionalen Verhältnis zur Tiefe des Zeithorizonts stehe. Geschichtsbilder seien nicht ausnahmslos mit Phantasie gleichzusetzen, „schattierten sich aber oft ins Mythische ab, ins empiriefern für wahr Gehaltene"[20], je tiefer der jeweilige Zeithorizont ausfalle. Im Falle von Jake Berrys Bestrebungen, die *Britannia* im Post-*Brexit*-Zeitalter wieder mit all ihrer symbolischen Kraft einzusetzen, wird genau diese Empirieferne greifbar. So sah sich selbst die Kommentatorin der Tagesthemen nach der Ausstrahlung von Berrys Statement zu der Bemerkung veranlasst, dass dieser wie auch seine Mitstreiter regelrecht trunken von dieser Idee sei.[21] Für die Leserinnen und Leser von Hector Bolithos Artikel aus dem Jahre 1966 hingegen war das Empire noch eine sehr realistische Bezugsgröße. Eben weil es noch relativ nah an persönliche Erfahrungen und Erinnerungen der Akteure heranreichte, konnte Bolithos Sicht auf das Empire mehr Menschen ansprechen als Berrys Vorstellungen, die auf eine regelrecht komische Art und Weise aus der Zeit gefallen scheinen.

Was die Aussagen beider jedoch miteinander verbindet, ist die beinahe schon appellative Anrufung einer gemeinsamen, stark positiv überzeichneten Vergangenheit, die dazu dient, die „Kontingenz der Jetztzeit einzudämmen"[22]. Berrys Hoffnung, so könnte man meinen, bestand bei seiner Aussage darin, erfolgreich an das kollektive Gedächtnis der ehemaligen Empire-Familie appellieren zu können. Nicht zufällig setzte er dabei auf die royale Yacht *Britannia*, die von ihrem Stapellauf 1953 bis zu ihrer Außerdienststellung 1997 das unlösbar mit der „Soft Power" der britischen Monarchie verbundene Empire repräsentierte. Dabei gibt es insbesondere in den ehemaligen weißen Siedlerkolonien Kanada, Australien und Neuseeland im Unterschied zu den ehemaligen unterdrückten Kolonien besondere potentielle emotionale Anknüpfungspunkte an den Empire-Mythos, zu dessen festem Bestandteil die „Paradigmen und Diskurse[] aus der

---

[20] Jürgen Osterhammel: Vergangenheiten. Über die Zeithorizonte der Geschichte. Rede gehalten am 17. Juli 2014 anlässlich des 60. Geburtstags von Frau Bundeskanzlerin Dr. Angela Merkel (Manuskript), S. 18. Osterhammel unterscheidet zwischen vier „mehr oder weniger fiktionale[n] Erzählungen" (ebd.): Kontinuitätserzählungen (1), die für sich die Tiefe des Zeithorizonts nutzten, um ihren unvergleichbaren Erfahrungsschatz zu behaupten; Opfererzählungen (2), die „Offenheit für Sühnebereitschaft und Entschädigungsbegehren" (ebd.) verdienten sowie Heroenmythen (3), die nationale Heldenbilder propagierten (vgl. ebd., S. 19). Zuletzt hebt Osterhammel den „zeitliche[n] Eigenhorizont von Einwanderungsgesellschaften" (ebd.) (4) hervor, der notgedrungen kurz ausfalle.
[21] Vgl. https://www.tagesschau.de/multimedia/sendung/tt-4779.html, (10.7.2017).
[22] Albrecht Koschorke: Wahrheit und Erfindung. Grundzüge einer Allgemeinen Erzähltheorie, Frankfurt a. M. ⁴2017, S. 228.

1. Ein Blick auf das Empire zwischen Vergangenheit und Gegenwart

Zeit des *high imperialism*"[23] zählen. Für Kanadier, Australier und Neuseeländer stand beispielsweise die von Berry instrumentalisierte Allegorie der *Britannia* als mächtige Seegöttin und Mutter, „of whom guardian angels sang: ‚Rule, Britannia Rule the Waves'"[24], ursprünglich für die imperiale Größe unter der Seemacht Großbritannien.[25]

Mit David Thackeray und Richard Toye ist jedoch festzuhalten, dass das Empire als (rhetorischer) Bezugspunkt bewusst nicht im Fokus der meisten *Brexiteers* stand, zumal sich damit eine große Zielgruppe nicht in der erhofften Weise erreichen ließ. Trotz ihres insgeheim wehmütigen Blicks auf die imperiale Vergangenheit Großbritanniens hätten die *Brexiteers* entweder versucht, die Bedeutung des Empire strategisch herunterzuspielen oder das Thema völlig zu meiden, um eine „abstract British ‚greatness'"[26] zu beschwören. Bei den „Leave campaign(s)" sei dies das wesentliche Charakteristikum der verwendeten Rhetorik gewesen, über die es möglich gewesen sei, sowohl ein jüngeres als auch ein nostalgischeres älteres Publikum anzusprechen.[27] Insgesamt betrachtet hätten die *Brexiteers* trotz ihrer Vermeidungsstrategie imperiale Denkmuster jedoch insgeheim reproduziert. Im Rahmen dieser Muster sei die Suche nach der alten britischen Größe fest mit der Subordination anderer verflochten.[28] Die Vorstellungen von nationaler Größe, die nun, nachdem sie verloren gegangen scheint, wiederzuerlangen ist, oder Vorstellungen von einer *Anglosphere*, mit der man unter anderem die Gemeinschaft zwischen Großbritannien und seinen früheren (weißen) Siedlerkolonien Kanada, Australien und Neuseeland unter Verweis auf die gemeinsame Sprache, die (imperial geprägte!) Kultur und Geschichte wiederaufleben lassen will,[29] zeigen, dass das Empire und die imperiale

---

[23] Erll: s.v. British Empire, S. 67. Erll verweist auch darauf, dass der Empire-Mythos nicht nur Elemente einer glorifizierten Vergangenheit bewahre, sondern dass er auch dynamisch und generativ sei, da er kontinuierlich alte mythische Erzählungen revidiere und neue hervorbringe.

[24] A Battleship for Britannia. Lest we forget, in: The Globe and Mail, 11.1.1940.

[25] Entsprechend kochten nicht nur in Großbritannien, sondern auch in den ehemaligen Dominions die Emotionen hoch, als die Queen 1997 angesichts der bevorstehenden Stilllegung ihrer Yacht mit ihren Tränen zu kämpfen hatte. Das Ende der *Britannia* schien dabei final für das Ende des Empire zu stehen. So kommentierte unter anderem die kanadische *Globe and Mail* die Stilllegung der Yacht mit der symbolgeladenen Schlagzeile „*Luxurious royal yacht slowly sailing into empire's sunset*". Vgl. Madelaine Drohan: Luxurious royal yacht slowly sailing into empire's sunset, in: The Globe and Mail, 29.3.1997 sowie Dies.: Britannia rules waves no more. Royal yacht decommissioned after 44 years of service, in: The Globe and Mail, 12.12.1997.

[26] Thackeray/ Toye: Debating Empire 2.0, S. 17.

[27] Vgl. ebd.

[28] Vgl. ebd., S. 16.

[29] Vgl. Duncan Bell/ Srdjan Vucetic: Brexit, CANZUK, and the legacy of empire, in: The

Vergangenheit nicht wirklich aus den Diskursen verschwunden sind, auch wenn sie als Themen von den *Brexiteers* gemieden werden.

Visionen von einer *Anglosphere*, zu der nach einer weiteren, sehr vagen Vorstellung auch Indien gehören soll,[30] oder Forderungen nach neu zu etablierenden wirtschaftlichen und außenpolitischen Beziehungen zwischen Großbritannien und den ehemaligen Siedlerkolonien Kanada, Australien und Neuseeland (*CANZUK*)[31] für die Zeit nach dem *Brexit* stoßen nur bedingt auf eine positive Resonanz[32] und bleiben weitgehend folgenlos. Wie 2019 Duncan Bell und Srdjan Vucetic zeigen konnten, gibt es zwar ein internationales Netzwerk, um die Idee von *CANZUK* in Kanada, Australien und Neuseeland zu promoten. Allerdings seien die Initiativen nur mit wenig Geld und Knowhow ausgestattet, so dass die Befürworter ihre Botschaft lediglich über einfach gestaltete Internetseiten und Social-Media-Kanäle verbreiten könnten. Ferner sei es auffällig, dass *CANZUK* keine ernsthafte Rolle auf politischer Ebene spiele. Auch eine detaillierte *policy* der Befürworter gebe es schlichtweg nicht.[33]

Blickt man auf die öffentliche Wahrnehmung der Ideen der *Brexiteers*, so kommt man zu dem Ergebnis, dass neben indischen auch die meisten australischen, kanadischen und neuseeländischen Journalisten, Blogger und Radiomoderatoren nur Spott für die „fantasies of English speaking elites men"[34] übrig haben.[35] So urteilte 2016 etwa der *New Zealand Herald* sarkastisch, dass der Vorschlag grundsätzlich zu begrüßen sei, Kanada, Australien, Neuseeland und Großbritannien in einer Allianz zu vereinen, die mit der EU konkurrieren könne. Schließlich könne Neuseeland so zu einer Weltmacht werden. Als Problem sei dabei allerdings zu sehen, dass man die Kanadier dazu bringen müsste, ihren Verkehr von der rechten Straßenseite auf die linke zu verlagern, während

British Journal of Politics and International Relations 21.2 (2019), S. 367–382, hier S. 369. Zu den insgesamt drei Definitionen der *Anglosphere* vgl. ebd., S. 368 f.

[30] Vgl. ebd.

[31] Zur Geschichte des Begriffs vgl. ebd., S. 370.

[32] Seit den späten 1990er Jahren, so Duncan Bell und Srdjan Vucetic, sei eine ganze Reihe britischer Euroskeptiker auf den Plan getreten, die die Idee einer *Anglosphere* promotet hätten. Dadurch, dass in Kanada, Australien, Neuseeland sowie auch in den USA zu jener Zeit konservative Regierungen an der Macht gewesen seien, sei das internationale Umfeld entsprechend empfänglich für die Ideen rund um die *Anglosphere* gewesen. Vgl. ebd.

[33] Vgl. ebd., S. 371, 377.

[34] Srdjan Vucetic im Gespräch mit dem Radiomoderator Phillip Adams, Empire 2.0: Brexit fantasies and the Anglosphere (Late Night Live), 20.11.2018, abgerufen unter: https://www.abc.net.au/radionational/programs/latenightlive/empire-2.0:brexit-fantasies-about-the-return-of-british-imperia/10515006, (30.1.2019).

[35] Vgl. David Olusoga: Empire 2.0 is dangerous nostalgia for something that never existed, 19.3.2017, abgerufen unter: https://www.theguardian.com/commentisfree/2017/mar/19/empire-20-is-dangerous-nostalgia-for-something-that-never-existed, (16.10.2018).

man den Australiern – angesichts ihrer restriktiven Asylpolitik – auf keinen Fall die Verantwortung für die Belange der Flüchtlingspolitik, ja der Immigration im Allgemeinen überlassen dürfe, sofern es dabei nicht gerade um weiße Einwanderer gehe.[36] Die Vorstellungen zur *Anglosphere*, die als Idee erstmals in einer *science fiction novel* von 1995 Erwähnung fand,[37] seien letztlich ein Ausdruck dafür, dass man eigentlich keine Visionen habe. Daher, so urteilte der kanadische Politologe Srdjan Vucetic in einer australischen Radiosendung von 2018, müsse man auf „old ones in new bottles"[38] zurückgreifen. Bereits seit den späten 1990er Jahren sei die Idee der *Anglosphere* unter Euroskeptikern – unter ihnen Konservative wie Nigel Farage und Boris Johnson – als *die* Lösung betrachtet worden, um den Fehler, den Großbritannien mit dem Beitritt zur EWG 1973 vermeintlich begangen habe, rückgängig zu machen.[39] In der Rhetorik der *Brexiteers* spielt dabei die Idee vom alten Empire, dessen Gemeinschaft durch eine gemeinsame Geschichte sowie durch gemeinsame Werte und Traditionen zusammengehalten wird, eine tragende Rolle, auch wenn direkte Verweise auf das Empire während der verschiedenen Kampagnen vermieden wurden. So rekurrierte etwa Boris Johnson in einem 2013 veröffentlichten Artikel im *Daily Telegraph* implizit auf die alte Vorstellung eines durch die „true British ‚kith and kin'"[40] zusammengehaltenen Empire-Verbands, wenn er rückblickend das Bekenntnis Großbritanniens zu Europa in den 1970er Jahren als Verrat gegenüber den ehemaligen weißen Siedlerkolonien Australien und Neuseeland verurteilte.[41]

Auffällig ist die Ähnlichkeit zwischen der von den Befürwortern des *Brexit* angepriesenen Gemeinschaft der britischen Völker in der *Anglosphere* und der alten, siedlerkolonial geprägten Vorstellung einer überlegenen weißen britischen Gemeinschaft in einem *Greater Britain*. Was beide Begriffe miteinander ver-

---

[36] Vgl. Heather du Plessis-Allan: It's a New World Order, in: The New Zealand Herald, 14.8.2016, abgerufen unter: https://www.nzherald.co.nz/nz/news/article.cfm?c_id=1&objectid=11693291, (30.1.2019).

[37] Vgl. Neal Stephenson: The Diamond Age, London 1995. Zur Geschichte des Begriffs vgl. auch Bell/ Vucetic: Brexit, CANZUK, and the legacy of empire, S. 368 ff. Der Begriff *Anglosphere*, so konstatieren Bell und Vucetic, gliedere sich in eine lange Geschichte unterschiedlicher Rubriken wie „Greater Britain, the Anglo-Saxon race, and the English-speaking peoples" (ebd., S. 368) ein. Allen gemeinsam sei die Vorstellung einer Gemeinschaft der *Anglo countries*.

[38] Srdjan Vucetic im Gespräch mit dem Radiomoderator Phillip Adams, 20.11.2018.

[39] Vgl. Bell/ Vucetic: Brexit, CANZUK, and the legacy of empire, S. 369 f.

[40] Ebd., S. 369.

[41] Vgl. Boris Johnson: The Aussies are just like us, so let's stop kicking them out, in: The Telegraph, 25.8.2013, abgerufen unter: https://www.telegraph.co.uk/news/politics/10265619/The-Aussies-are-just-like-us-so-lets-stop-kicking-them-out.html, (10.9.2019). Vgl. ähnlich zu dieser Quelle auch Bell/ Vucetic: Brexit, CANZUK, and the legacy of empire, S. 369.

bindet, ist die Vorstellung, nach der es eine besondere Verbindung zwischen den „English-speaking democratic, ‚law-and-liberty countries'" gebe, die auf britischen Werten und der britischen Kultur basiere, weshalb die Länder vermeintlich „culturally, politically and economically superior to the rest of the world"[42] seien. Die Vorstellung von einer *better race of British stock* mit ihrem inhärenten Rassismus mag bei der Imagination der *Anglosphere* anders als bei der Vorstellung eines *Greater Britain*[43] zwar nicht explizit im Vordergrund stehen. Sie schwingt aber deutlich erkennbar in den Debatten um *CANZUK* mit, wenn eine Zusammenarbeit vordringlich mit dem alten ‚weißen' Kern des britischen Empire, zu dem Kanada, Australien und Neuseeland gehören, angestrebt wird. Alle anderen potentiell in Frage kommenden Länder wie etwa Indien scheinen dabei wegen ihres *historical baggage*, ihrer Kriminalitätsstatistiken oder ihres wirtschaftlichen Aufholbedarfs (gemessen an der Wirtschaftskraft des ‚weißen' Kerns) erst einmal nicht zum Club der privilegierten Länder zu gehören.[44] Nicht zuletzt diese Argumentationsmuster, welche die Langzeitfolgen von kolonialer Ausbeutung entweder ausblenden oder in Euphemismen beschreiben, führten in einer der größten kanadischen Tageszeitungen zu einer deutlichen Kritik an den verzerrten Visionen der Tories.[45] So gab die *Globe and Mail* in einem Editorial von 2018 zu bedenken, dass es wegen des unangenehmen Beigeschmacks weder in den ehemaligen Dominions, in die einige der *Brexiteers* und Befürworter der Idee mit dem „silly name – Canzuk – for this bloc-within-a-bloc made up of the United Kingdom, Canada, New Zealand and Australia"[46] verliebt seien, noch in den ehemaligen Kolonien ein Interesse an dem Wiederaufleben der alten imperialen Verbindungen gebe.[47] In Anlehnung an Duncan Bells und Srdjan Vucetics Forschungsergebnisse zum *Brexit* bleibt festzuhalten, dass

[42] Alexander Davis: India and the Anglosphere. Race, Identity and Hierarchy in International Relations, Milton 2019 (ASAA South Asian Series 4), S. 5. Vgl. dazu auch Davis' Ausführungen zu Boris Johnsons nostalgischem Blick auf das Empire, in: Ebd., S. 153. In einem Beitrag von 2002 habe Johnson etwa die Vorteile des britischen Imperialismus hervorgehoben und in kolonial-nostalgischer Manier die folgende Einschätzung zu Afrika abgegeben: „[T]he continent may be a blot, but it is not a blot upon our conscience. The problem is not that we were once in charge, but that we are not in charge any more." Boris Johnson: Cancel the guilt trip: Africa is a mess, but it is simply not credible to blame colonialism, in: The Spectator, 2.2.2002.

[43] Vgl. zu näheren Spezifikation des Begriffs Kap. II.3.2.

[44] Vgl. Bell/ Vucetic: Brexit, CANZUK, and the legacy of empire, S. 371.

[45] Vgl. dazu auch ebd., S. 377.

[46] Globe editorial: With Brexit looming, Britain suddenly remembers the Commonwealth, in: The Globe and Mail, 20.4.2018, abgerufen unter: https://www.theglobeandmail.com/opinion/editorials/article-globe-editorial-with-brexit-looming-britain-suddenly-remembers-the/, (10.9.2019).

[47] Vgl. Bell/ Vucetic: Brexit, CANZUK, and the legacy of empire, S. 377f.

die Vorstellungen rund um die *Anglosphere* oder auch *CANZUK* in einer direkten Verbindung mit den „dreams of settler colonial unity"[48] des 19. und 20. Jahrhunderts stehen. Aufgrund dieses imperialen Erbes könne es den Befürwortern der *Anglosphere* trotz aller Bemühungen nicht gelingen, die Vergangenheit, in der Rassismus eine der wesentlichen Grundlagen für die Imagination einer Einheit der Siedlerkolonien gewesen sei, einfach auszublenden. Heute wie damals verrate die Idee von einer Gemeinschaft der ehemaligen Siedlerkolonien mehr über die Ideologie der Eliten als über geopolitische oder ökonomische Realitäten.[49]

2. Gegenstand und Zielsetzung der Studie

Mit der Karte Bolithos, der *Anglosphere* oder *CANZUK* scheint der Mythos des britischen Empire, wenn auch mittlerweile oft verdeckter bzw. auch unter einem veränderten Vorzeichen, nicht nur im kollektiven Gedächtnis[50] der Briten, sondern auch in dem der ehemaligen weißen Siedlerkolonien weiterzuleben. Die Langlebigkeit der Empire-Metaphern lässt sich an der (extremen) Rhetorik jener Akteure ablesen, die wie Jake Berry die *Britannia* aus dem Museum holen wollen oder die auf die *Anglosphere* setzen, um einen historischen Fehler rückgängig zu machen – nämlich den Beitritt Großbritanniens zur EWG und den damit einhergegangenen Verrat an *kith and kin* (also an den ehemaligen weißen Siedlerkolonien). Diese Metaphern wirken komplexitätsreduzierend und kontingenzbewältigend und werden in diesem Sinne auch genutzt. Derartige Zugriffe auf die Vergangenheit, über die mit Hilfe von Mythen, Symbolen oder auch *invented traditions* eine Kontinuität zwischen der Gegenwart und der Vergangenheit suggeriert wird, sind ein konstitutiver Bestandteil von Gesellschaften.[51]

---

[48] Ebd., S. 379.
[49] Vgl. ebd., S. 378 f.
[50] Vgl. dazu insbesondere Aleida Assmann: Der lange Schatten der Vergangenheit. Erinnerungskultur und Geschichtspolitik, München 2006, S. 29 f. Der Terminus geht auf Maurice Halbwachs zurück, der ihn während der 1920er Jahre einführte. Während man in den 1960er und 1970er Jahren von *Ideologien* statt vom *kollektiven Gedächtnis* gesprochen habe, so Assmann, um über Bilder vermittelte „falsche Denk- und Wertsysteme" (ebd., S. 30) zu kritisieren, sei ab den 1990er Jahren die Ideologiekritik abgelöst worden. Seitdem verweise man mit dem Begriff *kollektives Gedächtnis* auf die „irreduzible[] Angewiesenheit des Menschen auf Bilder und kollektive Symbole" (ebd.). Auch Erzählungen, Orte und Denkmäler seien dabei ein fester Bestandteil des kollektiven Gedächtnisses. Kollektiv könne ein Gedächtnis dann genannt werden, wenn „mit starken Loyalitätsbindungen auch [eine] stark vereinheitlichte Wir-Identität" (ebd., S. 36) hervorgebracht werde.
[51] Vgl. dazu Anthony Giddens: Tradition in der post-traditionalen Gesellschaft, in: Sozia-

Gelingt ein solcher Zugriff, so lässt sich im Sinne Anthony Giddens' folgern, gelingt auch die erfolgreiche Behauptung einer (kollektiven) Identität:

Identität bedeutet die Schaffung von Konstanz in der Zeit, die Herstellung einer Verbindung zwischen Vergangenheit und Zukunft. Die Aufrechterhaltung einer personalen Identität und ihre Verknüpfung mit weitergefaßten sozialen Identitäten ist in allen Gesellschaften ein wichtiges Element ontologischer Sicherheit.[52]

Wenn allerdings diese althergebrachten Formen des Zugriffs auf die Vergangenheit[53] an Glaubwürdigkeit einbüßen, weil sie ihre Sinnhaftigkeit verlieren, so kann das als „Bedrohung der Integrität des eigenen Selbst"[54] und damit als eine Identitätskrise erfahren werden. Für den Journalisten Bolitho äußerte sich jene Krise innerhalb einer Gruppe bzw. Nation, deren britisch geprägtes Selbstverständnis infolge des *End of Empire* völlig überraschend fragwürdig geworden war. *Personale* Identität kann folglich nicht losgelöst von *kollektiver* Identität betrachtet werden. Beide stehen in einem direkten Verhältnis zueinander und sind als ein gesellschaftliches Konstrukt und damit als Ausdruck einer kulturellen Identität zu sehen.[55]

---

le Welt 44.4 (1993), S. 445–485, hier S. 450ff. Anthony Giddens hat auf die Vermittlung von Traditionen durch Rituale hingewiesen, die durch ihren nicht-alltäglichen Charakter eine kulturelle Überhöhung und damit eine „Wahrheit durch Beschwörung" (ebd., S. 450) erzeugten. Die Wiederholung in der Tradition erzeuge das Gefühl einer Fortführung der Vergangenheit in der Gegenwart und könne somit über gesellschaftliche Brüche hinweghelfen. Traditionen seien dabei nicht nur mit Riten, sondern auch mit dem kollektiven Gedächtnis verbunden. Diese Überlegungen gehen im Wesentlichen auf Eric Hobsbawm zurück, der den Begriff der *invented tradition* geprägt hat. Vgl. Eric Hobsbawm: Inventing Traditions, in: Ders., Terence Ranger (Hgg.): The Invention of Tradition, Cambridge 1983, S. 1–14, hier v. a. S. 1: „,Invented Tradition' is taken to mean a set of practices, normally governed by overtly or tacitly accepted rules and of a ritual or symbolic nature, which seek to inculcate certain values and norms of behaviour by repetition, which automatically implies continuity with the past."

[52] Giddens: Tradition in der post-traditionalen Gesellschaft, S. 464.

[53] Vgl. dazu Koschorke: Wahrheit und Erfindung, S. 225. Mit Albrecht Koschorke kann in diesem Kontext festgehalten werden, dass die Vergangenheit teilweise fiktiv ist. Sie sei nicht nur die Summe all dessen, was sich faktisch ereignet habe, sondern sie werde der Gegenwart fortlaufend assimiliert. „[A]ls Modelliermasse einer retrospektiv zugeschriebenen Signifikanz und als Objekt einer Rekonstruktion, die ihre Kategorien aus der jeweiligen Jetztzeit bezieht und rückwärts anwendet" (ebd.), sei sie in diesem Kontext als fiktiv zu bezeichnen. Gerade der hier beschriebene Versuch, eine Kontinuität zwischen der britischen Vergangenheit und der Gegenwart zu erzeugen, kann in diesem Sinne interpretiert werden.

[54] Giddens: Tradition in der post-traditionalen Gesellschaft, S. 464.

[55] Vgl. Jan Assmann: Das kulturelle Gedächtnis. Schrift, Erinnerung und politische Identität in frühen Hochkulturen, München ³2000 (bsr 1307), S. 132. Vgl. zum Verhältnis zwischen *personaler* und *kollektiver* Identität Kap. II.3.1.

Was die so genannten Siedlerkolonien[56] Kanada, Australien, Neuseeland und auch Südafrika miteinander verband, war ihre Identifikation mit Großbritannien als *mother country*. Diese sorgte dafür, dass Europa als „their myth of origin and as a signifier of superiority"[57] imaginiert wurde. Vor dem Hintergrund ihrer Herkunft und der vermeintlichen „distinctiveness which would be said to mark out the various white constituencies as ‚Australian', ‚South African', ‚Canadian' or ‚New Zealander'"[58] imaginierten sie sich als weiße Gemeinschaften. Als solche verstanden sich die Kolonisatoren und deren Nachfahren als weiße Mehrheitsgesellschaft. Insofern bezieht sich der Begriff der *white settler colonies* auf eine rassistisch geprägte koloniale Imagination und nicht auf eine Realität, der zufolge die entsprechenden Länder etwa unabhängig von der indigenen Bevölkerung ‚weiß' gewesen wären. Dieser imaginative Charakter ist stets zu berücksichtigen, wenn in meiner Studie von den *ehemaligen weißen Siedlerkolonien* die Rede ist. Er verweist zugleich auf jene Identitätskonstrukte, deren Grundlagen im Zuge des *End of Empire* in die Krise gerieten.

Angesichts der Loslösung des sich von seinem Empire abwendenden Mutterlandes, das traditionell durch einen variierenden Ideenkomplex rund um *Britishness*, *Whiteness* und *family values* über nationale Narrative, Mythen, Symbole, Traditionen und Riten einen emotionalen Bezugspunkt für siedlerkoloniale

---

[56] Annie E. Coombes hat auf die Problematik des Siedlerbegriffs hingewiesen. Den Begriff *settler* umgebe ein täuschend gutartiger und domestizierter Ring, der die Gewalt der kolonialen Begegnung zwischen europäischen Siedlern und indigenen Gruppierungen maskiere. Die hier vorliegende Studie übernimmt zwar den zeitgenössischen Begriff der *settler colonies*, berücksichtigt aber die Kritik Coombes', indem sie etwa Eurozentrismen hinter siedlerkolonialen Diskursen offen benennt, sie kontextualisiert und dekonstruiert. Vgl. Annie E. Coombes: Memory and history in settler colonialism, in: Dies. (Hg.): Rethinking settler colonialism. History and memory in Australia, Canada, Aotearoa New Zealand and South Africa, Manchester, New York 2006 (Studies in imperialism), S. 1–12, hier S. 2. Zur Unterscheidung zwischen den Termini *settler/ settler-invader colonies* und *colonies of occupation* vgl. auch Bill Ashcroft/ Gareth Griffiths/ Helen Tiffin: s.v. Settler Colony, in: Dies.: Post-Colonial Studies. The Key Concepts, London, New York ³2013 (Routledge Key Guides), S. 236–238, hier S. 236. Während *colonies of occupation* durch eine bestehenbleibende Mehrheit der indigenen Bevölkerung charakterisiert seien, die unter einer kolonial-administrativen Kontrolle gestanden habe, seien Länder, in denen die indigene Bevölkerung im Verlauf der Zeit durch die europäischen Kolonisatoren und deren Nachfahren verdrängt oder ausgelöscht worden sei, zu den *settler colonies* zuzuordnen. Bei dieser Unterscheidung sei zu beachten, dass es sich bei den Termini *settler colony* und *colony of occupation* um abstrakte und nicht um deskriptive Kategorien handle.

[57] D. Stasiulis/ N. Yuval-Davis: Introduction: Beyond Dichotomies – Gender, Race, Ethnicity and Class, in: Dies. (Hgg.): Unsettling Settler Societies: Articulations of Gender, Race and Class, London u.a. 1995 (Sage Series on Race and Ethnic Relations 11), S. 1–38, hier S. 20.

[58] Coombes: Memory and history in settler colonialism, S. 1.

Ökonomien, Außenpolitiken sowie Vorstellungen von Gruppenidentitäten gebildet hatte, sahen sich Akteure mit einer Identitätskrise konfrontiert. Für diese bedurfte es dringend einer Lösung. Neben ‚neuen' außenpolitischen und ökonomischen Ausrichtungen waren vor allem ‚neue' kulturelle Konzepte notwendig, um die Identitätskrise bewältigen zu können.[59] Vor diesem Hintergrund sahen sich die ehemaligen weißen Siedlerkolonien dazu gezwungen, ihre alten Identitätsvorstellungen zu hinterfragen und ‚neu' zu konzeptualisieren. Die Formen dieser angesichts der Bedrohungssituation ‚neu' zu konstruierenden kulturellen Identitätsvorstellungen, die künftig mit Hilfe ‚neuer' Traditionen, Symbole, Erfolgsnarrative und nationaler Mythen Kontingenz bewältigen sollten und als Bewältigungsstrategien[60] gesehen werden können, sind Gegenstand der hier vorliegenden Studie. Präziser formuliert fragt meine Untersuchung nach den Inhalten und Formen kultureller Bewältigungsstrategien, die durch die Bedrohung einer zuvor britisch ausgerichteten kollektiven Identität notwendig geworden waren. In dem Moment der Bedrohung brachen die alten Empire-Bezüge in Form von „mythisierende[n] Empire-Narrationen"[61], diskursiven Formeln, Symbolen, Ritualen und Traditionen allerdings nicht einfach von heute auf morgen ab, gehörten sie doch, um mit Marx zu sprechen, zu jenen „vorgefundenen, gegebenen und überlieferten Umständen", vor deren Hintergrund Akteure Geschichte ausdrücklich nicht aus „freien Stücken"[62] machen. Akteure, so merkt Margrit Pernau an, könnten nur selten „eine Position außerhalb ihrer eigenen

---

[59] Das am Tübinger SFB 923 „*Bedrohte Ordnungen*" angesiedelte Projekt „*End of Empire. Re-ordering in Australien, Neuseeland und Kanada*" hat von 2015 bis 2019 in insgesamt drei Teiluntersuchungen die Neuverortungen der drei ehemaligen Dominions in den besagten Bereichen Außenpolitik, Ökonomie und Kultur in den Blick genommen. Neben meiner Studie liegen zwei weitere Untersuchungen vor: Vgl. Clara-Maria Seltmann: Butter, Wut und Tränen. Australien, Kanada und Neuseeland während Großbritanniens Verhandlungen mit der Europäischen Wirtschaftsgemeinschaft, 1958–1973, Dissertation, Tübingen 2020 sowie Maike Hausen: Reviewing Britain's Presence East of Suez. Australian, Canadian and New Zealand Foreign Policy Considerations Surrounding Southeast Asia, 1956–1971, Tübingen 2022 (Bedrohte Ordnungen 17).

[60] Zur Abgrenzung von *Strategie* und *Taktik* vgl. Oswald Neuberger: Mikropolitik und Moral in Organisationen. Herausforderung der Ordnung, Stuttgart ²2006 (UTB 2743), S. 107 (Herv. i. Orig.): „Anders als bei Taktiken sind bei Strategien immer auch der lange Atem und die Generalisierbarkeit mitgedacht. Es liegt 1. ein *Langfristschema* zu Grunde, das 2. *für verschiedene Szenarien Antworten bereithält* und 3. *eine bestimmte Aufeinanderfolge einzelner Operationen vorausplant*. Für Strategien kann 4. ein *leitendes Prinzip* (Policy) formuliert werden, das die Selektion, Kombination oder Sequenz von Taktiken begründet. Die einzelnen Taktiken stehen deshalb in einem ‚inneren Zusammenhang'".

[61] Erll: s.v. British Empire, S. 65.

[62] Vgl. Karl Marx: Der achtzehnte Brumaire des Louis Bonaparte, Frankfurt a. M. 2007 (stb 3), S. 9.

Geschichte einnehmen"[63] und seien folglich von deren Denkmustern geprägt, obgleich sie sich zu diesen in Form von Adaption, Ablehnung oder Modifikation positionieren könnten. Das britische Empire mit seiner Geschichte blieb daher auch in Zeiten der Bedrohung, in denen auf *Britishness* und *Whiteness* basierende Identitätskonzepte ins Wanken gerieten, ein (oftmals sehr emotional betrachteter) Referenzpunkt. Dieser erschien allerdings infolge des *End of Empire* zunehmend als so instabil und brüchig, dass diskursive Aushandlungsräume eröffnet wurden, die es in der Form vorher nicht gegeben hatte.

Dabei ist es nicht entscheidend, ob man aus der Perspektive der Gegenwart rückblickend den Eindruck haben könnte, dass es sich bei dem Phänomen der Identitäts*krisen*[64] in den jeweiligen ehemaligen weißen Siedlerkolonien gar nicht um ‚wirkliche' Bedrohungen handelte, sondern eher um etwas, das man „nostalgisch verzerrten Kummer Ewiggestriger" nennen könnte. Schließlich verlief das Leben doch auch noch nach der Abkehr der Mutternation in weitestgehend geregelten Bahnen und Existenzen waren nicht wirklich bedroht (etwa im Sinne einer Lebensgefahr). Aus der Sicht der meisten Akteure in Kanada, Australien und Neuseeland jedoch – und das ist hier der entscheidende Punkt – rief die Abkehr des Mutterlandes und das damit in der Wahrnehmung der jeweiligen Länder ‚final' besiegelte Ende des Empire eine schwerwiegende Verunsicherung und Krise hervor, die sich in der auf einer breiten nationalen Ebene geführten Bedrohungskommunikation[65] widerspiegelte. Nicht nur politische

---

[63] Margrit Pernau: Transnationale Geschichte, Göttingen 2011 (Grundkurs Neue Geschichte), S. 11. Vor diesem Hintergrund sei die Übersetzung von Benedict Andersons *imagined community* als „Erfindung der Nation" etwas unglücklich, impliziere doch das Wort *Erfindung* einen Nullpunkt. Vgl. ebd., S. 10f.

[64] Der Begriff der *Krise* gilt, bedingt durch seinen umgangssprachlichen Gebrauch, als definitorisch unscharf. Wie Renate Bebermeyer bereits 1981 urteilte, sei der Begriff eine „allgemeine und verallgemeinernde, negativ befrachtete schlagworthafte Summierung aller Unruhe und Beängstigung hervorrufenden Entwicklungen und Wandlungen". Renate Bebermeyer: „Krise" in der Krise. Eine Vokabel im Sog ihrer Komposita und auf dem Weg zum leeren Schlagwort, in: Muttersprache 91 (1981), S. 345–359, hier S. 354. Krisen gehören zu einem Wortfeld wie Bedrohungen und auch die Quellen verwenden *threat* und *crisis* oft synonym. Wenn im Folgenden von Identitätskrisen die Rede ist, bezieht sich dies immer auf das Konzept der *Bedrohten Ordnung*, mit dem „die Dynamik von Ordnungen und der dahinterstehenden Gruppen bzw. Gesellschaften" und nicht die „Phasen zwischen statischen, normativ begriffenen Blöcken" untersucht werden soll. Antrag auf Finanzierung der dritten Förderperiode des Sonderforschungsbereichs 923 „Bedrohte Ordnungen" 2019/2–2023/1, Tübingen 2018, S. 39.

[65] Fabian Fechner et al.: „We are gambling with our survival." Bedrohungskommunikation als Indikator für bedrohte Ordnungen, in: Ewald Frie, Mischa Meier (Hgg.): Aufruhr – Katastrophe – Konkurrenz – Zerfall. Bedrohte Ordnungen als Thema der Kulturwissenschaften, Tübingen 2014 (Bedrohte Ordnungen 1), S. 141–173, hier v.a. S. 161ff. Vgl. zum Begriff der *Bedrohungskommunikation* auch Anm. 69.

Akteure wie Premierminister, Botschafter oder Generalgouverneure in ihrer Funktion als Repräsentanten der britischen Monarchie, sondern auch Historiker (und wenige Historikerinnen), Kulturschaffende, Kunst- und Kulturförderer sowie insbesondere auch besorgte Bürgerinnen und Bürger[66] sahen sich von der Identitätskrise betroffen und beteiligten sich an der gesellschaftlichen Identitätsdebatte und der Entwicklung von Lösungsstrategien.

Vor diesem Hintergrund kann von der *Bedrohung einer Ordnung* bzw. von *bedrohter Ordnung* dann gesprochen werden, wenn Akteure angesichts der Identitätskrise „zu der Überzeugung [gelangten], dass Handlungsoptionen unsicher [wurden], Verhaltenserwartungen und Routinen in Frage [standen] und sie sich jetzt oder in naher Zukunft nicht mehr aufeinander verlassen [konnten]".[67] Wie sollten die identitären Lücken durch etwas spezifisch ‚Eigenes' ge-

---

[66] Im Folgenden werden nicht alle Begriffe zur Beschreibung von Akteursgruppen in einer geschlechtergerechten Form verwendet. Gegen Generalklauseln, die betonen, dass in der männlichen Form des Wortes auch das weibliche Geschlecht inkludiert sei, ist aus nachvollziehbaren Gründen längst Einspruch erhoben worden. Solche Klauseln entsprechen einer geschlechtergerechten Sprache nicht. Allerdings hat sich die AG „*Geschlechtergerechte Schreibung*" angesichts der „in unterschiedlichen Gruppen und Gemeinschaften [genutzten] unterschiedliche[n] Schreibweisen zur Darstellung der unterschiedlichen Geschlechter" dafür ausgesprochen, dass die genutzten Lösungen für sich genommen keine „Allgemeingültigkeit und Verbindlichkeit für geschriebene Sprache beanspruchen [dürfen]". Bericht und Vorschläge der AG „Geschlechtergerechte Schreibung" zur Sitzung des Rats für deutsche Rechtschreibung am 16.11.2018 – Revidierte Fassung aufgrund des Beschlusses des Rats vom 16.11.2018, abgerufen unter: https://www.rechtschreibrat.com/DOX/rfdr_2018-11-28_anlage _3_bericht_ag_geschlechterger_schreibung.pdf, (8.7.2021), S. 9. Vielmehr liege es „im Ermessen der Schreibenden, gemäß der gewählten Textsorte und dem eigenen Stilempfinden, eine Kombination verschiedener stilistischer und grammatisch-syntaktischer Strategien anzuwenden und für den jeweiligen Kontext die geeignete Form zu finden" (ebd., S. 10 f.). Kategorisch *nicht* ausgeschlossen wird dabei „die Verwendung des generischen Maskulinums", die dann begründet sein könne, wenn sie „dem Ziel von Kürze und Einheitlichkeit" (ebd., S. 11) diene. Vor diesem Hintergrund begründet sich mein Verzicht auf eine konsequente und einheitliche Umsetzung einer gendergerechten Sprache.

[67] Ewald Frie/ Mischa Meier: Bedrohte Ordnungen. Gesellschaften unter Stress im Vergleich, in: Dies. (Hgg.): Aufruhr – Katastrophe – Zerfall. Bedrohte Ordnungen als Thema der Kulturwissenschaften, Tübingen 2014 (Bedrohte Ordnungen 1), S. 1–27, hier S. 4. Vgl. dazu auch die programmatischen Thesen des Tübinger SFB 923 „Bedrohte Ordnungen", in: Ewald Frie/ Boris Nieswand: „Bedrohte Ordnungen" als Thema der Kulturwissenschaften. Zwölf Thesen zur Begründung eines Forschungsbereiches, in: Journal of Modern European History 15.1 (2017), S. 5–15, hier S. 6. Es ist bedauerlich, dass das Konzept der *Bedrohten Ordnung* keinerlei Erwähnung im jüngst erschienenen Handbuch zur Krisenforschung von Frank Bösch et al. findet, obgleich das dort vertretene *reflexive Krisenverständnis* bei genauer Betrachtung Anknüpfungspunkte an die grundlegenden Überlegungen des SFB 923 bietet. So plädieren Bösch et al. für „[e]in reflexives Krisenverständnis, in dem die konstruktivistische Dimension deutlich bleibt, die Verfestigung der Krise im und durch den gesellschaftlichen Diskurs erforscht wird, ohne dass die realen Ursachen und Auswirkungen von politischen,

schlossen werden, das nicht mehr auf *Britishness* basierte? Wie konnte man ein ‚echter' Australier, Neuseeländer oder Kanadier sein, ohne sich dabei als *Australian-, New Zealand-* oder *Canadian-Briton* zu definieren? Welcher kulturelle Referenzrahmen konnte künftig eine ordnungsstabilisierende Funktion für Politik und Gesellschaft übernehmen? Auf welche Symbole und Mythen konnte man etwa beim Abhalten nationaler Feiertage in der Zukunft noch setzen und auf welche spezifisch ‚eigenen' Leistungen konnte man im kulturellen Bereich bauen, um eine ‚neue' – von *Britishness* weitestgehend unabhängige – kollektive Identität auch nach außen hin erfolgreich promoten zu können? Welche früheren Elemente blieben dabei erhalten? Welche *othering*-Prozesse waren in diesem Kontext notwendig, um sich nicht nur von den kulturellen Einflüssen des Mutterlandes, sondern auch von denen der Nachbarländer abzugrenzen? Formen der Abgrenzung waren ebenfalls ein wichtiger Aspekt der Identitätsfindung, „beruht die Stabilität einer Ordnung [doch] auch darauf, dass Menschen wissen, wer sie nicht sind", weil sie nur im „kulturell Eigenen ein Selbstsein entwickeln können", auch wenn Identitäten *de facto* erst dadurch zustande kommen, indem „wir uns im Anderen als Eigene erkennen".[68]

Vor dem Hintergrund der von den Akteuren in den ehemaligen Siedlerkolonien erfahrenen Identitätskrise wurden stark emotional aufgeladene Kommunikationsmodi (im Sinne einer Bedrohungskommunikation)[69] etabliert, in deren Rahmen über „Sprachbilder [...], Analogien [...], Beispiele [...], Zusammenhänge [...], Kontextualisierungen"[70] und Rhetoriken der Ursprung der Bedrohung benannt, Deutungen vorgenommen sowie „(erstrebenswerte[] oder abschreckende[]) zukünftige[] Szenarios"[71] generiert wurden. Damit einhergehend wurde „über Situationsdefinition[en] und [daraus resultierende] praktische Handlungen aus bloßen Gedanken und Worten soziale Wirklichkeit"[72] erzeugt: eine Wirklichkeit, die unter dem Eindruck einer identitären Bedrohung stand, für die es

---

wirtschaftlichen oder humanitären Krisen relativiert werden müssten [...]". Frank Bösch et al.: Für eine reflexive Krisenforschung – zur Einführung, in: Frank Bösch, Nicole Deitelhoff und Stefan Kroll (Hgg.): Handbuch Krisenforschung, Wiesbaden 2020, S. 3–16, hier S. 5.

68 Baberowski: Erwartungssicherheit und Vertrauen, S. 11.
69 Vgl. Fechner et al.: „We are gambling with our survival.", S. 161. Bedrohungskommunikation liegt dann vor, wenn „erstens eine Verständigung über den Status quo, zweitens eine Beschreibung eines [...] zukünftigen Szenarios [und] drittens Handlungsempfehlungen an die Akteure" (ebd.) festgestellt werden können.
70 Sebastian Heer: Politischer Mythos, Legitimität und Ordnungskonstruktion, in: Werner J. Patzelt (Hg.): Die Machbarkeit politischer Ordnung. Transzendenz und Konstruktion, Bielefeld 2013, S. 99–125, hier S. 106.
71 Fechner et al.: „We are gambling with our survival.", S. 161.
72 Heer: Politischer Mythos, S. 106.

schnell greifender Lösungsstrategien bedurfte.⁷³ Akteure glaubten dabei an die Gefahr, die von dieser Bedrohung ausging, die damit nicht einfach nur eine Behauptung, sondern vielmehr ein fester Bestandteil ihrer Realität war.⁷⁴

Ähnlich wie der Begriff *Bedrohung* ist auch die Vorstellung einer kulturellen ‚*Neu*'-Verortung zu problematisieren. Die Rede von einer kulturellen ‚*Neu*'-Verortung ist von der Rhetorik der zeitgenössischen Akteure beeinflusst, die es sich zum Ziel machten, vermeintlich ‚neue' und vor allem ‚eigene' kulturelle Ausdrucksformen jenseits von *Britishness* zu etablieren, um die Identitätskrise zu überwinden. In Anbetracht des Konstruktionscharakters von Identität und Kultur sowie der durch Marx formulierten Tatsache, dass Akteure nicht in einer von der Vergangenheit unbeeinflussten Zeit leben können, sind Vorstellungen einer ‚*Neu*'-Gestaltung oder ‚*Neu*'-Verortung von Identität und Kultur problematisch. Das ist nicht zuletzt auch deshalb der Fall, da das Attribut *neu* die Unmöglichkeit einer Rückkehr zu einer alten Ordnung suggeriert.⁷⁵ Die hier vorliegende Studie greift also einen von den Quellen beeinflussten Begriff in ihrem Untertitel auf, distanziert sich allerdings von seinen Implikationen, indem sie hinter der vermeintlichen ‚*Neu*'-Verortung eher einen Prozess des *re-ordering* sieht. Dieser kann als eine Rekonfiguration der „Verhältnisse von Dynamik und Statik, von Faktizität und Normativität, von Materialität und Imagination"⁷⁶ infolge einer bedrohten Ordnung verstanden werden, die, so Ewald Frie und Boris Nieswand, kein Wegbrechen einer statischen Entität markiere, sondern vielmehr den Moment, „in [dem] es für Akteure unumgänglich wird, ihre eigenen Ordnungsvorstellungen und Praktiken des Ein*ordnens* zu thematisieren".⁷⁷

Mit dem Ende des Empire und dem damit einhergehenden Brüchigwerden kollektiver Vergangenheitsentwürfe sahen sich zeitgenössische Akteure beispielsweise dazu veranlasst, das Verhältnis zwischen Vergangenheit, Gegenwart und Zukunft und im Zuge dessen auch zwischen Erinnern und Vergessen *neu* auszuhandeln. Angesichts der identitären Bedrohungssituation wurden nationale Selbstbilder, Mythen, Traditionen und Symbole ‚neu' konstruiert bzw. dekonstruiert. Was dabei von einem Teil der Akteure als bedrohlich empfunden wurde, konnte allerdings auch für zuvor marginalisierte Akteure wie die First

---

⁷³ Vgl. auch Frie/ Nieswand: „Bedrohte Ordnungen" als Thema der Kulturwissenschaften, S. 6.

⁷⁴ Vgl. ebd., S. 7: „Bedrohungen müssen wahrgenommen, geglaubt und gespürt werden, damit sie wirksam werden. Eine Behauptung allein reicht nicht aus, um Verhaltenserwartungen, Routinen und Verlässlichkeiten in Zweifel zu ziehen, um zeitliche Verdichtung und emotionale Veränderung zu erzeugen."

⁷⁵ Vgl. ebd., S. 8, Anm. 5.

⁷⁶ Ebd., S. 8. Im Gegensatz zum Begriff der *Neu*-Ordnung, so Frie und Nieswand, schließe der Begriff *re-ordering* die Rückkehr zur alten Ordnung nicht aus.

⁷⁷ Ebd., (Herv. i. Orig.).

Nations in Kanada, die Aboriginals[78] in Australien sowie die Maori in Neuseeland als Chance begriffen werden, um Unrecht zu benennen, Anerkennung zu gewinnen und an den ‚neuen' Identitätskonstruktionen in ihrem Sinne mitzuwirken. Mit der Identitätskrise, so eine zentrale Annahme meiner Untersuchung, wurden neue gesellschaftliche Aushandlungsprozesse möglich, weil durch die Bedrohung und die daran anschließende Reflexion über die ‚eigene' Identität und Geschichte alte, ‚festgefahrene' Diskurse, Narrative und Selbstbilder aufgeweicht wurden, so dass beispielsweise der anklagende Ruf der Indigenen ‚hörbarer' werden konnte.

Der Ausgangspunkt des hier vorliegenden Buches war die programmatische Forderung von Anthony G. Hopkins im Jahre 2008, postkoloniale Erfahrungen auch in den ehemaligen weißen Siedlerkolonien zu erforschen und diese nicht aus den *postcolonial studies* auszuschließen.[79] Diese Forderung hat er zuletzt in den Jahren 2017 und 2018 im Rahmen eines Aufsatzes und seiner Monographie *„American Empire. A Global History"* erneut gestellt. Es sei an der Zeit, so Hopkins, die herkömmlichen Untersuchungsgegenstände, nämlich die ausschließliche Fokussierung auf die *formal empires*, die man mit Dekolonisation verbindet, zu überdenken und auch auf die *semi-colonies* zu erweitern.[80] Zwar argumentierten einige Historiker, dass die Geschichte der ehemaligen Dominions seit 1945 am besten als die Geschichte von Nationalstaaten beschrieben werden sollte. Allerdings, so hält Hopkins dagegen, könne die *formal independence* nicht mit *effective independence* gleichgesetzt werden, was nicht zuletzt an ihren auch nach 1945 noch fortbestehenden (stark emotional aufgeladenen) ökonomischen, außenpolitischen und kulturellen Verbindungen zum britischen Mutterland deutlich werde.[81]

---

[78] Viele Indigene Australiens, so kann unter anderem mit Bill Ashcroft festgehalten werden, lehnen den Begriff *Aborigines* deshalb ab, da dieser auf die Definitionsmacht der weißen Kolonisatoren verweise. Unterschiede zwischen den regional und sprachlich verschiedenen indigenen Gruppen in Australien würden durch die generische Bezeichnung einfach ignoriert. Statt von ‚Aborigines' zu sprechen, nutze man mittlerweile die Bezeichnung *Australian Aboriginal peoples*. Vgl. Bill Ashcroft/ Gareth Griffiths/ Helen Tiffin: s.v. Aboriginal/ Indigenous Peoples, in: Dies.: Post-Colonial Studies. The Key Concepts, London, New York ³2013 (Routledge Key Guides), S. 3. Im Folgenden wird der Begriff *Aboriginals* zur Bezeichnung für die australischen Indigenen und deren Nachfahren verwendet. An einigen Stellen wird allerdings auch der zeitgenössische und bis heute noch immer gebräuchliche Begriff *Aborigines* als Bestandteil der Quellen- oder auch Literatursprache wiedergegeben.

[79] Vgl. Hopkins: Rethinking Decolonization, S. 210–247, hier v.a. S. 241 sowie ausführlich dazu Kap. II.2.

[80] Vgl. A.G. Hopkins: Globalisation and Decolonisation, in: The Journal of Imperial and Commonwealth History 45.5 (2017), S. 729–745, hier S. 730 sowie Ders.: American Empire. A Global History, Princeton, Oxford 2018, S. 700.

[81] Vgl. Hopkins: Globalisation and Decolonisation, S. 734f.

Seit den frühen 2000er Jahren sind die 1950er und 1960er Jahre als eine letzte intensive Phase der Auseinandersetzung innerhalb der ehemaligen weißen Siedlerkolonien mit dem Mutterland, seinem Empire[82] und seinem Erbe interpretiert worden. Aspekte kollektiver Identität *nach* dem Empire wurden für Australien insbesondere von Neville Meaney, Deryck M. Schreuder, Stuart Ward sowie James Curran, für Neuseeland von James Belich, James Mitchell, Jack Doig und Felicity Barnes sowie für Kanada von Phillip Buckner (unter anderem mit Douglas R. Francis), José E. Igartua, Charles P. Champion und Jatinder Mann betrachtet, der eine vergleichend angelegte Studie vorgelegt hat, die sowohl Kanada als auch Australien in den Blick nimmt.[83] Im deutschen Forschungskon-

---

[82] Begriffe wie *Empire, imperio* oder *Reich* sind häufig ideologisch instrumentalisiert worden. Ihrer historischen Semantik muss daher Rechnung getragen werden. Wie Jörn Leonhard konstatiert, seien alle drei Begriffe als Fundament für die „[r]adicalized versions of imperial nation states evolved in Italy, Germany, and Japan in the first half of the twentieth century" verwendet worden. Im Kontext des Kalten Krieges seien sie darüber hinaus im Rahmen der politischen Kampfrhetorik instrumentalisiert worden, um den jeweiligen Gegner als Vertreter eines imperialistischen *evil empire* zu diffamieren. Vgl. Jörn Leonhard: Introduction. The *Longue Durée* of Empire. Toward a Comparative Semantics of a Key Concept in Modern European History, in: Contributions to the History of Concepts 8.1 (2013), S. 1–25, hier S. 22. In der Forschung haben sich, wie mit Ulrike von Hirschhausen festgestellt werden kann, vor allem „Stephen Howe, Fredrick Cooper, Jürgen Osterhammel und Herfried Münkler" für einen engeren Empire-Begriff eingesetzt. Dieser soll dazu beitragen, „die Geschichte von Empires weder auf die lineare Durchsetzung hegemonialer Ansprüche vom Zentrum in die Peripherie noch auf ökonomische Abschöpfung zur Sicherung metropolitaner Wirtschaftsinteressen" zu reduzieren. Kennzeichen eines Empire, so resümiert von Hirschhausen, seien ein großräumiger Herrschaftsverband, Multiethnizität, vielseitige Rechtsstatus der unterschiedlich abhängigen Gebiete, supranationale Herrschaftsformen, „ein[] spezifische[s] Verhältnis von Zentrum und einer tendenziell abhängigen Peripherie sowie […] weiche[] Grenzen und flukturierende[] Grenzräume". Ulrike von Hirschhausen: Diskussionsforum. A New Imperial History? Programm, Potenzial, Perspektiven, in: Geschichte und Gesellschaft 41 (2015), S. 718–757, hier S. 721 f.

[83] Neville Meaneys zentralste Aufsätze und Essays zu *Britishness* und *Australian Nationalism* seit 2000 sind gebündelt erschienen in Neville Meaney: Australia and the Wider World: Selected Essays of Neville Meaney, hgg. von James Curran und Stuart Ward, Sydney 2013. In der hier vorliegenden Untersuchung wird allerdings aus seinen Erstveröffentlichungen zitiert. Zu den einschlägigen Arbeiten der im Fließtext genannten Autorinnen und Autoren zählen: James Curran: The Power of Speech. Australian Prime Ministers defining the national image, Melbourne ²2006; Deryck M. Schreuder/ Stuart Ward (Hgg.): Australia's Empire, Oxford u. a. 2008 (The Oxford History of the British Empire. Companion Series); James Curran/ Stuart Ward: The Unknown Nation. Australia After Empire, Melbourne 2010; James Belich: Myth, Race and Identity in New Zealand, in: New Zealand Journal of History 31.1 (1997), S. 9–22; Ders.: Paradise Reforged. A History of the New Zealanders. From the 1880s to the Year 2000, Honolulu 2001; James Mitchell: Immigration and National Identity in 1970s New Zealand, Dissertation, Otago 2003; Jack Doig: The Australian and New Zealand governments' responses to Britain's decline in the 1960s: Identity, geopolitics and the end of Empire,

text haben die ehemaligen weißen Siedlerkolonien keine größere Aufmerksamkeit auf sich gezogen und spielen eine untergeordnete Rolle.[84] Die nationalen Selbstbeschreibungen weißer Siedlergemeinschaften im *British Empire*, so zeigt sich, rekurrierten im jeweiligen Kontext ihrer regionalen Akkulturationserfahrungen sehr stark auf den *Britishness*-Mythos sowie die damit zusammenhängenden Vorstellungen von *Whiteness* und *family values* innerhalb des Empire-Verbands, die wiederum Inklusions- und Exklusionsmechanismen beeinflussten. Insbesondere in Verbindung mit dem *settler nationalism* ist kritisch diskutiert worden, wie das Verhältnis zwischen dem *Britishness*-Mythos und anderen nationalen Mythen und Selbstbeschreibungen zu bewerten ist. Dies soll an späterer Stelle ausführlicher besprochen werden.[85] Abgesehen von einigen wenigen Arbeiten[86] fokussierte sich die Forschung vor allem in den einzelnen

---

in: Journal of New Zealand & Pacific Studies 1.1 (2013), S. 41–54; Ders.: New Nationalism in Australia and New Zealand: the Construction of National Identities by Two Labo(u)r Governments in the Early 1970s, in: Australian Journal of Politics and History 59.4 (2013), S. 559–575; Felicity Barnes: Bringing Another Empire Alive? The Empire Marketing Board and the Construction of Dominion Identity, 1926–33, in: The Journal of Imperial and Commonwealth History, 42.1 (2014), S. 61–85; Phillip Buckner/ R. Douglas Francis (Hgg.): Rediscovering the British World, Calgary 2005; Phillip Buckner (Hg.): Canada and the End of Empire, Vancouver, Toronto 2005; Phillip Buckner/ R. Douglas Francis (Hgg.): Canada and the British World: Culture, Migration, and Identity, Vancouver, Toronto 2006; José E. Igartua: The Other Quiet Revolution. National Identities in English Canada, 1945–71, Vancouver, Toronto 2006; C.P. Champion: The Strange Demise of British Canada. The Liberals and Canadian Nationalism, 1964–1968, Montreal u. a. 2010 sowie Jatinder Mann: The Search for a New National Identity. The Rise of Multiculturalism in Canada and Australia, 1890s–1970s, New York u. a. 2016 (Interdisciplinary Studies in Diasporas 2).

[84] In diesem Sinne wird lediglich ihre stützende Rolle für das Empire am Rande der „*Trends zur neueren Empire-Forschung*" in Verbindung mit John Darwins Studie „*The Empire Project*" erwähnt. Vgl. Ulrike von Hirschhausen/ Jörn Leonhard: Zwischen Historisierung und Globalisierung: Titel, Themen und Trends der neueren Empire-Forschung, in: Neue Politische Literatur. Berichte über das internationale Schrifttum 56.1 (2011), S. 389–404, hier S. 400 f. Vor dem Hintergrund der Folgen des Siedlerkolonialismus auf die Aboriginals und Maori in Australien und Neuseeland findet sich dann im Jahre 2015 der Hinweis, dass es (noch) eine Herausforderung darstelle, „das changierende Verhältnis zwischen Empire und Siedlern differenzierter zu bestimmen". Hirschhausen: Diskussionsforum, S. 727. Keine Erwähnung finden allerdings die genannten Forschungsdebatten in Kanada, Australien und Neuseeland und ihr Potential, einen Beitrag zur *New Imperial History* leisten zu können.

[85] Vgl. Kap. II.3.3.

[86] Obgleich in einigen der in Anm. 83 angeführten Arbeiten, in der Regel ausgehend von einer bestimmten ehemaligen Siedlerkolonie, mitunter Ländervergleiche angestellt werden, sind konsequent transnational ausgerichtete Studien eher selten. Einer der einschlägigsten Aufsätze jedoch, der Kanada, Australien und Neuseeland nicht nur vergleichend, sondern auch verflechtend in den Blick nimmt, ist Stuart Wards: The 'New Nationalism' in Australia, Canada and New Zealand: Civic Culture In the Wake of the British World, in: Kate Darian-Smith, Patricia Grimshaw und Stuart Macintyre (Hgg.): Britishness Abroad. Transnational

Ländern bisher vornehmlich auf einen nationalen Kontext, obgleich es schon seit längerem – auch vor dem Hintergrund der *New Imperial History*[87] – Forderungen gibt, die ehemaligen weißen Siedlerkolonien in transnational ausgerichteten Studien zu untersuchen.[88]

Movements and Imperial Cultures, Melbourne 2007, S. 231–263. Ähnliches gilt für die Studie Stuart Wards: Untied Kingdom: A World History of the End of Britain, Cambridge (voraussichtl.) 2023.

[87] Vgl. zu dem Terminus u. a. Stephen Howe: Introduction: New Imperial Histories, in: Ders. (Hg.): The New Imperial Histories Reader, London, New York 2010 (Routledge Readers in History), S. 1–20, hier S. 1 f. Die lange bestehende Distanz der Forschung gegenüber einer Beschäftigung mit der Imperialgeschichte lässt sich auf die negativen Konnotationen des Empire-Begriffs zurückführen. Vertretern der Imperialgeschichte warf man vor, sich mit den Imperialisten zu identifizieren und das Empire aus einer *top-down*-Perspektive heraus zu glorifizieren. Mit dem Aufkommen der von den *postcolonial studies* beeinflussten *New Imperial History* sind Imperien wieder in den Fokus der Betrachtung gerückt. Wie Stephen Howe hervorhebt, gebe es zahlreiche unterschiedliche Auslegungen des Begriffs. Das Verbindende aller Zugänge sei darin zu sehen, dass *imperial history* ausgehend von „ideas of culture and, often, of discourse" (ebd., S. 2) betrachtet werde. Dabei gehe es etwa im Rahmen von *gender relations* oder der Betrachtung von *racial imaginings* darum, die Wechselwirkung zwischen Zentrum und Peripherie zu untersuchen, deren anhaltender Einfluss auch nach dem Ende des formalen Herrschaftsverhältnisses noch zu beobachten sei. Neben den „relationships among knowledge, identity and power" (ebd.) werde dabei auch der Standpunkt und der Zugriff des Historikers auf seinen Gegenstand kritischer reflektiert.

[88] Vgl. exemplarisch Ann Curthoys: Does Australian History Have a Future?, in: Australian Historical Studies 33.118 (2002), S. 140–152, hier S. 142, 146; Carl Bridge/ Kent Fedorowich: Mapping the British World, in: Dies.: The British World: Diaspora, Culture and Identity, London, Portland 2003, S. 1–15, hier S. 7; Philippa Mein Smith/ Peter Hempenstall: Australia and New Zealand: Turning Shared Pasts into a Shared History, in: History Compass 1 (2003), S. 1–10; Giselle Byrnes: Introduction: Reframing New Zealand History, in: Dies. (Hg.): The New Oxford History of New Zealand, South Melbourne 2009, S. 1–18, hier S. 14 sowie Alecia Simmonds/ Anne Rees/ Anna Clark: Testing the Boundaries: Reflections on Transnationalism in Australian History, in: Dies. (Hgg.): Transnationalism, Nationalism and Australian History, Singapore 2017, S. 1–14. Als Synonym für den transnationalen Ansatz stünden unter anderem, so die drei Verfasserinnen, Schlagwörter wie *entangled histories*, *histoire croisée* sowie *Transfergeschichte*. Vgl. ebd., S. 1 f. In der deutschen Forschung haben unter anderem Jürgen Osterhammel und Ulrike von Hirschhausen auf den Zusammenhang zwischen Nationalgeschichte und transnationaler Geschichte hingewiesen, wobei sie das Phänomen des Nationalstaats in Relation zum Imperium/ Empire als sekundäres Phänomen interpretieren. Eine zentrale Bedeutung schreiben sie dabei auch dem Erbe des Empire in den Nationalstaaten zu. Vgl. Jürgen Osterhammel: Imperien, in: Gunilla Budde, Sebastian Conrad und Oliver Janz (Hgg.): Transnationale Geschichte. Themen, Tendenzen und Theorien, Göttingen 2006, S. 56–67, hier S. 56: „Nationalgeschichte folgt auf trans-nationale Geschichte und setzt sie voraus. [...] Der Nationalstaat hat das Imperium als Typus auch keineswegs ein für allemal [sic!] überwunden." Von Hirschhausen leitet daraus den Nutzen eines vergleichenden und verflechtenden Ansatzes ab, „um die komplexen und engen Beziehungen zwi-

2. Gegenstand und Zielsetzung der Studie

Vor diesem Hintergrund versteht sich meine Untersuchung als ein Beitrag zu einer transnationalen Geschichte, die das Phänomen der Identitätskrisen nach dem Empire sowohl für Kanada als auch für Australien und Neuseeland vergleichend und verflechtend in den Blick nimmt. Gerade durch einen transnationalen Ansatz, der Vernetzungen[89] und Interaktionen beobachtet und in Relation zueinander setzt, können Konstruktionen von nationalen Identitäten sowie Formen und Inhalte der mit ihnen verbundenen kulturellen Konzepte der ehemaligen weißen Siedlergemeinschaften im Kontext des postkolonialen Zeitalters herausgearbeitet werden, ohne dabei die jeweiligen Nationalgeschichten mit ihren inhärenten teleologischen Narrativen einfach fortzuschreiben. Dabei sollen nationale Spezifika mit Blick auf die Wirkmächtigkeit der Nation auf kanadische, australische und neuseeländische Akteure im Rahmen eines trans*nationalen* Ansatzes nicht einfach ausgeklammert, sondern vielmehr in ein Verhältnis zueinander gesetzt werden, was gegenseitige Beobachtungseffekte und Transfers von Ideen deutlich machen kann, um so „new perspectives and new questions to ‚old' national paradigms"[90] zu ermöglichen.

Der Fokus meiner Untersuchung auf Kanada, Australien und Neuseeland begründet sich über die strukturelle Ähnlichkeit der drei Länder. Zwar betraf die postkoloniale Erosion, welche die moralische Legitimität des Empire mit seinem weißen Familienbund aus *kith and kin* nach 1945 zunehmend in Frage stellte, alle *white settler colonies* gleichermaßen. Allerdings ist Südafrika mit seinem Apartheidsregime und seiner weißen britischen Minderheit strukturell anders zu fassen als die ehemaligen Dominions Kanada, Australien und Neu-

---

schen Empires und Nationalstaaten genauer in den Blick zu nehmen". Hirschhausen: Diskussionsforum, S. 742.

[89] Tony Ballantyne verwendet in seiner Studie den Begriff des Netzes (*web*), um nicht nur auf die in der Forschung häufig betrachteten vertikalen Verbindungen zwischen Empire und Peripherie, sondern auch auf die horizontalen Verflechtungen zwischen den jeweiligen Kolonien hinzuweisen, in denen der Transfer von Akteuren, Kapital und Ideen für einen ganz eigenen Einfluss auf die dynamisch zu verstehende Empire-Struktur gesorgt habe. Vgl. Tony Ballantyne: Webs of Empire. Locating New Zealand's Colonial Past, Vancouver, Toronto 2012, S. 45 f.

[90] James Curran: Australia at empire's end. Approaches and arguments, in: History Australia. Journal of the Australian Historical Association 10.3 (2013), S. 23–35, hier S. 28. Vgl. dazu auch James Vernon: The history of Britain is dead; long live a global history of Britain, in: History Australia. Journal of the Australian Historical Association 13.1 (2016), S. 19–34, hier S. 24: „Historians may want to escape the nation but it retains a stubborn hold on our practice and historical imagination. Our challenge is not to unthank the nation as a category of historical analysis, but to explain its continuing traction, to wrestle with its political possibilities, and to come to terms with its limitations in helping us to understand the past."

seeland.[91] Darüber hinaus ist zu beachten, dass in Südafrika „die Burenmehrheit unter den Weißen eher auf einen größeren Abstand zu Großbritannien und Europa wert [sic!]"[92] legte, was die Dominion zusätzlich von den anderen drei ehemaligen weißen Siedlerkolonien unterschied, obgleich *Britishness* auch in Kanada, bedingt durch den Einfluss der Frankokanadier, eine problematischere Stellung hatte, als das in Australien und Neuseeland der Fall war.[93] Nicht zuletzt unterstreicht der äußerst vorsichtige, fast schon sensible Umgang der britischen Regierung unter Harold Macmillan (1957–1963) mit Kanada, Australien und Neuseeland, dass diese eine gewisse historisch gewachsene Sonderstellung innehatten.

Als 1961 der *Commonwealth Secretary* Duncan Sandys anregte, den Begriff *„United Kingdom"* offiziell durch die Begriffe *„Britain"* und *„British"* „in public statements, speeches, information material, and official correspondence"[94] zu ersetzen, folgten daraufhin auf britischer Seite interne Diskussionen darüber, dass man einen terminologischen Wechsel dieser Art nur dann vornehmen könne, wenn insbesondere die „three old Commonwealth Governments"[95] Kanada, Australien und Neuseeland keine Einwände dagegen hätten. Der *Cabinet Secretary* Norman Brook begründete dies damit, dass gerade bei diesen drei Ländern darauf zu achten sei, dass sie sich als britisch verstünden. Daher verursache der Anspruch der Briten, das Epitheton *„British"* oder *„Britain"* nur noch für sich selbst zu beanspruchen, in Kanada, Australien und Neuseeland im Gegensatz zu allen anderen Ländern größere emotionale Probleme, weshalb sie gesondert und im Vorfeld der geplanten Änderungen zu konsultieren seien.[96] Auch Premierminister Harold Macmillan sprach sich persönlich dafür aus, die Namensänderung auf keinen Fall in den „Commonwealth capitals" als Entscheidung zu verkünden, bevor man sich der „views of the three

---

[91] Vgl. dazu auch Peter Wende: Das Britische Empire. Geschichte eines Weltreichs, München 2012, S. 194. Zur genauen Population Südafrikas während der 1960er Jahre vgl. Akil K. Khalfani et al.: Population Statistics, in: Tukufu Zuberi, Amson Sibanda und Eric Udjo (Hgg.): The Demography of South Africa, London, New York 2005, S. 3–39, hier S. 12.

[92] John Darwin: Das unvollendete Weltreich. Aufstieg und Niedergang des Britischen Empire 1600–1997, Frankfurt a. M., New York 2013, S. 392.

[93] Vgl. ähnlich dazu auch ebd.

[94] NAA A463 1961/5676, Use of terms "Britain", "British" to designate the United Kingdom in public statements etc., Duncan Sandys an Sir Eric J. Harrison (High Commissioner for Australia in Great Britain), 28.6.1961.

[95] TNA PREM 11/3652, Use in Commonwealth of adjective "British" and noun "Britain" instead of "United Kingdom", Norman Brook an Harold Macmillan, 16.6.1961.

[96] Vgl. TNA PREM 11/3652, "Britain" and "British". Summary of three main difficulties put to Commonwealth Secretary by Sir Norman Brook, n.d., S. 1 f.

older Commonwealth countries"[97] versichert habe. Auch seien persönliche Unterredungen mit den jeweiligen Premiers der ehemaligen Dominions unabdingbar, so Macmillan in einem Telegramm an Duncan Sandys, bevor man den Namenswechsel vollziehen könne.[98]

Es ist bemerkenswert, dass sich die britischen Akteure 1961 ausschließlich um etwaige Einwände der drei Länder sorgten und diesen die Möglichkeit gaben, offen Kritik zu äußern. Dass man sich hier ganz offensichtlich als souveränes Land um eine Erlaubnis dieser Länder bemühte, ohne dabei auch andere Mitglieder des Commonwealth zu berücksichtigen, verweist auf das besonders enge emotionale Verhältnis zwischen den drei ehemaligen *white settler colonies* und ihrem Mutterland sowie ihre daraus resultierende Sonderstellung.[99] In diesem Sinne informierte Sandys Harold Macmillan im August des Jahres 1961 darüber, dass der Premierminister beruhigt sein könne, da Kanada, Australien und Neuseeland nach persönlicher Aussprache keine Einwände gegen die Veränderungen vorgebracht hätten. Daher, so Sandys, habe er die *High Commissioners* angewiesen, die neue Praxis umzusetzen. Was mit Kanada, Australien und Neuseeland in engster Absprache und bereits vor Inkrafttreten des neuen Sprachgebrauchs abgeklärt wurde, sollte den „Governments of the Commonwealth countries, other than the three" hingegen ohne etwaige Konsultationen einfach durch die jeweiligen *High Commissioners* zur Kenntnisnahme übermittelt werden.[100]

In der Debatte um die Namensänderung spiegelt sich die Erkenntnis der britischen Akteure wider, dass in Zeiten eines sich stetig wandelnden Commonwealth Begriffe wie „*United Kingdom*" für den Großteil der Mitgliedsstaaten im Gegensatz zu Kanada, Australien und Neuseeland keine positiv besetzten, historisch gewachsenen Assoziationen hervorrufen. Für die meisten Länder im Commonwealth, die als ehemalige Kolonien nun mehrheitlich einen Nationswerdungsprozess durchliefen, war der Begriff „*U.K.*" „soulless [...] lacking in popular appeal" und ohne „warmth or affection"[101], wie Duncan Sandys in seinen Briefen an die jeweiligen *High Commissioners* der ehemaligen Siedlerkolonien betonte. Obwohl in Kanada, Australien und Neuseeland keine offiziellen Einwände gegen die Namensänderung hervorgebracht wurden, gab es dort unter politischen Akteuren ein kritisches Bewusstsein dafür, dass man etwas historisch Wertvolles einzubüßen hatte. In diesem Sinne protestierte beispielsweise der kanadische Premierminister Diefenbaker (1957–1963) in einem per-

---

[97] TNA PREM 11/3652, Harold Macmillan an Duncan Sandys, 20.6.1961, S. 2.
[98] Vgl. ebd.
[99] Vgl. ähnlich dazu auch Curran/ Ward: The Unknown Nation, S. 26f.
[100] Vgl. TNA PREM 11/3652, Duncan Sandys an Harold Macmillan, 4.8.1961.
[101] Vgl. exemplarisch Duncan Sandys an Eric J. Harrison, 28.6.1961.

sönlichen Brief an Sandys energisch gegen die Namensänderung, die aus dem *United Kingdom Government* das *British Government* und aus dem *United Kingdom High Commissioner* den *British High Commissioner* machen sollte: „[T]he term ‚United Kingdom' lacks the rich association of the words ‚Britain' and ‚British'. I am in complete apathy with the change you propose."[102] Was Diefenbaker hier befürchtet, so könnte man in Anlehnung an Anthony Giddens' bereits dargelegte Überlegungen folgern, war der Verlust einer ontologischen Sicherheit, welche die meisten Akteure durch die Empire-Verbindung, eben jene „rich association", gewährleistet sahen, mit deren Hilfe Kontingenz bewältigt werden konnte. Für Diefenbaker zeichnete sich nun ein Bruch mit der Vergangenheit ab, den er mit seinem Selbstverständnis nicht einfach hinnehmen konnte.

Die folgenden Aspekte sind im Hinblick auf die Quellen zur „repatriation of the national name"[103] festzuhalten: Das äußerst sensible Verhalten der politischen Akteure auf der britischen Seite zeigt, dass man sich der besonders starken emotionalen Verbindung zwischen den *white settler colonies* und dem Mutterland bewusst war, nahmen sie sich doch mehrheitlich als britisch wahr. Vor diesem Hintergrund erklärt sich auch die Sonderbehandlung Kanadas, Australiens und Neuseelands im Unterschied zu allen anderen Ländern des Commonwealth. Auch die Tatsache, dass die Zeitungen nur spärlich über die geplanten Veränderungen berichteten, lasse sich, wie James Curran und Stuart Ward anmerken, darauf zurückführen, dass die Änderung generell von den beteiligten Akteuren angesichts der familiären Beziehung zueinander als äußerst heikel empfunden worden sei.[104] Darüber hinaus weisen die wenigen Reaktionen in den drei Ländern, abgesehen von intern geäußerten Einwänden wie denen John Diefenbakers, darauf hin, dass man nicht so recht glauben wollte, dass eine wirkliche Loslösung vom Empire oder gar eine Identitätskrise drohte. Die *Vancouver Sun* beispielsweise nahm die Änderung zum Anlass, die Entwicklungen seit 1945 in den kritischen Blick zu nehmen und nach der generellen Relevanz des Britischen in einer Welt zu fragen, in der sich sowohl das altbekannte Empire als auch das Commonwealth fundamental gewandelt hätten. Als ob man sich beinahe schon selbst vergewissern wollte, dass der traditionsbehaftete Name und die an ihn geknüpften Erinnerungen erhalten bleiben würden, argumentierte das Editorial, dass der britische Name lediglich als eine Art Leihgabe für all die Länder ausgegeben worden sei, bis sie sich im Commonwealth als

---

[102] LAC RG 25, Vol. 5200, Box 108, File 6065-40 pt. 2, Use of terms "Britain", "United Kingdom", "British Commonwealth" and "British Empire", John Diefenbaker an Duncan Sandys, 10.7.1961.
[103] Curran/ Ward: The Unknown Nation, S. 29.
[104] Vgl. ebd.

Nationen etabliert hätten. Der Begriff *British*, so versicherte man sich, drohe also glücklicherweise nicht aus den Geschichtsbüchern zu verschwinden:[105]

First to go was the term British Empire. Then we dropped the British from British Commonwealth. [...] Is the famous old name fading from history's pages? Fortunately, no. It has been readopted by the British themselves. [...] It is a reflection, probably, of the changing nature of the Commonwealth that national names are now well enough established that the original owners of the British name can take it back again. Also, the majority of Commonwealth nations, Canada included, are no longer of predominantly British descent.[106]

In dieser Argumentation deutet sich die imaginierte Kontinuität des Empire nach 1945 an, die trotz der Transformation vom *British Commonwealth* zu einem mehr *multiracial* ausgerichteten *Commonwealth of Nations* gewährleistet schien. In diesem *New Commonwealth* beanspruchten die „‚white dominions' of the ‚Old Commonwealth'"[107] eine Art erzieherischen Führungsanspruch gegenüber den neuen Mitgliedern der britischen Völkerfamilie. Dieser Aspekt soll im Unterkapitel zu den Folgen der Dekolonisation und der Frage nach der Postkolonialität der ehemaligen Siedlerkolonien noch einmal näher auch im Hinblick auf die britische Erinnerungskultur aufgegriffen werden.[108] Fürs Erste ist festzuhalten, dass die Idee des Commonwealth nach 1945 dazu genutzt wurde, um die Kontinuität des Empire trotz aller sich allmählich abzeichnenden Auflösungserscheinungen zu imaginieren. Gerhard Altmann hat diesen Umstand wie folgt auf den Punkt gebracht:

Da Empire und Commonwealth [...] terminologisch nie säuberlich getrennt wurden, ließ sich die Commonwealth-Liturgie sowohl zur Selbstbeweihräucherung wie als schmerzlindernde ‚rites de passage' zelebrieren. Die Idee des Commonwealth erfüllte damit nicht zuletzt die Funktion des ‚Ariadnefadens', der Großbritannien durch das Labyrinth verschiedenster Dekolonisationslagen geleitete.[109]

Was hier für die britische Seite behauptet wird, kann auch auf die ehemaligen *white settler colonies* übertragen werden. Für eine lange Zeit betrachteten sie sich selbst noch als eine Art privilegiertes Familienmitglied im ‚neuen' Commonwealth, das faktisch mit dem Empire gleichgesetzt wurde. In diesem Sinne wandte sich beispielsweise im Jahre 1956 ein Bürger an den Konservativen George Drew und riet ihm, dass man die „British minded people" in Kanada

---

[105] Vgl. ähnlich dazu auch ebd.
[106] The British Name, in: Vancouver Sun, 3.11.1961.
[107] Elizabeth Buettner: Europe after Empire. Decolonization, Society, and Culture, Cambridge 2016 (New Approaches to European History), S. 48.
[108] Vgl. Kap. II.2.2.
[109] Gerhard Altmann: Abschied vom Empire. Die innere Dekolonisation Großbritanniens 1945–1985, Göttingen 2005 (Moderne Zeit. Neuere Forschungen zur Gesellschafts- und Kulturgeschichte des 19. und 20. Jahrhunderts 8), S. 273.

noch stärker unter der Idee vereinen solle, Teil des Empire zu sein. Der Verfasser des Briefes bevorzugte dabei klar den Begriff des *British Empire* vor dem Begriff des *Commonwealth*, das er, wenn auch etwas widerwillig, mit dem Empire gleichsetzte: „[W]e are still a part of the British Empire (or Commonwealth, if you like)."[110] Noch unmissverständlicher brachte der australische Historiker Geoffrey Serle das Verhältnis zwischen den Begriffen *Empire* und *Commonwealth* auf den Punkt: „I grew up in the British Empire – the word Commonwealth never really caught on."[111] Auch in Neuseeland sahen Akteure das Empire auf einer Stufe mit dem Commonwealth: „[...], New Zealand in the world has been New Zealand in the Empire or New Zealand in the Commonwealth."[112] Dieser Umstand ist vor allem deshalb von Bedeutung, weil er erklärt, weshalb weder das sich abzeichnende Ende des Empire nach 1945 noch die meist von Nationalisten geführten Debatten rund um eine vermeintliche Identitätskrise ihres Landes eine entscheidende Rolle im Bewusstsein der Akteure spielten. Für Akteure in Kanada, Australien und Neuseeland endete das Empire trotz aller äußerlichen Auflösungserscheinungen nicht. Durch die indirekte Fortführung des Empire im Commonwealth, in dem die ehemaligen weißen Siedlerkolonien als maßgebliche Repräsentanten der britischen Tradition insgeheim weiterhin eine gewisse Sonderstellung für sich beanspruchten, konnten sich kanadische, australische und neuseeländische Akteure darin bestätigt sehen, dass das Mutterland und sein Empire weiterhin verlässliche Bezugspunkte waren. Das sollte sich jedoch während der 1960er Jahre ändern, die aus der Sicht der Zeitgenossen zwei einschneidende Entwicklungen mit sich brachten, die miteinander verbunden waren.

Die *erste* einschneidende Entwicklung ging dabei 1961 von Großbritanniens Hinwendung nach Europa aus, die sich in der Entscheidung des Mutterlandes widerspiegelte, sich für eine Mitgliedschaft in der Europäischen Wirtschaftsgemeinschaft (EWG) zu bewerben. Zwar hatten sich Veränderungen im Verhältnis zwischen dem Mutterland und seinen ehemaligen weißen Siedlerkolonien bereits vorher abgezeichnet. Diese hatten allerdings den Glauben an die Kontinuität des Empire nicht nachhaltig erschüttern können, so dass die Funktion des Empire als identitärer Referenzrahmen weiter intakt blieb. Selbst neue politische Konstellationen nach dem Zweiten Weltkrieg wie beispielsweise die neue

---

[110] USASK MG 01/III, Series III: 1940–1956, Vol. 42, M-7432, Dominion Day, n.d., „An old time Tory" an George Drew, M.P., [vermutl.] 11.12.1956, 32867–32869, hier 32869.

[111] Geoffrey Serle: Australia and Britain, in: Richard Preston (Hg.): Contemporary Australia. Studies in History, Politics, and Economics, Durham 1969 (Duke University Commonwealth-Studies Center 35), S. 3–19, hier S. 17.

[112] J.C. Beaglehole: The New Zealand Mind, in: Australian Quarterly 12.4 (1940), S. 40–50, hier S. 47.

2. Gegenstand und Zielsetzung der Studie

(militärische) Abhängigkeit Australiens von den USA wurden von den Akteuren teilweise gar nicht erst wahrgenommen. So stellte Geoffrey Serle 1967 kritisch fest: „We did our best not to recognize our strategic dependence on the Americans."[113] Mit der Bewerbung für eine EWG-Mitgliedschaft signalisierte das Mutterland klar nach außen, dass sein Schicksal künftig im europäischen Kontext und nicht mehr in der ‚alten' Welt des Empire liegen würde.[114] Die Kontinuität des Empire und seiner alten Gemeinschaft geriet damit in eine Krise. *Britain's turn to Europe* spiegelte die Tatsache wider, dass Großbritannien und sein Empire seit dem Zweiten Weltkrieg einen kontinuierlichen wirtschaftlichen und – im Vergleich zu den aufstrebenden Mächten USA und UdSSR – machtpolitischen Niedergang erfahren hatten. Die hier präsentierten Debatten um die „repatriation of the national name"[115] fallen in genau jene Zeit, in der diese Entwicklungen und damit auch das *End of Empire*[116] von den Akteuren in ihrer ganzen Konsequenz erst realisiert wurden. Das Ereignis, von dem dabei eine Signalwirkung ausging, war *Britain's turn to Europe*. In Kanada, Australien und Neuseeland konnte man sich nur schwerlich mit dem Gedanken anfreunden, dass sich das Mutterland nun im europäischen Kontext verortete und dem

---

[113] Geoffrey Serle: 6) Austerica Unlimited?, in: Meanjin Quarterly. A Review of Arts and Letters in Australia 26.3 (1967), S. 237–250, hier S. 238.

[114] Obgleich man sich in dem bereits zitierten Editorial der *Vancouver Sun* versicherte, dass der britische Name nicht einfach verschwinden würde, verwies man gleichzeitig auf ein spürbares Problem, das maßgeblich mit Großbritanniens Bemühungen um eine Mitgliedschaft in der EWG zusammenhing. Dass Großbritannien zukünftig europäisch sein würde, löste ein Unbehagen in Kanada (wie auch in Australien und Neuseeland) aus. Vgl. The British Name, in: Vancouver Sun, 3.11.1961: „The Canadian government's petulant attitude on the Common Market controversy indicates Ottawa doesn't feel it proper for the British to call themselves Europeans."

[115] Curran/ Ward: The Unknown Nation, S. 29.

[116] In der englischsprachigen Forschung zu den ehemaligen weißen Siedlerkolonien bezieht sich die Rede vom *End of Empire* nicht auf einen punktuell zu datierenden Zeitpunkt, sondern auf die Prozesse, die ab dem Ende der 1950er Jahre im Verlauf der sich abzeichnenden Loslösung des britischen Mutterlandes von seinem Empire vor allem in Kanada, Australien und Neuseeland aufkamen. Zum Wandel des Verhältnisses zwischen diesen Ländern und Großbritannien, in dessen Verlauf auf *Britishness* basierende Grundannahmen langsam fraglich wurden, vgl. v. a. Andrea Benvenutis und Stuart Wards Anmerkungen zu Kanada, die aber auch auf Australien und Neuseeland übertragen werden können: „Rather it was more a subtle process, in which long-treasured assumptions began to lose their credibility in the light of changing power relations in the world at large. In this framework, the end of the empire and the British move towards Europe provoked a more immediate awareness of the changes that had been slowly undermining the foundations of Canada's Britishness since the Second World War." Andrea Benvenuti/ Stuart Ward: Britain, Europe, and the 'Other Quiet Revolution' in Canada, in: Phillip Buckner (Hg.): Canada and the End of the Empire, Vancouver, Toronto 2005, S. 165–182, hier S. 180.

Commonwealth, in dem man insgeheim das Empire fortgesetzt sah, den Rücken zuzukehren beabsichtigte. Für Sir Alexander Downer, den australischen *High Commissioner* in London, beispielsweise war die Annäherung Großbritanniens an Europa oder sogar das unvorstellbare „feeling that Britain is part of Europe"[117] ein Beleg dafür, dass die Tage des Commonwealth und damit des Empire gezählt waren. Der angekündigte Rückzug der britischen Truppen *east of Suez* (1967/68) oder die vereinfachten Einreisemodalitäten in das Vereinigte Königreich für Europäer durch den *Immigration Act* (1971) verstärkten diesen Eindruck zusätzlich und wurden von vielen Akteuren als Begleiterscheinung von *Britain's turn to Europe* und des damit verbundenen Signals interpretiert, dass das Empire zu einem Ende gekommen war. In diesem Kontext wurde *Britishness* und damit die kulturelle Basis brüchig, auf deren Grundlage die vormals siedlerkolonialen Identitäten imaginiert wurden. Zu der Erkenntnis der Akteure, dass es ‚neuer' Identitätskonzepte bedurfte, trugen nicht zuletzt auch die gesellschaftlichen Transformationsprozesse während der *global 60s* bei.

Als *zweite* einschneidende Entwicklung für das identitäre Selbstverständnis Kanadas, Australiens und Neuseelands kann die Dekolonisation gesehen werden. Sie entzog einer imperialen Hierarchie mit ihren auch nach 1945 fortdauernden rassistischen Ordnungsvorstellungen langfristig ihre Legitimität und schuf so auch die Grundlage dafür, dass den Zeitgenossen die auf *Whiteness* basierenden Migrationsregime zunehmend fragwürdig erschienen. Nach dem Zweiten Weltkrieg sahen sich Akteure dazu veranlasst, ihre eigenen rassistischen Gesellschaftsstrukturen zu hinterfragen. In diesem Kontext ließen sich das Schicksal und die Anklagen der Indigenen, deren Rechte jahrhundertelang verletzt worden waren, immer weniger ignorieren. Wie Anthony G. Hopkins allerdings zu bedenken gibt, habe unter anderem die artifizielle Wiederbelebung des Empire nach dem Zweiten Weltkrieg dafür gesorgt, dass die Folgen der Dekolonisation in den ehemaligen weißen Siedlerkolonien erst verzögert wahrgenommen worden seien.[118] Im Rahmen einer „‚second colonial occupation'"[119] in Afrika, Malaysia und im Mittleren Osten sowie durch das gestärkte Band zwischen den alten Dominions und Großbritannien, so Hopkins, habe die imperiale Ordnung nach 1945 insgeheim fortexistiert.[120] Einerseits konnte die Veränderung des Commonwealth als eine Erfolgsgeschichte propagiert werden,

---

[117] TNA FCO 24/188, Australia: Political Affairs (Bilateral): U.K.: Relations with, Australia – Britain: what is the future? 'Why I am prepared to take a risk'. An exclusive interview by Geoffrey B. Cuthbert with Sir Alexander Downer, Australian High Commissioner in London, in: Time & Tide, 19.10.1967.

[118] Vgl. Hopkins: Rethinking Decolonization, S. 216 ff.

[119] Ebd., S. 217. Der Begriff geht ursprünglich auf D. A. Low und J. M. Lonsdale zurück.

[120] Vgl. ebd.

kamen doch nun Mitgliedsstaaten hinzu, die einen vermeintlichen Prozess der Erziehung unter der Empire-Prägung durchlaufen hatten. Andererseits fühlten sich die politischen Akteure in den ehemaligen weißen Siedlerkolonien von der britischen Seite darin bestätigt, dass man sich in besonderer Weise mit den Mitgliedern im Commonwealth verbunden sah, die maßgeblich das britische Erbe verkörperten. Dieses Gefühl der Gemeinschaft – insofern sind die beiden Entwicklungen miteinander verbunden – sollte jedoch insbesondere durch *Britain's turn to Europe* mit der EWG-Debatte während der 1960er Jahre massiv in Frage gestellt werden.

3. Aufbau und Quellen der Untersuchung

Vor diesem Hintergrund soll es in Kapitel II meiner Studie um die historische Einordnung der Identitätskrise gehen. Ausgehend von *Britain's turn to Europe* führt es auch in die jeweiligen Länderkontexte mit ihren nationalen Spezifika und den damit verbundenen zentralen Narrativen der nationalen Historiographien nach 1945 ein. Zwar liegt das Hauptaugenmerk der hier vorliegenden Untersuchung auf den kulturellen ‚Neu'-Verortungen und Lösungsstrategien, welche durch die Identitätskrise in Kanada, Australien und Neuseeland notwendig wurden. Allerdings müssen die jeweiligen kulturellen Entwicklungen im größeren historischen Kontext nationaler Entwicklungen gesehen werden, vor deren Hintergrund das Bewusstsein einer Identitätskrise erst aufkommen konnte. Diese Entwicklungen sollen daher im Folgenden in ihren Grundzügen skizziert werden. Daran anknüpfend ist mit Blick auf die Auswirkungen der Dekolonisation die Frage zu klären, inwiefern sich die ehemaligen Dominions im Vergleich zu Kolonien als postkolonial betrachten lassen, um dann den Terminus *Identität* sowie damit verbunden die zentralen Identitätskonstruktionen *Britishness*, *Whiteness* und *family values* zu spezifizieren und theoretisch zu erfassen.

Vor dem Hintergrund der Identitätsdebatten seit der Nachkriegszeit wird in Kapitel III aufgezeigt, inwiefern vor allem mit Hilfe der zeitgenössischen Vorstellung einer durch den so genannten *cultural cringe* paralysierten Identität bereits in den 1950er Jahren Denk- und Argumentationsmuster entwickelt wurden, auf die Akteure in der Zeit der sich zuspitzenden Bedrohung ab den 1960er Jahren zurückgreifen konnten. Das Kapitel baut auf der These auf, dass sich Kanada, anders als Australien und Neuseeland, bereits nach 1945 mit einer Bedrohung konfrontiert sah, die, bedingt durch die Nähe zu den USA, auf die Angst vor einer zunehmenden Amerikanisierung der Wirtschaft, aber vor allem auch der kulturellen Landschaft zurückzuführen war. Verschärft wurde diese Bedrohung ab den 1960er Jahren zusätzlich durch die *Quiet Revolution* und nicht zuletzt durch Großbritanniens Rückzug aus seinem Empire, der alle drei ehemaligen weißen Siedlerkolonien gleichermaßen betraf. Vor diesem Hintergrund ist gerade im Hinblick auf transnationale Verflechtungen die Frage erkenntnisleitend, welche Rolle Kanadas Erfahrungen mit der Bedrohung und die sich daraus ergebenden kulturpolitischen Maßnahmen für Australien und Neuseeland spielten. Welche Beobachtungsprozesse waren relevant und welche Erkenntnisse ergaben sich daraus für die an die Bedrohung anschließenden *re-ordering*-Prozesse in der Zeit der sich zuspitzenden Identitätskrise? Inwiefern spiegelte sich die Wahrnehmung eines zu bewältigenden *cultural cringe* in Raumkonzepten, in der historiographischen Darstellung von kollektiver Identität durch zeitgenössische Historiker sowie in den allgemein zu beobachtenden inhaltlichen und strukturellen Verschiebungen innerhalb der zeitgenössischen Historiographie wider?

Während Kapitel III ausgehend vom Phänomen des *cultural cringe* vor allem einen Blick auf die (Bedrohungs-)Diagnosen, deren diskursive Kontexte und erste Lösungsansätze zur Bewältigung der Identitätskrise von Intellektuellen, Künstlern und kulturpolitischen Akteuren richtet, fokussiert sich Kapitel IV auf die zeitgenössischen Vorstellungen hinter dem Schlagwort des *New Nationalism*, von dem sich Akteure Antworten und Lösungsansätze auf die Identitätskrise versprachen. Ausgegangen wird dabei von der Hypothese, dass der *cultural cringe* als Bestandteil einer (Bedrohungs-)Diagnose und das zeitgenössische Phänomen des *New Nationalism* als Bestandteil einer (Bewältigungs-)Praxis bzw. (Bewältigungs-)Strategie in ihrem wechselseitigen Verhältnis betrachtet werden müssen.[121] Neben dieser aufzuzeigenden Wechselwirkung im *re-ordering*-Prozess ist die übergeordnete Frage erkenntnisleitend, welche Vorstellungen und Lösungsansätze in den *re-imagined communities* der ehemaligen weißen Siedlerkolonie aus der Sicht der Akteure am ehesten das Potential hatten, um *Britishness* als Mythos zu ersetzen und die Identitätskrise zu lösen. Erörtert werden soll dies anhand der zeitgenössischen Visionen einer ‚neuen' *national unity* für das post-nationalistische Zeitalter, in dem Nationalismus von der Mehrheit der Akteure angesichts seiner negativen Folgen abgelehnt wurde und daher in seiner ‚alten' Form für Gesellschafts- und Identitätskonzepte nicht mehr tragfähig war. Vor diesem Hintergrund wird zu fragen sein, welche kulturellen Werte und ‚neuen' Identitätskonzepte unter dem *New Nationalism* verhandelt wurden. Inwiefern spiegelten sich diese in den neuen Symbolen des nationalen Zusammenhalts sowie in den Erinnerungspraktiken nach dem *End of Empire* wider? Welche Rolle spielten dabei zuvor marginalisierte Akteure

---

[121] Zur theoretischen Einordnung der Begriffe in das Modell des *re-ordering* vgl. meine einführenden Bemerkungen zu Kap. IV.

wie die Indigenen? Inwiefern konnten sie von der Dynamisierung der Diskurse profitieren, um in ihrem Sinne Einfluss auf die Debatte rund um eine ‚neue' Identität zu nehmen? Mit diesen Fragen und dem hier vorgestellten Zuschnitt folgt meine Studie der von der *Neuen Ideengeschichte* gestellten Aufgabe, die „komplexe Wechselwirkung zwischen sozialen Situationen, [...], lebensweltlichen Konstellationen einerseits und generalisierungsfähigen und generalisierten Gedankensystemen, Diskursen oder Denkgebäuden [andererseits] nachzuspüren".[122]

Um das gesamtgesellschaftliche Ausmaß der Identitätskrise zu verdeutlichen und einen möglichst breiten Einblick in die jeweiligen Identitätsdebatten und kulturellen Lösungsansätze bedrohter Ordnung nach dem *End of Empire* zu erlangen, wurde ein heterogenes Quellenkorpus vornehmlich für den Zeitraum von 1950 bis zum Ende der 1970er Jahre ausgewertet. Auf einer ersten Ebene umfasst das Korpus verschiedene aus den Staatsarchiven und Nationalbibliotheken in Ottawa, Canberra und Wellington stammende Aktenbestände von Kultusministerien, Thinktanks, den Büros der jeweiligen Premierminister sowie den Innen- und vereinzelt auch den Außenministerien. Archivalisch berücksichtigt wurden auf einer zweiten Ebene auch die unter anderem von den verschiedenen Ministerien angelegten *clipping*-Sammlungen, die mit dem Anspruch verbunden waren, das gesamte Spektrum der landesweiten Berichterstattung zu bestimmten Themen wie etwa zu den Debatten rund um neue nationale Symbole, Feiertage und die Expo 1967 abzubilden. Darüber hinaus wurden unter anderem im Rahmen einer umfassenden Mikrofilmrecherche Editorials aus den zentralen Tageszeitungen und den größten Kultur- und Politikmagazinen der jeweiligen Länder ausgewertet. Auf einer dritten Ebene schließlich wurden Transkripte von Interviews und *Talk Shows* sowie veröffentlichte und unveröffentlichte Texte zur Identitätsdebatte zeitgenössischer Kulturschaffender und Intellektueller berücksichtigt. Bei der Quellenauswertung wurden einerseits die von Bürgerinnen und Bürgern verfassten Leserbriefe und Schreiben an die Büros der Premierminister sowie andererseits – gerade im Kontext von Erinnerungspraktiken – die von indigenen Akteuren stammenden Äußerungen zur ‚Neu'-Verortung kollektiver Identität untersucht.

Was alle genannten Quellen thematisch miteinander verbindet, ist ihre Beschäftigung mit den Ursachen und Folgen der Identitätskrise und die sich daraus ergebende *search for identity*. Quellen wie die Publikationen zeitgenössischer

---

[122] Lutz Raphael: „Ideen als gesellschaftliche Gestaltungskraft im Europa der Neuzeit": Bemerkungen zur Bilanz eines DFG-Schwerpunktprogramms, in: Ders., Heinz-Elmar Tenorth (Hgg.): Ideen als gesellschaftliche Gestaltungskraft im Europa der Neuzeit. Beiträge für eine erneuerte Geistesgeschichte, München 2006 (Ordnungssysteme. Studien zur Ideengeschichte der Neuzeit 20), S. 11–27, hier S. 12.

Intellektueller, die in großer Auflagenzahl vertrieben wurden und zum Teil, wie ihre Autoren selbst, einen beachtlichen öffentlichen Bekanntheitsgrad hatten, aber auch die unzähligen Stimmen von Bürgerinnen und Bürgern in der zeitgenössischen Presse oder die hohe Anzahl der an die Büros der Premierminister adressierten Briefe von Akteuren aus ganz unterschiedlichen Milieus und Altersklassen zeigen, dass die Identitätsdebatte nach dem Empire ein fester Bestandteil der „sozialen Wahrnehmungs- und Erfahrungswelten der Menschen"[123] war. Die Identitätsdebatte unter den zeitgenössischen *nation builders*, zu denen insbesondere Intellektuelle und Politiker zu zählen sind, kann also nicht getrennt von der gleichzeitig stattfindenden Debatte unter den *ordinary citizens* betrachtet werden, zumal sowohl der Erfolg politischer Rhetorik als auch der von kulturkritischen Sachbüchern von den bürgerlichen Rezipienten abhängig war.[124] Dieser Tatsache ist Rechnung zu tragen. Aus diesem Grund wurde nicht nur bei der Auswahl, sondern auch bei der Auswertung der Quellen darauf geachtet, dass ein Bogen zwischen den genannten drei Quellen-Ebenen sowie zwischen den verschiedenen Akteursgruppen gespannt wird. Mit der Abbildung der gesamtgesellschaftlichen Dimension der Identitätskrise sowie ihrer Einordnung in den theoretisch-konzeptionellen Rahmen der *Bedrohten Ordnung* beansprucht die hier vorliegende Studie ein Alleinstellungsmerkmal innerhalb der bisherigen Forschung zu den ehemaligen *white settler colonies*. Erstmals werden mit ihr die Identitätsdebatten nach dem *End of Empire* sowohl für Kanada als auch für Australien und Neuseeland aus einer transnationalen Perspektive heraus in den Blick genommen, ohne dass dabei nationsbezogene Spezifika ausgeklammert werden.

Will man die gesamtgesellschaftliche Dimension der Identitätskrise darstellen, so sieht man sich gerade mit Blick auf printmediale Quellen zwangsläufig mit der Frage ihrer Repräsentativität konfrontiert. Indes hat diese „lange Zeit beliebte Frage", wie Adelheid von Saldern treffend angemerkt hat, „ihre frühere Königsstellung eingebüßt". Es sei gerade für komplexe und heterogene Gesellschaften sehr schwierig, „bestimmte Texte als repräsentativ zu kennzeichnen". Stattdessen gehe es „um die Einsicht in die analytische Relevanz, die sich durch die Vernetzung von Texten bildet und ein regelrechtes Textgewebe mit einem eigenständig wirkenden Aussagesystem entstehen lässt".[125] In der hier vorliegenden Studie konstituiert sich dieses Aussagesystem durch die Auswertung von Leitartikeln und Leserbriefen, die aus teilweise regionalen Zeitungen wie

---

[123] Adelheid von Saldern: Medientexte als Quelle, in: Dies.: Amerikanismus. Kulturelle Abgrenzung von Europa und US-Nationalismus im frühen 20. Jahrhundert, Stuttgart 2013 (Transatlantische Historische Studien 49), S. 23–28, hier S. 26.
[124] Vgl. zu diesem Argument auch ebd.
[125] Ebd., S. 25.

der *Canberra Times*, aber vor allem auch aus überregionalen Printmedien wie der kanadischen *Globe and Mail* oder dem *New Zealand Herald* stammen. Dabei wurden auch einige nationale Magazine wie das kanadische *Maclean's Magazine,* der australische *Bulletin* oder der *New Zealand Listener* berücksichtigt. Es handelt sich also um jene auflagenstarken Medien, in denen über Jahrzehnte hinweg genau die nationalen Identitätsnarrative geprägt worden waren, die mit dem sich abzeichnenden *End of Empire* nun brüchig erschienen. Inwiefern änderten sich diese ursprünglich auf *Britishness, Whiteness* und *family values* basierenden Narrative? Welche Alternativen wurden im Zuge der Identitätskrise und der Suche nach einer ‚neuen' Identität diskutiert? Vor dem Hintergrund dieser erkenntnisleitenden Fragen wurden in erster Linie die Artikel ausgewertet, die zu Zeitpunkten erschienen sind, in deren Kontext eine Auseinandersetzung mit der kollektiven Identität unerlässlich war. So stehen neben den Kommentaren zum Rückzug Großbritanniens von seiner ehemaligen Empire-Familie insbesondere die Artikel im Fokus der Betrachtung, die zu den Nationalfeiertagen, zur Debatte um eine eigene nationale Symbolik oder zu zentralen imageträchtigen Ereignissen wie der Expo 1967 erschienen sind.[126] Obgleich printmediale Texte dieser Art „lediglich Ausschnitte damals vorhandener Deutungsmuster"[127] darstellen, vermögen sie uns in ihrer „form of narrative"[128] eine verallgemeinerbare Auskunft über Identitätskonstruktionen und deren ‚neue' Grundlagen sowie über veränderte Inklusions- und Exklusionsmechanismen nach dem Empire zu geben. Dies ist gerade dann möglich, sofern sie multiperspektivisch sowie nach Möglichkeit in ihren transnationalen Verflechtungen betrachtet und mit anderen Quellen in eine Relation gesetzt werden.[129] Vor dem Hintergrund der Identitätskrise lassen sich aus ihnen somit nicht nur Erkenntnisse über verschiedene Bedrohungsszenarien in den ehemaligen weißen Siedlerkolonien, sondern auch über die entsprechenden Bewältigungsstrategien bedrohter Ordnung ableiten.

Gerade im Hinblick auf die erwähnte Multiperspektivität bleibt abschließend kritisch zu klären, welche Akteursgruppen durch die Quellenauswahl überhaupt zu Wort kommen können. Zwar nimmt meine Studie die Identitätsdebatte

---

[126] Bei der Auswertung der printmedialen Quellen konnten nur bedingt biographische Informationen zu den jeweiligen Verfasserinnen und Verfassern eingearbeitet werden. Dies ist dadurch begründet, dass nicht aus allen Artikeln hervorgeht, wer sie verfasst hat. Jedoch ließen sich häufig anhand der etwa von Aktivistinnen und Aktivisten in Kommentaren oder in Briefen genannten Zugehörigkeiten bestimmte Akteursgruppen identifizieren, denen bestimmte Meinungsbilder zugeordnet werden konnten.

[127] Saldern: Medientexte als Quelle, S. 25.

[128] Homi K. Bhabha: Introduction: narrating the nation, in: Ders. (Hg.): Nation and Narration, London, New York 1990 (ND 2006), S. 1–7, hier S. 2.

[129] Vgl. ähnlich dazu auch Saldern: Medientexte als Quelle, S. 24 f.

im Zuge des *End of Empire* zunächst durch die Brille einer weißen, in der Regel männlichen Elite in den Blick, die trotz aller Veränderungen weiterhin die Identitätsdiskurse prägte. Aufbauend auf der These, dass sich in bedrohten Ordnungen Diskurse in besonderer Art und Weise dynamisieren und so formbarer werden, kommen in meiner Studie allerdings neben Politikern, Intellektuellen und *ordinary citizens* allerdings auch jene Akteure zu Wort, die zuvor marginalisiert wurden und entsprechend nun an Einfluss gewinnen konnten. In den Fokus rücken damit vor allem indigene Akteure. In diesem Zusammenhang ist hervorzuheben, dass der Einfluss von Indigenen auf die Identitätsdebatte nur mittels der Quellen berücksichtigt werden konnte, die in englischer Sprache vorliegen. Eine Studie, die sich gezielt der indigenen Perspektive auf das Ende des Empire unter besonderer Berücksichtigung der zahlreichen Sprachen der *Aboriginal peoples* sowie deren Überlieferungsformen widmet, bleibt noch eine große unerledigte Aufgabe der Forschung. Einschränkend ist darüber hinaus hervorzuheben, dass die Bedeutung von *gender* in Zeiten der Identitätskrise keinen gesonderten Schwerpunkt in der hier vorliegenden Studie bildet, da dieser Aspekt bereits Gegenstand der jüngeren Forschung war.[130]

---

[130] Auf die entsprechenden Werke wird im Verlauf der Studie verwiesen.

II. Kontextualisierungen und theoretischer Zugriff

1. Abschied vom Empire – Identitätskrisen und die Suche nach einer ‚neuen' Identität

Das Ende des Zweiten Weltkriegs sowie die *reconstruction*-Phase gingen mit einem ‚neuen' nationalen Bewusstsein in den jeweiligen ehemaligen siedlerkolonialen Gesellschaften einher. Großbritannien hatte nach dem Krieg massiv an Macht und Einfluss eingebüßt. Und dennoch: Das Empire bzw. die Empire-Verbundenheit, welche die ehemaligen weißen *settler colonies* empfanden, endete nicht einfach mit der Zäsur 1945.

Während des Krieges hatten sich Kanada, Australien und Neuseeland geschlossen und loyal – vereint in einer imaginierten „unity of the ‚British peoples' around the globe" – hinter das Mutterland im Kampf gegen Nazi-Deutschland gestellt, um die „British liberty and British parliamentary institutions"[1] gegen die nationalsozialistische Tyrannei zu verteidigen. So war Australiens Kriegseintritt für den Premier Robert Gordon Menzies, kurz nachdem Großbritannien Deutschland am 3. September 1939 den Krieg erklärt hatte, „Business as usual"[2] und der neuseeländische Premier Michael Joseph Savage ließ in einer ähnlichen Selbstverständlichkeit noch von seinem Sterbebett aus verkünden: „Where she [Great Britain] goes, we go, where she stands, we stand."[3] Der Krieg hatte einerseits das Bewusstsein gestärkt, dass Kanada, Australien und Neusee-

---

[1] Phillip Buckner/ R. Douglas Francis: Introduction, in: Dies. (Hgg.): Canada and the British World: Culture, Migration, and Identity, Vancouver, Toronto 2006, S. 1–9, hier S. 2.

[2] Robert Menzies, zitiert in: Stuart Macintyre: A Concise History of Australia, Cambridge ³2009 (Cambridge Concise Histories), S. 190.

[3] Michael Savage, zitiert in: Philippa Mein Smith: A Concise History of New Zealand, Cambridge 2012 (Cambridge Concise Histories), S. 167. Im Gegensatz zu Australien und Neuseeland blieb Kanada nach der Kriegserklärung des Mutterlandes an Deutschland eine Woche lang neutral. Zwar erklärte der kanadische Premier Mackenzie King, dass Kanada in den Krieg ziehen werde. Allerdings müsse das Parlament über die Form und den Rahmen der kanadischen Beteiligung erst offiziell beraten. Am 10. September 1939 erfolgte dann schließlich die offizielle Kriegserklärung. Vgl. dazu Keith Jeffery: The Second World War, in: Judith M. Brown, Wm. Roger Louis (Hgg.): The Twentieth Century, Oxford, New York 1999 (The Oxford History of the British Empire 4), S. 306–328, hier S. 309.

land ein fundamentaler Teil des Empire bzw. Commonwealth waren, an dem infolgedessen das Interesse innerhalb der Dominions intensiviert und dort wiederhergestellt wurde, „where it had been lapsed"[4]. Andererseits brachte der Zweite Weltkrieg ein vermeintlich ‚neues' nationales Selbstbewusstsein hervor.[5]

Für den Kanadier David B. Harkness etwa, der im Jahre 1945 seine Abhandlung „*This Nation Called Canada*" veröffentlichte, waren neben dem Ersten Weltkrieg insbesondere der Zweite Weltkrieg dafür verantwortlich, dass Kanada sich selbst und seiner nationalen Identität gewahr wurde. Die beiden Kriege hätten einen identitären Prozess der Selbstwahrnehmung angeregt, der in anderen Ländern sehr viel früher – insbesondere durch Revolutionen – in Gang gesetzt worden sei. Allerdings stand dieser Prozess der nationalen Identitätsfindung für Harkness nicht unter einem positiven Vorzeichen, denn Kanada, so schrieb er, sei in diesen Prozess der Selbstfindung unvorbereitet hineingestolpert und habe immer noch eine identitäre Lücke mit Inhalt zu füllen, bevor man davon sprechen könne, dass das Land eine ‚vollwertige' Nation sei. Dabei sei die besondere Beziehung zum Mutterland Großbritannien für den Inferioritätskomplex (*inferiority complex*)[6] des Landes verantwortlich, das quasi künstlich in einem kolonialen Zustand gehalten werde. Der inferiore Status der Dominion müsse im Mülleimer der Geschichte entsorgt werden, damit aus der Dominion endlich die Nation Kanada werden könne;[7] Kanada in seiner Rolle als junger Sohn müsse sich endlich „a household of his own" außerhalb des „household of the parent"[8] einrichten. Obwohl Harkness sich in seiner Abhandlung dezidiert für ein neu zu etablierendes nationales Selbstbewusstsein Kanadas und für die Überwindung des *inferiority complex* aussprach, galt es für ihn nicht als Wider-

---

[4] Francine McKenzie: Redefining the Bonds of Commonwealth, 1939–1948. The Politics of Preference, Houndmills 2002 (Cambridge Imperial and Post-Colonial Studies Series), S. 27.

[5] Vgl. ähnlich dazu für den kanadischen Fall Buckner/ Francis: Introduction, S. 2.

[6] Zwei Jahre vor Harkness hatte der kanadische Journalist Bruce Hutchison in seiner Monographie mit dem programmatischen Titel „*The Unknown Country*" diesen Inferioritätskomplex wie folgt auf den Punkt gebracht: „My country has not found itself nor felt its power nor learned its true place. It is all visions, and doubts and hopes and dreams. It is strength and weakness, despair and joy, and the wild confusions and restless strivings of a boy who has passed his boyhood but is not yet a man." Bruce Hutchison: The Unknown Country. Canada and Her People, Toronto ⁷1948 (1. Aufl. 1943), S. 3. Wie Harkness' Abhandlung sind auch die Äußerungen Hutchinsons vor dem Hintergrund des im Zuge des Zweiten Weltkriegs aufkommenden kanadischen Nationalismus zu kontextualisieren, in dessen Rahmen ein nationales Identitätsvakuum beklagt, Kanada aber weiterhin als britisch definiert wurde.

[7] Vgl. David B. Harkness: This Nation Called Canada, Toronto 1945, S. 15 f., 19, 41 f., 52 f., 56 f.

[8] Ebd., S. 52 f.

spruch, gleichzeitig sämtliche Ideale und Werte der kanadischen Nation als britisch zu beschreiben: „On all such levels Canada is a British nation and proposes to continue to be a British nation."[9]

Auch in Neuseeland, wo 1940 insbesondere unter dem Eindruck des *Centennial* zahlreiche Publikationen über den Aufstieg der Nation erschienen, die das nationale Bewusstsein der Pakeha-Mehrheit stärken sollten,[10] beklagten Akteure wie der Historiker Frederick L. W. Wood einen Inferioritätskomplex bzw. *mother complex*. Im Gegensatz zu Australien und Kanada, wo die Iren bzw. die Frankokanadier durch ihre oppositionelle Haltung gegenüber Großbritannien die Unabhängigkeit vom Mutterland beschleunigt hätten, verfüge Neuseeland, abgesehen von den nicht so einflussreichen Maori, über keine vergleichbare anti-britische „racial minority" im eigenen Land. Neuseeland sei daher „the slowest of the Dominions to claim anything like independence"[11]. Dies alles habe insbesondere zu einer Tatsache beigetragen: „[T]hat New Zealand as a community looked with pleasure on its links with Britain, and that it took a genuine delight in being the ‚most English of the Dominions[.]'"[12] Trotz seiner Kritik an der langsamen Entwicklung Neuseelands Richtung *independence* vermochte sich Wood ähnlich wie Harkness nicht von der emotionalen Perspektive auf das Mutterland zu lösen. Mit Blick auf die Zukunft Neuseelands gerichtet pries er in diesem Sinne neben der besonders innigen emotionalen und ökonomischen Beziehung zu Großbritannien vor allem auch die britischen Führungsqualitäten an, habe doch das Mutterland die historisch gewachsene Weisheit vieler Jahrhunderte geerbt:

In short, the relations of New Zealand and Great Britain in the years just before the war are an example of teamwork based on deep-rooted affinity in two peoples. Their continued smooth working will depend not only on sentimental and economic ties but on the wisdom and restraint of those with power and prestige. And Britain, as the leading figure in a group of freedom-loving nations, has the inherited wisdom of many centuries of varied experience.[13]

Für Australien hat während des Zweiten Weltkriegs besonders ein Ereignis die nationale Selbstwahrnehmung verändert: Der Fall von Singapur 1942 ließ die

---

[9] Ebd., S. 57. Vgl. dazu auch Phillip Buckner: The Long Goodbye: English Canadians and the British World, in: Ders., R. Douglas Francis (Hgg.): Rediscovering the British World, Calgary 2005, S. 181–207, hier S. 199.

[10] Vgl. auch Mein Smith: A Concise History of New Zealand, S. 179. *Pakeha* ist eine Bezeichnung der Maori für eine Person europäischstämmiger Herkunft.

[11] Vgl. Frederick L. W. Wood: Understanding New Zealand, New York 1944, S. 188. Vgl. auch ebd., S. 194.

[12] Ebd., S. 188.

[13] Ebd., S. 205.

Befürchtung, Singapur als die letzte Bastion „between a hostile Asia and a white, British Australia"[14] zu verlieren, wahr werden und verstärkte die Angst vor einer japanischen Invasion. Angesichts der Tatsache, dass sich Großbritannien militärisch vornehmlich im europäischen Kontext engagierte, zeichnete sich schon bald ab, dass keine Hilfe vom Mutterland zu erwarten war. Diese Erfahrung spiegelte sich in der nachträglichen Betrachtung des Krieges wider: Während der Erste Weltkrieg die ANZAC-Legende hervorgebracht hatte und der Kriegseinsatz als eine glorreiche Leistung für das Empire betrachtet wurde,[15] interpretierten Australier „their initial experience of the Second World War as a betrayal".[16] Insbesondere unter dem Eindruck von Großbritanniens historischem Versagen, Singapur nicht gegen die Japaner gehalten zu haben, wird teilweise bis in die Gegenwart hinein das Verhalten des Mutterlandes als *Great Betrayal* betrachtet. Diese Sichtweise machte maßgeblich die gleichnamige Publikation des australischen Historikers David Day im Jahre 1988 populär.[17] Australische Nationalisten nutzten den Vorwurf des Verrats und propagierten unter dem Schlagwort *The Great Betrayal* die vermeintliche Loslösung Australiens von seinem Mutterland, das nun eine ‚eigene' Identität zu entwickeln schien.[18] In der Tat interpretierten die Zeitgenossen etwa die selbstbewussten Worte des australischen Premiers John Curtin (1941–1945), dass Australien sich nun Amerika zuwenden werde – „free of any pangs as to our traditional links or kinship with the United Kingdom"[19] –, als dezidiert anti-britisch. Ein genauerer Blick auf die Reaktionen der meisten Australier auf diese Äußerungen Curtins von 1941 zeigt jedoch, dass man weit davon entfernt war, sich selbstbewusst vom Empire und dem Mutterland zu lösen. So wurde Curtins Ansprache zum Jahreswechsel beinahe schon panisch als ein „break from the Empire"[20] oder sogar – mit den Worten des früheren Premiers William Morris Hughes (1915–1923) ausgedrückt – als „suicidal"[21] interpretiert. Angesichts der massiven Kritik sah sich Curtin letztlich dazu gezwungen, seine Aussagen am gleichen Tag ihrer Veröffentlichung zu relativieren und die Zugehörigkeit Australiens noch

---

[14] Curran: The Power of Speech, S. 26.
[15] Zur ANZAC-Legende vgl. Kap. II.3.2.
[16] Macintyre: A Concise History of Australia, S. 191.
[17] Vgl. David Day: The Great Betrayal. Britain, Australia & the Onset of the Pacific War 1939–42, Melbourne 1988.
[18] Vgl. Neville Meaney: Britishness and Australia. Some Reflections, in: Carl Bridge, Kent Fedorowich (Hgg.): The British World: Diaspora, Culture and Identity, London 2003, S. 121–135, hier S. 125.
[19] John Curtin: The Task Ahead, in: Melbourne Herald, 27.12.1941.
[20] K. H. Bailey: Australia in the Empire, in: The Australian Quarterly 14.1 (1942), S. 5–18, hier S. 11.
[21] William Morris Hughes, zitiert in: Curran: The Power of Speech, S. 26.

1. Abschied vom Empire – Identitätskrisen und die Suche nach einer ‚neuen' Identität 41

einmal unmissverständlich zu unterstreichen: „There is no part of the Empire more steadfast in loyalty to the British way of living and British institutions than Australia."[22] Vor dem Hintergrund der gesellschaftlichen Kritik, die Curtins Äußerungen verursacht hatten, verhandelte der australische Jurist Kenneth Bailey 1942 die zentrale Frage, welche Rolle Australien eigentlich im Empire spiele. Seine programmatische Abhandlung „*Australia in the Empire*" beantwortete die Frage sehr eindeutig: Es sei falsch, die Aussagen Curtins als empirefeindlich zu bewerten. Die gegenwärtige Anbindung an die USA stehe nicht im Konflikt mit den „Empire loyalties", die, so Bailey, mit „roots as deep almost as a man's religion"[23] in der australischen Gesellschaft über ökonomische und strategische Verbindungen verwurzelt seien, welche zusätzlich noch durch „cultural links of the closest kind"[24] verstärkt würden. Zwar gebe es einige australische Nationalisten, die anti-britisch eingestellt seien. Doch habe der Kriegseintritt Australiens bewiesen, dass die Mehrheit der Australier sich selbst als einen festen Bestandteil des Empire-Verbunds definiere und die Zugehörigkeit zu dieser Gemeinschaft sehr hoch halte, obgleich es sich bei Australien und Großbritannien um separate Länder handle: „‚We' were at war, not ‚they and we'; ‚We' meaning ‚the Empire,' or at any rate Britain and Australia."[25] Im Gegensatz zu den anti-britischen Nationalisten in Australien, so Bailey, seien die ‚wahren' Nationalisten diejenigen, die imstande seien, „nationalism [...] with a real sense of loyalty to a wider community"[26] zu verbinden.

Obwohl mit dem Zweiten Weltkrieg ein ‚neues' Selbstbewusstsein in Kanada, Australien und Neuseeland einherging, so lässt sich resümierend festhalten, betrachteten sich die Länder nach 1945 noch als festes Mitglied der Empire-Familie. Die meisten Akteure sahen keinen Widerspruch zwischen ihrer Identität als Kanadier, Australier und Neuseeländer und ihrem Selbstverständnis, *British* zu sein. Auch der aufkommende Nationalismus, der sich etwa in einer nationalistisch ausgerichteten Geschichtsschreibung äußerte, hinterfragte mitnichten die britische Identität.[27] So gab es für die meisten zeitgenössischen Historiker keinen Widerspruch zwischen einer nationalistischen Geschichtsauffassung, welche die eigenen Interessen des Landes im Fokus hatte, und der fortbestehenden Verbundenheit mit dem britischen Mutterland und seinem Empire. Sogar die gegenüber britischen Einflüssen eher kritisch eingestellte kanadische „School of Political Nationhood", welche zu Beginn des 20. Jahrhunderts die

---

[22] John Curtin, zitiert in: Curran: The Power of Speech, S. 27.
[23] Bailey: Australia in the Empire, S. 11.
[24] Ebd., S. 12.
[25] Ebd.
[26] Ebd.
[27] Vgl. dazu die theoretischen Ausführungen zum Siedlernationalismus in Kap. II.3.3.

imperialistische „Blood is Thicker Than Water School" ersetzt habe, so J. M. S. Careless, habe keinen Widerspruch zwischen ihrer nationalen Programmatik und den in vielen Teilen der Gesellschaft fortbestehenden Verbindungen mit dem Mutterland gesehen.[28]

[28] Vgl. J. M. S. Careless: Frontierism, Metropolitanism, and Canadian History, in: The Canadian Historical Review 35 (1954), S. 1–21, hier S. 2 ff. Die kulturelle Nähe zu den USA, die Kanada im Unterschied zu Neuseeland und Australien zu einem besonderen Fall macht, erfordert einige zusätzliche Anmerkungen zur zeitgenössischen Geschichtsschreibung des Landes. Careless unterscheidet insgesamt zwischen drei verschiedenen kanadischen Historikerschulen, an denen er die Entwicklung des *Frontierism* illustriert: Neben der „Britannic, or Blood is Thicker than Water School" (ebd., S. 2), die im späten 19. und frühen 20. Jahrhundert vor dem Hintergrund einer imaginierten *Britannic Community* und auf der Grundlage einer „indefinable company, the ‚British Race'[,]" (ebd.) argumentiert und jeglichen Einfluss des nordamerikanischen Kontextes negiert habe, habe es noch die „School of Political Nationhood" (ebd., S. 3) gegeben. Ab den späten 1920er Jahren sei zusätzlich noch die „Environmentalist School, or North Americans All" (ebd., S. 5) auf den Plan getreten. Von der ersten Historikerschule unterschieden sich nationalistische Historiker wie J. W. Dafoe oder O. D. Skelton dahingehend, dass sie Kanada stärker im nordamerikanischen Kontext verorteten. Auch wenn die kulturelle Verbindung zum Mutterland weiterhin bestand, vertraten sie die Auffassung, „that a society distinct from that of Britain had taken shape in Canada" (ebd., S. 5). Diese Historikerschule, die, wie Careless betont, eher „in political and constitutional terms" (ebd.) gedacht habe, sei dann von der *Environmentalist School* ersetzt bzw. ergänzt worden, die ihren Fokus auf „social, economic, and intellectual forces within North America" (ebd.) gerichtet habe. Diese Historikerschule verband das nationalistische Streben nach einer distinkten Identität noch stärker als die zweite Schule mit dem nordamerikanischen Umfeld und gelangte zu der Erkenntnis, „that Canadian institutions and viewpoints were not simply British, but were in their own way as American as those of the United States" (ebd.). Für Frank H. Underhill beispielsweise war klar, dass Kanada sich auf sein nordamerikanisches Umfeld zu fokussieren hatte und sich letztendlich sowohl von Europa (insbesondere von Großbritannien) als auch vom Einfluss der USA lossagen müsse. Vgl. dazu Donald Wright/ Christopher Saunders: The Writing of the History of Canada and of South Africa, in: Stuart Macintyre, Juan Maiguashca und Attila Pók (Hgg.): The Oxford History of Historical Writing, Vol. 4: 1800–1945, Oxford 2011, S. 390–408, hier S. 396. Careless, dessen hier zitierte Abhandlung laut Phillip Buckner als „the basic framework of English-Canadian historiography" (Buckner: Introduction: Canada and the British Empire, S. 1) gelten könne, sprach sich für eine „qualified version of environmentalism" (Careless: Frontierism, S. 14) aus, die er im *Metropolitanism* verkörpert sah. In Anlehnung an Harold Innis' *Staple Thesis* sowie insbesondere Donald Creightons *Laurentian Thesis* (vgl. dazu detaillierter S. 73 f.) plädierte Careless dafür, die kanadische Geschichte vor dem Hintergrund stark ausgeprägter metropolitaner Verbindungen mit Großbritannien – „particularly the commercial, intellectual, and institutional links" (Buckner: Introduction: Canada and the British Empire, S. 2) – zu sehen. Auffällig ist dabei, dass Careless das Argument des *Metropolitanism* verwendet, um historische Entwicklungen in Kanada von denen in den USA abzugrenzen. So gesehen werden die kanadischen Metropolen zu einem distinkten Element der kanadischen Geschichte erklärt. Durch ihre starke Verbindung zu Großbritannien scheinen sich die kanadischen Metropolen maßgeblich von denen der USA zu unterscheiden. Die Verbindung zu Großbritannien wird hier

Nach dem Zweiten Weltkrieg bevorzugten Akteure weiterhin den Begriff *Empire* vor der Bezeichnung *Commonwealth*, verehrten weiterhin eine Flagge, die den *Union Jack* enthielt, sangen und hörten weiterhin „*God Save the King*" bzw. ab 1952 „*God Save the Queen*" und definierten sich trotz des zunehmenden amerikanischen Einflusses auch im kulturellen Bereich vornehmlich als *British*. Kulturelles Vorbild und damit in gewisser Weise auch kulturelle Heimat blieb London.[29] Als Ausdruck dieses kulturellen Zugehörigkeitsgefühls, ja sogar als „symptom of Better Britonism"[30], kann dabei der weitverbreitete Anti-Amerikanismus gesehen werden, der in ein ambivalentes Spannungsverhältnis zwischen „Anglo-Saxon kinship, [...], and a Hollywood-induced aura of glamour"[31] eingebettet war.

Obwohl 1947 in Kanada und 1948 in Neuseeland und Australien mit den jeweiligen *Citizenship Acts* erstmals eine von Großbritannien losgelöste Staatsbürgerschaft etabliert wurde, blieben die Bürgerinnen und Bürger *British subjects*. Vor dem Hintergrund hitzig geführter Debatten um die Sinnhaftigkeit einer von Großbritannien unabhängigen Staatsbürgerschaft mussten Politiker ihren Wählerinnen und Wählern diesen Status teilweise sogar beschwichtigend zusichern. In diesem Sinne unterstrich beispielsweise der neuseeländische *Minister of Foreign Affairs* mit Stolz, dass beide Seiten des Hauses während der Debatte um den *Citizenship Act* wiederholt bekräftigt hätten, dass Neuseelands „[...] pride, [...] loyalty, and [...] love for the Mother-land"[32] mitnichten geschmälert worden seien. Die *British Nationality* behielt also einen höheren Wert als die *New Zealand*, *Australian* oder *Canadian Citizenship*.[33] Erst ab dem Jahre 1977 gab es durch die jeweiligen *Citizenship Acts* in Kanada und Neuseeland keinen *British subject status* mehr. In Australien dauerte es noch bis 1984, bis die *Labor*-Regierung unter Bob Hawke (1983–1991) ein entsprechendes *amend-*

---

also als Distinktionsmerkmal genutzt. Innerhalb der zeitgenössischen Historiographie Kanadas diente dieses Distinktionsmerkmal als Grundlage für Identitätskonstruktionen.

[29] Vgl. auch Felicity Barnes: New Zealand's London. A Colony and its Metropolis, Auckland 2012, S. 13.
[30] Belich: Paradise Reforged, S. 290.
[31] Ebd.
[32] Hon. Mr. Parry, in: New Zealand Parliamentary Debates, Vol. 281, 17.8.1948, S. 1520.
[33] Vgl. Donald Denoon/ Philippa Mein Smith: A History of Australia, New Zealand and the Pacific, Malden u.a. 2000, S. 351; Meaney: Britishness and Australia, S. 129; Phillip Buckner: Introduction: Canada and the British Empire, in: Ders. (Hg.): Canada and the British Empire, Oxford 2008 (The Oxford History of the British Empire. Companion Series), S. 1–21, hier S. 2; Jatinder Mann: The end of the British World and the redefinition of citizenship in Aotearoa New Zealand, 1950s–1970s, in: National Identities (September 2017), abgerufen unter: https://doi.org/10.1080/14608944.2017.1369019, (11.11.2017), S. 1–17, hier S. 3.

ment auf den Weg brachte. Für Indigene blieben Bürgerrechte dabei noch für eine lange Zeit unerreichbar.[34]

Großbritanniens subventionierte Emigrationsprogramme nach dem Zweiten Weltkrieg – „to ensure that ‚British stock' retained its vitality overseas" – sorgten in den ehemaligen Siedlerkolonien zusätzlich dafür, dass das Mutterland weiterhin als die „ultimate source of their identities, and Britishness as the basis of their unity, throughout the 1940s and 1950s"[35] betrachtet wurden. Zu Beginn der 1960er Jahre berichtete die kanadische *Globe and Mail* sogar von einem Wettstreit um britische Einwanderer, der zwischen Kanada, Australien und Neuseeland entbrannt sei. So beklagte der Artikel unter dem Titel „*Britons can't resist Australia's sunny promises*", dass die kanadischen Bemühungen um britische Einwanderer nicht mit denen der Australier mithalten könnten. Im Gegen-

---

[34] In Kanada wurde erst 1956 der *Citizenship Act* so angepasst, dass alle indigenen Gruppierungen – inklusive Inuits und ‚Status-Indianer' – berücksichtigt wurden. Allerdings erhielten sie erst in den 1960er Jahren das uneingeschränkte Wahlrecht, ohne dabei ihren *Indian Status* einbüßen zu müssen. In Australien wurden *Aboriginal people*, die juristisch betrachtet bereits *legal citizens* waren, erst mit dem *Citizenship Referendum* von 1967 als australische Bürgerinnen und Bürger wahrgenommen und damit auch zur Bevölkerung gezählt. Vgl. Helen Irving: s.v. Citizenship, in: Graeme Davison, John Hirst und Stuart Macintyre (Hgg.): The Oxford Companion to Australian History, Oxford 2001, S. 126 f., hier S. 127. Während der 1960er Jahre wurden auch letzte Beeinträchtigungen im Wahlrecht für die Aboriginals aufgehoben. Im Hinblick auf die Situation der Indigenen grenzte sich Neuseeland traditionell von Australien ab. In Neuseeland war man stolz auf die vermeintliche Besserstellung der Maori im Vergleich zu den Aborigines. Seit 1879 hatten alle Männer das Wahlrecht und als Übergangslösung, bis die Maori vollständig assimiliert sein würden und die Umwandlung ihres *tribal land* in *individual title* vollzogen worden sei, wurden für die Maori vier ständige Parlamentssitze etabliert. Vgl. Mein Smith: A Concise History of New Zealand, S. 91. Die rechtliche Besserstellung der Maori hing vor allem mit dem 1840 zwischen den Maori *Chiefs* und der britischen Krone geschlossenen *Treaty of Waitangi* zusammen, der unter anderem den Besitz der Maori rechtlich anerkannte. Allerdings kämpften die Maori wie die First Nations in Kanada und die Aboriginals in Australien noch bis in die 1990er Jahre um die Anerkennung von Landrechten, die trotz des *Treaty of Waitangi* gebrochen wurden, sowie um die Anerkennung ihres Leids infolge von Rassismus, Unterdrückung, Ausbeutung und Misshandlung. Vgl. dazu Franke Wilmer: Indigenous Peoples' Responses to Conquest, in: Lester Kurts (Hg.): Encyclopedia of Violence, Peace, and Conflict, Vol. 2, San Diego u. a. 1999, S. 179–195, hier S. 186–191; Ewald Frie: Einmal Europa und zurück? Australien und Neuseeland, in: Helmut Konrad, Monika Stromberger (Hgg.): Die Welt im 20. Jahrhundert nach 1945, Wien 2010 (Globalgeschichte. Die Welt 1000–2000), S. 337–359, hier S. 350 f.; Jatinder Mann: The Redefinition of Citizenship in Canada, 1950s–1970s, in: Ders. (Hg.): Citizenship in Transnational Perspective. Australia, Canada, and New Zealand, Cham 2017 (Politics of Citizenship and Migration), S. 97–115, hier S. 107 f.; Brian Galligan: Australian Citizenship in a Changing Nation and World, in: Jatinder Mann (Hg.): Citizenship in Transnational Perspective. Australia, Canada, and New Zealand, Cham 2017, S. 79–96, hier S. 86 f.

[35] Hopkins: Rethinking Decolonization, S. 221.

1. Abschied vom Empire – Identitätskrisen und die Suche nach einer ‚neuen' Identität 45

satz zum sonnigen Australien, das ähnlich wie Neuseeland nach dem Motto „We'll take all we can get" um britische Einwanderer werbe, wirke Kanada unattraktiv, ja „inhospitable by comparison".[36]

Die Langlebigkeit des Empire manifestierte sich auch in der Omnipräsenz britisch konnotierter Symbole, in Ritualen im schulischen Kontext wie auch im allgemeinen öffentlichen Raum, in Mythen und in (historiographischen) Erfolgsnarrativen, die an die glorreiche Zeit im Empire erinnerten. Für die drei Länder fungierte dabei insbesondere die Monarchie als verbindendes Element bzw. als kulturelle Klammer. So mobilisierte 1953 die erstmalig im Fernsehen übertragene Krönungszeremonie von Queen Elizabeth II. die Massen in enthusiastischer Freude. Die zahlreichen *Coronation Events*, die in Australien sogar die Insassen von Gefängnissen miteinbezogen,[37] sowie die jubelnden Untertanen in „den Kino-Wochenschauen zeigten [...], dass das Empire als Grundlage für ein Zeitalter der Zusammenarbeit und Harmonie erinnert werden könnte".[38] Noch vermochten die Akteure eine Verbindung zwischen der mit dem Empire aufs Engste verbundenen siedlerkolonialen Vergangenheit und einer Gegenwart herzustellen, die auch für die Zukunft mit dem Empire verknüpft sein sollte: *Britain*, wie eine neuseeländische Reise-Reklame es auf den Punkt brachte, verkörperte „The Yesterday Today and Tomorrow Country"[39]. Dies sollte sich jedoch mit der Hinwendung des Mutterlandes nach Europa ab den 1960er Jahren ändern.

Durch Großbritanniens Bewerbungen 1961 und 1967 um eine Mitgliedschaft in der EWG, die das Land erst 1973 erreichen sollte, geriet das nationale Selbstverständnis der meisten Akteure in Kanada, Australien und Neuseeland in eine fundamentale Krise. Insbesondere das Manifest der konservativen britischen Regierung mit dem Titel „*The United Kingdom and the European Communities*" von 1971 unterstrich ein für alle Mal, dass Kanada, Australien und Neuseeland nicht mehr auf die Verbindung zum Mutterland und auf die Gemeinschaft im Commonwealth, in dem sie so lange eine Premium-Mitgliedschaft für

---

[36] Britons can't resist Australia's sunny promises, in: The Globe and Mail, 16.3.1963. Kanada erwartete, so kann man dem Artikel entnehmen, für das Jahr 1963 20 000 britische Einwanderer, während die Zahlen für Australien auf 100 000 geschätzt wurden. Ähnlich wie die Australier seien auch die Neuseeländer völlig überwältigt von dem großen Interesse vieler Briten, in ihr Land auszuwandern. Alleine zwischen November und Dezember des Jahres 1962 und Januar 1963 seien die täglich eingereichten Einreiseanträge von ca. 170 auf 700 angestiegen, so ein in dem Artikel zitierter Vertreter des *New Zealand House*.
[37] Vgl. Jane Connors: Royal Visits to Australia, Canberra 2015, S. 80.
[38] John Darwin: Die britische Erinnerung an das Empire: Eine vorläufige Betrachtung, in: Dietmar Rothermund (Hg.): Erinnerungskulturen post-imperialer Nationen, Baden-Baden 2015, S. 29–55, hier S. 39.
[39] Tomorrow country, in: The Evening Post, 24.4.1970.

sich beansprucht hatten, setzen konnten. Die Mitglieder des Commonwealth, so das Papier, seien über den ganzen Globus verstreut, verfolgten unterschiedliche politische sowie wirtschaftliche Interessen und ihre Beziehung zum Vereinigten Königreich sei in einem ständigen Wandel begriffen.[40] Der alte Zusammenhalt im Empire-Verbund gehörte spätestens mit der Botschaft dieses Dokuments der Vergangenheit an.

Für den neuseeländischen Historiker John Pocock konnte Großbritanniens Umorientierung nach Europa nur als eines interpretiert werden: Als einschneidende Trennung zwischen Neuseeland und dem Mutterland, das sich nun plötzlich als europäisch verstehen wollte. In diesem Sinne erinnerte er sich rückblickend an die Umstände, unter deren Eindruck er 1973 im Rahmen eines Vortrags vor der *New Zealand Historical Association* eine Neuausrichtung der britischen Geschichtsschreibung eingefordert hatte:

> [I]t was composed and delivered after the great divorce which occurred when you [Great Britain] told us that you were now Europeans, which we, as New Zealanders, were not; so that after all those generations in which you had allowed the notion of empire to shape your identity (or so you now tell us, by way of justifying what you do now, since you no longer have the Empire), we were to learn that you cared as little for our past as for our future. [...] In effect, you threw your identity, as well as ours, into a condition of contingency, in which you have to decide whether it is possible to be both British and European (given that you do not particularly believe in either), while we have to decide in what sense if any we continue to be British or have a British history. You did not pause to consider what you were doing to us – but you did it to yourselves at the same time.[41]

Die Trennung, die sich mit Großbritanniens Hinwendung nach Europa abzeichnete, hatte, folgt man dem Quellenzitat, zu einem Bruch zwischen der britischen und der siedlerkolonial geprägten Identität geführt. Er verlief zwischen einer gemeinsam erlebten Vergangenheit und einer nun ungewissen Zukunft und trennte die britische und neuseeländische Geschichte voneinander. Ganz im Sinne Anthony Giddens', dessen Ausführungen zum Verhältnis zwischen dem Zugriff auf die Vergangenheit und der Behauptung einer (kollektiven) Identität bereits an früherer Stelle erläutert worden sind, gelang nun eine erfolgreiche Kontingenzbewältigung durch die Verbindung zwischen der Vergangenheit und Gegenwart nicht mehr, die zuvor über Generationen hinweg für eine ontologische Sicherheit gesorgt hatte. Die Folge, mit der sich nicht nur Historiker wie Pocock, sondern auch viele andere Akteure innerhalb der einzelnen Gesell-

---

[40] The United Kingdom and the European Communities (1971), zitiert in: Darwin: Das unvollendete Weltreich, S. 397.

[41] J. G. A. Pocock: Contingency, identity, sovereignty, in: Alexander Grant, Keith J. Stringer (Hgg.): Uniting the Kingdom? The Making of British History, London 1995 (e-Library 2003), S. 203–209, hier S. 205 f. sowie Ders.: British History: A Plea for a New Subject, in: The Journal of Modern History 47.4 (1975), S. 601–621.

schaften konfrontiert sahen, war eine fundamentale Identitätskrise. An dieser schien das Mutterland schuld zu sein, welches sie einerseits zugelassen hatte, mit der es andererseits aber auch gleichzeitig selbst konfrontiert war. Während Neuseeland – ähnlich wie Kanada und Australien – einen festen, britisch geprägten Bestandteil seiner Identität einbüßte, verlor das Mutterland seine alte Empire-Anbindung und musste sich im europäischen Kontext neu definieren. Für die ehemaligen Siedlerkolonien, die sich so lange als imperial gewachsene Familie „of British stock and white ‚kith and kin'"[42] verstanden hatten, war die Hinwendung Großbritanniens nach Europa vor allem ein Verrat. Über diesen konnten sich die meisten Zeitgenossen, die sich nun als „Abandoned Britons"[43] sahen, nur schockiert äußern. Die Botschaft von *Britain's turn to Europe* war klar: Auf das alte Mutterland war kein Verlass mehr – ein Eindruck, der etwa durch neue Einreisebestimmungen in Großbritannien sowie durch den angekündigten Abzug der britischen Truppen *east of Suez* verstärkt wurde.

Der *Immigration Act* von 1971 sorgte dafür, dass der Unterschied zwischen Reisenden aus dem Commonwealth und *foreigners* aufgehoben wurde, so dass *people of British stock* zusammen mit Reisenden aus aller Welt an den gleichen Schaltern am Flughafen warten mussten, während Europäer ohne größeren Aufwand in das Land einreisen durften.[44] Ähnlich wie bereits bei den Debatten zur „repatriation of the national name"[45], an der eine deutliche Sonderbehandlung der weißen Familienmitglieder des Commonwealth ablesbar wurde, entschied sich die britische Regierung nun erneut dafür, spezielle bilaterale Gespräche mit Kanada, Australien und Neuseeland über die geplanten neuen Einreisebestimmungen aufzunehmen. Auch Zeitgenossen wie dem kanadischen Journalisten Colin McCullough fiel diese Sonderbehandlung auf. Großbritannien, so gab er zu bedenken, gehe es primär um die Gunst der „so-called old Commonwealth nations", habe man doch die Vertreter „of Indian, Pakistani and African countries"[46] offensichtlich nicht zu den Gesprächen eingeladen. In Neuseeland kritisierte Norman Kirk, der spätere Premier (1972–1974), das neue Gesetz vor allem deshalb, weil es sowohl Australiern als auch Neuseeländern vermittle, dass man nun wie ein Fremder behandelt werden würde:

---

[42] Buettner: Europe after Empire, S. 49.
[43] Curran/ Ward: The Unknown Nation, S. 26.
[44] Vgl. Wm. Roger Louis: Introduction, in: Judith M. Brown, Wm. Roger Louis (Hgg.): The Twentieth Century, Oxford, New York 1999 (The Oxford History of the British Empire 4), S. 1–46, hier S. 15.
[45] Curran/ Ward: The Unknown Nation, S. 29.
[46] Colin McCullough: U.K. planning to hold talks with Canada on immigration policy, in: The Globe and Mail, 24.11.1972.

Britain's new immigration laws are interfering with the constitutional rights of New Zealanders to have access to the Queen, the Leader of the Labour Party, Mr Kirk said today. Mr Kirk, criticizing the law which classifies New Zealanders and Australians as alien in Britain, said New Zealanders could have access to the Queen whenever they wished because she lived in Britain and not in New Zealand.[47]

Veröffentlicht wurden die Ausführungen Kirks unter der dramatisierenden Schlagzeile „*NZ has lost access to Queen*", die den Leserinnen und Lesern bedrohlich suggerierte, dass man ihnen vermeintlich mit Hilfe des neuen Gesetzes den Zugang zur geliebten Queen nehmen wolle. Kirks Bezug zur Monarchie verdeutlicht, dass *Britishness* trotz der sich ändernden Zeiten etwas war, von dem man sich nicht so leicht trennen konnte und wollte.

Als besonders hart und verletzend erschienen die neuen Einreisebestimmungen vielen Akteuren auch angesichts der Tatsache, dass man noch während des Zweiten Weltkriegs für das Mutterland gekämpft und zahlreiche Leben geopfert hatte. P. A. Stewart aus Auckland beispielsweise, ein Veteran der *Royal Air Force*, wandte sich äußerst besorgt mit seinem Anliegen, den alten „immigration status" der „overseas family members" beizubehalten, an den britischen Abgeordneten Sir Bernard Braine. Während des Krieges, so Stewart, seien alle Neuseeländer *British* gewesen: „[O]ur homes were in the U.K., our wives and children were British."[48] Angesichts der neuen Einreisebestimmungen sahen Akteure wie Stewart ihr Zugehörigkeitsgefühl zum Empire, verstanden als Makro-Raum mit Großbritannien als Zentrum,[49] verletzt. In diesem Sinne äußerte sich auch ein „British-Born Parent" aus Hamilton äußerst besorgt, denn mit den neuen Einreisebestimmungen, so die Befürchtung, könnten neuseeländische Kinder künftig nicht mehr als britisch angesehen werden, und das trotz zweier opferreicher Kriegseinsätze für das Mutterland:

I was astounded and distressed to learn that, according to British law, my children may no longer be regarded as British. They are fourth-generation New Zealanders whose great-grandparents all came from Britain – England, Ireland, Scotland and Wales. Their fathers, grandfathers and uncles have all fought for Britain in World Wars I or II. […] If my children are not British, what are they?[50]

---

[47] Kirk: NZ has lost access to Queen, in: The Auckland Star, 17.11.1972. Vgl. dazu auch New Zealanders would be aliens, in: The Dominion, 21.11.1972.

[48] ANZW ABHS 7148 W4628 Box 53 LONB 67/1/4 pt. 2, United Kingdom Affairs – General – Immigration 1970–1972, P. A. Stewart an Sir Bernard Braine, M. P. (House of Commons London), 29.11.1972.

[49] Vgl. dazu Susanne Rau: Räume. Konzepte, Wahrnehmungen, Nutzungen, Frankfurt, New York ²2017, S. 64 f.

[50] Of British descent, but not British, in: The Auckland Star, 10.2.1971.

1. Abschied vom Empire – Identitätskrisen und die Suche nach einer ‚neuen' Identität 49

Im schlimmsten Falle, so fasste es 1973 ein britischer Repräsentant der *Anti-Common Market Group* in einem an die Neuseeländer (als seine „Cousins") adressierten Leserbrief zusammen, bleibe für die Familie, die von den Briten verlassen worden sei, nichts anderes übrig, als auf die Knie zu sinken und zu beten: „The ‚unthinkable' is happening and we are surrendering our sovereignty and ratting on you, our kith and kin."[51]

Neben Stimmen von kanadischen, australischen und neuseeländischen Akteuren, die ihren *sense of Britishness* massiv bedroht sahen und daher ihrer Verzweiflung Ausdruck verliehen, indem sie mit emotionalem Nachdruck die enge kulturelle und historisch gewachsene Verbindung mit dem Mutterland hervorhoben, gab es auch trotzige Reaktionen.[52] Bemerkbar machten sich diese an der anti-britischen Stimmung, die sich vor allem in Australien und später auch in Neuseeland in Verbindung mit dem Bild vom jammernden britischen Einwanderer, dem *whingeing pom* bzw. *pommy*, äußerte. Ursprünglich bezeichnete man die Einwanderer, die in der Nachkriegszeit durch staatliche Subventionen für nur 10 Pfund nach Australien oder Neuseeland auswandern konnten, als *ten pound poms*. Während der 1960er im Falle Australiens und ab den 1970er Jahren im Falle Neuseelands wurde der Begriff *pommy* bzw. *poms* zunehmend mit negativen Stereotypen über die vermeintlich undankbaren und immerzu jammernden britischen Einwanderer in Verbindung gebracht.[53] Überall, so klagte beispielsweise ein Bürger aus Whakatane, treffe man auf *poms*, die „land, businesses, jobs, government handouts, etc." in Neuseeland für sich beanspruchten und dennoch nur wehleidig jammerten. Ihnen allen solle dringend klarwerden, dass die Zeit des Mutterlandes vorüber sei und sie nicht mehr zu den „top dogs"[54] gehörten.

---

[51] Bernard Partridge, zitiert in: Sorry, NZ. A Pom's eye view of Europe's "Shotgun wedding", in: NZ Truth, 23.1.1973.

[52] Vgl. ähnlich dazu auch Mitchell: Immigration and National Identity in 1970s New Zealand, S. 108.

[53] Vgl. A. James Hammerton/ Alistair Thomson: Ten Pound Poms. Australia's invisible migrants, Manchester, New York 2005, S. 29. Zum Begriff *pommy* siehe auch Helen Doyle: s.v. Pommy, in: Graeme Davison, John Hirst und Stuart Macintyre (Hgg.): The Oxford Companion to Australian History, Oxford 2001, S. 520: „*Pommy* [i. Orig. fett] originally referred to English immigrants to Australia, but later became a slang term used by Australians (and others) for the English in general. The first recorded usage is in the popular press in the early twentieth century. The term *pommy bastard* developed later in response to Australians' persistent, though partly affectionate, disdain for the English" (Herv. i. Orig.). Vgl. zur Verwendung des Begriffs während der 1960er Jahre in Australien auch Macintyre: A Concise History of Australia, S. 227.

[54] Pommie moaners, in: NZ Truth, 12.10.1976.

Pommy bashing – in Neuseeland maßgeblich durch die Radiokampagne „*Punch a Pom a Day*" organisiert – und die damit zusammenhängenden Stereotype gegenüber britischen Einwanderern, die James Mitchell in seiner Studie nicht nur inhaltlich, sondern auch quantitativ für die *New Zealand Truth*, den *New Zealand Herald* sowie für Briefe an den *Minister of Immigration* von 1972 bis 1978 aufgearbeitet hat,[55] waren eine Strategie, mit der Akteure vermeintlich selbstbewusst auf den Rückzug Großbritanniens reagierten. Die Gleichung, die dabei in trotziger Manier aufgestellt wurde, lautete: Wenn Großbritannien die Kiwis zu Fremden mache, so müsse man im Gegenzug mit der Verschärfung der Einreisebestimmungen für die Briten reagieren und es ihnen so schwer wie möglich machen. Die *New Zealand Truth* brachte dies wie folgt auf den Punkt: „The POMS had better think again ... And ponder on the worth of severing old ties with the Commonwealth to woo their European neighbours [...]."[56]

Ähnlich wie in Neuseeland und Australien äußerte man sich auch in der kanadischen Tagespresse enttäuscht darüber, dass Kanadier bei der Einreise in das britische Mutterland wie Fremde behandelt werden würden.[57] Einem Bericht des *Toronto Star* zufolge schienen Kanadier dabei allerdings etwas gelassener als Australier oder Neuseeländer zu reagieren, weil sie der festen Überzeugung waren, dass die neuen Einreisemodalitäten nichts an dem Gefühl der innigen Verbundenheit zwischen Kanada und dem Mutterland ändern würden. In diesem Sinne prognostizierte beispielsweise der kanadische Bürger Brian Herbinson dem *Toronto Star* in einem Interview zu den Folgen des *Immigration Act*, dass die *emotional ties* zu Großbritannien selbst dann noch stark bleiben

---

[55] Vgl. Mitchell: Immigration and National Identity in 1970s New Zealand, S. 110. Zu den häufigsten Vorstellungen zählte der Vorwurf, dass britische Einwanderer durch Immobiliengeschäfte allmählich den Häusermarkt übernehmen würden, dicht gefolgt von dem weit verbreiteten Vorwurf, dass die Briten mit dem EWG-Beitritt die Neuseeländer verraten hätten. Das Bild des stetig jammernden britischen Einwanderers findet sich in Mitchells Auswertung auf Platz drei der *anti British ideas* wieder.

[56] If Britain alienates the Kiwi, we must get tough and warn Brits: Beat it Pommie Bludger, in: NZ Truth, 12.12.1972.

[57] Vgl. dazu auch Callum Williams: Patriality, Work Permits and the European Economic Community: The Introduction of the 1971 Immigration Act, in: Contemporary British History 29.4 (2015), S. 508–538, hier S. 515 f., 518. Insbesondere für diejenigen, so Williams, die nach Großbritannien gekommen seien, um dort während ihres Aufenthalt gelegentlich einer Beschäftigung nachzugehen – *working holidaymakers* –, sei die seit 1965 bestehende Beschränkung der Aufenthalte auf sechs Monate eine schmerzhafte Erfahrung gewesen. Umso mehr traf sie der *Immigration Act* von 1971, war die Reise nach Großbritannien für viele von ihnen doch gleichbedeutend mit einer Pilgerreise: „This group [...] regarded ‚going to London' rather as Catholics regard going to Rome'." Sun Herald, 16.8.1964, zitiert in: Williams: Patriality, Work Permits and the European Economic Community, S. 515.

würden, wenn sich die *physical ties* immer mehr auflösten.[58] Die Kritik einiger britischer Konservativer, dass es unvorstellbar sei, wenn durch den *Immigration Act* Australier, Kanadier und Neuseeländer – also *people of British stock* – als „inferior to Italians, Uganda Asians or Germans" behandelt würden, kommentierte die kanadische *Globe and Mail* angesichts der rassistischen Untertöne kritisch. Die Zeit des alten (weißen) Commonwealth sei vorbei und eine Sonderbehandlung (der ‚weißen' Mitgliedsstaaten) sei anachronistisch:

> [The] British opinion should recognize that the modern Commonwealth is not to be divided into old and new sections, and it is no longer the British Commonwealth. It is a multiracial Commonwealth or nothing.[59]

Während in der australischen und neuseeländischen Tagespresse angesichts des *Immigration Act* eher Wut und Kummer zum Ausdruck gebracht wurden, war die kanadische Tagespresse eher darauf bedacht, das Ende der Vorzugsbehandlung als einen längst fälligen Schritt in Zeiten eines *multiracial Commonwealth* darzustellen. Der Grund für die verschiedenen Reaktionen kann auf den unterschiedlichen Stellenwert multikultureller Identitätskonzepte in den ehemaligen Siedlerkolonien zurückgeführt werden. Von Australien und Neuseeland unterschied sich Kanada dahingehend, dass Multikulturalismus hier ab den 1960er Jahren gerade vor dem Hintergrund der *Quiet Revolution* und der drohenden Amerikanisierung des Landes als ein zentraler Bestandteil der Überlebensstrategie betrachtet wurde, mit deren Hilfe die Einheit zwischen *French Canadians*, *English Canadians* und anderen Bevölkerungsgruppen gewahrt werden und das Zerbrechen der Nation abgewendet werden sollte.[60] Trotz dieses zu beachtenden Unterschieds bereitete auch kanadischen Akteuren *Britain's turn to Europe* große Sorgen.

An dem Gefühl aller drei ehemaligen Siedlerkolonien, vom Mutterland verraten worden zu sein, konnte auch das 1963 erhobene Veto des französischen Präsidenten Charles de Gaulle gegen den Beitritt Großbritanniens in die EWG nichts ändern.[61] In diesem Sinne beschrieb die führende neuseeländische Tages-

---

[58] Vgl. Frank Jones: Britain will soon lift special rights given to Canadian worker, in: Toronto Star, 6.11.1972.

[59] No white Commonwealth for Canada, in: The Globe and Mail, 25.11.1972.

[60] Dieser Aspekt wird insbesondere in Kap. IV.4 systematisch untersucht.

[61] Vgl. David Goldsworthy: Losing the Blanket. Australia and the End of Britain's Empire, Melbourne 2002, S. 120. Wie Goldsworthy konstatiert, sei es zu vereinfachend, die zunehmende Orientierung Großbritanniens nach Europa seit den 1960er Jahren als eine ‚plötzliche' Abkehr vom Empire bzw. Commonwealth zu betrachten. „For a time at least, Britain was hunting for ways of maximising its influence in both spheres. But from Australia's point of view these two tendencies did seem to be obverse and reverse of the same coin. And both of them meant a kind of betrayal of Australia" (ebd.). Die Veränderungen veranlassten Aus-

zeitung *The New Zealand Herald* 1967, wie schmerzhaft man im australischen Nachbarland die EWG-Verhandlungen sowie den angekündigten Abzug der britischen Truppen *east of Suez* empfand. Obwohl das Ende der britischen Präsenz im Persischen Golf und in Südostasien zu erwarten gewesen sei, so der Journalist David Barber, habe es zusammen mit den EWG-Verhandlungen die schlimmsten Befürchtungen der Australier im Hinblick auf die rasante Geschwindigkeit, in der Großbritannien *goodbye* von seiner alten Familie sage, bestätigt.[62]

‚Britain Goes Home – A Sad Day for US ALL' read the front page of the Sydney Sun as the Mother Country gathered up her skirts this week and finally cut the filial apron strings. [...] As Australia now takes stock of its new independence in the world the shock of a family separation is tinged with a mixture of both sadness and indifference.[63]

Für Australien und Neuseeland, „deren Gefühl der Isolation als weiße britische Länder im Windschatten Asiens" dafür sorgte, dass man fast schon eine „neurotische Anhänglichkeit an alles Britische beförderte"[64], wie es John Darwin formuliert hat, wurde nun klar, dass der britische Schutz im Pazifik endgültig wegfallen würde. Auch wenn beide Länder sich den USA bereits nach dem Zweiten Weltkrieg als Reaktion auf die schwindende militärische Macht Großbritanniens stärker zugewandt hatten – zu denken wäre hier vor allem an den

---

tralien und Neuseeland dazu, sich in der Folgezeit auf ihren ökonomischen und kulturellen Austausch in der trans-tasmanischen Region zu konzentrieren, während sich Kanada auf den ökonomischen und kulturellen Austausch mit den USA fokussierte. Vgl. dazu Mein Smith: A Concise History of New Zealand, S. 209 sowie aus kanadischer Perspektive Bruce Murihead: Customs Valuations and Other Irritants: The Continuing Decline of Anglo-Canadian Trade in the 1960s, in: Phillip Buckner (Hg.): Canada and the End of Empire, Vancouver, Toronto 2005, S. 133–150, hier S. 133, 148. Allerdings erfolgte diese Umorientierung weniger aus freien Stücken, sondern eher unter dem Eindruck, dass man vom Mutterland verraten und verlassen worden sei. Insbesondere Diefenbaker sah die britischen Bestrebungen, der EWG beizutreten, als ein Zeichen dafür, dass die Briten bereit dafür seien, das Commonwealth abzuschreiben. Vgl. dazu Stuart Ward: A Matter of Preference: the EEC and the Erosion of the Old Commonwealth Relationship, in: Alex May (Hg.): Britain, the Commonwealth and Europe. The Commonwealth and Britain's Applications to join the European Communities, Basingstoke u. a. 2001, S. 156–180, hier S. 162 f. Insgesamt betrachtet ging also von den EWG-Verhandlungen eine Signalwirkung aus, die in alle drei Länder ausstrahlte und schmerzlich verdeutlichte, dass sich die britische Welt der ehemaligen weißen Siedlergemeinschaften in Auflösung befand. Ihr gegenüber stand eine neue Welt – „a world in which bonds of sentiment and kinship counted for less". Doig: The Australian and New Zealand governments' responses to Britain's decline in the 1960s, S. 45.

[62] David Barber: British No More, Australia Seeks an Image, in: The New Zealand Herald, 21.7.1967.
[63] Ebd.
[64] Darwin: Das unvollendete Weltreich, S. 392.

ANZUS-Pakt[65] von 1951 –, reagierten viele Zeitgenossen schockiert auf die sich abzeichnende Entwicklung.[66]

In Australien, so verdeutlichte die *Australian Financial Review* die emotional aufgeladene Situation ironisch, sei das Verhältnis zu Großbritannien zu einem Thema geworden, über das ein „Freudian psychiatrist" besser sprechen könne als ein „political scientist or economist", waren doch die „ties of emotion not readily cut".[67] Jack Doig hat vor diesem Hintergrund darauf hingewiesen, dass der Rückzug *east of Suez* für Australier und Neuseeländer weniger in militärischer, sondern vielmehr in symbolischer Hinsicht problematisch gewesen sei.[68] In beiden Ländern verstanden sich die meisten Einwohner nach wie vor als ein Bestandteil einer *British world* bzw. als Mitglieder einer *British family*, die nun zu zerbrechen drohte. Als solche beschwor man 1968 sowohl im neuseeländischen als auch im australischen Parlament – wenn auch auf je unterschiedliche Art und Weise – das gemeinsame britische Erbe:

> We will always maintain the closest ties with the United Kingdom, both through our trade and our common heritage. However, we can no longer look to Britain for the help, protection, and the preferred treatment we have had in the past.[69]

Im Vergleich zu Neuseeland, wo man sich für die Aufrechterhaltung der historischen Verbindung mit dem Mutterland aussprach, fiel die Reaktion in Australien wesentlich dramatischer aus, befürchtete man hier doch eher das Ende der besonderen Beziehung und sah den imperial gewachsenen Familienbund, für dessen Ideale die eigenen *British men* eingetreten waren, entzweigerissen:

> We have witnessed nothing less than the fall of an Empire in our part of the world – something that greatly concerns us. Generations of dedicated British men have brought peace and justice to peoples bordering on all seven seas and the oceans of the world but that is gone and finished.[70]

---

[65] Das Abkommen zwischen Australien, Neuseeland und den USA sollte – ursprünglich mit Blick auf eine mögliche erneute Bedrohung durch Japan – die militärpolitische Sicherheit im Pazifik gewähren.

[66] Vgl. Doig: The Australian and New Zealand governments' responses to Britain's decline in the 1960s, S. 47 f.

[67] A case for Dr Freud?, in: The Australian Financial Review, 23.10.1967. Vgl. dazu auch ausführlich Jeppe Kristensen: "In Essence still a British Country": Britain's withdrawal from East of Suez, in: Australian Journal of Politics & History 51.1 (2005), S. 40–52, hier S. 48 f.

[68] Vgl. Doig: The Australian and New Zealand governments' responses to Britain's decline in the 1960s, S. 48.

[69] Eric Holland (Fendalton), in: New Zealand Parliamentary Debates, Vol. 355, 2.7.1968, S. 84. Vgl. zu dieser Quelle auch Doig: The Australian and New Zealand governments' responses to Britain's decline in the 1960s, S. 47.

[70] Henry Turner (Bradfield), in: Commonwealth of Australia. Parliamentary Debates,

Am deutlichsten brachte John McEwen, der stellvertretende Premier Australiens, den Schmerz über die Loslösung des Mutterlandes zum Ausdruck, wenn er nach seiner Überseereise 1962 feststellen musste: „So we were left without a friend in the world."[71]

Auch wenn Kanada und Neuseeland insgesamt betrachtet etwas weniger dramatisch als Australien auf die Umorientierung Großbritanniens nach Europa reagierten,[72] ging doch von den EWG-Verhandlungen eine Signalwirkung aus, welche die wesentlichen „ideological precepts of Anglo-Dominion relations"[73] in Frage stellte. Forderungen nach einer neuen wirtschaftlichen, außenpolitischen und kulturell-identitären Verortung wurden laut. Die Loslösung vom Mutterland stellte jedoch ein massives Problem für die drei ehemaligen weißen Siedlerkolonien dar, denn wie es David Barber in seinem Artikel „*British No More, Australia Seeks an Image*" suggerierte, musste eine ‚eigene' Identität erst einmal gefunden werden. In diesem Sinne äußerte sich 1966 auch der australische Premierminister Harold Holt, wenn er davon sprach, dass die australische Nation angesichts der Ereignisse in den Zustand des Erwachsenenalters (*adulthood*) hineinstolpere:

We in Australia have been jolted by events to adulthood in circumstances of such complexity as to call for a maturity and understanding perhaps as has not been expected of us in earlier periods of our history.[74]

Australien war, folgt man den Ausführungen Holts, durch äußere Umstände unfreiwillig in einen Prozess geraten, der es erforderlich machte, sich selbstreflexiv mit der Identitätsfrage auseinanderzusetzen. Der Weg zu einem höheren Grad an „maturity and understanding" musste erst noch gegangen werden

---

No. 12, 19.3.1968, S. 239. Vgl. zu dieser Quelle auch Doig: The Australian and New Zealand governments' responses to Britain's decline in the 1960s, S. 47.

[71] John McEwen, zitiert in: Curran/ Ward: The Unknown Nation, S. 36.

[72] Vgl. zu den unterschiedlichen Reaktionen der Länder Ward: A Matter of Preference, S. 168 f. Im Vergleich zu einigen Pressestimmen in Neuseeland, wo z. B. die *Wellington Evening Post* beklagte, dass es angesichts der Situation in Whitehall nicht mehr die geringste Absicherung gebe (vgl. The Wellington Evening Post, 4.4.1962, zitiert in: Ward: A Matter of Preference, S. 168), reagierte die kanadische Presse relativ gemäßigt: „We live in a world of change – changing trade, changing alliances, changing balances of power – and we must be adventurous and adaptable to survive. It is unthinkable that Canada, through lack of vision and selfish insistence upon present advantage, should attempt to resist great beneficial changes in Europe." An Appeal to Canada, in: The Globe and Mail, 3.5.1962, zitiert in: Ward: A Matter of Preference, S. 168.

[73] Ward: A Matter of Preference, S. 158.

[74] DPMCL Harold Holt: First Annual Conference of the Australian Division of the Institute of Directors, Sydney, NSW, 24.2.1966, S. 2.

1. Abschied vom Empire – Identitätskrisen und die Suche nach einer ‚neuen' Identität 55

und es gab keine historisch vergleichbaren Situationen, die eine Handlungsanleitung hätten bieten können.⁷⁵

In Kanada, wo ab den 1960er Jahren der Konflikt zwischen den Frankokanadiern Québecs und dem englischsprachigen Teil der Bevölkerung virulent wurde, konnte die Lösung der Identitätskrise letztlich sogar zu einer sehr realen Frage des *national survival* werden, drohte doch mit den Autonomiebestrebungen Québecs das Zerbrechen der Nation. Nationalistische Tendenzen in Québec waren in Anbetracht des historischen Antagonismus zwischen den *French* und *English Canadians* kein neues Phänomen.⁷⁶ Allerdings nahmen die nationalistischen Bestrebungen in der Provinz während der so genannten *Quiet Revolution* (*Révolution tranquille*) ein neues Ausmaß an, das sich in einem neuen Selbstbewusstsein der Frankokanadier, ja einer „new definition of the French-Canadian nation"⁷⁷ gegen alle britischen Elemente widerspiegelte. Auch bildeten die Frankokanadier in dieser Zeit „eine neue, positiv besetzte Identität als *Québécois*, mit der sie sich [...] vom kolonialen Mutterland Frankreich distanzierten".⁷⁸

---

⁷⁵ Vgl. dazu auch Curran/ Ward: The Unknown Nation, S. 61.

⁷⁶ In der Forschung ist das Verhältnis von *French Canada* zum Empire als ambivalent beschrieben worden. Einerseits warfen die Eroberung Québecs 1759/60 und der Pariser Frieden 1763, mit dem Neufrankreich an Großbritannien fiel, einen Schatten auf das Verhältnis zwischen Frankokanadiern und dem Empire. Für *French Canada* blieb so im Wesentlichen Frankreich der kulturelle Bezugspunkt. Andererseits aber, so hebt Colin M. Coates hervor, hätten Frankokanadier die britische Verbindung auf eine Art und Weise genutzt, die es ihnen ermöglicht habe, ihre Autonomie aufrechtzuhalten. Vgl. Colin M. Coates: French Canadians' Ambivalence to the British Empire, in: Phillip Buckner (Hg.): Canada and the British Empire, Oxford 2008 (The Oxford History of the British Empire. Companion Series), S. 181–199, hier S. 181 f., 193. Des Weiteren muss berücksichtigt werden, dass Frankokanadier durch siedlerkoloniale Karrierenetzwerke in die Strukturen des Empire eingebunden waren. Serge Courville hat in diesem Kontext zeigen können, wie Frankokanadier, die für das *Canadian Department of Immigration* arbeiteten, von der britischen Rhetorik beeinflusst waren und auf diese zurückgriffen, um potentielle Siedler anzuwerben. In zeitgenössischen Schriften hätten ihre Werbung und ihre Darstellungen des zu besiedelnden Landes der britischen Propaganda auffällig stark geähnelt. Vgl. Serge Courville: Part of the British Empire, Too: French Canada and Colonization Propaganda, in: Phillip Buckner, R. Douglas Francis (Hgg.): Canada and the British World: Culture, Migration, and Identity, Vancouver, Toronto 2006, S. 129–141, hier S. 131, 133, 136 f.

⁷⁷ Marcel Martel: s.v. Quiet Revolution, in: Gerald Hallowell (Hg.): The Oxford Companion to Canadian History, Oxford 2004, S. 526. Obwohl der Anfang der *Quiet Revolution* mit dem Sieg der Liberalen unter Jean Lesage im Juni 1960 begonnen habe und damit klar zu datieren sei, so betont Martel, seien sich Historiker uneinig über das genaue Ende der Revolution, da ihre Ausläufer über die Niederlage der Liberalen im Jahre 1966 hinausreiche. Vgl. dazu auch Margaret Conrad: A Concise History of Canada, Cambridge 2012, S. 243.

⁷⁸ Ursula Lehmkuhl: Der kanadische Dualismus: Franko- und anglophone Politik und Gesellschaft, in: Dies. (Hg.): Länderbericht Kanada, Bonn 2018 (bpb 10200), S. 114–122 (Herv. i. Orig.), hier S. 118.

Fortan bezeichnete *French Canada* ausschließlich Québec unabhängig von anderen Frankophonen außerhalb der Provinz.[79] Mit der *Révolution tranquille* verbunden waren die meist nicht gewalttätigen fundamentalen gesellschaftlichen Veränderungen ab der Regierungszeit der *Parti libéral du Québec* unter Jean Lesage (1960-1966), nachdem die Provinz lange unter der konservativen Politik Maurice Duplessis' (1936-1939; 1944-1959) an ihrer Entwicklung hin zu einer „städtisch-industriell geprägten Gesellschaft"[80] gehindert worden war. Bis zum Ende seiner Regierungszeit, die von Oppositionellen als die „große Finsternis" („*Grande Noirceur*") beschrieben wurde, war die Provinz durch die gesellschaftliche Vormachtstellung der katholischen Kirche geprägt, die mit ihren Wertvorstellungen beispielsweise den Bildungs- und Wohlfahrtsbereich dominierte. Durch Duplessis' Politik hatte Québec im Vergleich zum Rest des Landes keinen Anteil am wirtschaftlichen Nachkriegsboom und blieb somit lange Zeit in seinem Entwicklungspotential eingeschränkt.[81] So fiel das Urteil des kanadischen Philosophen George Grant in seiner 1943 erschienen Schrift „*Canada – An Introduction to a Nation*" eindeutig aus. Weder Radio, Kino noch das urbane Leben, so Grant, hätten die festgefahrenen gesellschaftlichen Strukturen Québecs aufbrechen können. „He [the Frenchman] remains to this day a unit cut off from the rest of Canada – a nation within a nation."[82]

Die Folge war eine Spaltung der kanadischen Gesellschaft in „*Two Solitudes*", wie sie der Schriftsteller Hugh MacLennan in seinem gleichnamigen Roman von 1945 beschrieb.[83] Aufgebrochen wurden die scheinbar festgefahrenen Strukturen Québecs unter dem Slogan der Liberalen „*Le temps que ça change*", der einerseits für den Modernisierungsprozess, die Säkularisierung sowie Reformen im Wohlfahrts- und Bildungsbereich stand. Andererseits stand das Motto programmatisch dafür, dass im sich wandelnden Québec der 1960er Jahre nun die anglophone Dominanz im industriellen, aber auch im kulturellen Bereich der Provinz zunehmend hinterfragt wurde. Diese Entwicklung stand nicht zuletzt im Zusammenhang mit dem aufkeimenden Separatismus Québecs.[84]

Im Zuge der *Quiet Revolution* und unter dem Eindruck der globalen Dekolonialisierungsbewegungen deuteten die *Québécois* ihre Provinz als eine Kolonie,

---

[79] Vgl. Martel: s.v. Quiet Revolution, S. 526.

[80] Ebd., S. 116.

[81] Vgl. ebd., Conrad: A Concise History of Canada, S. 242 sowie auch Christian Lammert: Nationale Bewegungen in Québec und Korsika 1960-2000, Frankfurt a. M., New York 2004 (Nordamerikastudien 22), S. 85 f.

[82] George Grant: Canada – An Introduction to a Nation, (Toronto 1943), in: Ders.: Collected Works of George Grant, Vol. 1, 1933-1950, hgg. von Arthur Davis und Peter C. Emberley, Toronto, Buffalo, London 2000, S. 74-90, hier S. 78.

[83] Vgl. Lehmkuhl: Der kanadische Dualismus, S. 116.

[84] Vgl. Conrad: A Concise History of Canada, S. 242.

die von *English Canada*, aber auch von den USA abhängig war.[85] Unter den zahlreichen Schriften, die insbesondere von der linksextremen Organisation *Le Front de Libération du Québec (FLQ)* innerhalb Québecs verbreitet wurden, nahm vor allem die Autobiographie des Journalisten Pierre Vallières mit ihrem provokativen Titel „*Nègres blancs d'Amérique*" (1968) bzw. „*White Niggers of America*" (1971) diesen Standpunkt ein. Mit Blick auf den „liberation struggle launched by the American blacks" behauptete er aus einer marxistisch-sozialistischen Position heraus, dass sich die Einwohner Québecs seit der Gründung Neufrankreichs ihren sklavenähnlichen Status mit den *American blacks* teilten:

> Have they not been, ever since the establishment of New France in the seventeenth century, the servants of the imperialists, the white niggers of America? Were they not *imported*, like the American blacks, to serve as cheap labor in the New World? The only difference between them is the color of their skin and the continent they came from. After three centuries their condition remains the same.[86]

Folgt man Vallières, waren die Frankokanadier ähnlich wie die Afroamerikaner Opfer des kapitalistischen „Anglo-American imperialism"[87] geworden – ein Problem, das nur durch eine „total revolution"[88] des frankokanadischen Proletariats und im globalen Kontext durch die weltweite Bruderschaft aller „oppressed peoples"[89] gelöst werden könne.

Vallières, der seit 1965 Mitglied der *FLQ* war, 1966 wegen Totschlags aufgrund eines verübten Bombenanschlags angeklagt wurde und seine Abhandlung in einem New Yorker Gefängnis verfasst hatte, bevor er von den Behörden nach Kanada ausgeliefert wurde,[90] steht in einer Tradition mit „Malcolm X's *Autobiography* (1965) and Eldridge Cleaver's *Soul on Ice* (1968)"[91]. Sein Werk muss somit auch im Kontext der *Black-Power*-Bewegung in den USA gesehen werden. Es zählt, wie mit Bryan D. Palmer festgehalten werden kann, zu den

---

[85] Vgl. José E. Igartua: The Sixties in Quebec, in: Lara Campbell, Dominique Clément und Greg Kealey (Hgg.): Debating Dissent. Canada and the 1960s, Toronto, Buffalo, London 2012 (Canadian social history series), S. 249–339, hier S. 261 f. Vgl. auch Coates: French Canadians' Ambivalence to the British Empire, S. 197. Die Bezeichnung „*Anglais*", so konstatiert Coates, wurde innerhalb Québecs nicht nur auf *British Canadians*, sondern auch in Bezug auf „Irish, English, or Scots, or indeed other ethnic groups" verwendet.

[86] Pierre Vallières: White Niggers of America. The Precocious Autobiography of a Quebec "Terrorist", translated by Joan Pinkham, New York, London 1971, S. 21 (Herv. i. Orig.).

[87] Ebd., S. 268.

[88] Ebd., S. 222.

[89] Ebd., S. 270.

[90] Vgl. Raymond Hudon: s.v. Vallières, Pierre, in: Gerald Hallowell (Hg.): The Oxford Companion to Canadian History, Oxford 2004, S. 640.

[91] Bryan D. Palmer: Canada's 1960s. The Ironies of Identity in a Rebellious Era, Toronto u. a. 2009, S. 340.

zentralsten Texten der *New-Left*-Bewegung innerhalb Kanadas und illustriert,[92] wie gespalten die kanadische Gesellschaft war.

Britishness sowie alle in diesem Zusammenhang stehenden Symbole der „arrogant domination of Anglo-Saxon colonialism"[93], wie es in einem weiteren radikalen nationalistischen Manifest von 1963 hieß, gerieten insbesondere während der 1960er Jahre in Kritik. Sie galten – etwa aus der Sichtweise der *FLQ* – als „direct continuity between the British conquest of New France and the colonial status of Québécois in the second half of the twentieth century".[94] Wie an der Biographie Pierre Vallières bereits ablesbar wird, verlief der frankophone Nationalismus entgegen der Assoziationen, die der Begriff der *Stillen Revolution* hervorrufen mag, nicht nur still und friedlich. Dies zeigte sich insbesondere an den zahlreichen Anschlägen auf Objekte, die einen dezidierten Bezug zu Großbritannien hatten: „[T]he statue of Queen Victoria in Quebec City, mailboxes with ‚royal Mail' written on them, the hotel Le Reine Elizabeth in downtown Montreal."[95] Neben diesen britisch konnotierten Objekten gerieten auch Repräsentanten des Britischen insbesondere während der Oktoberkrise von 1970 in den Fokus der linksextremen Gewalt. So entführte die *FLQ* etwa den *British Trade Commissioner* James Cross und hielt ihn für mehrere Monate als Geisel. Dabei schreckte die *FLQ* auch vor Mord nicht zurück, wie der Fall des getöteten Vizepremiers Québecs Pierre Laporte zeigt, der einige Tage nach Cross entführt wurde.[96] Nur durch den Einsatz der Polizei, die infolge des von Premierminister Pierre E. Trudeau ausgerufenen Kriegsrechts (*War Measures Act*) auch durch die Armee unterstützt wurde, konnte die *FLQ* letztlich zerschlagen werden.

Auch wenn der Terror innerhalb des linksextremen Milieus gesamtgesellschaftlich verurteilt wurde, änderte dies nichts an Québecs tendenzieller Antihaltung gegenüber dem britischen Erbe Kanadas.[97] Unter René Lévesque, dem Premierminister Québecs (1976–1985), setzte sich maßgeblich die 1968 gegründete *Parti Québécois* (*PQ*) für die Umsetzung einer nationalistischen Politik ein, die sich unter anderem in dem 1977 verabschiedeten Gesetz widerspiegelte, mit dem „Französisch zur offiziellen Regierungs-und Amtssprache"[98] in Qué-

---

[92] Vgl. ebd., S. 338.
[93] Quebec States her Case, zitiert in: Coates: French Canadians' Ambivalence to the British Empire, S. 197.
[94] Coates: French Canadians' Ambivalence to the British Empire, S. 197.
[95] Ebd.
[96] Vgl. ebd., S. 197 f.; zur Gewalt der *FLQ* und zum Mord an Pierre Laporte, Québecs *Minister of Labour*, vgl. auch Palmer: Canada's 1960s, S. 311 f.
[97] Vgl. dazu auch Lehmkuhl: Der kanadische Dualismus, S. 118.
[98] Heinrich August Winkler: Geschichte des Westens. Vom Kalten Krieg zum Mauerfall, München 2014, S. 397.

bec erhoben wurde. Letztlich zielte diese Politik auf eine Loslösung Québecs vom Rest Kanadas. Allerdings scheiterte sowohl das Referendum zur Abstimmung über eine etwaige Autonomie der Provinz im Jahre 1980 mit nur 40 Prozent Zuspruch als auch die Abstimmung im Jahre 1995, in der sich knappe 50,6 Prozent der Bevölkerung bei einer Wahlbeteiligung von insgesamt 94 Prozent für einen Verbleib Québecs in der kanadischen Konföderation entschieden. Das Ergebnis offenbarte das äußerst angespannte Verhältnis zwischen den *English* und *French Canadians*, von denen sich die Mehrheit für eine Autonomie ausgesprochen hatte. Dass das Wahlergebnis dennoch anders ausfiel, lag an den in der Provinz Québec lebenden Migranten und *English Canadians*, die sich mehrheitlich gegen den Separatismus gewandt hatten.[99]

Die Entwicklungen, die sich spätestens mit dem Wahlsieg der *PQ* unter Lévesque abzeichneten, verstärkten den Eindruck einer nationalen Krise, bei der es um nicht weniger als das *national survival* Kanadas ging. Wie Claude Ryan, der Chefredakteur der in Montréal erscheinenden *Le Devoir*, in einer Kolumne im Jahre 1976 nach dem Wahlsieg der *PQ* betonte, seien die kritischen Ideen hinter der *PQ* mit ihrer separatistischen Tendenz kein neues Phänomen, schließlich seien sie doch schon immer ein fundamentaler Teil des *collective life* in Québec gewesen. Allerdings – und hier wird das Bedrohungspotential für den nationalen Zusammenhalt Kanadas deutlich – markiere der Aufstieg der *PQ* einen nie dagewesenen historischen Moment, denn nun würde mit den konkreten Plänen eines unabhängigen Québecs an der Grundlage des föderalen Zusammenhalts der kanadischen Nation gerüttelt werden:

The difference this time is that the new party in power in Quebec not only questions the federal structure but is resolved to replace it with a structure in which the first and ultimate locus of power will reside in Quebec.[100]

Die kanadische Nation drohte zu zerbrechen. In Ryans Kolumne verdeutlichte dies eine Karikatur mit der allegorischen Darstellung Kanadas als bereits beschädigtes Cello. Eine Niederlage im Kampf um das *national survival*, so suggerierte die Karikatur, schien unvermeidbar, wenn der scheinbar dem Wahnsinn verfallene Lévesque, der den Cellobogen der nationalen Einheit mit der Säge des Separatismus verwechselte, sein Spielen und damit gleichbedeutend das Zersägen der Nation in zwei Teile nicht einstellte.

---

[99] Vgl. ebd., S. 398.
[100] Claude Ryan: A referendum, even separation won't answer the Canadian Question. They will merely focus it, in: Maclean's, Vol. 89 No. 23 (1976).

Abb. 1: Karikatur von Duncan Macpherson, abgedruckt in: Claude Ryan: A referendum, even separation won't answer the Canadian Question, in: Maclean's, Vol. 89 No. 23 (1976)

In Zeiten, in denen der Rückgriff auf die zuvor glorifizierte Empire-Geschichte insbesondere für die *English Canadians* angesichts der Umorientierung Großbritanniens nach Europa immer problematischer wurde, verstärkten die separatistischen Tendenzen Québecs zusätzlich das Gefühl, eine tiefgreifende innergesellschaftliche Identitätskrise zu durchleben. Die durchaus reale Gefahr, den Kampf um das *national survival* zu verlieren, war es, die Bürgerinnen und Bürgern buchstäblich schlaflose Nächte bereitete. In diesem Sinne wandte sich etwa die Bürgerin Mrs. Jeffrey 1968 mit den folgenden Zeilen an Premierminister Pierre E. Trudeau: „Last night I could not sleep. This country and its future unity was on my mind."[101] Wollte man sich auch weiterhin als kanadische Nation behaupten, bedurfte es dringend einer ‚neuen' Identitätskonzeption, die auf die schwindende Bedeutung der Empire-Verbindung sowie auf die separatistische Bedrohung im Land reagierte und die imstande war, ‚alle' Kanadier zu einen.

---

[101] LAC MG 26 O 7, Box 499, File *912.6 7–21 May 1968, Mrs. R.K. Jeffrey an Pierre E. Trudeau, n.d. In den Aktenbeständen Pearsons und Trudeaus im Nationalarchiv in Ottawa finden sich zahlreiche Briefe dieser Art, die Aufschluss über die Spaltung des Landes im Kontext des Québec-Separatismus geben. Vgl. exemplarisch dazu die Briefe in LAC MG 26 N 3, Box 303, File 912.6 pt. 1 Canadian History – National Status – National Unity.

1. *Abschied vom Empire – Identitätskrisen und die Suche nach einer ‚neuen' Identität* 61

Neben den separatistischen Tendenzen in Québec und den Folgen des *End of Empire* sahen sich die Zeitgenossen zusätzlich noch mit einem weiteren Problem konfrontiert, bei dem es nicht minder um das nationale *survival* ging: „Would Canada survive if Canada, its lifestyle, culture, and economy, were indistinguishable from the American? Were the Canadians, after all, what a waspish American ambassador called ‚second-rate Americans'?"[102] Nicht zuletzt drohte mit einer möglichen Sezession Québecs, so ein verbreitetes Szenario, die „[a]nnexation to the United States". In diesem Sinne argumentierte beispielsweise der kanadische „cultural-affairs minister" Maurice Lamontagne. Im Falle einer Loslösung Québecs, so der Minister, würden zunächst Québec und schließlich der Rest Kanadas, d.h. die „Atlantic Provinces, [...] British Columbia, the Prairie Provinces and eventually Ontario itself", Teil des „American melting pot"[103] werden und damit letztlich verschwinden.

Resümierend kann in Anlehnung an Phillip Buckner und R. Douglas Francis davon ausgegangen werden, dass Kanada während der 1960er Jahre gleich zwei *quiet revolutions* durchlief: Während die erste Revolution den gesellschaftlichen Transformationsprozess und die Separatismusbewegung in Québec betraf, so betraf die zweite den identitären Wandlungsprozess in *English Canada*. Dieser Prozess, so betonen Buckner und Francis, sei nicht nur auf das Separatismus-Problem, die sich lösende Empire-Verbindung und den kulturellen und ökonomischen Einfluss der USA, sondern auch auf sich verändernde Migrationsbewegungen zurückzuführen, welche die vormals britisch dominierte Zusammensetzung der kanadischen Gesellschaft grundlegend verändert hätten.[104]

Für Kanadas Selbstverständnis fungierte Großbritannien noch bis zu Beginn der 1960er Jahre als kultureller und identitärer Bezugspunkt, mit dessen Hilfe Akteure sich von den USA abgrenzen konnten. Seit der Amerikanischen Revolution galten das britische Mutterland und seine Monarchie insbesondere den *loyalists*, die im Zuge der Revolution geflohen waren, aber auch den nachfolgenden (kanadischen) „generations of conservative nationalists" als ein Garant für „[o]rder, stability, and community" durch „traditions, institutions, and

---

[102] Robert Bothwell/ J.L. Granatstein: Our Century. The Canadian Journey in the Twentieth Century, Toronto 2000, S. 188.

[103] Maurice Lamontagne, zitiert in: Robert Sherrod: An Angry Welcome For A Queen. The French Revolt That Threatens Canada, in: The Saturday Evening Post, 10.10.1964.

[104] Vgl. Buckner/ Francis: Introduction, S. 3. Auch José E. Igartua greift den Begriff der *Quiet Revolution* auf und nennt den kulturellen Wandlungsprozess, in dem *English Canada* sich *neu* definiert und im Zuge dessen seine alte Selbstwahrnehmung als *British* abgelegt habe, *„The Other Quiet Revolution"*. Diese sei etwa zur gleichen Zeit wie die *Quiet Revolution* in Québec verlaufen. Sie sei allerdings viel *„quieter"*, da sie von Historikern bisher kaum beachtet worden sei. Vgl. Igartua: The Other Quiet Revolution, S. 1.

values"[105]. Bezugnehmend auf diese besonderen Werte beschrieb etwa der Journalist Peter C. Newman – „English Canada's leading journalist in the 1960s"[106] – Kanadier als „„more peaceable, more reasonable, more *civilized*' than Americans".[107]

Im *North Atlantic Triangle*[108] – jene trilaterale Verbindung zwischen Kanada, den USA und Großbritannien – identifizierten sich Kanadier noch in den 1950er Jahren, trotz des stärkeren politischen, ökonomischen und kulturellen Austauschs mit den USA, mehrheitlich mit dem britischen Mutterland und dem Glanz der vergangenen Empire-Tage. Zum Empire zu gehören, hätten dabei mit Blick auf den Einflussbereich der USA, so David MacKenzie, sowohl die *English Canadians* als auch die *French Canadians* traditionell mit einem gewissen Schutz- und Sicherheits-Aspekt verbunden. Obgleich die Frankokanadier anders als die *English Canadians* keine emotionale Bindung zu Großbritannien aufgebaut hätten, hätten sie dennoch die Vorzüge des Empire zu schätzen gewusst. So seien die meisten von ihnen der Auffassung gewesen, dass mit der Zugehörigkeit zum Empire letztlich auch ein gewisser Schutz ihrer Identität verbunden gewesen sei.[109] Mit *Britain's turn to Europe* und dem sich dadurch

---

[105] Stephen Azzi: The Nationalist Moment in English Canada, in: Lara Campbell, Dominique Clément und Greg Kealey (Hgg.): Debating Dissent. Canada and the 1960s, Toronto, Buffalo, London 2012 (Canadian social history series), S. 213–228, hier S. 214.

[106] Ebd., S. 215.

[107] Peter C. Newman, zitiert in: Azzi: The Nationalist Moment in English Canada, S. 215 (Herv. i. Orig.).

[108] Der Terminus *North Atlantic Triangle* geht ursprünglich auf John Bartlet Brebner zurück, der diesen Begriff 1945 in seinem gleichnamigen Werk prägte. Vgl. John Bartlet Brebner: North Atlantic Triangle. The Interplay of Canada, the United States and Great Britain, Toronto 1945 (ND 1966) (The Carleton Library 30), S. xxv. Weder Kanada noch die USA – jene „Siamese Twins of North America" – könnten sich vom Einfluss Großbritanniens auf „their courses of action, whether in the realm of ideas, […], or of institutions, or of economic and political processes" lösen. Obwohl beide – bedingt durch die Amerikanische Revolution und Kanadas Rolle (als Dominion) im Empire – unterschiedliche historisch geprägte Blickwinkel auf die Rolle Großbritanniens hätten, so Brebner, seien „their understandings of each other […] habitually warped" (ebd.) gewesen. Wie David MacKenzie ausgehend von Brebners Definition festhält, spiele das Dreieck für Briten und Amerikaner keine Rolle. Für das Selbstverständnis der Kanadier jedoch sei es fundamental und beziehe sich auf Bereiche wie „defence, culture, trade, and commercial development". David MacKenzie: Canada, the North Atlantic, and the Empire, in: Judith M. Brown, Wm. Roger Louis (Hgg.): The Twentieth Century, Oxford, New York 1999 (The Oxford History of the British Empire 4), S. 574–596, hier S. 575.

[109] Vgl. ebd., S. 576. Gerade letzteres Argument wurde in der zeitgenössischen Debatte oft als ein Argument gegen Québecs separatistische Bestrebungen vorgebracht. In diesem Sinne argumentierte etwa George Grant, wenn er Folgendes feststellte: „They [the French Canadians] cannot both want the right to their independent culture that the British connection

immer mehr abzeichnenden Ende des Empire drohte nun eine Ecke des *triangle* abzubrechen, die für den Schutz vor der Amerikanisierung stand, welcher nicht zuletzt auf der Beschwörung gemeinsamer Werte, Traditionen und einer gemeinsamen Vergangenheit im Empire basierte.[110] Im Jahre 1965 beschrieb George Grant diese Bedrohungssituation in seiner bekannten Abhandlung „*Lament for a Nation*". Nun da all diese Gewissheiten und Hoffnungen verloren seien, so Grant in seiner an Metaphern reichen Abhandlung, drohe die kanadische Nation zu verschwinden. „We find ourselves like fish left on the shores of a drying lake. The element necessary to our existence has passed away."[111] Ein nicht minder eindringliches Bedrohungsszenario zeichnete auch die *Canadian Broadcasting Corporation* (*CBC*) 1966 in einer Sendung zum Thema „*The British Fact*". Mit dem Verlust der britischen Traditionen, so lautete ihre düstere Prognose, drohe Kanada die völlige „amalgamation with the United States"[112].

Die britische Mutter beabsichtigte, ihr Kind zu verlassen – eine Formulierung, die vielleicht überzogen in ihrer Metaphorik wirkt, jedoch die Sprache der Quellen während der 1960er Jahre widerspiegelt. So sprach man beispielsweise in der Tageszeitung *The Australian* vor dem Hintergrund der EWG-Verhandlungen davon, dass das „burning desire of Mother to leave us to our own affairs" einen „salutary shock" ausgelöst habe. Zum ersten Mal in der Geschichte des Landes habe man nun bemerkt, dass man alleine sei: „[W]e stand alone."[113] Im Zuge dieser besorgniserregenden Erkenntnis begannen Akteure auch, die historische Anbindung an das Mutterland kritischer zu sehen, war sie doch vermeintlich dafür verantwortlich, dass man sich nun so schwer damit tat, Lösungskonzepte für die Identitätskrise zu finden. Ein *Maclean's*-Artikel aus dem Jahre 1972, der mit seinem Titel „*Left with Ourselves*" eine ähnliche Bedrohungsrhetorik aufgriff wie der Bericht des *Australian*, fand in diesem Sinne deutliche Worte. Auf die 1960er Jahre zurückblickend kam der Artikel zu dem Ergebnis, dass man in Kanada durch die Abhängigkeit des Landes von den USA und von Großbritannien besonders heftig von der Identitätskrise getroffen worden sei:

---

has given them, and then want to destroy that connection. By destroying one, they may destroy both." George Grant: The Empire – Yes or No?, (Toronto 1945), in: Ders.: Collected Works of George Grant, Vol. 1, 1933–1950, hgg. von Arthur Davis und Peter C. Emberley, Toronto, Buffalo, London 2000, S. 97–126, hier S. 115.

[110] Vgl. MacKenzie: Canada, the North Atlantic, and the Empire, S. 577.
[111] George Grant: Lament for a Nation. The Defeat of Canadian Nationalism, Montreal u. a. 2005 (1. Aufl. 1965) (Carleton Library Series 205), S. 5.
[112] D. W. J. Denison: The British Fact, in: The Globe and Mail, 20.8.1966.
[113] Facing the Challenge of Adulthood, in: The Australian, 15.7.1964.

Our astonishing dependence on the mothers across the ocean and below the border had left us as impotent as a pacifist under attack. Much of what we once had was gone and we are now starting to cling what is left.[114]

Galt Großbritannien in zeitgenössischen Beschreibungen vormals noch oft als eine zu verehrende *caring mother* – mit Ausnahme von nationalistisch orientierten Selbstbeschreibungen, die bereits vor den 1960er Jahren etwa die *apron strings* zur Mutternation problematisierten –,[115] wurde das besonders enge Verhältnis zu ihr nun unter dem Eindruck von *Britain's turn to Europe* zunehmend als problematisch wahrgenommen. In diesem Sinne wertete der Artikel den zuvor in der Regel positiv besetzten Mutterbegriff, der vornehmlich für Großbritannien reserviert war, ab, indem er ihn auch auf die USA übertrug. Großbritannien stand nun, folgt man dem Artikel, auf einer Stufe mit dem einflussreichen Problemnachbarn im Süden. Beide Länder, so suggeriert der Artikel, hatten Kanada in seiner identitären Entwicklung eingeschränkt, so dass es in seiner Entwicklung zurückgeblieben war und der Situation nun machtlos wie ein „pacifist under attack" gegenüberstand.

Der weitverbreitete Topos des Inferioritätskomplexes, der mit dem Bild der beiden Mütter instrumentalisiert wird und sich auch in der zeitgenössischen nationalistischen Historiographie mit ihrem teleologischen Impetus widerspiegelt, zierte in der gleichen Ausgabe des *Maclean's Magazine* auch einen Artikel, der ihn nicht nur mit seinem Titel „*Growing up reluctantly*" aufgriff, sondern ihm auch ein symbolschweres Bild widmete. Dargestellt wurde die kurz vor der Pubertät stehende kanadische Nation, symbolisiert durch einen Jungen, in ihrer Zerrissenheit zwischen ihren Eltern – auf der linken Seite die USA, auf der rechten Seite Großbritannien. Das Titelblatt der entsprechenden *Maclean's*-Ausgabe mit dem *special report* zur drängenden Frage, ob Kanada jemals erwachsen werden würde, provozierte mit seinem retrospektiven Blick auf die 1960er Jahre, indem es den amerikanischen Präsidenten John F. Kennedy (1961–1963) und Queen Elizabeth II. für die Rolle der an der inferioren kanadischen Nation zerrenden Eltern auswählte.

Entgegen vieler früherer zeitgenössischer Beschreibungen und Darstellungen spielte Großbritannien sowohl bei dem evozierten Bild der beiden Mütter als auch bei dem der Mutter und des Vaters keine Rolle mehr als beschützende Macht in kultureller, machtpolitischer oder ökonomischer Hinsicht. Beide suggerierten zusammen mit den entsprechenden Artikeln der *Maclean's*-Ausgabe,

---

[114] Left with Ourselves. How a people triumphed: the emergence and celebration of the New Canuckism, in: Maclean's, Vol. 85 No. 8 (1972).

[115] Lange vor den 1960er Jahren gab es bereits nationalistische Stimmen, die eine Loslösung vom Mutterland und eine stärkere kulturelle Unabhängigkeit ihres Landes einforderten. Vgl. dazu v. a. Kap. II.2.1.

1. Abschied vom Empire – Identitätskrisen und die Suche nach einer ‚neuen' Identität   65

Abb. 2: Darstellung Kanadas als Kind, an dessen Armen seine Eltern ziehen, in: Christina Newman: Growing up reluctantly. How a political system failed: the birth and brutal death of the New Nationalism, in: Maclean's, Vol. 85 No. 8 (1972)

Abb. 3: Darstellung Kanadas als Kind zwischen seinen Eltern, in: Will this country ever grow up? A special report, in: Maclean's, Vol. 85 No. 8 (1972), Titelblatt

dass sowohl der britische als auch der US-amerikanische Einfluss problematisch für die Entwicklung einer kanadischen Identität und einer eigenen ökonomischen und kulturellen Agenda war. Mit diesem Argument spielten die Artikel, ohne den Begriff explizit zu nennen, auf die Vorstellung des *cultural cringe* an, der insbesondere unter Intellektuellen und Kulturschaffenden als Überbegriff für die negativen Folgen der langen Abhängigkeit von den USA oder dem britischen Mutterland verwendet wurde. Dieser Aspekt wird in Kapitel III noch eine Rolle spielen. Im Hinblick auf die vorgestellten Artikel ist nicht zuletzt noch hervorzuheben, dass sie offenließen, was eigentlich genau kanadisch sein sollte. Vielmehr spiegelten sie eine gewisse Ambivalenz wider, was exemplarisch an dem bereits zitierten Artikel „*Left with Ourselves*" illustriert werden kann. Einerseits problematisierte man zwar die starke Verbindung zu den beiden *mothers* und betrachtete diese als Grund dafür, dass man ohne ein vermeintlich ‚eigenes' identitäres Konzept dastand, das man nun doch so dringend benötigte. Andererseits jedoch trauerte man der britischen Mutternation derart nach, dass man alles Britische in den sich wandelnden Zeiten zu bewahren versuchte. Nicht umsonst betonte der *Maclean's*-Artikel, dass man in derartig schwierigen Zeiten nun versuche, sich an dem festzuklammern, was von der alten, glorreichen Zeit noch übrig sei.

In diesem Sinne reagierte man auch in Neuseeland auf den Loslösungsprozess vom Empire, indem man verklärend die besondere Rolle und Position des Landes im Verhältnis zu Großbritannien und seinem alten Weltreich hervorhob. Als ein Beispiel dafür kann etwa die Ankündigung einer Dokumentarfilmreihe zum Ende des Empire aus dem Jahre 1974 gesehen werden, in der mit der besonders häufigen Erwähnung Neuseelands als *brightest jewel* des Empire geworben wurde.[116] Auch Hector Bolithos Ausführungen, die bereits zu Beginn dieses Kapitels eine Rolle spielten und hier noch einmal aufgegriffen werden sollen, zeugen von dieser Form der Empire-Nostalgie. Trotz aller Veränderungen glaubte er weiterhin daran, dass eine Vorstellung von australischer und neuseeländischer Wir-Identität nur dann glaubwürdig sein könne, wenn die emotionale Verbindung zum britischen Mutterland aufrechterhalten werde:

Authentic Australians and New Zealanders who have been in Britain for a great part of their lives remain Australians and New Zealanders within themselves, and it is right and proud that they should do so. But this friendly sense of separateness does not prevent us from also loving our British roots.[117]

---

[116] Vgl. The Empire That Was Britain's, in: NZ Listener, 9.2.1974: „This series […] covers the West Indies, India, Canada, Africa, Imperial Defence, Australia, the Far East, ‚the wind of change' and the move to independence. Naturally, New Zealand, the Empire's farthest star and, said Churchill after India had opted out, its brightest jewel, features more than once."
[117] Bolitho: The Alarming Pacific, in: The Daily Telegraph, 12.2.1966.

1. Abschied vom Empire – Identitätskrisen und die Suche nach einer ‚neuen' Identität

Die Identitätskrise und die mit ihr verbundene Erkenntnis, dass mit dem *End of Empire* ein fundamentaler Bestandteil brüchig geworden war, auf dessen Grundlage nationale Selbstbilder vormals basiert hatten, ließ die meisten Akteure in Kanada, Australien und Neuseeland verwirrt oder sogar verzweifelt zurück. Wie sollte es weitergehen? Klare Handlungsanleitungen, die man von früheren Erfahrungen hätte ableiten können, gab es nicht, so dass die Identitätskrise als solche als ein Novum erschien. Vor diesem Hintergrund ist es nicht verwunderlich, dass die Argumentationen in den zeitgenössischen Quellen oftmals durch eine gewisse Widersprüchlichkeit charakterisiert waren. Die Ambivalenz zwischen der Erkenntnis, dass nun mit *Britain's turn to Europe* eine Zeit angebrochen war, in der man ‚eigene' Identitätskonzeptionen entwickeln musste, die dem Rest der Welt selbstbewusst repräsentiert werden konnten, und der Tatsache, dass man sich konzeptionell nicht ohne Weiteres einfach von *Britishness, Whiteness* und *family values* zu lösen imstande war, bildet das identitäre Spannungsverhältnis, dem sich die ehemaligen weißen Siedlerkolonien in den 1960er Jahren ausgesetzt sahen.

Um die semantische Leerstelle zu füllen, so geht aus den zeitgenössischen Quellen aller drei ehemaligen Siedlerkolonien hervor, war ein Reifeprozess nötig. Dieser sollte unter dem Label des *New Nationalism* vollzogen werden, der hier fürs Erste nur in seiner Grundidee skizziert sei. Neben einer neuen Positionierung in der Außen- und Wirtschaftspolitik beschrieben Akteure mit dem Begriff im Allgemeinen die Suche nach einer ‚neuen' Identität. In Abgrenzung zu den Formen des *‚Old' Nationalism* sollte diese jenseits von *Britishness, Whiteness* und *family values* verortet sein. In diesem Kontext spielte auch die Suche nach ‚neuen', geeigneteren Symbolen, Riten und Mythen eine zentrale Rolle.[118] Mit dem *New Nationalism* war eine gewisse Aufbruchsstimmung verbunden, sah man doch endlich einen Moment gekommen, um die nationale Einheit ‚neu' einschwören zu können. Schließlich kritisierten manche Gruppierungen wie die der Anti-Monarchisten *Britishness* als eine Art psychologische Zwangsjacke, die nun vermeintlich abgelegt werden konnte.[119] Allerdings war dieses positive Gefühl schnell mit einem Dilemma verbunden, denn aufgrund der Komplementarität von *Britishness* und eigenen nationalen Identitätsvorstellungen fehlte es in der Regel an Alternativen, um eigene Nationalmythen und eine ‚neue' „unifying tradition"[120] zu etablieren.

Neue ethnische Zusammensetzungen in den vormals siedlerkolonial geprägten Gesellschaften sowie die durch die Baby-Boomer-Generationen herbeige-

---
[118] Vgl. Ward: The 'New Nationalism' in Australia, Canada and New Zealand, S. 232.
[119] Vgl. Curran: The Power of Speech, S. 51.
[120] Ebd., S. 26.

führten *generation gaps* waren zusätzliche demographische, aber auch kulturelle Katalysatoren, welche die Identitätskrise verschärften. Während durch neue Einwanderungspolitiken, die nicht mehr nur auf britische Einwanderer fokussiert waren,[121] das siedlerkolonial geprägte identitäre Verständnis von *Whiteness* und *Britishness* von 1945 bis in die 1970er Jahre hinein allmählich unterminiert wurde, verstärkten auch Protestbewegungen, die den Baby-Boomer-Generationen entsprangen, den gesellschaftlichen Transformationsprozess. In diesem Kontext wurde Rassismus zunehmend verurteilt und Minderheitenrechte immer lautstarker eingefordert. Insbesondere die Baby-Boomer-Generationen der Nachkriegszeit – jene, die in Australien zwischen 1946 und 1964, in Neuseeland zwischen 1945 und 1961 und in Kanada zwischen 1947 und 1966 geboren wurden[122] – sollten während der 1960er Jahre an die Universitäten strömen und gewaltig an alten gesellschaftlichen Werte- und Normvorstellungen rütteln, die für die alten Siedlerkolonien selbstverständlich gewesen waren. Im Zuge dessen entstanden zahlreiche politische und kulturelle Bewegungen sowohl innerhalb als auch außerhalb der Universitäten, die sich unter dem Eindruck der *civil rights movement* in den USA und der Friedensbewegung gegen

---

[121] Die gesellschaftliche Zusammensetzung in Australien beispielsweise veränderte sich mit den Einwanderungsprogrammen der Nachkriegszeit fundamental. Diese waren mit der Einsicht verbunden, dass Australien auf europäischstämmige (am liebsten britische) Einwanderer angewiesen war, um sich gegen eine drohende asiatische Invasion zur Wehr setzen zu können. Insbesondere der Einwanderungsminister Arthur Calwell propagierte diese Sichtweise mit seiner Parole „*Populate or Perish*". In allen drei ehemaligen Siedlerkolonien sank der Anteil britischstämmiger Einwanderer nach 1945 beträchtlich. Vgl. dazu Bettina Biedermann: Migration und Integration, in: Dies., Heribert Dieter (Hgg.): Länderbericht Australien, Bonn 2012 (bpb 1175), S. 243–284, hier S. 253. Vgl. dazu auch die Daten in Hopkins: Rethinking Decolonization, S. 231 f.: „[…], British settlers accounted for only 51 per cent of immigrants entering Australia between 1945 and 1964, only 44 per cent of those entering New Zealand between 1946 and 1976, and only 33 per cent of those entering Canada between 1946 and 1965." Die Einwanderer – zunächst vornehmlich aus europäischen Ländern – sollten vor allem auch die Wirtschaftskraft in Kanada, Australien und Neuseeland stärken. Später wurden auch Einwanderer aus nicht europäischen Herkunftsländern aufgenommen. Insbesondere Einwanderer aus Asien hatten dabei einen beträchtlichen Anteil. Vgl. dazu ebd., S. 232: „The proportion of immigrants from Asia rose from 12 per cent in 1966 to 42 per cent in 1986 in the case of Canada, and from 9 per cent to 43 per cent in the case of Australia. In New Zealand, which opened its doors later […], the increase was even more dramatic: the proportion of Asian immigrants jumped from 1,5 per cent in 1986 to 66 per cent in 1996."
[122] Vgl. Mark McCrindle/ Emily Wolfinger: The ABC of XYZ. Understanding the Global Generations, Chicago 2011, S. 26; Mein Smith: A Concise History of New Zealand, S. 183; Lance W. Roberts et al. (Hgg.): Recent Social Trends in Canada 1960–2000, Montreal u. a. 2005 (Comparative charting of social change), S. 64; Phillip Buckner: Canada and the End of Empire, 1939–1982, in: Ders. (Hg.): Canada and the British Empire, Oxford 2008 (The Oxford History of the British Empire. Companion Series), S. 107–126, hier S. 122.

1. Abschied vom Empire – Identitätskrisen und die Suche nach einer ‚neuen' Identität 69

den Vietnamkrieg unter anderem für den Frieden, für Indigene und deren Rechte, aber auch für Umweltschutz, Homosexuelle (*gay and lesbian movement*) sowie Frauenrechte engagierten. Ab den 1960er Jahren sollte auch der Einfluss der indigenen Protestbewegungen, die in *black power movements* die Anerkennung kolonialen Unrechts, Entschädigungen sowie *land rights* einforderten, immer mehr zunehmen.[123]

Insgesamt betrachtet kann Folgendes festgehalten werden: Entgegen der teleologischen Vorstellung vom Ende des Empire als einer „story of unbroken decline", wie sie vor allem noch von der älteren Forschung postuliert wurde,[124] kann trotz der Auflösungserscheinungen des Empire nach 1945 davon ausgegangen werden, dass die imperiale Verbindung zwischen den ehemaligen weißen Siedlerkolonien und Großbritannien noch mindestens bis Mitte der 1950er Jahre bestehen blieb. Selbst die viel zitierte Suezkrise von 1956, bei der Kanada im Gegensatz zu Australien und Neuseeland dem britischen Mutterland die Unterstützung versagte, gegen die vom ägyptischen Staatschef Nasser initiierte Verstaatlichung des Suezkanals vorzugehen, überzeugt als „de facto end of the British Empire in Canada"[125] nicht. Vielmehr, so Janice Cavell, bewiesen die internen *documentary records*, dass Politiker und Botschafter glaubten, mit ihrer Ablehnung eigentlich im Sinne des britischen Wohls zu handeln, welches das Mutterland selbst vorübergehend aus dem Blick verloren zu haben schien.[126] Erst nach den 1950er Jahren zeichnete sich etwa mit der Ankündigung des Rückzugs der britischen Truppen *east of Suez* (1967/68), den Bewerbungen Großbritanniens (1961 und 1967) für die Mitgliedschaft in der EWG (1973) und der damit verbundenen Umorientierung nach Europa allmählich ab, dass das Empire kein Referenzrahmen mehr sein konnte.[127] Insbesondere der letzten Entwicklung ist

---

[123] Vgl. dazu Verity Burgmann: Power and Protest. Movements for change in Australian society, St Leonards, NSW 1993; Paul Strangio: Instability, 1966–82, in: Alison Bashford, Stuart Macintyre (Hgg.): The Cambridge History of Australia. Vol. 2: The Commonwealth of Australia, Cambridge 2013, S. 135–161, hier S. 139; Macintyre: A Concise History of Australia, S. 223 f., 236; Mein Smith: A Concise History of New Zealand, S. 200–202, 237–242; Jenny Carlyon/ Diana Morrow: Changing Times. New Zealand Since 1945, Auckland 2013, S. 248–252; Paul Litt: Trudeaumania, Vancouver, Toronto 2016, S. 64 f.

[124] Vgl. dazu Hopkins: Rethinking Decolonization, S. 217.

[125] Norman Hillmer/ J.L. Granatstein: Empire to Umpire: Canada and the World to the 1990s, Toronto 1994, S. 226.

[126] Vgl. Janice Cavell: Suez and After: Canada and British Policy in the Middle East, 1956–1960, in: Journal of the Canadian Historical Association 18.1 (2007), S. 157–178, hier S. 157.

[127] *East of Suez* markiere, so John Darwin, das Ende der „300-jährigen Karriere Großbritanniens als asiatische Großmacht" und symbolisiere „den endgültigen Zusammenbruch der britischen Nachkriegsbemühungen, weiterhin als Weltmacht zu gelten". Darwin: Das unvollendete Weltreich, S. 397. Vgl. auch zu der Frage, wann das Empire endete, Ders.: The End of the British Empire. The Historical Debate, Oxford 1991 (ND 1995) (Making Contem-

dabei eine Signalwirkung zuzuschreiben. Spätestens ab den 1960er Jahren sah man sich unter dem Eindruck einer fundamentalen Identitätskrise in den alten Siedlergemeinschaften dazu gezwungen, über neue Wirtschaftsbeziehungen, Außenpolitiken und über eine ‚neue' Identität nachzudenken.

2. Folgen der Dekolonisation oder: Wie postkolonial sind die ehemaligen Siedlerkolonien Kanada, Australien und Aotearoa Neuseeland?

Im Folgenden soll es um die Auswirkungen der Dekolonisation gehen, die mit dem Ende des Empire einherging und das identitäre Grundverständnis in Kanada, Australien und Neuseeland zusätzlich destabilisierte. Neben der historischen Einordnung der Identitätsdebatten in den Kontext der Dekolonisation soll der Blick auch auf die Erkenntnisse und Anstöße der *postcolonial studies* gerichtet werden, ohne die sich die Erfahrung einer instabil werdenden Identität in einer Welt nach dem Kolonialismus nicht denken lässt. Dabei ist zunächst ein Fokus auf die besondere Funktion zu richten, die der Dominion-Status in Abgrenzung zum Kolonie-Status für die Identitätsvorstellungen Kanadas, Australiens und Neuseelands ursprünglich hatte.

2.1. Colony to Nation? Vorstellungen von der Überwindung eines ‚pubertären' Zeitalters

Den Terminus *End of Empire* versteht man gemeinhin auch als Synonym für den Prozess der Dekolonisation.[128] Setzt man die Definition des indischen His-

---

porary Britain), S. 114–122. Darwin führt den Niedergang des Empire auf Entwicklungen seit dem Ende des Zweiten Weltkriegs zurück, die dafür sorgten, dass sich Großbritannien in einer Spirale aus „international, domestic and colonial pressures" (ebd., S. 120) wiederfand. Durch den Aufstieg der USA und der Sowjetunion sei es für Großbritannien im Kontext des Kalten Krieges zunehmend schwerer geworden, den „colonial and semi-colonial unrest" (ebd.) einzudämmen. Bedingt durch das sich abzeichnende Ende des Kolonialismus sei zudem die ideologische Legitimität der Kolonialherrschaft in eine Krise geraten, was dafür gesorgt habe, dass Großbritannien die „nebulous but potent influence of ‚world opinion', especially at its principal forum at the United Nations" (ebd.), verloren habe. Schließlich habe Großbritannien seine ökonomische, strategische und politische Kontrolle über sein *informal empire* eingebüßt – im Gegensatz zur Herrschaft über die direkten Kolonien (*formal empire*) meint dies jene ‚Protektorate' und Gebiete, über die Großbritannien nur indirekt Einfluss ausübte (vgl. ebd., S. 121). Vgl. zum Ende des Empire zuletzt auch Ders.: Das unvollendete Weltreich, S. 357 sowie S. 394–402.

[128] Vgl. Jan C. Jansen/ Jürgen Osterhammel: Dekolonisation. Das Ende der Imperien,

2. Folgen der Dekolonisation

torikers Prasenjit Duaras voraus, der unter Dekolonisation „den Prozess, durch den Kolonialmächte die institutionelle und rechtliche Herrschaft über ihre Territorien und abhängigen Gebiete an formal souveräne Nationalstaaten übertrugen"[129], versteht, so lässt sich fragen, warum ausgerechnet Kanada, Australien und Neuseeland in diesem Kontext von Interesse sind, wurden diese doch spätestens seit der Londoner Konferenz von 1926 ausdrücklich als eigenständige und unabhängige Staaten betrachtet. In diesem Sinne wurde in der zweiten Balfour-Deklaration von 1926 ausdrücklich der autonome Status der Dominions innerhalb des Empire betont. Diese seien, so die zentrale Definition des briti-

München 2013 (bsr 2785), S. 10. Der Begriff der *decolonization* wurde 1938 von dem deutschen Ökonomen Moritz Bonn in seiner Untersuchung „*The Crumbling of Empire*" geprägt. Vgl. Moritz Bonn: The Crumbling of Empire. The Disintegration of World Economy, London 1938, S. 101: „[A] decolonization movement is sweeping over the continents. An age of empire-breaking is following an age of empire-making." Zur europäischen Herkunft und semantischen Prägung des Begriffs *Dekolonisation* vgl. v. a. Stuart Ward: The European Provenance of Decolonization, in: Past and Present 230.1 (2016), S. 227–260. Ward weist in seinem Aufsatz nach, dass der Begriff der *decolonization* als eine „European conceptual innovation" (ebd., S. 229) betrachtet werden kann, mit der europäische Akteure in den ehemaligen kolonialen Zentren versuchten, vom imperialen Machtverlust und dem Gefühl des nationalen Versagens abzulenken. Der Begriff sei in diesem Zusammenhang auch dafür instrumentalisiert worden, um den Verlust an politischer und ökonomischer Macht in den sich nach Selbstbestimmung sehnenden Kolonien zu kaschieren und um den Loslösungsprozess der Kolonien letztlich vom Zentrum aus zu steuern und zu beeinflussen (vgl. ebd., S. 253, 258). Damit widerlegt Ward die These, dass *decolonization* ursprünglich als ein neutraler, rein deskriptiver Terminus verwendet worden sei. Ward wendet dagegen ein, dass Moritz Bonn insbesondere deshalb betont habe, dass Dekolonisation eine „generalized (and unstoppable) historical force" (ebd., S. 246) sei, um die negativen Folgen zu relativieren, die der Friedensvertrag von Versailles 1919 für das Deutsche Reich gehabt habe. Letztlich sei es ihm darum gegangen, vom „stigma of national failure" (ebd., S. 245) abzulenken. Der Begriff beschreibe somit nicht einfach nur die konstitutionellen und politischen Veränderungen in der kolonialen Welt. Vielmehr sei Dekolonisation eine „idea crafted in Europe to address a European state of mind" (ebd., S. 246). Obwohl „intrinsically European sensibilities" (ebd., S. 253) hinter dem Terminus auszumachen seien, müsse die Verwendung des Begriffs auch im globalen Kontext – insbesondere ab den 1960er Jahren – betrachtet werden. Während dieser Zeit sei *decolonization* zunehmend etwa in Parlamentsdebatten, in der Presse und insbesondere in der UN-Resolution 1514, der „Declaration on Decolonization" (ebd., S. 256), als zentraler Begriff verwendet worden und habe somit seinen Einzug in das „lexicon of world politics" (ebd.) finden können. Rekurrierend auf A.G. Hopkins' einschlägigen Aufsatz „*Rethinking Decolonization*" von 2008 und den darin geprägten neuen Terminus der „post-colonial globalization" (ebd., S. 260) warnt Ward abschließend: „Before globalizing decolonization, the term needs to be put in its place." Ebd.

[129] Prasenjit Duara: Introduction: The Decolonization of Asia and Africa in the Twentieth Century, in: Ders. (Hg.): Decolonization: Perspectives from Now and Then, London 2004 (Rewriting histories), S. 1–18, hier S. 2. In deutscher Übersetzung zitiert nach Jansen/ Osterhammel: Dekolonisation, S. 7.

schen Außenministers Lord Balfour, „equal in status, in no way subordinate one to another in any aspect of their domestic or external affairs". Dabei standen sie dennoch in einem besonderen Verhältnis zum Mutterland, denn gemäß der Deklaration, die „im Statut von Westminster 1931 [...] festgesetzt"[130] wurde, waren sie eine Gemeinschaft „united by a common allegiance to the Crown, and freely associated as members of the British Commonwealth of Nations".[131]

Auch für die ehemaligen *white settler colonies* selbst war der Dominion-Status, den Kanada bereits seit 1867 und Australien sowie Neuseeland seit 1907 innehatten, von großer identitärer Bedeutung. So hob der australische Premierminister John Curtin auf einer Pressekonferenz 1941 hervor, dass er Australien nicht lediglich als einen simplen Bestandteil des Britischen Empire verstehe; Australien habe vielmehr in lebendiger Art und Weise Anteil an der gesamten Empire-Struktur. Abschließend fügte er hinzu: „But I do not put Australia in the position of a colony. Australia is a Dominion."[132] Ähnlich wie Curtin grenzte auch der neuseeländische Premierminister Sir Joseph Ward die positive Seite des Dominion-Status vom geringeren Status der Kolonie ab. Das Wichtigste, so Ward im Jahre 1907, sei, dass man durch den neuen Status die Möglichkeit erhalte, sich von der Menge der Abhängigen, die sich selbst Kolonien nannten, zu unterscheiden.[133] Deutlich wird hier, dass der Dominion-Status nicht nur eine konstitutionelle Relevanz, sondern darüber hinaus auch eine kulturelle Bedeutung hatte. Über diese legitimierte sich die kulturelle Hierarchie innerhalb des Empire, an deren Spitze die ehemaligen Siedlerkolonien standen.[134] Im Gegensatz zum eigentlichen Dominion-Begriff, der bereits seit der Thronbesteigung Elizabeths II. im Jahre 1952 keine offizielle Anwendung mehr für die nun als (Commonwealth-)*Realms* bezeichneten Länder fand,[135] wirkte sich die kulturel-

---

[130] Helmuth K.G. Rönnefarth/ Heinrich Euler: 1931 Dez. 11 – Statut von Westminster, in: Konferenzen und Verträge. Vertrags-Ploetz. Ein Handbuch geschichtlich bedeutsamer Zusammenkünfte und Vereinbarungen, bearbeitet von dens., Teil II, Bd. IV: Neueste Zeit 1914–1959, Würzburg ²1959, S. 110–112, hier S. 110.

[131] Imperial Conference 1926. Inter-Imperial Relations Committee. Report, Proceedings and Memoranda, November 1926, S. 2, veröffentlicht auf: https://www.foundingdocs.gov.au/resources/transcripts/cth11_doc_1926.pdf, (18.3.2020). Der Dominion-Status, so unterstreicht A.G. Hopkins, sei eine äußerst zwiespältige *imperial invention* gewesen, die zwischen verschiedenen Formen der Selbstverwaltung unterschieden und dabei gleichzeitig dafür gesorgt habe, bestehende Reste imperialen Einflusses zu verdecken. Vgl. Hopkins: Rethinking Decolonization, S. 212.

[132] John Curtin, zitiert in: Curran: The Power of Speech, S. 26.

[133] Vgl. Sir Joseph Ward, zitiert in: The Colony's New Status. Effect of the Change, in: The Evening Post, 28.6.1907.

[134] Vgl. Barnes: Bringing Another Empire Alive?, S. 63.

[135] Vgl. W. David McIntyre: The Strange Death of Dominion Status, in: The Journal of Imperial and Commonwealth History 27.3 (1999), S. 193–212, hier S. 202.

2. Folgen der Dekolonisation

le Dimension, welche sich hinter dem Dominion-Begriff ausmachen lässt, langfristig auf die Selbstwahrnehmung der ehemaligen Siedlerkolonien aus.[136] Historiker der so genannten *colony to nation school*[137] griffen die Unterscheidung bzw. Wertung zwischen Kolonien und Dominions auf und interpretierten den positiv besetzten Status der Dominion als das Ergebnis einer „inevitable evolution of an independent identity".[138] Impliziert wurde eine teleologische Entwicklung von *colony to nation* – ein Topos, den der kanadische Historiker Arthur R.M. Lower programmatisch seiner 1946 erschienenen Monographie „*Colony to Nation. A History of Canada*" voranstellte.[139] Über dieses teleologische Narrativ wurden etwa Erfolgsgeschichten der Siedlergesellschaften wie „exploration, settlement, pioneering, self-government, economic growth, and social improvement"[140] vermittelt. Der Topos, so lässt sich aus einem 1961 gehaltenen Vortrag Vincent Masseys ableiten, der von 1952 bis 1959 als der erste aus Kanada stammende Generalgouverneur seines Landes fungierte, war so ubiquitär, dass ein jeder, der über den „path from colony to nation" spreche, dies „not as a pioneer but merely as a sightseer"[141] tue.

Allerdings ist in Anlehnung an D.R. Owram darauf hinzuweisen, dass in Kanada Vertretern der *colony to nation school* Kritiker wie der bekannte Historiker Donald Creighton gegenüberstanden, welche die Wichtigkeit der britischen Anbindung für die Existenz Kanadas betonten. Unter dem Einfluss der durch Harold Innis geprägten *Staple Thesis*[142] argumentierte Creighton in „*The Commercial*

---

[136] In Kanada spiegelte sich diese Dimension etwa in den Debatten rund um den *Dominion Day* wider, der erst 1982 in *Canada Day* umbenannt wurde. Vgl. ausführlicher dazu Kap. IV.3.1.

[137] Vgl. zu dem Begriff etwa D.R. Owram: Canada and the Empire, in: Robin W. Winks (Hg.): Historiography, Oxford 1999 (ND 2007) (The Oxford History of the British Empire 5), S. 146–162, hier S. 152f.

[138] Barnes: Bringing Another Empire Alive?, S. 64. Vgl. dazu auch Hopkins: Rethinking Decolonization, S. 218.

[139] Vgl. Arthur R.M. Lower: Colony to Nation. A History of Canada, Toronto ⁵1977 (1. Aufl. 1946).

[140] Stuart Macintyre: Historical Writing in Australia and New Zealand, in: Ders., Juan Maiguashca und Attila Pók (Hgg.): The Oxford History of Historical Writing, Vol. 4: 1800–1945, Oxford 2011, S. 410–427, hier S. 423.

[141] Vincent Massey: Canadians and their Commonwealth. The Romanes Lecture Delivered in the Sheldonian Theatre, 1 June 1961, Oxford 1961, S. 9.

[142] Nach der *Staple Thesis* war Kanadas Entwicklung auf die Geographie des Nordens, die Ressourcen entlang des Sankt-Lorenz-Stroms und den Handel mit den Metropolen Europas (besonders mit Großbritannien) auf der Ost-West-Achse zurückzuführen. Die These, die maßgeblich von Harold Innis in „*The Fur Trade in Canada*" (1930) geprägt wurde, diente auch zur Abgrenzung von der *frontier*-These, die für Identitätsnarrative in den USA relevant war. Vgl. dazu Litt: Trudeaumania, S. 81 sowie Douglas McCalla: s.v. staples thesis, in: Gerald Hallowell (Hg.): The Oxford Companion to Canadian History, Oxford 2004, S. 597.

Empire of the St. Lawrence, 1760–1850" (1937), dass durch die am Sankt-Lorenz-Strom in den Metropolen entstandenen Kommunikations- und Transportnetze „immigrants, ideas, and impulses in one direct channel from Britain deep into the heart of the continent"[143] gelangt seien. Nach Creightons Vorstellung hatten diese maßgeblich die britisch konnotierte Identität Kanadas geprägt, das sich durch das Treue- und Wirtschaftsverhältnis zum britischen Mutterland auch von den USA abgrenzte (*Laurentian Thesis*). Vor diesem Hintergrund ermahnte Creighton die Anhänger der *colony to nation school*, die existenzielle und historisch gewachsene Wichtigkeit Großbritanniens für Kanada nicht zu vergessen, sei doch der wahre Feind der Kontinentalismus der USA.[144] Entgegen der an früherer Stelle bereits erwähnten Vorstellung des zeitgenössischen Historikers David B. Harkness, nach der unter anderem fehlende Revolutionen für den verzögerten Prozess der nationalen Selbstwahrnehmung Kanadas verantwortlich waren, wandte Creighton das Argument im positiven Sinne an und hob hervor,[145] dass es gerade die fehlenden Revolutionen seien, die Kanada einzigartig machten und von den USA sowie von jeder „duodecimo South American republic"[146] unterscheide, die die Amerikanische Revolution einfach nur kopiert hätten. Niemals habe Kanada mit Europa (und damit mit Großbritannien) gebrochen und niemals habe es sich ausschließlich im Kontext der westlichen Hemisphäre definiert. Stattdessen habe es Kanada und damit *British North America* geschafft, eigene Akzente gegen den bedrohlichen Einfluss der USA zu setzen und eine distinkte und starke Existenz in der westlichen Hemisphäre aufzubauen. Ohne die Verbindungen zum britischen Mutterland war Kanadas Existenz in Creightons Vorstellung nicht denkbar:

[Canada] had tried to preserve her identity against the levelling, standardizing impact of American continentalism; and, to a very large extent, the measure of her success could be attributed to the maintenance of her vital connection with Europe. It was British military and diplomatic support which ensured the survival of Canada in a continent which otherwise would have become the prey of Manifest Destiny.[147]

---

[143] J.M.S. Careless: Frontierism, Metropolitanism and Canadian History, S. 16 rekurrierend auf Donald Creighton: The Commercial Empire of the St. Lawrence, 1760–1850, Toronto 1937 (The relations of Canada and the United States).

[144] Vgl. Owram: Canada and the Empire, S. 153.

[145] Auch in Neuseeland setzten sich Akteure im Rahmen ihrer Identitätsdiskurse insbesondere im Hinblick auf die Amerikanische Revolution mit der Geschichte der USA auseinander. Vgl. dazu Belich: Paradise Reforged, S. 77: „In New Zealand as elsewhere, it was believed that settler colonies would become fully independent, on the American model, but through mutual agreement, not war."

[146] Donald Creighton: Doctrine and the Interpretation of History (Presidential Address 1957 University of Ottawa), in: Ders.: Towards the Discovery of Canada. Selected Essays, Toronto 1972, S. 27–45, hier S. 43.

[147] Ebd., S. 43 f.

Die imperiale Verbindung zwischen Kanada und Großbritannien stand für Creighton in keinem Widerspruch zu einer eigenständigen, nationalen Stimme seines Landes. Es handelte sich nicht um eine „parent-and-child-relationship", sondern um eine „adult partnership which was prolonged more at the instance of the junior than the senior partner".[148]

Im Zuge der nationalistischen Tendenzen zwischen 1930 und 1950 sahen sich zeitgenössische Historiker vor allem mit dem Identitätsproblem ihrer Länder konfrontiert. Kanadische Historiker wie David B. Harkness und Arthur Lower, australische Geschichtswissenschaftler wie William Keith Hancock oder seine neuseeländischen Kollegen Frederick L. W. Wood und John Beaglehole einte die Vorstellung, dass der *inferiority complex* ihrer jeweiligen Länder nicht überwunden werden konnte, weil sich eine eigenständige, selbstbewusste Stimme der Nation, bedingt durch die starke kulturelle Anlehnung an das Mutterland, vermeintlich nicht artikulieren ließ. So sei Neuseeland, wie Beaglehole 1936 feststellte, „with any deep feeling, a nation"[149], und obgleich es eine Wahrnehmung, sogar ein Gefühl der Liebe für das eigene Land gebe, existiere doch keine ‚eigene' Identität. Für Australien urteilte Hancock ähnlich. Zwar definierten Australier sich als „‚independent Australian Britons'"[150], sie lägen dabei aber in erster Linie den größten Wert auf den letzten Teil. Auch die gemeinsame Erfahrung des Krieges, die ein Impetus zur kulturellen Eigenständigkeit, ja eine Möglichkeit zur Artikulation einer ‚eigenen' Stimme hätte werden können, schien zum Scheitern verurteilt, oder in den Worten Arthur Lowers ausgedrückt:

The children saw the death of a dear parent approaching and for the first time looked at life through own eyes. The moment passed; the parent recovered; English Canadians slid easily back into the attitudes of children.[151]

Diese Argumentationsmuster nationalistischer Geschichtsschreibung, welche die Vorstellung eines unterdrückten bzw. durch die kulturelle, politische und ökonomische Bindung zum Mutterland vereitelten Nationalismus (*thwarted nationalism*) bedienten, sind Ausdruck einer mittlerweile widerlegten Perspektive auf die Geschichte der ehemaligen Siedlerkolonien.[152]

---

[148] Ebd., S. 44. Vgl. zu den zitierten Passagen auch Philip Massolin, der Harold Innis und Donald Creighton in den geistesgeschichtlichen Kontext ihrer Zeit einordnet. Vgl. Philip Massolin: Canadian Intellectuals, the Tory Tradition and the Challenge of Modernity, 1939–1970, Toronto, Buffalo, London 2001, S. 199–204.

[149] J.C. Beaglehole: New Zealand: A Short History, London 1936, S. 159.

[150] W.K. Hancock: Australia, London 1930 (The Modern World. A Survey of Historical Forces), S. 66.

[151] Vgl. Arthur R.M. Lower: Colony to Nation, S. 561.

[152] Vgl. dazu auch Neville Meaney: Britishness and Australian Identity. The Problem of

Trotz ihres Ziels, einer eigenen nationalen Stimme Ausdruck zu verleihen, konnten und wollten sich Historiker aus den ehemaligen weißen Siedlergesellschaften nicht von Identitätskonzepten lösen, die auf *Britishness* und der damit verbundenen kulturellen Anbindung an das Mutterland basierten. Das Empire blieb für die meisten *nationalists* eine emotionale Bezugsgröße und ihr Bewusstsein für das ‚eigene' Land, die ‚eigene' Identität und Kultur war weiterhin „overlaid by a pervasive sense of Britishness"[153]. Arthur Lowers Klage über die Trägheit der *English Canadians*, die nicht bereit schienen, den Initiationsprozess ihrer Nation in die eigenen Hände zu nehmen, steht dabei exemplarisch dafür, dass die meisten Akteure gar kein Bedürfnis dafür verspürten. Solange das Mutterland noch als stabiler kultureller Referenzpunkt galt, war dies schlicht nicht notwendig.[154] Für Lower hingegen war die kreative Untätigkeit Kanadas nicht nachvollziehbar:

> No Churchillian speeches came out of Ottawa. No national symbols were born from that source, no national pageantry set going. [...] A nation might have been forged from the fighting men but the government of the day would not have dreamed of initiating the project.[155]

Vor diesem Hintergrund gab es für Lower nur eine Lösung für die Zukunft: Da Kanada sich seine „heroes, [...] history, [...] songs, and the slang of others" lieh, so konnte nur der Bezug zur kanadischen Geographie eine Antwort liefern: „From the land, Canada, must come the soul of Canada."[156]

Insgesamt betrachtet blieb die Suche nach einer vermeintlichen Seele oder nach einer ‚eigenen', selbstbewussten Stimme zwangsläufig eine unlösbare Aufgabe für Historiker folgender Generationen. So musste beispielsweise David Day einige Jahre nach seiner bereits erwähnten nationalistisch ausgerichteten Geschichte Australiens *„The Great Betrayal"* (1988) enttäuscht eingestehen, dass Australien eine „*Reluctant Nation*" sei, die sich trotz des ‚Verrats' während des Krieges aus scheinbar unerklärlichen Gründen einfach nicht emanzipieren

---

Nationalism in Australian History and Historiography, in: Australian Historical Studies, 32.116 (2001), S. 76–90, hier S. 77. In Australien griffen insbesondere die Vertreter der *Radical National School*, welche in den Akteuren der *Labor Party* die „chief agents" (ebd.) des australischen Nationalismus sahen, auf das Argumentationsmuster des *thwarted nationalism* zurück.

[153] Hopkins: Rethinking Decolonization, S. 218.

[154] Vgl. dazu auch Ward: The 'New Nationalism' in Australia, Canada and New Zealand, S. 235 sowie ausführlich dazu Kap. II.3.3 im Folgenden.

[155] Arthur R. M. Lower: Colony to Nation, S. 562 f.

[156] Ebd., S. 564. Vgl. zu Lowers Werk im Kontext kanadischer Geschichtsschreibung v. a. Carl Berger: The Writing of Canadian History. Aspects of English-Canadian Historical Writing since 1900, Toronto u. a. ²1986, S. 134 ff. sowie Wright/ Saunders: The Writing of the History of Canada and of South Africa, S. 398 f.

2. Folgen der Dekolonisation 77

wolle.¹⁵⁷ Day konnte nicht verstehen, dass es für die meisten Menschen keinen Widerspruch darstellte, für Identitätskonstruktionen einerseits auf *Britishness* zu rekurrieren und andererseits auf die jeweiligen eigenen nationalen Leistungen und Werte stolz zu sein.¹⁵⁸

Entgegen den teleologischen Geschichtsschreibungen betonen aktuellere Untersuchungen insbesondere die emotionale Verbindung zwischen den Siedlerkolonien und ihrem Mutterland. Obwohl die Siedlergemeinschaften den formalen Status als *self-governing*-Dominion innehatten und im Rahmen dessen auch ihre eigenen Interessen vertraten, blieben sie doch vor allem im Rahmen „ihre[r] Tradition und politische[n] Kultur"¹⁵⁹ sowie auch in ökonomischer und außenpolitischer Hinsicht auf Großbritannien fokussiert.¹⁶⁰ Bestätigt wird diese Annahme nicht zuletzt durch die Tatsache, dass Australien und Neuseeland das Westminster-Statut von 1931 erst in den Jahren 1942 bzw. im Falle Neuseelands erst im Jahre 1947 ratifizierten. Keines der beiden Länder beabsichtigte dabei, die Verbindung zum Mutterland auch nur ansatzweise zu lösen. Australien hatte sich schlicht aus pragmatischen Gründen „by the need to safeguard certain government powers" und nicht etwa als Ausdruck eines „impulse for independence"¹⁶¹ für die Annahme des Statuts entschieden und in Neuseeland sah sich Premierminister Peter Fraser (1940–1949) sogar dazu veranlasst, besorgte Bürgerinnen und Bürger, die um die Empire-Verbindung fürchteten, zu beruhigen. So hielt er beschwichtigend fest: „[I]nstead of lessening the ties, I believe it will strengthen the ties between the various parts of the Commonwealth and ourselves in New Zealand and the Mother Country."¹⁶² Auch die Vorstellung früherer Historikergenerationen, die Kanadas ‚vollständige' Unabhängigkeit auf die Verabschiedung des Westminster-Statuts auf 1931 datierten, erweist sich angesichts des fortbestehenden Verbundenheitsgefühls der *English Canadians* zum Empire als fragwürdig.¹⁶³ Auch für die Mehrheit der kanadischen Nationalisten,

---

¹⁵⁷ Vgl. David Day: Reluctant Nation. Australia and the Allied Defeat of Japan 1942–1945, Oxford 1992.
¹⁵⁸ Vgl. kritisch zu Day auch Meaney: Britishness and Australian Identity, S. 77 f.
¹⁵⁹ Peter Wende: Grossbritannien 1500–2000, München 2001 (OGG 32), S. 108.
¹⁶⁰ Vgl. auch Hopkins: Rethinking Decolonization, S. 241 sowie jüngst dazu Seltmann: Butter, Wut und Tränen sowie Hausen: Reviewing Britain's Presence East of Suez.
¹⁶¹ Macintyre: A Concise History of Australia, S. 193.
¹⁶² Peter Fraser, in: New Zealand Parliamentary Debates, Vol. 279, 7.11.1947, S. 534 f.
¹⁶³ Vgl. Phillip Buckner: Introduction, in: Ders. (Hg.): Canada and the End of Empire, Vancouver, Toronto 2005, S. 1–14, hier S. 8. Die Unabhängigkeit Kanadas kann am ehesten auf das Jahr 1982 datiert werden, in dem die *repatriation* der Verfassung vollzogen und das Westminster-Statut aufgehoben wurde. Erst mit dem *Australian Act* sowie dem *Constitution Act* wurden auch Australiens und Neuseelands Legislative und Judikative im Jahre 1986 endgültig unabhängig vom Einfluss Großbritanniens.

so lässt sich in Anlehnung an Phillip Buckner festhalten, stand die Autonomie Kanadas insgeheim in keinem Gegensatz zur fortbestehenden und aufrechtzuerhaltenden Verbindung mit dem Mutterland.[164]

2.2. Die Kontinuität des Empire im New Commonwealth und die Auswirkungen der Dekolonisation

Das auf Großbritannien ausgerichtete identitäre Selbstverständnis der ehemaligen weißen Siedlerkolonien kann auch auf den Einfluss der Erinnerungskultur zurückgeführt werden, die trotz der Niedergangserscheinungen des Empire nach 1945 dafür sorgte, dass ein starkes Verbundenheitsgefühl und damit auch eine imperiale Mentalität aufrechterhalten blieben. Diese Mentalität, vor deren Hintergrund etwa der einschneidende Verlust Indiens mit all seinen Opfern als ein ‚eleganter' Machtübergang nach einer scheinbar notwendigen Phase der ‚Erziehung' propagiert wurde, ermöglichte nicht nur im Vereinigten Königreich, sondern auch in den Dominions ein positives Selbstbild, das auf dem scheinbar unproblematischen Empire-Erbe basierte, aus dem das Commonwealth hervorgegangen war.[165] Durch die „Erfindung des ‚Commonwealth'", so John Darwin, habe man die eigentlich zu klärenden Fragen – „war es mit dem Empire nun zu Ende oder repräsentierte es weiterhin Großbritanniens ruhmreichen Platz in der Welt?"[166] – einfach übergehen können. Der Wandel vom *British Commonwealth of Nations* – einem exklusiven Club der weißen Siedlerkolonien[167] – zum als

---

[164] Vgl. Buckner: Introduction: Canada and the British Empire, S. 10.

[165] Vgl. dazu auch Wende: Grossbritannien, S. 110. Selbst die Unabhängigkeit Indiens im Jahre 1947, die das Ende des Empire eingeleitet habe, so konstatiert Peter Wende, sei von der britischen Herrschaft noch als „Fortsetzung imperialer Herrschaft mit anderen Mitteln" (ebd.) gedeutet worden. Die Äußerungen des letzten Vizekönigs Indiens zur Mitgliedschaft Indiens und Pakistans im Commonwealth, die laut Mountbatten „the greatest opportunity ever offered to the Empire" (zitiert in: Wende: Grossbritannien, S. 110) gewesen sei, belegen, inwiefern das Empire trotz aller Auflösungserscheinungen von britischen Akteuren weiterhin als positive Konstante betrachtet wurde. Vgl. ähnlich dazu auch John Darwin: Last Days of Empire, in: Miguel Bandeira Jerónimo, António Costa Pinto (Hgg.): The Ends of European Colonial Empires. Cases and Comparisons, Basingstoke u. a. 2015, S. 268–277, hier S. 272. Darwin betont insbesondere den ‚disneyesken' Charakter der Monarchie, mit dessen Hilfe man den Machttransfer innerhalb des Commonwealth verdeckt habe.

[166] Darwin: Die britische Erinnerung an das Empire, S. 39.

[167] Der kanadische Premierminister Lester B. Pearson beschrieb die Club-Atmosphäre rückblickend wie folgt: „The meetings were held at 10 Downing Street in the Cabinet Room; [...] It was all very informal, club-like, old school tie. Occasionally we sat around the fireplace while the British Prime Minister gave the ‚daughters' of the Empire good advice as to what to do in supporting British policy. It was a relatively simple organization, and it had very strong ties of sentiment holding the members together. Then all changed." LAC MG 26 N 9,

2. Folgen der Dekolonisation

multiracial verstandenen *Commonwealth of Nations* konnte erfolgreich dazu genutzt werden, um die „Erinnerung an das Empire und seinen Niedergang als einen positiven Wandel"[168] darzustellen. In diesem Sinne wurde etwa Indiens Aufnahme in das Commonwealth als Republik äußerst positiv bewertet, konnte man Indien doch dazu bringen, die Queen als *head* des Bündnisses zu akzeptieren. Für den kanadischen Premierminister Lester B. Pearson war dies entgegen allen Skeptikern Beweis genug dafür, dass für die Briten selbst das Unmögliche möglich sei: „To the British there is nothing illogical and nothing impossible."[169]

Auch wenn das Aufkommen des *neuen* Commonwealth durch den Beitritt der Dominions Indien (1947), Ceylon (1948) und Pakistan (1949) dafür sorgte, dass sich die ehemaligen weißen Siedlerkolonien um den Verlust des alten traditionellen, ja beinahe schon ‚familiären' Charakters des Bündnisses sorgten,[170] galten die „old dominions", wie beispielsweise der britische Untersekretär des *Foreign Office* unterstrich, weiterhin als „the real and original Commonwealth"[171]. In diesem Kontext wurden die Veränderungen in der Zusammensetzung des Commonwealth als eine machtpolitische Notwendigkeit gesehen, der sich alle zu fügen hatten. Bei einem Staatsbesuch des australischen Premiers Ben Chifley im Juli 1948 betonte der britische *Cabinet Secretary* Brook in diesem Sinne etwa, dass Australien wie auch das Vereinigte Königreich es sich nicht mehr leisten könnten, das Commonwealth auf die Länder zu reduzieren, welche die britische Tradition verkörperten, wenn das Commonwealth sein *standing* behalten wolle. Ein gewisses Einlenken war also notwendig: „That being so, Australia – like ourselves – must be prepared to make some conces-

---

Box 42, File 1967 January, Transcript of the Prime Minister's Speech at the Seminar of the Canadian Council of Churches Dominion-Chalmers United Church, 26.1.1967, S. 2.

[168] Darwin: Die britische Erinnerung an das Empire, S. 38.

[169] Transcript of the Prime Minister's Speech at the Seminar of the Canadian Council of Churches Dominion-Chalmers United Church, 26.1.1967, S. 3.

[170] Vgl. dazu auch die Pressemeldung des *Sydney Morning Herald*, der die Bevölkerung nach dem Ablaufen der archivalischen Sperrfrist in London anhand neu zugänglicher Dokumente darüber informierte, dass unter anderem Australien zu jenen Ländern gehörte, die sich in den 1950er Jahren gegen ein *coloured Commonwealth* ausgesprochen hatten: „Along with New Zealand and South Africa, Australia felt there was a risk that coloured States might ultimately outnumber the older Commonwealth members." 'Coloured' C'wealth worried Australia, in: The Sydney Morning Herald, 2.1.1988.

[171] Orme Sargent: India's future relations with the Commonwealth; FO minutes and briefs by Mr Mc Neil, Mr Bevin, Sir O Sargent and G W Furlonge, including comments on a paper by P J H Stent (FO 371/70198, nos 987, 3459, 4700, 6848 & 7550 2 Feb–24 Nov 1948), in: The Labour Government and the End of Empire 1945–1951. Part IV: Race Relations and the Commonwealth, London 1992 (British Documents on the End of Empire. Series A Vol. 2), S. 148 f., hier S. 149.

sions."[172] Die Zugeständnisse änderten aber nichts daran, dass Australien sich weiterhin zu den wenigen Ländern zählte, die aufgrund ihrer britischen Tradition auf besonders innige Art und Weise mit dem Mutterland verbunden bleiben würden. Für Chifley war klar, dass neben Kanada, das seine britische Anbindung durch den Einfluss der USA zu verlieren drohte, insbesondere Australien und Neuseeland „the only parts of the Commonwealth" waren, die „fully represented the British tradition"[173]. Insbesondere für die führenden politischen Akteure in den ehemaligen weißen Siedlerkolonien blieb diese gemeinsame Loyalität zur britischen Tradition und das darauf zurückzuführende gegenseitige Verbundenheitsgefühl noch bis in die 1960er Jahre ein fester Bestandteil ihrer Selbstwahrnehmung. Diese sollte sich vor allem immer dann in einer auf „racial and cultural empathy"[174] basierenden (imperialen) Rhetorik widerspiegeln, wenn die vermeintlich ‚familieninternen' Werte angezweifelt wurden.

In diesem Sinne wurde etwa Harold Macmillans *Wind-of-Change*-Rede in den ehemaligen Siedlerkolonien mehrheitlich von den jeweiligen Premierministern als ein Angriff gegen die „integrity and harmony of the British family"[175] gesehen. Verstärkt wurde diese Wahrnehmung 1961 zusätzlich, als sich Südafrika gezwungen sah, seine Bewerbung zum Verbleib im Commonwealth als Republik zurückzuziehen, was nicht zuletzt durch die internationale Ächtung

---

[172] TNA CAB 21/1793, Dominion Affairs: Australia visit of Prime Minister, July 1948: Subjects for Discussion, Norman Brook an Ben Chifley, 9.7.1948, S. 2. Ein starkes Commonwealth sei für die ehemaligen Dominions, wie Francine McKenzie konstatiert, nicht nur kulturell, sondern vor allem auch im diplomatischen, ökonomischen und militärischen Sinne von großem Interesse gewesen. Vgl. Francine McKenzie: In the National Interest: Dominions' Support for Britain and the Commonwealth after the Second World War, in: The Journal of Imperial and Commonwealth History 34.4 (2006), S. 553–576, hier S. 570 f.

[173] Norman Brook an Ben Chifley, 9.7.1948, S. 1.

[174] Stuart Ward: Whirlwind, Hurricane, Howling Tempest: The Wind of Change and the British World, in: L. J. Butler, Sarah Stockwell (Hgg.): The Wind of Change. Harold Macmillan and British Decolonization, Basingstoke u. a. 2013, S. 48–69, hier S. 56.

[175] Ebd. Vgl. auch ebd., S. 49 f. Harold Macmillans *Wind-of-Change*-Rede, die er 1960 in Kapstadt vor dem südafrikanischen Parlament hielt, steht angesichts ihrer globalen Auswirkungen einerseits als Synonym „for the rapid pace of decolonization" (ebd., S. 50) und andererseits für die „disintegration of white solidarity across the empire and Commonwealth" (ebd.). Wie Stuart Ward argumentiert, sei von Macmillans Rede eine zentrale Wirkung ausgegangen. *Erstens* signalisierte die Rede „a change in British voting intentions on apartheid resolutions at the United Nations" (ebd., S. 49); *zweitens* unterstrich sie vor dem Hintergrund der zunehmenden globalen Kritik die Unhaltbarkeit von Premierminister Verwoerds „segregationist ideology" (ebd.); und *drittens* verdeutlichte sie den britischen Akteuren in Afrika und darüber hinaus auch in Kanada, Australien und Neuseeland, dass das Konzept der weißen, britischen Familie – zusammengehalten durch *kith and kin* – zunehmend fragwürdig geworden war. Vgl. zu Macmillans Rede auch Buettner: Europe after Empire, S. 58.

des Apartheidsregimes bedingt war.[176] Obwohl sich damit die multikulturellen Prinzipien des *New Commonwealth* gegen die rassistischen Gesetze in Südafrika durchgesetzt hatten,[177] ging von der Debatte um Südafrika eine Signalwirkung aus, schließlich war doch ein altes („weißes") Mitglied nun offiziell aus der britischen Familie ausgeschieden. In Neuseeland wurde der Verlust Südafrikas beispielsweise in der *Evening Post* als Katastrophe („nothing short of a calamity"[178]) beschrieben und Umfragen zeigten, dass 75 Prozent der Neuseeländer – abgesehen von der Mehrheit der Maori – für einen Verbleib Südafrikas im Commonwealth waren.[179] In Australien und Kanada waren politische Akteure gespaltener Meinung. Einerseits verurteilte man zwar das Apartheidsregime angesichts des wachsenden öffentlichen Drucks infolge des Massakers von Sharpeville. Andererseits sympathisierte man wie in Neuseeland aber auch mit Südafrika, handelte es sich doch um ein altes Familienmitglied, in dessen innere Angelegenheiten man sich nicht einzumischen hatte.[180] Auch während der Auseinandersetzung um Südrhodesien, das 1965 einseitig seine Unabhängigkeit

---

[176] Vgl. Deryck M. Schreuder/ Stuart Ward: Epilogue: After Empire, in: Dies. (Hgg.): Australia's Empire, Oxford u. a. 2008 (The Oxford History of the British Empire. Companion Series), S. 389–402, hier S. 393. Die internationale Verurteilung des Rassismus ist, wie Jan Eckel exemplarisch am Umgang mit dem Apartheidregime zeigt, auf unterschiedliche historische Verschiebungen zurückzuführen und nicht etwa das Resultat einer kontinuierlich verlaufenden historischen Entwicklung. Vgl. Jan Eckel: Verschlungene Wege zum Ende der Apartheid. Südafrika in der internationalen Menschenrechtspolitik 1945–1994, in: Zeithistorische Forschungen/ Studies in Contemporary History 13 (2016), S. 306–313, hier S. 307. Zwar hätten sich Siedlerregime bereits 1946 infolge der Verurteilung der Rassentrennung in Südafrika durch die Regierung Indiens „auf der internationalen Anklagebank wiedergefunden" (ebd., S. 308) und seien während der 1960er Jahre dann auch zunehmend durch die hohe Zahl postkolonialer Staaten in ihren moralischen Wertvorstellungen in Frage gestellt worden. Dies habe allerdings zunächst keine politischen Folgen gehabt, da sich das südafrikanische Regime einfach den jeweiligen Sitzungen der UN-Vollversammlung entzogen habe (vgl. ebd., S. 309). Die Voraussetzungen hätten sich erst mit der „Ankunft des Themas Menschenrechte in der staatlichen Außenpolitik" (ebd.) grundlegend geändert. Infolgedessen hätten sich die USA und Großbritannien zwischen 1970 und 1980 von Südafrika abgewandt. Im Gegensatz zu vielen anderen Staatsverbrechen, die sehr viel weniger öffentliche Entrüstung ausgelöst hätten, sei das Apartheidsregime vor allem auch deswegen so nachhaltig verurteilt worden, weil die sich immer weiter entwickelnde Kommunikationstechnologie dafür gesorgt habe, dass von Ereignissen wie dem Sharpeville-Massaker (1960) medienwirksam berichtet worden sei (vgl. ebd., S. 310). Somit habe eine breite moralische Entrüstung ausgelöst werden können.
[177] Vgl. ähnlich dazu Schreuder/ Ward: Epilogue, S. 393.
[178] The Evening Post, 5.8.1960, zitiert in: Ward: Whirlwind, Hurricane, Howling Tempest, S. 56.
[179] Vgl. Ward: Whirlwind, Hurricane, Howling Tempest, S. 56.
[180] Vgl. zu Kanada John Hilliker/ Greg Donaghy: Canadian Relations with the United Kingdom at the End of Empire, 1956–73, in: Phillip Buckner (Hg.): Canada and the End of

erklärt hatte, keimte insbesondere in Neuseeland und Australien die imperiale Rhetorik und der rassistisch geprägte Glaube an *kith and kin* in der Tagespresse sowie unter politischen Akteuren wieder auf. Hier offenbarte sich der Bruch „between old and new members of the Commonwealth"[181]. Trotz aller Veränderungen verabschiedeten sich die ehemaligen Siedlerkolonien also nur äußerst zögerlich von ihrer Vorstellung einer exklusiven, weißen Empire-Gemeinschaft sowie damit verbunden von ihrem Glauben an das Empire, das im Commonwealth insgeheim fortgelebt hatte.[182]

Inwiefern hatten Kanada, Australien und Neuseeland vor diesem Hintergrund nun Anteil an der Dekolonisation? Deutlich geworden ist, dass sich die strukturelle Seite der Dekolonisation – im Sinne eines Machttransfers, an dessen Ende der souveräne Staat steht – eher als eine „definitional straitjacket"[183] erweist. Diese lässt sich Kanada, Australien und Neuseeland nicht so recht anlegen, da sie ihre starke emotionale Verbindung zu Großbritannien nicht erklären kann, die trotz des Statuts von Westminster fortbestand. John Darwin hat angesichts dieses definitorischen Problems dafür plädiert, Dekolonisation nicht nur als das auf konstitutioneller Ebene besiegelte Ende kolonialer Herrschaft, sondern als den Zusammenbruch eines „much larger complex which might be called the ‚global colonial order'"[184] zu verstehen. Bestandteile dieses Komplexes seien nicht nur Institutionen, sondern auch Ideen gewesen,[185] die als die normative Seite der Dekolonisation betrachtet werden können.[186] Diese vielfältige Ordnung geriet zwischen 1945 und den *mid-1960s* immer mehr ins Wanken,[187] wobei für die ehemaligen Siedlerkolonien insbesondere die 1960er Jahre von prägender Bedeutung waren.

Britain's turn to Europe und das damit verbundene Signal, dass das Mutterland beabsichtigte, sich von seinem im Commonwealth insgeheim fortbestehenden Empire und insbesondere von seinen *old dominions* abzuwenden, ließ in Kanada, Australien und Neuseeland völlig selbstverständliche Selbstbilder plötzlich fragwürdig werden. Trotz ihrer seit dem Westminster-Statut bestehen-

Empire, Vancouver, Toronto 2005, S. 25–46, hier S. 32; zu Australien vgl. Ward: Whirlwind, Hurricane, Howling Tempest, S. 56 sowie Schreuder/ Ward: Epilogue, S. 393.
[181] Hopkins: Rethinking Decolonization, S. 230.
[182] Vgl. ausführlicher dazu Ward: Whirlwind, Hurricane, Howling Tempest, S. 58–63.
[183] John Darwin: Decolonization and the End of Empire, in: Robin W. Winks (Hg.): Historiography, Oxford 2007 (The Oxford History of the British Empire, Bd. V), S. 541–557, hier S. 542.
[184] Ebd., S. 543.
[185] Vgl. ebd.
[186] Zur strukturellen und normativen Seite der Dekolonisation vgl. auch Jansen/ Osterhammel: Dekolonisation, S. 15.
[187] Vgl. Darwin: Decolonization and the End of Empire, S. 544.

den formalen Unabhängigkeit begannen erst jetzt Prozesse, deren langfristiges Ziel es war, „full constitutional sovereignty, [...] separate identities, [...] cultural independence"[188] zu entwickeln. Aus diesem Grund – dahingehend folgt die hier vorliegende Studie den Thesen Anthony G. Hopkins' – sind Kanada, Australien und Neuseeland mit in die *decolonization studies* miteinzubeziehen.[189]

Der Abschied des Mutterlandes von seinen loyalsten Mitgliedern koinzidierte unter anderem mit den afrikanischen Unabhängigkeitsbestrebungen im Zuge des *Wind of Change*, der Auseinandersetzung mit dem südafrikanischen Apartheidsregime, dem Rhodesien-Konflikt sowie mit dem „Wandel im weltweiten Meinungsklima", der sich in der Resolution 1514 der Vereinten Nationen manifestierte, mit der Kolonialismus zu einem „Verbrechen gegen das Völkerrecht erklärt"[190] wurde. Rassistisch motivierte Identitätskonzepte, die mit der Diskriminierung von Minderheiten einhergingen, so wurde in der öffentlichen Wahrnehmung immer klarer, widersprachen humanitären Grundsätzen. Im Zuge dessen, so betont Anthony G. Hopkins, sei die Rede von der „„pride of race'" oder gar einem „„pure fire of imperial patriotism'"[191] während der 1960er Jahre allmählich verschwunden. Insbesondere unter dem Eindruck der Identitätskrise in Folge des *End of Empire* entstand in den ehemaligen weißen Siedlerkolonien ein großer Bedarf an ‚neuen' und vor allem ‚eigenen' Identitätskonzeptionen, die nicht mehr auf „imperial notions of racialised Britishness"[192] basieren sollten. Ziel war es, das „certain embarrassment about Greater Britonism" sowie das damit verbundene „shameful secret – a protracted adolescence, decades long, spent firmly tied to mother's apron strings –"[193] endlich hinter sich zu lassen. Insgesamt betrachtet hatte die Dekolonisation für die ehemaligen weißen Siedlerkolonien zwei Ebenen: Das Bewusstsein, dass Identitätskonzepte, die einseitig auf *Britishness*, *Whiteness* und *family values* basierten, für die Zukunft nicht mehr tragfähig waren, führte einerseits dazu, dass es unabhängiger und vor allem ‚eigener' kultureller Symbole, Mythen und Inhalte bedurfte. Andererseits war damit auch eine „Dekolonisierung des Geistes"[194] verknüpft, die auf normativer Ebene die Aufgabe stellte, Identitätskonzepte zu finden, die einen richtigen und verantwortungsbewussten Umgang mit den siedlerkolonialen

---

[188] Hopkins: Rethinking Decolonization, S. 241.
[189] Vgl. ebd.
[190] Jansen/ Osterhammel: Dekolonisation, S. 15.
[191] Hopkins: Rethinking Decolonization, S. 228.
[192] Ward: Whirlwind, Hurricane, Howling Tempest, S. 64.
[193] James Belich: Replenishing the Earth. The Settler Revolution and the Rise of the Anglo-World, 1783–1939, Oxford 2009, S. 472 f.
[194] Aleida Assmann: Erinnerungen post-imperialer Nationen. Ein Kommentar, in: Dietmar Rothermund (Hg.): Erinnerungskulturen post-imperialer Nationen, Baden-Baden 2015, S. 261–273, hier S. 267.

Vergangenheiten und dem rassistisch motivierten Unrecht, das den Indigenen widerfahren war, ermöglichte.

Zu betonen ist dabei, dass es innerhalb der ehemaligen Siedlergesellschaften keinen linearen Weg in eine postkoloniale Welt gab. Gerade die lange Anbindung der ehemaligen weißen Dominions an das Mutterland kann als Grund dafür gesehen werden, dass die Dekolonisation in normativer Hinsicht zwischen 1945 und den 1990er Jahren eher erratisch verlief.[195] Zwar wurde das rassistische Bild, zu einer global vernetzten weißen britischen Familie zu gehören, nach dem Zweiten Weltkrieg durch die Verabschiedung der Allgemeinen Erklärung der Menschenrechte (1948), der Entstehung des *neuen* Commonwealth und durch neue Migrationsbewegungen zunehmend in Frage gestellt.[196] Wie aufgezeigt wurde, blieben alte imperiale Loyalitäten allerdings während der Phase der globalen Dekolonisation, wenn auch unter veränderten Rahmenbedingungen, lange fortbestehen. Die „erstwhile constituents of the British world"[197] und die ontologische Sicherheit, für die sie einmal gestanden hatten, wirkten weiterhin wie (antagonistische) Versatzstücke fort und Akteure sollten gerade in den instabilen Zeiten der von ihnen wahrgenommenen Identitätskrise immer wieder auf alte Beschreibungsmuster und Rhetoriken zurückgreifen, die sie eigentlich überwinden wollten. Stuart Ward hat diesen Umstand unter anderem darauf zurückgeführt, dass der *Wind of Change* keinen Platz im postimperialen Gedächtnis Kanadas, Australiens oder Neuseelands eingenommen habe. Für den Historiker Manning Clark beispielsweise – einer der berühmtesten Historiker Australiens, der 1980 sogar zum *Australian of the Year* gekürt wurde – war das, was das Schlagwort *Wind of Change* seit 1960 transportierte, noch im Jahre 1988 mit Skepsis zu betrachten. Für Clark handelte es sich dabei um eine Art Modeerscheinung, die nun von Moralaposteln für ihre Unterscheidung zwischen ‚*den* Guten' und ‚*den* Bösen' in der Geschichte instrumentalisiert wurde:[198]

---

[195] Vgl. ähnlich dazu auch James Belich: Colonization and History in New Zealand, in: Robin W. Winks (Hg.): Historiography, Oxford 1999 (ND 2007) (The Oxford History of the British Empire 5), S. 182–193, hier S. 182.

[196] Die „Delegitimierung von Kolonialismus (und der ihn tragenden Differenzideologien, besonders des Rassismus) in einer nun wichtiger werdenden ‚Weltöffentlichkeit'" ist nur eine der Rahmenbedingungen, in deren Kontext die Dekolonisation nach Jürgen Osterhammel betrachtet werden muss. Zu berücksichtigen sind in diesem Zusammenhang nach Osterhammel auch die folgenden Faktoren: „(a) gesellschaftlicher Wandel (und damit ‚rising expectations') in den Kolonien und nationalistischer Widerstand, (b) wachsende Kostenungunst für die Metropolen einer zuletzt stark intensivierten formalen Kolonialherrschaft, (c) Systemkonkurrenz im Kalten Krieg". Osterhammel: Imperien, S. 66 f.

[197] Ward: Whirlwind, Hurricane, Howling Tempest, S. 63.

[198] Vgl. dazu auch ebd., S. 64.

Soul-searching about our past is the new literary fashion. It is the period in which the breast-beaters, the moral Pharisees, are driven to tell us how, unlike their predecessors, they have political and moral virtue. The Aborigines, women and ordinary people have become the ‚goodies', and all those who ignored them in their books or their teaching have become the ‚baddies'. The winds of change are blowing over [our] ancient continent.[199]

Clark sah sich mit Veränderungen innerhalb der literarischen Landschaft konfrontiert, die auf die prägenden 1960er Jahre zurückgeführt werden können. Diese Zeit *nach* dem Empire ermöglichte eine neue innergesellschaftliche Dynamik, gerade weil alte Sicherheiten und tradierte Identitätsnarrative nun angreifbarer geworden waren. Abgesehen von dem öffentlichen Meinungsbild, das sich gegen rassistische Gesellschafts- und Identitätskonzepte formierte, stellten die neue Attraktivität multikultureller Gesellschaftskonzepte und schließlich auch *indigenous movements* alte Identitätskonzepte im Verlauf der 1960er Jahre zudem in Frage. Im Zuge dessen wurde nicht nur das Prestige, sondern vor allem auch die moralische Integrität des Empire mit seiner als glorreich propagierten Vergangenheit zunehmend in Frage gestellt. In siedlerkolonialen Vergangenheitsentwürfen spielten Indigene wie Maori, Aboriginals oder die kanadischen First Nations fast keine Rolle – und wenn, wie im Falle Neuseelands, dann wurden sie von einem eurozentrisch ausgerichteten Erfolgsnarrativ vereinnahmt, welches sie assimilierte und die scheinbare Harmonie zwischen Pakehas und Maori zelebrierte.[200] Im Kontext der Identitätskrise musste nun auch die (britische) Geschichte der Siedlerkolonien überarbeitet werden, stellte die siedlerkoloniale Empire-Vergangenheit doch keinen zuverlässigen Referenzpunkt mehr für ein zukünftiges nationales Erfolgsnarrativ dar, auf dem Mythen und Traditionen hätten weiter aufgebaut werden können. In diesem Kontext mussten auch die Erinnerungspolitik sowie der Umgang mit der indigenen Bevölkerung und ihrem erfahrenen Leid überdacht werden. Die innergesellschaftlichen Debatten, die ab den 1960er Jahren vor dem Hintergrund der Identitätskrisen mit einer höheren Intensität als zuvor geführt wurden, ermöglichten es, festgefahrene gesellschaftliche Identitätskonstruktionen aufzuweichen. Die Auseinandersetzung mit dem Unrecht, das der indigenen Bevölkerung widerfahren war, führte jedoch erst in den 1990er Jahren zu einer Versöhnungs- und Anerkennungspolitik (*politics of reconciliation*) und damit auch zu realpolitischen Konsequenzen. In diesem Kontext beschrieb der australische Historiker John Hirst in einem Beitrag von 1993, inwiefern sich Australiens Blick auf die eigene koloniale Vergangenheit geändert hatte. Dabei griff er vor allem Australiens berühmtesten Histo-

---

[199] Manning Clark, zitiert in: ebd.

[200] Vgl. Bain Attwood: Settler Histories and Indigenous Pasts: New Zealand and Australia, in: Alex Schneider, Daniel Wolf (Hgg.): The Oxford History of Historical Writing, Vol. 5: Historical Writing Since 1945, Oxford 2011, S. 594–614, hier S. 595, 605.

riker an: Heutzutage müsse der verstorbene Manning Clark erfahren, dass es vor der Ankunft der Europäer in Australien bereits eine Zivilisation gegeben habe und dass die Ankunft der europäischen Zivilisation ein Verbrechen gewesen sei.[201] Das Problem bei aktuellen Werken sei jedoch nun darin zu sehen, dass die europäische Geschichte in ihrem Einfluss auf Australien komplett negiert werde, um den Vorwurf des Eurozentrismus zu entkommen.[202]

2.3. Das ewige Spiel der Differenz, das Problem des Eurozentrismus und die Frage nach der Postkolonialität

Im Zuge von Edward Saids für den *postcolonial turn* zentralen Gründungstext „*Orientalism*"[203] von 1978 sowie der Erweiterung des *postcolonial turn* ab den 1990er Jahren um eine dekonstruktivistische Säule, die insbesondere unter dem Einfluss von Jacques Derridas poststrukturalistischem Konzept der Differenz (*différence/differánce*)[204] erfolgte, ist Identität bzw. die Identitätskrise in einer Welt *nach* dem Kolonialismus in den Fokus der Betrachtung geraten.[205] Während die Definition von Identität und Kultur zuvor lange auf der Basis einer vermeintlichen essentialistischen Wesenhaftigkeit und Einheit erfolgte,[206] wur-

---

[201] Vgl. John Hirst: Australian History and European Civilisation, in: Quadrant 37.5 (May 1993), S. 28–38, hier S. 30.
[202] Vgl. ebd., S. 31, 38.
[203] Vgl. Edward W. Said: Orientalism, New York 1978.
[204] Vgl. dazu Hubert Zapf: s.v. Différance/Différence, in: Ansgar Nünning (Hg.): Metzler Lexikon Literatur- und Kulturtheorie. Ansätze – Personen – Grundbegriffe, Stuttgart, Weimar ⁵2013, S. 138 f., hier S. 139 (Herv. i. Orig.). Mit dem künstlich eingefügten *a*, das phonologisch nicht wahrnehmbar ist, verweist Derrida darauf, dass die *Differenz* nur innerhalb der Schriftform auftritt, so dass die „*différance* [...] so in ihrem eigenen Begriff die Dekonstruktion einer mit sich selbst identischen Zeichenbedeutung" betreibt. Sprachliche Differenz manifestiere sich im ständigen „Aufeinander-Verweisen[] von Signifikanten" im „Spiel der Differenzen ohne Zentrum und festen Grund" (ebd.). Auf Signifikate innerhalb der Sprache ist somit kein Verlass mehr. Indem Derrida sich der „Doppelbedeutung des Verbs *différer* ('sich unterscheiden', aber auch 'aufschieben')" bediene, so Zapf, illustriere er das endlose Spiel der Differenzen, „ohne die kein Text und keine Bedeutung möglich" seien, „die aber zugleich keine Präsenz und keine eingrenzbare Identität von Text und Bedeutung mehr" zuließen.
[205] Vgl. Doris Bachmann-Medick: Cultural Turns. Neuorientierungen in den Kulturwissenschaften, Reinbek bei Hamburg ³2009 (Rowohlts Enzyklopädie), S. 188–190, 206 f.
[206] Vgl. ebd., S. 206 sowie Wolfgang Welsch: Transkulturalität. Zur veränderten Verfaßtheit heutiger Kulturen, in: Zeitschrift für Kulturaustausch 45.1 (1995), S. 39–44, hier S. 39. Der Begriff *Kultur* geht auf das 17. Jahrhundert zurück und wurde erstmals von Samuel Pufendorf als Kollektivsingular für „sämtliche Tätigkeiten eines Volkes, einer Gesellschaft oder einer Nation" (ebd.) verwendet. Im späten 18. Jahrhundert prägte Johann Gottfried Herder den Begriff maßgeblich in seinen „*Ideen zur Philosophie der Geschichte der Menschheit*". Herder definierte Kulturen ganz im essentialistischen Sinne „als Kugeln oder autonome Inseln"

den nun „eher Bruch, Übergang, Überlagerung, Transformation und Heimatlosigkeit"[207] hinter den Termini *Identität* und *Kultur* betont. In der Geschichtswissenschaft haben diese Perspektiven vor allem dafür gesorgt, dass das Verhältnis zwischen Europa als Zentrum, das Geschichte (linear) schreibt und besitzt, und dem Rest der Welt als Peripherie, die so lange über keine Geschichte verfügt, bis sie mit Europa in Kontakt getreten ist, hinterfragt und dekonstruiert wurde.[208] In diesem Sinne hat Dipesh Chakrabarty im Rahmen seines Projekts, Europa zu provinzialisieren, kritisiert, dass im akademischen Betrieb Geschichtswissenschaft aus einer eurozentrischen Perspektive heraus betrieben werde. Europa, so seine These, sei „immer noch das souveräne, theoretische Subjekt aller Geschichten einschließlich derjenigen, die wir als ‚indisch', ‚chinesisch' oder ‚kenianisch' bezeichnen"[209], die schlichte Variationen einer europäischen Meistererzählung seien. Analytische Kategorien wie Nation, Fortschritt, Moderne oder Revolution als fundamentaler Bestandteil des epistemischen Systems der akademischen Geschichtsschreibung setzen dabei den vermeintlichen Maßstab und etwaige „historische Unterschiede nichtwestlicher Gesellschaften werden [...] in einer ‚Sprache des Mangels', in einer Rhetorik des ‚noch nicht' beschrieben und als Defizite behandelt".[210] Chakrabartys Projekt einer Provinzialisierung Europas, das „wie ‚der Westen' nachweislich eine imaginäre Entität" sei, fordert ein Bündnis „zwischen den herrschenden metropolitanen Geschichten und den subalternen Vergangenheiten der Peripherie ein"[211]. Im Rahmen dieses Projekts werden (sozial-)wissenschaftliche Kategorien nicht *ad acta* gelegt. Vielmehr geht es ihm um einen kritisch-reflexiven Umgang mit diesen Kategorien. Neben seinem weiteren Anliegen, die Auseinandersetzungen und Aushandlungsprozesse in ihrem globalen Ausmaß zu fassen, ist es Chakrabartys erklärtes Ziel, „in die Geschichte der Moderne die Ambivalenzen, die Widersprüche, die Gewaltanwendung und die Tragödien und Ironien einzuschreiben, die sie begleiten".[212]

(ebd.) – eine fiktive Vorstellung, die, wie Welsch betont, der Tatsache nicht gerecht werde, dass Kulturen in sich differenziert und intern „durch eine Pluralisierung möglicher Identitäten" sowie „extern [durch] grenzüberschreitende Konturen" (ebd., S. 42) charakterisiert seien.

[207] Bachmann-Medick: Cultural Turns, S. 206.

[208] Vgl. Robert B. Marks, zitiert in: Sebastian Conrad: Globalgeschichte. Eine Einführung, München 2013, S. 137.

[209] Dipesh Chakrabarty: Europa provinzialisieren. Postkolonialität und die Kritik der Geschichte, in: Sebastian Conrad, Shalini Randeria und Regina Römhild (Hgg.): Jenseits des Eurozentrismus. Postkoloniale Perspektiven in den Geschichts- und Kulturwissenschaften, Frankfurt a. M., New York ²2013, S. 134–162, hier S. 134.

[210] Conrad: Globalgeschichte, S. 141.

[211] Chakrabarty: Europa provinzialisieren, S. 154 f.

[212] Ebd., S. 156.

Wenn vor diesem Hintergrund im Folgenden nach der Postkolonialität Kanadas, Australiens und Neuseelands gefragt wird, so muss dabei die Tatsache berücksichtigt werden, dass die Länder ein besonderes Verhältnis zum imperialen Zentrum pflegten, ja sich sogar als fundamentalen Teil dessen verstanden. Neuseeländer beispielsweise, so hat Felicity Barnes gezeigt, „claimed London's streets as their streets, and its history as their heritage too"[213], und auch Australier und Kanadier sahen in der britischen Metropole lange ihre kulturelle und historische Heimat. Für einige Akteure war London sogar ein regelrecht heiliger Ort, zu dem man pilgerte, obgleich sich viele von ihnen während ihrer Reisen durchaus auch der Vorzüge ihres eigenen Landes bewusst wurden.[214] Wie emotional die Reise nach London empfunden werden konnte, geht aus den Erinnerungen Basil Robinsons hervor, der zu den engsten Beratern des kanadischen Premiers John Diefenbaker (1957–1963) zählte. Robinson schilderte die fast schon mystisch aufgeladenen Momente, die er zusammen mit Diefenbaker in London erlebt hatte, wie folgt:

Travelling to London with John Diefenbaker, one always felt caught up in the aura of a pilgrimage. A dimension of the man had survived from childhood – a sense of excited wonder – and it emerged afresh whenever he revisited the sacred places, Buckingham Palace, Windsor Castle, No. 10 Downing Street, and the Mansion House in the City of London.[215]

Kurzum: Die üblichen, auf dem Aspekt der Unterdrückung basierenden Unterscheidungen zwischen imperialem Zentrum und kolonialer Peripherie, zwischen Eigenem und Fremden sowie zwischen metropolitaner Geschichte und subalterner Vergangenheit gehen hier insofern nicht auf, als sich weder die Siedlerkolonien – trotz ihrer formalen Abhängigkeit von Großbritannien – und schon gar nicht die späteren Dominions als Kolonisierte oder gar als Unterdrückte wahrnahmen. Gestützt und legitimiert durch die Vorstellung, zum scheinbar ‚besseren' weißen Teil des Empire zu gehören, führte gerade diese Selbstwahrnehmung dazu, dass Siedlerkolonien gegenüber der indigenen Bevölkerung kolonisierend agierten.[216] Da sich folglich das Verhältnis zwischen

---

[213] Barnes: New Zealand's London, S. 2.
[214] Vgl. ähnlich Buckner: Introduction: Canada and the British Empire, S. 8. Kanadier, Australier und Neuseeländer betrachteten ihr Land nicht etwa als eine reine Kopie des Mutterlandes. Vielmehr nahmen sie sich als *Better Britons* in Verbindung mit den Vorteilen ihrer jeweiligen Gesellschaften wahr. Vgl. dazu ausführlich Kap. II.3.2.
[215] Basil Robinson: Diefenbaker's World: A Populist in Foreign Affairs, Toronto 1989, S. 60.
[216] Zu denken wäre hier auch daran, dass Australien und Neuseeland selbst über Kolonien verfügten und damit auch als Kolonialmächte agierten. Vgl. dazu u. a. Johannes H. Voigt: Geschichte Australiens und Ozeaniens. Eine Einführung, Köln u. a. 2011 (Geschichte der Kontinente 4), S. 164 ff.

dem Zentrum und den ehemaligen weißen Siedlerkolonien von dem auf Unterdrückung und Ausbeutung basierenden Verhältnis zwischen Großbritannien und Beherrschungskolonien wie Indien unterscheidet,[217] gilt es zu klären, inwiefern die drei Länder überhaupt als postkolonial verstanden werden können.

Seit der Etablierung der *postcolonial studies* während der 1980er und 1990er Jahre gehört es berechtigterweise zum guten akademischen Ton, hegemoniale eurozentrische Wissensordnungen und damit verbunden den „universalisierenden Herrschaftsdiskurs des westlichen Rationalismus"[218], der oftmals „in einem linearen modernisierungstheoretischen Leitschema befangen"[219] ist, in den kritischen Blick zu nehmen und zu dekonstruieren. Oftmals agierten Forscherinnen und Forscher im Namen der *postcolonial studies* allerdings derart, dass der Eindruck entstand, als ob Postkolonialität eine Art ‚Verdienstabzeichen' sei – ein „badge of merit, a reward for having purged one's writing or intellect of the evils of colonialism"[220]. Fasst man Postkolonialität so auf, so führt ein Untersuchungsgegenstand, der seinen Fokus auf die europäisch geprägten ehemaligen weißen Siedlerkolonien richtet, schnell zu dem Vorwurf, dass man damit die „exclusion of ‚others'" betreibe oder sogar dazu beitrage, *Britishness* zu glorifizieren.[221]

Entgegnen kann man diesem Vorwurf, dass ein postkolonialer Ansatz, der es sich zum Ziel gemacht hat, eurozentristische Strukturen aufzuzeigen, zu dekonstruieren und sie letztlich zu überwinden, nicht die Marginalisierung Europas bedeuten kann. Wie Sebastian Conrad hervorhebt, sollte in diesem Kontext zwischen „Eurozentrismus als Perspektive" und „der Dynamik des historischen

---

[217] Vgl. dazu die kurze Klassifikation von Kolonien in: Jürgen Osterhammel/ Jan C. Jansen: Kolonialismus. Geschichte, Formen, Folgen, München ⁷2012 (bsr 2002), S. 17f. Insgesamt lassen sich nach John Darwin drei verschiedene Einfluss- und Herrschaftsbereiche des Britischen Empire unterscheiden: 1. Das Siedler-Empire, welches „größtenteils selbstverwaltet und seine Verbindung zum Zentrum hatte" und Teil eines *Greater Britain* war, „das durch Verwandtschaftsverhältnisse, Migration, geteilte politische Grundwerte, gemeinsame Wirtschaftsinteressen sowie eine stetige Migrationsfluktuation zusammengehalten wurde" (Darwin: Die britische Erinnerung an das Empire, S. 32); 2. das abhängige Empire, bestehend aus dem Indischen Empire und den Gebieten „von der Karibik bis Hongkong" (ebd., S. 33), sowie 3. das *informal Empire*, bestehend aus Ägypten, Argentinien, Uruguay und den „Satellitenstaaten am Persischen Golf; das maritime China" (ebd., S. 34). Im Unterschied zur ersten „Empire-Form" seien die anderen Spielarten des Empire von den meisten Briten nicht als das ‚wahre' Empire wahrgenommen worden (vgl. ebd., S. 32).
[218] Bachmann-Medick: Cultural Turns, S. 185.
[219] Ebd., S. 197.
[220] Peter Hulme: Including America, in: Ariel. A Review of International English Literature 26.1 (1995), S. 117–123, hier S. 120.
[221] Vgl. Katie Pickles: The Obvious and the Awkward: Postcolonialism and the British World, in: New Zealand Journal of History 45.1 (2011), S. 85–101, hier S. 92.

Prozesses"[222], in dem Europa dann sehr wohl eine Rolle zu spielen hat, unterschieden werden. So gesehen geht es bei der Auseinandersetzung mit den ehemaligen Siedlerkolonien mitnichten um eine Glorifizierung von *Britishness*, sondern – mit Chakrabarty gesprochen – um jene Ambivalenzen, Widersprüche und Auseinandersetzungen mit Unterdrückung, die im postkolonialen Zeitalter die Identitätskrisen der ehemaligen Siedlergesellschaften begleiteten und die auf die historische Wirkmächtigkeit von *Britishness* und der imaginierten Entität des Empire zurückgeführt werden können.[223] Die europäisch geprägten Dominions Kanada, Australien und Neuseeland vergleichend und verflechtend mit in die *decolonization studies* und damit auch in die *postcolonial studies* mit einzubeziehen, bedeutet, die postkoloniale Dimension der Globalisierung ernst zu nehmen, die nicht nur für die ehemaligen Kolonien, sondern auf andere Art und Weise auch für die ehemaligen Dominions eine Herausforderung darstellte.[224] Eben weil Dekolonisation nicht einfach nur ein Prozess war, der *colonial rule* zu einem Ende brachte, sondern vielmehr eine global zu verstehende, komplexe koloniale Ordnung, ist ein Ansatz nötig, der die unterschiedlichen Auswirkungen dieses Prozesses in globaler Perspektive untersucht, ohne dabei bestimmte Länder bevorzugt zu behandeln.

Sicherlich waren Australien, Neuseeland und Kanada im Hinblick auf das imperiale Zentrum nicht in der gleichen Weise abhängig wie Indien, Nigeria und Jamaika. Allerdings bedeutet das nicht – um mit dem Soziologen Stuart Hall zu sprechen –, dass sie „[i]m Hinblick auf ihr Verhältnis zum imperialen Zentrum sowie die Art, wie sie [...] ‚im Westen, aber nicht zum Westen gehörig' existieren"[225], überhaupt nicht als postkolonial angesehen werden können. So betrachtet seien sowohl die Kolonien als auch die Dominions ‚kolonial' und würden daher heute – trotz aller Unterschiede – folgerichtig als ‚postkolonial' bezeichnet werden.[226] Der Punkt ist hier, so kann mit Peter Hulme festgehalten werden, dass *postkolonial* nur dann ein sinnvoller Begriff ist, wenn er deskriptiv und nicht normativ verstanden wird. In diesem Sinne beschreibt der Begriff einen Prozess der Loslösung „from the whole colonial syndrome"[227], der vielfältige Formen annehmen kann. Vor diesem Hintergrund kann damit auch der

---

[222] Conrad: Globalgeschichte, S. 138.
[223] Vgl. Chakrabarty: Europa provinzialisieren, S. 156.
[224] Vgl. auch Hopkins: Rethinking Decolonization, S. 241.
[225] Stuart Hall: Wann gab es „das Postkoloniale"?: Denken an der Grenze, in: Sebastian Conrad, Shalini Randeria und Regina Römhild (Hgg.): Jenseits des Eurozentrismus. Postkoloniale Perspektiven in den Geschichts- und Kulturwissenschaften, Frankfurt a.M., New York ²2013, S. 197–223, hier S. 202.
[226] Vgl. ebd.
[227] Hulme: Including America, S. 120.

2. Folgen der Dekolonisation

identitäre Schock für die ehemaligen Siedlergesellschaften, der durch die Erfahrung des *End of Empire* in Verbindung mit der Dekolonisation hervorgerufen wurde, als postkoloniale Identitätskrise beschrieben werden. Das Präfix *post* ist dabei nicht mit dem Ende des Kolonialismus *nach* der Dekolonisation gleichzusetzen. Vielmehr betrifft das *post* die Kontinuität kolonial geprägter Episteme und Strukturen, die es gerade im Hinblick auf binäre Konstrukte von Identität, Kultur, Natur und *gender* zu dekonstruieren gilt.[228]

Als problematisch erweist sich in diesem Kontext die in der älteren Forschung immer wieder vorzufindende Annahme, dass die Dekolonisation in den ehemaligen Kolonien einen klaren Bruch markiert habe. Wie Ulrike von Hirschhausen in ihrem Forschungsbericht konstatiert, habe es in den Kolonien sowohl auf der Seite der imperialen Eliten als auch auf der Seite der indigenen Nationalisten die Bestrebung gegeben, die „Dekolonisierung als geplanten Abschluss oder als kompletten Neuanfang darzustellen und vor allem den Bruch mit der Vergangenheit zu betonen"[229]. Zu denken wäre hier etwa auch an die Auffassung der Dekolonisation in Frantz Fanons „*Les damnés de la terre*" (1961) – die „Kampfschrift der antikolonialen Linken"[230] während der 1960er Jahre. In dieser Abhandlung wird Dekolonisation als *tabula rasa* verstanden, vor deren Hintergrund sich die „nationale Befreiung [und] nationale Wiedergeburt" der Kolonien vollziehe: „Ohne Übergang findet ein totaler und völliger Austausch statt."[231] Die Forschung hat sich von dieser Vorstellung „eines abrupten Wechsels von imperialer zu nationaler Staatlichkeit" distanziert. Stattdessen hat sie auf die „Diskontinuitäten und Brüche" sowie „längerfristige[n] Kontinuitäten"[232] hingewiesen, die sich beispielsweise im Fortwirken alter, auf *Whiteness* basierender rassistischer Identitätsauffassungen im postkolonialen und postimperialen Zeitalter widerspiegeln.[233] Nimmt man den postkolonialen Ansatz ernst, so muss nicht nur für die ehemaligen Kolonien, sondern auch für die ehemaligen privilegierten Dominions die Frage gestellt werden, wie Akteure mit dem Erbe des Empire in der postimperialen und postkolonialen Welt umgingen.

---

[228] Vgl. Bachmann-Medick: Cultural Turns, S. 185. Vgl. dazu auch Eric Pawson: Postcolonial New Zealand?, in: Kay Anderson, Fay Gale (Hgg.): Cultural Geographies, Melbourne ²1999, S. 25–50, hier S. 45 sowie Homi K. Bhabha: Die Verortung der Kultur, Tübingen 2011 (Stauffenburg Discussion. Studien zur Inter- und Multikultur 5), S. 9.

[229] Hirschhausen: Diskussionsforum, S. 753.

[230] Andreas Eckert: Die Verdammten dieser Erde, abgerufen unter: http://www.bpb.de/gesellschaft/bildung/filmbildung/193512/frantz-fanon-die-verdammten-dieser-erde, (17.9.2019).

[231] Frantz Fanon: Die Verdammten dieser Erde. Mit einem Vorwort von Jean-Paul Sartre, Frankfurt a. M. ¹⁴2014, S. 29.

[232] Hirschhausen: Diskussionsforum, S. 753 f.

[233] Vgl. Alfred J. López: Introduction: Whiteness after Empire, in: Ders. (Hg.): Postcolonial Whiteness. A Critical Reader on Race and Empire, New York 2005, S. 1–30, hier S. 13.

Mit diesem Ansatz distanziert sich die vorliegende Studie auch von dem alternativen Vorschlag Jim Davidsons, den Loslösungsprozess der ehemaligen weißen Siedlerkolonien vom britischen Mutterland unter dem Begriff der *de-dominionisation* zu fassen. Bereits im Jahre 1979 und zuletzt 2005 differenzierte Davidson den Prozess der *decolonisation* von dem Prozess der *de-dominionisation*. Während sich Kolonien, so sein zentrales Argument, seit jeher klar über ihre „separateness and distinctiveness of their nationality from those of their rulers" gewesen seien, sei in den ehemaligen Dominions das Gegenteil der Fall gewesen, da sie kulturell und politisch aufs Engste mit dem britischen Mutterland verbunden gewesen seien. *De-dominionisation* sei folglich ein adäquater Terminus zur Beschreibung eines komplexen Transferprozesses, der sich von dem „relatively uncomplicated transfer of political power"[234] der ehemaligen Kolonien im Zuge der Dekolonisation unterscheide.

Weder war der Prozess der Dekolonisation für die Kolonien ein simpler, unkomplizierter Prozess des Machttransfers, noch macht es in Anbetracht der komplexen Verhältnisse und Austauschprozesse zwischen Zentrum und Peripherie Sinn, über eine Art Komplexitätsgrad der Austauschprozesse, den Davidson als Maßstab anlegt, Dominions gegen Kolonien auszuspielen. Zwar unterschied sich das Verhältnis der abhängigen Kolonien fundamental von dem auf Ebenbürtigkeit beruhenden Verhältnis der eigenständigen Dominions zu Großbritannien. Entgegen Davidsons Argument waren sich die ehemaligen weißen Siedlerkolonien allerdings trotz ihres engen Bezugs zum britischen Mutterland ihrer *separateness* sehr wohl bewusst, nahmen sie sich doch als *Better Britains*, d. h. in Abgrenzung zu Großbritannien wahr.

Der Untersuchungsgegenstand meiner Studie, der die ehemaligen weißen Siedlergesellschaften und ihre Identitätskrisen in einem postkolonialen Kontext fokussiert, kann letztlich auch als ein Beitrag zu Chakrabartys Projekt, Europa zu provinzialisieren, verstanden werden. Neben der Untersuchung von Verflechtungen zwischen den ehemaligen Siedlergesellschaften geht es vor allem darum, kulturelle ‚Neu'-Verortungen vor dem Hintergrund einer erfahrenen Identitätskrise im transnationalen Kontext zu untersuchen, die nicht nur auf das Ende des Empire, sondern damit auch auf die Herausforderungen in einer postkolonialen Welt zurückgeführt werden können. So wichtig es dabei ist, sich des Konstruktionscharakters von Kultur und Identität, die erst durch „Prozess[e] der Alterisierung herausgebildet"[235] werden, bewusst zu sein, so entscheidend

---

[234] Jim Davidson: The De-Dominionisation of Australia, in: Meanjin Quarterly. A Review of Arts and Letters in Australia 38.2 (1979), S. 139–153, hier S. 139; vgl. auch Ders.: De-Dominionisation Revisited, in: Australian Journal of Politics and History 51.1 (2005), S. 108–113.
[235] Bachmann-Medick: Cultural Turns, S. 206.

ist es dabei auch, nicht zu vergessen, dass die Imagination eines kollektiven Bildes bzw. einer kollektiven Identität Akteure in ihrem Handeln und Denken beeinflusst. Diese Imagination ist nicht einfach eine gegebene Tatsache ohne Ursprung, sondern wird wiederum von den Akteuren selbst maßgeblich geprägt und hervorgebracht. Folgt man allerdings gänzlich dem poststrukturalistischen Konzept der *différance/différence* im Sinne eines ewigen und variantenreichen Spiels des Sich-Unterscheidens, so ist niemand „jemals für irgendeine Bedeutung verantwortlich, alle Spuren werden verwischt"[236] und der Blick auf die Akteure, ihre Perspektiven und Handlungen verblasst. Zu vermeiden ist also die Gefahr dekonstruktivistischer Ansätze, Identitätskonstruktionen in einem unendlichen Spiel der Differenz einfach nur ins Hybride aufzulösen und sie nicht mehr in ihrer Bedeutung sowie in ihrem Einfluss auf das Verhalten von Akteuren und deren Vorstellungen von kultureller Identität ernst zu nehmen.[237] Vielmehr ist in einem transnationalen Kontext der Fokus darauf zu richten, wie Akteure während der Identitätskrise versuchten, Identität ‚neu' auszuhandeln, und inwiefern die veränderten Imaginationen von Identität das Handeln der Akteure (im Rahmen ihres *doing identity*) beeinflussten.

3. Identität

3.1. „Who needs Identity?"

„Who needs identity?" ist der Titel eines Aufsatzes, der 1996 im Sammelband „Questions of Cultural Identity" von dem Kulturtheoretiker Stuart Hall veröffentlicht wurde.[238] In der Tat kommt die Frage auf, inwiefern das Wort für wissenschaftliche Zwecke überhaupt verwendet werden kann. Als „Inflationsbegriff Nr. 1"[239], als inhaltsleeres, nebulöses ‚Plastikwort', ja sogar als ein an „Kontroll- und Disziplinardispositive"[240] gekoppelter Begriff, der sich das Sub-

---

[236] Stuart Hall: Alte und neue Identitäten, alte und neue Ethnizitäten, in: Ders.: Rassismus und kulturelle Identität. Ausgewählte Schriften 2, hgg. von Ulrich Mehlem et al., Hamburg 2012, S. 66–87, hier S. 75 f.
[237] Vgl. Bachmann-Medick: Cultural Turns, S. 207.
[238] Zitiert wird im Folgenden aus der deutschen Übersetzung Stuart Hall: Wer braucht „Identität"?, in: Ders.: Ideologie. Identität. Repräsentation. Ausgewählte Schriften 4, hgg. von Juha Koivisto und Andreas Merkens, Hamburg 2004, S. 167–187.
[239] K. M. Brunner, zitiert in: Heiner Keupp et al.: Identitätskonstruktionen. Das Patchwork der Identitäten in der Spätmoderne, Hamburg ⁴2008, S. 7.
[240] Jürgen Straub: Identität, in: Friedrich Jaeger, Burkhard Liebsch (Hgg.): Handbuch der Kulturwissenschaften. Grundlagen und Schlüsselbegriffe, Vol. 1, Stuttgart, Weimar 2011, S. 277–303, hier S. 277.

jekt als *subjectum* gewaltsam zum Untertanen mache, wurde der Terminus *Identität* in der Vergangenheit bereits kritisiert. Die Frage, wer den Begriff angesichts der Fülle an Kritik überhaupt noch brauche, stellt sich vor allem in Verbindung mit der maßgeblich von Lutz Niethammer geäußerten Warnung, dass es sich bei dem Terminus um einen Signifikanten ohne Signifikat handle, weshalb dieser sich perfekt für ideologische Aufladungen eigne.[241] Wie eine magische Formel könne der Begriff unter dem Deckmantel der Wissenschaftlichkeit beschworen werden, unter der sich aber nur terminologische Vagheit verberge. Als unheimlich erscheint Niethammer der populäre Begriff nicht zuletzt deshalb, weil ihm eine Latenz zur Gewalt inhärent sei.[242] Während individuelle Identität im Konfliktfalle eine gewisse Fähigkeit zu Kompromissen und zur sozialen Anpassung auszeichne, fehle diese Flexibilität bei kollektiven Identitäten gänzlich:

Im Konflikt werden sie vielmehr zur Festlegung ihrer Grenzen oder zur Objektivierung ihres vagen Wesens gezwungen [...] [und so] entsteht ein Sog zu Letztbegründungen der Inklusion und Exklusion, die, obwohl fiktiv, nicht mehr verhandlungsfähig sind und nur noch mit angemaßter Autorität und Gewalt verteidigt werden können.[243]

Die Kritik Niethammers erscheint nicht zuletzt in der gegenwärtigen Zeit, in der Rechtspopulisten und Rassisten in ganz Europa den kollektiven Identitätsbegriff für ihre Zwecke instrumentalisieren, als nachvollziehbar und völlig berechtigt.

Kritisch gesehen werden kann allerdings der Determinismus, den Niethammer mit dem Begriff der kollektiven Identität in Verbindung bringt, wenn er unterstellt, dass die Verwendung des Begriffs zwangsläufig in Gewalt ende und mit „gewaltsamen Mechanismen der sozialen Inklusion und Exklusion gleichzusetzen" sei, „obwohl das eine mit dem anderen einhergehen *kann*".[244] Auch wenn Niethammers Kritik insbesondere auf den politischen Missbrauch des kollektiven Identitätsbegriffs zutrifft, scheint er zu übersehen, dass der Terminus im wissenschaftlichen Kontext nicht normativ – im Sinne eines behaupteten verbindlichen Wesenskatalogs für die Angehörigen eines Kollektivs –, sondern vielmehr rekonstruktiv definiert ist. Die rekonstruktive Verwendung des Terminus knüpft nach Jürgen Straub „an die kommunikative Praxis sowie die Selbst- und Weltverständnisse der betreffenden Subjekte" an, „um im Sinne einer rekonstruktiven, interpretativen Sozial- und Kulturwissenschaft zur Beschrei-

---

[241] Vgl. ebd., S. 293 sowie Lutz Niethammer: Kollektive Identität. Heimliche Quellen einer unheimlichen Konjunktur, Reinbek bei Hamburg 2000 (Rowohlts Enzyklopädie 55594), S. 625.
[242] Vgl. ebd. sowie ebd., S. 631.
[243] Ebd.
[244] Straub: Identität, S. 298 (Herv. i. Orig.).

3. Identität

bung der interessierenden kollektiven Identität zu gelangen".[245] Auch wenn Identitäten durch die Beziehung zum ‚Anderen' und durch die Abgrenzung des ‚Eigenen' vom ‚Fremden' konstruiert werden, bedeutet das nicht, dass die Rede von kollektiver Identität Differenzen zementiert. Vielmehr bedingt die soziale Konstruktion von Identität die Behauptung und praktische Herstellung von Differenz,[246] deren Rekonstruktion Aufgabe des Wissenschaftlers ist. Identitäten werden damit nicht einfach behauptet und dem Einzelnen oktroyiert. Stattdessen wird „lediglich eine (auch zeitlich limitierte) Gemeinsamkeit festgestellt [...], die vielerlei Unterschiede in anderen Hinsichten nicht ausschließt"[247] und die stets in den jeweiligen historischen Kontext eingebettet wird.

In der Forschung hat man die vermeintliche Wesenseinheit von Identität mit drei Ansätzen hinterfragt, die alle den Konstruktionscharakter von Identität und damit verbunden die Bedeutung von Alterität betonen. Essentialistische Vorstellungen von Identität, so resümieren Aleida Assmann und Heidrun Friese, seien nicht nur durch Benedict Andersons Nachweis, dass es sich bei Wir-Gruppen bzw. Nationen um *imagined communities*[248] handle, unhaltbar geworden, sondern auch durch die auf Michel Foucault zurückgehende kritische Diskursanalyse sowie durch die poststrukturalistische Theorie. Während die Diskursanalyse essentialistische Identitätsvorstellungen als „verbale[] und symbolische[] Strategien" im Kontext von „Institutionen und Diskursen der Macht"[249] kritisch hinterfragt, weist die poststrukturalistische Theorie insbesondere durch den Verweis auf den hybriden Charakter von Identität nach, dass eine gemischte Ausgangslage immer schon die Voraussetzung der Verhandlung von Differenz ist.[250] Zu klären wird im Folgenden sein, was unter *kollektiver Identität* im Verhältnis zur *personalen Identität* verstanden wird und welche Bedeutung ihr im Speziellen mit Blick auf die Situation in den ehemaligen weißen Siedlerkolonien ab den 1960er Jahren zukommt.

In der Forschung ist die Begriffsgeschichte hinsichtlich der Frage, ob und inwiefern die „theoretischen Reflexionen personaler Identität mit Diskursen über

---

[245] Ebd., S. 299.
[246] Vgl. Hall: Wer braucht „Identität"?, S. 171 f.
[247] Straub: Identität, S. 298.
[248] Vgl. Benedict Anderson: Die Erfindung der Nation. Zur Karriere eines folgenreichen Konzepts, Frankfurt a. M., New York ²2005, S. 15 (Herv. i. Orig.): „*Vorgestellt* ist sie deswegen, weil die Mitglieder selbst der kleinsten Nation die meisten anderen niemals kennen, ihnen begegnen oder auch nur von ihnen hören werden, aber im Kopf eines jeden die Vorstellung ihrer Gemeinschaft existiert."
[249] Aleida Assmann/ Heidrun Friese: Einleitung, in: Dies. (Hgg.): Identitäten. Erinnerung, Geschichte, Identität, Bd. 3, Frankfurt a. M. ²1999 (stw 1404), S. 11–23, hier S. 12.
[250] Vgl. ebd.

kollektive Identität verflochten sind"[251], eine bisher nur unzureichend beantwortete Frage, deren Klärung hier nicht geleistet werden kann. Festgehalten werden soll an dieser Stelle mit Jan Assmann lediglich, dass für personale und kollektive Identitätskonstruktionen „die in der Sprachwissenschaft wohlbekannte Dialektik von Dependenz und Konstitution"[252] gilt, welche die widersprüchliche Beziehung zwischen beiden Identitätsformen erklärt. Genauer bedeutet das, dass sich die in einem sozialen Kontext zustande kommende personale Identität[253] einerseits der kollektiven Identität unterordnet, weil das Ich „kraft seiner Teilnahme an den Interaktions- und Kommunikationsmustern der Gruppe [...] und kraft seiner Teilhabe an dem Selbstbild der Gruppe"[254] von außen nach innen wachse. Andererseits, so Jan Assmann, könne die kollektive Identität niemals ohne die Individuen, die das „Wir" konstituierten, existieren. Sie stehe damit nicht außerhalb des Individuums, denn schließlich seien Individuen Träger der Wir-Identität, die zum Bestandteil ihres „individuellen Wissens und Bewußtseins"[255] gehöre: „Der Teil hängt vom Ganzen ab und gewinnt seine Identität erst durch die Rolle, die er im Ganzen spielt, das Ganze aber entsteht erst aus dem Zusammenwirken der Teile."[256] Was dabei beide Identitätsformen miteinander verbindet, ist die Tatsache, dass sie auf ein Bewusstsein zurückzuführen sind, das durch „Sprache und Vorstellungswelt, Werte und Normen einer Kultur

---

[251] Straub: Identität, S. 292.
[252] Assmann: Das kulturelle Gedächtnis, S. 131.
[253] Vgl. ebd., S. 131 f. Nach Assmann subsumiert das „Ich" eine individuelle und eine personale Identität. Während die individuelle Identität auf das „irreduzible Eigensein[] [und die] Unverwechselbarkeit und Unersetzbarkeit" (ebd., S. 131) des Individuums im Rahmen seiner Biographie verweise (Individuation), beschreibe die personale Identität die „Rollen, Eigenschaften und Kompetenzen" sowie die „soziale Anerkennung und Zurechnungsfähigkeit des Individuums" (ebd. S. 132) innerhalb einer Gesellschaft (Sozialisation). Vgl. dazu auch ausführlich Jürgen Straub: Identität, S. 277–303 sowie Stuart Hall: Die Frage der kulturellen Identität, in: Ders.: Rassismus und kulturelle Identität. Ausgewählte Schriften 2, hgg. von Ulrich Mehlem et al., Hamburg 2012, S. 180–222. Insbesondere die Frage nach der Identität des Subjekts, so argumentiert Jürgen Straub, sei ein notorisches Projekt der Moderne. Diese habe die „Identitätsfrage im Zuge der Deontologisierung, Enttraditionalisierung, (funktionalen) Differenzierung, Pluralisierung, Individualisierung, Temporalisierung und Dynamisierung kontingenter Lebensverhältnisse" (Straub: Identität, S. 280) nicht mehr klären können. Die daraus resultierende De-Zentrierung des Subjekts in der Moderne kann unter anderem auch auf Sigmund Freuds Psychoanalyse und die Entdeckung des Unterbewussten, aber auch auf den *linguistic turn* zurückgeführt werden, der mit Ferdinand de Saussures strukturalistischen und Jacques Derridas poststrukturalistischen Ansätzen insbesondere die sprachphilosophische Bedeutung der Alterität für die Artikulation von Identität in den Fokus der Betrachtung rückte. Vgl. Hall: Die Frage der kulturellen Identität, S. 195 ff.
[254] Assmann: Das kulturelle Gedächtnis, S. 131.
[255] Ebd.
[256] Ebd.

und Epoche in spezifischer Weise geformt und bestimmt wird"[257]. Beide seien damit, so Jan Assmann, als gesellschaftliche bzw. soziale Konstrukte und damit als kulturelle Identität aufzufassen. Dabei besteht der maßgebliche Unterschied zwischen personaler und kollektiver Identität darin, dass Subjekte in ihrer Ich-Identität physisch wahrnehmbar sind, während kollektive Identitäten in einer symbolischen Ausformung als etwas zu existieren scheinen, zu dem sich Akteure in einer Gruppe oder auch in einer Nation bekennen müssen.[258] Kollektive Identität soll vor diesem Hintergrund mit Jan Assmann wie folgt definiert werden:

1. Die kollektive oder Wir-Identität ist das Bild, „das eine Gruppe von sich selbst aufbaut und mit dem sich deren Mitglieder selbst identifizieren".

2. Sie „ist eine Frage der *Identifikation* seitens der beteiligten Individuen". Das bedeutet, dass sie „nur in dem Maße [existiert], wie sich bestimmte Individuen zu ihr bekennen".

3. „Sie ist so stark oder so schwach, wie sie im Bewußtsein der Gruppenmitglieder lebendig ist und deren Denken und Handeln zu motivieren vermag."[259]

3.2. Britishness, Whiteness, family values aus identitätstheoretischer Sicht

Kollektive Identitäten sind nicht nur in verbale, sondern auch in non-verbale Diskurse eingelagert. Diese regulieren Vorstellungen von Kultur und damit verbunden auch einer Wir-Identität insofern im Sinne eines Signifikationsregimes, als sie „durch Codes, Formationsregeln, Differenzsysteme etc." darüber entscheiden, „wie Handlungen und Dinge etwas für andere bedeuten"[260]. In diesem Sinne war *Britishness* Bestandteil einer diskursiven Wissenspraxis, die alle Ak-

---

[257] Ebd., S. 132.
[258] Vgl. ebd.
[259] Ebd. (Herv. i. Orig.; Anordnung von S.K.).
[260] Andreas Reckwitz: Praktiken und Diskurse. Zur Logik von Praxis-/ Diskursformationen, in: Ders.: Kreativität und soziale Praxis. Studien zur Sozial- und Gesellschaftstheorie, Bielefeld 2016, S. 49–66, hier S. 53. Diskurse entscheiden darüber, was aus dem unendlichen Fundus des theoretisch Sagbaren praktisch sagbar ist. Foucault hat dies in einer Frage wie folgt formuliert: „[W]ie kommt es, daß eine bestimmte Aussage erschienen ist und keine andere an ihrer Stelle?" Michel Foucault: Archäologie des Wissens, Frankfurt a. M. 1981 (stw 356), S. 42. Vgl. dazu auch Rolf Parr: s.v. Diskurs, in: Clemens Kammler, Rolf Parr und Ulrich Johannes Schneider (Hgg.): Foucault Handbuch. Leben – Werk – Wirkung, Stuttgart, Weimar 2008, S. 233–237, hier S. 234. Neben der Bedeutungsebene des Diskurses, der auf das Reglement des Signifikationsregimes abzielt, kann Diskurs auch „eine jeweils ‚individualisierbare Gruppe von Aussagen'" meinen, „die zu einem spezifischen Diskurs gehört, ihn konstituiert, neben der es aber auch andere Gruppen von Aussagen gibt, womit Diskurse pluralistisch zu denken sind (ein Diskurs im Kontext anderer)". Ebd.

teure der als britisch verstandenen Gemeinschaft durch „die Verwendung eines gemeinsamen Symbolsystems"[261] zu einem bestimmten Zeitpunkt miteinander verband. Dieses konnte prinzipiell alles umfassen, über das Gemeinschaft imaginiert werden kann – gemeinsame Institutionen wie die Monarchie, Flaggen, Erinnerungen, Feiertage und Lieder, gemeinsame Werte und historische ‚Meisterleistungen', aber auch „Wörter, Sätze und Texte, [...] Riten und Tänze, Muster und Ornamente, Trachten und Tätowierungen, Essen und Trinken, Monumente, Bilder [und] Landschaften"[262].

Dieses Geflecht an „symbolisch vermittelter Gemeinsamkeit"[263] kann nach Jan Assmann als Kultur bzw. kulturelle Formation verstanden werden, die als Medium kollektive Identität konstruiere und über Generationen erhalte. Diese Formation gründet nicht nur auf Hymnen oder nationalen Emblemen, sondern auch „auf ausgewählten historischen Schlüsselereignissen, bedeutungsvollen Orten sowie kulturellen Artefakten und Praktiken, die der Gruppe zusammen mit einem bestimmten Geschichtsbild auch einen Sinn für ihre Besonderheit und eine historische Orientierung anbieten".[264] Die ständige Binnenstärkung, derer kollektive Identitäten bedürfen, stützt sich also neben dem Bezug auf kollektive Symbole und performative Akte (etwa im Rahmen von Ritualen) auch auf die Instrumentalisierung von Geschichte in Verbindung mit dem kulturellen Gedächtnis. Dieses verbindet die Gegenwart mit der Vergangenheit und stiftet Sinn und Legitimation entweder durch die Kontinuität mit einer positiv besetzten oder durch Abgrenzung von einer negativ besetzten Vergangenheit und wirkt so ordnungsstabilisierend.

Dabei verweist insbesondere die an die Geschichte gestellte Frage, *„Wer sind wir und wer wollen wir künftig sein?"*, auf die Funktion von Mythen als „erzählerische Symbol- und Verweissysteme" im kollektiven Gedächtnis. Mythen werden hier nicht als Unwahrheit etwa im Sinne einer Geschichtsverfälschung verstanden, sondern als „legitimitäts- und identitätsstiftende Narrationen über gemachte oder fiktive Erfahrungen eines Gemeinwesens, welche die Dauerstrukturen des kollektiven Bewusstseins prägen".[265] Einzelne narrative Elemen-

---

[261] Assmann: Das kulturelle Gedächtnis, S. 139.

[262] Ebd.

[263] Ebd.

[264] Aleida Assmann: Ist die Zeit aus den Fugen? Aufstieg und Fall des Zeitregimes der Moderne, München 2013, S. 293.

[265] Heer: Politischer Mythos, S. 108. Vgl. dazu auch Assmann: Der lange Schatten der Vergangenheit, S. 40. Die in der Forschung immer wieder vorzufindende Sichtweise des Mythos als unwahre Geschichte, die den Mythos vom Logos abgrenzt (vgl. als Beispiel dazu etwa Heidi Hein-Kircher: Politische Mythen, in: Aus Politik und Zeitgeschichte 11 (2007), S. 26–31, hier S. 27), erweist sich ähnlich wie die Vorstellung von einer progredienten Entwicklung vom Mythos zum Logos als äußerst fraglich. Eine solche Entwicklung kann es

te wie beispielsweise Ausführungen über *family values* und die durch *Whiteness* zusammengehaltene Gemeinschaft, die in Sequenzen und je nach Akteur (auch in Konkurrenz zueinander) variiert werden können, bilden für sich genommen keinen eigenen Mythos, sondern setzen den Gesamtmythos – im hier vorliegenden Falle *Britishness* – als Teilbestandteile zusammen.[266] Es ist in diesem Kontext hervorzuheben, dass „auf dem ‚Markt der Deutungsnarrative' zwar viele, aus der individuellen Verfügbarkeit resultierende alternative Interpretationen eines Mythos miteinander" in Konkurrenz stehen können. Diese „mehr oder minder variierenden Narrative", so kann mit Sebastian Heer gefolgert werden, stehen allerdings stets in einer Beziehung zu dem „einen gemeinsamen – und somit im Endeffekt also unverfügbaren – mythischen Kern".[267]

In diesem Sinne konnte in den ehemaligen britischen Siedlerkolonien über *Britishness*, verstanden als der „dominant cultural myth"[268], eine kollektive Identität legitimiert und beschworen werden, indem man sich etwa auf gemeinsame Helden und Politiker, auf das herausragende britische Erbe sowie auf die imperiale Familie berief, die durch *kith and kin* oder einen imaginierten *crimson thread of kinship*[269] zusammengehalten wurde und durch eine erfolgreiche gemeinsame Vergangenheit ausgezeichnet war. Ein Artikel aus dem kanadi-

---

nicht geben, da jeder Mythos immer schon Ausdruck einer gewissen Rationalität im Umgang mit der „Absolutismus der Wirklichkeit" ist, auf den nach Hans Blumenberg der Mythos reagiert, indem er kontingenzbewältigende Erzählmuster zur Verfügung stellt, mit der das Ungewisse benennbar wird und Ordnung geschaffen wird. Vgl. Hans Blumenberg: Arbeit am Mythos, Frankfurt a.M. ⁶2001 (stw 1805), S. 10, 13, 40f. Vgl. v.a. auch ebd., S. 18: „Die Grenzlinie zwischen Mythos und Logos ist imaginär und macht es nicht zur erledigten Sache, nach dem Logos und Mythos im Abarbeiten des Absolutismus der Wirklichkeit zu fragen. Der Mythos selbst ist ein Stück hochkarätiger Arbeit des Logos."

[266] Vgl. Heer: Politischer Mythos, S. 108.

[267] Ebd., S. 118. Heer knüpft hier an Blumenbergs Mythentheorie an, der zufolge man nur vergeblich nach dem Ursprung des Mythos suchen kann. Vgl. Blumenberg: Arbeit am Mythos, S. 13: „Welchen Ausgangspunkt man auch wählen würde, die Arbeit am Abbau des Absolutismus der Wirklichkeit hätte immer schon begonnen." Es kann also *den* Ursprungsmythos deshalb nicht geben, da „jede faßbare Fixierung – auch die früheste – eines Mythos [...] bereits ‚Arbeit am Mythos' und damit Teil seiner Prozessualität" ist. Markus May: Die Aktualität des Mythischen und „der Absolutismus der Wirklichkeit": Hans Blumenbergs *Arbeit am Mythos*, in: Rudolf Freiburg, Markus May und Roland Spiller (Hgg.): Kultbücher, Würzburg 2004, S. 101–116, hier S. 111.

[268] Meaney: Britishness and Australian Identity, S. 79.

[269] Henry Parkes, der als Vater des Australischen Bundes in die Geschichte eingegangen ist, argumentierte 1890, dass der *crimson thread of kinship* – also das Bewusstsein einer Rasse britischen Ursprungs – das vereinende Element aller Australier sowie auch der verschwisterten Neuseeländer sei, egal ob sie nun britische Einwanderer seien oder gebürtig aus Australien oder Neuseeland stammten. Vgl. Henry Parkes: Speech at the Grand Federal Banquet on the occasion of the Federation Conference in Queen's Hall, Parliament House, Mel-

schen *Globe* aus dem späten 19. Jahrhundert beispielsweise beantwortete die Frage, wer denn als wahre Briten zu sehen seien, mit einem Verweis auf die engsten historischen, kulturellen und politischen Verknüpfungen zwischen dem Mutterland und Kanada und rekurrierte dabei auf die hier genannten Narrative, die allesamt konstitutive Bestandteile des Gesamtmythos *Britishness* waren. Genutzt wurde der Mythos hier insbesondere durch die Beschwörung der ethnischen (weißen) Abstammung, vermeintlich symbolisiert durch das gemeinsame Blut. Damit verbunden wurde auch das gemeinsame Wertesystem beschworen, um im hier vorliegenden Falle eine bestimmte Wirtschaftspolitik zu legitimieren:

We are the inheritors, with Britons of the Old Country, in all the glorious achievements by which our race has won the foremost place of the world and led humanity to higher levels of thought and civilisation. The mighty names of English literature, the long roll of British statesmen and heroes and philanthropists, are no less proudly regarded here than there [in Great Britain]. With the Canadian heritage in British achievements, with the British blood and way of thinking that Canadians share, we necessarily wish, to advance our trade in the way that suits our own country best[.][270]

Die ethnische Definition von Identität im Sinne eines imaginierten *crimson thread of kinship* mit ihrer stark rassistischen Ausprägung war nach 1945 nicht mehr in dieser Direktheit haltbar. Die Vorstellung, zu einer exklusiven Familie im Empire-Verbund zu gehören, das hat die bisherige Argumentation deutlich gemacht, existierte allerdings noch bis in die 1960er Jahre insgeheim weiter. Auch die rassistisch motivierten Einwanderungspolitiken sollten sich nach 1945 nur sehr langsam verändern. Nicht umsonst sah sich der australische Einwanderungsminister Arthur Calwell während der Nachkriegszeit unter der *Labor*-Regierung Ben Chifleys (1945–1949) dazu veranlasst, der australischen Bevölkerung zu versprechen, „es würde für jeden ‚Ausländer' zehn britische Einwanderer geben"[271] – ein Versprechen, das zwar unrealistisch war, das aber die gesellschaftliche Wirkmächtigkeit des Glaubens an *kith and kin* illustriert.

Andere ethnische Gemeinschaften wie Indigene, aber auch Iren oder im Falle Kanadas die Frankokanadier wurden im Sinne einer „imagined racial kinship"[272] vereinnahmt. Maori seien beispielsweise, so James Belich, als *suntanned whites* dargestellt worden, bei Frankokanadiern habe man auf die nordische und keltische Herkunft verweisen können und Iren hätte man einfach bei der zu Beginn des 20. Jahrhunderts aufgestellten Behauptung Australiens, zu

---

bourne, 6.2.1890, in: Well May We Say. The Speeches That Made Australia, hg. von Sally Warhaft, Melbourne ²2014, S. 3–11, hier S. 6 f.
[270] Who are the true Britons, in: The Globe, 19.11.1887.
[271] Biedermann: Migration und Integration, S. 253.
[272] Vgl. Belich: Replenishing the Earth, S. 466.

98 Prozent *British* zu sein, nicht berücksichtigt.[273] *Whiteness*, das im 19. Jahrhundert synonym auf einer Ebene mit Begriffen wie „‚British', ‚Anglo Saxon', and ‚European'"[274] stand und vermeintlich durch einen stetigen Zustrom britischer Einwanderer gewährleistet wurde, war also noch bis ins 20. Jahrhundert hinein ein sicherer Referenzpunkt, über den eine kollektive Identität konstruiert werden konnte. In Kanada, Australien und Neuseeland war man stolz darauf, Teil eines *Greater Britain* zu sein – ein Begriff, der von dem Briten Sir Charles Dilke (1843–1911) geprägt wurde und der für das Gefühl steht, Bestandteil einer globalen weißen britischen Gemeinschaft zu sein.[275] Dilke, der von 1866 bis 1867 die englischsprachige Welt bereiste, sprach die Prognose aus, dass auch wenn der „type of the Anglo-Saxon of the future" sich verändern und folglich nicht mehr überall der gleiche sein werde wie früher, am Ende dennoch ein für das Empire beruhigendes Ergebnis stehe: „[B]ut essentially the race continues everywhere to be ours [...]."[276] Innerhalb dieses *Greater Britain*, das Dilke zunächst als Synonym für das gesamte Empire und später auch als Bezeichnung für die „English-speaking, white-inhabited, and self-governed lands"[277] wie Kanada, Australien und Neuseeland nutzte, stand das Schicksal der Indigenen bereits fest: Sie waren, so die zeitgenössische Auffassung, eine *dying race*, die eines Tages gar nicht mehr existieren würde.[278]

Neben *Whiteness* bildete die Vorstellung, Teil eines *Better Britain* zu sein, ein weiteres Narrativ, das Bestandteil des *Britishness*-Mythos war. Innerhalb der britischen Gemeinschaft konnten weiße Siedler mit Stolz auf die spezifisch eigenen Leistungen zurückblicken, über die ihre Selbstwahrnehmung als *Better*

---

[273] Vgl. ebd.

[274] Ann Curthoys: White, British, and European: historicising identity in settler societies, in: Jane Carey, Claire McLisky (Hgg.): Creating White Australia, Sydney 2009, S. 3–24, hier S. 9.

[275] Vgl. Duncan Bell: The Idea of Greater Britain. Empire and the Future of World Order, 1860–1900, Princeton, Oxford 2007, S. 7. Bell sieht insgesamt drei Bedeutungsebenen des Begriffs: Dieser könne (1.) das gesamte Empire bezeichnen; (2.) könne er die Siedlerkolonien bezeichnen und (3.) könne er für die englischsprachigen, „Anglo-Saxon, countries of the world, encompassing not only the settlement empire but also the United States" (ebd.) stehen. Obgleich diese drei Bedeutungen weit verbreitet gewesen seien, so hebt Bell hervor, sei der Begriff *Greater Britain* am häufigsten für die Bezeichnung der *settler colonies* verwendet worden.

[276] Charles Wentworth Dilke: Problems of Greater Britain, Vol. II, London 1890, S. 579. Vgl. ähnlich dazu auch Bell: The Idea of Greater Britain, S. 8.

[277] Charles Wentworth Dilke: Greater Britain. A Record of Travel in the English-Speaking Countries During 1866 and 1867, Vol. II, London 1868, S. 149.

[278] Vgl. auch Andrew Porter: Introduction: Britain and the Empire in the Nineteenth Century, in: Ders. (Hg.): The Nineteenth Century, Oxford, New York 1999 (The Oxford History of the British Empire 3), S. 1–28, hier S. 22.

Britons generiert wurde. Als Beispiel kann hier die ANZAC-Legende genannt werden, die im kollektiven Gedächtnis Australiens und Neuseelands fest mit dem ritualisierten *ANZAC Day* am 25. April eines jeden Jahres verbunden ist, der an die verlustreiche Schlacht des *Australian and New Zealand Army Corps* (ANZAC) im Zuge der Landung auf Gallipoli erinnert. Zeitgenössische australische und neuseeländische Historiker wie Keith Sinclair betrachteten diese Niederlage als identitätsstiftende Zäsur, die im Bewusstsein der Akteure eine *new nation* begründete.[279] In der Forschung hat unter anderem Philippa Mein Smith darauf hingewiesen, dass die interdependenten Narrative wie „courage, endurance, duty, love of country, mateship, good humour, and decency in the face of dreadful odds"[280], die sowohl in Australien als auch in Neuseeland mit ANZAC verbunden waren, unter dem Vorzeichen einer Opfergabe der Nation standen. Insbesondere durch diese Betonung des *sacrifice* habe die Schlacht von Gallipoli trotz der Niederlage dennoch zu einer Heldengeschichte werden können. Sie gehört zum festen Fundus des Mythenarsenals der australischen und neuseeländischen Nation.[281] Angesichts der einschneidenden Erfahrung von Gallipoli waren Australier und Neuseeländer – auch in Abgrenzung zur britischen Metropole – für immer als *ANZACs* oder *Diggers*[282] miteinander verbunden. Als solche verstanden sie sich auch als *Better Britons*, die sich mit ihrer *egalitarian ethic* von den eher klassenbewussten Briten abgrenzten, von denen sie sich darüber hinaus „in their strength, initiative and resourcefulness"[283] unterschieden.[284] Be-

---

[279] Vgl. Keith Sinclair: A History of New Zealand, London 1959 (The Pelican History of the World), S. 227.

[280] Mein Smith: A Concise History of New Zealand, S. 131.

[281] Vgl. Dieter Langewiesche: Der gewaltsame Lehrer. Europas Kriege in der Moderne, München 2019, S. 267, der ähnlich wie Mein Smith auf die Selbstwahrnehmung der Nation als „Leidens- und Opfergemeinschaft" hinweist. Diese Wahrnehmung spiegle sich auch in den jeweiligen Nationalmythen wider: „Aus den Mythen kann man nicht die Kriegsgeschichte einzelner Nationen ableiten, doch ihr Mythenarsenal speichert die historische Erfahrung, daß gemeinsame Kriege eine starke Kraft sind, Nationalgefühl zu erzeugen."

[282] Der Begriff verweist auf die gemeinsame Erfahrung der Grabenkämpfe. Vgl. ausführlicher dazu Mein Smith: A Concise History of New Zealand, S. 132: „In the trenches of France the Anzacs also began to describe themselves as Diggers. ‚Anzac' was already a more formal, solemn, distinguished term; ‚Digger' a more informal usage, reflective of the New Zealand Pioneer Battalion's and engineers' skill in digging trenches and tunnels, as well as the collective experience of trench warfare and colonial heritage." Wie Cecilia Morgan hervorhebt, sei der Begriff des *digger* neben seiner militärischen Konnotation auch mit Vorstellungen von „egalitarianism, male friendship, and loyalty to one's countrymen" verbunden gewesen. Cecilia Morgan: Building Better Britains? Settler Societies in the British World, 1783–1920, Toronto 2017 (International Themes and Issues 4), S. 154.

[283] Mein Smith: A Concise History of New Zealand, S. 132.

[284] Vgl. dazu auch Denoon/ Mein Smith: A History of Australia, New Zealand and the

dingt durch die unterschiedlichen Erzählelemente der ANZAC-Legende (*Australian larrikin* vs. *New Zealand gentleman*; *Aussies* vs. *Kiwis*) grenzten sie sich aber auch über ihre Rollen des australischen „uniformed larrikin" und des sich vom „pioneer farmer" zum „gentleman"[285] wandelnden neuseeländischen Soldaten in ihren zugeschriebenen Charaktereigenschaften voneinander ab.[286] Der australische Historiker Kenneth S. Inglis hat diesen Umstand wie folgt zusammengefasst:

Anzacs together, Diggers at least in parallel, Aussies and Kiwis apart: the war had given citizens of the southern dominions two words which distinguished them from the metropolitan Britons, and another pair which signalled their different nationalities.[287]

Trotz aller Abgrenzungen vom britischen Mutterland über die Vorstellung als *Better Britons* kämpften die ANZACs für das Empire, in dessen Zeichen auch die „iconography of war memorials"[288] stand. So seien, wie James Belich betont, spezifisch nationale Symbole hinter der imperialen Symbolik oftmals zurückgetreten.[289] Dies zeigt einmal mehr, dass die Betonung eigener Identitätsmerkmale, die sich in den Dominions im Kriegsfall am *digger*-Typus der ANZACs oder am „Canadian citizen soldier"[290] in Abgrenzung zu britischen Soldaten manifestieren konnten, letztlich nichts weiter war als eine narrative Variation des *Britishness*-Mythos. Selbst die Maori setzten sich in der Wahrnehmung der Pakehas als arische Maori (*Whiteness*) auf Gallipoli im *1st Maori Contingent* für die Werte des Empire bzw. für die *family values* ein, während die Aboriginals in Australien keine Rolle im Kontext der ANZAC-Legende spielten.[291]

Die ehemaligen Siedlerkolonien grenzten sich in ihrem Selbstverständnis als *Better Britons* auch in sozialer und räumlicher Hinsicht vom britischen Mutterland ab. Sie waren es, die, so schien es, imstande waren, in einer Art sozialem Laboratorium, das weit genug von den negativen europäischen Einflüssen ent-

---

Pacific, S. 271 sowie John C. Mitcham: Race and Imperial Defence in the British World, 1870–1914, Cambridge 2016, S. 228.

[285] Mein Smith: A Concise History of New Zealand, S. 132.

[286] Vgl. ebd. sowie zu den unterschiedlichen nationalen Erinnerungspraktiken anlässlich des *ANZAC Day*, in denen sich die verschiedenen Identitätskonstruktionen Australiens und Neuseelands wiederspiegeln, Mein Smith: The 'NZ' in Anzac: different remembrance and meaning, in: First World War Studies. Journal of the International Society for First World War Studies 7.2 (2016), S. 193–211.

[287] K. S. Inglis: Sacred Places. War Memorials in the Australian Landscape, Melbourne ³2008, S. 81.

[288] Belich: Paradise Reforged, S. 118.

[289] Vgl. ebd.

[290] Morgan: Building Better Britains?, S. 165.

[291] Vgl. Mein Smith: A Concise History of New Zealand, S. 134 sowie Denoon/ Mein Smith: A History of Australia, New Zealand and the Pacific, S. 268.

fernt war, britische Ideale in ihren Gesellschaften besser umzusetzen, als das im eigenen Mutterland möglich war. In diesem Sinne betonte der neuseeländische Historiker William H. Oliver 1971 in einer Abhandlung über die Rolle Europas für die neuseeländische Identität, dass es neben der holistischen Annahme, dass das Mutterland keine Fehler habe, auch den weitverbreiteten Standpunkt gebe, dass Neuseeland vor allem in sozialer Hinsicht eine Art „de-Europeanised Great Britain"[292] sei – ganz im Sinne eines „Brighter Britain of the South"[293], wie die Dichterin Mary Sinclair ihre Nation zum Geburtstag der Queen 1879 beschrieb.

For the social evils which these discriminating patriots saw as part of British life, were the European, old-world, aspects of British life: extremes of poverty and wealth, a decayed and oppressed peasantry, a pauperised and corrupt urban working class, a violent lower and an oppressive upper class, a society constantly threatened by disorder. These were the characteristics of the past-oriented society of the old, rejected world; they were to have no place in the future-oriented societies of the new world, in humanity's fresh start, its second chance.[294]

Während das Mutterland geographisch und auch im Hinblick auf gesellschaftliche und soziale Umstände zur alten Welt gehörte, konnten sich Kanada sowie Australien und Neuseeland, die sich beide als Antipode zu Europa definierten, in utopischer Manier als eine vermeintlich neue Welt darstellen – eine Wahrnehmung, die das Resultat siedlerkolonialer Erfolgsgeschichten war. In den neuen Welten, so hob der bekannte neuseeländische Historiker Keith Sinclair 1959 hervor, habe es keinen Platz für Ungleichheit gegeben. Erkennbar sei das wie bei den Australiern und Amerikanern am verbreiteten *egalitarianism*, versinnbildlicht in einer vermeintlich klassenlosen, fairen Gesellschaft.[295] Entgegen der utopischen Gesellschaftsentwürfe in den *Better Britains* blieben die gesellschaftlichen, sozialen und kulturellen Standards für ein erfolgreiches Leben selbst unter siedlerkolonialer Prägung allerdings insgeheim am Mutterland und damit auch an Europa orientiert.[296]

---

[292] NLNZ New Zealand Pacific PAM 327.9304 OLI1970, W.H. Oliver: The Image of Europe in the New Zealand Experience, Massey University 1971, S. 5.

[293] Vgl. Richard Wolfe: Zealandia – Mother of the Nation?, in: New Zealand Geographic 23 (1994), abgerufen unter: https://www.nzgeo.com/stories/zealandia-mother-of-the-nation, (24.5.2017).

[294] Oliver: The Image of Europe in the New Zealand Experience, S. 5.

[295] Sinclair, A History of New Zealand, S. 295.

[296] Vgl. John Hirst: s.v. Egalitarianism, in: Graeme Davison, John Hirst und Stuart Macintyre (Hgg.): The Oxford Companion to Australian History, Oxford 2001 (rev. ed.), S. 210f., hier S. 210: „So rich men and successful politicians became gentlemen, joined gentlemen's clubs, built country houses, and rode to hounds; they sent their children to private schools which aped the English public schools; their wives [...] constituted themselves into Ladies Benevolent Societies to distribute to the poor; gentlemen and ladies both sought honours, especially knighthoods which gave a title to man and wife."

3. Identität

Auch über (narrative) Bezugspunkte zur lokalen Flora und Fauna, zum Klima – „bracingly cold" wie im Falle Kanadas oder „bracingly hot" wie im Falle Australiens – oder zur „frontier environment in general"[297] konnte das Bewusst-

---

[297] Belich: Replenishing the Earth, S. 467. In Kanada wurde das Klima in Verbindung mit dem Norden beispielsweise von George Robert Parkins 1895 in darwinistischer Manier genutzt, um das Land von den USA abzugrenzen. Durch die natürliche Auslese des Klimas, so Parkins, gebe es in Kanada „,no Negro problem, which weighs like a troublesome nightmare upon the civilisation of the United States'". George Robert Parkins, zitiert in: Carl Berger: The Sense of Power. Studies in the Ideas of Canadian Imperialism 1867–1914, Toronto 1970, S. 131. Auch später noch galt der Norden mit seinem Klima als ein nützliches Element, das von kanadischen Akteuren für Identitätsnarrative dazu genutzt werden konnte, um sich von den US-amerikanischen Nachbarn abzugrenzen. Vincent Massey beispielsweise beschrieb die Rolle des Klimas für die kanadische Identität 1948 wie folgt: „Climate plays a great part in giving us our special character, different from that of our southern neighbours." Vincent Massey: On Being Canadian, Toronto, Vancouver 1948, S. 29. Neben der spezifischen Mentalität präge das Klima vor allem auch das nüchterne und besonne Temperament der Kanadier. Was Kanada in Masseys Vorstellung von den USA zusätzlich (hinsichtlich der *human stability*) unterschied, war die durch das Klima bedingte ethnische Zusammensetzung der Nation, die im Wesentlichen durch *Whiteness*, *Britishness* und den Bezug zu Frankreich bestimmt war: „Our racial composition – and this is partly because of our climate – is different, too. A small percentage of our people comes from central or southeastern Europe. The vast majority springs either from the British Isles or Northern France, a good many, too, from Scandinavia and Germany, and it is in northwestern Europe that one finds the elements of human stability highly developed." Ebd., S. 29 f. Mit Eva Mackey kann festgehalten werden, dass die Vorstellungen von einer wilden, aber auch die Imaginationen einer noblen Natur, die in Kanada noch im 19. Jahrhundert unter Nationalisten verbreitetet waren, letztlich beide der Bestätigung des kollektiv erreichten Zivilisationsgrades dienten. Vgl. Eva Mackey: The House of Difference. Cultural Politics and National Identity in Canada, Toronto, Buffalo, London 2008, S. 46. Nicht nur in Kanada, sondern auch in Australien und Neuseeland finden sich bis in die erste Hälfte des 20. Jahrhunderts hinein darwinistisch eingefärbte Diskurse, die suggerierten, dass die Interaktion zwischen den Menschen und ihrer spezifischen Umwelt einen besseren (britischen) Siedlertypus hervorgebracht habe. In Australien spielte in diesem Kontext die *frontier* in Verbindung mit dem *bush* eine entscheidende Rolle für Identitätskonstruktionen, in deren Rahmen die vermeintlich unzivilisierten Aborigines ähnlich wie die Natur zivilisiert werden mussten. In Neuseeland wurde die Natur vor allem mit paradiesisch anmutenden Eigenschaften beschrieben, um daraus Identitätsnarrative abzuleiten, die Vorstellungen eines *Better Britain* propagierten. Edward Gibbon Wakefield (1796–1862), der „theory's chief ideologue" der *New Zealand Company*, imaginierte Neuseeland in diesem Sinne als „romanticised rural England, except with a thin sprinkling of friendly, assimilated natives". Mein Smith: A Concise History of New Zealand, S. 56 f. In diesem gut zu kolonisierenden Land, so eine Annahme Wakefields, gab es zwar mit den Maori ‚Wilde', die sich aber vermeintlich leicht assimilieren ließen, weil sie im Gegensatz zu anderen indigenen Völkern wie den australischen Aborigines zu den besten und den „most like Europeans" (ebd., S. 57) gehörten. Noch bis 1925, so James Belich, hätten Akteure behauptet, dass Neuseelands „weather conditions […] conducive to building a fine race" seien. Charles A. Wilson, zitiert in: Belich: Paradise Reforged, S. 78. Ähnlich wie man in Kanada den Norden mit seinem

sein für das spezifisch ‚Eigene' und damit das Bewusstsein einer kollektiven Identität geprägt werden. Akteure konnten so einen bestimmten Siedlercharakter imaginieren, der das Resultat der prägenden Erfahrungen war, die Australier als *pioneers* im Kampf gegen die Widrigkeiten des *bush* oder Kanadier in der Auseinandersetzung mit den Widrigkeiten des Nordens gesammelt hatten. Wie Anthony Moran betont, sei die Existenz der Indigenen dabei von den weißen Siedlern sowohl ökonomisch als auch symbolisch als ein Problem betrachtet worden, das es zu beseitigen galt. Die Folgen waren massenhafte Enteignungen sowie die Verdrängung der Indigenen auf symbolisch-sprachlicher Ebene durch den neuen Siedlertypus, der sich als „true indigenous Australian[]"[298], Canadian oder New Zealander verstand. Die kolonial geprägte Kultur, in der die Nachfahren der Siedler versucht hätten, sich als *natives* zu verstehen, so Peter Gibbons, habe schließlich „introduced and indigenous phenomena"[299] miteinander kombiniert. Aus einer weißen Perspektive heraus wurden dabei die Geschichte und Kultur der Indigenen als unzivilisiert abgewertet und letztlich marginalisiert.[300]

Bei all diesen siedlerkolonialen Identitätskonstruktionen fungierte als übergeordneter Referenzrahmen der *Britishness*-Mythos. Als Beispiel kann hier Neuseeland angeführt werden.

Mit der Personifikation Neuseelands auf dem *coat of arms* durch *Zealandia* – die Tochter der *Britannia* – unterstrich die ehemalige Siedlerkolonie nicht nur ihre starke Verbindung mit Großbritannien, wie sie 1857 erstmals in einem Rat-

rauen Klima zur Abgrenzung von den USA nutzte, rekurrierte man in Neuseeland auf das milde Klima und die paradiesisch anmutende Insel, um sich vom australischen Nachbarn abzugrenzen. Neuseeländer sahen sich selbst als *Better Britons*, die noch besser waren als die *Better Britons* in Australien. Mit Hilfe der Referenz auf die Wirkmächtigkeit des „more bracing insular climate" ließ sich behaupten, dass Neuseeländer „stronger and sterner types than the Australians" waren. Keith Sinclair: A Destiny Apart. New Zealand's Search for National Identity, Wellington, Sydney, London 1986, S. 83. Vgl. dazu auch Belich: Paradise Reforged, S. 78. Die darwinistisch geprägten Vorstellungen einer *racial identity* ließen sich nach dem Zweiten Weltkrieg nicht mehr aufrechterhalten. Der Krieg hatte Akteure dafür sensibilisiert, dass die Vorstellung eines *national type* „uncomfortably close to Nazi ideas about the Aryan master race" war. Richard White: Inventing Australia. Images and Identity 1688–1980, Sydney 1981 (The Australian experience 3), S. 157. Der Norden, die *frontier*, das milde Klima, die landestypischen Topographien, die Flora und Fauna rund um den Silberfarn, *kiwis* und Kängurus sollten in der Folgezeit, wenn auch unter einem anderen Vorzeichen, weiterhin als narrative Referenzpunkte für Identitätskonstruktionen dienen. Vgl. ausführlicher dazu auch Kap. III.3.

[298] Anthony Moran: As Australia decolonizes: indigenizing settler nationalism and the challenge of settler/ indigenous relations, in: Ethnic and Racial Studies 25.6 (2002), S. 1013–1042, hier S. 1020.

[299] Peter Gibbons: Cultural Colonization and National Identity, in: New Zealand Journal of History 36.1 (2002), S. 5–17, hier S. 8.

[300] Vgl. ebd. sowie Moran: As Australia decolonizes, S. 1020 f.

3. Identität 107

Abb. 4: Coat of Arms of New Zealand
1911–1956

Abb. 5: Coat of Arms of New Zealand
seit 1956[301]

geber für Einwanderer mit dem Titel „*New Zealand or Zealandia, The Britain of the South Seas*" zum Ausdruck gebracht wurde.[302] Vielmehr artikulierte sie gerade durch die Kombination mit spezifisch lokalen Besonderheiten wie ihrer Verbindung mit einem Maori-*chief* – getrennt durch einen Schild, auf dem unter anderem das *southern cross* abgebildet war – eine nationale neuseeländische Identität, die aber in einem imaginierten familiären Verhältnis zu Großbritannien stand.

Für siedlerkoloniale Identitätskonstruktionen in Neuseeland war auch das bikulturelle Verhältnis zwischen Pakehas und Maori besonders, das nicht nur durch den *Treaty of Waitangi* – ein 1840 zwischen Maori und der britischen Krone geschlossener Vertrag, der die Landrechte der Indigenen sichern sollte – begründet war, sondern auch durch die Vereinnahmung der Maori, ihrer Sprache und ihrer Kultur. Nachdem Pakehas um 1900 allmählich erkannten, dass die

---

[301] Die Krone verweist auf Queen Elizabeth als *Queen of New Zealand*, die drei Schiffe stehen für die Rolle Neuseelands im Seehandel, das Schafsfell für die neuseeländische Rolle als bedeutender Wolllieferant und das Weizenbündel symbolisiert die neuseeländische Agrarindustrie. Das Motto des alten *coat of arms* ist 1956 von „*Onward*" in „*New Zealand*" abgeändert worden. Entnommen von: https://nzhistory.govt.nz/media/photo/new-zealand-coat-arms-1911-1956 und https://mch.govt.nz/nz-identity-heritage/coat-arms (Ministry of Culture and Heritage), (29.11.2018). Vgl. ebd. zur Erläuterung der Symbolik des *coat of arms*.

[302] Vgl. Wolfe: Zealandia sowie Claudia Bell: Inventing New Zealand. Everyday Myths of Pakeha Identity, Auckland 1996, S. 7. Wie Claudia Bell hervorhebt, sei die *Zealandia* dafür instrumentalisiert worden, um der Entwicklung Neuseelands von der Kolonie zur Dominion symbolisch durch einen *coat of arms* Ausdruck zu verleihen. Neben einem Maori-*chief* stehend, personifizierte die *Zealandia* in dieser Form Neuseeland bis 1956. Danach wurde das Wappen nur geringfügig verändert.

Maori wider Erwarten nicht aussterben würden, galten sie zunehmend als *better blacks* in einem utopisch anmutenden Land – ein Land, das auch in Abgrenzung zum britischen Mutterland als „Eden, land of promise, [...] middle-class paradise, and ‚God's own country'"[303] angesehen wurde und in dem vermeintlich eine *racial harmony* vorherrschte.[304] Wie Dominic Alessio hervorhebt, habe der Verweis auf die Maori als *better blacks* in Identitätsdiskursen auch als utopisches Epistem gedient, über das sich Neuseeland von „convict/ Aboriginal Australia, French/Métis/First Nation Canada, black/Boer South Africa, or rebel/black/native America"[305] habe positiv abgrenzen können. Selbstvorstellungen rund um *Better Britonism* in Verbindung mit *Whiteness* spielten bei Diskursen dieser Art eine zentrale Rolle, denn nicht zuletzt wurde die arische Herkunft der Maori – der „virtually Brown Britons"[306] – noch bis in die 1970er Jahre hinein betont.[307]

Auch die neuseeländische Landschaft stand in einem direkten Bezug zum britischen Mutterland. Auf den neuseeländischen Weiden wuchsen „improved English grasses", die, wie Philippa Mein Smith hervorhebt, von den 1920er Jahren bis in die 1960er Jahre hinein im Zuge der *grassland revolution* mit Blick auf die Produktion von Milchprodukten eine zentrale Rolle gespielt hätten. Diese hatten „native bush and fern"[308] verdrängt und waren für das Selbstverständnis Neuseelands als *Empire's Dairy Farm* von zentraler Bedeutung.[309]

---

[303] Morgan: Building Better Britains?, S. 154.

[304] Vgl. Belich: Paradise Reforged, S. 124, 209.

[305] Dominic Alessio: Promoting Paradise. Utopianism and National Identity in New Zealand, 1870–1930, in: New Zealand Journal of History 42.1 (2008), S. 22–41, hier S. 32. Vgl. auch Belich: Paradise Reforged, S. 209. Kulturelle Elemente der Maori, so Belich, hätten Pakehas auch dafür vereinnahmt, um etwa durch den Verweis auf eine „distinctive history" oder ein „distinctive set of cultural symbols borrowed from Maori" (ebd.) Neuseeland vom britischen Mutterland abzugrenzen, ohne dass dabei jedoch die engen Verbindungen zu Großbritannien infrage gestellt worden wären.

[306] Ebd.

[307] Vgl. ebd., S. 208.

[308] Mein Smith: A Concise History of New Zealand, S. 148. Neben der Natur wurden auch die Maori für den imperialen Fortschritt vereinnahmt. Ihre traditionellen Arbeitsweisen auf dem *native land* wurden der fortschrittlichen Arbeit für das Empire auf dem imperialisierten Boden gegenübergestellt und entsprechend als rückständig bewertet. Philippa Mein Smith hebt in diesem Kontext hervor, dass die Anpassung der Maori an das fortschrittliche Arbeitsleben im Dienste des Empire beispielsweise während der 1920er Jahre in Werbefilmen wie „The Dairy Cow as an Empire builder" beschrieben worden sei. Romantisch verklärt sei darin die Entwicklung der Maori vom Krieger der *New Zealand Wars* zum modernen Arbeiter propagiert worden. Diese Entwicklung, so Mein Smith, sei ähnlich wie die landwirtschaftliche Nutzbarmachung der Natur als ein zivilisatorischer Prozess dargestellt worden. Vgl. ebd., S. 150.

[309] Im Jahre 1920 habe Neuseeland, wie mit Philippa Mein Smith festgehalten werden kann, durchschnittlich 75 Prozent seiner Exporte nach Großbritannien geschickt, während es

Insgesamt gesehen konnten sich also in den ehemaligen Siedlerkolonien unterschiedliche lokal geprägte nationale Identitäten und dazugehörige Selbstbeschreibungen ausprägen, die sich auf narrative Elemente stützten, welche Bestandteil des *Britishness*-Mythos waren. Den identitären Bezugsrahmen bildete das Empire, das mit seiner Monarchie und Geschichte und den damit verknüpften Mythen, Traditionen, Ritualen und Symbolen für eine Stabilität stand, auf die sich Akteure (gerade in unsicheren Zeiten) beziehen konnten. Für die Akteure stellte es sich nicht als Widerspruch dar, Australier, Kanadier oder Neuseeländer zu sein, lokale Identitäten und Loyalitäten zum Ausdruck zu bringen und sich gleichzeitig als britisch zu verstehen. Sie waren *Canadian, Australian* oder *New Zealand Britons*. Der australische Historiker William Keith Hancock beschrieb diesen Umstand 1943 einmal wie folgt:

> Für einen Mann, der in Melbourne geboren ist, ist es eine Selbstverständlichkeit, daß er gleichzeitig dem Staate Viktoria, der Australischen Völkergemeinschaft und dem Britischen Weltreich sowie den in allen dreien enthaltenen Werten die Treue hält. Ich gebe zu, daß dieses dreifache Treueverhältnis ein bißchen kompliziert ist, aber das Leben ist nun einmal so.[310]

3.3. Das Problem des Siedler-Nationalismus im Forschungskontext

Mit der Aussage, dass das Leben nun einmal so sei, haben sich spätere Historikergenerationen keineswegs abgefunden. Angesichts des Problems, den Siedler-Nationalismus greifbar zu machen, gab es in der Forschung konträre Meinungen zu siedlerkolonialen Identitäten, die im Wesentlichen ausgehend von Douglas Coles und Carl Bergers Thesen diskutiert wurden. Im Fokus ihrer Betrachtung stand die Frage, wie sich das Verhältnis zwischen einer imperialen und einer kolonialen Identität in den Siedlerkolonien darstellte und ob es möglich war, dass etwa Imperialisten zugleich Nationalisten sein könnten. Folgt man zeitgenössischen Historikern wie den kanadischen *nationalists* Frank H. Underhill oder Arthur R. M. Lower, so muss die Antwort eindeutig ausfallen: „[…] British imperialism was the antithesis of Canadian nationalism."[311] Dem

---

50 Prozent seiner Importe aus dem britischen Mutterland bezogen habe. Damit sei Neuseeland im Vergleich zu den anderen Dominions am abhängigsten von Großbritannien gewesen. Vgl. ebd., S. 147f. Vgl. zum wirtschaftlichen Verhältnis zwischen Neuseeland und Großbritannien insbesondere auch Seltmann: Butter, Wut und Tränen.

[310] W. K. Hancock: Für und wider das Weltreich, Hamburg 1946, S. 29; deutsche Übersetzung der Originalausgabe: Argument of Empire, Harmondsworth 1943 (Penguin Specials 130).

[311] R. Douglas Francis: Historical Perspectives on Britain: The Ideas of Canadian Historians Frank H. Underhill and Arthur R. M. Lower, in: Phillip Buckner, R. Douglas Francis (Hgg.): Canada and the British World: Culture, Migration, and Identity, Vancouver, Toronto 2006, S. 309–321, hier S. 309.

Credo Underhills „Stop being British if you want to be a nationalist"³¹² erteilte der kanadische Philosoph George Grant 1965 eine klare Absage, wenn er hervorhob, dass die britische Identität nicht in einem konträren Verhältnis zur nordamerikanischen Identität stehe: „To say it was British was not to deny it was North American. To be a Canadian was to be a unique species of North American."³¹³ In der Tat erweist sich die These Lowers und Underhills, dass sich Imperialismus und Nationalismus gegenseitig ausschlössen, als fragwürdig. Bei einem kritischen Blick auf die Arbeiten der beiden Historiker, wie ihn beispielsweise R. Douglas Francis einnimmt, kann ihre Behauptung nicht standhalten und erweist sich als „too simplistic".³¹⁴ Trotz ihres starken nationalistischen Blickwinkels auf Kanada zeigt sich, dass für beide Historiker Großbritannien eine entscheidende Rolle als Garant für ein liberal-demokratisches Wertesystem spielte, das mit einer Niederlage des Mutterlandes im Zweiten Weltkrieg unterzugehen drohte. Während Lower und Underhill in diesem Kontext die Wichtigkeit des *liberal Britain* für Kanada hervorhoben, waren sie gleichzeitig einem *imperial Britain* gegenüber, das die nationalen Interessen Kanadas beschnitt, äußerst kritisch eingestellt.³¹⁵ Insbesondere Historiker der *colony to nation school*, die an einen unterdrückten Nationalismus (*thwarted nationalism*) glaubten, interpretierten die imperiale Verbindung zu Großbritannien als ein Hindernis, das die Ausbildung einer ‚eigenen' Identität in den ehemaligen Siedlerkolonien verhinderte und blockierte.³¹⁶ Im Jahre 1970 griff der kanadische Historiker Carl Berger die strittige Frage nach der Vereinbarkeit von *nationalism* und *imperialism* auf und formulierte die These, dass *Canadian imperialism* und *Canadian nationalism* keine Gegensätze seien. Sie waren vielmehr zu sehen als ein „type of awareness of nationality which rested upon certain understanding of history, the national character, and the national mission".³¹⁷

Kritischer als Berger betrachtete insbesondere Douglas Cole die Gegenüberstellung „nationalist-versus-imperialist"³¹⁸, die er für semantisch unklar und unnötig hielt. Ohne eine klare Definition könne jeder alles sein und am Ende könnten in Kanada, Australien und Neuseeland alle als *nationalists* dargestellt werden.³¹⁹ Cole differenzierte daher zwischen *nationalism* – „the consciousness

---

³¹² F. H. Underhills These, zitiert nach Grant: Lament for a Nation, S. 5.
³¹³ Grant: Lament for a Nation, S. 5.
³¹⁴ Francis: Historical Perspectives on Britain, S. 309.
³¹⁵ Vgl. ebd., S. 320.
³¹⁶ Vgl. zu Kanada auch Berger: The Sense of Power, S. 8 f.
³¹⁷ Ebd., S. 9.
³¹⁸ Douglas Cole: The Problem of "Nationalism" and "Imperialism" in British Settlement Colonies, in: Journal of British Studies 10.2 (1971), S. 160–182, hier S. 178.
³¹⁹ Vgl. ebd., S. 163.

of being an ethnically differentiated people", das auf Kultur, Blut, Sprache und Tradition basiere – und *patriotism*, den er als „loyalty [...] to a political state and the geographic territory circumscribed by the state"[320] definierte. Nach Coles Argumentation hatte sich weder in Kanada noch in Australien oder Neuseeland ein Bewusstsein dafür formiert, eine von Großbritannien losgelöste ethnische Gemeinschaft zu sein, auch wenn es natürlich persönliche Interessen der jeweiligen Länder gegenüber dem Mutterland gab. „[P]ride of race did not conflict with love of country."[321] Das Empire mit seiner Kultur, Tradition, Sprache und Geschichte und mit ihm verbunden die „worldwide community of the British race"[322], zusammengehalten durch den imaginierten *crimson thread of kinship*,[323] waren somit der zentrale Bezugspunkt für jede Definition von *nationhood*.[324] Daher gab es nach Cole beispielsweise in Kanada keine erkennbare „intention of creating a separate Canadian culture, ethnic identification, and nation".[325]

Die heutige Forschung hat an Coles Ansatz vor allem die Unterscheidung zwischen Patriotismus und Nationalismus kritisiert. Zeitgenössische Akteure, so Stuart Ward, hätten nicht zwischen den beiden Termini differenziert. Folglich seien die Begriffe willkürlich verwendet worden und hätten sich leicht mit anderen Konzepten wie „,race', ,loyalty', and ,empire'"[326] vermischt. Ähnlich kritisch äußerte sich der kanadische Historiker Phillip Buckner und hob in Anlehnung an Eric Hobsbawm, Terence Ranger, Ernest Gellner und Benedict Anderson hervor, dass kollektive Identitäten sozial konstruiert seien, auf *invented traditions* basierten und folglich in vielfältigen, teilweise auch widersprüchlichen Formen von den Akteuren vorgestellt werden könnten.[327] Die wesentliche Leistung, die jedoch Berger und Cole zuzuschreiben ist, besteht darin, dass sie mit ihren Thesen bereits die alte historiographische Vorstellung eines *thwarted nationalism* massiv hinterfragt und damit auf die Spezifika siedlerkolonialer Identitätskonstruktionen hingewiesen haben. Auf den Forschungsdiskurs der 1970er Jahre blickend, hat Stuart Ward die Beobachtung gemacht, dass es in der australischen und neuseeländischen Forschungslandschaft Spuren von Coles

---

[320] Ebd., S. 164f.
[321] Ebd., S. 178.
[322] Stuart Ward: Imperial Identities Abroad, in: Sarah Stockwell (Hg.): The British Empire. Themes and Perspectives, Malden u.a. 2008, S. 219–244, hier S. 232.
[323] Vgl. dazu auch Douglas Cole: 'The Crimson Thread of Kinship': Ethnic Ideas in Australia, 1870–1914, in: Australian Historical Studies 14.56 (1971), S. 511–525.
[324] Vgl. Cole: The Problem of "Nationalism" and "Imperialism" in British Settlement Colonies, S. 178.
[325] Ebd., S. 172.
[326] Ward: Imperial Identities Abroad, S. 232.
[327] Vgl. Buckner: The Long Goodbye, S. 183.

Thesen gebe.[328] Das begründet sich vor allem damit, dass Cole eher in Australien und Neuseeland rezipiert wurde, während Berger vornehmlich einen Einfluss auf die Historiographie in Kanada hatte.[329] In Kanada ist es allerdings für lange Zeit zu keiner größeren Debatte über siedlerkoloniale Identitäten und ihr Verhältnis zum Empire im 20. Jahrhundert gekommen – eine Indifferenz, die insbesondere von Phillip Buckner kritisiert und durch ihn auch maßgeblich aufgehoben wurde.[330]

In Australien fanden Coles Ideen Anklang in den Thesen Neville Meaneys, der im Jahre 2001 explizit gegen persistente Vorstellungen eines *thwarted nationalism* in der australischen Geschichtsschreibung argumentierte.[331] Rufe man sich ins Gedächtnis, so Meaney, dass Nationalismus ein eifersüchtiger Gott (*jealous god*) sei und nationale Mythen mit Blick auf ihre Exklusions- sowie Inklusionspraktiken absolut seien, so könne am Ende nicht die Behauptung stehen, dass Australiens nationale Identität einfach auf zwei gleichwertigen Mythen – einem australischen und einem britischen – basiere.[332] Die teleologische Auffassung vieler australischer Historiker von einer sich linear entwickelnden, aber immer wieder durch britische Einflüsse paralysierten ,eigenen' Identität und *nationhood* widerlegte Meaney letztlich mit seiner These, dass *Britishness* der kulturelle Mythos während der *nationalist era*[333] gewesen sei, auf dessen

---

[328] Vgl. Ward: The 'New Nationalism' in Australia, Canada and New Zealand, S. 234.

[329] Eine Ausnahme von diesen oft national bedingten Zitations- und Rezeptionsgewohnheiten bildet der neuseeländische Historiker Keith Sinclair. Ein Blick auf seine persönlichen Unterlagen zeigt, dass auch er sich intensiv mit den Thesen Carl Bergers in Verbindung mit dem *Canadian nationalism* beschäftigte. Vgl. UOASC MSS & Archives 2010/3, Sir Keith Sinclair Papers, Series 3, Box 6, Folder 3/4, Re colonial nationalism, Canadian Nationalism, [1984]. Vgl. auch die Referenz auf Berger in Sinclair: A Destiny Apart, S. 101: „Imperialism was an expression of an emergent nationalism. A similar conclusion has been reached about Canada."

[330] Vgl. Buckner: The Long Goodbye, S. 182 sowie Ders.: Presidential Address/ Discours du Président: Whatever happened to the British Empire?, in: Journal of the Canadian Historical Association/ Revue de la Société historique du Canada 4.1 (1993), S. 3–32, hier S. 3 f. Buckner kritisierte bereits 1993 in seiner viel zitierten *presidential address* vor der *Canadian Historical Association*, dass insbesondere kanadische Historiker besessen von der Vorstellung einer „evolution of Canadian autonomy and the construction of a Canadian identity" (ebd., S. 3) seien. Aus diesem Grund gebe es unter den indifferent bleibenden Historikern kein Interesse an der identitären Verbindung zwischen Großbritannien und den Siedlerkolonien, die sie nur zu gerne zu Gunsten ihrer teleologischen Geschichtsschreibung bagatellisierten.

[331] Vgl. Meaney: Britishness and Australian Identity, S. 76 ff.

[332] Vgl. ebd., S. 78.

[333] Meaney datiert diese Phase für Australien auf den Zeitraum zwischen den 1870er und 1960er Jahren. Vgl. ebd., S. 79, Anm. 6.

3. Identität

Grundlage die australische Identität imaginiert worden sei.[334] Was die ehemalige Siedlerkolonie Australien von europäischen Nationen unterschieden habe, sei die Kluft zwischen der *community of culture* und der *community of interest* gewesen:

> [N]early all European scholars have stressed the centrality of a cultural myth – that is one centred on ideas of common stock, language, history, folklore, customs, religion as the basis for nationalism – and they have further contended that nationalism in seeking to unite politically all those who share the common culture also provides through the formation of the nation state protection for the common interests of the people. They assume that the community of culture and the community of interest are naturally one. In Europe where the nations built around a distinct cultural myth were created out of contiguous territories this might generally be true. But in Australia's case this was not so, as the great geo-political divide between Australia and Britain created a gulf between the community of culture and the community of interest.[335]

Bei politischen Fragen, die etwa spezifisch australische Interessen betrafen, war es, folgt man Meaneys Argumentation, möglich, dass Australier sich gegen das Mutterland durchzusetzen wussten. Hier siegte also die *community of interest* über die *community of culture*. Trotz der engen Verbindung zwischen dem Mutterland und der (ehemaligen) Siedlerkolonie musste es also keine zwangsläufige Harmonie zwischen den beiden Ländern geben.

Für den neuseeländischen Kontext argumentierte James Belich ähnlich wie Meaney gegen die *colony to nation school* und ihr teleologisches Geschichtsbild. Noch bis in die Gegenwart hinein, so Belich, finde sich unter anderem die historiographische Vorstellung der „,nationalist' view", nach der die neuseeländische Nation mit der Schlacht von Gallipoli 1915/16 entstanden sei.[336] Der Sichtweise und vor allem den Argumentationslinien in Keith Sinclairs Werken „*History of New Zealand*" von 1959 und „*A Destiny Apart*" von 1986, in denen er die These vertrat, dass sich der neuseeländische Nationalismus um 1900 stetig weiter entfaltet habe, während die imperiale Begeisterung lediglich ein Phänomen offizieller Rhetorik gewesen sei, stellte Belich seinen Begriff der *recolonisation* entgegen. Der Begriff soll für Neuseeland als eines der *neo-Britains* entgegen der Annahme einer „steady development of national maturity and independence"[337] exemplarisch verdeutlichen, dass es zwischen der Metropole und der Siedlerkolonie zwischen den 1880er und 1940er Jahren zu intensiveren Verbindungen gekommen sei.[338] Diese hätten einen nicht unerheblichen

---
[334] Vgl. ebd., S. 79.
[335] Ebd., S. 84 f.
[336] Vgl. Belich: Paradise Reforged, S. 29.
[337] Belich: Colonization and History in New Zealand, S. 182 f.
[338] Vgl. ebd., S. 182 sowie im Hinblick auf die zeitliche Eingrenzung der *recolonisation* leicht verändert Belich: Paradise Reforged, S. 29 f.

Einfluss auf „economy, technology, politics, conceptual geography" sowie „history and ideology"[339] gehabt, was noch bis heute spürbar sei.[340] Ähnlich wie Cole widerlegte Belich die nationalistisch orientierte Geschichtsschreibung mit der These, dass die kollektive Identität in Neuseeland während der Phase der *recolonisation* nicht nationalistisch gewesen sei: „Recolonial collective identity was intense, but not nationalist. It was subnationalist, or ‚dominionist' – a New Zealand identity fitting neatly within a British one."[341] Während in dieser Phase australische und amerikanische Einflüsse aus den Identitätsnarrativen künstlich ausgeschlossen worden seien, seien Elemente, die auf die besondere Verbindung zu Großbritannien und den Maori verwiesen, stärker in die Narrative eingeflochten worden.[342] Belichs Argumentation zeigt, dass einzelne mythische Elemente (Narrative) wie „,select stock' and ‚racial harmony'"[343] zwischen Pakehas und Maori in der besagten Phase der verstärkten Beziehungen zu Großbritannien konsolidiert wurden. Sie können als ein narrativer Bestandteil des übergeordneten *Britishness*-Mythos interpretiert werden, denn beide Elemente – *select stock* und *racial harmony* – dienten in erster Linie dazu, Neuseeland als *Better Britain* darzustellen und ein identitäres Alleinstellungsmerkmal gegenüber Australien und den USA zu behaupten, wo eine Harmonie dieser Art in weiter Ferne schien. Hinter dem Terminus *recolonisation* verbirgt sich also die gleiche Intention wie hinter Meaneys Begriff der *nationalist era*. Beide Forscher weisen mit ihrer Begrifflichkeit letztlich auf die zentrale Bedeutung des *Britishness*-Mythos hin, auf dessen Grundlage die spezifischen siedlerkolonialen Identitäten imaginiert wurden.[344] *Britishness* und siedlerkolonial geprägte Identitäten schlossen sich nicht gegenseitig aus, sondern waren aufs Engste miteinander verwoben.

Seit dem Aufkommen der neueren Nationalismusforschung gehört es zum *Common Sense*, dass Nationen „zwar immer nach Homogenität strebten, aber letztendlich doch nur unterschiedliche Grade von Heterogenität produzierten".[345] Infolgedessen sind weder Identität noch damit verbunden Kultur als statisch und homogen aufzufassen. Sie sind vielmehr Bestandteil eines laufenden Prozesses von gesellschaftlicher Aushandlung, die immer auch Austausch mit

---

[339] Ebd., S. 29.
[340] Belich: Colonization and History in New Zealand, S. 183.
[341] Belich: Paradise Reforged, S. 30.
[342] Belich: Colonization and History in New Zealand, S. 184.
[343] Ebd.
[344] Vgl. ähnlich dazu auch Ward: The 'New Nationalism' in Australia, Canada and New Zealand, S. 234.
[345] Stefan Berger: Narrating the Nation: Die Macht der Vergangenheit, in: Aus Politik und Zeitgeschichte 1.2 (2008), S. 7–13, hier S. 13.

anderen Kulturen ist.³⁴⁶ Der Fokus auf multiple bzw. pluralistische Identitäten, so Hans-Ulrich Wehler, hinterfrage die alte Vorstellung, dass „die vom Nationalismus und Nationalstaat geschaffene nationale Identität eine Monopolstellung in der mentalen Welt des Individuums besitze".³⁴⁷ Zeitweilig, je nach Situation und Kontext, könnten bei Akteuren verschiedene Identitäten, die neben- und gegeneinander agierten, in den Vordergrund treten, um zu gegebener Zeit dann auch wieder in den Hintergrund zu treten: etwa die Identität(en) „des Katholiken, des Preußen, des Familienvaters, des Handwerkers [etc.]"³⁴⁸.

In diesem Kontext erscheint Neville Meaneys Annahme, dass Nationalismus ein *jealous god* sei und dass es daher nicht einfach zwei komplementäre nationale Mythen in Australien gegeben habe – Letzteres ist auch kompatibel mit Belichs Argumentation für Neuseeland –, problematisch. Neben John Rickard, der gegen Meaney argumentierte, dass in Australien gesellschaftliche Mythen sowohl auf *Britishness* verwiesen als auch mit *Britishness* in Konkurrenz standen,³⁴⁹ hat allen voran Phillip Buckner die Vorstellungen Carl Bergers, Douglas Coles und damit indirekt auch Meaneys sowie zuletzt auch David Cannadines wegen ihrer Vorstellung kritisiert, dass es nur ein Konzept von nationaler bzw. kollektiver Identität und damit nur einen – auf *Britishness* basierenden – Mythos in den ehemaligen Siedlerkolonien gegeben habe. Insbesondere von der Behauptung David Cannadines, dass Kanadier bedingt durch ihre andauernde *imperial loyalty* keine vollwertige *nationhood* ausgebildet hätten, weshalb Kanada nur unzureichend mit „national monuments, national myths, national heroes and national traditions" ausgestattet sei und damit auch keinen Status „as one of Benedict Anderson's ‚imagined communities'"³⁵⁰ erreichen könne, nahm Buckner ausdrücklich Abstand. Vielmehr sei bei der ganzen Debatte zu berücksichtigen, dass es heutzutage völlig akzeptiert sei, dass Immigranten gleichzeitig

---

[346] Rekurrierend auf Clifford Geertz' „*Dichte Beschreibung*" beschreiben in diesem Sinne auch Boris Nieswand und Cihan Sinanoglu Kultur als „ephemer, immer präsent, aber gleichzeitig nicht zu fixieren, wenn man sie auf bestimmte Bedeutungen festzulegen sucht". Boris Nieswand/ Cihan Sinanoglu: Scheinriese Kultur. Anmerkungen zu einem umkämpften Begriff, in: Ronald Grätz (Hg.): Kann Kultur Europa retten?, Bonn 2017 (bpb 10105), S. 43–54, hier S. 46.

[347] Hans-Ulrich Wehler: Nationalismus. Geschichte, Formen, Folgen, München ⁴2011 (bsr 2169), S. 104.

[348] Ebd.

[349] Vgl. John Rickard: Response. Imagining the Unimaginable?, in: Australian Historical Studies 32.116 (2001), S. 128–131, hier S. 129.

[350] David Cannadine: Imperial Canada: Old History, New Problems, in: Colin M. Coates (Hg.): Imperial Canada, 1867–1917. A selection of papers given at the University of Edinburgh's Centre of Canadian Studies Conference – May 1995, Edinburgh 1997, S. 1–19, hier S. 4. Vgl. dazu auch Buckner: The Long Goodbye, S. 183.

mit einer Identität aus ihrem Heimatland und einer Identität lebten, die mit ihrem jeweiligen neuen Land verbunden sei. Warum also sollte es in den Siedlerkolonien nicht auch mehrere Mythen und Identitätskonzepte gegeben haben, die nicht auf (mindestens) zwei nationale Identitäten rekurrierten?[351]

Buckners Kritik ist in vielen Punkten nachvollziehbar und trifft in vielen Aspekten zu. Weder ist es glaubwürdig, dass es in den jeweiligen Ländern keine ‚eigenen' Mythen gegeben habe, noch lässt sich die Behauptung aufrechterhalten, dass Nationalismus, verstanden als *jealous god*, nur eine einzige nationale Identität zulasse. Buckner ist durchaus zuzustimmen, wenn er sagt, dass Einwanderer problemlos mit zwei Identitäten leben könnten. Man möge hier etwa an Deutsche türkischer Abstammung denken, die in einem Land leben, das von zahlreichen Kulturen – darunter auch der türkischen – beeinflusst ist, in dem allerdings weder die Nationalfahne, die nationalen Mythen, das kollektive Gedächtnis, die Riten noch die Nationalhymne eine Verbindung zur Türkei und ihrer Geschichte aufweisen. Bei siedlerkolonialen Identitäten in Kanada, Australien und Neuseeland dagegen waren alle genannten Aspekte aufs Engste mit Großbritannien, der britischen Monarchie, dem Empire und seinem Erbe verknüpft, so dass sich die Identitätskonstruktionen dieser Länder nicht einfach mit dem Verweis auf zwei Identitäten erklären lassen.[352] Die Situation ist hier also komplexer. Blickt man genauer auf Buckners Beispiele, die er ausgehend von Kanada für sein Argument heranzieht, so zeigt sich, dass fast alle genannten nationalen Narrative eine Verbindung zum Empire aufweisen. Wenn er etwa auf die zahlreichen „indigenous traditions" hinweist, die zumindest im englischsprachigen Teil Kanadas mit dem Ziel etabliert worden seien, die „superiority of Canadian volunteers over those from Britain in the South African War and the First World War"[353] aufzuzeigen, so verweist er damit auf nichts anderes als auf die Vorstellung Kanadas als *Better Britain* – ein Narrativ, das Bestandteil des *Britishness*-Mythos war.

Die bisherige mythentheoretische Argumentation hat gezeigt, dass einzelne narrative Elemente im Signifikationsregime des Diskurses durchaus auf spezifische Eigenschaften, Leistungen oder historische Meilensteine der jeweiligen Siedlerkolonien verweisen konnten. Diese konnten in Konkurrenz zum britischen Mutterland stehen – etwa im Rahmen von identitären Abgrenzungsnarrativen, welche die durch egalitäre Prinzipien gewährleisteten, vermeintlich besseren sozialen und gesellschaftlichen Rahmenbedingungen im Vergleich zum Mutterland oder, im speziellen Falle Kanadas, zu den USA hervorhoben. Sie

---

[351] Vgl. ebd., S. 185.
[352] Vgl. ähnlich dazu auch Ward: The 'New Nationalism' in Australia, Canada and New Zealand, S. 235.
[353] Buckner: The Long Goodbye, S. 185.

konnten aber auch die Einheit mit dem Empire und mit Großbritannien beschwören. Dies traf insbesondere während des Krieges zu, wobei sich auch in diesem Fall etwa im Zusammenhang mit der ANZAC-Legende Abgrenzungsnarrative entwickelten, über die Australien und Neuseeland auf ihre spezifisch eigenen Qualitäten und Leistungen im Ersten Weltkrieg verwiesen. Der zentrale Punkt ist hier, dass alle genannten Narrative ein Bestandteil des übergeordneten *Britishness*-Mythos waren, egal ob sie eine abgrenzende Funktion im Identitätsdiskurs hatten und auf vermeintlich genuin ‚Eigenes' rekurrierten oder aber die starke kulturelle Verbindung zum Mutterland betonten. Damit distanziert sich die hier vorliegende Studie von der Vorstellung der siedlerkolonialen Identität als Doppel-Identität mit zwei entsprechend dazugehörigen Mythen, konstituierte sich diese doch aus verschiedenen variierenden narrativen Elementen, die Bestandteil des *Britishness*-Mythos waren.

Wie die jeweiligen Vorstellungen eines *Better Britain* gezeigt haben, standen Abgrenzungsnarrative, beeinflusst von der jeweiligen „local geography and demography"[354], in einer variantenreichen Verbindung[355] zu *Britishness* und formierten keinen unabhängigen Mythos. Europäische Formen des Nationalismus mit ihrer Kongruenz zwischen „political community of interest" und „mythological community of culture"[356], um James Currans Adaption von Meaneys zentralen Termini aufzugreifen, unterschieden sich also von siedlerkolonialen Identitätskonstruktionen mit ihrer typischen Inkongruenz zwischen den beiden Elementen. Zwar sei Australien, so Curran, seit der Entstehung des Australischen Bundes zweifelsfrei eine *political nation* mit eigenen nationalen Interessen gewesen. Auf kultureller Ebene jedoch habe die Vorstellung der „Australians as a ‚British' people" in Verbindung mit *Whiteness* und *family values* innerhalb eines *Greater Britain* über ethnische Inklusions- und Exklusionsmechanismen bestimmt, während auf der Ebene der „civil and political culture"[357] die Empire-Verbindung rhetorisch und symbolisch beschworen worden sei. *Britishness* habe folglich die Funktion gehabt, die der Nationalismus andernorts (vor allem im europäischen Kontext) übernommen habe.[358]

---

[354] Curran: Australia at empire's end, S. 29.

[355] Hier ist im Sinne der von Hans Blumenberg beeinflussten Ausführungen Sebastian Heers an die narrative Variation von Mythen als Ausdruck der *Arbeit am Mythos* zu denken – eine Variation, „die durch stetiges Fort- und Neuerzählen Umdeutungen ermöglicht, aktuelle sowie situative Anpassungen erleichtert und somit immer wieder (Neu)Orientierung stiftet". Heer: Politischer Mythos, S. 109. Vgl. zu Blumenbergs Mythentheorie auch Anm. 265 und 267 in Kap. II.3.2.

[356] Curran: Australia at empire's end, S. 29.
[357] Ebd., S. 30.
[358] Vgl. ebd.

Eben weil *Britishness* der zentrale kulturelle Mythos war, auf dessen Grundlage nationale Identitäten imaginiert wurden, konnte es in Kanada, Australien und Neuseeland überhaupt erst zu dem Phänomen der kollektiven Identitätskrise kommen, deren Lösung in Ermangelung eines ‚Ersatz-Mythos' äußerst schwierig erschien. Als John Pocock beispielsweise in seiner 1973 gehaltenen Rede Großbritanniens Hinwendung nach Europa als die ‚große Trennung' (*the great divorce*) interpretierte, beklagte er, dass Großbritannien dem zentralen Mythos einseitig eine Absage erteilt habe, deren Konsequenz aus neuseeländischer (wie auch aus australischer und kanadischer) Perspektive heraus nur eine Identitätskrise sein konnte: „What you [Great Britain] did, of course, was irrevocably and unilaterally to disrupt a concept of Britishness which we had supposed we shared with you."[359] Mit *Britain's turn to Europe* und der schwindenden Bedeutung des Empire wurde *Britishness* fragwürdig und eine alte ontologische Sicherheit erschien nun mit den aufkommenden Fragen brüchig: Wie sollte mit der britischen Geschichte der Siedlerkolonien verfahren werden? Was zeichnete die kanadische, australische und neuseeländische Identität und Kultur überhaupt aus, wenn der zentrale Mythos für Identitätskonstruktionen nun instabil geworden war und sich als Referenzpunkt folglich nicht mehr eignete? Die große Anzahl und Vielfalt der Veröffentlichungen, die sich insbesondere seit den 1950er Jahren mit der Definition nationaler Identität und der *Search for Identity*[360] auseinandersetzten, verdeutlicht die gesamtgesellschaftliche Relevanz der Identitätskrise, welche sich in den ehemaligen Siedlerkolonien zu einer regelrechten „Identity Pandemic at Empire's End"[361] ausweiten sollte.[362]

Die gesellschaftliche Konjunktur von Begriffen wie *national identity* und *identity crisis*, die während der Debatten angesichts der vermeintlichen nationalen Inferioritätskomplexe in den jeweiligen Gesellschaften aufgegriffen wurden, lassen sich maßgeblich auf die in den 1950er Jahren entstandenen Arbeiten des Psychoanalytikers Erik H. Erikson zurückführen. Erikson beschäftigte sich thematisch mit der Ich-Identität und den damit zusammenhängenden entwicklungspsychologischen Aspekten von der Kindheit bis ins Erwachsenenalter.[363]

---

[359] J. G. A. Pocock: Contingency, identity, sovereignty, S. 206.

[360] Vgl. exemplarisch Blair Fraser: The Search for Identity. Canada, 1945–1967, Toronto 1967 (Canadian History Series 6).

[361] Vgl. Stuart Ward: Distempers of Decline: The Identity Pandemic at Empire's End, Keynote gehalten an der Universität Tübingen anlässlich der Tagung „*End of Empire. The British World after 1945*", 10.–12. Oktober 2018.

[362] Vgl. auch Curran/ Ward: The Unknown Nation, S. 17.

[363] Vgl. ausführlicher dazu Juliane Noack: Erik H. Erikson: Identität und Lebenszyklus, in: Benjamin Jörissen, Jörg Zirfas (Hgg.): Schlüsselwerke der Identitätsforschung, Wiesbaden 2010, S. 37–54.

3. Identität

Insbesondere sein Werk „Childhood and Society"[364] (1950) sorgte dafür, dass der Begriff der Identität auch in Verbindung mit der Identitätskrise, die während der Entwicklung vom Kind zum Erwachsenen auftreten konnte, als „central analytic category of the social sciences"[365] etabliert wurde. Auch wenn Fragen der kollektiven Identität keine entscheidende Rolle für Erikson spielten, sorgten seine Studien dennoch dafür, dass insbesondere der Begriff der Identitätskrise weite Verbreitung fand und auch auf kollektive Identitäten übertragen wurde.[366] Selbst in Regierungspapieren spiegelte sich der Topos der Identitätskrise des heranwachsenden Kindes wider. So führte etwa ein australisches *policy paper* des Außenministeriums die veränderte Beziehung zwischen Australien und Großbritannien darauf zurück, dass der nun erwachsene Sohn (Australien) und die darüber enttäuschte Mutter (Großbritannien) sich auseinanderentwickelt hätten: „[T]he son has grown and become healthy, wealthy and somewhat assertive; and the mother perhaps a little resentful at her diminished responsibility and authority."[367] Die psychoanalytischen Arbeiten Eriksons und die Identitätskrisen der ehemaligen Dominions hatten also mehr gemeinsam, als man auf den ersten Blick vermuten mag. Sein Arbeitsgegenstand, so hebt Stuart Ward hervor, habe sich perfekt dafür geeignet, um jene Metaphern- und Symbolwelt zu bedienen, die „Greater Britain as an extended family, with ‚mother' countries, ‚daughter' dominions, ‚sons of Empire' and so on"[368] beschrieb.

Angesichts der Identitätskrise bzw. Bedrohung waren Bewältigungsstrategien notwendig, die eine intensive Reflexion über Vorstellungen kollektiver Identität auf einer gesamtgesellschaftlichen Ebene erforderlich machten. In diesem Kontext wurden Mechanismen der Inklusion und Exklusion nun sichtbarer und damit auch diskutabler. Eigenschaften und Praktiken, die eine bestimmte Identität

---

[364] Vgl. Erik H. Erikson: Childhood and Society, New York 1950.

[365] Palmer: Canada's 1960s, S. 184.

[366] Vgl. K. S. Inglis: Multiculturalism and national identity, in: Ders.: Observing Australia 1959–1999, hg. von Craig Wilcox, Melbourne 1999, S. 186–218, hier S. 192 sowie Curran/Ward: The Unknown Nation, S. 17.

[367] NAA A1838 67/1/3 pt. 6, United Kingdom – Foreign Policy – Relations with Australia – General, Policy Planning Paper. Anglo-Australian Relations: Prospects and Initiatives, 1.12.1971, S. 4. *Ad absurdum* führt das Papier dieses Argument allerdings gleich einen Absatz später, der die Fragwürdigkeit der beschworenen selbstbewussten Loslösung Australiens von Großbritannien belegt. Betont wird darin, dass die Hinwendung Großbritanniens nach Europa deshalb als eine Belastung empfunden worden sei, weil Australien im Vorfeld nicht in angemessener Art und Weise konsultiert worden sei. Seine Belange – nämlich die Fortexistenz der alten Empire-Verbindungen – hätten dementsprechend keine Beachtung gefunden.

[368] Ward: Untied Kingdom, Kap. 8: Backing Little Britain: Distempers (Manuskript), S. 29.

markierten, konnten innerhalb der gesellschaftlichen Diskurse ‚neu' ausgehandelt werden, ebenso wie Mythen bzw. deren konstituierende Narrative.

An der Vorstellung des Diskurses als Signifikationsregime ist oft kritisiert worden, dass das Subjekt vor dem Hintergrund dieser Auffassung im Prinzip gar nicht autonom handeln könne, da ja das Signifikationsregime über das Subjekt herrsche. Wie Achim Landwehr in diesem Kontext jedoch einwendet, seien „Wahrnehmungen und Erfahrungen [...] durch Diskurse zwar organisiert"; diese stellten aber kein „undurchdringliches stählernes Gehäuse dar", sondern seien vor allem durch „Brüche und Diskontinuitäten"[369] gekennzeichnet, zwischen denen sich das Subjekt individuell positionieren könne. Blickt man aus dieser Perspektive auf die Möglichkeiten der Akteure, Einfluss auf den Diskurs zu nehmen, so ist mit Blick auf die Identitätskrisen der ehemaligen weißen Siedlerkolonien zu klären, wie die Zeitgenossen im Rahmen eines *doing discourse*[370] etwa über Rituale, Traditionen, Symbole und den Zugriff auf Mythen ihre Identitätsvorstellungen aushandelten, um die Identitätskrise bewältigen zu können. Je nach Akteursperspektive erschien die Lösung dieser Krise dabei entweder als ein dringend zu lösendes Problem oder aber, wie unter anderem im Falle der Indigenen, als eine Chance, denn durch die Offenheit der Situation und in Ermangelung eines ‚Ersatzmythos' neben *Britishness* konnte ihre Stimme nun weniger ignoriert werden als zuvor. In dem Moment, in dem Symbole, Handlungen, Wissen und Dinge, die mit der Vorstellung der siedlerkolonialen Identität verknüpft waren, massiv hinterfragt wurden, änderte sich auch die Wahrnehmung darüber, was innerhalb der Gesellschaften sagbar war. Damit wurde auch zwangsläufig das Signifikationsregime, sprich der Diskurs, beeinflusst und verändert.

Diese Veränderungen lassen sich auch auf die Suche Kanadas, Australiens und Neuseelands nach einem ‚neuen' Mythos zurückführen, der als Grundlage einer ‚neuen' kollektiven Identität jenseits von *Britishness* fungieren sollte. Folgt man Albrecht Koschorke, so konnten kollektive Erzählungen, die sich etwa im Rahmen von Sprache, Symbolen, Gesten und damit auch Riten[371] widerspiegeln und Bestandteil eines Mythos sind, nur dann abgebaut werden,

---

[369] Achim Landwehr: Historische Diskursanalyse, Frankfurt, New York ²2009, S. 93 f.

[370] Vgl. Reckwitz: Praktiken und Diskurse, S. 63. Vgl. dazu auch Marian Füssel/ Tim Neu: Doing Discourse. Diskursiver Wandel aus praxeologischer Perspektive, in: Marian Füssel (Hg.): Diskursiver Wandel, Wiesbaden 2010, S. 213–235, hier v.a. S. 223.

[371] Träger von Narrativen sind vielfältig. Vgl. dazu v.a. Roland Barthes: Das semiologische Abenteuer, Frankfurt a.M. ⁸1985, S. 102: „Die Menge der Erzählungen ist unüberschaubar. [...]; Träger der Erzählung kann die gegliederte, mündliche oder geschriebene Sprache sein, das stehende oder bewegte Bild, die Geste oder das geordnete Zusammenspiel all dieser Substanzen[.]"

3. Identität

sofern man über komplementäre Narrative verfügte. „Eine Geschichte entkräften heißt, ersatzweise eine andere Geschichte erzählen."[372] Vor diesem Hintergrund stellte sich vor allem die folgende Frage: Welcher Mythos konnte vor dem Hintergrund des vermeintlichen ‚Identitätsvakuums' eine Lösung sein und künftig als Grundlage für „diskursiv belastbare Konstrukte wie soziale Ordnungen" verwendet werden, Identifikationsangebote machen und so der „Integration verschiedener Weltsichten, der Reduktion alltagsweltlicher Komplexität, dem ‚Wegerzählen' von Kontingenz sowie letztlich dem Stiften von Loyalität des Einzelnen zum Gemeinwesen"[373] dienen?

Mit dem transnationalen Blick auf die kulturellen *re-ordering*-Prozesse Kanadas, Australiens und Neuseelands versucht die hier vorliegende Studie strukturelle Antworten auf diese Fragen zu geben, ohne dabei nationale Narrative mit ihrer inhärenten Logik fortzuerzählen. Dabei sollen nationale Spezifika sowie allgemeine Merkmale der kulturellen Bewältigungsstrategien der Identitätskrise im transnationalen Kontext herausgearbeitet werden. Die relative Offenheit der Situation bzw. die Dynamisierung des Diskurses wird dabei nach Möglichkeit multiperspektivisch betrachtet, um den unterschiedlichen Blickwinkeln der Akteure gerecht zu werden, welche die Identitätsdebatten nicht nur als Bedrohung, sondern auch als Chance wahrnehmen konnten.

---

[372] Koschorke: Wahrheit und Erfindung, S. 253.
[373] Heer: Politischer Mythos, S. 118 f.

III. Auswirkungen des *cultural cringe*. Zwischen identitärem Vakuum und Chancen der Identitätsfindung

Ende der 1950er Jahre reiste die britische Journalistin Jeanne MacKenzie nach Australien. Ihren einjährigen Aufenthalt hielt sie in ihrem Reisebericht „*The Australian Paradox*" von 1962 fest. Neben all ihren positiven Eindrücken von einem zukunftsorientierten Land der Möglichkeiten behandelte dieser vor allem die Identitätskrise der Australier. Dass sich die Suche Australiens nach einer ‚eigenen' Identität nach wie vor schwierig gestaltete, war MacKenzie zufolge eindeutig auf die Beziehung zwischen Australien und dem britischen Mutterland zurückzuführen:

> Australia is, in fact, a country which is struggling to escape from the colonial incubus, to find and establish in its place a separate identity. It is searching for a self-image and this search is entangled with its relations with Britain.[1]

Für MacKenzie stand dieses Problem in Verbindung mit dem so genannten *cringe* als „symptom of isolation and inferiority"[2]. Worauf die Journalistin anspielte, war der *cultural cringe* – ein Schlagwort, das 1950 von dem Schulleiter und Literaturkritiker Arthur A. Phillips in einer Ausgabe der australischen Literatur- und Kulturzeitschrift *Meanjin* geprägt worden war. Der Begriff knüpfte an die Vorstellungen eines nationalen Inferioritätskomplexes der ehemaligen weißen Siedlerkolonien an. Aufgrund ihrer langen (kolonialen) Beziehung zu Großbritannien, so die Annahme, schienen Kanada, Australien und Neuseeland keine ‚eigene', selbstbewusste, *mature identity* entwickelt zu haben und waren demzufolge vermeintlich identitätslos. Dieses Problem galt es, dringend zu lösen und das umso mehr, je deutlicher sich das Ende des Empire abzeichnen sollte.

Der Begriff und die mit ihm verbundenen Vorstellungen verdeutlichen einmal mehr, dass es berechtigt ist, Kanada, Australien und Neuseeland mit in die *decolonization studies* einzubeziehen. Daran anknüpfend geht es auch in Anlehnung an die jüngsten Forderungen Antony G. Hopkins' im Folgenden darum,

---

[1] Jeanne MacKenzie: Australian Paradox, London 1962, S. 59.
[2] Ebd., S. 72.

die „almost unnoticed decolonisation"[3] der ehemaligen weißen Siedlerkolonien ausgehend vom Phänomen des *cultural cringe* in den Blick zu nehmen. Dabei ist mit Blick auf die untersuchten Quellen zu beachten, dass Akteure den *cultural cringe* entweder explizit oder implizit als Ursache der paralysierten Entwicklung der *nationhood* bzw. Identität benannten. Letzteres war dann der Fall, wenn das für den *cringe* typische Argumentationsmuster rund um die paralysierenden Folgen einer kulturellen Imitation anderer Länder für die ‚eigene' Identität aufgegriffen wurde, ohne dass der *cringe* dabei direkt Erwähnung fand.

Auf die kulturelle Landschaft seines eigenen Landes blickend, problematisierte Arthur A. Phillips vor allem die negativen Auswirkungen des *cultural cringe* auf das Potential von nationalen Kulturschaffenden, die sich vermeintlich nicht von der ‚Leitkultur' des britischen Mutterlandes – dem *Nonplusultra* eines jeden Vergleichs – zu lösen imstande waren. Vor diesem Hintergrund definierte er den *cringe* wie folgt:

Above our writers – and other artists – looms the intimidating mass of Anglo-Saxon achievement. Such a situation almost inevitably produces the characteristic Australian Cultural Cringe [...]. The Cringe mainly appears in a tendency to make needless comparisons. The Australian reader, more or less consciously, hedges and hesitates, asking himself, ‚Yes, but what would a cultivated Englishman think of this?'[4]

In zwei Erscheinungsformen trat der *cringe*, der schon bald zum „standard vocabulary of cultural nationalism"[5] gehören sollte, nach Phillips auf: Während der *cringe direct* den Drang zum Vergleich mit allem Britischen meinte, das als ewiger kultureller Maßstab fungierte, so beschrieb der *cringe inverted* eine häufig herablassende Haltung, welche Phillips als die fehlgeleitete Antwort auf das Gefühl der Inferiorität verstand: „the attitude of the Blatant Blatherskite, the God's-Own-country-and-I'm-a-better-man-than-you-are Australian Bore."[6]

Auch in den zeitgenössischen Aussagen und Schriften der neuseeländischen Intellektuellen finden sich Spuren des mit dem *cringe* verbundenen Argumentationsmusters. So kritisierte beispielsweise der Schriftsteller und Essayist Bill Pearson 1952, dass Neuseeländer sich zwar gerne von *English customs* abgrenzten, über die sie meistens spotteten, und sich – ganz im Sinne von Phillips' *cringe inverted* – als etwas Besseres begriffen. Gleichzeitig aber – und darin spiegelt

---

[3] Hopkins: Globalisation and Decolonisation, S. 735. Vgl. dazu auch Ders.: American Empire, S. 700.

[4] A. A. Phillips: The Cultural Cringe, in: Meanjin 9.4 (1950), S. 299–302, hier S. 299.

[5] Graeme Davison: s.v. Cultural Cringe, in: Ders., John Hirst und Stuart Macintyre (Hgg.): The Oxford Companion to Australian History, Oxford 2001, S. 165.

[6] Ebd. Vgl. dazu auch Katie Pickles: Transnational History and Cultural Cringe: Some Issues for Consideration in New Zealand, Australia and Canada, in: History Compass 9.9 (2011), S. 657–673, hier S. 659.

sich die Vorstellung des *cringe direct* wider – hätten sie für den *visiting Englishman* nur Worte des Lobs und fühlten sich zutiefst verletzt, sobald er sie kritisiere. „We crave for commendation from those we feel inferior to."[7] Um das Bewusstsein für eine ‚eigene', selbstbewusstere Identität entwickeln zu können, bedurfte es in Neuseeland nach Pearson einer Kunst, die sich dezidiert dem nationalen Umfeld des Landes in seinem spezifischen geographischen und historischen Kontext widmete.[8] Die Chancen dafür sahen Pearson und andere zeitgenössische Kritiker wie Bruce Jesson allerdings unter einem schlechten Vorzeichen stehen, denn die Langzeitfolgen des *cultural cringe* ließen sich nicht ohne Weiteres einfach beseitigen:

> The English consciousness that pervaded New Zealand was a false consciousness. We were colonials, not the real thing. [...] How do you derive a culture from people who spurn culture? How do you derive something unique from a society based on imitation?[9]

Die zeitgenössischen Kritiker waren sich darin einig, dass die Konsequenz dieser Imitation eine unauthentische kulturelle Landschaft war, mit der ein jeder in den ehemaligen weißen Siedlerkolonien aufwuchs. In Christchurch, so etwa Bruce Jesson, habe der Mittelstand, der „English in manners, tastes, accents and sense of humour" gewesen sei, für gewöhnlich seine Kinder auf Privatschulen gesandt, die „even more English in their tone than their curriculum" gewesen seien. Die kulturelle Landschaft mit ihrem pseudo-britischen Charakter wirkte für Jesson aus der Retrospektive betrachtet lächerlich: „Yet this culture was transplanted, not authentic. [...] Nor was there anything particularly English about suburban Christchurch with its bungalows and large sections."[10]

Spuren des Argumentationsmusters des *cultural cringe* bzw. direkte Anspielungen auf seine negativen Auswirkungen sind auch in den kulturellen Diskursen Kanadas deutlich nachweisbar. Akteure wie der Autor, Dramatiker und Publizist Merrill Denison oder die Kritiker Norman Williams und John Conway kamen zu dem gleichen Ergebnis wie ihre Zeitgenossen in Australien und Neuseeland: Kanada leide an einem Inferioritätskomplex, der auf die Anbindung an das Mutterland zurückzuführen sei. Zwar sei Kanada politisch unabhängig, allerdings, so urteilte Denison bereits ein Jahr vor der einflussreichen Publikation Arthur A. Phillips' in seinem Vortrag vor dem *Empire Club of Canada*, sei der „struggle for spiritual and cultural independence" noch lange nicht im

---

[7] Bill Pearson: Fretful Sleepers. A Sketch of New Zealand Behaviour and its Implications for the Artist, (London, January 1952), in: Ders.: Fretful Sleepers and Other Essays, Auckland 1974, S. 1–32, hier S. 6.
[8] Vgl. ebd., S. 12, 39.
[9] Bruce Jesson: To Build a Nation, April 1999, in: Ders.: To Build a Nation. Collected Writings 1975–1999, hg. von Andrew Sharp, Auckland 2005, S. 340–353, hier S. 347.
[10] Ebd.

Sinne des Landes entschieden. Der lange bestehende „colonial point of view", der die Anbindung zwischen dem Mutterland und Kanada betont habe und sich etwa in den Geschichtsbüchern des Landes manifestiere, habe für die Fiktion gesorgt, dass Kanada in einem geographischen Vakuum, also unabhängig von seinem spezifisch nordamerikanischen Kontext, entstanden sei. Die daraus erwachsende Folge sei ein kultureller Minderwertigkeitskomplex der Kanadier, die – ganz im Sinne der Vorstellung vom *cringe direct* – nationale Inhalte deshalb grundsätzlich scheuten. Der Grund dafür lag für Denison auf der Hand: „With some assistance from Mr. Freud I came up with one possible diagnosis – an inferiority complex, an intellectual timidity born of a false feeling of inadequacy or inability."[11] Angesichts des fehlenden Bezugs zur nationalen Geschichte, zum nationalen Umfeld sowie zur ‚eigenen' Kultur und Identität könne die Arbeit von Kulturschaffenden nicht erfolgreich sein. Ein kanadischer Dramatiker, der ein kanadisches Stück schreiben wolle, so beklagte Norman Williams 1957, sehe sich zwangsläufig mit dem Problem konfrontiert, dass es scheinbar keine nationalen Themen gebe und er darüber hinaus auch noch befürchten müsse, dass ihn mit etwaigen spezifisch nationalen Inhalten niemand ernst nehmen würde.[12]

Die bisher vorgestellten Quellen zum *cultural cringe* haben Folgendes gemeinsam: Zum einen sind sie alle Teil einer im Zeichen des Booms[13] stehenden Aufbruchsstimmung nach dem Zweiten Weltkrieg und des damit verbundenen *cultural nationalism*, unter dessen Vorzeichen viele Intellektuelle eine Hinwendung zur nationalen Kunst, Literatur und Historiographie einforderten. Zum anderen suggerieren sie alle, dass die kulturelle Abhängigkeit vom britischen Mutterland die Entwicklung einer eigenständigen kollektiven Identität behindert habe. Weshalb lohnt sich der Blick auf den *cringe* und die 1950er Jahre?

Auf den ersten Blick mögen die 1950er Jahre, in denen der Begriff des *cultural cringe* geprägt wurde, zunächst als wenig aufschlussreich erscheinen, folgte doch das Argumentationsmuster des *cringe* der gleichen Logik wie das *thwarted-nationalism*-Paradigma oder die *colony-to-nation*-Rhetorik. So gesehen war der *cultural cringe* kein wirklich neues Phänomen. Wie bereits anhand

---

[11] Vgl. Merrill Denison: That Inferiority Complex. The Empire Club of Canada Addresses (Toronto, Canada), 10.3.1949, abgerufen unter: http://speeches.empireclub.org/62586/data?n =1, (18.4.2019).
[12] Vgl. Norman Williams: Prospects for the Canadian Dramatist, in: University of Toronto Quarterly 26.3 (1957), S. 273–283, hier S. 273.
[13] Bedingt durch den wirtschaftlichen Aufschwung sowie die kulturellen und technischen Neuerungen seit der Nachkriegszeit gelten die 1950er und 1960er Jahre in Kanada, Australien und Neuseeland als *golden age*. Vgl. exemplarisch dazu Conrad: A Concise History of Canada, Kap. 9; Macintyre: A Concise History of Australia, Kap. 8 sowie Mein Smith: A Concise History of New Zealand, Kap. 8.

des Siedlernationalismus gezeigt worden ist, schlossen sich *nationalism* und *Britishness* nicht gegenseitig aus, obgleich Akteure mit Hilfe des *cringe*-Arguments genau dies behaupteten. Das galt für die *nationalists* in Kanada als auch für die *nationalists* in Neuseeland und Australien, die es sich allesamt zur Aufgabe machten, den *cringe* mit einer selbstbewussten, dezidiert national ausgerichteten Kunst, Kultur und teleologischen Historiographie hinter sich zu lassen. *Britishness* und der kulturelle Nationalismus der 1950er Jahre waren also keine Gegensätze, sondern waren miteinander verbunden. Das durch den *cultural cringe* zur Verfügung gestellte Argumentationsmuster fand insbesondere vor dem Hintergrund der sich ab den 1960er Jahren abzeichnenden Identitätskrise einen breiten Anklang. Um verstehen zu können, welche Rolle dieses Argumentationsmuster für Akteure in den 1960er Jahren im Zusammenhang mit der Identitätskrise spielte, müssen die Entwicklungen der 1950er und 1960er Jahre in eine Relation zueinander gesetzt werden.

Bereits nach dem Zweiten Weltkrieg zeichneten sich Veränderungen ab, durch die das alte Verständnis von *Britishness* insbesondere in Verbindung mit *Whiteness* zunehmend fragwürdig erschien. Das hing, wie der berühmte australische Intellektuelle und Publizist Donald Horne 1980 rückblickend hervorhob, nicht zuletzt auch mit einem sich wandelnden (internationalen) Meinungsklima zusammen, das unter dem Eindruck des „collapse of the western European empires, the liberation of ‚the natives', the growth of the idea of ‚the third world' and the struggles against racism in the United States"[14] stand. Trotz dieser Infragestellung überdauerte der Glaube an das Empire sowie an *kith and kin* noch lange. In diesem Sinne hob etwa der australische *High Commissioner* Sir Alexander Downer 1967 hervor, dass die meisten Menschen seiner Ansicht nach noch immer an die „ties of blood, overseas kinship and the close relationship between Britain, Australia, New Zealand, [and] Canada"[15] glaubten. ‚Neue' Selbstbilder und die damit zusammenhängenden Ideen, Symbole und Mythen und nicht zuletzt auch ‚neue' (kritischere) Blickwinkel auf die eigene siedlerkoloniale Vergangenheit ließen sich also nicht ohne Weiteres in den britisch geprägten Gesellschaften etablieren.

Zwar rekurrierten die meisten Akteure während der 1950er Jahre weiterhin auf *Britishness*, um kollektive Identitäten artikulieren zu können – darunter prominent vertreten die politische Elite wie der anglophile australische Premier Robert Menzies (1939–1941; 1949–1966) oder John Diefenbaker (1957–1963). Allerdings – und dies markiert die oft zu beobachtende Gleichzeitigkeit des

---

[14] Donald Horne: Time of Hope. Australia 1966–72, London u. a. 1980, S. 122.
[15] Australia – Britain: what is the future? 'Why I am prepared to take a risk'. An exclusive interview by Geoffrey B. Cuthbert with Sir Alexander Downer, Australian High Commissioner in London, in: Time & Tide, 19.10.1967.

Ungleichzeitigen – verstärkte das „changing ideological climate of the 1950s and 1960s"[16] zusammen mit dem zentralen Einschnitt, den *Britain's turn to Europe* darstellte, den Eindruck in den jeweiligen Gesellschaften, dass es eines ‚neuen' Konzepts von Identität dringend bedurfte. Aus diesem Eindruck wurde angesichts der Identitätskrise für viele Akteure eine Gewissheit. ‚Neue' Identitätskonzepte *mussten* gefunden werden. Demgegenüber standen gleichzeitig Akteursgruppen, die am Empire in seiner Funktion als Referenzrahmen festhielten.

Eine Erklärung für dieses Phänomen der Gleichzeitigkeit des Ungleichzeitigen liefern die Ausführungen Albrecht Koschorkes, auf dessen narratologischen Ansatz hier noch einmal kurz zurückgegriffen werden soll. Koschorke hat auf die besondere Beharrungskraft von jenen kollektiven Erzählungen hingewiesen, die stark affektbesetzt seien, als hochdotiert gälten und Wirklichkeit entsprechend zuverlässig konstituierten.[17] Bedingt durch die „Summenkonstanz in der narrativen Ontologie" – das meint die Vorstellung Hans Blumenbergs, dass „der Mythos das Vakuum scheut" – könne „[d]er Abbau einer solchen Wirklichkeitsgeltung [...] nur dort gelingen, wo komplementär eine neue narrative Realisierung erfolgt[e]"[18]. Mit anderen Worten: Auch wenn unter dem Eindruck der Bedrohung ab den 1960er Jahren die meisten Akteure weitestgehend darin übereinstimmten, dass es – um mit Koschorke zu sprechen – einer neuen narrativen Realisierung dringlichst bedurfte, griffen Akteure bewusst oder unbewusst weiterhin auf das Altvertraute zurück, solange es keine Alternativen für den *Britishness*-Mythos gab.

In der Zeit der Identitätskrise bzw. Bedrohung erschien das nationalistische Erklärungsmodell der 1950er Jahre, das auf Vorstellungen des *cultural cringe* basierte, besonders attraktiv, weil sich mit dessen Hilfe die Situation kausal erklären und beschreiben ließ. Auch Handlungsempfehlungen ließen sich vor diesem Hintergrund begründen. In den während der 1950er Jahre ausgetragenen Debatten rund um den kulturellen Nationalismus, die als Reaktion auf den vermeintlichen inferioren Zustand der Nation und in Anlehnung an die „rhetoric of colonial national liberation"[19] ins Leben gerufen wurden, spiegeln sich bereits die Grundzüge jener Krise wider, welche dann im Zuge der 1960er und 1970er Jahre unter dem einschneidenden Eindruck von *Britain's turn to Europe* an besonderer Brisanz gewinnen sollte. Erst als von *Britishness* für viele Akteure

---

[16] Deryck M. Schreuder/ Stuart Ward: Introduction: What Became of Australia's Empire?, in: Dies. (Hgg.): Australia's Empire, Oxford u. a. 2008 (The Oxford History of the British Empire. Companion Series), S. 1–23, hier S. 5.
[17] Vgl. Koschorke: Wahrheit und Erfindung, S. 252 f.
[18] Ebd., S. 253.
[19] Schreuder/ Ward: Introduction, S. 5.

III. Auswirkungen des cultural cringe 129

völlig unerwartet keinerlei Stabilität mehr ausging, wurde für sie das zu einem drängenden Problem, was bereits seit der Nachkriegszeit von vielen Intellektuellen im Hinblick auf den Inferioritätskomplex oder das vermeintliche Identitätsvakuum Kanadas, Australiens und Neuseelands diskutiert worden war.

In diesem Kontext ist insbesondere auch auf die Bedeutung Kanadas für Australien und Neuseeland hinzuweisen. Diese lässt sich nur vor dem Hintergrund jener Entwicklungen erklären, die sich seit der Nachkriegszeit abzeichneten. Kanada, das sich bedingt durch die Amerikanisierung bereits nach 1945 einer Bedrohung ausgesetzt sah und daher bereits früh zum Handeln gezwungen worden war, galt mit seinem kulturellen *re-ordering*-Prozess als Vorbild für die *nation builders* in Australien und Neuseeland. Aus Kanadas kulturpolitischem Umgang mit dem *cringe* konnten Lehren gezogen werden, die für den eigenen imaginierten Reifeprozess von großer Bedeutung waren. Abgesehen von wenigen Ausnahmen[20] hat die bisherige Forschung zur Auswirkung des *End of Empire* diese Vorbildfunktion Kanadas nahezu völlig übersehen. Durch den Blick auf die Bedeutung Kanadas für Australien und Neuseeland können wichtige transnationale Beobachtungsprozesse herausgearbeitet werden, vor deren Hintergrund sich ihre Lösungsansätze und Strategien zur Bewältigung der Identitätskrise einordnen lassen. Neben der besonderen Rolle, die Kanada für Australien und Neuseeland spielte, lassen sich für die Zeit der sich zuspitzenden Identitätskrise ganz grundsätzlich zunehmende Interaktionen zwischen allen drei ehemaligen Siedlerkolonien feststellen. Ihre *re-ordering*-Prozesse fanden nicht nur auf nationaler Ebene statt, sondern waren auch von Ideen und Konzepten beeinflusst, die zwischen den Ländern zirkulierten. Ihre gegenseitigen Beeinflussungen und Beobachtungen lassen sich auch durch ihr besonderes Verbundenheitsgefühl erklären, das sie als Mitglieder der ehemaligen weißen Empire-Familie miteinander teilten.

Vor diesem Hintergrund fokussiert das dritte Kapitel die verschiedenen Vorschläge von Kulturschaffenden, Politikern und Intellektuellen für eine ‚neue' kulturelle Ausrichtung ihrer jeweiligen Länder von den 1950er Jahren bis in die 1970er Jahre hinein. Von Interesse sind dabei insbesondere auch die mit ihren

---

[20] So haben Fiona Barker und David Capie bereits 2010 bemängelt, dass es in der Forschung kaum vergleichende Arbeiten über Kanada und Neuseeland gebe, obwohl beide Länder doch historisch miteinander verbunden seien. Diese Kritik und der damit verbundene Arbeitsauftrag sind zu begrüßen, greifen aber zu kurz. Weder haben Barker und Capie im Blick, dass Kanada, Neuseeland *und* Australien, bedingt durch ihre imaginierte Gemeinschaft innerhalb der Empire-Familie, auf besondere Art und Weise historisch miteinander verbunden waren, noch fragen sie nach transnationalen Verbindungen zwischen den Ländern und beschränken sich auf den Vergleich. Vgl. Fiona Barker/ David Capie: Identity as a Variable in Canadian and New Zealand Politics, in: Political Science 62.1 (2010), S. 3–10, hier S. 5 f.

Vorschlägen verbundenen Lösungsstrategien, mit denen sie die Identitätskrise zu bewältigen versuchten. Eben weil *re-ordering*-Prozesse nicht bedingungslos sind,[21] erscheint es sinnvoll, als Ausgangspunkt für dieses Kapitel die 1950er Jahre zu wählen. Bereits während dieses Jahrzehnts wurden vor allem in Verbindung mit der Vorstellung des *cultural cringe* Denk- und Argumentationsmuster, aber auch Erklärungsansätze zur Einordnung der Bedrohung entwickelt, auf die Akteure dann ab den 1960er Jahren – in jener Zeit also, in der die Bedrohungssituation angesichts des Endes des Empire akut wurde – direkt oder indirekt Bezug nahmen. Die ‚neuen' politischen und kulturellen Agenden, die Suche nach ‚eigenen' nationalen Symbolen und Mythen sowie der veränderte Blickwinkel auf die ‚eigene' Geschichte können als Reaktionen auf den *cultural cringe* gesehen werden. In Anbetracht der Tatsache, dass Akteure die Identitätskrise ihrer Nation als Folge des *cringe* begriffen, können diese Reaktionen als Bewältigungsstrategien jener Krise betrachtet werden. Zwar richtet das Kapitel vordringlich einen Blick auf die Bedrohungskommunikation und den daran anschließenden Reflexionsprozess, welche beide maßgeblich von Intellektuellen geprägt wurden. Allerdings wird im weiteren Verlauf der Studie gezeigt werden, dass die Identitätskrise und ihre Bewältigung nicht nur Politiker, Intellektuelle sowie Kulturschaffende, sondern auch Bürgerinnen und Bürger beschäftigte. Auch sie bedienten sich angesichts der Identitätskrise der Sprache des *cultural cringe*, um die Bedrohungssituation einordnen und beschreiben zu können. Die Tatsache, dass die Identitätskrise ein gesamtgesellschaftliches Phänomen war, lässt sich nicht zuletzt auf die Wechselwirkung zwischen dem Ende des Empire und den innergesellschaftlichen Transformationsprozessen wie der *Quiet Revolution*, der *Indigenous Renaissance* oder den wachsenden Einfluss anderer kultureller Gruppen zurückführen. In diesem Kontext stieg – bildlich gesprochen – die gesellschaftliche Diskurshitze immer mehr an, so dass sich Akteure dieser Situation „kaum noch neutral und distanziert gegenüber verhalten"[22] konnten. Es bedurfte dringend Antworten auf die Fragen, *„Wer sind wir und wer wollen wir sein?"*, an der sich auch zunehmend vormals marginalisierte Akteure wie die Indigenen beteiligen konnten.

---

[21] Vgl. Frie/ Nieswand: „Bedrohte Ordnungen" als Thema der Kulturwissenschaften, S. 9.
[22] Ebd., S. 10.

1. *Fighting for survival:*
Kanadas Angst vor der Amerikanisierung

Betrachtet man die zeitgenössischen Debatten über das Problem des *cultural cringe* in Kanada, so muss hervorgehoben werden, dass *Britishness* hier im Vergleich zu Australien und Neuseeland eine besondere Rolle spielte, die durch die problembehaftete Nachbarschaft zu den USA begründet war. Schließlich war das Land geopolitisch und geokulturell bedingt direkter von den Problemen einer Amerikanisierung betroffen als Neuseeland oder Australien. Mit *Britishness* war daher eine gewisse Schutzfunktion verbunden, derer Australien oder Neuseeland nicht bedurften. Kanadas Anti-Amerikanismus, so Robert Bothwell, sei so alt wie das Land selbst und könne als Folge eines „clash of nationalisms" gesehen werden. Für Kanadier sei es dabei vor allem darum gegangen, sich von ihrem Nachbarn zu unterscheiden und nicht als „second-rate Americans"[23] wahrgenommen zu werden. Vor diesem Hintergrund grenzte sich Kanada traditionell durch das britische Erbe, die Monarchie und die kulturelle Prägung durch das Mutterland sowie nicht zuletzt auch durch den Bikulturalismus von den USA ab. Zu verweisen ist in diesem Kontext auch noch einmal auf die Wichtigkeit des *North Atlantic Triangle*. Zwar mag der Einwand berechtigt sein, dass die Beziehungen zwischen Kanada, Großbritannien und den USA aus außenpolitischer Perspektive, wie Ramsay Cook es 1976 zum Ausdruck brachte, „never equilateral" waren und Kanada als „minor leg"[24] den anderen stets untergeordnet war. Allerdings spielte der Verweis auf die traditionellen und historisch gewachsenen Verbindungen zwischen Kanada und Großbritannien für die Konzeption des nationalen Selbstbilds gerade im Denken der *nation builders* noch lange eine zentrale Rolle. Seit der Nachkriegszeit wurde der ökonomische, politische und kulturelle Einfluss der USA in Verbindung mit dem Aufkommen der Massenmedien von kanadischer Seite aus zunehmend mit Sorge betrachtet.[25] Diese sollte sich insbesondere im Verlauf der 1960er Jahre verschärfen, als

---

[23] Robert Bothwell: The Penguin History of Canada, Toronto 2006, S. 381.
[24] Ramsay Cook: Cultural Nationalism in Canada: An Historical Perspective, in: Janice L. Murray (Hg.): Canadian Cultural Nationalism. The Fourth Lester B. Pearson Conference on the Canada-U.S. Relationship, Niagara Institute, 1976, New York 1977, S. 15–44, hier S. 32.
[25] Vgl. dazu auch Litt: Trudeaumania, S. 76. Auf einer Tagung zur Beziehung zwischen Kanada und den USA wies der Historiker Ramsay Cook 1976 auf die zunehmende ökonomische Verflechtung beider Länder hin. Die Öl- und Automobilindustrie sowie die Abhängigkeit des kanadischen Dollars vom US-Dollar zeigten Cook zufolge, dass „the Canadian economy [...] had become fully integrated into a continental system". Cook: Cultural Nationalism in Canada, S. 33. Neben der ökonomischen Dimension, so unterstrich Cook, habe der kulturelle Einfluss der USA den Eindruck eines zunehmenden Kontinentalismus verstärkt. Vgl. ebd., S. 33 f.

Britishness infolge von *Britain's turn to Europe* ins Wanken geriet und die Vorstellung von einem *North Atlantic Triangle* damit fragwürdig wurde. Die Grundlage für den *othering*-Prozess, über den sich Kanada *ex negativo* im Verhältnis zu den USA definierte, existierte nicht mehr, oder anders formuliert: Kanadier drohten nun, so die Vorstellung vieler zeitgenössischer Kritiker, Amerikaner zu werden.

Gerade vor dem Hintergrund der Schutzfunktion, die *Britishness* als Distinktionsmerkmal für Kanada zuzuschreiben ist, erklären sich auch die unterschiedlichen Kausalitäten in den Debatten um den *cringe*: Während der *cultural cringe* in Australien und Neuseeland in Bezug auf die Folgen der langen Anbindung an das britische Mutterland bereits während der 1950er Jahre im Kontext des aufblühenden *nationalism* problematisiert wurde, ohne dass dabei *Britishness* als Identitätskonzept fragwürdig geworden wäre, so wurde der *cringe* in Kanada, abgesehen von einigen Ausnahmen, lange Zeit nicht auf den Einfluss Großbritanniens, sondern vornehmlich auf die Folgen der Imitation amerikanischer Kultur zurückgeführt. In der Geschichte Kanadas war das Problem der Amerikanisierung fest mit der Identitätsproblematik des Landes verbunden. In diesem Sinne schlug beispielsweise der Botschafter und spätere Generalgouverneur Kanadas Vincent Massey Ende der 1940er Jahre vor, den Begriff des *inferiority complex* auf jene Kanadier zu beziehen, die sich kulturell am amerikanischen Maßstab orientierten und damit die allmähliche Zerstörung der kanadischen Identität in Kauf nähmen:

‚Inferiority complex' is a tiresome phrase, but a useful one. It can still be applied not unfairly to some of our people as they look at our great neighbour […]. We cannot afford to allow an erosion of our Canadianism. Our safeguard against this must be a belief in the things which are ours[.][26]

Für Massey wie auch für andere zeitgenössische kanadische Nationalisten, so kann in Anlehnung an Paul Litt festgehalten werden, galt Großbritannien nicht als „model to be aped and obeyed by servile colonials, but as legitimate source of social and political traditions which made Canada a distinctive society in North America".[27] Trotz aller historisch gewachsenen Verbindungen zwischen Kanada und Großbritannien waren sich Akteure wie Massey sehr wohl der Unterschiede zwischen *Canadian Britons* und *Britons* bewusst. Diese Art von Selbsterkenntnis spiegelte sich auch in Masseys Abhandlung „*On being Canadian*" von 1948 wider, die gemeinhin als „plea for state-supported art"[28] im

---

[26] Massey: On Being Canadian, S. 127.

[27] Paul Litt: The Muses, the Masses, and the Massey Commission, Toronto, Buffalo, London 1992, S. 115.

[28] Karen A. Finlay: The Force of Culture. Vincent Massey and Canadian Sovereignty, Toronto, Buffalo, London 2004, S. 205.

1. Fighting for survival: Kanadas Angst vor der Amerikanisierung   133

Vorfeld der so genannten *Massey Commission* verstanden wird.[29] Auch ist in diesem Kontext noch einmal in Anlehnung an Neville Meaney hervorzuheben, dass die *community of culture* zwar im Fokus der auf *Britishness* rekurrierenden Identitätsdefinition stand, die *nationalists* wie Massey im Sinne hatten. Diese musste aber nicht zwangsläufig deckungsgleich mit den Interessen des Mutterlandes sein, so dass sich durchaus auch Differenzen und Abgrenzungen zum britischen Mutterland ergeben konnten.[30] In der nationalistischen Logik hatte Kanada bereits erfolgreich eine lineare Entwicklung über den Dominion-Status hin zur *nationhood* durchlaufen, die fest mit *Britishness* verbunden war. Diese Auffassung einer vermeintlich teleologisch gewachsenen Nation ließ sich für Massey aus den Lehren ableiten, welche die kanadische Vergangenheit bereithielt: „Canada's long experience as a colony, as rather more than a colony, as partly a dominion, as really a dominion and finally as more than a dominion, has taught us many things[.]"[31]

Zum festen Bestandteil dieser Wahrnehmung gehörte vor allem die Abgrenzung Kanadas von den USA. So hob Massey in seiner Rolle als Generalgouverneur 1953 – in direkter Anspielung auf John Bartlet Brebners Konzept des *North Atlantic Triangle* – hervor,[32] dass sich Kanada trotz der Nähe und der vielen historischen sowie politischen Verbindungen mit den USA von seinem Nachbarn mit eigenen Werten abzugrenzen wisse. Gerade weil Kanada im Gegensatz zu den „twenty-one other nations of the Americas" nicht seine europäischen

---

[29] Vgl. dazu auch Dirk Hoerder: From the Study of Canada to Canadian Studies. To Know Our Many Selves Changing Across Time and Space, Augsburg 2005 (Beiträge zur Kanadistik. Schriftenreihe der Gesellschaft für Kanada-Studien 13), S. 217.

[30] In diesem Sinne betonte Massey schon 1948 in seiner Schrift „*On Being Canadian*", dass man im 19. Jahrhundert *Canadianism* bereits schon einmal erfolgreich gegen den Einfluss der *Downing Street* durchgesetzt habe. Im 20. Jahrhundert müsse man nun gegen den Einfluss der amerikanischen *Main Street* vorgehen, der *Canadianism* in seiner Entfaltung einschränke. Was Kanada also drohte, war eine Art Rückfall in den inferioren Status einer Kolonie. Vgl. Massey: On Being Canadian, S. 124. Karen A. Finlay hat im Rahmen ihrer Forschung darauf hingewiesen, dass Masseys Forderung nach einer staatlich geförderten Kultur fest mit Vorstellungen des *Canadian nationalism* verbunden gewesen sei, den es zur Wahrung einer kanadischen Identität gerade in Abgrenzung zu den USA unbedingt aufrechtzuerhalten galt. Vgl. Finlay: The Force of Culture, S. 205. Der wachsende kulturelle Einfluss der USA wurde dabei von Massey als eine Form des *new colonialism* interpretiert, der die bisher erreichte *maturity* gefährdete: „Such ‚new colonialism' is as damaging to national growth as was the old. We are too grown-up to indulge in such antiquated prejudices and old-fashioned thinking." Massey: On Being Canadian, S. 9.

[31] SAB S-A139 Hilda Neatby Papers, I.12, Folder 3, Massey Vincent (1951–69), The Governor-General's Address to the Canadian Club of the Niagara Frontier, 13.3.1953, S. 4.

[32] Vgl. ebd.: „A well-known American historian who is still to all Canadians a Canadian, has written with much scholarly insight and sympathetic understanding of what he calls the North Atlantic Triangle: Great Britain, the United States and Canada."

Verbindungen gekappt habe, so argumentierte Massey bereits 1948, sei der Einfluss der alten europäischen Welt innerhalb Kanadas größer gewesen. Kanada habe mit Erfolg sein bikulturelles Erbe, das es von Frankreich und Großbritannien erhalten habe, an sein spezifisch (nationales) Umfeld im nordamerikanischen Kontext angepasst.[33] Unter allen dezidiert kanadischen Elementen fungierte in Masseys Identitätsauffassung insbesondere die Verbindung zwischen Kanada und der Monarchie als ein zentrales Distinktionsmerkmal, das Kanada von seinem Nachbarn trennte, welcher sich während der Amerikanischen Revolution gewaltsam vom Mutterland losgesagt hatte:

> We have retained this link. We are indeed the first people to embody the monarchical principle in a federal system. I believe that we have been singularly happy in so doing. I am not thinking at the moment of our connection with Great Britain. I think of our Canadian Crown and of all that it means to us. [...] And it is true to say of all our leaders that the more profound their belief in Canada as a nation, the more insistent have they been in supporting the Crown and in developing its Canadian character.[34]

Das Quellenbeispiel verdeutlicht einmal mehr, dass *Britishness* und *nationalism* sich gegenseitig bedingten. Die Verbindung mit Großbritannien und seiner Monarchie, die Kanadas Identität von den USA abgrenzte, stand nicht einfach unter einem britischen Vorzeichen, sondern erfuhr in der Definition Masseys (gerade auch in Bezug auf das bikulturelle Erbe des Landes) eine kanadisch-nationale Einfärbung.

Kanadier verehrten demnach nicht das königliche Oberhaupt eines *anderen* Landes, sondern ihres *eigenen* Landes. Zwar zeigen die Debatten in den ehemaligen weißen Siedlerkolonien um den Titel der Queen, wie wichtig der anglophilen politischen Elite ein direkter sprachlicher Verweis auf das *United Kingdom* im offiziellen Titel der Queen war, der 1953 in der *Royal Style and Titles Bill* festgeschrieben wurde.[35] Allerdings konnte die Monarchie seitdem in Kanada, Australien und Neuseeland auch unter einem nationalen Vorzeichen für Identitätskonstruktionen vereinnahmt werden. Vor allem in Kanada war diese *Cana-*

---

[33] Massey: On Being Canadian, S. 4.
[34] The Governor-General's Address to the Canadian Club of the Niagara Frontier, S. 2.
[35] Vgl. dazu v. a. Philip Murphy: Monarchy and the End of Empire. The House of Windsor, the British Government, and the Postwar Commonwealth, Oxford 2013, S. 52f. Wie Murphy in seiner Studie rekonstruiert, konnten es Australien, Neuseeland und – nach der Einflussnahme Menzies auf seinen Kollegen Saint-Laurent während eines Staatsbesuchs in Ottawa – auch Kanada nicht akzeptieren, auf den sprachlichen Verweis auf *Great Britain* im offiziellen Titel der Queen zu verzichten. So wurde der von britischer Seite aus vorgeschlagene Titel „Queen Elizabeth, by the Grace of God, Queen [of their own name], and of Her other Realms and Territories, Head of the Commonwealth [and where appropriate] Defender of the Faith" (ebd., S. 52) um den zentralen Zusatz „by the Grace of God of the United Kingdom [Canada/Australia/New Zealand] and her other Realms and Territories [...]" (ebd., S. 53) ergänzt.

dianization der Monarchie angesichts des Antagonismus zwischen den *French* und *English Canadians* eine besondere Notwendigkeit. So hat Phillip Buckner in einem Aufsatz über die letzte *Royal Tour* der Queen im Jahre 1959 zeigen können, wie sehr die Führung der Liberalen Kanadas um Premierminister Louis Saint-Laurent (1948–1957) und den damaligen Außenminister Lester B. Pearson im Vorfeld des Queen-Besuchs darum bemüht war, den royalen Besuch unter ein dezidiert kanadisch-nationales Vorzeichen zu stellen. Einerseits, so Buckner, habe die anglophile Führung des Landes die Monarchie und die historische Verbindung zum britischen Mutterland als Distinktionsmerkmal in Abgrenzung zu den USA genutzt. Andererseits sei ihnen aber auch bewusst gewesen, dass die Monarchie in Kanada nur dann auf Dauer akzeptiert werden würde, wenn die Queen nicht nur als *Queen of England*, sondern vornehmlich als *Queen of Canada* im Land auftrete.[36] Während der 1950er Jahre widersprach *Britishness* also mitnichten Vorstellungen eines *Canadian nationalism*. Innerhalb des *North Atlantic Triangle* verfügte die Nation über die britische Anbindung und die Monarchie, die etwa im Sinne von Masseys „monarchical principle in a federal system" in ein kanadisches Gewand gekleidet wurde, über ein Alleinstellungsmerkmal gegenüber den USA. Die Vorstellung, dass Kanada durch seine britische Tradition vor dem Einfluss seines Nachbarn südlich der Grenze beschützt würde, war von großer Wirkmächtigkeit. So finden sich selbst in den 1960er Jahren, in denen sich Kanada mit Hilfe neuer Symbole zu definieren versuchte und die Monarchie gerade vor dem Hintergrund des Québec-Separatismus von immer mehr Bürgerinnen und Bürgern als etwas Fremdes wahrgenommen wurde, vereinzelt Stimmen wie die des jungen Robert F. Skinner, der sich besorgt an Premierminister Pearson wandte, weil er befürchtete, dass Kanada mit der Abschaffung der Monarchie den Schutz vor dem Einfluss der USA einbüßen würde:

When the Queen visits Canada it is the Government's duty to see that the people see her as our Queen and not as some foreign monarch. If we were to form a ‚Republic of Canada' the trend towards the dominance of Washington over Canadian policies would reach astronomical heights in the result of a loss of sovereignty.[37]

Während *Britishness* und damit einhergehend auch die Monarchie in den 1960er Jahren im Zuge des *End of Empire* immer fragwürdiger bzw. diskutabler wurden, konnten politische Akteure während der 1950er Jahre noch die Vorstellung

---

[36] Vgl. Phillip Buckner: The Last Great Royal Tour: Queen Elizabeth's 1959 Tour to Canada, in: Ders. (Hg.): Canada and the End of Empire, Vancouver, Toronto 2005, S. 66–93, hier S. 68.
[37] LAC MG 26 N 4, Box 65, File No. 311 Federal Government Executive – The Crown in Canada Nov 1965 to Mar 1968, Robert F. Skinner an Lester B. Pearson, 30.1.1968.

bedienen, dass Kanada insbesondere durch seine britischen Traditionen vor dem Einfluss der USA geschützt sei.

So instrumentalisierte beispielsweise der Vorsitzende der Konservativen John Diefenbaker das kanadische Bedürfnis nach einer Abgrenzung gegenüber dem Nachbarn südlich der Grenze in seinem Wahlkampf gegen die Liberalen und konnte so 1957 Louis Saint-Laurent als Premierminister ablösen. Dies war möglich, weil Diefenbaker die Verbindung zwischen Kanada und dem britischen Mutterland, über die das *othering* gegenüber den USA konstruiert wurde, in seinem Sinne nutzen konnte. So habe Diefenbaker, wie Phillip Buckner konstatiert, den Liberalen eine pro-amerikanische Haltung vorgeworfen und sich selbst als Garant für eine auch zukünftig bestehende starke Verbindung zwischen Kanada und dem britischen Mutterland inszeniert.[38] Zwar habe es unter den Liberalen Anhänger gegeben, welche die alten britisch-imperialen Symbole mitsamt der Monarchie abzuschaffen beabsichtigt hätten. Allerdings sei dies nicht die offizielle Haltung der Parteiführung gewesen.[39] Die Vorstellung des *North Atlantic Triangle* und der Glaube an die darin existierende Schutzfunktion durch die Verbindung mit dem britischen Mutterland waren weit verbreitet und in ihrer Wirkmächtigkeit nicht zu unterschätzen. So blieben die anti-britischen Ansichten einiger weniger Intellektueller wie die des bereits erwähnten Dramatikers und Publizisten Merrill Denison, der ähnlich wie auch der zeitgenössische Historiker Frank H. Underhill betonte, dass es grundsätzlich falsch sei, etwas Böses oder Befremdliches in dem Einfluss der USA zu sehen oder gar von der vermeintlichen Absicht einer Annektierung durch die USA auszugehen, eine Ausnahme.[40] Diese Ansichten konnten sich unter der Mehrheit der zeitgenössischen Intellektuellen Kanadas vor den 1960er Jahren nicht durchsetzen.[41]

Woher kam die Angst vor einer Amerikanisierung, die in der Nachkriegszeit vor allem unter Intellektuellen um sich griff? Historisch betrachtet waren kanadische Befürchtungen vor dem Einfluss der USA kein Novum. Allerdings er-

---

[38] Vgl. Buckner: The Last Great Royal Tour, S. 68.

[39] Vgl. ebd., S. 67.

[40] Vgl. Denison: That Inferiority Complex: „Nothing probably could do more to foster an inferiority complex than the myth of annexation." Vgl. auch Frank Underhill: Notes on the Massey Report, in: Forum: Canadian Life and Letters 1920–1970. Selections from *The Canadian Forum*, hgg. von J. L. Granatstein und Peter Stevens, Toronto 1972, S. 271–274, hier S. 274: „These so-called ‚alien' American influences are not alien at all; […]. It is mass consumption and the North American environment which produce these phenomena, not some sinister influences in the United States."

[41] Vgl. auch Paul Litt: The Massey Commission, Americanization and Canadian Cultural Nationalism, in: Queen's Quarterly 98.2 (1991), S. 375–387, hier S. 381.

1. Fighting for survival: Kanadas Angst vor der Amerikanisierung 137

hielten sie nach dem Zweiten Weltkrieg eine besondere Brisanz.[42] Wie Paul Litt anmerkt, sei dies nicht zuletzt darauf zurückzuführen, dass westliche Intellektuelle im Rahmen ihrer Ursachenforschung für das Phänomen des Totalitarismus im 20. Jahrhundert den Zusammenhang zwischen den „successes of fascism and of communism" und dem Nutzen von Massenmedien für propagandistische Zwecke entdeckt hätten: „In short, it was mass persuasion that helped the Big Lie get so big."[43] Vor diesem Hintergrund, so Litt, hätten viele Intellektuelle eine Parallele zwischen der Überzeugungskraft der Propaganda und dem erheblichen Einfluss der Werbeindustrie in Kanada und den USA gesehen.[44] Ein stetiges Absenken des „cultural content of programming", so wurde befürchtet, würde die Gesellschaft abstumpfen lassen, ihre Reflexionsfähigkeit massiv beeinträchtigen, ihre „responsible political role" unterminieren und damit letztlich die Grundlagen einer „vital liberal democracy"[45] gefährden. Aus dieser Perspektive heraus betrachtet führten die USA den gleichen Kampf, den auch Kanada gegen einen „distorted sense of values" sowie gegen die „standardization of life, the worship of mere bulk for its own sake, the uncritical acceptance of the second-rate"[46] zu bestreiten hatte. Allerdings schien von den USA aufgrund ihrer Größe eine besondere Gefahr für Kanada auszugehen. Durch diese, so gab Vincent Massey Ende der 1940er Jahre zu bedenken, könne der negative Einfluss der *second-rateness* besonders in den Vereinigten Staaten um sich greifen und sich damit insbesondere auf das benachbarte Kanada negativ auswirken.[47]

Vor dem Hintergrund dieses Kampfes gegen die „spiritual dangers"[48] gehörten Akteure wie der Medientheoretiker und Professor für Politische Ökonomie Harold Innis von der *University of Toronto* zu jener Elite, die in Kanadas *Britishness* einen zentralen Garanten für die Fortexistenz der Nation sah. Aus seiner Sichtweise waren die USA mit ihrer Medienlandschaft, deren Dominanz er auf den Ausbau der amerikanischen Propagandainstrumente während des Zweiten Weltkriegs zurückführte, deshalb ein Problem, weil ihr kommerzielles System nicht nur „[d]as kulturelle Leben der englischsprachigen Kanadier"[49],

---

[42] Vgl. ebd., S. 376 sowie zeitlich früher dazu bereits 1976 Cook: Cultural Nationalism in Canada, S. 37.

[43] Litt: The Massey Commission, Americanization and Canadian Cultural Nationalism, S. 382.

[44] Vgl. ebd.

[45] Ebd.

[46] Massey: On Being Canadian, S. 124.

[47] Vgl. ebd. sowie dazu auch Litt: The Massey Commission, Americanization and Canadian Cultural Nationalism, S. 383.

[48] Massey: On Being Canadian, S. 124.

[49] Harold A. Innis: Die Strategie der Kultur. Unter besonderer Berücksichtigung der kanadischen Literatur – Eine Fußnote zum Massey-Report, (*The Strategy of Culture*, 1952), in:

sondern auch das der Frankokanadier negativ beeinflusste. Wie Innis festhielt, seien diese zwar durch ihre Sprache vor amerikanischen Einflüssen geschützt. Ein Blick auf die visuellen Medien beweise allerdings, dass auch ihre Kultur zu verschwinden drohe. So sei beispielsweise zwischen 1915 und 1920 das Theater der Frankokanadier durch das amerikanische Kino ersetzt worden. In diesem Sinne warnte 1950 auch das *Comité Permanent de la Survivance Française en Amérique* vor den Gefahren des Amerikanismus:

Le péril le plus grave qui menace l'avenir de cette culture [Canadienne] est-ce que l'on appelle ‚l'américanisme'. Depuis plusieurs années, notre pays subit l'influence de son puissant voisin les Etats-Unis.[50]

Ein weiteres Problem, das viele zeitgenössische Gesellschaftskritiker beschäftigte, betraf die Verbreitung amerikanischer Zeitschriften und Magazine innerhalb Kanadas. Vor dem Hintergrund der drohenden Amerikanisierung gab beispielsweise Innis zu bedenken, dass in diesen einflussreichen Printprodukten häufig unverblümt der Vorschlag geäußert werde, „Kanada solle den Vereinigten Staaten beitreten".[51] Auch der Blick auf zeitgenössische Meinungsumfragen unter kanadischen Bürgerinnen und Bürgern, die nur zu gerne amerikanische *soap operas*, Comics etc. konsumierten und Werke *Made in Canada* überwiegend vernachlässigten,[52] zeigt, dass sie dieser Vorstellung zumindest nicht ganz abgeneigt waren. In diesem Sinne hat der Historiker Paul Rutherford darauf verwiesen, dass sich in den Jahren 1947 und 1950 statistisch gesehen deutlich mehr Menschen von der Idee des Commonwealth abgewandt und „for independence or union with the United States"[53] votiert hätten als zuvor. Unter den anglophilen Intellektuellen stand nicht etwa der allgemeine Austausch zwischen Kanada und den USA unter Kritik.[54] Vielmehr ging es zeitgenössischen Kritikern darum, dass sie dem starken kulturellen und auch ökonomischen Einfluss

---

Ders.: Harold A. Innis – Kreuzwege der Kommunikation. Ausgewählte Texte, hg. von Karlheinz Barck, Wien, New York 1997 (Ästhetik und Naturwissenschaften), S. 191–209, hier S. 207.

[50] LAC RG 33-28, Box 16, 157, Briefs, Comité Permanent de la Survivance Française en Amérique, S. 4. Zu dieser Quelle siehe auch Litt: The Massey Commission, Americanization and Canadian Cultural Nationalism, S. 378.

[51] Innis: Die Strategie der Kultur, S. 208.

[52] Vgl. Paul Rutherford: The Persistence of Britain: The Culture Project in Postwar Canada, in: Phillip Buckner (Hg.): Canada and the End of Empire, Vancouver, Toronto 2005, S. 195–205, hier S. 199 sowie Litt: Trudeaumania, S. 76.

[53] Ebd.

[54] Vgl. Royal Commission on National Development in the Arts, Letters, and Sciences: Report, Ottawa 1951, S. 18: „American influences on Canadian life to say the least are impressive. There should be no thought of interfering with the liberty of all Canadians to enjoy them. Cultural exchanges are excellent in themselves."

1. Fighting for survival: Kanadas Angst vor der Amerikanisierung

der USA, der in Zeiten des Booms besonders spürbar war, nichts entgegensetzen konnten: „[...], Canadians had become practically indistinguishable from Americans in their cultural tastes."[55]

In der nationalistischen Interpretation dieses Umstands musste man bedauerlicherweise Arthur Lowers Vorstellung von einer teleologischen Entwicklung der kanadischen Nation *from colony to nation* anpassen. Die traurige Entwicklung Kanadas, die Harold Innis vor diesem Hintergrund beschrieb, verlief nun „from colony to nation to colony"[56]. Für Innis, der mit diesem kolonialen Status implizit die Folgen des *cringe direct* beschrieb, ging von den amerikanischen Medien und der amerikanischen Massenkultur eine Bedrohung aus, die das Überleben der kanadischen Nation gefährdete, indem sie ihr britisches Fundament angriff.[57] So urteilte er 1952:

---

[55] Massolin: Canadian Intellectuals, the Tory Tradition and the Challenge of Modernity, S. 185.

[56] Harold A. Innis: Great Britain, the United States, and Canada, University of Nottingham, 21.5.1948, in: Ders.: Essays in Canadian Economic History, hg. von Mary Q. Innis, Toronto, Buffalo, London 2017, S. 216–225, hier S. 221.

[57] Zur Verortung von Innis' Arbeiten innerhalb der Medientheorie des 20. Jahrhunderts vgl. Marcel Bubert/ Lydia Merten: Medialität und Performativität. Kulturwissenschaftliche Kategorien zur Analyse von historischen und literarischen Inszenierungsformen in Expertenkulturen, in: Frank Rexroth, Theresa Schröder-Stapper (Hgg.): Experten, Wissen, Symbole. Performanz und Medialität vormoderner Wissenskulturen, Berlin, Boston 2018 (Historische Zeitschrift. Beiheft, Neue Folge 71), S. 29–68, hier S. 30 ff. „[M]otiviert durch Entwicklungen der Technologisierung und das Aufkommen neuer Medien wie Photographie, Radio und Fernsehen" habe im 20. Jahrhundert eine „explizite und konkrete Auseinandersetzung mit Medien und Medienwirklichkeiten" (ebd., S. 30) etwa im Bereich der Kunst eingesetzt. Zu den maßgeblichen Arbeiten, welche den sich verändernden Produktionscharakter von Kunst und Kultur reflektieren, zählen neben Walter Benjamins *„Das Kunstwerk im Zeitalter seiner technischen Reproduzierbarkeit"* (1936) insbesondere Max Horkheimers und Theodor W. Adornos Essay *„Kulturindustrie. Aufklärung als Massenbetrug"* (1947), der, wie Bubert und Merten anmerken, einen im Vergleich zu Benjamins Ausführungen deutlich negativeren Standpunkt zur zeitgenössischen Medienlandschaft eingenommen habe. Vgl. ebd., S. 31 f. Als Bestandteil der *„Dialektik der Aufklärung"* widmet sich der Essay kritisch jenem „dialektische[n] Moment", der darin zu erkennen ist, dass sich „prinzipiell aufklärerische Instrumente – Massenmedien –" (ebd., S. 32) mit Blick auf ihre intendierte Wirkung ins Gegenteil verkehren. Vor diesem Hintergrund problematisieren sie unter dem Terminus der *Kulturindustrie* – ein Begriff, den Horkheimer und Adorno im Rahmen ihrer Kritik dem Begriff der *Massenkultur* vorzogen – die Auswirkungen einer standardisierten Kultur, die die Menschen zum blinden, unreflektierten Konsum motiviert, eine kritische (Selbst-)Reflexion unterbindet und bestehende gesellschaftliche Ordnungen zementiert, anstatt ein kritisches Bewusstsein zu fördern. Freiheit verkehrt sich so in Unfreiheit, Aufklärung in Mythologie: „Von Kultur zu reden war immer schon wider die Kultur. Der Generalnenner Kultur enthält virtuell bereits die Erfassung, Katalogisierung, Klassifizierung, welche die Kultur ins Reich der Administration hineinnimmt. Erst die industrialisierte, die konsequente Subsumtion, ist diesem Begriff von Kultur ganz angemessen. Indem sie alle Zweige der geistigen Produktion

Die Bedrohung der nationalen Existenz rechtfertigt energische Initiativen, die ihr entgegensteuern. [...] Es geht tatsächlich ums Überleben für uns. Der verderbliche Einfluß der amerikanischen Reklame, der sich besonders an der Zeitschriftenpresse und in einem überall spürbaren kommerziellen Geist zeigt, macht sich im gesamten kanadischen Leben und allen seinen Verzweigungen breit. Die Handlanger der Kommunikationssysteme sind unabläßlich darauf bedacht, jede Spur probritischer Gefühle zu vernichten, da sie sie für nachteilig halten, zumal sie die Allmacht des amerikanischen Kommerzes gefährden. Dies kommt einem Angriff auf das Herz des kulturellen Lebens Kanadas gleich. [...] Wir können nur dann überleben, wenn wir konsequent und an strategisch günstigen Punkten gegen den amerikanischen Imperialismus in all seinen verlockenden Verkleidungen einschreiten.[58]

Das für die kulturelle und politische Elite im Kanada der Nachkriegszeit charakteristische Bedrohungsszenario, welches hier gezeichnet wird, fiel in seiner Prognose eindeutig aus: Sollte die britische Anbindung Kanadas und damit auch die emotionale Verbindung zum Mutterland dem kulturellen Einfluss der USA unterliegen, so stand das Überleben der Nation auf dem Spiel. Es drohte eine vollständige *amalgamation* Kanadas durch seinen Nachbarn.

Um dies zu verhindern und den Überlebenskampf im Sinne der kanadischen Nation zu entscheiden, darin waren sich die *intelligentsia* und die führenden Politiker einig, war es notwendig, Vorschläge und Antworten auf die Frage zu

---

in gleicher Weise dem einen Zweck unterstellt, die Sinne der Menschen vom Ausgang aus der Fabrik am Abend bis zur Ankunft bei der Stechuhr am nächsten Morgen mit den Siegeln jenes Arbeitsganges zu besetzen, den sie den Tag über selbst unterhalten müssen, erfüllt sie höhnisch den Begriff der einheitlichen Kultur, den die Persönlichkeitsphilosophen der Vermassung entgegenhielten." Max Horkheimer/ Theodor W. Adorno: Kulturindustrie. Aufklärung als Massenbetrug, in: Dies.: Dialektik der Aufklärung. Philosophische Fragmente, Frankfurt a. M. [19]2010, S. 128–176, hier S. 139 sowie Theodor W. Adorno: Résumé über Kulturindustrie, in: Ders.: Gesammelte Schriften, hg. von Rolf Tiedemann, Bd. 10/1: Kulturkritik und Gesellschaft I: Prismen. Ohne Leitbild, Frankfurt a. M. 1977, S. 337–345, hier S. 343: „Der kategorische Imperativ der Kulturindustrie hat, zum Unterschied vom Kantischen, mit der Freiheit nichts mehr gemein. Er lautet: du sollst dich fügen, ohne Angabe worein; fügen in das, was ohnehin ist, und in das, was, als Reflex auf dessen Macht und Allgegenwart, alle ohnehin denken." Vgl. dazu auch Stefan Müller-Doohm: Theodor W. Adorno und die Kultursoziologie, in: Stephan Moebius, Frithjof Nungesser und Katharina Scherke (Hgg.): Handbuch Kultursoziologie, Bd. 1: Begriffe – Kontexte – Perspektiven – Autor_innen, Wiesbaden 2019 (Springer Reference Sozialwissenschaften), S. 333–342, hier S. 339 sowie Angela Keppler: Ambivalenzen der Kulturindustrie, in: Richard Klein, Johann Kreuzer und Stefan Müller-Doohm (Hgg.): Adorno-Handbuch. Leben – Werk – Wirkung, Stuttgart [2]2019, S. 307–315, hier S. 307 f., 310. Neben den genannten deutschen Theoretikern mit ihren einflussreichen Arbeiten zur Medientheorie und Medienkritik sind maßgeblich auch die Werke der *Toronto School of Communication* um Marshall McLuhan und Harold Innis zu berücksichtigen. Innis' Arbeiten, auf die McLuhan aufbaute, widmeten sich aus einer historischen Perspektive heraus vor allem dem Zusammenhang zwischen Gesellschaften und ihren Medien-Technologien. Vgl. dazu Bubert/ Merten: Medialität und Performativität, S. 32 f.

[58] Innis: Die Strategie der Kultur, S. 208 f.

1. Fighting for survival: Kanadas Angst vor der Amerikanisierung

entwickeln, „how the Federal Government could best promote in Canada a sense of national consciousness."[59] Unter der Führung Vincent Masseys übernahm diese Aufgabe die *Royal Commission on Development in the Arts* (kurz: *Massey Commission*), die 1949 unter der Regierung Louis Saint-Laurents etabliert wurde und 1951 ihren Abschlussbericht vorlegte.[60] Neben Massey zählten zur Kommission – unter Berücksichtigung einer angemessenen Repräsentation des bikulturellen Kanadas – die folgenden Personen:

Hilda Neatby, head of the history department at the University of Saskatchewan; Norman A.M. MacKenzie, president of the University of British Columbia; Georges-Henri Lévesque, a Dominican priest and dean of the Faculty of Social Sciences at Laval University; and Arthur Surveyer, a Montreal engineer[.][61]

Abb. 6: Die Mitglieder der *Massey Commission on National Development in the Arts, Letters, and Sciences.*
Von links nach rechts sitzend: Arthur Surveyer, Vincent Massey und Norman Mackenzie.
Von links nach rechts stehend: Georges-Henri Lévesque und Hilda Neatby,
UTA 2001-77-189MS; Quelle: A1978-0041/015(22), 1951.

---

[59] UTA B1987-0082, Vincent Massey Personal Records, Box 424 (04), Miscellaneous – Arrangements, Addresses. Broadcast by the Right Honourable Vincent Massey for the Home Service of the BBC, 1.7.1951, draft copy, S. 2.
[60] Vgl. dazu auch Rutherford: The Persistence of Britain, S. 198.
[61] Ryan Edwardson: Canadian Content. Culture and the Quest for Nationhood, Toronto, Buffalo, London 2008 (ND 2012), S. 57.

Ihre Aufgabe bestand darin, gegen die Folgen des *cultural cringe* vorzugehen. Auf diesen spielte der *Massey Report* indirekt an, wenn beispielsweise kritisch hervorgehoben wurde, dass Kanadier durch das Kopieren amerikanischer Institutionen sowie durch den einseitigen Einfluss der amerikanischen Massenmedien Gefahr liefen, die eigene Kreativität auszubremsen, Ideen unreflektiert und unkritisch einfach zu übernehmen und somit – kantianisch gesprochen – die eigene Unmündigkeit in Kauf zu nehmen, die selbstverschuldet und selbstauferlegt war:

[O]ur use of American institutions, or our lazy, even abject, imitation of them has caused an uncritical acceptance of ideas and assumptions which are alien to our tradition.[62]

It cannot be denied, […], that a vast and disproportionate amount of material coming from one single alien source may stifle rather than stimulate our own creative effort; and, passively accepted without any standard of comparison, this may weaken critical faculties.[63]

Dieser hier beschriebene Umstand stand dem angestrebten Selbstbild Kanadas als kultivierte Nation, die sich von der „mass (U.S.) culture" mit Hilfe ihrer „high (British-Canadian) [culture]"[64] abgrenzte, diametral entgegen. Während der 1950er Jahre, so Paul Rutherford, habe es in Kanada bedingt durch die Angst vor den Folgen der Amerikanisierung zahlreiche Maßnahmen „against the rush of the ‚low'" gegeben. Diese hätten sich beispielsweise in „movie censorship, customs officials, and obscenity laws"[65] geäußert. Während 1955 amerikanische *crime comics* als „an especially toxic threat to the moral health of children and adolescents" betrachtet und als *lowbrow culture* abgetan worden seien, sei die angepriesene kanadische *high culture* rund um Theater, Kunst und Literatur ironischerweise weitestgehend von Amateuren betrieben worden, an deren Arbeit kaum Interesse unter den potentiellen kanadischen Rezipienten bestanden habe. Dies sei maßgeblich auch darauf zurückzuführen, dass während der 1950er Jahre Großbritannien – das Land „of Shakespeare and Shaw, the Tate, Sadler's Wells (the precursor of the Royal Ballet), and the BBC"[66] – weiterhin als kulturelles Vorbild unter der *intelligentsia* des englischsprachigen Kanadas gegolten habe.

Wie zentral der Blick auf das britische Mutterland und auch auf Europa im Allgemeinen war, verdeutlicht der 1976 erschienene Rückblick Donald Creightons auf die Geschichte Kanadas seit der Nachkriegszeit. In „*The Forked*

---

[62] Royal Commission on National Development in the Arts, Letters, and Sciences: Report, S. 15.

[63] Ebd., S. 18.

[64] Hoerder: From the Study of Canada to Canadian Studies, S. 219.

[65] Rutherford: The Persistence of Britain, S. 196 sowie Litt: The Massey Commission, Americanization and Canadian Cultural Nationalism, S. 380.

[66] Rutherford: The Persistence of Britain, S. 196.

1. Fighting for survival: Kanadas Angst vor der Amerikanisierung 143

Road" erschien die *Massey Commission* als ein Hoffnungsschimmer, war sie es doch, die erstmalig systematisch und gezielt auf die Gefahren der zunehmenden Amerikanisierung reagiert hatte.[67] Um Gegenmaßnahmen einzuleiten, so Creighton, sei neben Geld vor allem eine Nachahmung der Vorbilder „first set in Europe and recently followed by Great Britain"[68] notwendig gewesen. So ist es nicht verwunderlich, dass sich die *Massey Commission* ähnlich wie auch der *Australian Elizabethan Theatre Trust* am Mutterland, genauer am 1946 etablierten *Arts Council of Great Britain,* orientierte. Nach dem Vorbild dieser Institution wurde 1957 auch der *Canada Council for the Arts* eingerichtet, dessen Etablierung neben der Eröffnung einer Nationalbibliothek (1953) ein Vorschlag des *Massey Report* war.[69] An der Arbeit des britischen *Arts Council* sei für die *nation builders* Kanadas deutlich geworden, so argumentiert Paul Rutherford in seinem Aufsatz, dass eine Stärkung der kollektiven Identität nur dann gelingen könne, wenn der Staat seine Verantwortung für die Förderung von Kunst und Kultur wahrnehme. Verstärkt worden sei diese Einschätzung nicht zuletzt auch durch die zahlreichen Vorträge und Gespräche, die der Vizevorsitzende des britischen *Arts Council* Benjamin Ifor Evans in Kanada vor Fachpublikum und Lobbyisten gehalten habe.[70]

In diesem Kontext war die *Massey Commission* angetreten, um zum einen den Zustand „in radio broadcasting and television and in the production of films", die Arbeit von „national institutions as museums, art galleries, archives, libraries"[71] sowie das kanadische Universitätswesen und seine Finanzierung zu untersuchen. Zum anderen war es das erklärte Ziel, Vorschläge zu entwickeln, wie der Staat die Entfaltung der nationalen Kulturlandschaft fördern könne.[72] Letztlich zielte dies auch darauf ab, das Bewusstsein der Bürgerinnen und Bürger für die Identität der Nation zu stärken.

It is desirable that the Canadian people should know as much as possible about their country, its history and traditions; and about their national life and common achievements; that it is in the national interest to give encouragement to institutions which express national feeling, promote common understanding and add to the variety and richness of Canadian life, rural as well as urban.[73]

---

[67] Vgl. Donald Creighton: The Forked Road. Canada 1939–1957, Toronto 1976 (The Canadian Centenary Series 18), S. 185.
[68] Ebd., S. 187.
[69] Vgl. ähnlich dazu auch Rutherford: The Persistence of Britain, S. 197.
[70] Vgl. ebd.
[71] Broadcast by the Right Honourable Vincent Massey for the Home Service of the BBC, S. 2.
[72] Vgl. dazu auch ebd., S. 4.
[73] Royal Commission on National Development in the Arts, Letters, and Sciences: Report, S. 4.

Um zu bestimmen, was die Nation ausmache, so konnte man einem dem *Report* vorangestellten Zitat aus Augustinus' „*De Civitate Dei*" entnehmen, müsse man sich der qualitativen Merkmale der Nation bewusst werden.[74] Wenn nun aber die Mehrheit der kanadischen Bevölkerung in zunehmenden Maße keinen Unterschied mehr zwischen ihrer Kultur und der amerikanischen sah und auf die Frage „Why should there be a border between our two countries, when there is really no difference between us?"[75] keine Antwort zu geben imstande war, so drohte die kanadische Nation und ihr Zusammenhalt aus der Sicht der *intelligentsia* zu zerbrechen. Für die *Commission* waren dabei vier Prämissen zentral:

1. Die kanadische Identität und Kultur, so eine unter *nationalists* verbreitete Auffassung, die der *Massey Report* aufgriff, waren durch ihren spezifisch nordamerikanischen Kontext geprägt. Der *Report* schilderte die mit diesem räumlichen Kontext verbundenen Schwierigkeiten wie folgt: Einer geringen Bevölkerungszahl, die einen halben Kontinent bewohne, stehe eine vergleichsweise große Bevölkerungszahl in den USA gegenüber. Diese Bevölkerung kommuniziere in der gleichen Sprache wie ihre kanadischen Nachbarn und verfüge zudem auch noch über das größere ökonomische Potential. Kanada sei das einzige Land weltweit, das mit derartigen Herausforderungen konfrontiert sei.[76] Die geographischen Gegebenheiten verstärkten also letztlich die Gefahr, dass Kanadier in den Sog amerikanischer Massenkultur geraten konnten und kanadische Identitäts- und Kulturkonzepte zu verschwinden drohten. Um das *national survival* zu gewährleisten, so wurde im *Report* vor diesem Hintergrund festgehalten, sei ein ständiges Reagieren auf die Folgen der „Forces of Geography"[77] notwendig. Der spezielle räumlich-geographische nordamerikanische Kontext Kanadas – darauf wird noch einmal im Unterkapitel III.3 zurückzukommen sein – wurde also zu den Faktoren gezählt, welche die Entwicklung einer Identität mit besonderen Problemen konfrontierten. Gleichzeitig aber diente dieser räumliche Kontext auch als ein Bezugspunkt, der für Identitätskonstruktionen genutzt wurde. Die besonderen äußerlich bedingten Herausforderungen waren somit nicht nur ein Problem, sondern fungierten zugleich auch als ein Alleinstellungsmerkmal.

2. Kanadas zentrales kulturelles Fundament fußte auf dem Bikulturalismus, der von der historischen Verbindung Kanadas mit dem britischen Mutterland

---

[74] Vgl. ebd., S. xxiii: „A nation is an association of reasonable beings united in a peaceful sharing of the things they cherish; therefore, to determine the quality of a nation, you must consider what those things are. (St. Augustine, De Civitate Dei, XIX–xxiv)".

[75] Massey: Canadians and their Commonwealth, S. 7.

[76] Royal Commission on National Development in the Arts, Letters, and Sciences: Report, S. 11 f.

[77] Ebd., S. 11.

1. Fighting for survival: Kanadas Angst vor der Amerikanisierung   145

und Frankreich abgeleitet wurde. So vertrat etwa das *Comité Permanent de la Survivance Française en Amérique* die Vorstellung, dass sich durch geographische, historische und ökonomische Faktoren die Identitätsvorstellungen jener Gruppen, die entweder Großbritannien und seiner Kultur oder Frankreich und seiner Kultur anhingen, verändert hätten. Dies habe eine Annäherung zwischen den Gruppierungen, ja eine „culture proprement canadienne"[78] vorbereitet. In Anbetracht des auf dem Spiel stehenden *national survival* lag die Hoffnung darauf, dass sich die früheren Gegensätze zwischen beiden Gruppierungen leichter überwinden lassen und einen gemeinsamen *Canadianism* begünstigen würden.[79] Vor diesem Hintergrund unterstrich die *Massey Commission*, dass sich die Repräsentanten beider Seiten erhofften, einen gemeinsamen kulturellen Referenzrahmen unter dem Vorzeichen eines *true Canadianism* etablieren zu können. Dafür galt es, die kanadische Kunst und Kultur, aber auch die nationalen Medien sowie ganz grundsätzlich die gemeinsamen Werte durch eine allgemeine „cultivation of the things of the mind"[80] zu fördern. Der so entstehende gemeinsame *Canadianism* war die erhoffte Antwort auf den *cultural cringe*. Durch die Besinnung auf den wahrhaftigen *Canadianism* sollte auch die Distinktionsfähigkeit der Nation gegenüber den USA wieder gestärkt werden. Wie Massey Anfang der 1960er Jahre hervorhob, hätten es die USA historisch gesehen zwar insgesamt leichter gehabt, über die Amerikanische Revolution sowie den Bürgerkrieg Helden und Traditionen hervorzubringen, die für die Identitätsbildung des Landes hilfreich gewesen seien.[81] Allerdings habe auch Kanada einen klaren *Canadian character* hervorbringen können, der historisch gesehen insbesondere von den Frankokanadiern und ihrem „natural quest [...] for *survivance*, for the preservation of its individuality"[82] profitiert habe. Zusammen mit der frankokanadischen Kultur bildete *Britishness* dabei die Grundlage für das kollektive Selbstverständnis unter dem Vorzeichen eines *true Canadianism*.[83] Neben dem Bikulturalismus klangen im *Massey Report* im Hinblick auf die „complexities and diversities of race, religion, language and geography"[84] erste Töne

---

[78] Vgl. Comité Permanent de la Survivance Française en Amérique, S. 4.
[79] Vgl. ähnlich dazu auch Litt: The Muses, the Masses, and the Massey Commission, S. 113.
[80] Royal Commission on National Development in the Arts, Letters, and Sciences: Report, S. 271.
[81] Vgl. Massey: Canadians and their Commonwealth, S. 7.
[82] Ebd., S. 6.
[83] Zur Rolle des Bikulturalismus vgl. auch die Ausführungen in Hilda Neatby: Cultural Evolution, in: G.P. Gilmour (Hg.): Canada's Tomorrow. Papers and Discussion. Canada's Tomorrow Conference Quebec City, November 1953, Toronto 1954, S. 185–223, hier S. 208.
[84] Royal Commission on National Development in the Arts, Letters, and Sciences: Report, S. 4.

an, die später in Verbindung mit den aufkommenden multikulturellen Identitätskonzepten zunehmend relevant werden sollten.⁸⁵ Jene Komplexität und Diversität sah die *Massey Commission* in den gegenwärtigen „institutions, movements and individuals interested in the arts, letters and sciences" gespiegelt. Auf die Lehren Augustinus' zurückgreifend prognostizierte die *Commission*, dass die kulturelle Vielfalt und Diversität Kanadas nicht zuletzt deshalb zu fördern sei, da sie die Grundlage einer „national tradition of the future"⁸⁶ bilde. Wie Paul Litt in seiner einschlägigen Studie herausgearbeitet hat, nahm die *Commission* sowohl den Beitrag anderer ethnischer Gruppen als auch das besondere Bedürfnis der *native peoples* nach einem Schutz ihrer indigenen Kultur wahr. Allerdings, so Litt, habe der Fokus auf die bikulturelle Verfasstheit der kanadischen Nation dafür gesorgt, dass multikulturelle oder indigene Gesichtspunkte und damit die Perspektive der Minderheiten in den Hintergrund gerückt seien.⁸⁷

3. Kanadas bikulturelle Identität und *high culture* wurden durch die Vielfalt des Regionalismus ergänzt, der ein Bestandteil der speziellen räumlich-geographischen Gegebenheiten des Landes war. Während der Reisen durch das Land, so die *Commission*, sei man von der kulturellen Vielfalt der Regionen begeistert gewesen, die als ein Paradebeispiel der „,variety and richness of Canadian life'"⁸⁸ galt. In Anspielung auf den *cultural cringe* unterstrich der *Report* mit Blick auf die Folgen eines unreflektierten Konsums amerikanischer Massenmedien, dass diese Art der Vielfalt die Antwort auf eine kulturelle Bedrohung sei, die alles zu standardisieren drohe.⁸⁹

4. Die nationale Einheit des bikulturellen Kanadas sollte nach dem Motto „[T]rue unity belongs to the realm of ideas"⁹⁰ durch eine *high culture* gewährleistet werden, die das Land vor den negativen Einflüssen der *lowbrow culture* der USA schützen sollte und daher staatlich zu unterstützen war.

Um eine Antwort auf die Bedrohung⁹¹ südlich der Grenze zu finden, musste die Qualität der Nation aufrechterhalten werden. Diese – das leitete die *Commission* aus Augustinus' „De Civitate Dei" ab – bemaß sich an dem, „what Canadians think, and think about; by the books they read, the pictures they see and

---

⁸⁵ Vgl. dazu auch Hoerder: From the Study of Canada to Canadian Studies, S. 219.
⁸⁶ Vgl. Royal Commission on National Development in the Arts, Letters, and Sciences: Report, S. 4.
⁸⁷ Vgl. Litt: The Muses, the Masses, and the Massey Commission, S. 113.
⁸⁸ Royal Commission on National Development in the Arts, Letters, and Sciences: Report, S. 11.
⁸⁹ Vgl. ebd.
⁹⁰ Ebd., S. 5.
⁹¹ Vgl. zum Aspekt der Bedrohung im *Massey Report* auch Finlay: The Force of Culture, S. 213.

the programmes they hear".⁹² Immaterielle Werte und Ideen waren es, von denen Emotionen und Inspirationen ausgingen, durch die die nationale Einheit beschworen werden konnte.⁹³ Zwei Aspekte sind zur Einordnung dieser Vorstellungen von besonderer Relevanz:

Die Ansätze der *intelligentsia* und *nation builders* standen ideengeschichtlich in Verbindung mit kulturkritischen Überlegungen aus dem Viktorianischen Zeitalter, die insbesondere von Matthew Arnolds Arbeiten geprägt waren. Deren zentrale Aussagen wurden nun auf die Situation Kanadas übertragen. Wie Paul Litt hervorhebt, sei die kanadische *intelligentsia* Arnold (1822–1888) etwa darin gefolgt, *high culture* als die Kombination zwischen dem Bewahrenswertem der Vergangenheit und dem Neuen der Gegenwart zu sehen.⁹⁴ Ähnlich wie Arnold sah sich auch die kulturelle Elite Kanadas mit der Frage konfrontiert, wie das Verhältnis zwischen der persönlichen Freiheit des Einzelnen, bestimmte kulturelle Produkte zu konsumieren, und der (staatlichen) Einflussnahme auf die kulturelle Landschaft des Landes auszutarieren sei.⁹⁵ In der Tat reagierten einige Bürgerinnen und Bürger auf den *Massey Report* mit der Befürchtung, dass man ihnen insgeheim eine staatlich gelenkte, dezidiert kanadische Kultur vorzusetzen beabsichtige.⁹⁶ Die *Commission* dagegen versicherte, dass sie fernab der Vorstellungen eines „narrow nationalism"⁹⁷ oder gesetzter „standards in taste" lediglich die Förderung von Kunst und Kultur anstrebe, um ein Angebot

---

⁹² Royal Commission on National Development in the Arts, Letters, and Sciences: Report, S. 271.

⁹³ Vgl. dazu auch ebd., S. 4.

⁹⁴ Vgl. Litt: The Muses, the Masses, and the Massey Commission, S. 100–102. In seiner Abhandlung „*Culture and Anarchy*" (1869), so Litt, habe Arnold vor ähnlichen Problemen gewarnt, mit denen sich auch das moderne Kanada seit der Nachkriegszeit konfrontiert gesehen habe. So habe Arnold beispielsweise vor einer Vermischung von „political liberalism with purposeless freedom" (ebd., S. 100) gewarnt, die im Kanada des 20. Jahrhunderts auf den unreflektierten Konsum amerikanischer Massenkultur übertragen werden konnte. Arnold habe, so konstatiert Litt, in der Kultur die einzige Lösung gesehen, um über die Frage entscheiden zu können, „how to combine the best of the old and the new together in order to ensure that change would be for better" (ebd., S. 100). Durch ihre Kultur, die nach Arnolds Verständnis das Verhältnis zwischen Freiheit und Autorität in ein Gleichgewicht bringen sollte, sowie mit Hilfe ihrer Fähigkeit zur kritischen Reflexion könne sich eine Gesellschaft vor negativen Einflüssen von außen schützen. Im 20. Jahrhundert sei in Kanada damit vor allem die Gefahr gemeint gewesen, die von der amerikanischen „mass culture as an authoritarian threat to liberal freedom" (ebd.) ausgegangen sei.

⁹⁵ Vgl. ebd.

⁹⁶ Vgl. dazu auch Litt: The Massey Commission, Americanization and Canadian Cultural Nationalism, S. 379.

⁹⁷ Broadcast by the Right Honourable Vincent Massey for the Home Service of the BBC, S. 4.

auf der Grundlage von „free choice"[98] an die kanadische Bevölkerung zu machen. Inspiriert von Arnolds Ausführungen betrachtete die Kommission *high culture* als die Grundlage für die „individual liberty through self-enlightenment"[99]. Mit Hilfe der Kultur sollten sich die Bürgerinnen und Bürger vor den „ills of modernity"[100] – im kanadischen Falle bezog sich das auf die (amerikanisch geprägte) Massenkultur – schützen können. Dabei wurde es dem Individuum freigestellt, sich dem kulturellen Fundus zuzuwenden, der staatlich gefördert wurde. Aber die Hoffnung lag darauf, dass durch ein entsprechendes Angebot auch das Interesse an der kanadischen Kultur zunehmen würde: „[T]he appetite grows by eating. The best must made available for those who wish it."[101]

Für die Lösungsansätze des *Massey Report* spielte auch der Kontext des Kalten Krieges eine entscheidende Rolle, auch wenn dieser im *Report* nur implizit thematisiert wurde. In einer Zeit, in der sich der *international horizon* verdunkelte, wie es im *Report* hieß, sei die westliche Welt verständlicherweise mit verteidigungspolitischen Aspekten beschäftigt. Die Gefahr sei aber, dass darüber hinaus die Frage vergessen werde, welche zivilisatorischen Werte und Ideen man eigentlich verteidige.[102] Verteidigungspolitik und Kulturpolitik mussten folglich in gewisser Weise zusammen gedacht werden, konnte doch die *high culture*, welche die gemeinsam historisch gewachsenen Ideen und Werte verkörperte, immaterielle *spritual weapons* zur Verfügung stellen und so gewissermaßen auch zur Aufrüstung beitragen.[103] Zwar gehörten die USA zu den „like-minded people"[104] in der Auseinandersetzung mit der Sowjetunion. Allerdings – darauf ist bereits hingewiesen worden – glaubte die kulturelle Elite Kanadas, dass den USA gerade im Hinblick auf den Einfluss der Massenmedien ein kultureller Werteverfall, ja eine selbst verursachte Unmündigkeit drohte. Die *lowbrow culture* der USA konnte wohl kaum ein Vorbild sein und dementsprechend auch nicht als *spritual weapon* dienen. Vor ihrem schädlichen Einfluss, der in den Folgen des *cultural cringe* sichtbar wurde, musste man sich schützen. Die *high culture* hingegen war ein geeignetes Mittel, um die Nation auf der Grundlage der ihr inhärenten Werte zu einen und um sie gegen (ideologische) Bedrohungen zu wappnen. Großbritannien galt dabei als Vorbild. Nicht

---

[98] Royal Commission on National Development in the Arts, Letters, and Sciences: Report, S. 5.
[99] Ebd., S. 102.
[100] Ebd., S. 103. Vgl. dazu auch ebd., S. 100.
[101] Ebd., S. 5.
[102] Vgl. ebd., S. 274.
[103] Vgl. ebd., S. 5.
[104] Broadcast by the Right Honourable Vincent Massey for the Home Service of the BBC, S. 4.

1. Fighting for survival: Kanadas Angst vor der Amerikanisierung 149

umsonst blickte der *Massey Report* auf die emotionale und vereinende Kraft der Ideen und Vorstellungen, die sich vom „spritual heritage of Great Britain"[105] ableiten ließen. Nur durch diese emotionale Stärke habe das britische Mutterland den Zweiten Weltkrieg überstehen können. Eine solche Stärke, so wurde im *Report* festgestellt, könne Kanada aus seinem bikulturellen Erbe schöpfen.[106]

Auch wenn im *Report* stets auf dieses Erbe verwiesen wurde, so orientierte er sich doch sehr stark am britischen Vorbild – ein Umstand, den kritische Beobachter wie Frank H. Underhill mit der Anmerkung kommentierten, dass es insgeheim das erklärte Ziel Masseys sei, aus Kanada mit staatlicher Unterstützung „another England"[107] zu formen. In diesem Kontext fürchteten einige Frankokanadier, dass bei der angestrebten Form eines *Canadianism* die spezifischen Interessen Québecs von den *English Canadians* und dem finanziell einflussreichen Ottawa übergangen werden könnten, so dass im schlimmsten Fall sogar eine kulturelle Assimilation der Frankokanadier unter dem nationalen Dach namens *Canada* drohte.[108] Die meisten Frankokanadier sahen allerdings weitestgehend kein Problem in den Vorschlägen des *Massey Report*. Zum einen ließ dieser sie auf eine stärkere finanzielle Förderung ihrer Kultur hoffen. Zum anderen überzeugte sie der im *Report* vertretene Ansatz des Bikulturalismus, welcher als einzige Chance betrachtet wurde, um den kulturellen Gefahren der amerikanischen Massenkultur entgehen zu können.[109]

Der kulturelle Nationalismus der 1950er Jahre, dessen bedeutendstes kulturpolitisches Produkt der *Massey Report* war, zielte in Kanada darauf, die Bevölkerung auf die Werte und Traditionen eines *true Canadianism* einzuschwören. Als Identitätskonzept fungierte der *Canadianism*, dessen Fundament auf dem Bikulturalismus fußte, als Voraussetzung für eine intakte *national unity*. Den gesellschaftlichen Zusammenhalt galt es unbedingt zu wahren, um auf die Folgen des *cultural cringe* bzw. auf die Bedrohung südlich der Grenze reagieren und so das *national survival* gewährleisten zu können. Es ist dabei bezeichnend, dass in den zeitgenössischen Ausführungen über Vorstellungen eines *Canadianism* stets eine gewisse Unsicherheit mitschwang. Deutlich wird das beispiels-

---

[105] Royal Commission on National Development in the Arts, Letters, and Sciences: Report, S. 4.
[106] Vgl. ebd.
[107] Underhill: Notes on the Massey Report, S. 274.
[108] Vgl. Ramsay Cook: The Meaning of Confederation (1965), in: Ders.: Watching Quebec. Selected Essays, Montreal u. a. 2005 (Carleton Library Series 201), S. 156–172, hier S. 169.
[109] Vgl. dazu auch Litt: The Muses, the Masses, and the Massey Commission, S. 228 sowie Ders.: The Massey Commission, Americanization and Canadian Cultural Nationalism, S. 378 f.

weise, wenn der *Canadianism* sowie die mit ihm verknüpften Werte und Emotionen nicht als etwas beschrieben wurden, das bereits vollwertig existierte. Vielmehr erscheint der *Canadianism* nur als eine Möglichkeit, als „something possible", an das die Hoffnung geknüpft ist, den „empty room"[110] mit Inhalt zu füllen. In diesem Sinne lässt sich in Anlehnung an Ryan Edwardson festhalten, dass der *Massey Report* Kanada als ein Land verstand, das noch lernen musste, eine Nation zu sein.[111] Irgendwann in der Zukunft, so die verbreitete Hoffnung der *intelligentsia*, würde diese Nation den *cultural cringe* überwinden, zu sich selbst finden und eine *high culture* unter kanadischem Vorzeichen hervorbringen. Mitte der 1960er Jahre griff der kanadische Literaturkritiker Northrop Frye diesen Umstand kritisch auf und merkte an, dass es in seinem Land eine Art messianischen Komplex in Verbindung mit dem Inferioritätskomplex gebe. Unter Verweis auf die kulturelle Landschaft Kanadas werde stets versucht, „[a]dolescent dreams of glory" anzupreisen, die sich im Hier und Jetzt nie realisierten. Kanada sei somit immer das „,next year country'".[112] Insbesondere während der 1960er und 1970er Jahre sollte dieses ewige Zukunftsnarrativ, mit dem kulturelle Errungenschaften unter dezidiert kanadischem Vorzeichen herbeigesehnt wurden, durch die Identitätskrise infolge des *End of Empire* zu einem immer massiveren Problem werden. Der *cultural cringe* schien weiter zu bestehen. Wie herausgearbeitet werden konnte, verständigte sich Kanadas *intelligentsia* im Rahmen ihrer Bedrohungskommunikation über die folgenden drei Punkte:

1. Den Status quo: Die kanadische Identität war infolge der Amerikanisierung bzw. durch die Auswirkungen des *cultural cringe* bedroht.

2. Ein utopisches und dystopisches Szenario: Nur durch einen wahrhaften *Canadianism*, den man durch eine Förderung der *high culture* erreichen könnte, würde die kanadische Nation überleben können. Andernfalls würde sie infolge der Amerikanisierung und des Massenkonsums von *lowbrow culture* zerbrechen.

3. Die kulturpolitischen Handlungsempfehlungen im *Massey Report*, die sich aus den jeweiligen Szenarien ergaben.

Mit diesen Punkten sind die Kriterien für die Annahme einer Bedrohung erfüllt.[113] Macht es also Sinn, den Beginn der Identitätskrise zeitlich nicht erst in

---

[110] Vincent Massey: The Good Canadian. Address at the 50th Anniversary of the Canadian Club of Montreal, 7.11.1955, in: Ders.: Speaking of Canada. A selection of speeches, made while in office, of the Right Hon. Vincent Massey, C.H. Governor-General of Canada, 1952–1959, London 1959, S. 36–41, hier S. 41.

[111] Vgl. Edwardson: Canadian Content, S. 58.

[112] Northrop Frye: Conclusion to a *Literary History of Canada* (1965), in: Ders.: The Bush Garden. Essays on the Canadian Imagination, Toronto 1971, S. 213–251, hier S. 221.

[113] Vgl. dazu die Definition von Bedrohungskommunikation, Anm. 69 in Kap. I.2.

den 1960er Jahren in Verbindung mit *Britain's turn to Europe* zu verorten, sondern bereits in den 1950er Jahren?

Nimmt man das Konzept *Bedrohte Ordnung* ernst, so müssen die Unterschiede zwischen den Entwicklungen während der 1950er und jenen ab den 1960er Jahren hervorgehoben werden. Fragt man danach, wer eigentlich von der Amerikanisierung *bedroht* war, so fällt auf, dass die Gefahren der *lowbrow culture* und die fehlende Ausprägung der kanadischen Kulturlandschaft vor allem unter der kulturellen Elite diskutiert wurden. Auch die Bürgerinnen und Bürger nahmen diese Debatte wahr, wenn sie die Zeitungen aufschlugen oder wenn sie die Beiträge von Harold Innis und seiner Kollegen rezipierten. Die zeitgenössischen Debatten über die Probleme der Amerikanisierung und die Aspekte des Bikulturalismus prägten also auch ihr Bewusstsein. Dies ist auch darauf zurückzuführen, dass die Geschichte ihres Landes seit jeher von der problematischen Nähe zu den USA geprägt war. Ein genauerer Blick auf den an die Selbstalarmierung anschließenden Prozess des *re-ordering* zeigt allerdings, dass die Bedrohung zwar einen Reflexionsprozess unter der *intelligentsia* zur Folge hatte. An diesem war die Bevölkerung, die entgegen der Behauptung des *Massey Report* im Vorfeld nicht angemessen zur kanadischen Kulturlandschaft befragt worden war,[114] aber nicht beteiligt. Wie Paul Litt in seiner Studie zeigen konnte, sind die Töne des kulturellen Nationalismus und die Forderung nach staatlichen Subventionen zur Förderung der Kultur im *Report* zwar gut angekommen. Dies bedeutete aber nicht, dass Kanadier damit aufgehört hätten, amerikanische *lowbrow culture* zu konsumieren.[115] Die gefährlichen Folgen der *lowbrow culture*, wie sie die *intelligentsia* vor Augen hatte, spielten für Bürgerinnen und Bürger beim Konsum von Kultur keine nennenswerte Rolle. Aus den Erinnerungen des kanadischen Historikers Phillip Buckner an seine Kindheit und Jugend geht so beispielsweise hervor, dass er es nicht als widersprüchlich empfand, während der 1950er und frühen 1960er Jahre einerseits imperial geprägte Abenteuerliteratur aus dem britischen Mutterland zu rezipieren und sich andererseits der amerikanischen Medienlandschaft hinzugeben:

---

[114] Die *Commission* konsultierte bei ihrer annähernd 10 000 Meilen langen Reise durch Kanada laut eigenen Angaben 1200 *witnesses*. Ein Austausch fand darüber hinaus im Rahmen von 224 *meetings* und durch die 462 Zuschriften verschiedener Institutionen statt, welche die *Commission* erhielt. Angesichts dieser Zahlen beanspruchte der *Massey Report*, für die breite Masse der Gesellschaft zu sprechen. Vgl. dazu Royal Commission on National Development in the Arts, Letters, and Sciences: Report, S. 8 f. sowie Litt: The Massey Commission, Americanization and Canadian Cultural Nationalism, S. 380. Vgl. kritisch dazu Underhill: Notes on the Massey Report, S. 272: „The overwhelming majority of the people of Canada, or even of the radio listeners, were not there at all, because they were not interested enough."
[115] Vgl. Litt: The Massey Commission, Americanization and Canadian Cultural Nationalism, S. 384 f.

[...], I was already something of a loner and spent much of my spare time working my way through the action novels in the public library, devouring the Swallows and Amazons series and the imperial adventure stories of G.A. Henty and John Buchan. But I also read American boy's stories, listened mainly to American radio programs, went mainly to see American movies (especially Westerns), and watched mainly American TV programs when we finally got a TV in the late 1950s. Like most Canadians of British ancestry, I was a cultural hybrid but with a very clear sense of my own identity.[116]

Buckners Sozialisierung im nordamerikanischen Kontext und sein gleichzeitiges Bewusstsein für Kanadas *Britishness* sind Ausdruck des hybriden Charakters von Kultur. Mit seiner Darstellung widerlegt er die nationalistische Logik der *intelligentsia* deshalb, weil er keinen Widerspruch zwischen dem Konsum der US-amerikanischen Kultur und seinem starken Bewusstsein für eine kanadische Identität mit all ihren kulturellen Verbindungen zu Großbritannien empfand.[117] Durch seinen Konsum von Trivialliteratur oder amerikanischer Filme wurde er entgegen der Befürchtungen vieler *nationalists* nicht zum Amerikaner. Wie Buckner sah die Mehrheit der Bürgerinnen und Bürger Kanadas sowohl während der 1950er als auch in der Nachfolgezeit keine Notwendigkeit darin, den Bewältigungsstrategien zu folgen, die aus dem *re-ordering* der *Massey Commission* entsprungen waren, auch wenn sie die populären nationalistischen Töne des *Report* gerne hörten.

Von einer Bedrohung lässt sich also während der 1950er Jahre nur in Bezug auf die kulturelle Elite sprechen, die mit ihrem Konzept eines *Canadianism* versuchte, eine Antwort auf den *cultural cringe* zu finden. Der Glaube an dieses Konzept verbunden mit dem „optimistic post war spirit of nationalism and reconstruction"[118] lieferte in den 1950er Jahren für die Mehrheit der (konservativen) Intellektuellen Stabilität. Die Bedrohungssituation schien so zumindest kontrollierbarer zu sein. Doch die Visionen des *Canadianism*, die aus dem *re-ordering*-Prozess der *Massey Commission* hervorgegangen waren, gerieten spätestens mit dem Ende der Diefenbaker-Regierung 1963 in die Krise. Aus der Perspektive der meisten *nationalists* galt Diefenbaker ähnlich wie seine australischen und neuseeländischen Kollegen Robert Menzies und Keith Holyoake als politischer Garant für *Britishness* und stand damit für die (emotional aufgeladene) Aufrechterhaltung der Verbindungen zum britischen Mutterland. Unter den nachfolgenden liberalen Regierungen rückte *Britishness* sowohl in Kanada als auch in Australien und Neuseeland infolge des *End of Empire* immer mehr in

---

[116] Phillip Buckner: (A Life in History/ La vie d'historien/ne) Defining Identities in Canada: Regional, Imperial, National, in: The Canadian Historical Review 94.2 (2013), S. 289–311, hier S. 291.

[117] Vgl. kritisch dazu auch Litt: The Massey Commission, Americanization and Canadian Cultural Nationalism, S. 385.

[118] Litt: The Muses, the Masses, and the Massey Commission, S. 102.

den Hintergrund.[119] Mit dieser Tatsache konnten sich Nationalisten nur schwer anfreunden. Zu beachten ist dabei auch, dass diesen ab den 1960er Jahren eine jüngere Generation an Intellektuellen gegenüberstand, die *nationalism* nicht mehr über *Britishness* zu definieren versuchten, sondern vielmehr damit begannen, den britischen Einfluss zu problematisieren.

So gesehen markierten die 1960er Jahre mit dem immer mehr zur Gewissheit werdenden Ende des Empire und den neuen Auffassungen von *nationalism* aus der Perspektive der älteren Generation der kanadischen *nationalists* einen massiven Einschnitt. Die Liberalen und ihre Anhänger beschuldigten sie, durch ihre Infragestellung der britischen Traditionen des Landes die Chance vertan zu haben, den *cringe* in Bezug auf den Einfluss der USA zu überwinden.[120] Vor diesem Hintergrund erschien ihnen die Zeit ab den 1960er Jahren als eine Zeit des Niedergangs und Verfalls – ein Eindruck, der durch die separatistischen Tendenzen in Québec zusätzlich verstärkt wurde. Hervorzuheben ist, dass die Identitätskrise nicht nur diese ältere Akteursgruppe betraf, die um Kanadas *Britishness* trauerte. Ihre Auswirkungen trafen vielmehr auch diejenigen, die im Zeichen eines ‚neuen' Nationalismus versuchten, neue Identitätskonzepte jenseits von *Britishness* zu konstruieren. ‚Neue' Identitätsangebote ließen sich aber nur schwer in der kanadischen Gesellschaft umsetzen, die unter der dreifachen Belastung durch das Ende des Empire, den Einfluss der USA und die *Quiet Revolution* stand. Im Gegensatz zu den 1950er Jahren fühlte sich ab den 1960er Jahren nahezu die gesamte Gesellschaft mit einer Bedrohung konfrontiert.

---

[119] Vgl. dazu beispielsweise die Einschätzung des *British High Commissioner in New Zealand*, der sich 1969 zum Ende seiner Amtszeit erleichtert darüber äußerte, dass er das Glück gehabt habe, in Neuseeland in einer Zeit gearbeitet zu haben, in der die emotionale, von Stolz gezeichnete Verbindung der Neuseeländer zu ihrem britischen Mutterland noch stabil gewesen sei. Selbst unter dem düsteren Schatten, den die EWG-Verhandlungen über die Beziehungen beider Länder geworfen habe, sei diese Art von Stolz aufrechterhalten worden. Für die politische Zukunft Neuseelands nach Holyoake, der sein Land 1968 noch als „set apart from the mother country but joined to her by 12,000 miles of sea" beschrieben habe, sagte der *High Commissioner* das traurige Ende der alten politischen Gewissheiten voraus: „As I have said earlier in this despatch, the 1939 declaration ‚Where Britain goes, we go', is unlikely to be repeated. In its place we have the present Leader of the Opposition (Mr. Kirk) telling the Labour Party Conference ‚If Mother Britain wants to flirt with her Continental neighbours, well, let her', and going on to say that New Zealanders should not complain if Britain joined the Common Market […]." TNA FCO 24/590, New Zealand: Political Affairs and Administration Affairs – Internal Situation (1968/9), Foreign and Commonwealth Office Print, 8.10.1969, New Zealand: Valedictory Despatch, [Anhang], Ian M.R. Maclennan (British High Commissioner in New Zealand) an Michael Stewart (Secretary of State for Foreign and Commonwealth Affairs), Wellington, 4.9.1969.

[120] Vgl. ausführlich dazu Kap. III.4.

Mit *Britain's turn to Europe* und der *Quiet Revolution* erhielt die Bedrohung eine völlig neue Relevanz. Nicht zuletzt durch die *Quiet Revolution* geriet – mit dem zeitgenössischen kanadischen Historiker Ramsay Cook gesprochen – das Verhältnis zwischen Québecs *la survivance* und dem nationalen *survival* in eine fundamentale Krise.[121] Angesichts dieses Problems bedurfte es dringend gesamtgesellschaftlicher Lösungsansätze. Aus frankokanadischer Sicht, die der Chefredakteur der französischsprachigen Tageszeitung *Le Devoir* Claude Ryan beschrieb, galt das, was die *Massey Commission* Anfang der 1950er Jahre unter dem Bikulturalismus als Grundlage für ihr Konzept eines *Canadianism* verstand, schlicht als die Fortsetzung der klassischen *Bonne-entente*-Philosophie. Diese, so Ryan, habe in der Geschichte Kanadas schon zahlreiche Anhänger unter den *nation builders* wie Wilfrid Laurier, Mackenzie King oder Louis Saint-Laurent gehabt, die nur zu gerne den Bikulturalismus als identitäres Aushängeschild der Nation genutzt hätten, ohne dass dabei Aspekte der ökonomischen oder auch politischen Gleichheit zwischen den *English* und *French Canadians* eine ernsthafte Rolle gespielt hätten.[122] Im Zuge der *Quiet Revolution* wurde die alte *Bonne-entente*-Philosophie hinterfragt. Dies und nicht zuletzt die durch *Britain's turn to Europe* bedingte Fragwürdigkeit von *Britishness* ließen das auf Bikulturalismus basierende 1950er-Jahre-Konzept des *Canadianism* in sich zusammenstürzen, was einen Effekt auf die gesamte kanadische Gesellschaft hatte.

Wie Claude Ryan 1970 feststellte, hätten Bürgerinnen und Bürger in *English Canada* in Anbetracht der sich zuspitzenden Situation Québec erstmals als einen problematischen politischen Faktor wahrgenommen.[123] Auf gesamtgesellschaftlicher Ebene sollte dann die Benachteiligung der Frankokanadier nicht zuletzt im Zusammenhang mit den Ergebnissen der 1963 etablierten *Royal Commission on Bilingualism and Biculturalism* (kurz: *Bi and Bi Commission*) diskutiert werden. Während der 1960er Jahre wurde den Bürgerinnen und Bürgern also das mögliche Ausmaß des frankokanadischen Nationalismus in besonderem Maße bewusst. In diesem Zusammenhang erschienen die alten, auf *Britishness* basierenden Identitätskonzepte zunehmend fragwürdig. Was die Lösung der Identitätskrise zusätzlich als besonders dringend anzugehende Aufgabe erscheinen ließ, war die alte Frage, wie man sich gegenüber dem Einfluss der USA behaupten könne. Ohne die stabile Referenz auf *Britishness* erschien es vielen Akteuren fragwürdig, wie sich Kanada fortan von den USA abgrenzen

---

[121] Ramsay Cook: The Meaning of Confederation (1965), in: Ders.: Watching Quebec. Selected Essays, Montreal u. a. 2005 (Carleton Library Series 201), S. 156–172, hier S. 170.

[122] Claude Ryan: Le nouveau nationalisme anglo-canadien. Doit-il nous laisser indifférents?, in: Le Devoir, 21.9.1970.

[123] Vgl. ebd.

1. Fighting for survival: Kanadas Angst vor der Amerikanisierung 155

sollte. In diesem Sinne unterstrich George Grant in einem von der *Canadian Broadcasting Corporation (CBC)* ausgestrahlten Gespräch mit dem Politologen Gad Horowitz, dass das alte kulturelle Gleichgewicht, für das der Bezug zu Großbritannien gesorgt habe, mit dem Ende des Empire verschwunden sei:

> [T]here was always a pull of the United States, and a cultural pull back up, but it was countered by a British loyalty – I mean the British thing did provide a very great counter to it. But it is gone, and is gone I think because Britain's role in the world ended.[124]

Zuschauer konnten dem Gespräch zwischen Grant und Horowitz zwei Erkenntnisse mit Blick auf die spürbare kollektive Identitätskrise entnehmen: Einerseits stellten die beiden fest, ganz *English Canada* stehe so unter dem Eindruck des Problems, dass es bisher noch keinen Ersatz für *Britishness* hervorgebracht habe.[125] Andererseits habe Kanada bisher auf das kulturelle Potential anderer ethnischer Gruppen verzichtet. Diese habe man viel zu lange aus den Identitätsdiskursen ausgeschlossen.[126] Diese Erkenntnis ist insofern bemerkenswert, weil sie bereits auf die ‚neuen' kollektiven Identitätsvorstellungen hinweist, in deren Rahmen der Multikulturalismus zum gesellschaftlichen Mythos erhoben wurde, um mit dessen Hilfe auf die Bedrohungssituation reagieren zu können. Die Hinwendung zum Multikulturalismus während der 1960er Jahre war maßgeblich von der *Bi and Bi Commission* beeinflusst, die mit ihren späteren Berichten auch die Fragen zu klären versuchte, wie sich die Situation für andere ethnische Gruppen in Kanada gestaltete und wie sich die Nation multikulturell definieren ließ. Dieser Aspekt wird in Kapitel IV noch eine entscheidende Rolle im Hinblick auf das Verhältnis zwischen dem Bikulturalismus und dem Multikulturalismus spielen.

Was in den 1950er Jahren in Verbindung mit dem *cultural cringe* insbesondere unter besorgten Intellektuellen und Kulturschaffenden diskutiert wurde, erfuhr während der 1960er eine Erweiterung. Der *cultural cringe* bezog sich nun nicht mehr nur auf die Folgen der Nachahmung der amerikanischen Kultur, sondern kritisierte zunehmend auch die Imitation der britischen Kultur. Beide Faktoren zählten nun zu den paralysierenden, als kolonial konnotierten Einflüssen, die das eigene kulturelle Potential vermeintlich ausgebremst hatten. Erinnert sei an dieser Stelle noch einmal an das bereits im Einleitungskapitel zitierte Bild der

---

[124] The Canadian Character and Identity. Program 12; A Canadian Identity. Program 13. Two Televised Conversations between George Grant and Gad Horowitz, (broadcast by the CBC on 7 and 14 Feb. 1966), in: George Grant: Collected Works of George Grant, Vol. 3, hgg. von Arthur Davis und Henry Roper, Toronto, Buffalo, London 2000, S. 431–454, hier S. 436.
[125] Vgl. ebd.
[126] Vgl. ebd., S. 437.

zwischen zwei Elternteilen hin- und hergerissenen kanadischen Nation aus dem *Maclean's*-Magazin, das die Sprache des *cultural cringe* im Sinne der hier beschriebenen Implikationen Anfang der 1970er Jahre metaphorisch aufgriff. Ab den 1960er Jahren war der *cultural cringe* nicht mehr nur ein Problem, mit dem sich Intellektuelle auseinandersetzten. Auch Bürgerinnen und Bürger griffen zunehmend, wenn auch in der Regel indirekt, auf die Erklärungsansätze des *cringe* zurück, um gegenwärtige Probleme beschreiben zu können. Zurückführen lässt sich diese Entwicklung auf die Bedrohungssituation bzw. die kollektive Identitätskrise, deren Bewältigung ab den 1960er Jahren auf breiter gesellschaftlicher Ebene als eine drängende Aufgabe empfunden wurde. Im speziellen Falle Kanadas kamen zu dem Problem der Amerikanisierung nun mit dem Brüchigwerden von *Britishness* und den frankokanadischen Autonomiebestrebungen im Rahmen der *Quiet Revolution* zwei Faktoren hinzu, die die Bedrohung „zu einem kollektiven Phänomen"[127] werden ließen. Die nationale Einheit drohte unter dieser dreifachen Last zu zerbrechen. Der Kritiker John Conway beschrieb die massiven Auswirkungen dieser Belastungen auf die kanadische Gesellschaft wie folgt:

Canada is now experiencing the great [sic!] crisis of her history, a crisis which she may not survive as a united independent state. [...] This circumstance [...] causes anxiety, anger and a general malaise throughout all groups in the country.[128]

Auch wenn es in Australien und Neuseeland keine Entwicklungen gab, die mit der Sprengkraft der *Quiet Revolution* vergleichbar gewesen wären, fiel dort die Bedrohungskommunikation während der 1960er und 1970er Jahre nicht minder dramatisch aus. Nun, da *Britishness* infolge des *End of Empire* als Identitätskonzept fragwürdig geworden war, setzte sich auch dort eine breite Masse der Gesellschaft mit möglichen ‚neuen' Inhalten und Qualitätsmerkmalen ihrer kollektiven Identität auseinander und diskutierte die Folgen der langen Anbindung an Großbritannien und den Einfluss der USA. Obgleich faktisch gesehen der kulturelle Einfluss der USA in allen Ländern zunehmen sollte und sich etwa die kanadische Universitätslandschaft und *highbrow culture* ab den 1960er Jahren immer mehr am Vorbild der USA orientierten, sollten die Gefahren der Amerikanisierung gerade unter dem Eindruck der Identitätskrise verschärft diskutiert werden.[129] Aus der Sicht kanadischer, aber auch australischer und neuseeländi-

---

[127] Frie/ Nieswand: „Bedrohte Ordnungen" als Thema der Kulturwissenschaften, S. 9.

[128] LAC MG 31 D 77, Box 42, File 1 No. 1, Ontario Advisory Committee – Discussion Papers 1966–1969, John Conway: An Essay on Politics and Culture in Canada, Oct. 1967, S. 1.

[129] Vgl. dazu Allan Smith: From Guthrie to Greenberg: Canadian High Culture and the End of Empire, in: Phillip Buckner (Hg.): Canada and the End of Empire, Vancouver, Toronto 2005, S. 206–215, hier S. 211 f. Vgl. auch Rutherford: The Persistence of Britain, S. 203, der

scher Kritiker schienen die USA gerade deshalb so verlockend zu sein, weil sie vermeintlich „readymade myths, stories, traditions and national values"[130] zur Verfügung stellen konnten, deren man in der Zeit der Bedrohung, in der eigene nationale Mythen und Erfolgsnarrative als nicht existent oder zumindest fragwürdig erschienen, dringend bedurfte.

Ähnlich wie in Kanada hatte das, was die *intelligentsia* unter dem Eindruck des *cringe* im Hinblick auf die *highbrow culture* diskutierte, auch in Australien und Neuseeland keinen großen Einfluss auf den Alltag der *ordinary citizens*. Auch wenn sie sich an der Debatte über die Identitätskrise beteiligten, beendeten sie nicht einfach den Konsum amerikanischer Filme oder Comics, noch favorisierten sie auf einmal nur noch Kulturprodukte aus ihren jeweiligen Ländern. Wie Donald Denoon und Philippa Mein Smith für Australien und Neuseeland konstatieren, sei die Vorstellung einer kulturellen *emptiness* nur im Kreise der zeitgenössischen Intellektuellen wirkmächtig gewesen. Auf die Freizeitgestaltung der *ordinary citizens* habe die Debatte dieser Akteure keinen Einfluss gehabt. So sei beispielsweise die Freizeitwelt des Sports völlig unbeeinflusst von der Identitätskrise geblieben.[131] Auch die Präferenz von Kinobesitzern und Theaterbetreibern, so Ryan Edwardson in seiner Untersuchung zur Kulturlandschaft Kanadas, habe sich trotz der hohen Investitionssummen zur Förderung kanadischer Produktionen nicht geändert, erschienen diese doch schwerer zu vermarkten als amerikanische.[132]

Was jedoch eine merkliche gesellschaftliche Resonanz auch jenseits der von Intellektuellen dominierten Diskurse in allen drei ehemaligen Siedlerkolonien auslöste, waren Debatten über die Neuausrichtung nationaler Symbole, über Nationalhymnen und Feiertage, in deren Kontext auch die Perspektive auf die nationale Vergangenheit allmählich einer kritischen Überprüfung unterzogen wurde. Unter dem Eindruck der kollektiven Identitätskrise versuchten die *ordinary citizens*, mit eigenen Vorschlägen etwa für neue Symbole und Feiertage in ihrem Sinne Einfluss auf den *re-ordering*-Prozess bzw. auf die ‚Neu'-Verortung von Identität zu nehmen. In diesem Rahmen wurden Inhalte und Merkmale einer angenommenen kollektiven Identität auch unter stärkerer Berücksichtigung anderer ethnischer Gruppierungen in besonderer Intensität diskutiert. In einem Leserbrief von 1966 mahnte beispielsweise der Kanadier Navin Parekh an, dass die

---

auf den „nationalist backlash" während der 1960er Jahre verweist. Dieser habe beispielsweise dafür gesorgt, dass die Regierung versucht habe, die Zahl ausländischer Professoren zu limitieren.

[130] J.F. Simpson: Writers face an uncertain future after a decade of discouragement, in: Toronto Daily Star, 17.1.1970.
[131] Vgl. Denoon/ Mein Smith: A History of Australia, New Zealand and the Pacific, S. 434.
[132] Vgl. Edwardson: Canadian Content, S. 129.

Einheit der kanadischen Nation nur dann fortbestehen könne, wenn ein Gleichgewicht zwischen den verschiedenen ethnischen Gruppierungen des Landes hergestellt werden könne. Um dieses Ziel zu erreichen, sei es notwendig, dass keine Gruppierung mit ihren Einzelinteressen einseitig in den Institutionen repräsentiert sei. Vielmehr müssten kanadische Institutionen ein Abbild der gesamten Gesellschaft sein, um eine einende Funktion unter kanadischem und nicht unter dem Vorzeichen anderer (Herkunfts-)Länder entfalten zu können. Die Institution der Monarchie war in Parekhs Verständnis daher ein Störfaktor, der dafür sorgte, dass Vorstellungen von Identität eher irritiert als gefestigt wurden:

> If we wish full allegiance from Canadians of various origins, we need truly Canadian institutions, which in their entirety are neither English, nor French, nor Italian, nor Polish, nor German. Monarchy is anything but one such institution. It blurs the identity of Canada, to Canadians as well, as to non-Canadians.[133]

Wenn in Kanada, Australien und Neuseeland die Identitätskrise ab den 1960er Jahren zum vorherrschenden Thema in Leserbriefen wurde, wenn sich zahlreiche Bürgerinnen und Bürger an die Premiers und andere politische Entscheidungsträger mit ihren Sorgen über den Verlust einer britisch konnotierten Identität oder aber mit Vorschlägen für neue nationale Selbstbilder jenseits von *Britishness* wandten, so ist dies ein klarer Indikator für die gesamtgesellschaftliche Dimension der Bedrohung.

Der zentrale Punkt ist hier also, dass sich das gesamtgesellschaftliche Ausmaß der Bedrohung daran ablesen lässt, dass Bürgerinnen und Bürger aktiv versuchten, in ihrem Sinne Einfluss auf die Lösung der Identitätskrise zu nehmen. So gesehen waren sie im Gegensatz zu den 1950er Jahren nicht nur stärker am *re-ordering* beteiligt, sondern waren ein fundamentaler Bestandteil dieses Prozesses selbst. Die Hinwendung Großbritanniens nach Europa, in der sich für die Akteure die finale Abwendung des Mutterlandes von seinem Empire spiegelte – ein Eindruck, der sich mit den bereits erwähnten nachfolgenden Entwicklungen mehr und mehr verstärken sollte –, kann im Hinblick auf die Akteursperspektive als „zeitgenössische[] Erfahrungs- und Ordnungszäsur"[134] verstanden werden. Vor dem Hintergrund dieses Einschnitts wurde die Identitätskrise zu einem fundamentalen gesellschaftlichen Problem, demgegenüber sich Akteure nicht mehr neutral verhalten konnten und als britischstämmige Kanadier, *French Canadians*, Australier und Neuseeländer, Einwanderer anderer Länder oder als Indigene Stellung bezogen.[135]

---

[133] Navin Parekh: Letter to the Editor, in: The Globe and Mail, 29.10.1966.
[134] Martin Sabrow: Zäsuren in der Zeitgeschichte, in: Frank Bösch, Jürgen Danyel (Hgg.): Zeitgeschichte – Konzepte und Methoden, Göttingen 2012, S. 109–130, hier S. 123.
[135] Vgl. Frie/ Nieswand: „Bedrohte Ordnungen" als Thema der Kulturwissenschaften, S. 10.

1. Fighting for survival: Kanadas Angst vor der Amerikanisierung 159

Das mit dem *cultural cringe* verbundene Argumentationsmuster sollte in der Zeit der Bedrohung eine besonders verbreitete Verwendung finden. Es kann als Teil einer Bedrohungsdiagnose begriffen werden, die „Ereignisse oder Zustände als bedrohlich [klassifiziert]"[136]. Auf dieses Argumentationsmuster griffen ab den 1960er Jahren, in denen die Identitätskrise zum vorherrschenden Thema des öffentlichen Diskurses bzw. der Bedrohungskommunikation wurde, nicht mehr nur Akteure, die der *intelligentsia* angehörten, sondern auch viele *ordinary citizens* direkt oder indirekt zurück. Gerade in der Zeit der sich zuspitzenden Identitätskrise fungierte der *cringe* als Erklärungsmodell, mit dessen Hilfe die Bedrohungssituation eingeordnet und kontextualisiert werden konnte. Stimmen wie die eines kanadischen Bürgers zum *Dominion Day* 1961 oder die der neuseeländischen Bürgerin Mrs. P. Russell, die 1969 die für den *cringe* typische Rhetorik nutzte, um eine eigenständige, selbstbewusste Identität einzufordern, finden sich neben den besorgten Äußerungen, die um den Verlust der britisch konnotierten Identität ihres Landes fürchteten, in großer Anzahl in den Quellen aller drei untersuchten Länder wieder:

> Three basic tasks face Canada in the years ahead. First, to recover a sense of national identity and purpose, to be less imitative of other countries, to set our own standards – in short to be a real nation.[137]
>
> Anything over a hundred years old should be mature, petrified or rotten. New Zealand certainly isn't mature, and I don't like to think it's either of the other two. For years we clung to the apron strings of Mother England. And though the stitching gave way long ago we're still running around clutching the strings, and looking for another strong Momma to fasten them to.[138]

Der *cultural cringe* fungierte im Kontext der Identitätskrise als ein komplexitätsreduzierender Erklärungsansatz für die Bedrohungssituation. Das durch den Topos des *cringe* bereitgestellte Erklärungsmodell folgte im Wesentlichen der Logik des *thwarted-nationalism*-Narrativs und ignorierte angesichts eines vermeintlichen kulturellen oder auch identitären Vakuums die enge Verflechtung zwischen ‚eigenen' Identitätskonzepten und *Britishness* als übergeordnetem Mythos.

Inwiefern der *cringe* innerhalb der Bedrohungskommunikation komplexitätsreduzierend wirkte und in einer konstruierten Analogie auf die Situation der Kolonien übertragen wurde, zeigt exemplarisch die Abhandlung der kanadischen Journalistin Susan M. Crean „*Who's Afraid of Canadian Culture*" (1976). Mit dem Blick auf kanadische Universitäten, Schulen, Kulturinstitutionen, Theaterstücke, Medien und Literatur kritisierte sie, dass durch die Amerikanisie-

---

[136] Ebd., S. 9.
[137] Now We Are 94, in: The Globe and Mail, 1.7.1961.
[138] Mrs. P. Russell: Pursuing the image, in: NZ Listener, 10.1.1969.

rung die kanadische Kultur in ihrer Entwicklung ausgebremst werde, so dass sich keine kanadische Identität entwickeln könne. Was diese Bedrohung letztlich verstärke – darin folgt sie in ihrer Argumentation exakt Arthur A. Phillips' Definition des *cringe* –, sei der fortbestehende Zwang der (ehemaligen) Kolonisierten, sich an Maßstäben zu messen, die in den „old imperial centres of Rome, Paris, London, New York and so forth"[139] gesetzt würden. Gemessen an der *highbrow culture* der Metropolen seien kanadische Kultur und Exzellenz zwei unvereinbare Begriffe.[140] Die Persistenz der Anbindung an das britische Mutterland, die nur halbherzige Suche nach einem Ersatz für Großbritannien und ganz besonders die kulturelle Dominanz der USA auf die Medienlandschaft, das Bildungswesen und die *mass culture* im Allgemeinen deuteten für Crean darauf hin, dass die „psychological conditioning of colonial attitudes"[141] andauerte. Ihre Diagnose, die sie bereits auf der Umschlagseite ihres Buches ins Zentrum rückte, lautete entsprechend: „The survival of Canadian culture and the Canadian nation is in danger."[142]

Exemplarisch deutlich wird in Creans Argumentation, wie das in siedlerkolonialen Diskursen traditionell als familiär beschriebene Verhältnis zum britischen Mutterland ignoriert wird und die ehemaligen weißen Dominions auf eine Ebene mit den ehemaligen ausgebeuteten Kolonien des Empire gestellt werden. So galt der anhaltende Drang der Kulturschaffenden, sich an den Standards des ehemaligen britischen Zentrums oder an anderen Metropolen zu orientieren, für Crean als Ausdruck einer „mental disorder". Rekurrierend auf Frantz Fanons Werk „*Peau Noire, Masques Blancs*" („*Schwarze Haut, weiße Masken*") aus dem Jahr 1952 beobachtete die Aktivistin dieses Phänomen vor dem Hintergrund der Dekolonisation in allen vormals unterdrückten Kolonien:

The progress of this peculiar mental disorder has been well documented by Frantz Fanon, the psychiatrist who diagnosed the effects of colonial oppression on the mental health of non-white people in *Black Skins, White Masks:*

Every colonized people – in other words every people in whose soul an inferiority complex has been created by the death and burial of its local cultural originality – finds itself face to face with the language of the civilizing nation; that is with the culture of the mother country. The colonized is elevated ... in proportion to his adoption of the mother country's cultural standards.[143]

Dass Kanadas *survival* durch seine anhaltende koloniale Mentalität und das damit verbundene Desinteresse an ‚eigenen' kulturellen Ausdrucksformen auf

---

[139] S. M. Crean: Who's Afraid of Canadian Culture?, Don Mills, Ontario 1976, S. 12.
[140] Vgl. ebd., S. 15.
[141] Ebd., S. 18.
[142] Ebd., Titelblatt.
[143] Crean: Who's Afraid of Canadian Culture?, S. 14 (Herv. i. Orig.).

1. Fighting for survival: Kanadas Angst vor der Amerikanisierung

dem Spiel stand, machte auch das Werk des Kolumnisten Eric Nicol und des Cartoonisten Peter Whalley „*Canada cancelled because of lack of interest*" von 1977 deutlich. Direkt zu Beginn des Werkes wurden Rezipienten mit einer Zukunftsvision konfrontiert, in der Kanada bereits eine tote Nation war. An die lebendige Zeit dieses Landes, so erfuhren die Leserinnen und Leser, erinnerten sich abgesehen von Historikern nur noch wenige.[144]

Mit der Vorstellung von der Überwindung des *cringe* war die Hoffnung verknüpft, eine nationale Reife, ein neues Selbstbewusstsein und damit verbunden ein neues Selbstverständnis zu erreichen. Dafür musste aber aktiv gehandelt werden. In ihrem Aufruf brachte dies beispielsweise die neuseeländische Bürgerin Mrs. P. Russell zum Ausdruck, indem sie eine intensivere Auseinandersetzung der Gesellschaft mit sich selbst einforderte: „For pity's sake let us grow up. Let us concern ourselves *with* ourselves."[145] Auch andere ethnische Gruppierungen, die vor oder nach dem Zweiten Weltkrieg nach Kanada, Australien und Neuseeland ausgewandert waren und deren kollektive Identität nicht britisch konnotiert war, sowie insbesondere die lange marginalisierten Indigenen erhofften sich, in ihrem Sinne Einfluss auf den Identitätsdiskurs nehmen zu können. Für diese Akteure war die Identitätskrise eine Chance, die es aber ohne die durch die Bedrohung verursachte Dynamisierung der Identitätsdiskurse nicht gegeben hätte. So gesehen war die Bedrohung auch für diese Gruppierungen von besonderer Relevanz, auch wenn sie für diese unter einem anderen Vorzeichen stand.

Zum gesamtgesellschaftlichen Ausmaß der Identitätskrise in allen drei untersuchten Ländern trugen nicht zuletzt auch die innergesellschaftlichen Transformationsprozesse bei, die in einer Wechselwirkung mit jener Bedrohung standen. Dabei sind allerdings Differenzierungen zwischen den einzelnen Ländern vorzunehmen: Was die Situation Kanadas ab den 1960er Jahren von Australien und Neuseeland unterschied, war der gesellschaftliche Druck, der von der *Quiet Revolution* ausging, welche die Dynamisierung der Identitätsdiskurse sowie den Eindruck der Identitätskrise zusätzlich verstärken sollte. Zwar spielte der Bikulturalismus auch für die Konstruktion von Identitätskonzepten in Neuseeland eine tragende Rolle. Allerdings handelte es sich bei den Maori anders als bei den *French Canadians* um Indigene. Durch den traditionellen Gegensatz zwischen *English* und *French Canadians* sowie durch das große identitäre Selbstbewusstsein Québecs existierte innerhalb der kanadischen Gesellschaft ein größeres Problembewusstsein gegenüber den Frankokanadiern, das es in

---

[144] Vgl. Eric Nicol/ Peter Whalley: Canada Cancelled Because of Lack of Interest, Edmonton 1977, S. 9.
[145] Russell: Pursuing the image, in: NZ Listener, 10.1.1969 (Herv. i. Orig.).

Neuseeland gegenüber den Maori in der Form nicht gab. Erst im Zuge der Auseinandersetzung mit dem Schicksal der Indigenen ab den 1960er Jahren wurden Fragen der Identität in Kanada, Australien und Neuseeland auch verstärkt im Zusammenhang mit ihrem erfahrenen Leid diskutiert. Das Interesse an den Indigenen war auch durch die Identitätskrise bedingt, in deren Kontext die Kultur der *natives* als Referenzpunkt für die Konstruktion von ‚neuen' Selbstbildern jenseits von *Britishness* interessant wurde. In diesem Zusammenhang konnten die Auswirkungen von Ausbeutung und Unterdrückung der Indigenen langfristig nicht mehr ignoriert werden, zumal sich unter dem Eindruck der *civil rights movement* auch Studentenbewegungen und Organisationen lautstark gegen den anhaltenden Rassismus und für die Interessen der Indigenen einsetzten.

Im Folgenden werden die zeitgenössischen Debatten zum *cultural cringe* in Australien und Neuseeland in den Blick genommen. Dabei wird auch zu klären sein, welche Rolle die Auseinandersetzung Kanadas mit den Folgen des *cringe* bzw. der Amerikanisierung für die Identitäts- und Kulturdebatten in Australien und Neuseeland spielte. Im Fokus stehen die unter australischen und neuseeländischen Intellektuellen und Kulturschaffenden geführten Debatten über die Langzeitfolgen der Imitation der britischen und auch der amerikanischen Kultur, die einen erheblichen Einfluss auf den öffentlichen Diskurs während der 1960er Jahre hatten. Einige unter ihnen waren als Personen des öffentlichen Lebens besonders einflussreich und lieferten „key notions about distinguishing national characteristics that percolated through the ranks of cultural producers, winning general acceptance and consolidating into a new conventional wisdom".[146]

2. Amerikanisierung und *cringe* in Australien und Aotearoa Neuseeland

Die Amerikanisierung gilt als ein globales Phänomen, dessen Geschichte zwischen 1940 und 1970 zu verorten ist. In Anlehnung an Anselm Doering-Manteuffel, der angesichts der für das 20. Jahrhundert generell charakteristischen Austauschprozesse auf die Notwendigkeit einer genauen Definition des Terminus hingewiesen hat, soll darunter Folgendes verstanden werden:

Amerikanisierung beschreibt von Seiten des Senders das Angebot – intentional oder nicht intentional – und von Seiten des Empfängers die Anverwandlung von Gebräuchen, Verhaltensweisen, Bildern und Symbolen bis hin zu Manifestationen der Warenwelt und künstlerischen Artikulation. Ungezwungenes, ‚lässiges' Verhalten im öffentlichen Raum, Inszenie-

---

[146] Litt: Trudeaumania, S. 79.

rungen zum Zwecke von Information, Werbung für Politik, Kunst und Kultur oder Wirtschaft, Moden in Musik und *performance* seit dem Einströmen des Jazz in den 1920er- Jahren und dem Rock ‚n' Roll in den 1940er/1950er-Jahren, dann aber auch die Merkmale des Alltagslebens in der beginnenden Konsumgesellschaft wie Jeans, Coca-Cola, Supermarkt, Selbstbedienungstankstelle oder McDonald's-Läden repräsentieren US-amerikanischen Kultureinfluss. Der maßgebliche Sachverhalt besteht darin, dass dieser Transfer kontinuierlich in nur einer Richtung verlief – von den USA nach Europa und in alle weiteren marktwirtschaftlich orientierten Regionen der Welt. [...] Amerikanisierung verbürgte in der Aufbauzeit nach dem Zweiten Weltkrieg Modernität. [...] Fortschritt in der Alltagskultur war das Orientierungsmuster, und die hohe Zeit dieses soziokulturellen Phänomens fiel in die 1950er- bis frühen 1970er-Jahre.[147]

Die Reaktionen auf die Amerikanisierung bzw. auf die mit ihr verbundenen *Amerikanismen* – jene Inhalte der Amerikanisierung, die entweder amerikanisch waren oder als solche empfunden wurden – schwankten in einem selektiven Prozess zwischen den Polen von Zustimmung/ Adaption und Ablehnung/ Abwehr.[148] Philipp Gassert hat im Rahmen seines Forschungsberichts für den deutschen und europäischen Raum herausgearbeitet, dass insbesondere die Ablehnung der Amerikanisierung als eine Art Spiegel europäischer Befindlichkeiten interpretiert werden kann.[149]

In diesem Sinne lässt sich daran anschließend auch der *cultural cringe* interpretieren, der in den ehemaligen weißen Siedlerkolonien allerdings mehr als nur ein Ausdruck einer Befindlichkeit war. Vielmehr galt er dort als die erklärte Ursache der kollektiven Identitätskrise, die Akteure neben dem persistenten britischen Einfluss vor allem auch auf das relativ neue Phänomen der Amerikanisierung zurückführten. In der Zeit der sich zuspitzenden Identitätskrise während der 1960er und 1970er Jahre wurde der kulturelle Einfluss der USA besonders problematisiert, verwies er doch auf die generellen Schwierigkeiten bei dem Versuch, ‚eigene' kulturelle Konzepte oder Identitätsvorstellungen hervorzubringen, die unabhängig von London oder New York sein sollten. Das für den *cultural cringe* typische Argumentationsmuster hatte während der 1960er und 1970er Jahre eine entsprechend hohe Konjunktur. Um Aussagen über die zen-

---

[147] Anselm Doering-Manteuffel: Amerikanisierung und Westernisierung, in: Docupedia-Zeitgeschichte, 18.1.2011, abgerufen unter: http://docupedia.de/zg/Amerikanisierung_und_Westernisierung, (12.7.2019), S. 1–13, hier S. 5 (Herv. i. Orig.). Den Terminus *Amerikanisierung* erweiternd meint *Westernisierung* den „politisch-ideellen Transfer[]": „Als zeithistorischer Terminus wird er entweder – globalgeschichtlich – auf ideelle Transformationsprozesse seit 1900 bezogen oder – regionalgeschichtlich – auf konkret eingrenzbare, präzise rekonstruierbare Entwicklungen zwischen 1945 und 1970 angewendet." Ebd., S. 6.
[148] Vgl. Philipp Gassert: Amerikanismus, Antiamerikanismus, Amerikanisierung. Neue Literatur zur Sozial-, Wirtschafts- und Kulturgeschichte des amerikanischen Einflusses in Deutschland und Europa, in: Archiv für Sozialgeschichte 39 (1999), S. 531–561, hier S. 532.
[149] Vgl. ebd., S. 557.

tralen Unterschiede zwischen Kanada und den anderen beiden ehemaligen Siedlerkolonien treffen zu können, ist es erforderlich, zunächst einen Blick auf die Zeit *vor* der sich zuspitzenden Identitätskrise zu richten.

Auch in Australien und Neuseeland subsumierten Akteure bereits vor den 1960er Jahren unter Arthur A. Phillips' Begriff des *cultural cringe* die negativen Auswirkungen des persistenten Einflusses der britischen Kultur, aber auch die Folgen des kulturellen Einflusses der USA. Die kulturelle Anziehungskraft Londons und New Yorks galt als allgemeiner Ausdruck des „centrifugal pull of the great cultural metropolises"[150]. Wie bereits deutlich geworden ist, wurde *Britishness* trotz der zumeist von nationalistischen Stimmen getragenen Kritik am britischen Einfluss während der 1950er Jahre nicht wirklich hinterfragt. Deutlich wird das etwa daran, dass das britische Mutterland von den meisten weiterhin als ihr kulturelles Zuhause wahrgenommen wurde. Die Krönung der Queen 1953 versetzte die Akteure überall in enthusiastische Freude. So versprach man sich beispielsweise in Neuseeland – unter dem Eindruck des nationalen Triumphs, den der Neuseeländer Edmund Hillary als Teil einer britischen Expedition mit der Besteigung des Mount Everest ausgerechnet im Krönungsjahr erreicht hatte – ein *new Elizabethan Age*.[151] Gleichzeitig aber ging eine besonders hohe Anziehungskraft von der bunten Welt Hollywoods aus, mit der die britische Kultur der Nachkriegszeit, wie Donald Denoon und Philippa Mein Smith festgestellt haben, langfristig nicht habe mithalten können.[152]

Während in Kanada von einer Bedrohung der ‚eigenen' Identität bereits während der Nachkriegszeit zumindest auf der Akteursebene der *intelligentsia* und Kulturschaffenden auszugehen ist, die mit der *Massey Commission* in einem *re-ordering*-Prozess bewältigt werden sollte, führte weder die Kritik am wachsenden kulturellen Einfluss der USA und schon gar nicht die Kritik am kulturellen Einfluss Großbritanniens zu einer kulturpolitischen Reaktion in Australien oder Neuseeland. Die Nähe Kanadas zu den Vereinigten Staaten und das Phänomen, welches Anton Blok in Anlehnung an Sigmund Freud sowie Pierre Bourdieu als *Narzissmus der kleinen Differenz* beschreibt, führte nach dem Zweiten Weltkrieg zu einer Bedrohung. Wie im letzten Kapitel herausgearbeitet wurde, war diese dadurch begründet, dass die für die Konstruktion kollektiver Identität notwendige Differenz zu dem US-amerikanischen Nachbarn südlich

---

[150] Phillips: The Cultural Cringe, S. 299. Vgl. dazu auch aus wirtschaftlicher Perspektive während des Booms Mark Rolfe: Faraway Fordism: The Americanization of Australia and New Zealand during the 1950s and 1960s, in: New Zealand Journal of History 33.1 (1999), S. 65–86.

[151] Vgl. Michael King: The Penguin History of New Zealand, Auckland 2003, S. 412f.

[152] Vgl. Denoon/ Mein Smith: A History of Australia, New Zealand and the Pacific, S. 430.

der Grenze aus dem Blickwinkel der *intelligentsia* zu verschwinden schien. Mit Anton Bloks Terminus lässt sich dies wie folgt auf den Punkt bringen:

> The narcissism of minor differences manifests itself in the emphasis on and the exaggeration of subtle distinctions vis-à-vis others with whom there are many similarities. [...] The theoretical purport of the narcissism of minor differences suggests that identity – who you are, what you represent or stand for, whence you derive self-esteem – is based on subtle distinctions that are emphasized, defended, and reinforced against what is closest because that is what poses the greatest threat.[153]

Das hier beschriebene Problem war in der Geschichte Kanadas ähnlich wie der traditionelle Antagonismus zwischen *French* und *English Canadians* ein kontinuierlicher Faktor. Abgrenzungsnarrative spielten zwar auch in neuseeländischen Identitätsnarrativen in Bezug auf den australischen Nachbarn eine Rolle. Ein mit der Situation zwischen Kanada und den USA vergleichbares Ausmaß erreichte der *Narzissmus der kleinen Differenz* hier allerdings nicht, verfügte Australien doch während der Nachkriegszeit nicht über die gleiche kulturelle und politische Macht wie die USA.

Was den Einfluss der Vereinigten Staaten anging, teilten australische und neuseeländische Intellektuelle die Bedrohungsrhetorik der Kanadier unter dem Eindruck des *cultural cringe*. Diese blieb aber ohne Konsequenz. Entsprechend sah die kulturpolitische Position der Regierung unter Menzies im völligen Gegenteil zur *Massey Commission* keinen Bedarf, Kunst und Kultur in Australien gezielt staatlich zu fördern: „Government assistance to all forms of cultural endeavour is best if it is of a marginal nature."[154] Was Australien und Neuseeland mit Kanada allerdings ab den 1960er Jahren verband, war die Identitätskrise, mit der man sich angesichts des *End of Empire* konfrontiert sah – mit dem Unterschied allerdings, dass die Situation in Kanada vor allem unter den Regierungen von Lester B. Pearson (1963–1968) und Pierre E. Trudeau (1968–1979) zusätzlich noch massiv durch die *Quiet Revolution* belastet war. Erst als mit *Britain's turn to Europe* die Gewissheit des „deep-rooted cultural inheritance from Britain, with the passing of empire and the dwindling certainties of [...]

---

[153] Anton Blok: The Narcissism of Minor Differences, in: European Journal of Social Theory 1.1 (1998), S. 33–56, hier S. 48. Vgl. dazu auch Pierre Bourdieu: Die feinen Unterschiede. Kritik der gesellschaftlichen Urteilskraft, Frankfurt a.M. 2011 (stw 658), S. 279: „Eine jede soziale Lage ist mithin bestimmt durch die Gesamtheit dessen, was sie nicht ist, insbesondere jedoch durch das ihr Gegensätzliche: soziale Identität gewinnt Kontur und bestätigt sich in Differenz."

[154] NAA A463 1960/5684, Australian film industry – Commonwealth assistance, Interdepartmental Committee paper, Notes for Senator Vincent, 17.8.1960. Vgl zu dieser Quelle auch Stuart Ward: "Culture up to our Arseholes": Projecting Post-Imperial Australia, in: Australian Journal of Politics and History 51.1 (2005), S. 53–66, hier S. 54.

Britishness"[155] fragwürdig geworden war, sahen sich auch in Australien und Neuseeland Akteure unter den Regierungen Harold Holts (1966–1967) und John Gortons (1968–1971) sowie Norman Kirks (1972–1974) dazu veranlasst, kulturpolitische Maßnahmen zur Bewältigung der wahrgenommenen Identitäts- und Kulturkrise zu veranlassen.[156]

Bereits im Vorfeld der im Jahre 1967 von Premierminister Harold Holt angekündigten Etablierung des *Australia Council for the Arts* (*ACA*)[157] blickten Kulturschaffende in Australien sowie die Akteure, die maßgeblich für die Pläne des *ACA* verantwortlich waren, mit großem Interesse nach Kanada.[158] Schließlich hatte man dort mit dem „Canadian experiment"[159] bereits erste Erfahrungen mit der staatlichen Förderung der nationalen Kulturlandschaft sammeln können. Von Interesse waren dabei neben der *Massey Commission* vor allem die Arbeiten des *Canada Council* (*CC*). Dieser war 1957 auf Anraten des *Massey Report* mit dem Ziel ins Leben gerufen worden, „to provide some assistance to universities, to the arts, humanities and social sciences as well as to students in those fields"[160]. Der kanadische Premierminister Louis Saint-Laurent hob bei der Einführung des *Canada Council Act* am 18. Januar 1957 vor dem Parlament hervor, dass der Staat bei der Förderung von Kunst und Kultur lediglich unterstützend agieren wolle, ohne dabei die Arbeit des *Council* zu kontrollieren: „I do not believe that the liberal arts can or should be controlled or directed by the state if they are to remain healthy and continue to flourish."[161] Ein gezieltes kanadisches Förderprogramm der Kunst und Kultur erschien Saint-Laurent insbesondere in Anbetracht der Dominanz amerikanischer Stiftungen wie der *Rockefeller foun-*

---

[155] Ebd., S. 55.
[156] Vgl. dazu auch ebd.
[157] Vgl. Harold Holt: New council for the arts. Text of the PM's statement, in: The Canberra Times, 2.11.1967.
[158] In den Akten des *Australian Council for the Arts* finden sich zahlreiche Beispiele dafür, dass sich Australien an der Arbeit des *Canada Council* sowie auch des *British Council* orientierte. Ferner spielten aber auch die USA, Frankreich, Westdeutschland, Österreich, Dänemark, Schweden, Norwegen, die Niederlande sowie Neuseeland eine Rolle, etwa wenn es um Vergleiche von Fördersummen ging. Vgl. exemplarisch dazu NAA A3753 1972/1499 pt. 1, The Australian Council for the Arts – Establishment and Policy, Harold Holt, Commonwealth Encouragement of the Arts (Draft for Cabinet), Oct. 1966, S. 2 sowie NAA C25 68/425, Box 23, Statements and Speeches by Council Members [Australian Council for the Arts], Geoffrey Dutton, The Work and Prospects of the Australian council for the Arts. Seminar on Government Aid to the Arts, Nov. 15–16, 1968, The University of Adelaide (Department of Adult Education), S. 4 f.
[159] Vgl. E. T. Salmon: State Support in Matters Cultural: The Canadian Experiment, in: Meanjin Quarterly. A Review of Arts and Letters in Australia 21.4 (1962), S. 488–491.
[160] Louis Saint-Laurent, in: Canada. House of Commons Debates, Vol. 1, 18.1.1957, S. 396.
[161] Ebd.

2. Amerikanisierung und cringe in Australien und Aotearoa Neuseeland 167

dation oder der *Ford foundation* notwendig, um ein klares Zeichen für die Eigenständigkeit und Unabhängigkeit der kanadischen Nation zu setzen: „[...] I think the time has come for us to depend in future somewhat more upon ourselves."[162] Wie die *Councils* in Australien und Neuseeland, die im Folgenden noch näher betrachtet werden sollen, richtete auch der *CC* seinen Förderschwerpunkt auf jene Kulturerzeugnisse, die als professionell galten und sich an den „world standards"[163] messen ließen. Wollte man den *cringe* hinter sich lassen, durch den die verschiedenen Kulturlandschaften der ehemaligen Siedlerkolonien als inferior erschienen, so konnte dies aus der Sicht der Akteure nur durch einen Reifeprozess gelingen, an dessen Ende eine *sophisticated nation* stand, die international wahrgenommen werden würde. Vor diesem Hintergrund sah der *CC* seine Aufgabe nicht nur im Bereich der Förderung bestimmter Kulturzweige, sondern auch darin, die *maturity* der Nation durch die Arbeit an jenen Ideen voranzutreiben, welche die Basis der Nation bildeten. Man bewege sich direkt an der „spiritual front", wie es im ersten Bericht des *CC* hieß, um die „artistic expression as a nation"[164] zu fördern. *Cultural nationalism* bedeutete für die Akteure also nicht, wie es beispielsweise der von der Provinz Ontario in Auftrag gegebene *Report of the Select Committee on Economic and Cultural Nationalism* 1975 zum Ausdruck brachte, „nationalism versus internationalism" auszuspielen. Vielmehr gehe es um die „question of being selective among possibilities"[165]. Ähnlich wie bereits im *Massey Report* wurde hier also die Vorstellung aufgegriffen, dass man in einer *mature nation* nicht mehr blind alles verehrte, was an kulturellen Einflüssen von außen kam. Stattdessen galt es, auf einer freien Basis das Beste auszuwählen. Der erste Bericht des *CC* brachte dies mit der charakteristischen *colony-to-nation*-Rhetorik wie folgt auf den Punkt:

Canada becomes every day a more mature nation and she can afford to take an adult attitude – accepting freely, using, and working with what is English, French or American (or anything else) because it is good and not simply because it comes to us from abroad.[166]

Insbesondere während des *Centennial* 1967 – dem Festjahr anlässlich des 100. Geburtstags der kanadischen Nation – sollte der vermeintliche Initiationsprozess Kanadas seinen Abschluss finden. Mit dem Festjahr war die einmalige Chance verknüpft, auf der nationalen wie auch internationalen Bühne zu beweisen, dass Kanada den *cringe* überwunden hatte. In diesem „civilizing year", wie

---

[162] Ebd., S. 394.
[163] The Canada Council. First Annual Report, Ottawa 1958, S. 25.
[164] Ebd., S. 18.
[165] Report of the Select Committee on Economic and Cultural Nationalism. Final Report on Cultural Nationalism, Ontario 1975, S. 8.
[166] The Canada Council. First Annual Report, S. 22.

es der Chef für die Öffentlichkeitsarbeit der *Centennial Commission* Peter H. Aykroyd beschrieb, agierten entsprechend alle kulturellen Einrichtungen – „67 museum and art galleries, 428 community centres" – als „civilizing elements"[167]. Sie alle standen im Zeichen einer Nation, die nun endlich das Erwachsenenalter zu erreichen schien.[168] Um die Bedeutung dieser Nationalfeier für ‚neue' Identitätskonstruktionen – auch hinsichtlich transnationaler Verflechtungen – wird es in Kapitel IV noch im Detail gehen. Im Hinblick auf das *End of Empire* und die Identitätskrise bleibt festzuhalten, dass der Antrieb, den *cringe* und damit die Nachahmung der amerikanischen, aber auch der britischen Kultur hinter sich zu lassen, die Grundlage für die kulturinstitutionelle Arbeit sowohl in Kanada als auch in Australien und Neuseeland bildete. Im Kontext der Bedrohung gab es keine andere Option. Der *cringe*, so suggeriert die Bedrohungsrhetorik, musste unbedingt überwunden werden, wollte man eine Antwort auf die wahrgenommene Identitätskrise finden und eine ideelle und unabhängige Basis der Nation schaffen.

In Australien betrachtete man die Probleme, die der *cultural cringe* mit sich brachte, als das verbindende Element zwischen Kanada und der eigenen Nation. Beide Länder, so argumentierte etwa Edward T. Salmon Anfang der 1960er Jahre in der australischen Kulturzeitschrift *Meanjin*, teilten neben ihrer territorialen Größe auch die Eigenschaft – und damit wird implizit auf den *cultural cringe* angespielt –, über keine nennenswerte *artistic tradition* oder etwa herausragende *masterpieces* kanadischer bzw. australischer Provenienz zu verfügen. Von den Erfahrungen der Kanadier mit einer staatlich geförderten Kultur könne man daher in Australien nur profitieren.[169] Liest man den Artikel Salmons, so fällt seine optimistische Einschätzung für eine nach dem Vorbild des *CC* zu errichtende Institution auf, schien Australien doch ganz klar über die besseren Ausgangsbedingungen für die Förderung der nationalen Kulturlandschaft zu verfügen. Weder müsse man sich in Australien mit den Folgen des Bikulturalismus, die zugleich Fluch und Segen seien, noch mit dem massiven Einfluss der USA auseinandersetzen.

Australia, so far as I can judge, is not only out of range of the United States radio stations, but also has no particular difficulty in producing its own weekly and fortnightly magazines. The weekly reading of the average Canadian is only too likely to be confined to *Time*. That this, too, complicates the task of the Canada Council is obvious.[170]

---

[167] Peter H. Aykroyd: The Anniversary Compulsion. Canada's Centennial Celebrations. A Model Mega-Anniversary, Toronto, Oxford 1992, S. 82.
[168] Vgl. dazu auch Edwardson: Canadian Content, S. 116f.
[169] Vgl. Salmon: State Support in Matters Cultural, S. 488f.
[170] Ebd., S. 491 (Herv. i. Orig.).

Vor dem Hintergrund dieser erschwerten Bedingungen war es für Salmon nicht verwunderlich, dass es trotz der Arbeit des *CC* nicht gelungen war, den „Canadian Michaelangelo [sic!]"[171], wie er sarkastisch kommentierte, zu entdecken.

Die Etablierung einer australischen Kulturinstitution erschien Anfang der 1960er Jahre gerade in Verbindung mit dem wirtschaftlichen Boom als ein prestigeträchtiges Ziel. So hat Stuart Ward an der Forderung eines Künstlerkomitees von 1961 exemplarisch zeigen können, dass das wesentliche Argument für die gezielte Förderung australischer Kultur der wirtschaftliche Wohlstand des Landes war. Primär sei es darum gegangen, die Regierung davon zu überzeugen, dass sie sich die eingeforderte Förderung der vom Wohlstand ausgeschlossenen Kulturschaffenden leisten könne. Der Verweis auf die zunehmende nationale Reife spielte dabei nur eine beiläufige Rolle.[172] Der positive Ton, der in den Argumentationen der Befürworter einer Kunst- und Kulturförderung noch zu Beginn der 1960er Jahre verbreitet war, sollte sich im weiteren Verlauf des Jahrzehnts ändern. Je klarer sich das Ende des Empire und die damit verbundene Fragwürdigkeit der auf *Britishness, Whiteness* und *family values* basierenden Identitätskonzepte Australiens abzeichneten, desto mehr gerieten Vorstellungen von kollektiver Identität bzw. *nationhood* in die Krise. Entsprechend standen Essays über die Förderung der australischen Kultur in *Meanjin* einige Jahre später unter einem deutlich negativeren Vorzeichen und thematisierten vor allem die anhaltende kulturelle Inferiorität der Nation. Der *cultural cringe* wurde dabei als solcher zwar nicht immer direkt genannt, aber im Sinne der ursprünglichen Definition Arthur A. Phillips' in seinen negativen Folgen häufig beschrieben.

Abgesehen von sportlichen Erfolgen, so kritisierte etwa Ross Smith 1966, hätten sich Australier bedingt durch ihre isolierte räumliche Lage und ihre Abhängigkeit von Großbritannien und den USA nicht um ein „image of themselves to the outside world"[173] gekümmert. Gerade weil *Britishness* keine verlässliche Basis mehr für Identitäts- und Kulturkonstruktionen war, musste es nun darum gehen, Australiens Reputation als kultivierte Nation zu gewährleisten.[174] Allerdings musste das britische Image Australiens, das im Kontext von *Britain's turn*

---

[171] Ebd., S. 490.
[172] Vgl. Ward: "Culture up to our Arseholes", S. 56 sowie NAA A3753 1972/1499 pt. 1, The Australian Council for the Arts – Establishment and Policy, Submission for an Enquiry into the State of the Arts in Australia, Jun. 1961, S. 1 f. Für das Künstlerkomitee stand der Schutz der Kultur auf einer Ebene wie der Schutz der Wirtschaft: „We believe there is an urgent need for Australia to protect and foster her arts, just as in the past she has had to protect and foster so many of her own industries in the national interest." Ebd., S. 4.
[173] Ross Smith: The Need for an Australian Council, in: Meanjin Quarterly. A Review of Arts and Letters in Australia 25.1 (1966), S. 100–107, hier S. 100.
[174] Vgl. ähnlich dazu auch Ward: "Culture up to our Arseholes", S. 56.

to Europe plötzlich aus der Zeit gefallen schien, erst mühevoll abgelegt werden. In diesem Sinne mahnte ein Editorial des australischen *Bulletin*, dass man dringend etwas gegen die in den südasiatischen Nachbarländern, in Europa sowie in Nordamerika verbreitete „idea of Australia as nothing but a provincial British backwater"[175] unternehmen müsse. Australische Kultur zu fördern, erschien gerade im Hinblick auf die Folgen des *End of Empire* als eine Aufgabe mit einer noch nie dagewesenen Dringlichkeit: „So more than ever we need to ask, ,what will best help and encourage [our artists] to fulfil as interpreters, to us and to others, of our cultural character?'"[176] Auch der Blick auf die zeitgenössischen Pressestimmen, welche die australische Regierung unter Harold Holt aufforderten, kulturpolitisch endlich aktiv zu werden, bestätigen den Eindruck, dass aus der staatlichen Förderung von Kultur als luxuriösem Prestigeprojekt nun ein dringend zu stillendes gesellschaftliches Bedürfnis geworden war.[177] Vor diesem Hintergrund erschien es dem *Sydney Morning Herald*, der dieses Bedürfnis als „our most urgent cultural need"[178] beschrieb, mehr als fraglich, sich bei der Lösung des Problems am *Arts Council of Great Britain* zu orientieren oder sogar das britische Model zu kopieren.[179]

Die Pläne und die damit verbundenen Empfehlungen zur Errichtung eines *Council for the Performing Arts* wurden der Regierung von Herbert C. Coombs, dem Vorsitzenden des *Elizabethan Theatre Trust*, im Oktober 1966 unterbreitet.[180] Erst im Oktober 1967 kündigte Premierminister Holt sodann die Einrichtung des *ACA* an, der dem *Prime Minister Department* unterstehen sollte. Nach Holts Tod im Dezember des gleichen Jahres sollte John Gorton als neuer Premierminister am Aufbau des *ACA* mitwirken. Entgegen vielen Kritikern, die sich für eine möglichst breite Ausrichtung der Kulturbehörde aussprachen,[181] konzentrierte sich die Arbeit des *ACA* nur auf die darstellenden Künste, d.h. „the theatre arts – drama, opera and ballet, and film making for television"[182]. Zusammen mit anderen, bereits bestehenden Institutionen wie dem *Elizabethan Theatre Trust* oder der *Australian Broadcasting Commission* sollte der *ACA* durch seine Arbeit eine allgemeine Grundlage für die Förderung von Kunst und Kultur in Australien bereitstellen. Zu den Aufgaben des *ACA*, der neben Coombs

---

[175] Making Australia better known, in: The Bulletin, 29.6.1968.
[176] Robin Grove: Government Arts, in: Meanjin Quarterly. A Review of Arts and Letters in Australia 25.3 (1966), S. 351–363, hier S. 353.
[177] Vgl. dazu auch Ward: "Culture up to our Arseholes", S. 56.
[178] Arts Inquiry?, in: The Sydney Morning Herald, 4.10.1966.
[179] Vgl. ebd.
[180] Vgl. ebd.
[181] Vgl. The arts wrangle continues, in: The Australian, 6.1.1961.
[182] Harold Holt, in: Commonwealth of Australia. Parliamentary Debates, No. 44, 1.11.1967, S. 2515.

2. Amerikanisierung und cringe in Australien und Aotearoa Neuseeland 171

in der Funktion des Vorsitzenden aus weiteren acht Personen bestand,[183] gehörten die Berichterstattung über den Zustand der Künste an das *Prime Minister Department*, die Erarbeitung von Vorschlägen zur Qualitätsverbesserung der Künste, die Förderung des kulturellen Austauschs mit anderen Ländern sowie die Umsetzung der kulturpolitischen Entscheidungen, die auf der Regierungsebene in Zusammenarbeit mit der *Commission* gefällt wurden.[184]

Wie wichtig die Imagepflege Australiens für die Arbeit des *ACA* war, geht aus nahezu allen zentralen Unterlagen zur Kulturförderung der neu geschaffenen Behörde hervor. In diesen findet sich der beständige Verweis darauf, wie wichtig die Qualitätssteigerung und Qualitätssicherung der australischen Kunst und Kultur sei, um im internationalen Kontext erfolgreich das Image einer kultivierten australischen Nation verbreiten zu können. In einem Papier zur Vorbereitung auf eine Pressekonferenz im Jahre 1969 wurde dieses Ziel entsprechend als die „general philosophy"[185] des *ACA* bezeichnet. Bereits Zeitgenossen wie dem berühmten australischen Intellektuellen Donald Horne war bewusst, dass dieses angestrebte Bild Australiens als *sophisticated nation*, das nicht nur durch die Reden der Mitglieder des *ACA*, sondern auch durch die politische Rhetorik sowie Leitartikel in der Presse weite Verbreitung fand, im direkten Zusammenhang mit der Identitätskrise stand: „Concern with Australia's ‚image overseas' became part of the national identity crisis."[186]

Mit Hilfe des Konzepts *Bedrohte Ordnung* lässt sich der *ACA* mit seinen Vorschlägen wie auch die Kulturinstitutionen in Kanada und Neuseeland als Teil eines *re-ordering*-Prozesses begreifen. Australien als *sophisticated nation* galt für Coombs und seine Mitstreiter, die bedingt durch die enge Verbindung des *ACA* mit dem *Prime Minister Department* auch von Harold Holts, John Gortons sowie später Gough Whitlams Visionen eines postimperialen Australiens beeinflusst waren, als eine mögliche Antwort auf die Folgen der in die Krise geratenen alten, auf *Britishness, Whiteness* und *family values* basierenden Identitätskonzepte. Die Inhalte des kulturellen *re-ordering*-Prozesses waren aufs Engste mit den zeitgenössischen Vorstellungen des *New Nationalism* verbunden, die in Kapitel IV meiner Studie im Detail besprochen werden sollen. Vorerst sei in

---

[183] Die Personalauswahl John Gortons deckte eine Spannbreite ab, die von Künstlern, Dozenten, Fernsehpersönlichkeiten bis hin zur Direktorin einer Mädchenschule reichte. Vgl. zum Personal NAA C25 68/425, Box 23, Statements and Speeches by Council Members [Australian Council for the Arts], New Zealand Conference – Support for the Arts – Suggestions For Chairman's Address, n.d., S. 2.
[184] Vgl. ebd.
[185] NAA C25 68/425, Box 23, Statements and Speeches by Council Members [Australian Council for the Arts], Press Luncheon Speech, 20.1.1969, Suggested Points, S. 4.
[186] Donald Horne: Time of Hope, S. 121.

Anlehnung an James Curran und Stuart Ward lediglich darauf hingewiesen, dass es im Kontext der Identitätskrise galt, Australiens Image für das postimperiale Zeitalter fit zu machen und es aus dem Australien Robert Menzies, das „British to the boot heels"[187] war, herauszuführen. In diesem Kontext wurde es als eine dringend zu bewältigende Aufgabe gesehen, das „Menziean dark age"[188] und damit das Bild eines Australiens als „determinedly philistine country"[189] hinter sich zu lassen. Nur so konnte Australien zu einem zeitgemäßen, modernen und vor allem kultivierten Land werden.

In diesem Sinne betonte Premierminister John Gorton 1969 anlässlich der *Presentation of Australian Film Institute Awards*, dass es Ziel sein müsse, etwa über Filme zu zeigen, „what Australia is, [and] how its people live"[190], um die Welt somit für ein kultiviertes, ‚neues' Australien jenseits der alten Klischees zu begeistern. Damit könne man gleichzeitig auch ein Verständnis für die eigene Identität erhalten. Einig waren sich die zeitgenössischen *nation builders* mit Gorton vor allem darin, was *nicht* mehr Bestandteil des australischen Image sein durfte. So konnten die alten stereotypen Vorstellungen von „avant-garde kangaroos or Ned Kellys"[191], womit Gorton auf den australischen *bushranger*, schießwütigen *outlaw* und gegen Kolonialbehörden während des 19. Jahrhunderts rebellierenden Nationalhelden Ned Kelly anspielte, nur noch bedingt einen Platz im kulturellen Repertoire Australiens haben. Klischees dieser Art eigneten sich für die glaubhafte Vermittlung Australiens als urbane und *sophisticated nation* nicht mehr. Genau hierin lag das Problem, das Kulturschaffende vor eine unlösbare Aufgabe stellte: Auf was konnte in einem Land der Philister als Zeichen kultureller Exzellenz zurückgegriffen werden? Folgt man Berry Jones' Argumentation in einer Rede, mit der das *Melbourne Film Festival* 1968 ausklingen sollte, so bestand die große Wahrscheinlichkeit, dass die „aims of excellence and cultural nationalism"[192] zwei nicht miteinander zu vereinbarende Komponenten waren. Wie solle man in einem *Film Board* etwa handeln, wenn es zu Förderanträgen von Produktionsfirmen wie „Kangaroo Productions or Bushwhacker Films" käme? Mit seinen Beiträgen wie „*Skippy the Bush Kanga-*

---

[187] DPMCL Robert G. Menzies: Australia Club Dinner, Savoy Hotel London, 12.6.1962, S. 2.
[188] Curran/ Ward: The Unknown Nation, S. 6.
[189] NAA C25 68/425, Box 23, Statements and Speeches by Council Members [Australian Council for the Arts], Barry Jones, Speech Closing. XVII Melbourne Film Festival, 15.6.1968, S. 2.
[190] DPMCL John Gorton: Presentation of Australian Film Institute Awards for 1969. National Library, Canberra, ACT, 2.12.1969, S. 1.
[191] Ebd.
[192] Ebd.

2. Amerikanisierung und cringe in Australien und Aotearoa Neuseeland 173

roo and *Boney* (the Aboriginal detective)"[193] zählte beispielsweise der australische Produzent John McCallum zu jenen, auf die Jones in seiner Rede anspielte. Mit seiner Arbeit strebte McCallum an, dezidiert australische Elemente in den Fokus zu rücken: „[N]o other country has a kangaroo and no other country has a Great Barrier Reef. And no other country has an Aboriginal detective[.]"[194] Damit beschrieb McCallum genau jene Stereotype Australiens, die neben Premierminister Gorton auch zahlreiche Kulturschaffende und Kritiker eigentlich hinter sich lassen wollten, um das Bild eines ‚neuen' Australiens zu promoten – ein Bild jenseits der „few orthodox themes (gum trees, mates, etc) and forms (landscape painting, black-and-white jokes, nature verse, short stories, etc)".[195] Die Haltung vieler Australier gegenüber den kulturellen Erzeugnissen ihres Landes erschwerte die Situation zusätzlich. Diese negative Sicht auf die eigenen kulturellen Leistungen schien das Bild Australiens als philisterhaftes Land nur noch mehr zu verstärken, wenn eine Beurteilung zu einem Film etwa wie folgt ausfiel: „This film may not be good – but by God it's Australian."[196]

Ähnlich negativ bewerteten auch viele Kanadier und Neuseeländer die kulturellen Erzeugnisse ihrer jeweiligen Länder. So fühlte sich beispielsweise der neuseeländische Journalist Ian Cross, der seinen Aufenthalt in Kanada in der Reportage „*Canada. A culture in crisis*" verarbeitete, nach der Lektüre eines Gedichts der kanadischen Autorin Elizabeth Brewster an die Identitätskrise seines eigenen Landes erinnert. Brewster versuchte in ihrem Gedicht, über ihr lyrisches Ich das Gefühl des kulturellen Unerfülltseins zu verarbeiten:

‚I come from a country of slow and diffident words/ of broken rhythms/ of unsaid feelings/ Next time I am born/ I intend to come/ from a different country.' Is anybody reminded of New Zealand?[197]

Auch die Aussage eines jungen kanadischen Studenten wertete Cross als eindeutigen Beleg dafür, dass es zwischen der Identitätskrise seines Landes und der Kanadas Parallelen gab. Auf eine Nachfrage zu zwei kanadischen Autoren hatte der Student die folgende Antwort gegeben: „I've never heard of them – they must be Canadian[.]"[198]

---

[193] Ward: "Culture up to our Arseholes", S. 63 (Herv. i. Orig.).
[194] John McCallum, zitiert in: Ward: "Culture up to our Arseholes", S. 63.
[195] Donald Horne: National Identity in the Period of the 'New Nationalism', in: Laurie Hergenhan (Hg.): Nationalism and Class in Australia 1920–1980, Brisbane 1982 (Seminar Papers. University of Queensland. Australian Studies Centre), S. 61–67, hier S. 67.
[196] NAA C25 68/425, Box 23, Statements and Speeches by Council Members [Australian Council for the Arts], Barry Jones, Speech Closing. XVII Melbourne Film Festival, 15.6.1968, S. 2.
[197] Ian Cross: Canada. A culture in crisis, in: NZ Listener, 4.12.1976.
[198] Ebd.

Je leichter es den Akteuren im Zuge des *End of Empire* fiel, darüber zu urteilen, welche Elemente sich für das ‚neue' Image ihres Landes gerade nicht eigneten, desto schwerer fiel es ihnen dafür, sich über konkrete kulturelle Inhalte jenseits der Klischees und vor allem jenseits von *Britishness* und *Whiteness* zu verständigen.[199] In diesem Kontext fungierte der *cultural cringe* in Australien in ähnlicher Weise wie auch in Kanada und Neuseeland. Er diente als Erklärungsmodell dafür, wie es zu der selbstauferlegten Geringschätzung der eigenen Kultur und letztlich zum Phänomen der Identitätskrise überhaupt kommen konnte. Gemäß der Logik des *cultural cringe* hing die Identitätskrise mit der kulturellen Anziehungskraft der großen Metropolen – allen voran Londons – zusammen. Ihre Attraktivität und magnetische Wirkung auf Kulturschaffende schien dafür gesorgt zu haben, dass sich keine spezifisch nationale Kunst und Kultur in Australien entwickelt hatte, zumal sich dafür weder ein interessiertes Publikum noch eine spezielle Förderung finden ließ. Der Vorsitzende des *ACA* Herbert C. Coombs brachte dies wie folgt auf den Punkt: „Europe's gain was our loss."[200]

Die für den *cringe* typische Rhetorik aufgreifend, folgte auch der Dramatiker John Romeril diesem Erklärungsangebot, wenn er beschrieb, wie der anhaltende britische Einfluss die Theater und ihre Schauspieler imperialisierte und so eine künstlerische Entwicklung bzw. eine Emanzipation unter australischem Vorzeichen nachhaltig ausbremste. Die Aussichten, schauspielerische Talente zu entwickeln und ein dezidiert australisches Theater zu formen, standen Romeril zufolge unter einem schlechten Vorzeichen. Diese negative Einschätzung sah der Dramatiker (in der Logik des *cringe*) nicht zuletzt dadurch begründet, dass das ebenfalls imperialisierte Publikum gar kein Interesse an spezifisch australischen Dramen habe:

In 1968 an assortment of lonely, isolated half-talents stumbled into LA Mama. In reality there was nowhere to exercise our skills. We were locked out. The theatre was imperialised. As a writer there was nowhere your work would be welcomed or produced. If, as a performer, you got work in that theatre it imperialised you. On its stage you didn't image yourself or your society [...]. You were a fifth columnist in the employ of the British or the Americans.[201]

This giant failure of imagination, of artistic will, is due finally to the fact that the imperialism connection has never been broken.[202]

---

[199] Vgl. Ward: "Culture up to our Arseholes", S. 2.
[200] NAA C25 68/425, Box 23, Statements and Speeches by Council Members [Australian Council for the Arts], H.C. Coombs, [kein Titel], n.d., S. 1.
[201] Jim Davidson: Interview John Romeril, in: Meanjin Quarterly. A Review of Arts and Letters in Australia 37.3 (1978), S. 300–312, hier S. 305.
[202] Ebd., S. 308.

2. Amerikanisierung und cringe in Australien und Aotearoa Neuseeland 175

Zeitgenössische Kritiker bedienten sich in diesem Zusammenhang auch der dem *thwarted nationalism* zugrunde liegenden Vorstellung, dass in einer europäisch geprägten ehemaligen Siedlerkolonie wie Australien durch den kolonialisierend wirkenden Einfluss des britischen Ursprungslandes keine ‚eigenen' Mythen und Traditionen etabliert werden konnten, auf die man für ‚eigene' Identitätskonstruktionen hätte zurückgreifen können.[203] Der *cringe*, dessen Argumentationsmuster an diese Vorstellung eines unterdrückten Nationalismus anknüpfte, bremste vermeintlich das eigene nationale Potential aus. Dieser Logik zufolge wurde so verhindert, dass Australier ausreichend mit ihrem spezifischen Umfeld in Berührung kamen. Coombs erklärte dies 1969 in einem Vortrag wie folgt:

> The Arts in Australia have too long continued to arise out of and to reflect the Western European tradition from which they derived and have been too little influenced by the environment, dreams, prejudices, interests and values which are peculiarly Australian. I believe that this failure to be influenced by and to reflect our own especial way of life has been part of the reason why the Arts have been regarded as suspect by so many of our people, many of whom still see them as alien, an expression of snobbery and of privilege[.][204]

Die großen kulturellen Vorbilder entstammten nicht der eigenen Nation, sondern kamen aus Europa (vornehmlich aus London) oder den USA und wurden, darin waren sich die zeitgenössischen Kritiker in Australien (aber auch in Kanada und Neuseeland) einig, im eigenen Land einfach imitiert.[205] Verbreitete Redewendungen wie „‚comparable with world standards' or ‚equal to the London production'"[206], auf die ein Kollege Coombs' in einem Vortrag 1971 kritisch hinwies, zeigen, wie zentral die Vorstellung eines kulturellen Minderwertigkeitskomplexes für die Arbeit des *ACA* war. In der Tat bestätigt eine Studie von 1959, dass das australische Publikum primär an britischen und amerikanischen und nicht an australischen Produktionen interessiert war.[207] Aus all diesen negativen, vermeintlich paralysierenden Umständen resultierte die Vorstellung des Inferioritätskomplexes, der Australien in der Rolle des „awkward child in an often hostile and confusing world"[208] nach einer Orientierung suchen ließ.

---

[203] Gleichlautende Argumentationen finden sich auch in Kanada und Neuseeland.

[204] NAA C25 68/425, Box 23, Statements and Speeches by Council Members [Australian Council for the Arts], Address given by Dr. H.C. Coombs in the Coomb's Lecture Theatre, Australian National University, 26.5.1969 (UNESCO Seminar of the Performing Arts Canberra: 25th to 31th May 1969), S. 7.

[205] Vgl. NAA C25 68/425, Box 23, Statements and Speeches by Council Members [Australian Council for the Arts], Carrillo Gantner: Australia's Future, Macquarie University Union, 5.8.1971, S. 2 f.

[206] Ebd., S. 3.

[207] Vgl. Ward: "Culture up to our Arseholes", S. 59.

[208] Gantner: Australia's Future, S. 2 f.

Gestützt wurde die Vorstellung einer Identitätskrise als Folge des *cultural cringe* auch durch die populären Werke zeitgenössischer australischer Gesellschaftskritiker, zu denen etwa der Architekt Robin Boyd und der Journalist Donald Horne zu zählen sind. So betrachtete Boyd vor allem den kulturellen Einfluss der USA als das maßgebliche Problem, das für die Lähmung der nationalen Identitätsfindung verantwortlich war. Der zentrale Gedanke hinter dieser Kritik an der Amerikanisierung war, um mit Geoffrey Serle zu sprechen, dass Australier „one neo-colonial situation for another"[209] eingetauscht hätten. Boyd brachte dies wie folgt auf den Punkt: „It is the American now who comes from Mecca."[210] Nachdem es vielen zwar angesichts der Abkehr des Mutterlandes vom Empire immer fragwürdiger erscheine, Großbritannien als *home* zu bezeichnen, gebe es zahlreiche Australier, die ihr Land aus ökonomischer Sicht am liebsten als Juniorpartner der USA sehen wollten – ein Standpunkt, der von Millionen Swing tanzenden Teenagern bejubelt würde.[211] In seiner gefeierten Gesellschaftskritik, welche unter dem Titel „*The Australian Ugliness*" veröffentlicht wurde und die laut Klappentext der Neuauflage bis heute noch als „the classic account of Australian society"[212] gilt, nahm Boyd ausgehend von der Architektur Australiens das ästhetische Verständnis seines Landes unter Beschuss. Sein Hauptargument, das auffällige Ähnlichkeiten zu dem mit dem *cultural cringe* verbundenen Argumentationsmuster aufweist, bündelte er in dem Neologismus „Austerica":

The most mesmerized imitators of America always add a trace of Australian accent and subtract a measure of sophistication, tending continuously to transform Australia into a state which can be called Austerica. Austerica is on no map. It is, as an Austerican advertisement would say, not a place but a way of life.[213]

Folgt man Boyd, so ging von der *Austerica*-Version der amerikanischen Kultur, die mit Hysterie und einer Pseudo-Religion des *glitter* und *glamour* verbunden war, eine beinahe schon hypnotische Anziehungskraft aus. *Austerica* ließ sich als Phänomen nicht nur in Australien, sondern überall, selbst in Amerika, vorfinden, „where an austerity version of the American dream overtakes the indigenous culture".[214] Allerdings – und darin sah Boyd das traurige Alleinstellungsmerkmal seines Landes – gebe es nur wenige Nationen wie Australien, die sich ihrer Identität so unsicher seien.[215] Neben der kulturellen Zerrissenheit sei-

---

[209] Serle: 6) Austerica Unlimited?, S. 240.
[210] Robin Boyd: The Australian Ugliness, Melbourne 1960 (rev. ed. 2012), S. 80.
[211] Vgl. ebd., S. 71 f.
[212] Ebd., Klappentext.
[213] Ebd., S. 81.
[214] Ebd., S. 82.
[215] Ebd., S. 71.

nes Landes betrachtete Boyd auch die „neurotic condition brought about by loneliness"[216] als einen entscheidenden Faktor für das Ausmaß dieser Form der Identitätskrise. Dieser Aspekt wird nachfolgend noch in Verbindung mit der *tyranny of distance* von Bedeutung sein. Ähnlich wie im Zusammenhang mit dem *Massey Report* ist auch hier hervorzuheben, dass Boyd mit seinem Begriff *Austerica* keineswegs die kulturellen Einflüsse der USA oder anderer Länder *per se* kritisierte, betrachtete er doch externe Inputs als bereichernd für die eigene Inspiration und Ideenwelt. Allerdings kam auch Boyd wie die kanadische *intelligentsia* während der 1950er Jahre zu dem schockierenden Ergebnis, dass eine 1:1-Imitation bzw. Kopie einer anderen Kultur letztlich zum Tode der eigenen Identität führen werde. Damit einhergehend drohte eine völlige kulturelle Bedeutungslosigkeit Australiens im pazifischen Kontext: „As this is one of the best ways to kill one's own national identity, Australia today, culturewise (to use a favourite Austerican means of expression), is sinking out of sight into the Pacific."[217]

Unter allen zeitgenössischen Gesellschaftskritiken, die von der Idee des *cultural cringe* beeinflusst waren, hat wohl kein Werk in Australien einen so bleibenden Eindruck hinterlassen wie Donald Hornes „*The Lucky Country*" von 1964. Bereits neun Tage nach Veröffentlichung war die erste Auflage ausverkauft. Folgt man der Einschätzung des Autors selbst, so hatten nach drei Jahren über 300 000 Australier das Buch gelesen, dessen *impact* auch darin ersichtlich wird, dass es in Schulen weite Verbreitung fand.[218] Entgegen der Assoziationen, die der Titel hervorrufen mag, ging es Horne nicht darum, Australien als ein glückliches Land zu glorifizieren. In Verbindung mit der Vorstellung des *cultural cringe* war es vielmehr sein Anliegen, die Missstände einer Nation aufzuzeigen, die zwar einerseits vom Glück gesegnet war – aus Hornes Perspektive etwa ersichtlich am *egalitarianism* und Wohlstand sowie an der politischen Stabilität des Landes –,[219] bei der es sich aber andererseits um eine selbstgefällige „[n]ation without a mind"[220] handelte. Hornes Urteil lautete entsprechend: „Australia is a lucky country run mainly by second-rate people who share its luck. It lives on the other people's ideas[.]"[221] Vor diesem Hintergrund beschrieb sein

---
[216] Ebd., S. 72.
[217] Vgl. ebd., S. 82.
[218] Vgl. Donald Horne: Still Lucky, but getting smarter, in: The Age, 28.8.2004, abgerufen unter: https://www.theage.com.au/entertainment/books/still-lucky-but-getting-smarter-2004 0828-gdyjab.html, (15.5.2019). Vgl. auch Ders.: Into the Open. Memoirs 1958–1999, Pymble, NSW 2000, S. 161.
[219] Horne: The Lucky Country, S. 6 f.
[220] Ebd., S. 10.
[221] Ebd., S. 233.

Werk ein Land der *anti-mind*, welches keine wirklichen Innovationen hervorgebracht hatte, sondern – ganz im Sinne des *cringe direct* – anhaltend von den Metropolen Ideen kopierte.[222] Im Fokus seiner Kritik stand damit der Provinzialismus Australiens, der sich sowohl auf die persistente Anbindung zum britischen Mutterland als auch – darin folgte Horne Boyd – auf die neue Abhängigkeit von den USA[223] zurückführen ließ.

[W]hat other word than ‚provincial' does one use to describe a nation in which most activities are derivative and most new ideas are taken from abroad? [...] That sometimes watches the policies and trends of its twin metropolises (Britain and the USA) with more interest and knowledge than it watches its own?[224]

Die Hauptverantwortlichen für den provinziellen Status Australiens, den Horne, wie später auch seine kanadische Kollegin Susan M. Crean, mit einem kolonialen Zustand gleichsetzte, waren all jene, die immer noch glaubten, dass von der alten Empire-Anbindung Australiens und dem Glauben an *Britishness* auch künftig noch Stabilität ausgehen könnte.[225] Für Horne hatte diese Ordnungsvorstellung ausgedient, obgleich ihm durchaus bewusst war, wie viel Sicherheit einst mit dem kollektiven Glauben an *Britishness* verbunden gewesen war:

This belief in ‚Britishness' was one of the most effective ideologies among trendsetters and decisionmakers in Australia until the Second World War and some of those who were influenced by it still hold power. If you were ‚British' you knew who you were and what you were supposed to be doing; you enjoyed a sense of the past and a sense of the future.[226]

Politiker wie Premierminister Robert Menzies (1939–1941; 1949–1966), die trotz aller sich verändernder Vorzeichen beinahe schon reflexartig an jenen alten Gewissheiten festhielten, waren Donald Horne zufolge im Wesentlichen dafür verantwortlich, dass die Auswirkungen des *cringe* fortgeschrieben werden konnten, ja dass Australien in einem kolonialen Zustand verharrte. Nicht zuletzt deshalb galt die Zeit unter Menzies, der oft als „more British than the British"[227] beschrieben wurde, vielen Gesellschaftskritikern – vor allem unter dem Eindruck der Identitätskrise – als eine rückständige Episode in der Geschichte ihres

---

[222] Vgl. ebd., S. 11.
[223] Vgl. dazu auch Donald Horne: The Australian Image, in: The Bulletin, 6.5.1967: „That Britain is just one place among many and that much of what happens there is of no more concern to us than what happens in other nations is an idea that many of us have not yet got used to. Many of us are now repeating these child-parent relationships toward America. There are those who are obsessed with displaying ‚loyalty' to America[.]"
[224] Horne: The Lucky Country, S. 100 f.
[225] Vgl. ebd., S. 101.
[226] Ebd., S. 101.
[227] Ebd., S. 96.

2. Amerikanisierung und cringe in Australien und Aotearoa Neuseeland 179

Abb. 7: Robert Menzies und die Queen auf dem Titelblatt der *Australian Women's Weekly*, 10.3.1954

Landes. Insbesondere Menzies romantisch verklärte Verehrung der Queen erschien den Zeitgenossen grotesk, etwa wenn er die Queen 1963 seiner und der Hochschätzung aller Australier mit den folgenden lyrischen Worten Thomas Fords aus dem 17. Jahrhunderts versicherte: „I did but see her passing by but yet I love her till I die."[228] Diese überzogen wirkende Liebesbekundung ließ nicht nur die Queen, sondern auch viele Australier vor Scham erröten.[229]

Ähnlich wie bei den bereits vorgestellten zeitgenössischen Kritikern diente der *cringe* auch in Donald Hornes „*The Lucky Country*" als Erklärung für die Identitätskrise, die zum Zeitpunkt der Veröffentlichung des Buches maßgeblich unter dem Eindruck der ersten gescheiterten EWG-Verhandlungen Großbritanniens stand. Für Horne stellte sich die Loslösung vom britischen Mutterland als eine Chance dar. Ohne die Emanzipation und vor allem ohne den „psychological shock of being dumped"[230], der die meisten Australier durch Großbritanniens Abkehr traf, könne es keine nationale Umorientierung geben. Eine Identitätskrise mit all ihren Unannehmlichkeiten war aus dem Blickwinkel Hornes et-

---

[228] Robert Menzies: Speech welcoming Queen Elizabeth II, Canberra, 18.2.1963, in: Well May We Say. The Speeches That Made Australia, hg. von Sally Warhaft, Melbourne ²2014, S. 545 f., hier S. 545.
[229] Vgl. Macintyre: A Concise History of Australia, S. 213 f.
[230] Vgl. Donald Horne: The Lucky Country, S. 96.

was, das einen längst überfälligen Reflexionsprozess hätte anregen können. Das Veto de Gaulles gegen einen Beitritt Großbritanniens in die EWG habe diesen Prozess jedoch erst einmal ausgebremst.[231]

Auch bei der Auswertung der Reden von Angehörigen des *ACA* fällt auf, dass neben den Dystopien chancenversprechende Utopien ein fester Bestandteil der Bedrohungskommunikation waren, die angesichts der Identitätskrise geführt wurde. Oder anders formuliert: Die Vorstellung vom Sieg über den *cultural cringe* hielt ungeahnte Chancen bereit, auch wenn dieser Triumph erst einmal nur im Rahmen der Zukunftsnarrative eine Rolle spielte. Eine eigenständige australische Kunst und Kulturszene, die ihren Einfluss auch „into the total civilization of the Western world"[232] geltend machen könnte, so prognostizierte etwa der Vorsitzende des *ACA*, würde nicht nur den „spirit of our people"[233], die „own civilisation"[234], die „vision of ourselves as joyous, gentle tenants, not blind consumers"[235] bereichern, sondern auch eine „new order"[236] begründen. Die zentrale Aufgabe des *ACA* bestand ähnlich wie die des *CC* dabei darin, die Kulturschaffenden lediglich mit den notwendigen Mitteln zu unterstützen, ohne einen Einfluss auf deren Tätigkeiten von oben auszuüben.[237]

Ein genauerer Blick auf zeitgenössische Künstler wie John Romeril hat allerdings bereits zeigen können, dass die Kulturschaffenden ihre Arbeit ebenfalls der paralysierenden Wirkung des *cultural cringe* ausgesetzt sahen. Einerseits lag das daran, dass völlig nebulös blieb, was die eigene Zivilisation und den vielbeschworenen „spirit of our people" eigentlich ausmachen sollte.[238] Andererseits fühlten sich Akteure wie Romeril unsicher und litten an einer Art Minderwertigkeitskomplex, den sie auf die Langzeitfolgen des *cultural cringe* zurückführten. Selbst die kulturellen Sternstunden Australiens waren von dieser langanhaltenden Unsicherheit überschattet, wie beispielsweise die Rede Artur Lundkvists von der Schwedischen Akademie anlässlich des Literaturnobelpreises Patrick Whites im Jahre 1973 zeigt. Dabei hatten ausgerechnet die lobenden Worte zu Whites herausragendem Schaffen, das laut dem Komitee „a new continent into literature" eingeführt habe, für Missverständnisse in Australien gesorgt. Angesichts der offensichtlich übersensibilisierten Literaturschaffenden dort sah sich Lundkvist dazu veranlasst, noch einmal hervorzuheben, dass es

---

[231] Vgl. ebd.
[232] Address given by Dr. H.C. Coombs in the Coomb's Lecture Theatre, S. 7.
[233] Ebd.
[234] Ebd.
[235] Gantner: Australia's Future, S. 4.
[236] Ebd.
[237] Address given by Dr. H.C. Coombs in the Coomb's Lecture Theatre, S. 8.
[238] Vgl. Ward: "Culture up to our Arseholes", S. 63.

neben Patrick White selbstverständlich auch noch andere gebe, die mit ihrer Arbeit einen wichtigen Beitrag zur australischen Literatur leisteten:

> These words have been somewhat misunderstood in certain quarters. They are only intended to emphasize the prominent position occupied by Patrick White in the literature of his country: they should not be taken to deny the existence of an important body of Australian literature apart from his writings. In fact in a long succession of authors have endowed Australian literature with an independence and a character which are unmistakably Australian and by virtue of which that literature has long deserved to be regarded in the eyes of the world as something more than an extension of the English tradition.[239]

Das Quellenbeispiel zeigt, dass sich die Suche nach kulturellen Ausdrucksformen unter einem dezidiert australischen Vorzeichen jenseits von *Britishness* als heikle Aufgabe erwies.

Bis heute noch scheint der *cultural cringe* für einige Autoren aus den ehemaligen weißen Siedlerkolonien etwas zu sein, das sie mit Hilfe von teleologischen Nationalgeschichten zu überwinden versuchen. Es gilt dabei, nach den Gipfeln des nationalen Erfolgs zu suchen und sie als Zeichen einer nationalen Reife in ein entsprechend positives Licht zu rücken. Im Jahr 2000 interpretierte so beispielsweise Phillip Knightley in „*Australia. A Biography of a Nation*" Patrick Whites Nobelpreis von 1973 als unmissverständlichen Beleg dafür, dass der *cultural cringe* sich bereits zu dieser Zeit in Auflösung befunden habe. Danach, so suggerierte er, habe sich Australien zielstrebig in Richtung *maturity* und *nationhood* entwickelt.[240] Auch Artikel aus dem Jahre 2014, die mit Titeln wie „*Is Australia a culture-free zone?*"[241] deutlich negativere Töne anschlagen, sind ein weiterer Beleg für die anhaltenden Vorstellungen eines *cringe*, der bis in die jüngste Gegenwart hineinzuwirken scheint.

Wie bereits in Kapitel II meiner Studie anhand des *thwarted-nationalism*-Narrativs herausgearbeitet werden konnte, ist die langlebige Vorstellung von einer durch den kolonialen Einfluss Großbritanniens oder dem neokolonialen Einfluss der USA ausgebremsten Nation trügerisch. Die herangezogenen Gründe, auf die auch die nationalistisch ausgerichtete Geschichtswissenschaft immer wieder zurückgreifen sollte, reichten von dem Argument, dass es in ehemaligen Siedlerkolonien wie Australien durch den starken äußeren Einfluss keine besondere Prägung der Menschen durch ihr spezifisches Umfeld oder ihre eigenen Traditionen, Mythen und Werte gegeben habe, bis hin zu der Vorstellung, dass

---

[239] Artur Lundkvist: The Nobel Prize in Literature in 1973. Presentation Speech by Artur Lundkvist, of the Swedish Academy, abgerufen unter: https://www.nobelprize.org/prizes/literature/1973/ceremony-speech/, (30.6.2022).

[240] Vgl. Phillip Knightley: Australia. A Biography of a Nation, London 2000, S. 263.

[241] Nick Bryant: Is Australia a culture-free zone?, 31.7.2014, abgerufen unter: http://www.bbc.com/culture/story/20140731-is-australia-a-culture-free-zone, (14.8.2019).

man aufgrund der lange bestehenden kulturellen Abhängigkeit keine eigenen Helden vorweisen könne. Australien, wie auch Kanada und Neuseeland, schienen den Kritikern zufolge in einem kulturellen wie auch intellektuellen Vakuum zu verweilen – ein Zustand, den Patrick White 1958 nach seinem langen Aufenthalt unter anderem in Europa im Hinblick auf sein Land als „the Great Australian emptiness"[242] beschrieb.

Ned Kelly, Nationaltiere wie Kängurus, Biber und Kiwis, *mateship* in Verbindung mit den heldenhaften ANZACs, Vorstellungen von dem paradiesischen Neuseeland, dem *bush* Australiens und dem Norden Kanadas beweisen das Gegenteil. Es gab sehr wohl einen engen Bezug zur landestypischen Flora und Fauna, zum Klima sowie auch eigene Heldengeschichten, Traditionen und Mythen. Das Problem bestand ab den 1960er Jahren allerdings darin, dass dieses Repertoire sich deshalb nicht mehr zur Konstruktion kollektiver Identitätsvorstellungen eignete, weil es in einer untrennbaren Verbindung mit alten siedlerkolonialen Vorstellungen Kanadas, Australiens und Neuseelands als *Better Britains* stand. In Zeiten, in denen mit dem Ende des Empire und der Dekolonisation *Britishness* und *Whiteness* keinen Bestand mehr haben konnten, erschien beispielsweise der *bush*-Mythos in Verbindung mit dem *bushman* Australiens, den Russel Ward noch 1958 in „The Australian Legend" als den „national culture-hero"[243] beschrieben hatte, für Identitätskonstruktionen völlig ungeeignet. In Anlehnung an Frederick Jackson Turners *frontier*-These (1893)[244] verkörperte der *bush worker*,

---

[242] Patrick White: The Prodigal Son (April 1958), in: Ders.: Patrick White Speaks, hgg. von Paul Brennan und Christine Flynn, Sydney 1989, S. 13–17, hier S. 15: „Returning sentimentally to a country I had left in my youth, what had I really found? [...] In all directions stretched the Great Australian Emptiness, in which the mind is the least of possessions, in which the rich man is the important man, in which the schoolmaster and the journalist rule what intellectual roost there is, in which beautiful youths and girls stare at life through blind blue eyes, in which human teeth fall like autumn leaves, the buttocks of cars grow hourly glassier, food means cake and steak, muscles prevail, and the march of material ugliness does not raise a quiver from the average nerves." Vgl. zu White auch Ashok Kumar: Patrick White's Contribution to Australian Literature: A Tribute to the Nobel Laureate, in: Jaydeep Sarangi, Binod Mishra (Hgg.): Explorations in Australian Literature, New Delhi 2006, S. 142–152, hier v. a. S. 143.

[243] Russel Ward: The Australian Legend, Melbourne u. a. 1995 (1. Aufl. 1958), S. 180.

[244] Vgl. ebd., S. 238 ff. Ward griff von Turner die Vorstellung auf, dass Australien wie auch die USA zu jenen Ländern gehöre, welche zwar europäischen Ursprungs seien, die sich aber – bedingt durch die in den ‚neuen' Ländern gesammelten Erfahrungen – mit ihren eigenen Identitätskonzepten von Europa unterschieden. (Im speziellen Fall Australiens, Neuseelands und Kanadas, darauf ist bereits verwiesen worden, erfolgte diese Unterscheidung über das Selbstbild der jeweiligen Länder als *Better Britains*.) Zwischen den USA und Australien gab es Ward zufolge jedoch einen fundamentalen Unterschied: Während die *frontier* in den USA den „small, individual agriculturalist" (ebd., S. 242) hervorgebracht habe, hätten die besonders widrigen Bedingungen im Westen Australiens – die „comparatively backward far-

der in der feindlichen Umgebung des *Outback* die Vorzüge des Kollektivs schätzen lernte,[245] in Wards marxistischer Interpretation den männlich konnotierten Nationaltypus Australiens mit zugeschriebenen Charakteristika wie „mateship, anti-authoritarianism, stoicism, hard drinking, [and] swearing"[246]. Wards marxistischer Zugriff war Teil eines Nationalismusverständnisses, das von dem Gegensatz zwischen den bourgeoisen, anglophilen Arbeitern des *bush* und den imperialen Autoritäten lebte, die sie in ihrer Freiheit einzuschränken versuchten.[247] Dabei sei jedoch, so Neville Meaney, niemals „Australian's sense of loyalty to Britain and the Empire or the pervasiveness of Britishness in Australian culture" hinterfragt worden. Das Nationalismusverständnis der *radical nationalists* müsse daher auf interne Debatten „inside Australia about class and social justice and inside the Empire about relations of the Dominions to the Mother Country"[248] zurückgeführt werden. Im Rahmen des neuen angestrebten Bildes Australiens als moderne, kultivierte und vor allem urbane Nation, in der der *bush* eigentlich schon längst keine entscheidende Rolle mehr spielte, störte der alte *bush*-Mythos: „If that was all Australia was, who cared?"[249]

Dass der *bush*-Mythos ab den 1960er Jahren zunehmend hinterfragt werden sollte, verweist auch auf die Auswirkung der Bedrohung bzw. Identitätskrise, die den meisten Akteuren verdeutlichte, dass ihre alten, auf *Britishness*, *Whiteness* und *family values* basierenden Identitätsdefinitionen keinen Bestand in einer Zeit nach dem Empire mehr haben konnten. Donald Horne brachte dies wie folgt auf den Punkt: „[T]he old definitions have been proved wrong."[250] Obwohl die westlichen, auf *Whiteness* basierenden Nationalismus-Definitionen angesichts der Niederlage „of Nazi Germany and the rebellion of African and Asian peoples against European imperialism" bereits seit der Nachkriegszeit fragwürdig und zu einer „source of great embarrassment in the international arena"[251] geworden waren, bestand der Glaube an *kith and kin* innerhalb einer imaginierten Empire-Familie allerdings insgeheim noch lange fort. Erst mit der Identitäts-

---

ming techniques" sowie die restriktiven „government land policies" (ebd., S. 243) – den Sinn der *bush workers* für das Kollektiv gestärkt. Nur durch Zusammenarbeit hätten die Arbeiter im *bush* wirtschaftlich bestehen können. Vgl. ebd., S. 244.

[245] Vgl. ebd.
[246] Graeme Davison: s.v. Bush, in: Ders., John Hirst und Stuart Macintyre (Hgg.): The Oxford Companion to Australian History, Oxford 2001, S. 98 f., hier S. 99.
[247] Vgl. Neville Meaney: 'In History's Page': Identity and Myth, in: Deryck M. Schreuder, Stuart Ward (Hgg.): Australia's Empire, Oxford u. a. 2008 (The Oxford History of the British Empire. Companion Series), S. 363–387, hier S. 382.
[248] Ebd.
[249] Horne: National Identity in the Period of the 'New Nationalism', S. 61.
[250] Ebd.
[251] Meaney: 'In History's Page', S. 383.

krise ab den 1960er Jahren geriet die Verbindung zwischen den nationalistischen Identitätsdefinitionen Australiens und Großbritanniens in den kritischen Fokus der Betrachtung. „[B]ush and mateship images"[252], die ursprünglich für die von weißen Männern geprägte egalitäre siedlerkoloniale Gesellschaftsform Australiens und sein Selbstbild als *Better Britain* standen, ließen sich in einer Zeit *nach* dem Empire nicht mehr aufrechterhalten, weil ihr Fundament trotz aller nationalen Einfärbungen auf *Britishness* basierte. Vor diesem Hintergrund kritisierte Donald Horne vor allem die Abhängigkeit zu Großbritannien, in die sich Australien freiwillig begeben zu haben schien. So sei der *bush*-Mythos ursprünglich ein imperialer Ausdruck für ein Australien gewesen, das als „economically loyal colonial outpost" seinem Mutterland gedient habe. Selbst im Rahmen seiner Weiterentwicklung als Ausdruck der Unabhängigkeit Australiens von Großbritannien – hier spielte Horne auf die Vorstellungen Australiens als *Better Britain* an, das sich mit Hilfe der im *bush* gelebten Ideale vom Mutterland abgrenzte – sei der *bush*-Mythos weiterhin mit dem „old imperial chauvinism"[253] fest verbunden gewesen. Dies und die demographische Realität Australiens führten zur final erscheinenden Brüchigkeit der alten nationalistischen Identitätsbestandteile, deren Rekonfiguration noch ausstand:

The rhetoric of the old rural and mateship nationalism collapsed: the idea of ourselves as a nation of bushwhackers became demographically unbearable and no one convincingly retranslated the rhetoric of mateship into new terms. But nothing new took its place.[254]

Im Hinblick auf die Kunst- und Kulturlandschaft Australiens wurde der vormals identitätsstiftende *bush*-Mythos im Kontext der Identitätskrise nun als einer der Faktoren identifiziert, der für die Rückständigkeit der als philisterhaft erscheinenden Nation verantwortlich war. In diesem Sinne kritisierte beispielsweise Robin Boyd 1967 in einem seiner Vorträge im Rahmen der im *ABC Radio* landesweit übertragenen und in der Presse abgedruckten *Boyer Lectures*[255], dass die Flügel der australischen Kulturlandschaft immer wieder an dem harten Körper des abgemagerten, zahnlosen und sonnenverbrannten *frontiersman* abgebrochen seien.[256] Wollte Australien den *cringe* hinter sich lassen und sein neues Selbstbild als kultivierte Nation glaubhaft machen, so musste die australische Kunst- und Kulturszene so gefördert werden, dass anstelle von „second-hand

---

[252] Horne: National Identity in the Period of the 'New Nationalism', S. 61.

[253] Ebd.

[254] Donald Horne: The New Nationalism?, in: The Bulletin, 5.10.1968. Vgl. dazu auch Curran/ Ward: The Unknown Nation, S. 67.

[255] Vgl. zum kulturellen Stellenwert der *Boyer Lectures* auch Mark McKenna: An Eye for Eternity. The life of Manning Clark, Carlton, Vic. 2011, S. 586.

[256] Vgl. Robin Boyd: Artificial Australia. Australian Broadcasting Commission. The Boyer Lectures 1967, Sydney ²1969, S. 2.

2. Amerikanisierung und cringe in Australien und Aotearoa Neuseeland 185

British, or second-hand American, or second-hand, second-rate, second-best anything else"[257] ‚eigene' und vor allem ‚neue' Mythen für die Nation entstehen konnten. Die aus der Bedrohungskommunikation resultierenden Handlungsempfehlungen verlangten wie auch in Kanada und Neuseeland, sich auf das nationale Potential zu besinnen, es weiterzuentwickeln, um dann selbstbewusst in einen kulturellen Austausch mit dem Rest der Welt zu treten. Dabei sahen die *nation builders* insbesondere im Austausch mit Asien und bedingt auch in den Aboriginals ein Potential, das für die Promotion eines kultivierten Australiens nutzbar gemacht werden konnte. Auf diesen Aspekt wird in Kapitel IV zurückzukommen sein.

Im Vergleich zu Kanada ist zu betonen, dass die Visionen, die die *nation builders* mit einem kultivierten Australien verbanden, nicht auf einem ideengeschichtlichen Hintergrund fußten wie die Reflexionen der *Massey Commission*. Weder konnte Australien auf ein Konzept des Bikulturalismus zurückgreifen, noch hatte die Abgrenzung zu den USA, trotz der global zu beobachtenden Amerikanisierung und der daran anschließenden Kulturkritik, in Australien den gleichen Stellenwert wie in Kanada. Sicherlich waren Aspekte des Bikulturalismus und Vorstellungen der kanadischen (*highbrow*) *culture* auch Teil eines nach außen hin promoteten nationalen Image. Diese waren aber auch auf einen langen Reflexionsprozess zurückzuführen, der einerseits der langen Geschichte zwischen Kanada und den USA sowie andererseits der starken Präsenz der *French Canadians* mit ihrem Nationalismus geschuldet war. Einen solchen innergesellschaftlichen Prozess, der sich in Kanada insbesondere mit der *Quiet Revolution* und in Verbindung mit dem erfahrenen Ende des Empire verstärken sollte, hatte es in Australien (und auch in Neuseeland) zuvor nicht gegeben.

Das im Zuge des *End of Empire* verstärkt promotete Bild von einem kultivierten und gebildeten Australien war das Resultat der relativ plötzlichen alarmierenden Erkenntnis, dass die alten, auf *Britishness, Whiteness* und *family values* basierenden Identitätskonzepte mit dem Rückzug Großbritanniens aus seinem Empire ausgedient hatten. Das neue Image sollte nach Premierminister Gorton, der als bekennender Western-Fan der *lowbrow culture* nicht ganz abgeneigt war, nicht „too highbrow"[258] sein, gleichzeitig aber das alte Selbstbild Australiens als unkultiviertes Land ablösen. Dass das angestrebte Bild Australiens als *sophisticated nation* primär auf eine kalkulierte Imagekampagne und weniger auf einen langwierigen Reflexionsprozess zurückzuführen war, spiegelte sich auch in der Sprache des *ACA* wider. So wurde die kreative Arbeit der Kulturschaffenden mit einer Sprache beschrieben, die man weniger mit dem künstlerisch-kreativen

---

[257] Ebd., S. 9.
[258] John Gorton, zitiert in: Ward: "Culture up to our Arseholes", S. 58.

Bereich als vielmehr mit einem unternehmerischen Kontext assoziiert. Coombs beschrieb sie nicht etwa als Kunst, kreative Arbeit oder Ähnliches, sondern als „entrepreneurial activities"[259].

Auch vielen zeitgenössischen Akteuren war klar, dass die Entstehung des *ACA* im Vergleich zur Kulturförderung in Kanada unter weniger günstigen Vorzeichen stand. Für Robin Boyd beispielsweise galt die *Massey Commission* als etwas, auf das man in Australien nur neidisch sein konnte, habe sie doch Kanadas *awakening* maßgeblich gefördert. Durch die *Massey Commission* sei es möglich geworden, einen systematischen Blick auf die eigene Geschichte, Kultur und die Traditionen des Landes zu richten, um herauszufinden, welche Rolle diese einerseits für Kanadier und andererseits für die Außenwirkung des Landes spielten. Gerade im Kontext der Identitätskrise Australiens erschienen Boyd diese Fragen und deren Beantwortung eins zu eins auf Australien übertragbar zu sein.[260] Die *Massey Commission*, ihr *Report* sowie der auf sie zurückzuführende 1957 etablierte *CC* wurden von Boyd als Erfolgsgeschichte interpretiert. Diese zeigte, dass es mit den richtigen institutionalisierten Förderprogrammen möglich war, einen kulturellen *turning point* herbeizuführen, ja langfristig dem *cringe* sogar durch eigene kulturelle Beiträge zu entfliehen. Was Boyd dabei nicht beachtete, war die Tatsache, dass *Britishness* auch für die angepriesene Arbeit der *Massey Commission* eine zentrale Rolle spielte, die erst mit dem wahrgenommenen Ende des Empire ab den 1960er Jahren fragwürdig wurde. Das Problem des *cringe* sollte auch in Kanada insbesondere in Verbindung mit der Identitätskrise nicht einfach verschwinden. Durch das frankokanadische Element jedoch hatte *Britishness* eine im Vergleich zu Australien und Neuseeland weniger feste Basis, die mit der *Quiet Revolution* zusätzlich massiv an Substanz verlor. Für Boyd spielte diese Differenzierung keine Rolle. Unter Rückgriff auf die bekannte *growing-up*-Metaphorik kam er angesichts des positiven Beispiels Kanadas zu dem Urteil, dass die Etablierung des *ACA* ein Hoffnungsschimmer sei, der letztlich bedeuten könne, dass man einen kleinen „milestone coming up on the road to Australian civilisation"[261] passieren könnte. Überschattet wurde dieser positive Eindruck allerdings von Boyds Befürchtungen im Hinblick auf den Entstehungskontext des *ACA*. Denn im Gegensatz zu Kanada war dieser nicht auf einen lang angelegten offiziellen Selbstbeobachtungsprozess zurückzuführen und drohte daher rasch der Bedeutungslosigkeit anheimzufallen:

However, since the new Arts Council does not emerge from a penetrating official inquiry into the state and needs of the arts, as Canada's did, it will have to feel its way slowly and I doubt

---

[259] Address given by Dr. H.C. Coombs in the Coomb's Lecture Theatre, S. 8.
[260] Vgl. Boyd: Artificial Australia, S. 52.
[261] Ebd., S. 53.

if anyone could guess now what form it will take eventually. It might be hardly more than another bureau, or a crutch for the lamer stragglers in a limited range of Australian arts.[262]

Boyds negative Prognose sollte sich zumindest für die ersten Jahre nach der Entstehung des *ACA* bestätigen. Während der *CC* bereits ab 1957 als eigenständige Institution arbeitete, sollte der *ACA* erst im Jahre 1975 unter der Regierung Gough Whitlams (1972–1975) durch den *Australia Council Act* zu einer eigenständigen Behörde werden.[263] Der australische „hunger for ideas"[264] konnte somit erst einmal nur sehr bedingt gestillt werden. Boyd war dabei klar, dass der Reflexionsprozess, den er in Australien so schmerzlich vermisste, in Kanada primär durch die problematische Nachbarschaft zu den USA bedingt war. Die drohende Amerikanisierung sei es, so stellte er fest, die ein Handeln dort „even more urgent"[265] erscheinen lasse als in Australien.

Im Rahmen der Bedrohungskommunikation konnten die Gefahren einer Amerikanisierung allerdings auch ganz anders interpretiert werden, wie die Ausführungen Geoffrey Serles zeigen. So ist in Serles Interpretation nicht mehr Kanada mit seiner unmittelbaren Nähe zu den USA das zentrale Beispiel für die Probleme, die von einer Amerikanisierung für die eigene Identität ausgehen. Vielmehr stellt Serle Australien als das Land dar, das mehr als jedes andere Land dem Einfluss der USA ausgesetzt und damit auch in außerordentlicher Art „vulnerable to Americanization"[266] sei. James Curran und Stuart Ward haben in ihrer Studie darauf hingewiesen, dass die Amerikanisierung von Serle deshalb als so bedrohlich für die australische Identität empfunden worden sei, weil er sich insgeheim gefragt habe, was aus der zu wahrenden „radical nationalist tradition"[267] werden solle, wenn die USA Großbritannien als Referenzpunkt ersetzten. In seiner Auffassung war Australien ein eigenständiges, von Großbritannien emanzipiertes Land, das aber gleichzeitig eine „close sentimental relationship"[268] zu seinem Mutterland aufrechterhielt. Diese Identitätsauffassung, in deren Rahmen *Britishness* weiterhin eine fundamentale Rolle spielte, stand für *nationalists* wie Serle durch die Amerikanisierung auf dem Spiel. An Serles Argumentation lässt sich beobachten, wie die (erwarteten) Folgen der Amerikanisierung derart ausgelegt werden konnten, dass sie als Alleinstellungsmerkmal erschienen.

---

[262] Ebd., S. 53.
[263] Vgl. dazu auch Lisanne Gibson: The Uses of Art. Constructing Australian Identities, Queensland 2001, S. 77.
[264] Boyd: Artificial Australia, S. 54.
[265] Ebd., S. 52.
[266] Serle: 6) Austerica Unlimited, S. 249.
[267] Curran/ Ward: The Unknown Nation, S. 66.
[268] Serle: 6) Austerica Unlimited, S. 240.

Diese Art der Bedrohungskommunikation, die über den Vergleich mit Kanada ein Alleinstellungsmerkmal im Hinblick auf das exorbitante, unübertroffene Ausmaß des eigenen Bedrohtseins konstruierte und so den Effekt der an die Bedrohungsdiagnose anschließenden Selbstalarmierung verstärkte, lässt sich in ähnlicher Form auch für den neuseeländischen Fall beobachten. Beispielsweise wurde die Beschreibung des kanadischen Premiers Pierre E. Trudeau, der Kanadas Gefühl, als Nachbar neben den kulturellen wie ökonomisch einflussreichen USA situiert zu sein, als „sleeping next to an elephant"[269] bezeichnete, von dem Vorsitzenden des *Queen Elizabeth II Arts Council* (*QEAC*) W. N. Sheat dazu genutzt, um auf das Ausmaß der Identitätskrise in Neuseeland aufmerksam zu machen. Bedingt durch seine Abgeschiedenheit vom Rest der Welt sei Neuseeland zwar nicht wie Kanada vom unmittelbaren Einfluss eines Nachbarn wie den USA betroffen. Dennoch sei die Situation in Neuseeland mindestens genauso schlimm wie die Kanadas, wenn nicht sogar schlimmer.[270] Während Kanada in seiner Selbstbeschreibung zumindest auf das Bild des Landes, das neben einem Giganten schlummerte, zurückgreifen konnte, blieb für Neuseeland in Sheats Darstellung nur die metaphorische Rolle eines kleinen, unbedeutenden Flohs, dessen Existenz auf dem Rücken des Elefanten nun nicht einmal bemerkt wurde:

If the Canadians liken their situation to sleeping next to an elephant then New Zealand can be likened to a flea on an elephant unable to make its presence felt at all. If the flea could bite the elephant would not notice.[271]

Die „self destructive attitude"[272], die sich wie auch in Kanada und Australien an der Geringschätzung eigener kultureller Erzeugnisse ablesen ließ, spiegelte sich Sheat zufolge im „flea-elephant syndrome"[273] wider und erschien als die Folge einer langanhaltenden Imitation der Ideen aus Europa oder direkt von „New York's Madison Avenue"[274]. Zusammen mit Begriffen wie *„cocacola-isation"* oder auch den psychoanalytisch geprägten Begrifflichkeiten rund um problematische *„parent-child relationships"* reiht sich das *flea-elephant*-Syndrom in den an Metaphern reichen zeitgenössischen Sprachfundus ein, mit dessen Hilfe die eigene kulturelle Inferiorität erklärt wurde. All diese Begriffe bezogen sich auf Vorstellungen, die der Logik des *cultural cringe* entsprachen.

---

[269] ANZW AANV 972 Box 66 8/21/1, Public Relations, General – Speeches by Council Officers, 1971–1973. "The Silent Takeover". Address by W. N. Sheat, Chairman of Queen Elizabeth II Arts Council to Auckland Society of Arts, 8.5.1972, S. 1.
[270] Vgl. ebd.
[271] Ebd., S. 2.
[272] Ebd., S. 5.
[273] Ebd., S. 2.
[274] Ebd.

2. Amerikanisierung und cringe in Australien und Aotearoa Neuseeland 189

Gemäß dieser Logik argumentierte auch der Direktor des neuseeländischen *QEAC* Mike Nicolaidi. Wie seine australischen und kanadischen Kollegen interpretierte er die dem *cultural cringe* geschuldeten Probleme im Bereich der Kultur – das „overpowering feeling of cultural inferiority stemming from our European origins and traditions"– als symptomatisch für den Zustand der gesamten Nation – einer Nation, welche sich nur mit „anxious, tentative steps [...] towards achieving its own identity and nationhood"[275] fortbewegt habe. Sowohl die Kunst und Kultur als damit verbunden auch die Nation stünden nun an einem Wendepunkt in der Geschichte, der nicht nur im Bereich der Politik, sondern vor allem im Bereich der „psyche of New Zealanders as reflected both in practice and appreciation of the arts and in the cultural environment generally"[276] darüber entscheiden würde, ob der Inferioritätskomplex überwunden werden könne.

Deutlich wird hier, welch zentrale Rolle Akteure wie Sheat, Nicolaidi oder (zeitlich bereits früher) auch Massey der Kultur zusprachen. Nur durch die Kunst und Kultur, die bisher, wie Nicolaidi auf den *cringe* anspielend zu bedenken gab, durch die paralysierende Wirkung von außen „[n]either identity nor a sense of nationhood" hervorzubringen vermocht hätten, könne das Gefühl der Neuseeländer für die „uniqueness and individuality"[277] ihrer Nation gefördert werden. Ohne Kultur, die in einem wechselseitigen Verhältnis mit dem stand, was Nicolaidi die „Psyche" der Neuseeländer nannte, konnte es keine Identität geben. Ohne Identität, so lässt sich die Kausalkette aus der zeitgenössischen Sicht der kulturpolitischen Akteure vervollständigen, konnte die Existenz der gesamten Nation und damit ihr *survival* langfristig nicht gewährleistet werden. Deshalb galt es, die Kunst und Kultur in jeder Hinsicht zu fördern und zu unterstützen:

Aid given to the arts is important because their development – in as free and uninhibited manner as possible – helps give us an identity, a feeling of nationality and inevitably a pride and belief in ourselves, which usually cannot be manifested in other ways.[278]

Vor dem Hintergrund dieser Erkenntnis musste nicht nur der kulturelle Einfluss Europas und insbesondere Großbritanniens, sondern auch die „„cocacola-isa-

---

[275] ANZW AANV 972 Box 66 8/21/1, Public Relations, General – Speeches by Council Officers 1971–1973, A View Ahead. Speech by Mike Nicolaidi, Director of the Queen Elizabeth II Arts Council, at opening of annual conference, Federation of Societies of Registered Music Teachers of New Zealand (Inc.), Willow Park Motor Hotel, Tauranga, 22.1.1973, S. 2.
[276] Ebd., S. 1.
[277] Ebd., S. 2.
[278] ANZW AANV 972 Box 66 8/21/1, Public Relations, General – Speeches by Council Officers 1971–1973, Speech by Mike Nicolaidi, Director of the Queen Elizabeth II Arts Council, at Opening of Exhibition "New Zealand Painting 1900–1920" at Hawkes Bay Museum and Art Gallery, Napier, 31.10.1972, S. 3.

tion'" der neuseeländischen Kultur durch den Einfluss der USA eingedämmt werden, um einen vollständigen Identitätsverlust („the loss of our separate identity"[279]) zu verhindern. Entsprechend fielen die Einschätzungen von Nicolaidi und seines Kollegen Sheat aus, die sich in ihrer *thwarted-nationalism*-Rhetorik, ihren gezeichneten Bedrohungsszenarien und den damit verbundenen Handlungsempfehlungen nicht von den Ansätzen ihrer Kollegen in Kanada oder Australien unterschieden. Wenn die gemeinsame Lebensform eine Überlebenschance haben sollte, so urteilte etwa Sheat, dann müssten die Neuseeländer einerseits wachsamer gegenüber dem „silent takeover"[280] der eigenen Kulturlandschaft durch den kulturellen Einfluss der USA und der europäischen Metropolen werden.[281] Andererseits seien dringend kulturelle Gegenmaßnahmen zu treffen, von denen sich Sheat eine deutlich größere Chance auf Erfolg im Kampf gegen den *cringe* erhoffte als von ökonomischen Maßnahmen.[282]

Genau wie die Bedrohungskommunikation in Australien und Kanada sind diese Ausführungen vor dem Hintergrund des *End of Empire* in Verbindung mit *Britain's turn to Europe* zu kontextualisieren. Nicht zufällig hoffte Sheat darauf, über den *QEAC* Richtlinien für die Filmförderung zu entwickeln. Mit deren Hilfe könne ein *feature film* über Neuseeland entstehen, der im besten Falle genau dann erscheinen solle, „when the next round of crucial E.E.C. negotiations takes place".[283] Ähnlich wie in Kanada und Australien verband Sheat mit seinem kulturellen Lösungsansatz die Hoffnung, dem Rest der Welt entsprechend dem Motto „We are no longer a colony"[284] zukünftig zeigen zu können, dass Neuseeland ein eigenständiges Land mit einer eigenen Kultur und Identität sei, das den vermeintlich lange ausgebremsten *nationalism* durch die Überwindung des *cringe* nun endlich zur Entfaltung bringen könne.[285] Dieser Ansatz gehörte, wie es Nicolaidi vor allem im Hinblick auf die zu minimierende „cultural dependence on Europe including Britain" zum Ausdruck brachte, zu den zentralen „keys"[286] der angestrebten nationalen Reife.

Insbesondere der 1963 anlässlich des Queen-Besuchs etablierte *QEAC*, der mit seinem Namen ironischerweise ganz im Zeichen von *Britishness* stand und als Geschenk für die Queen gedacht war, sollte diese ‚neue' *imagination* eines

---

[279] Bill Willmott: Introduction: Culture and National Identity, in: David Novitz, Bill Willmott (Hgg.): Culture and Identity in New Zealand, Wellington 1990, S. 1–20, hier S. 18.
[280] "The Silent Takeover". Address by W.N. Sheat, S. 5.
[281] Vgl. ebd., S. 1.
[282] Vgl. ebd., S. 5.
[283] Ebd., S. 2.
[284] Ebd., S. 5.
[285] Vgl. ebd., S. 2.
[286] A View Ahead. Speech by Mike Nicolaidi, S. 5.

kulturell eigenständigen Neuseelands unterstützen.[287] Gefördert wurde spezifisch neuseeländische Kultur aus den Bereichen Musik, Drama, darstellende Künste und Ballett mit dem Ziel,[288] sich vom amerikanischen und britisch-europäischen Einfluss loszulösen. Ähnlich wie ihren Kollegen in Australien dienten auch den neuseeländischen Kulturpolitikern die *Arts Councils* in Großbritannien und Kanada als Vorbilder. Wann genau das Ziel der angestrebten kulturellen *maturity* erreicht sein würde – auch darin unterschieden sich die Debatten in Neuseeland in ihrer charakteristischen Unbestimmtheit nicht von denen in Kanada oder Australien – ließen Akteure wie Sheat oder Nicolaidi offen.

Resümiert man die Vorzeichen, unter denen die einzelnen Kulturinstitutionen in Kanada, Australien und Neuseeland ins Leben gerufen wurden, so ist der persistente Einfluss von *Britishness* nicht von der Hand zu weisen. Während in Neuseeland der *QEAC* direkt auf das Mutterland verwies, von dessen Einfluss man sich eigentlich lösen wollte, so war der *ACA* des australischen Nachbarn lange keine eigenständige Institution und seine Etablierung eher Ausdruck der plötzlichen Erkenntnis, dass man dringend ein neues Image für die Zeit *nach* dem Empire benötigte. Obgleich die Kulturpolitik Kanadas in der Regel von Australien und Neuseeland im Hinblick auf die intensive Auseinandersetzung mit der eigenen Identität als mustergültig wahrgenommen wurde, fungierte auch dort bei der Einrichtung des *CC* das britische Mutterland mit dem *Arts Council of Great Britain* als Vorbild.

Während der Zeit der Identitätskrise glaubten kulturpolitische Akteure in allen drei Ländern daran, dass weder die Außen- noch die Wirtschaftspolitik über einen so großen Spielraum bei der Bewältigung der Krise verfügte wie die Kunst und Kultur. Von der Arbeit der Kulturschaffenden und Intellektuellen erhoffte man sich zentrale Beiträge, um zukünftige kollektive Selbstbilder jenseits der alten Trias *Britishness*, *Whiteness* und *family values* glaubwürdig promoten zu können.[289] Aus diesem Grund galt es, Kunst und Kultur in besonderer Weise durch eine entsprechende Kulturpolitik zu fördern.[290] Im Kontext der

---

[287] Vgl. dazu auch Martin Durrant: Arts funding and support – Government's developing role, in: Te Ara – The Encyclopedia of New Zealand, abgerufen unter: https://teara.govt.nz/en/arts-funding-and-support, (21.8.2019) sowie Michael Bassett: The Mother of All Departments. The History of the Department of Internal Affairs, Auckland 1997, S. 183.
[288] Vgl. ebd., S. 185.
[289] Vgl. dazu auch die Aussage Carrillo Gantners, ein Stellvertreter des *ACA*, zur Rolle der Intellektuellen im Rahmen der angestrebten kulturellen Erneuerungen in Australien, in: Gantner: Australia's Future, S. 3: „This is, in effect, Government by the intelligent, the sensitive, the educated, the responsive, the creative, the daring and the visionary members of our society."
[290] Vgl. dazu beispielsweise "The Silent Takeover". Address by W.N. Sheat, S. 5: „Econo-

Identitätskrise lässt sich beobachten, dass die Vorstellung von einer unterdrückten Identität bzw. einem *thwarted nationalism* nicht nur in der zeitgenössischen Geschichtswissenschaft, sondern auch im öffentlichen Diskurs verbreitet war. Über den *cringe* und das *thwarted-nationalism*-Narrativ ließ sich erklären, wieso es in Kanada, Australien und Neuseeland vermeintlich keine eigenen Identitätskonzepte gab, die man nun in Anbetracht von *Britain's turn to Europe* und des damit erfahrenen *End of Empire* schmerzlich vermisste.

Dieses Erklärungsmodell, das schon von den *nationalists* der Nachkriegszeit verwendet wurde, leugnete die enge Verflechtung der eigenen Identitätsvorstellungen mit *Britishness* als übergeordnetem Mythos, indem es behauptete, *Britishness* habe die Formierung einer eigenen Identität mit eigenen Mythen, Traditionen und einer eigenen Geschichte verhindert. Auch das vergleichsweise neue Phänomen der Amerikanisierung wurde in dieser Art interpretiert. Durch den als neokolonial empfundenen Einfluss aus den USA, so urteilten viele Kulturkritiker, drohe erneut eine Paralysierung des eigenen kulturellen Potentials. So gesehen war das Gefühl, mit einem Identitätsvakuum konfrontiert zu sein, eine logische Folge des langanhaltenden *cringe*, der auf den ewigen Vergleich mit der Kultur der USA und insbesondere Großbritanniens zurückzuführen war. Entgegen diesem Konstrukt zeigt die Persistenz von *Britishness* in den neuen Kulturinstitutionen und den neuen kulturpolitischen Agenden, dass dieser Mythos, der so lange als Grundlage für die sehr wohl existenten ‚eigenen' Identitätskonzepte der ehemaligen Siedlerkolonien fungiert hatte, sich nicht einfach wegerzählen ließ. Mit diesem Problem sahen sich Kanada, Australien und Neuseeland gleichermaßen konfrontiert.

Weitere Parallelen lassen sich auch in der Bedrohungskommunikation aller drei Länder beobachten, in der sich Utopie und Dystopie konträr gegenüberstanden. Während die Lösung der Identitätskrise und die Überwindung des *cringe* die Chance bereithielten, endlich eine eigenständige Kulturlandschaft als Zeichen der *national maturity* zu verwirklichen, standen im Falle des Misserfolgs die Grundsätze der eigenen *civilisation,* ja das *national survival* auf dem Spiel. Zwar hatte der Begriff des *survival* in Kanada eine andere Dimension als in Australien und Neuseeland, was durch den Québec-Separatismus sowie durch die problematische Nachbarschaft zu den USA bedingt war. Allerdings griffen auch in Australien und Neuseeland Akteure vor dem Hintergrund der Identitätskrise auf den Begriff zurück, wenn es etwa W. N. Sheat fraglich erschien, ob der neuseeländische „way of life is to survive"[291]. Über den Vergleich mit Kanada,

---
mically we cannot be an island but in our cultural background we can and we must find ourselves and for this the Arts have a vital role to play."
[291] "The Silent Takeover". Address by W.N. Sheat, S. 1.

das bedingt durch seine Nähe zu den USA als Paradebeispiel des Bedrohtseins galt, konstruierten Akteure wie Sheat oder auch der australische Historiker Geoffrey Serle mit Blick auf das Ausmaß der Bedrohung im eigenen Land ein Alleinstellungsmerkmal. Die Annahme, dass ihre Situation noch viel gravierender sei als die in Kanada, sowie die Implikation, dass es um ihr *national survival* sehr viel schlechter bestellt sei als in allen anderen Ländern, verstärkte den Effekt der Selbstalarmierung und zielte auf ein entsprechend rasches, lösungsorientiertes Handeln.

Was die drei Länder vor dem Hintergrund der Bedrohung miteinander verband, war die Forderung, sich im Rahmen des kulturellen Nationalismus auf den jeweils eigenen nationalen Kontext zu besinnen, um die Identitätskrise und den *cringe* bewältigen zu können. In Australien führte dies zu einer stärkeren Auseinandersetzung mit Asien, in Neuseeland zu einer Verortung der Nation im pazifischen Kontext und in Kanada zu der Identifikation als „an Atlantic nation, or a Pacific nation, or an Arctic nation"[292]. Im Rahmen dieser ‚*Neu*'-Verortungen wurden im Verlauf der 1960er und 1970er auch andere ethnische Gruppierungen für die Konstruktionen kollektiver Identität immer wichtiger. Im speziellen Falle Kanadas und Neuseelands musste vor diesem Hintergrund das Verhältnis zwischen dem Bikulturalismus und dem Multikulturalismus austariert werden, während Australien sich in erster Linie mit dem Problem konfrontiert sah, über kein bikulturelles Fundament zu verfügen.

Neben der Reflexion über die (neuen) Beziehungen im pazifischen Kontext wurde während der Zeit der sich zuspitzenden Identitätskrise insbesondere auch die Rolle des eigenen Raumes intensiv diskutiert. Im Folgenden sollen daher „die durch soziale Diskurse und Praktiken konstruierten Vorstellungen von Räumen (oder *mental maps*)"[293] in den Fokus der Betrachtung rücken. Welche Rolle spielten Vorstellungen des eigenen Raumes im Zusammenhang mit dem *cultural cringe* bzw. der Identitätskrise?

---

[292] Kim R. Nossal: A European Nation? The Life and Times of Atlanticism in Canada, in: John English, Norman Hillmer (Hgg.): Making a Difference? Canada's Foreign Policy in a Changing World Order, Toronto 1992, S. 79–102, hier S. 79.

[293] Rau: Räume, S. 180 (Herv. i. Orig.). Vgl. zum Nutzen des Konzepts der *mental maps* für die Geschichtswissenschaften auch Christof Dipper/ Lutz Raphael: „Raum" in der Europäischen Geschichte. Einleitung, in: Journal of Modern European History 9.1 (2011), S. 27–41, hier v. a. S. 37. Entgegen dem Standpunkt vieler Kartografen, die davon ausgehen, dass sich auf Karten faktische Ordnungen manifestierten, heben Dipper und Raphael hervor, dass sich darauf Narrative und imaginierte Ordnungen widerspiegelten. Diese ließen sich mit einem hermeneutischen und dekonstruktivistischen Ansatz entschlüsseln. Genau dies verfolge das von Kulturanthropologen und Behavioristen in den 1970er Jahren geprägte Konzept der *mental maps*, welches besonders aufschlussreich für die geschichtswissenschaftliche Entschlüsselung von imaginierten Ordnungen sei.

3. Die Bedeutung der räumlichen *distance*

Die Geschichte der Raumwahrnehmungen in Kanada, Australien und Neuseeland beginnt nicht erst in der Nachkriegszeit. Vielmehr spielten *mental maps* bereits seit der Besiedlung der Länder in Verbindung mit Vorstellungen einer siedlerkolonialen Identität als *Better Britain* eine zentrale Rolle. *Distance* und *remoteness* bezogen sich relational auf Großbritannien, dessen gesellschaftliche Probleme in der siedlerkolonialen Wahrnehmung exemplarisch für all die Probleme der alten Welt standen. Während die britische Gesellschaft bedingt durch soziale Ungleichheit, Kriege etc. permanent als „threatened by disorder"[294] erschien, gab es in der neuen Welt der weißen Siedlerkolonien fernab von Europa vermeintlich keine Probleme dieser Art. Die weißen Siedlerkolonien sahen sich, um noch einmal an William H. Olivers Begriff zu erinnern, als „de-Europeanised Great Britain"[295]. Das britische Mutterland blieb also innerhalb der Abgrenzungsnarrative Vorbild, konnten sich doch britisch geprägte Werte ohne den schädlichen Einfluss der europäischen Welt in den Siedlerkolonien vermeintlich besser verwirklichen lassen. In diesem Sinne schien die Auseinandersetzung mit einem als leer, unkultiviert und feindlich imaginierten Raum fernab des britischen Zentrums nicht nur einen besseren Siedlertypus, sondern auch eine bessere Gesellschaftsform in den *Better Britains* hervorgebracht zu haben. Selbst im Falle Neuseelands, dessen räumlicher Kontext in vielen Darstellungen als immergrünes Paradies beschrieben wurde, wurden die Probleme und Schwierigkeiten in der Auseinandersetzung mit dem räumlich gegebenen Umfeld von einigen Akteuren ähnlich negativ beschrieben wie in Australien und Kanada, wo man sich mit dem ausgetrockneten *bush* bzw. mit dem kalten Norden konfrontiert sah. In diesem Sinne beschrieb etwa der Geograph Thomas G. Taylor noch im Jahre 1933 Australien und Neuseeland – als Bestandteil Australasiens (*Australasia*)[296] – in der *Cambridge History of the British Empire*, wenn er generalisierend festhielt: „The history of the European folk in Australasia, to

---

[294] Oliver: The Image of Europe in the New Zealand Experience, S. 5.
[295] Ebd.
[296] Der Begriff taucht erstmals im 18. Jahrhundert auf und geht auf den französischen Philosophen Charles de Brosses zurück. Als geographischer Begriff bezeichnete *Australasia* ursprünglich das „land believed to exist south of Asia". The Editors of the Encyclopædia Britannica: s.v. Australasia, in: Encyclopædia Britannica, abgerufen unter: https://www.britannica.com/place/Australasia, (28.8.2019). Mit dem Begriff grenzten sich Siedler von Asien ab, das als feindlich gesinnt galt. Vgl. dazu auch Denoon/ Mein Smith: A History of Australia, New Zealand and the Pacific, S. 30. Zur ausführlichen Geschichte des Begriffs und seiner unterschiedlichen Bedeutungen vgl. Donald Denoon: Re-Membering Australasia: A repressed memory, in: Australian Historical Studies 34.122 (2003), S. 290–304, hier v. a. S. 292 ff.

3. Die Bedeutung der räumlichen distance   195

a larger degree than in most new countries, is concerned against the struggles with an unfamiliar or unkindly environment."²⁹⁷

In Anlehnung an John Barnes, der Russel Wards *Australian Legend* in einem Aufsatz hinsichtlich der dem Werk inhärenten Eurozentrismus dekonstruiert hat, lässt sich festhalten, dass aus der erfolgreichen Auseinandersetzung der (männlichen) europäischen Siedler mit den widrigen Umständen eines ihnen feindlich gesinnten Umfelds eine Legitimation für die Besiedlung abgeleitet werden konnte. Angesichts des Leids der Siedler habe die *Australian legend* die Botschaft verkündet, dass die Besiedlung und die Kultivierung des vermeintlich kultur- und geschichtslosen Landes rechtmäßig gewesen seien – eine Kunde, die weiße Australier nur zu gerne vernommen hätten.²⁹⁸ Nicht nur in Australien, sondern auch in Kanada und Neuseeland sorgten die siedlerkolonialen *nation-building*-Prozesse, bei denen „die weißen Siedler [als Hauptakteure] die Grenze[n] voran[trieben]"²⁹⁹, für eine Ausgrenzung der Indigenen. Auch Frauen spielten innerhalb der männlich dominierten Siedlerdiskurse keine nennenswerte Rolle. Neben den *noble bushmen* oder den ANZACs verblassten sie und wurden, wenn überhaupt, lediglich in ihrer untergeordneten Funktion als Mutter oder Ehefrau in ihrer den männlichen Siedler unterstützenden Rolle wahrgenommen.³⁰⁰ Während die weißen Siedler für Identitätskonstruktionen auf ihre im Zuge der Besiedlung ertragenen Entbehrungen und ihren Triumph über ihr Umfeld rekurrierten, spielte dabei das Leid der Indigenen, das diesen durch Ermordung, eingeschleppte Krankheiten, Verdrängung in Reservate und allgemeine Marginalisierung widerfuhr, keine Rolle. Die mit dem Siedlerkolonialismus verbundene Vorstellung eines neuen Siedlertypus, so kann in Anlehnung an Anthony Moran festgehalten werden, war das narrative Produkt der Wechselwirkung zwischen *race* und einem vermeintlich leeren *place* mit „thousands

---

²⁹⁷ T. Griffith Taylor: The Australasian Environment, in: J. Holland Rose, A.P. Newton und E.A. Benians (Hgg.): Cambridge History of the British Empire, Vol. VII, Pt. I: Australia, Cambridge 1933, S. 3–24, hier S. 3.
²⁹⁸ John Barnes: Legend, in: Richard Nile (Hg.): Australian Civilisation, Melbourne u. a. 1994, S. 41–57, hier S. 45.
²⁹⁹ Langewiesche: Der gewaltsame Lehrer, S. 362.
³⁰⁰ Vgl. Alison Mackinnon: s.v. Gender relations, in: Graeme Davison, John Hirst und Stuart Macintyre (Hgg.): The Oxford Companion to Australian History, Oxford 2001, S. 279f., hier S. 280. Erst während der 1980er Jahre, so Graeme Davison, sei etwa mit Henry Reynolds „*The Other Side of the Frontier*" (1981) die Sicht auf die *frontier* um die vormals unterdrückte Perspektive der Aborigines kritisch ergänzt worden, nachdem zuvor auch die Rolle der Frauen durch die feministische Perspektive in Miriam Dixsons „*The Real Matilda*" (1976) zunehmend an Bedeutung gewonnen habe. Vgl. Graeme Davison: s.v. Frontier, in: Ders., John Hirst und Stuart Macintyre (Hgg.): The Oxford Companion to Australian History, Oxford 2001, S. 272f., hier S. 272. Vgl. dazu auch Kap. III.5 in der hier vorliegenden Studie.

of square miles of ground not staled by history and tradition"[301]. Im Rahmen dieser Auffassung wurden die Kultur und Geschichte der Indigenen vollständig ignoriert und verdrängt.[302] Über ihre Wertigkeit entschied lediglich ihre Fähigkeit, sich dem Zivilisationsgrad und der Kultur der Weißen anzupassen.[303]

Vor dem historischen Hintergrund der hier skizzierten Raum- und den mit ihnen verbundenen Identitätsvorstellungen, welche ein fundamentaler Bestandteil des Siedlernationalismus waren, müssen auch die Debatten der Akteure über den Einfluss ihrer jeweiligen Räume im Kontext der Identitätskrise gesehen werden. Wie bereits an mehreren Stellen in Kapitel III meiner Studie angeklungen ist, fragten sich Akteure, inwiefern ihr problematischer Selbstfindungsprozess auf ihren jeweiligen räumlichen Kontext zurückzuführen war. Dabei stellten sie einen Zusammenhang zwischen ihrer Identitätskrise und der von ihnen wahrgenommenen räumlichen Isolation bzw. *distance* oder auch *remoteness* her. Einerseits fungierten diese Faktoren identitätsstiftend, denn schließlich war es doch gerade die Distanz zum britischen Mutterland bzw. zu Europa, die in den ‚neuen' Ländern ursprünglich eine der Grundlagen für das siedlerkoloniale Selbstbild als *Better Britain* bildete. Andererseits allerdings stellten sie in Verbindung mit dem *cultural cringe* und der Identitätskrise ein Problem dar. Um diese Verbindung zwischen Identitätsstiftung und Identitätslähmung soll es im Folgenden gehen.

Die kanadische Historikerin Hilda Neatby beispielsweise, die Mitglied der *Massey Commission* war, beschrieb 1953 anlässlich einer Konferenz über die Zukunft Kanadas, inwiefern die geographische Isolation letztlich als das verbindende, identitätsstiftende Element für die ganze Nation betrachtet werden könne:

French cut off from France, Loyalists from the former American colonies, Scots from the Highlands. These groups without having much in common beyond their rejection and their joint habitation of a vast, lonely and mysterious land, have together created, though doubtfully enough and slowly, a national community with autonomous political institutions and an integrated economy. The different groups may be geographically isolated or culturally distinct or both. With all their divisions, however, they have been thrown together by a common determination to survive, a determination which has left its mark on a quiet, cautious, stubborn people.[304]

---

[301] P.R. Stephensen: The Foundations of Culture in Australia. An Essay Towards National Self Respect, Gordon, NSW 1936, S. 33. Vgl. dazu Moran: As Australia decolonizes, S. 1019.
[302] Vgl. ebd.
[303] Vgl. Barnes: Legend, S. 41.
[304] Hilda Neatby: Cultural Evolution, in: G.P. Gilmour (Hg.): Canada's Tomorrow. Papers and Discussion. Canada's Tomorrow Conference Quebec City, November 1953, Toronto 1954, S. 185–223, hier S. 191.

Für die kanadische Nation fungieren die Distanz von Europa und die Eigenarten des Raumes mit seinem „lonely and mysterious land" in Neatbys Beschreibung als ein einendes Element zwischen den Siedlern. Folgt man ihrer Argumentation, so waren die Siedlergruppen, die eigentlich nichts miteinander gemeinsam hatten, durch ihre Konfrontation mit den Gegebenheiten ihres Umfelds sowie durch den unbedingten Willen, in diesem (widrigen) Kontext zu überleben, schicksalhaft miteinander verbunden. Diese Bestimmung wurde insbesondere im Rückblick der Zeitgenossen als die Grundlage für die Entstehung der kanadischen Nation interpretiert. Wie Kapitel IV im Detail zeigen wird, eignete sich diese Vorstellung besonders gut für die dringend erforderlichen neuen Identitätskonstruktionen.

Ab den 1960er Jahren verweisen die *nation builders* verstärkt auf die Geschichte der kanadischen Nation, deren tragendes Prinzip ganz im Sinne von Neatbys Beschreibung in dem Ideal der *unity in diversity* gesehen wurde. *Britishness* war dabei nur noch eines von vielen Elementen, aus denen sich die kanadische Identität speiste. Die Einheit durch Vielfalt bzw. die Einheit in der Vielfalt schien im historischen Rückblick sowohl die Lösung für die Siedler in ihrer Konfrontation mit ihrem räumlichen Umfeld als auch für die von der Identitätskrise gezeichneten kanadischen Gesellschaft der 1960er Jahre zu sein. Inwiefern die Gegebenheiten des Landes in Verbindung mit den räumlichen Aspekten der *distance* und *remoteness* sowohl identitätsstiftend als gleichzeitig auch belastend für die Aufrechterhaltung einer Identität interpretiert wurden, spiegelt sich auch im *Massey Report* wider, der die Wirkungskraft dreier Faktoren auf die kanadische Nation hervorhob: Erstens sei das Land von enormer Größe und die Bevölkerung entsprechend weitläufig im Land verteilt. Zweitens grenze das Land an einen mächtigen Nachbarn, mit dem es sich drittens auch noch die Sprache teile. Im Gegensatz zu vielen anderen Ländern sei Kanada das einzige, das mit den (positiven wie negativen) Auswirkungen aller drei Faktoren konfrontiert sei.[305]

Insbesondere der erste Aspekt wurde von Akteuren wie Massey zu einem der Alleinstellungsmerkmale der kanadischen Nation stilisiert. Die Weite des Landes und sein Regionalismus waren Garanten für jene Vielfalt, die während der 1960er Jahre noch oft beschworen werden sollte.[306] Dabei erfüllte auch der weit verbreitete Topos des Nordens oder auch der *northern wilderness* eine zentrale Funktion, derer sich nicht nur die Kunst der *Group of Seven*, sondern auch die Literaturszene und zeitgenössische Historiographie bedienten.[307]

---

[305] Vgl. Royal Commission on National Development in the Arts, Letters, and Sciences: Report, S. 11 f.
[306] Zur Bedeutung des Regionalismus vgl. ebd., S. 11.
[307] Vgl. dazu auch ebd., S. 12 sowie Mackey: The House of Difference, S. 42, 44. Im Ge-

Abb. 8: *The Jack Pine* (1916–17) von Tom Thomson, National Gallery of Canada (Ottawa)

Künstler, Literaten und zeitgenössische Historiker wie William L. Morton wurden nicht müde zu betonen, dass der Norden eines der zentralen Elemente der kanadischen Psyche sei, die strikt von der Identität der USA zu unterscheiden war. Kanadische Geschichte, so argumentierte Morton 1961 in seiner Monographie „*The Canadian Identity*", sei nicht etwa die Parodie der amerikanischen Geschichte.

> Canadian history is rather an important chapter in a distinct and even an unique human endeavour, the civilization of the northern and arctic lands. [...] The line which marks off the frontier from the farmstead, the wilderness from the baseland, the hinterland from the metropolis, runs through every Canadian psyche.[308]

Auch von Frederick Jackson Turners *frontier*-These (1893) mit ihrer zentralen Bedeutung für die amerikanische Geschichte und Identität galt es, sich abzugrenzen. In diesem Sinne argumentierte Morton unter Berücksichtigung der Arbeiten von Donald Creighton, Harold Innis und Arthur Lower, dass für Kanadas Identität nicht etwa die *frontier* entscheidend sei, sondern der Norden sowie das mit ihm verbundene einzigartige ökonomische System – das „commercial system of the St. Lawrence"[309].

---

gensatz zur europäischen Landschaftsmalerei stellten die Künstler der *Group of Seven* die kanadische *wilderness* als unkontrollierbar und unbevölkert dar. Neben der Abgrenzung zu Europa bzw. zu Großbritannien, so hebt Mackey vor, habe der Topos der *northern wilderness* in der Kunst auch dazu gedient, Kanada von den USA abzugrenzen: „It is a northernness that is *not American*, and a harsh wilderness that is *not European*, or at least not British." Ebd., S. 42 (Herv. i. Orig.).

[308] W. L. Morton: The Canadian Identity, Toronto 1961, S. 93.

[309] W. L. Morton: Clio in Canada: The Interpretation of Canadian History, in: University

3. Die Bedeutung der räumlichen distance

Neben all diesen identitätsstiftenden Faktoren verwiesen Akteure wie Massey gerade im Hinblick auf die schwierige Nachbarschaft zu den USA auch auf die Probleme, die auf die einzigartige räumliche Beschaffenheit Kanadas zurückgeführt wurden. In diesem Kontext gehörten neben der räumlichen und kulturellen Nähe zu den USA auch *distance* und *isolation* zu jenen Faktoren, die einen permanenten Kampf gegen die eigene *geography* notwendig machten: „[W]e in Canada [are] constantly fighting geography."[310] Auf diese besonderen Belastungen ließen sich auch, folgt man der Argumentation der *Massey Commission*, die Probleme innerhalb der eigenen kulturellen Landschaft zurückführen, oder anders formuliert: Kanada war bedingt durch seine äußeren Faktoren besonders anfällig für den *cultural cringe*.[311] Der *CC*, der auf die Vorschläge der Kommission rund um Massey zurückzuführen war, richtete seine Maßnahmen entsprechend auf die geographische Beschaffenheit Kanadas aus. Dabei spielte die Vorstellung von einer zu bekämpfenden *geography* eine tragende Rolle. Um den für Kanadas Existenz essentiellen Reifeprozess der Nation zu unterstützen, so suggerierte der erste Bericht des *CC*, musste gegen die räumlich bedingten Probleme vorgegangen werden, die für die Entfaltung der kanadischen Nation hinderlich waren. „In tackling the job of helping the arts we come up against the geography of North America."[312]

Im Hinblick auf den zu bewältigenden *cringe* und den nationalen Reifeprozess blieb also die Auseinandersetzung mit den räumlich bedingten Problemen von zentraler Bedeutung, die bereits im Kontext des Siedlernationalismus eine tragende Rolle gespielt hatten. John Barnes hat darauf hingewiesen, dass das im widerspenstigen Raum erfahrene Leid und die erbrachten Opfer neben all der Negativität paradoxerweise immer auch Positivität verbürgt hätten,[313] strotzten die Siedler doch erfolgreich allen Strapazen und Entbehrungen im feindlichen Raum, so dass daraus Identitätsnarrative gewonnen werden konnten. Spuren dieser Narrative – nun unter einem negativen Vorzeichen – finden sich leicht abgeschwächt, aber dennoch deutlich am imaginierten Kampf gegen die *geography* erkennbar, in den vorgestellten Reflexionen über den Zusammenhang zwischen dem *cringe* und den Eigenarten des kanadischen Raumes wieder. Der kanadische Raum eignete sich mit seinen prägenden Eigenarten etwa hinsicht-

---

of Toronto Quarterly 15.3 (1946), S. 227–234, hier S. 230. Vgl. auch ebd., S. 229. Morton bezieht sich hier auf die *Laurentian Thesis*. Vgl. zur Einordnung meine Ausführungen auf S. 73 f.

[310] Broadcast by the Right Honourable Vincent Massey for the Home Service of the BBC, S. 4.

[311] Vgl. ebd.

[312] The Canada Council. First Annual Report, S. 18.

[313] Vgl. Barnes: Legend, S. 41.

lich der Nähe Kanadas zu den USA oder der Weite des Landes gut als Projektionsfläche, um das Phänomen des *cultural cringe* erklärbar zu machen. Unter Rückgriff auf das Erklärungsmodell des *cringe* sollten die Nähe zu den USA mit ihrem kulturellen Einfluss, aber auch die lange Orientierung an den kulturellen Standards des weit entfernten britischen Mutterlandes gerade ab den 1960er Jahren im Kontext der mit *Britain's turn to Europe* erfahrenen Identitätskrise noch einmal eine besondere Relevanz erhalten. Neben den Problemen, die der kanadische Raum mit sich brachte, stand er aber immer auch als eine historisch geprägte Ressource für Identitätskonstruktionen zur Verfügung, wie die Ausführungen Neatbys über die einende Kraft der *distance* zeigen. Im Rückblick auf die Geschichte der kanadischen Nation schien diese trotz aller kulturellen und religiösen Unterschiede eine schicksalhafte nationale Gemeinschaft insbesondere unter den französisch- und britischstämmigen Siedlern formiert zu haben. Auf dieser Grundlage blickten Akteure im Rahmen ihrer Suche nach Lösungen für die ab den 1960er Jahren virulent werdende Identitätskrise auf den Regionalismus Kanadas. So interpretierte etwa die kanadische Journalistin Susan M. Crean die regionale Einfärbung der Kultur ihres Landes als Beleg dafür, dass es in Kanada im Gegensatz zu europäischen oder amerikanischen Konzepten von Kultur einen einzigartigen Sinn für Vielfalt gebe:

> Canada must resist European and American concepts of national culture being a single, unified entity, because it obviously does not fit our heterogeneous and highly regionalized ‚national' culture. [...] We have, as Canadians and as a culture, a sensitivity to differences and regions that few other societies have. Far from being a defect or a constraint, this is a civilized cultural habit and an asset that could become a great liberating force.[314]

Die Vielfalt der sich im Regionalismus spiegelnden kanadischen Kultur sowie damit verbunden die Idee des Multikulturalismus, darauf wird in Kapitel IV zurückzukommen sein, wurden ab den 1960er Jahren als zukunftsweisende Lösung für die Identitätskrise gedeutet. Um es auf den Punkt zu bringen: Während der erfolgreiche Kampf gegen die räumlich gegebenen Widrigkeiten, ja gegen die gesamte *geography* in siedlerkolonialen Diskursen den Akt der Besiedlung und den aus dieser Auseinandersetzung hervorgehenden neuen Siedlertypus legitimierten, lieferte die Auseinandersetzung mit dem Raum im Kontext der Identitätskrise nun die Erklärung dafür, warum sich der Weg Richtung *maturity* und *nationhood* als beschwerlich darstellte.

In diesem Kontext ist für den australischen Fall besonders Geoffrey Blaineys Monographie „*The Tyranny of Distance*" von 1966 anzuführen, welche die Folgen der räumlichen Isolation thematisiert. Sie zählt zu Blaineys zentralsten und berühmtesten Werken und prägt mit ihrem Titel ein bis heute bekanntes Schlag-

---

[314] Crean: Who's Afraid of Canadian Culture?, S. 278.

wort. Wie Manning Clark gehörte Blainey zu den australischen Historikern, die als *public intellectuals* einem breiten Publikum bekannt waren. Sein Einfluss auf das öffentliche Meinungsbild spiegelt sich etwa in der Tatsache wider, dass er im Jahr 1982 sogar über ein eigenes TV-Format, *„The Blainey View"*, verfügte.[315] Neben den beiden berühmten Gelehrten, so heben Stuart Macintyre und Anna Clark hervor, seien andere Geschichtswissenschaftler verblasst und in ihrer Gesamtheit eher als eine Art anonymes Kollektiv wahrgenommen worden.[316] Ursprünglich, so konstatiert Graeme Davison, sei die *„Tyranny of Distance"* als eine australische *history of transport* angelegt gewesen. Im Verlauf seiner Arbeit habe Blainey allerdings seine Perspektive umgedreht und die Frage aufgestellt, inwiefern die isolierte Lage Australiens *transport* verhindert habe.[317] Dabei traf er wesentliche Aussagen, die zeigen, inwiefern die Imagination des Raumes mit australischen Identitätskonstruktionen verflochten war. Auch in seinen Ausführungen finden sich zahlreiche Versatzstücke des *Better-Britain*-Narrativs, welche die Langlebigkeit der siedlerkolonial geprägten Identitätsvorstellungen einmal mehr belegen. *Distance* und die damit verbundene Isolation von den europäischen Metropolen, so argumentierte Blainey, seien für Australien und seine Geschichte ähnlich bedeutend wie die *frontier* im Turner'schen Sinne für die Geschichte der USA.[318] Ganz im Sinne des Topos Australiens als *Better Britain* betrachtete Blainey die *distance* von Europa mit seinen (negativen) Einflüssen – im Hinblick auf soziale Ungleichheit, Kriege, Revolutionen etc. – als zentralen Grund dafür, warum es in der australischen Geschichte vermeintlich zu keinen Problemen dieser Art gekommen sei.[319] Blainey knüpfte also an die bereits aus siedlerkolonialen Diskursen bekannte Vorstellung von der prägenden Kraft eines geographisch weit weg von Europa situierten Raumes an.

Auch die zeitgenössische Presse wie etwa der *Sydney Morning Herald* konstruierte Vorstellungen einer australischen Identität immer wieder im Rekurs auf die positive Seite der *distance*, um aufzuzeigen, dass die vermeintliche Abwesenheit der „crackling expectancy of unrest and change so noticeable in the

---

[315] Vgl. dazu auch Graeme Davison: s.v. Blainey, Geoffrey Norman, in: Ders., John Hirst und Stuart Macintyre (Hgg.): The Oxford Companion to Australian History, Oxford 2001, S. 74–76, hier S. 75.

[316] Vgl. Stuart Macintyre/ Anna Clark: The History Wars, Melbourne 2003 (ND 2004), S. 93 f.

[317] Vgl. ebd.

[318] Geoffrey Blainey: The Tyranny of Distance. How Distance shaped Australia's History, Melbourne 1966 (rev. ed. 1983), S. viiif.

[319] Vgl. z.B. ebd., S. 319 f.: „Perhaps the main reason why Australia's history was so peaceful was simply its geographical position. It was too remote from Europe to be affected seriously by the main European wars and disturbances of the nineteenth century – the Napoleonic Wars, the revolutions of the 1840s, the Crimean War, and the Franco-Prussian war."

very air in Europe and America"[320] in Australien auf die positive Seite der *distance* zurückzuführen war. Die *distance* zu Europa war es, die es ermöglichte, Australien als ein im Vergleich zu den großen Metropolen besser gestelltes Land zu beschreiben, das sich ohne Kriege und Klassenunterschiede bewährt zu haben schien. Die offensichtlichen Probleme der Aboriginals und die ihnen angetanen Verbrechen hatten in dieser Interpretation keinen Platz und wurden teilweise noch 1988 – dem Jahr des zweihundertsten Geburtstags der australischen Nation – verschwiegen, wenn es in *The Australian* hieß, dass die „distance from the old world [...] something new, something different"[321] ermöglicht habe. Wie in Kanada ließ sich der Begriff der *distance* nicht nur in Bezug auf das europäische Mutterland denken, sondern auch auf die Weite des Landes beziehen.[322] Im modernen Australien waren etwa der „flying doctor service" oder der Fernunterricht für Schüler durch die „school of the air"[323] ein spezifischer Ausdruck dieses australischen Charakteristikums.

Allerdings stand Blaineys „immortal phrase"[324] auch für die negativen Folgen der Abgeschiedenheit Australiens. Ähnlich wie Kanadas Kampf gegen die eigene *geography*, auf die der *Massey Report* hinwies, so gehörte auch in Australien der symbolische Kampf gegen die Folgen der *distance* – die „battles against it [the *tyranny of distance*]"[325] – zum festen Repertoire der Selbstbeschreibung. Ähnlich wie in Kanada (und auch Neuseeland) rückte vor dem Hintergrund der Identitätskrise vor allem die negative Seite der *distance* in den Fokus der Betrachtung. Sie fungierte als eine Erklärung für das vermeintliche kulturelle Vakuum, mit dem man sich infolge des *End of Empire* konfrontiert sah. Die Auswirkungen der räumlichen Verortung isoliert von Europa, dessen Traditionen und Werte man sich trotz der räumlichen Trennung verpflichtet fühlte, wurden direkt mit dem *cultural cringe* in Zusammenhang gebracht. So machen Jim Davidsons Ausführungen exemplarisch deutlich, inwiefern der *cultural cringe* bzw. die Identitätskrise mit Blaineys „*Tyranny of Distance*" zusammenhängt. Nach Davidson, der in seinem Aufsatz von 1979 an Vorstellungen des *cringe* mit seinen negativen Auswirkungen auf die ‚eigene' kulturelle Landschaft anknüpfte, war die *tyranny of distance* eine weitere Form der Unterordnung, die als Begleiterscheinung des *cringe* auftrat. Ähnlich wie Arthur A.

---

[320] Long tyranny of segregation, in: The Sydney Morning Herald, 27.4.1970.
[321] Conquering the tyranny of distance, in: The Australian, 27.1.1988.
[322] Vgl. Blainey: The Tyranny of Distance, S. vii.: „The distance of one part of the Australian coast from another, or the distance of the dry interior from the coast, was a problem as obstinate as Australia's isolation from Europe."
[323] Conquering the tyranny of distance, in: The Australian, 27.1.1988.
[324] Ebd.
[325] Ebd.

Phillips in seiner Definition des *cringe* wies auch Davidson darauf hin, dass für die kulturelle Landschaft Australiens die *high culture* des Mutterlandes der einzige Maßstab gewesen sei. In Australien sei als Komplement dazu eine *middlebrow culture* entstanden, die imperial ausgerichtet gewesen sei:

> Whether in Newfoundland, Natal, or New South Wales, there was a George V generation who acted as scoutmasters, were fans of G & S, and who, like their king, collected stamps – British Empire only. (Such stamp-collecting could be termed imperialism in lowest gear.)[326]

Durch die Mittelmäßigkeit (*middlebrowism*) sei für Australien der Zugang zur *high art* versperrt gewesen. Diese schien, bedingt durch die paralysierenden Folgen des *cringe*, welche sich in den „slower cultural dynamics – [...] slower at the time than in most parts of metropolitan or urban Britain"[327] spiegelten, ein unerreichbares Ziel.[328] Wie bereits am Beispiel Kanadas herausgearbeitet worden ist, erschien den Akteuren in der Zeit der sich zuspitzenden Identitätskrise vor allem die negative Seite der *distance* von Bedeutung, die als eine Begleiterscheinung des *cringe* wahrgenommen wurde. Weil Australiens (wie auch Kanadas und Neuseelands) kulturelle Vorbilder fernab ihres eigenen Umfelds in Großbritannien bzw. in den Metropolen Europas oder den USA lagen, so könnte man im Sinne Davidsons argumentieren, schien die Entwicklung ihrer eigenen Kultur ausgebremst worden zu sein. Die Mittelmäßigkeit der eigenen Kultur sowie die damit einhergehende Geringschätzung des eigenen kulturellen Potentials waren der Logik Davidsons zufolge auf diesen Umstand zurückzuführen. Von der Beobachtung ausgehend, dass Australien seit jeher vom Rest der Welt abgeschnitten gewesen sei, argumentierte ähnlich wie Davidson auch der *Sydney Morning Herald* im Jahre 1970. Welt bedeutete auch hier Europa und bezog sich in erster Linie auf das britische Zentrum, dessen Maßstäbe auch im vermeintlichen „geographical vacuum" Australiens galten. Mit der Brüchigkeit von *Britishness* ging die Erkenntnis einher, dass gerade die Entfernung zu jenem Zentrum, dessen Werte und Traditionen man sich auch im weit entfernten (neuen) Land verpflichtet sah, eine wesentliche Ursache der Identitätskrise war. Zu lange habe sich Australien auf das am anderen Ende der Welt liegende Zentrum konzentriert. Ihr direktes Umfeld hingegen, so kritisierte der *Sydney Morning Herald*, beachteten Australier bis heute nur wenig, so dass sie nur „insufficiently aware of their relationship to the great land mass of Asia to the north"[329] seien.

Im Hinblick auf die Überwindung der *tyranny of distance*, mit der der *cringe* gleichsam bewältigt werden sollte, sind die erweiterten Ausführungen in Blai-

---

[326] Davidson: The De-Dominionisation of Australia, S. 145.
[327] Jim Davidson: Dominion Culture, in: Meanjin 63.3 (2004), S. 75–84, hier S. 83.
[328] Vgl. auch Davidson: The De-Dominionisation of Australia, S. 145.
[329] Long tyranny of segregation, in: The Sydney Morning Herald, 27.4.1970.

neys *revised edition* von 1983 besonders aufschlussreich. In dieser überarbeiteten Version stellte er die Zeit zwischen 1955 und 1980 unter das Vorzeichen der abnehmenden Distanz zwischen Australien und dem Rest der Welt.[330] Ablesbar wurde diese Entwicklung für Blainey an der Ankunft des Schwarz-Weiß-Fernsehens im Jahre 1956, der Einführung von Satelliten für Fernsehübertragungen zwischen Australien und England 1966, dem für internationale Kontakte zunehmend wichtig werdenden Telefon, mit dem Australier 1976 erstmals direkte Gespräche ins Ausland führen konnten, und dem Beginn des Jet-Zeitalters. Zwar deuteten all jene technischen Fortschritte darauf hin, dass die Rolle der Isolation in Australien keine große Rolle mehr spiele. Allerdings, so gab der Historiker zu bedenken, bedeute die zunehmende globale Vernetzung Australiens nicht, dass der Aspekt der *distance* völlig aus den Köpfen der Australier verschwunden sei.

Distance has been visibly tamed in the last quarter century but it has not been conquered. Distance has been tamed more quickly on the map than in the mind. [...] We still live in one of the billabongs of the world, away from the mainstream.[331]

Mit der Überwindung der *tyranny of distance* war also nicht nur die Vorstellung verbunden, dass man mit dem Jet, dem Telefon oder dem Fernsehen der räumlich bedingten Abgeschiedenheit vom Rest der Welt beikommen könne. Vielmehr konnte sie im Rahmen einer Interpretation, die *distance* nicht positiv als identitätsstiftenden, sondern negativ als identitätslähmenden Faktor deutete, auch als eine Art anhaltendes mentales Problem wahrgenommen werden. In diesem Problem spiegelte sich der *cultural cringe* – also der ewige Vergleich mit den entfernten, maßstabsetzenden kulturellen Zentren und der Wunsch, diesen nahe zu sein – wider.

Die *tyranny of distance* zu überwinden und eigenständige kulturelle Ausdrucksformen zu finden, war trotz aller Veränderungen und konträr zu Blaineys Einschätzung, dass die Loslösung vom britischen Mutterland „quiet and undramatic"[332] verlaufen sei, keine einfach zu lösende Aufgabe. Sollte dieses Projekt gelingen, so musste der eigene Raum gerade in Verbindung mit dem eigenen kulturellen Potential verstärkt in den Fokus der Betrachtung rücken. Einer der dahingehend zu interpretierenden Versuche Australiens im Sinne einer „cure of her loneliness"[333], so kann man neben den bereits erwähnten Lösungsansätzen Donald Hornes auch denen Robin Boyds in „*The Australian Ugliness*" von 1960 entnehmen, war die Annäherung an die asiatischen Nachbarn. Ähnlich wie

---

[330] Vgl. Blainey: The Tyranny of Distance, Kap. 15: The Shrinking Seas.
[331] Ebd., S. 341.
[332] Ebd., S. 337.
[333] Boyd: The Australian Ugliness, S. 72.

Horne bewertete auch Boyd diese Entwicklung allerdings äußerst kritisch. So gab Boyd zu bedenken, dass die Form der Verbrüderung mit den asiatischen Nachbarn ob ihres Pseudocharakters und der fortbestehenden rassistischen Einwanderungspolitik, der *White Australia Policy*, nur als halbherzig und falsch erscheinen könne:

Australia still feels cut off from what she thinks of as her own kind of people, and the obvious cure of her loneliness, fraternization with her neighbours in Asia, is not acceptable. The immigration policy remains rigidly opposed to Asians and even its madly offensive, if unofficial, name of ‚White Australia Policy' is sacrosanct.[334]

Deutlich wird hier erneut, wie *Britishness* und vor allem *Whiteness* trotz aller sich ändernden Vorzeichen im Zuge des *End of Empire* weiterhin eine tragende Rolle innerhalb der Identitätsdiskurse spielten.

Die zwei Seiten der *distance* zwischen Identitätsstiftung und Identitätslähmung lassen sich auch für den neuseeländischen Fall beobachten. Auch hier finden sich Spuren der siedlerkolonialen Selbstbeschreibungen, die über die Entfernung zum britischen Mutterland das Selbstbild eines „reformed, not an actual, Great Britain"[335] – sprich eines *Better Britain* – generierten, noch bis weit über die 1960er Jahre hinaus. „As a European country in the Pacific", so beschrieb der neuseeländische Journalist Colin James die Ursprünge der geographischen Zerrissenheit seines Landes, „New Zealand has for most of its life felt more neighbourly with distant Europe than nearby Asia." Selbst als während des Zweiten Weltkriegs klar geworden sei, dass Neuseeland bedingt durch die „European impotence" der Bedrohung durch Japan ganz alleine ausgesetzt gewesen sei, habe man eine „new neighbourliness with the United States, across the other side of the Pacific, rather than with Asia" bevorzugt. Erst sehr verspätet und bedingt durch äußere Umstände sei das Land während der 1960er und 1970er von Europa und allmählich auch den USA abgerückt und habe sich „with great difficulty, painfully and slowly"[336] Asien zugewandt. Für Colin James waren die Auswirkungen der geographischen Zerrissenheit seines Landes insbesondere daran erkennbar, dass sich die meisten Neuseeländer nach wie vor (auch während der 1980er Jahre noch) kulturell weniger mit den Nachbarn im Südpazifik identifizieren konnten als mit Europa oder den USA.

Wie in Kanada und Australien folgten auch in Neuseeland die Kritiker dem Argumentationsmuster des *cringe*, wenn sie die Identitätskrise ihres Landes einerseits auf die lange Imitation der britisch-europäischen sowie der amerikani-

---

[334] Ebd.
[335] Oliver: The Image of Europe in the New Zealand Experience, S. 5.
[336] Colin James: The Quiet Revolution. Turbulence and Transition in Contemporary New Zealand, Wellington 1986, S. 18.

schen Kultur und andererseits auf die mentalen Auswirkungen der *distance* bzw. *remoteness* zurückführten. Für den neuseeländischen Schriftsteller Christian K. Stead spielte vor diesem Hintergrund weniger die geographische Entfernung Neuseelands zu Großbritannien eine Rolle, das noch zu Beginn des 20. Jahrhunderts nur über eine 40-tägige Reise über das Meer erreicht werden konnte.[337] Vielmehr ging es ihm um die Wechselwirkung zwischen der Entfernung und dem Gefühl der Bedeutungslosigkeit, das nur solche Länder treffen konnte, die wie Neuseeland an den Folgen des *cringe* litten:

> A great nation, remote from other nations, would not feel its remoteness as we feel ours. It is the combination of remoteness and *insignificance* which New Zealand writers feel. And to the insignificance of New Zealand I should add [...], its dependence on Europe and America[.][338]

Die Wahrnehmungen der *distance* in Verbindung mit dem *cultural cringe* lassen sich nicht nur aus einer vergleichenden Perspektive heraus darstellen. Vielmehr sind gerade im Kontext der Identitätskrise gegenseitige Verflechtungen zwischen den ehemaligen weißen Siedlerkolonien zu beobachten. In der Zeit der Bedrohung nahmen sie gegenseitig ihren Umgang mit den jeweiligen kollektiven Identitätskrisen aktiv wahr. Aus diesen Beobachtungen konnten Rückschlüsse und Lehren gezogen werden, die dabei halfen, die eigene Bedrohungssituation besser einordnen zu können und kulturelle Bewältigungsstrategien entsprechend zu gestalten oder auch anzupassen. Vor dem Hintergrund der Identitätskrise spielte der gegenseitige Austausch zwischen den jeweiligen Ländern eine besondere Rolle. Nicht mehr Großbritannien bzw. die Metropolen in Europa oder den USA sollten bzw. konnten der Maßstab sein. Vielmehr wurde eine Hinwendung zum ‚eigenen‘, bisher noch fremd erscheinenden (kulturellen) Umfeld angestrebt, bei dem ein Austausch insbesondere mit jenen *sister nations*, mit denen man sich durch die Mitgliedschaft in der alten Empire-Familie nachhaltig verbunden sah, von Nutzen sein konnte, zumal diese im Zuge des *End of Empire* mit den gleichen Problemen konfrontiert waren wie man selbst. Im Folgenden soll der in diesem Kontext zu beobachtende transnationale Austausch exemplarisch an drei Akteuren verdeutlicht werden, die sich im Kontext der Identitätskrise in ihrem ‚Kampf‘ gegen die mentalen Folgen der *tyranny of distance* mit den Akteuren der jeweils anderen Länder zu vernetzen versuchten.

Angesichts der Entscheidung Großbritanniens, sich vom alten Empire abzuwenden und sich einer „new future in a different part of the world" zuzuwenden,

---

[337] Vgl. Peter Gibbons: The Far Side of the Search for Identity. Reconsidering New Zealand History, in: New Zealand Journal of History 37.1 (2003), S. 1–10, hier S. 6.
[338] C. K. Stead: ‘For the Hulk of the World's Between', in: Keith Sinclair (Hg.): Distance Looks Our Way. The Effects of Remoteness on New Zealand, Sydney 1961 (ND 1962), S. 79–96, hier S. 81 (Herv. i. Orig.).

konzentrierte sich der neuseeländische Premierminister Norman Kirk in seiner Rede vor der *manufacturers association* in Canberra auf die Gemeinsamkeiten zwischen Australien und Neuseeland. Mehr denn je, so gab Kirk unter dem Eindruck von *Britain's turn to Europe* zu bedenken, ähnelten sich beide Länder in ihrer räumlich bedingten Einsamkeit: „Australia and New Zealand are alone in the world in a way that we have never been in the history of either country." In einer Welt, in der das britische Mutterland und sein Empire keine Stabilität – auch in der Funktion als Referenzrahmen – mehr bieten konnten, galt es, sich stärker auf das eigene Umfeld zu konzentrieren. Das Gefühl der Einsamkeit und Abgeschiedenheit war dabei ein Schicksal, das Neuseeland und Australien nicht nur miteinander teilten, sondern das sie zusammenschweißte, um auf die Herausforderungen reagieren und die damit verbundenen „opportunities that this changed situation brings"[339] gemeinsam nutzen zu können.

Neben dieser Verflechtung zwischen Neuseeland und Australien zeigt das Beispiel des bereits an früherer Stelle erwähnten neuseeländischen Journalisten Ian Cross, der im September des Jahres 1975 von Neuseeland nach Kanada reiste, inwiefern der Kontakt zwischen den ehemaligen weißen Siedlerkolonien bei der Überwindung der Folgen des *cringe* sowie der mentalen Form der *tyranny of distance* behilflich sein konnte. Für Cross ergaben sich während seines Aufenthalts in Kanada gleich mehrere Erkenntnisse: Zum einen musste er feststellen, dass er zu Beginn seiner Reise wie viele andere seiner Landsleute kein nennenswertes Interesse an Kanada gehabt habe. Generell sei das Verhältnis zwischen Kanadiern und Neuseeländern am ehesten durch gegenseitige Unkenntnis charakterisiert. Zum anderen, so seine zweite Erkenntnis, handelte es sich bei Kanada um eine Nation, deren Kultur und Identität sich in einer ähnlichen Krise befanden wie die Neuseelands. Das gegenseitige Desinteresse und der Umstand, dass eine Zusammenkunft zwischen Neuseeländern und Kanadiern mit einem Treffen zwischen „the almost unknown" und „the nearly invisible", ja einem „embrace of shadows" gleichgesetzt werden könne, führte Cross auf die lange koloniale Anbindung der beiden Länder an das britische Mutterland zurück. Damit verbunden – und darin wird der Bezug zum *cringe* deutlich – sei das fatale Problem, dass beide Länder sich nach wie vor selbst in eine zwanghafte Abhängigkeit von den großen kulturellen Zentren begäben. Aus diesem Grund verfügten sie über keinerlei ausgereifte Formen einer *nationhood*:

The fact that Canada and New Zealand know practically nothing about each other is, of course, a consequence of our common cultural predicament. As former British colonies

---

[339] ANZW AAWV 23583 Kirk1 Box 19, General Speech notes, interviews. 1968–1974, Speech by Right. Hon. Norman Kirk. To the manufacturers association in Canberra, Australia, n.d., S. 9.

which have achieved some sort of nationhood, we are both in the grip of forces threatening to homogenise English-speaking society into some repressive common cultural grouping, dependent upon the great centres of power. (We are compelled to look to them, and not to ourselves and to each other.)[340]

Ein Hinweis auf weitere Verflechtungen ergibt sich über die zeitgenössische kanadische Literatur, von der sich Cross inspiriert sah und auf die er in seiner Reportage direkt verwies. Insbesondere die Veröffentlichung der Kanadierin Susan M. Crean „*Who's Afraid of Canadian Culture?*" übte einen großen Einfluss auf Cross aus und bestärkte ihn in seiner Annahme, dass die Identitätskrise in Kanada eine Frage des *national survival* war. Inspiriert sah sich Cross insbesondere auch von einer der Publikationen der *Association of Universities and Colleges of Canada*, die zur Lösung der Identitätsproblematik die „„importance of self-knowledge, the need to know and to understand ourselves: who we are; where we are in time and space'" unterstrich. Von diesen Ausdrucksformen des *cultural nationalism* war Cross derart begeistert, dass er Kanada zum wichtigsten Vorbild für Neuseeland erklärte. Trotz aller Unterschiede wie Kanadas Nähe zu den einflussreichen USA leide Neuseeland an den gleichen „colonial attitudes", untergrabe sein eigenes kulturelles Potential und fühle sich ähnlich wie Kanada immer mehr dem Einfluss von „international mass communications"[341] ausgesetzt. Wie bereits an jenen australischen Akteuren gezeigt wurde, deren Vorbilder die *Massey Commission* oder der *CC* waren, so erschien auch Cross der *cultural nationalism* nach kanadischem Vorbild als die einzig sinnvolle Antwort auf den *cringe* und damit einhergehend auf die anhaltenden mentalen Auswirkungen der *tyranny of distance*.

Ähnlich wie Cross beklagte auch Keith Sinclair aus seinem Selbstverständnis als neuseeländischer Historiker und Poet heraus in seinem Vortrag „*The Peripheral Man. What is a New Zealander?*" anlässlich des *Australian Writers Seminar* in Melbourne 1974 die gegenseitige Unkenntnis zwischen Australien und Neuseeland. Trotz ihrer Nähe wüssten beide Länder mehr über die Literatur anderer Länder als über die Literatur im tasmanischen Kontext, wobei die Neuseeländer immer noch mehr über die Australier wüssten als umgekehrt:

The Tasman is a sea of unknowing. We probably know more about you than you about us – but both of us certainly know more about Russia and its literature than we do about our neighbour. Consequently, when I was asked to talk to your seminar, I realized that there was not much point in talking about any particular New Zealand writers or books. Few of you would have read them.[342]

---

[340] Cross: Canada. A culture in crisis, in: NZ Listener, 4.12.1976.

[341] Ebd.

[342] UOASC MSS & Archives 2010/3, Sir Keith Sinclair Papers, Series 3, Box 7, Folder 3/17, The Peripheral Man. What is a New Zealander?, Melbourne, 5.10.1974.

Folgt man Sinclairs Ausführungen, so war der eigene pazifische Raum als direktes Umfeld der Australier und Neuseeländer für sie gerade deshalb unbekannt, weil ihr Fokus zu lange auf den kulturellen Vorbildern der Metropolen gelastet hatte. In der australischen Perspektive auf Neuseeland scheint sich Sinclairs Annahme zu bestätigen. So beklagte Donald Horne in „*The Lucky Country*", dass Australier mit ihrer „almost complete oblivion to the world of Oceania"[343] keine Notiz von Neuseeland nähmen: „the closer a place to Australia, the less Australians know about it."[344] Während Neuseeländer stets ihre *superiority* gegenüber Australiern betonen müssten, würde es in Australien vor lauter Indifferenz nicht einmal zu einer vergleichbaren Reaktion der Abgrenzung kommen. Vielmehr noch sei man überrascht, manchmal auch verletzt, wenn man dieses neuseeländische Verhalten registriere, das sich etwa in Sinclairs Bemühungen spiegelt, die verschiedenen Dimensionen der gegenseitigen Unkenntnis zu Gunsten seines Landes in die Waagschale zu werfen. „Who would expect this from New Zealand?"[345]

Insgesamt betrachtet lässt sich Folgendes festhalten: *Distance* und *remoteness* waren ursprünglich ein fester Bestandteil der Imagination der ehemaligen weißen Siedlerkolonien als *Better Britains*. In diesen de-europäisierten, ‚besseren' Versionen des britischen Mutterlandes, die in der ‚neuen' Welt weit weg vom schädlichen Einfluss Europas lokalisiert waren, schienen sich britische Ideale vermeintlich vollständig verwirklichen zu lassen. Kultureller Bezugspunkt und Vorbild blieben dabei die europäischen sowie auch die amerikanischen Metropolen. Im Kontext der sich abzeichnenden Identitätskrise wurde genau dieser Umstand zum Problem erklärt. Der Versuch, den Vorbildern in den weit entfernten Metropolen nahe zu sein und ihre Kultur zu imitieren, hatte in den ehemaligen weißen Siedlerkolonien, durch die Brille des *cultural cringe* betrachtet, eine mittelmäßige, amateurhafte Kultur entstehen lassen, die von der eigenen Bevölkerung meist nur unzureichend wahrgenommen wurde. Zeitgenössische Kritiker wie Jim Davidson fassten die Präsenz der Metropolen im Denken der Kreativen und Kulturschaffenden in Anlehnung an Geoffrey Blainey als Folge der *tyranny of distance* auf. Diese erschien dabei als Begleiterscheinung des *cultural cringe*. In Anlehnung an die *thwarted-nationalism*-Rhetorik war die Folge des *cringe*, dass sich das ‚eigene' kulturelle Potential in den jeweiligen Ländern nicht voll entfalten konnte. Eine anhaltende Inferiorität und eine nur unzulänglich entwickelte Form der *nationhood* waren den Kritikern zufolge die Konsequenzen daraus.

---

[343] Horne: The Lucky Country, S. 129.
[344] Ebd., S. 131.
[345] Ebd.

III. Auswirkungen des cultural cringe

Gezeigt wurde ferner, inwiefern *distance* und *remoteness* Positives (1), Negatives (2), aber auch Positives im Negativen (3) verbürgten. Sie bezogen sich nicht nur auf die für die Vorstellung als *Better Britains* essentielle Entfernung zum britischen Mutterland bzw. zu Europa – denn nur fernab des europäischen Kontexts ließen sich siedlerkoloniale Ideale verwirklichen – (1), sondern auch auf die Probleme, welche die Beschaffenheit des eigenen Raumes mit sich brachten. Dazu gehörten etwa die Auseinandersetzung mit der Weite des Landes und seinem Regionalismus sowie den sonstigen widrigen Verhältnissen wie Hitze, Kälte etc., die einen imaginierten Kampf gegen die *geography* notwendig machten (2). Durch diese Auseinandersetzung ließ sich aber auch eine nationale Leidensgemeinschaft mit einem Verbundenheitsgefühl beschwören, durch die die Besiedlung der ‚neuen' Welt ursprünglich legitimiert und (siedlerkoloniale) Identitätsdiskurse geformt werden konnten (3).

Diese Deutungen waren von langanhaltender Bedeutung für Vorstellungen kollektiver Identität und spiegelten sich in abgewandelter Form beispielsweise auch in Masseys, Neatbys oder auch Blaineys Ausführungen wider. So zeigen etwa Masseys und Neatbys Argumentationen bzw. ihre Perspektiven auf die kanadische Geschichte, inwiefern aus der Konfrontation mit den widrigen (räumlich gegebenen) Umständen sowie der Entfernung von den jeweiligen Herkunftsländern der Siedler die Vorstellung der *unity in diversity* abgeleitet werden konnte, auf die ab den 1960er Jahren verstärkt zurückgegriffen werden sollte. Trotz aller Unterschiede zwischen den verschiedenen Gruppierungen schweißten diese Umstände die Nation zusammen.

Im Kontext der Identitätskrise fungierten *distance, remoteness* bzw. die *tyranny of distance* als Erklärungsansatz, mit dessen Hilfe die Schwierigkeiten bei der Identitätsfindung erklärbar gemacht werden konnten. Sie fungierten aber auch als verbindende Elemente zwischen den ehemaligen Siedlerkolonien. Gerade im Zuge des *End of Empire* stellten Akteure mit dem Blick auf ihre *sister nations* fest, dass alle weißen Mitglieder der alten Empire-Familie das Schicksal der Identitätskrise teilten, die vermeintlich aus dem *cringe* und der langanhaltenden mentalen Wirkung der *tyranny of distance* hervorgegangen war. Trotz technischer Erneuerungen wie dem Jet konnte die mentale Wirkung der *tyranny of distance*, die als Begleiterscheinung des *cultural cringe* – infolge des ewigen Vergleichs mit den entfernten Metropolen und der Imitation ihrer Kultur – interpretiert werden kann, nicht problemlos gemindert werden. Darin waren alle weißen *sister nations* des Empire über die nationale Ebene hinaus in einer Art Schicksalsgemeinschaft miteinander verbunden. Unter anderem vor diesem Hintergrund erklärt sich auch das Interesse der Akteure, sich untereinander zu vernetzen.

Anhand der transnationalen Verflechtungen konnte gezeigt werden, inwiefern sich Akteure im Rahmen von Reisen und gegenseitigen Konsultationen aktiv austauschten, Literatur zur Identitätsproblematik auch aus den anderen *sister nations* konsumierten und bei ihrer Suche nach Lösungsansätzen aus ihren Vergleichen und Beobachtungen Lehren für das eigene Land zogen. Insbesondere der kanadische Fall galt dabei für Australien und Neuseeland als Vergleichs- und Orientierungsgrundlage. Wollte man Lösungen auf das Phänomen der langanhaltenden (mentalen) *tyranny of distance* als Begleiterscheinung des *cringe* finden, so war nicht nur eine Besinnung auf das ‚eigene' kulturelle Potential und die ‚eigene' Geschichte, sondern auch eine Hinwendung zum (vernachlässigten und daher fremd erscheinenden) ‚eigenen' räumlichen Kontext notwendig.

In diesem Zusammenhang spielte auch der *Narzissmus der kleinen Differenz* eine zentrale Rolle für die Identitätskonstruktionen Kanadas und auch Neuseelands. Beiden ging es darum, sich mit Hilfe ihrer Abgrenzungsnarrative von ihren Nachbarn wie den USA oder Australien zu unterscheiden. Auch die angriffslustige Bemerkung Keith Sinclairs im Rahmen des australischen *Writers Seminar*, dass Neuseeländer wahrscheinlich mehr über Australier wüssten als umgekehrt, muss vor diesem Hintergrund kontextualisiert werden und ist damit weit mehr als eben nur eine Stichelei. In Neuseeland spiegelte sich die Notwendigkeit der Abgrenzung nicht nur in der zeitgenössischen Historiographie (wie insbesondere der Keith Sinclairs), sondern auch auf politischer Ebene wider. So äußerte sich Norman Kirk unter der Regierung Keith Holyoakes 1962 beispielsweise besorgt darüber, dass Neuseeland *overseas* nicht als ein von Australien unterscheidbares, eigenständiges Land wahrgenommen werde. Im Rahmen einer Reise habe ihm ein Vertreter des *Department of External Affairs* einen Brief überreicht, der an Kirk als „member of Parliament in ‚Australia, New Zealand'"[346] adressiert gewesen sei. Während Kanadas Flagge mit dem *Maple Leaf* eindeutig und unverwechselbar für Kanada stehe, gebe es zwischen den Flaggen Australiens und Neuseelands kaum Unterschiede. Auch der uneinheitliche und unregelmäßig erfolgende Rückgriff auf Nationalsymbole wie *kiwi* und *fern* spreche dafür, dass es gezielter Maßnahmen bedürfe, um ein einheitliches und starkes Bild der neuseeländischen Identität nach außen hin vermitteln zu können.[347]

Für ein solches trat Bruce Juddery in der *Canberra Times* ein. Neuseeland, so argumentierte er, müsse sich nicht vor Australien verstecken und könne auf eigene historische, kulturelle und politische Leistungen zurückblicken. Leserinnen und Leser konnten so in Judderys Artikel durch zahlreiche wertende Vergleiche zwischen Neuseeland und Australien erfahren, dass sich Neuseeland sowohl durch seine Zugehörigkeit zu den „few smooth-working, if perfectable,

---

[346] Norman Kirk, in: New Zealand Parliamentary Debates, Vol. 331, 26.7.1962, S. 1049.
[347] Vgl. ebd.

bi-racial societies"³⁴⁸ als auch durch seine Geschichte auszeichne. Darüber hinaus, so fügte er an, würden in Neuseeland im Verhältnis zur Einwohnerzahl zweimal mehr *Time Magazines* verkauft als in Australien – ein Indiz, das laut Juddery dafür sprach, dass Neuseeland dem Rest der Welt gegenüber aufgeschlossener sei als Australien. Die drei Botschaften, die Juddery an die australischen Rezipienten richtete, lauteten entsprechend: Neuseeland war nicht Australien; Neuseelands Chancen, mit den Problemen der *distance* fertig zu werden, waren bedingt durch den Anschluss an den Rest der Welt besser als die Australiens; Neuseeland zeichnete sich im Vergleich zu Australien durch eine vermeintlich bessere, vom Rassismus befreite Gesellschaftsform aus. Die Identifikation Neuseelands mit Kanada erklärt sich also nicht nur über Gemeinsamkeiten wie das bikulturelle Element in beiden Gesellschaften oder das gemeinsame Schicksal der Identitätskrise. Vielmehr gab es für beide Länder auch Schnittpunkte im Hinblick auf die geteilte Erfahrung, in der Nähe eines Nachbarn wie Australien (im Falle Neuseelands) oder den USA (wie im Falle Kanadas) situiert zu sein – ein Nachbar, mit dem sich beide Länder einerseits in einem ständigen Austausch befanden und von dem sich andererseits, wenn auch im unterschiedlichem Ausmaß, beide gleichzeitig abzugrenzen versuchten.

Auch wenn die im Zuge des *cultural nationalism* gestellte Forderung nach Distinktion und einer stärkeren Fokussierung auf das ‚Eigene' darauf hindeuten mag, so meinte der *cultural nationalism* in keinem der besprochenen Länder kulturelle Abschottung. Er zielte auf die Besinnung auf das ‚eigene' Umfeld, das ‚eigene' kulturelle Potential und dessen Ausbau, um die Phase der Nachahmung zu beenden und ‚eigene' als *sophisticated* erscheinende kulturelle Ausdrucksformen und Identitätskonzepte zu entwickeln, auf deren Grundlage man sich Anerkennung und einen auf Gleichwertigkeit basierenden kulturellen Austausch erhoffte. So gesehen lässt sich der *cultural nationalism* als eine Antwort auf den *cringe* bzw. als Maßnahme zur *cure* der *loneliness* interpretieren. Nationalisierung und kultureller Austausch schlossen sich nach dem Verständnis der Akteure nicht aus. Im Kontext von *Britain's turn to Europe* und dem Brüchigwerden von *Britishness* war die Hinwendung zum eigenen Raum notwendig, um aus dem von Keith Sinclair beklagten unbekannten, fremden Umfeld (*sea of unknowing*) ein bekanntes, gut erforschtes Terrain zu formen, mit dem man sich identifizieren konnte. In diesem Kontext standen *distance* und *remoteness* nicht nur unter einem negativen Vorzeichen als Faktoren, welche die Krise begünstigt hatten. Vielmehr galten sie weiterhin auch als identitätsstiftende Elemente. Nicht umsonst wählte Sinclair für seine Monographie über Neu-

---

³⁴⁸ Bruce Juddery: New Zealand and the national identity, in: The Canberra Times, 16.6. 1967.

seelands Suche nach einer *national identity* den Titel „*A Destiny Apart*" (1986). Der Titel stand für eine Neuorientierung Neuseelands in seinem südpazifischen Kontext, für die Sinclair seit den späten 1950er Jahren eintrat.[349] Die Ambivalenz der *distance* bestand also weiterhin fort. Entsprechend betonten Akteure mal die positiven Folgen der *distance* und – gerade im Kontext der sich zuspitzenden Identitätskrise ab den 1960er Jahren – mal ihre negativen Auswirkungen auf die eigene Kultur und Identität.

Wie sowohl die kulturinstitutionelle Orientierung an Großbritannien, aber auch die Kritik von Zeitgenossen wie Horne und Boyd an dem Widerspruch zwischen der *White Australia Policy* und der angestrebten Annäherung Australiens an Asien gezeigt haben, wirkten *Britishness* und *Whiteness* weiter fort. Vor diesem Hintergrund stand den Hoffnungen vieler Kritiker, über den *cultural nationalism* und durch eine stärkere Fokussierung auf den ‚eigenen' (räumlichen) Kontext einen ‚neuen' Referenzrahmen für Identitätskonstruktionen zu etablieren, häufig die ernüchternde Erkenntnis gegenüber, dass sich eine unabhängige, neue Identität und Kultur nicht so einfach etablieren ließen. Damit einhergehend verschwand auch der *cringe* nicht aus der Vorstellung der Akteure, die sich in Anbetracht seiner vermeintlichen Wirkmächtigkeit oft nach irgendeiner Art von Identitätsdefinition ihres Landes sehnten. Selbst einige der Akteure, die sich wie der australische Rezensent Paul LePetit darüber im Klaren waren, dass es sich als nicht zu bewältigende, ja sinnfreie Aufgabe darstellte, *die* Identität der Australier oder der Neuseeländer zu definieren, sehnten sich insgeheim nach dieser Art von Definition. In LePetits Rezension zu Keith Sinclairs in Neuseeland gefeiertem Werk „*A Destiny Apart*" spiegelt sich diese Spannung wider. Einerseits hob er hervor, dass Sinclair nicht in die Falle getreten sei, *die* neuseeländische Identität zu definieren. Stattdessen habe er sich auf verschiedene Wahrnehmungen von Identität im Verlauf der Zeit konzentriert. So habe man nach der Lektüre zahlreiche Ideen und Vorstellungen über die neuseeländische Identität und sogar ein neues Gefühl für die Geschichte des Landes gewinnen können. Das große (etwas enttäuschende) Aber seiner Besprechung, das mit dem die Identitätskrise aufgreifenden Titel „*An elusive identity*" in den Fokus der Rezension gerückt wird – und darin wird dann doch der Wunsch nach einer

---

[349] In diesem Sinne lobte der Rezensent Gordon Parkinson die ‚Wiederentdeckung' des Pazifik in Sinclairs Werk, die in der neuseeländischen Historiographie lange auf sich habe warten lassen: „It has taken a long time for the focus to come back to the Pacific. We saw the gradual transmutation of imperialism and defence of empire into global and regional collective security and internationalism, both in the 1930s and the post-World War II period." Gordon Parkinson: Rez. zu Keith Sinclairs *A Destiny Apart*, in: New Zealand Journal of History 22.1 (1988), S. 65–68, hier S. 66. Zwar habe sich seit dieser Zeit sehr viel getan, aber „deep-seated attitudes" (ebd.) änderten sich leider nur sehr langsam.

klaren Definition von Identität deutlich –, äußert sich allerdings in der kurzen Anmerkung, dass dies alles „only a hint of an identity"[350] sei. Mehr jedoch nicht.

4. Die Botschaft der Propheten

Die bisher dargestellten Auswirkungen des *cultural cringe*, der als Begriff zwar in Australien geprägt wurde, dessen Spuren allerdings auch in Kanada und Neuseeland wirkmächtig waren, unterstreichen die transnationalen Verflechtungen zwischen den ehemaligen (weißen) Siedlerkolonien. Diese – so ein Vorwurf der Historiker, welche sich für eine transnationale Ausrichtung der Geschichtsschreibung aussprechen, – würden bis heute noch oft ignoriert. Der Grund dafür ist, dass der *cultural cringe* noch bis in die Gegenwart hinein zu wirken scheint. Historikerinnen wie Katie Pickles beispielsweise haben darauf hingewiesen, dass selbst die gegenwärtige Historiographie in den drei ehemaligen Siedlerkolonien von den angenommenen Langzeitfolgen des *cultural cringe* und der „legacy of imperial feeling"[351] betroffen seien. Die selbstbewussten Nationalgeschichten mit ihrer fast schon forciert wirkenden Hinwendung zum ‚Eigenen', die auch gegenwärtig noch oft als probate Antworten auf den *cringe* gesehen werden, ignorierten, so Pickles Kritik, vorhandene Verflechtungen und führten somit zu wissenschaftlichen Lücken.

Der Ursprung für diese teilweise noch immer fortbestehende Tradition in der Historiographie Kanadas, Australiens und Neuseelands ist in den Nationalgeschichten auszumachen, mit denen im Zuge des *End of Empire* gezielt versucht wurde, der imperialen Geschichte des eigenen Landes zu entfliehen.[352] In diesem Kontext wurde die Geschichtsschreibung ausschließlich in den Dienst der Identitätssuche bzw. Identitätsdefinition gestellt. Anstatt sich mit den kritischen Fragen auseinanderzusetzen, die während der postkolonialen Zeit aufgekommen seien, so Deryck M. Schreuder und Stuart Ward, hätten Historiker während der 1950er und 1960er Jahre diese im Rahmen ihrer Nationalgeschichten zu verdrängen versucht. In diesen Geschichtsdarstellungen, in denen „new myths

---

[350] UOASC MSS & Archives 2010/3, Sir Keith Sinclair Papers, Series 9, Box 15, Folder 9/2, Paul LePetit: An elusive identity. Rez. zu Keith Sinclairs *A Destiny Apart*, in: Weekend Australian, n.d. (clipping).

[351] Pickles: Transnational History and Cultural Cringe, S. 658.

[352] Vgl. dazu auch Stephen Howe: The Slow Death and Strange Rebirths of Imperial History. Rez. zu *The Oxford History of the British Empire 5*, hg. von Robin W. Winks, in: The Journal of Imperial and Commonwealth History 29.2 (2001), S. 131–141, hier S. 137 sowie darauf aufbauend Schreuder/ Ward: Introduction, S. 5.

4. Die Botschaft der Propheten

of national distinctiveness"³⁵³ ausformuliert werden sollten, habe es keinen Platz für solch störende Inhalte gegeben. Die Vorstellung von einer *Botschaft der Propheten*, die namensgebend für das hier vorliegende Unterkapitel ist, lässt sich auf die Selbstauffassung der zeitgenössischen Historiker zurückführen.

Gefeierte Historiker wie der Neuseeländer Keith Sinclair oder der berühmte Australier Manning Clark, nach dessen Tod im Jahre 1991 sich die Abgeordneten anlässlich einer Beileidsrede des Premierministers Paul Keating im Parlament erhoben,³⁵⁴ begriffen sich in ihrer Profession als Propheten. Der Historiker in der Rolle des Propheten, so Clark in seiner Auslegung, könne zwar nicht die Zukunft voraussagen, aber er könne für eine ganze Generation sprechen, indem er die Vergangenheit narrativ zu einer *story* verarbeite.³⁵⁵ Wie im Folgenden noch deutlich werden wird, sollte Clark seine Erkenntnis, dass der Historiker keine prophetischen Vorhersagen treffen könne, im Verlauf seines Schaffens oft vernachlässigen. Die Mission der selbsterklärten Propheten, so kann in Anlehnung an Peter Gibbons' Ausführungen zu Keith Sinclair festgehalten werden, bestand darin, über ihre ‚neu' konzipierten Nationalgeschichten aufzuzeigen, dass man sich von dem britischen Einfluss gelöst und damit die *colonial beginnings* der Nation hinter sich gelassen hatte. In der zeitlichen Wahrnehmung von Akteuren wie Sinclair, so Gibbons, sei die Überwindung dieses kolonialen Anfangs als die logische Vorstufe auf dem vermeintlich zielgerichteten Weg der Nation in Richtung *nationhood* betrachtet worden.³⁵⁶

Vor diesem Hintergrund soll nun ein Blick genau auf jene Nationalgeschichten gerichtet werden, deren selbsterklärte Aufgabe darin bestand, mit ihrer Darstellung der nationalen Vergangenheit ein Identitätsangebot zu schaffen, mit dessen Hilfe man hoffte, dem *cultural cringe* entfliehen zu können. Das Kapitel betrachtet die zeitgenössischen Identitätsdebatten zunächst exemplarisch ausgehend von dem neuseeländischen Historiker Keith Sinclair und bezieht, um mit Giselle Byrnes zu sprechen, all jene zentralen *poster boys* mit ein, die sich von der imperial geprägten Identität abwandten und in prophetischer Manier die Hinwendung zur ‚eigenen' nationalen Geschichte und Kultur verkündeten, über die eine ‚neue', eigenständigere Identität geformt werden sollte.³⁵⁷ In einem Exkurs sollen abschließend auch die Institutionalisierung und Nationalisierung der

---

³⁵³ Ebd.
³⁵⁴ Vgl. Ewald Frie: „History Wars". Geschichtspolitik, Geschichtswissenschaft und Geschichtskultur in Australien, in: Christoph Marx (Hg.): Bilder nach dem Sturm. Wahrheitskommissionen und historische Identitätsstiftung zwischen Staat und Zivilgesellschaft, Berlin 2007 (Periplus Studien 12), S. 122–144, hier S. 139.
³⁵⁵ Vgl. Manning Clark: A Discovery of Australia. 1976 Boyer Lectures, Sydney 1976, S. 11.
³⁵⁶ Vgl. Gibbons: Cultural Colonization and National Identity, S. 6.
³⁵⁷ Vgl. Byrnes: Introduction, S. 6.

Geschichtswissenschaften zwischen den 1950er und 1970er Jahren berücksichtigt werden.

Auf die Frage, woran er gerade arbeite, so erinnerte sich Keith Sinclair 1958 rückblickend, habe er einem Kollegen in London vor einigen Jahren geantwortet, dass er gerade dabei sei, eine Geschichte Neuseelands zu schreiben. „Oh! I didn't know New Zealand had a history", war alles, was sein Gesprächspartner ihm auf diese Information zu entgegnen hatte. So provokativ diese Aussage sicherlich war, so angriffslustig fiel auch Sinclairs Reaktion aus: „It hasn't. But it will have when I've finished. I'm inventing it as I go along."[358] Die dargelegten Erinnerungen Sinclairs, der bis heute in Neuseeland als „doyen of the New Zealand historical profession"[359] gilt, waren Bestandteil eines Vortrags, den er vor der *Historical Association* in *Canterbury* hielt. Bei dem Gegenstand seines Vortrags handelte es sich um kein geringeres Thema als die Neuausrichtung der neuseeländischen Geschichte („*On Rewriting New Zealand History*"). Neben fehlenden wissenschaftlichen Standards in der meist von Amateuren betriebenen neuseeländischen Geschichtswissenschaft kritisierte Sinclair insbesondere die wissenschaftlichen Leerstellen in der nationalen Geschichtsschreibung, die seiner Meinung nach auf den Mythos Neuseelands als loyalste *daughter of the Empire* zurückzuführen waren. Zwar sei die britische Vergangenheit in ihrer Rolle für die nationale Geschichte nicht zu unterschätzen, allerdings habe der *Britishness*-Mythos dafür gesorgt, dass die neuseeländische Ideen- und Gedankenwelt, die nationale Geschichtsschreibung sowie der Blick auf Vergangenheit, Gegenwart und Zukunft stets unter einem britischen Vorzeichen gestanden hätten und damit unvollständig und eingeschränkt geblieben seien:

> The idea which, historically, has most powerfully formed our view of ourselves is this: the New Zealanders are British – in fact they are ‚More British than the British'. [...] The same idea has dominated our historical writing: it seems to me to have stood in the way of an open-minded investigation of our past, for it provides a ready-made answer to all questions. It has the pervasiveness and has assumed the functions of a myth, providing us with an explanation of the past, models for present conduct and a beacon into the future.[360]

Keineswegs, so stellte Sinclair einige Jahre später in einem Vortrag an der *University of Auckland* klar, gehe es ihm darum, das britische Erbe Neuseelands

---

[358] UOASC MSS & Archives 2010/3, Sir Keith Sinclair Papers, Series 4, Box 7, Folder 4/4, On Rewriting New Zealand History. An Address delivered to the Association (Canterbury) by Dr. Keith Sinclair, Senior Lecturer in History, University of Auckland, 3.6.1958, S. 1.

[359] Mark Francis: Writings on Colonial New Zealand. Nationalism and intentionality, in: Andrew Sharp, Paul McHugh (Hgg.): Histories, Power, and Loss. Uses of the Past – A New Zealand Commentary, Wellington 2001, S. 165–245, hier S. 166.

[360] Sinclair: On Rewriting New Zealand History, S. 3.

4. Die Botschaft der Propheten

generell zu kritisieren, das als „source of strength as well as weakness"[361] in der Vergangenheit gedient habe. Wie auch bei den anderen bereits vorgestellten Kritikern stand die Nachahmung alles Britischen im Fokus seiner Kritik, nicht jedoch die Tatsache, dass die Geschichte seines Landes eng mit der Großbritanniens verbunden war. Im Rekurs auf den *cringe* und die damit verbundenen Vorstellungen des *thwarted nationalism* galt *Britishness* für Sinclair als etwas, das schon vorgefertigt und daher als Referenzpunkt leicht zugänglich und verfügbar war. Durch den stetigen, beinahe schon trägen Rückgriff darauf – so die Hauptkritik in Sinclairs Arbeiten – konnten vermeintlich keine eigenen Mythen und Identitätskonzepte entwickelt werden.

Ähnlich wie die australischen Kritiker Boyd und Horne führten auch Sinclair und seine Kollegen wie William H. Oliver oder William B. Sutch[362] die Inferiorität der Nation auf die koloniale Vergangenheit der ehemaligen Siedlerkolonie zurück. Die anhaltende Inferiorität, so argumentierte etwa Sutch in seiner Abhandlung von 1965, die in ihrem Titel die Frage nach dem Reifegrad Neuseelands als „*Colony or Nation?*" stellte, sei das historisch bedingte Resultat der „nineteenth-century colonial society". Diese habe ihre Spuren auf allen Ebenen der Gesellschaft mitsamt ihrer kulturellen Ideenwelt hinterlassen:

> In universities, the press, and in schools; in public meetings and official pronouncements, the mental activity reflects the thought-patterns of the mother society, the thought-patterns of England a century and more ago.[363]

Bezeichnend ist, dass Sutch den alle Ebenen der Gesellschaft durchdringenden *cringe* als Grund dafür sah, dass in Neuseeland weder eigenständige politische oder ökonomische noch kulturelle Entscheidungen getroffen werden konnten. Nur unter sehr hohem äußeren Druck reagiere das Land, um dann die Lösungsansätze anderer Länder zu imitieren, anstatt eigene Ansätze vorzubringen. Obwohl es zahlreiche Warnungen und Rufe nach einer vielfältigeren Ausrichtung der Wirtschaft im Jahre 1962 gegeben habe – dem Jahr, in dem es offensichtlich geworden sei, „that Britain was going to join the European Economic Commu-

---

[361] Keith Sinclair: The Historian as Prophet, in: M.F. Lloyd Prichard (Hg.): The Future of New Zealand, Auckland 1964, S. 124–142, hier S. 141.

[362] Zur zeitgenössischen Reichweite von Sutchs Werk vgl. Ward: Untied Kingdom, Kap. 8: Backing Little Britain: Distempers (Manuskript), S. 24. Wie Stuart Ward feststellt, habe Sutch seine Abhandlung mit der gleichen Ambition veröffentlicht wie Donald Horne sein Erfolgswerk „*The Lucky Country*". Im direkten Vergleich zu der Resonanz, die Hornes Gesellschaftskritik in Australien hervorgerufen habe, seien die Reaktionen auf Sutchs Werk in Neuseelands allerdings eher verhalten ausgefallen.

[363] W.B. Sutch: Colony or Nation? The Crisis of the Mid-1960s, in: Ders.: Colony or Nation? Economic Crises in New Zealand from the 1860s to the 1960s, hg. von Michael Turnbull, Sydney 1966, S. 163–183, hier S. 183.

nity"[364] –, habe dies nicht zu entsprechenden Maßnahmen geführt. Nach einer kurzen Phase der Aufregung habe de Gaulles Veto dafür gesorgt, dass man sich wieder entspannt und die nahende Bedrohung vergessen habe: „[T]he threat has been postponed. New Zealand has relaxed; relaxed as though the threat had been removed and not, as seems obvious, merely delayed."[365] In der Interpretation Sutchs stellte *Britain's turn to Europe* einen chancenreichen Wendepunkt dar, an dem sich auf allen Ebenen der Gesellschaft entscheiden würde, ob Neuseeland „colony, or nation?"[366] sei. Die unbeantwortete Frage, mit der seine Abhandlung schließt, hing also davon ab, ob Neuseeland seine Chance nutzen und sich vom *cultural cringe* und dessen negativen Auswirkungen befreien würde, oder anders formuliert: Um *nationhood, maturity* erreichen und den damit verbundenen Initiationsprozess der Nation durchlaufen zu können, musste der *cringe* abgelegt und die Imitation des Mutterlandes beendet werden.

Wie dies gelingen konnte, das beabsichtigte Keith Sinclair mit seiner neuen und selbsterklärten allerersten Geschichtsschreibung für Neuseeland zu zeigen. Die Verbindung von nationaler Historiographie und der *search for identity* sollte das Leitthema für Sinclairs Arbeiten werden, die versuchten, aus dem nationalen Fundus der Vergangenheit eine teleologisch-lineare Genese einer neuseeländischen Identität im pazifischen Kontext aufzuzeigen. Im Hinblick auf *mental maps* fungierte der Pazifik in Sinclairs Arbeiten als das verbindende Element zwischen Kanada, Australien und Neuseeland, die im Pazifik als ehemalige siedlerkoloniale *new nations* eine Art Schicksalsgemeinschaft bildeten und in ihrer Identitätskrise miteinander verbunden waren. Innerhalb des *Pacific Triangle* waren Sinclair zufolge die „east coast of Australia, the western shores of the United States and Canada" sowie Neuseeland einerseits durch den Pazifik miteinander verbunden. Ihre besondere Beziehung innerhalb dieses Gefüges erklärte sich andererseits durch ihre gemeinsame britisch geprägte Vergangenheit, durch die sie, wie Sinclair es auf den Punkt brachte, „washed by the same historical seas"[367] waren. Bereits während der späten 1950er Jahre kritisierte Sinclair, dass die Frage nach einer kollektiven Identität insbesondere in den besagten Ländern innerhalb des *Pacific Triangle* nur mit einer deutlich bemerkbaren Unsicherheit beantwortet werden könne, da *Britishness* faktisch zu lange als ihr „profound psychological purpose"[368] gedient habe. In all diesen Ländern, so mahnte Sinclair, müsse man die britische Brille ablegen, durch die man zu lange

---

[364] Ebd., S. 182.
[365] Ebd., S. 182 f. Zur ökonomischen Situation vgl. ausführlich Seltmann: Butter, Wut und Tränen.
[366] Sutch: Colony or Nation?, S. 183.
[367] Sinclair: A History of New Zealand, S. 296.
[368] Sinclair: On Rewriting New Zealand History, S. 7.

4. Die Botschaft der Propheten

einseitig auf Fragen der Identität und der nationalen Vergangenheit geblickt habe. Ein neuer Fokus etwa auf die unterschiedlichen Phasen nationalistischer Strömungen in der Kunst und Kultur des eigenen Landes, die spezifisch für die *new nations* seien und diese als „New World branch of western civilisation"[369] von den Gesellschaften der *old World* unterschieden, könne dabei helfen, ein Bewusstsein für die eigene Kultur zu stärken. Bisher nur vage beantwortete Fragen der kollektiven Identität, so suggerierte Sinclair, ließen sich durch diesen neuen Fokus zukünftig mit mehr Gewissheit klären.[370]

In Sinclairs Vision einer neuen Geschichtsschreibung standen sich die alte und die neue Zeit gegenüber: der blinde Historiker der Vergangenheit dem sehenden Historiker der Zukunft; die imperiale Vergangenheit im Empire-Verbund der Vergangenheit Neuseelands als Teil einer *New World* im pazifischen Kontext; die alte Haltung gegenüber einer leblos wirkenden Nation einer neuen nationalen Haltung gegenüber einer lebendigen Nation. Mit Hilfe dieser Haltung sollte ein ‚neues', selbstbewussteres Selbstverständnis der Nation begründet werden:

As New Zealand history comes to be rewritten in the near future, historians must grow eyes for seeing. We must throw off worn-out conventions and lifeless attitudes which obscure our view, and try to take a new look at ourselves. We must try to understand, not only New Zealand in imperial history, but also New Zealand as part of the New World in the Pacific; and moreover, to seek more closely what features of our history may be unique. [...] In explaining New Zealanders to themselves; we will help reconcile them to their lot [...]. Placed – at any rate – in the Pacific. The New Zealander, history whispers to me, is a Pacific Islander.[371]

Nur aus der Verortung der neuseeländischen Geschichte im pazifischen Kontext, so Sinclairs zentrale Idee für eine ‚neue', von Großbritannien unabhängige neuseeländische Geschichte, konnte ein Sinn für Identität generiert werden.

---

[369] Ebd. Wie in Kanada und Australien spielten auch in Neuseeland Elemente der siedlerkolonialen Vergangenheit wie beispielsweise die *frontier* eine entscheidende Rolle innerhalb der tradierten historiographischen Narrative, mit denen die Vorstellung Neuseelands als soziales Laboratorium bzw. *Better Britain* konstruiert wurde. In diesem Zusammenhang ist der neuseeländische Historiker William Pember Reeves (1857–1932) von großer Bedeutung. Wie Kynan Gentry hervorhebt, sei Reeves' „*The Long White Cloud: Ao Tea Roa*" von 1898 das grundlegende historiographische Werk gewesen, das spätere Historikergenerationen geprägt habe. Diese griffen das *Reevesian paradigm* auf und nutzten es für siedlerkoloniale Identitätsbeschreibungen. Reeves' Werk konstruierte eine siedlerkoloniale Identität der Neuseeländer als *Better Britons* und verwies dabei auf „the importance of the Maori, the frontier, the New Zealand Wars, and the gold rushes in freeing the country's British colonists from old-world traditions[.]" Kynan Gentry: History, heritage, and colonialism. Historical consciousness, Britishness, and cultural identity in New Zealand, 1870–1940, Manchester 2015, S. 167 f. Auch Sinclair griff auf Elemente dieses tradierten Paradigmas zurück.

[370] Vgl. Sinclair: On Rewriting New Zealand History, S. 7.

[371] Ebd., S. 8 f.

Sinclair verstand sich selbst Ende der 1950er Jahre als einer der wenigen (professionellen) Historiker, der mit seiner Historiographie dafür Sorge trug, dass Neuseeländer sich mit ihrem Land und ihrer Geschichte auseinandersetzten. Die „*Search for Identity*" – so der Titel des Epilogs seiner „*History of New Zealand*" von 1959 – sei etwas, das „in modern times [...] a common, almost an invariable feature of the rise of new nations, or national movements"[372] sei. Die postkolonialen *nation-building*-Prozesse, die Sinclair in den ehemaligen Kolonien beobachtete, in denen man nationale Helden verehrte und den Tag der Unabhängigkeit zum festen Bestandteil des eigenen symbolischen Repertoires der neuen Nationen erklärte,[373] bildeten einen Kontrast zu Neuseeland. Obwohl Neuseeland nach Sinclairs Auffassung als *new land* analog zu der Situation in den ehemaligen Kolonien zu betrachten war, schien sich keiner für die Aufarbeitung oder Auseinandersetzung der eigenen nationalen Geschichte zu interessieren:

But it must not be supposed that any considerable number of New Zealanders devote any considerable energy to ransacking history for clues to explain their present situation. In general, they have little sense of their past in the new land; nor is the assumption that there is value in a long past or in ancient tradition at all widely accepted.[374]

In der späteren Neuauflage seiner „*History of New Zealand*" erkannte Sinclair, dass sich dieses Problem vor allem in der Krise äußerte, die von den EWG-Verhandlungen Großbritanniens ausging. Anstelle einer „ennobling American revolution", die nach Sinclair deshalb so nobel war, weil sie im Repertoire der Nation eine identitätsstiftende Funktion einnahm, habe Neuseeland die erniedrigende Erfahrung machen müssen, vom Mutterland abgewiesen worden zu sein. Das fundamentale Problem der Identitätskrise äußere sich darin, dass Neuseeländer angesichts des offensichtlich werdenden *End of Empire* unvorbereitet damit konfrontiert worden seien, ein spezifisches Konzept von Identität formulieren zu *müssen*: „[New Zealanders] had nationalism thrust upon them." Auf was sollten sie nun in ihrem Land zurückgreifen, in dem kein Bewusstsein für eine ‚eigene' Tradition oder Geschichte entwickelt worden war? Sicherlich, so räumte Sinclair ein, bezeichneten sich Neuseeländer als eben solche. Dabei sei jedoch völlig offen, was dies bedeuten solle. „But, again, what is a New Zealander? No international stereotype exists[.]"[375] Während Neuseeländer sich nach dem Zweiten Weltkrieg noch leichtfertig als *Kiwis* beschreiben konnten –

---

[372] Sinclair: A History of New Zealand, S. 301.
[373] Vgl. Jansen/ Osterhammel: Dekolonisation, S. 123.
[374] Sinclair: A History of New Zealand, S. 301.
[375] Keith Sinclair: Epilogue. The Search for National Identity [überarb. Vers. auf dem Stand von 1976], in: Ders.: A History of New Zealand. Revised Edition, Auckland u. a. 2000, S. 360–368, hier S. 367.

„without asking further questions"³⁷⁶ –, konnte diese unreflektierte Sorglosigkeit in Anbetracht der Brüchigkeit des alten britischen Referenzrahmens nicht mehr aufrechterhalten werden. Die Identitätskrise ließ in Sinclairs Wahrnehmung die Langzeitfolgen des *cringe* offenbar werden. Wie auch viele seiner Kollegen in den anderen ehemaligen Siedlerkolonien nannte Sinclair den *cringe* nicht direkt, nutzte aber das für den *cringe* typische Argumentationsmuster. Vor diesem Hintergrund verband Sinclair seine Geschichtsschreibung im Dienste der Identitätsfindung immer auch mit der Aufforderung an die Neuseeländer, sich ihrer Geschichte und damit ihrer Identität aktiv zu widmen.³⁷⁷

Einen fundamentalen Beitrag zu der notwendigen Mobilisierung und zum Ende des *cringe* – darin war sich Sinclair mit Kollegen wie William H. Oliver einig – würden neben zukünftigen Historikergenerationen auch Kulturschaffende aus allen Bereichen leisten. Der „process of self-knowledge", der etwa durch die zeitgenössischen Literaten angestoßen worden sei, so urteilte Oliver 1960 – die Rolle von Schriftstellerinnen ignorierend –, spreche dafür, dass sich die *nationhood* bzw. die Identität Neuseelands endlich vom paralysierenden britisch-europäischen Einfluss befreien könne: „[T]he heritage of England and Europe has ceased to be an overpowering substitute for independent thought."³⁷⁸ Auch Sinclair prognostizierte in seinem 1963 an der *University of Auckland* gehaltenen Vortrag „*The Historian as Prophet*", dass Neuseeland in künftigen Geschichtsdarstellungen weniger britisch sein würde als zuvor.³⁷⁹

Wie Kapitel IV zeigen wird, sollten sich insbesondere auch die jeweiligen Premiers als Ideengeber oder, mit Oliver gesprochen, als „spiritual pioneers"³⁸⁰ begreifen, die mit der Programmatik des *New Nationalism* in den Dienst der Identitätssuche traten. Diese Ideengeber, welche in ihrer Rolle als Pioniere die Grundlagen für eine neuseeländische Identität schaffen sollten, standen noch ganz am Anfang ihrer Arbeit. Für ihr vermeintlich finales Ziel blieb daher in den Beschreibungen der zeitgenössischen Intellektuellen in Neuseeland wie in Australien und Kanada nur die Zeitform des Futurs. Die Unsicherheit der Akteure, die sich mit der Identitätskrise immer mehr verstärkte, wird auch in Olivers Beschreibung des ambivalenten Selbstverständnisses der angepriesenen Ideengeber deutlich. Vor dem Hintergrund ihrer Aufgabe nähmen sich diese gleichzeitig als „part-stranger" und „part-intimate"³⁸¹ wahr. Vor allem infolge des *End of Empire* und der damit verbundenen Brüchigkeit von *Britishness* soll-

---

³⁷⁶ Ebd., S. 366.
³⁷⁷ Vgl. beispielsweise ebd., S. 368.
³⁷⁸ W. H. Oliver: The Story of New Zealand, London 1960, S. 288.
³⁷⁹ Vgl. Sinclair: The Historian as Prophet, S. 141.
³⁸⁰ Oliver: The Story of New Zealand, S. 288.
³⁸¹ Ebd.

te die ‚eigene' Identität zu etwas werden, das gleichzeitig als vertraut und doch als fremd empfunden wurde.

Eine Lösung für die Identitätsproblematik und damit einen Ausweg aus dem *cringe* bot Sinclair mit seinem Konzept einer neuen nationalen Geschichtsschreibung an. Für diese ‚neue' Geschichte spielten Ordnungszäsuren eine besondere Rolle, mit deren Hilfe Neuseelands einzigartige pazifische Identität aus der Geschichte des Landes abgeleitet werden sollte. Vor allem um zwei Fakten ging es Sinclair dabei: (1.) Neuseeland sei weder mit Australien – etwa im Sinne der Vorstellung von Neuseeländern „as genteel Aussies"[382] – noch mit dem britischen Mutterland gleichzusetzen. (2.) Das Potential einer neuseeländischen Nation zeige sich im einzigartigen Phänomen des Bikulturalismus zwischen Pakehas und Maori. Vor diesem Hintergrund fungierte in der *„History of New Zealand"* die Entscheidung Neuseelands, nicht dem 1901 formierten Australischen Bund beizutreten, als eine der nationsbildensen Zäsuren. Diese Entscheidung, durch die Neuseeland seine eigene Existenz deutlich gemacht habe und damit „more alone than before in the Pacific" gewesen sei, habe die *New Zealand Europeans* darin bestärkt, den „process of becoming New Zealanders"[383] weiter voranzutreiben. Neben dieser distinkten Rolle Neuseelands im Pazifik, die auch in Verbindung mit den Weltkriegserfahrungen stand,[384] versuchte Sinclair in all seinen Arbeiten, die Geschichte der Maori für sein Großprojekt einer im Zeichen der Identitätssuche stehenden neuseeländischen Nationalgeschichte zu nutzen. Bereits in seiner Darstellung der *Maori Wars* von 1957[385] – ein Konflikt, der sich bedingt durch unrechtmäßige Landaneignungen zwischen den dadurch benachteiligten Maori *tribes* und der neuseeländischen Regierung zwischen 1843 und 1870 entlud – hatte Sinclair argumentiert, dass der Krieg zur Gründung einer „new nation that had uniquely embraced the two races"[386] geführt habe.

Wie Bain Attwood hervorhebt, unterscheide sich Sinclairs Interpretation von früheren Historikergenerationen dahingehend, dass er die Konflikte nicht etwa

---

[382] Sinclair: Epilogue, S. 367.

[383] Sinclair: A History of New Zealand, S. 227. Vgl. dazu auch NLA p 933.1 S616, Keith Sinclair: The Native Born. The Origins of New Zealand Nationalism, Massey Memorial Lecture 1986, S. 6.

[384] So urteilte Sinclair etwa über den Ersten Weltkrieg, der die ANZAC-Legende hervorgebracht hatte, wie folgt: „After the war there was a very general agreement among the New Zealanders that they were a new nation." Sinclair: A History of New Zealand, S. 227. Wie bereits in Kap. II.3.2 gezeigt wurde, waren Neuseeland und Australien in besonderer Weise durch die ANZAC-Legende miteinander verbunden. Gleichzeitig gingen aus der Legende aber auch die Selbstwahrnehmungen der Australier als *Aussies* und der Neuseeländer als *Kiwis* hervor.

[385] Keith Sinclair: The Origins of the Maori Wars, Wellington 1957.

[386] Attwood: Settler Histories and Indigenous Pasts, S. 596.

als „interruption in the founding of a new British state", sondern als „formative struggle in an ancient Pacific nation's history"[387] darstelle. Sinclairs Fokus lag also deutlich auf der neuseeländischen Nation mit ihrer Verortung im pazifischen Kontext und nicht mehr innerhalb des Empire. Insbesondere der in die gleiche Zeit um 1850 fallende Versuch der Maori, alle Stämme (*iwi*) unter einem König zu einen, um ein Äquivalent zur britischen Krone zu etablieren, wird trotz des Scheiterns der *kingitanga* (*king movement*) teilweise bis heute noch als proto-nationalistische Bewegung interpretiert, die die neuseeländische Nation antizipierte.[388] Sinclairs Verweis auf die Maori, bzw. kritischer formuliert seine Instrumentalisierung derselben im Rahmen einer dezidiert neuseeländischen Nationalgeschichte, diente insbesondere der Abgrenzung vom australischen Nachbarn. Die seit 1879 bestehenden ständigen vier Parlamentssitze für Maori und nicht zuletzt der *Treaty of Waitangi* zwischen Pakehas und Maori waren in seiner Wahrnehmung ein Beweis dafür, dass die durch den Bikulturalismus verbürgten *better race relations* eine herausragende Errungenschaft waren, durch die Neuseeland ein Alleinstellungsmerkmal erhielt.[389] Mit diesem Charakteristikum ließ sich Neuseeland vor allem von dem australischen Nachbarn abgrenzen. Die vermeintlich einzigartigen positiven *race relations* zwischen Pakehas und Maori in Neuseeland standen dabei dem rassistischen Umgang Australiens mit den Aborigines gegenüber. Wie schon an früherer Stelle insbesondere am Beispiel der Beziehung zwischen Kanada und den USA, aber auch an Sinclairs Ausführungen anlässlich des *Writers Seminar* in Australien deutlich geworden ist, waren identitätsbildende *othering*-Prozesse dieser Art mit dem Phänomen des *Narzissmus der kleinen Differenz* verbunden.

In einem 1968 an der *University of Cambridge* gehaltenen Vortrag, der 1971 im *New Zealand Journal of History* veröffentlicht wurde, lieferte Sinclair die Begründung dafür, warum die *race relations* in seinem Land vermeintlich nicht nur besser als in Australien, sondern auch als in Südafrika oder den USA waren. Die Tatsache, dass es in Neuseeland im Gegensatz zu den anderen Ländern „no apartheid, no social colour bar, no segregation in public transport or in living areas" gebe, bestätigte trotz der offensichtlichen Probleme der zunehmend die

---

[387] Ebd., S. 595.
[388] Eine solche Interpretation vertreten beispielsweise Peter Beilharz und Lloyd Cox. Vgl. Peter Beilharz/ Lloyd Cox: Nations and Nationalism in Australia and New Zealand, in: Gerard Delanty, Krishan Kumar (Hgg.): The SAGE Handbook of Nations and Nationalism, London u. a. 2006, S. 555–564, hier S. 559. Zur *kingitanga* vgl. auch Denoon/ Mein Smith: A History of Australia, New Zealand and the Pacific, S. 194 f.
[389] Vgl. Keith Sinclair: Why are Race Relations in New Zealand Better Than in South Africa, South Australia or South Dakota?, in: New Zealand Journal of History 5.2 (1971), S. 121–127, hier S. 126.

Städte bevölkernden Maori die These von den „much happier [race relations]"[390]. In dieser Interpretation gab es sogar eine Möglichkeit, den siedlerkolonialen Sozialdarwinismus positiv umzudeuten. Wenn die Maori in der Vergangenheit auch aus einer sozialdarwinistischen Perspektive heraus betrachtet worden seien, so Sinclair, unterstreiche dies doch nur, dass man sie zu den besseren *natives* gezählt habe. Letztlich ließ sich aus Sinclairs Sicht damit auch noch belegen, dass die *imperial ideology* im siedlerkolonialen Neuseeland eigentlich einen humanitären Kern aufwies, durch den sich das Land positiv von den anderen Siedlerkolonien zu unterscheiden schien.[391]

Die Referenz auf die Maori, den bikulturellen Charakter sowie die mit ihm verbundenen vermeintlichen *better race relations* Neuseelands galten in Sinclairs Arbeiten zwischen den 1950er und 1970er Jahren als Garant für die Konstruktion einer spezifisch neuseeländischen Identität. So empfahl er am Ende seiner *History of New Zealand* in der Fassung von 1976, dass neben der Rolle der Frauen insbesondere auch das Leben der Maori in der Kunst und Kultur berücksichtigt werden müsse. Dies gehörte zu jenen offenen Aufgaben, die im Sinne Sinclairs noch dringend als Maßnahmen gegen die langanhaltende Wirkung des *cultural cringe* zu erledigen waren, um auf dem Weg Richtung *nationhood* weiter voranschreiten zu können. Von den zeitgenössischen Literaturschaffenden versprach er sich dabei, dass sie neue Stereotype zur Konstruktion einer neuseeländischen Identität zur Verfügung stellen würden.[392]

Innerhalb der Identitätsdiskurse im Zuge des *End of Empire* fungierte der Verweis auf den Bikulturalismus Neuseelands, der das vermeintlich positive Verhältnis zwischen Pakehas und Maori beschrieb, als wichtiger Marker einer ‚neuen', von *Britishness* unabhängigen Vorstellung von Identität. Aus Sinclairs Voraussagen von 1963 über zukünftige Identitätsmarker lässt sich schlussfolgern, dass er neben dem Bikulturalismus auch ein großes Potential in den nach Neuseeland kommenden Einwanderern sah. Die auf dem Bikulturalismus basierende Identität Neuseelands würde eines Tages durch den Multikulturalismus ergänzt werden, so dass es trotz der britisch-europäischen Prägung Neuseelands möglich schien, eine Identität zu bilden, die „,something different, somebody nobody counted on'"[393] darstellte:

Perhaps that is where our future lies. We live on the border of an area where man's future will be made, where Asians, Polynesians, Europeans, and other races meet, or confront one another across the Pacific Ocean.[394]

---

[390] Ebd., S. 121.
[391] Vgl. ebd., S. 127.
[392] Vgl. Sinclair: Epilogue, S. 368.
[393] Sinclair: The Historian as Prophet, S. 141.
[394] Ebd., S. 142.

4. Die Botschaft der Propheten

Die Zukunft Neuseelands, das lässt sich an dem Zitat ablesen, lag im pazifischen Kontext, der die verschiedenen Ethnien miteinander in Kontakt treten ließ und daher den prägenden räumlichen Kontext bzw. Referenzrahmen nicht nur für die bi-, sondern später auch für die multikulturellen Identitätskonstruktionen bildete. Langfristig, das wird der weitere Verlauf der Studie noch belegen, sahen die zeitgenössischen Akteure den Bi- und Multikulturalismus nicht nur als einzigartige Identitätsmerkmale in ihrem pazifischen Umfeld, sondern auch als Lösungsstrategien der Identitätskrise, welche durch die Brüchigkeit von *Britishness* bedingt war. In diesem Kontext spielte auch die Indienstnahme der Kultur der Indigenen für ‚neue' Identitätskonstruktionen eine zentrale Rolle. In diesem Sinne bewertete Sinclair die Kultur der Maori als besonders wertvoll, da sie im Gegensatz zu den europäischstämmigen Einwohnern Neuseelands durch ihre Traditionen und Mythen wichtige identitäre Referenzpunkte zur Verfügung stellten. In Zukunft, so prognostizierte Sinclair, würden Historiker ihnen folglich mehr Aufmerksamkeit zukommen lassen müssen, während der ohnehin geringe Einfluss der Europäer auf das historische Erbe der Nation – abgesehen von ihren Verdiensten um die „better race relations" – kein größerer Beschäftigungsgegenstand mehr für Historiker sein würde.[395] Ohne die Maori mit ihrer Kultur, so kann man den Überlegungen des neuseeländischen Historikers Michael King über seine Identität als Pakeha im Neuseeland der 1980er Jahre entnehmen, schien das Land keine historische Prägung zu haben: „For myself, the Maori presence has given the land on which I live an historical echo, a resonance it would otherwise lack[.]"[396]

Sowohl an den Ausführungen Sinclairs als auch an der Wahrnehmung Kings wird deutlich, dass die britisch bzw. europäisch geprägte Vergangenheit vermeintlich keinen nennenswerten Stellenwert mehr für die Zeitgenossen hatte. In der Zeit *nach* dem Empire konnte diese Vergangenheit keinen Halt mehr innerhalb der zeitgenössischen Historiographie geben. Sie fungierte fortan nicht mehr als verlässlicher historischer Referenzpunkt im Repertoire der Historiker, wirkte mit ihrem Erbe aber innerhalb der Identitätsdiskurse fort. Auch die Rolle der europäischstämmigen bzw. britischstämmigen Siedler wurde in diesem Kontext heruntergespielt. Sie waren nur noch eine von vielen Gruppierungen, die in das Land eingewandert waren.

Auch wenn sich Sinclair in seinen späteren Schriften kritischer mit der eurozentrischen Perspektive auf die Maori auseinandersetzte,[397] so muss doch festgehalten werden, dass er die Maori für sein Projekt einer neuen Geschichts-

---
[395] Vgl. ebd., S. 141.
[396] Michael King: Being Pakeha, Auckland u. a. 1985, S. 177.
[397] Vgl. etwa Sinclair: The Native Born, S. 10.

schreibung instrumentalisierte und dabei weiterhin aus einer eurozentrisch-kolonialisierenden Haltung heraus argumentierte. Durch seine Verharmlosungen und Relativierungen der sozialdarwinistischen und rassistischen Perspektive auf die Maori, die ursprünglich ausgerechnet im Rahmen der Vorstellung Neuseelands als *Better Britain* als *better blacks* galten, weil sie im Vergleich zu den Indigenen in anderen Siedlerkolonien vermeintlich besser an den europäisch-weißen Standard angepasst waren, wurde der koloniale Blick auf die Indigenen aufrechterhalten. Ironischerweise reproduzierte Sinclair damit auch das *Better-Britain*-Narrativ. Den Maßstab setzten in seinen zentralen Schriften nach wie vor die Pakehas.[398] Erst im Verlauf der Urbanisierung der Maori zwischen 1945 und 1976 wurden ihre strukturellen Benachteiligungen innerhalb der neuseeländischen Gesellschaft für Pakehas sichtbarer. Allerdings glaubten viele von ihnen daran, dass die Maori sich einfach nur assimilieren müssten, um ein besseres Leben haben zu können.[399]

Peter Gibbons hat mit dem Blick auf die Historiographiegeschichte Neuseelands herausgearbeitet, wie Maori im Verlauf der Zeit in den unterschiedlichen Darstellungen eines Landes, das angeblich von einer *racial harmony* gesegnet war, instrumentalisiert und kolonialisiert wurden. In siedlerkolonialen Darstellungen sei es nicht um die Maori, sondern vielmehr um ein von den Pakehas ins Leben gerufenes Stereotyp von *den* Maori gegangen. Manifestiert habe sich dies unter anderem in den ahistorischen, eurozentrisch geprägten Darstellungen und dem Phänomen des Exotismus. Ursprünglich indigene Mythen und Legenden der Maori seien von den Siedlern adaptiert und – unter viktorianischem Vorzeichen – zu spezifisch neuseeländischen Legenden erklärt worden.[400] Auch die Historiographie seit der Nachkriegszeit, die mit ihrem teleologischen Impetus Nation, Nationalismus und Identität als etwas natürlich Herangewachsenes und nicht als Konstrukt betrachtet habe, sei letztlich eine Fortsetzung des Kolonialismus. Diesen reproduziere sie textuell, indem sie verschleiere, wie Identität in einem kolonialisierenden Rahmen konstruiert werde.[401] Gerade der Blick auf eine im Dienste der Identität stehenden Geschichtsschreibung zeige, dass Kolonisierung etwas sei, das sich nicht wie ein Morgennebel lichte, wenn die „bright

---

[398] Dies wird auch an seinen Ausführungen zu den Problemen der in den Städten lebenden Maori deutlich. Vgl. dazu Sinclair: Why are Race Relations in New Zealand Better Than in South Africa, South Australia or South Dakota?, S. 121.

[399] Vgl. Mein Smith: A Concise History of New Zealand, S. 194 f.

[400] Vgl. Gibbons: Cultural Colonization and National Identity, S. 13. Zum Stellenwert von Peter Gibbons' Thesen in der neuseeländischen Forschung vgl. auch Jacob Pollock: Cultural Colonization and Textual Biculturalism. James Belich and Michael King's General Histories of New Zealand, in: New Zealand Journal of History 41.2 (2007), S. 180–198, hier S. 182.

[401] Vgl. Gibbons: Cultural Colonization and National Identity, S. 14.

sun of national identity"[402] aufgehe. Die langanhaltenden Auswirkungen der *colonization* lassen sich dabei insbesondere auf zwei zu beobachtende Phänomene zurückführen:

1) Das Gleichwertigkeitsprinzip und der Prozess der Indigenisierung:
Der Versuch der Historiker, über den Bikulturalismus eine die Unterdrückung der Indigenen verwischende Gleichwertigkeit zwischen Pakehas und Maori herbeizuschreiben, um auf dieser Grundlage zeigen zu können, dass Pakehas *wie* Maori in ihrer Identifikation mit dem Land zu Indigenen wurden, verschleierte den Akt der Kolonisierung und dessen langanhaltende Auswirkungen auf die Maori.

In Anlehnung an Jacob Pollock, der seine Argumentation auf Peter Gibbons' Thesen aufbaut, kann dies als eine Form der *textual colonization* betrachtet werden.[403] Pollock demonstriert unter anderem am Beispiel von Michael Kings Neuauflage von „*Being Pakeha*", wie die Kategorien *native* und *indigenous* infolge der Angleichung zwischen Pakehas und Maori verschwimmen können: „[L]ike Maori too", so schreibt King, „we [the Pakehas] became indigenous at the point where our focus of identity and commitment shifted to this country and away from our countries and cultures of origin."[404] Problematisch ist dabei die Annahme einer Trennung oder Loslösung von der ursprünglichen *culture of origin*, denn die britisch-europäische Vergangenheit Neuseelands verschwand nicht einfach aus dem kulturellen Gedächtnis der Nation. King vernachlässigt in diesem Zusammenhang die Tatsache, dass sich bereits die Siedler mit ihrem jeweiligen Land (Neuseeland, Australien oder Kanada) identifizierten, wenn sie es voller Stolz als eine bessere Version Großbritanniens (*Better Britain*) beschrieben.

Die Tatsache, dass *Britishness* und die Vorstellung *der* neuseeländischen (wie auch kanadischen und australischen) Identität sich nicht gegenseitig ausschlossen, sondern bis zu den 1960er Jahren zusammengehörten, fügte sich nicht gut in jene Nationalgeschichten ein, die versuchten, die erfolgreiche Entwicklung einer Identität jenseits des *cringe* und jenseits von *Britishness* zu beschreiben. Zum anderen – und darin besteht der Kern von Pollocks Kritik – wurden Pakehas und Maori durch die über den Bikulturalismus verhandelte Gleichwertigkeit zwischen beiden zu *tangata whenua*, d.h. zu legitimen Einwohnern Neuseelands. Pakehas – Neuseeländer, die in Neuseeland geboren wurden – beschreibt King als *natives*, so dass es keinen Unterschied mehr zwischen ihnen und den

---

[402] Ebd., S. 15.
[403] Vgl. Pollock: Cultural Colonization and Textual Biculturalism, S. 182.
[404] Michael King: Being Pakeha Now. Reflections and Recollections of a White Native, Auckland u. a. 2004 (1. Aufl. 1999), S. 235.

Maori zu geben scheint.[405] „[T]he narratives of Aotearoa/New Zealand become the narratives of how two peoples became native in New Zealand."[406]

2) Die Überwindung des cultural cringe:
Die nationale Geschichtsschreibung, das ist exemplarisch an Sinclairs historiographischem Projekt deutlich geworden, zielte darauf, den *cultural cringe* zu überwinden, dessen Existenz vor allem auf die vermeintlich paralysierende Wirkmächtigkeit von *Britishness* zurückgeführt wurde. Die Bewältigung des *cringe* im Rahmen eines Initiationsprozesses wurde dabei von den zeitgenössischen Akteuren mit der Überwindung eines kolonialen Zustands gleichgesetzt, die häufig in Analogie zu den Unabhängigkeitsbestrebungen der nach Freiheit strebenden Kolonien gedacht wurde. Ähnlich wie die Aufhebung der Unterscheidung zwischen *natives* und *indigenous peoples* „a teleological justification for a past that has been problematized by the first group of ‚natives'"[407] ermöglichte, so begünstigte die Analogie zwischen der Identitätssuche der ehemaligen weißen Siedlerkolonien zu den Unabhängigkeitsbestrebungen der ehemaligen abhängigen Kolonien eine Verzerrung der Beziehung zwischen Kolonisatoren und Kolonisierten.

Auch in Australien gehörte es zur Programmatik der ‚neuen' Historiographie, sich ausgehend von dem leitenden Interesse an einer historischen Herleitung der *nationhood* bzw. Identität mit spezifisch australischen Themen auseinanderzusetzen. Damit rückten während der 1960er und 1970er Jahre allmählich auch die Aboriginals sowie ihr erfahrenes Leid in den Fokus der Betrachtung.[408] Kaum ein Historiker erreichte dabei die gesellschaftliche Popularität, die Manning Clark innerhalb der australischen Gesellschaft mit seinen der Identität Australiens verpflichteten Werken genoss. Seit Thukydides, so pries ihn 1981 der ehemalige Premierminister Gough Whitlam, habe kein Historiker einen so großen Erfolg verzeichnen können wie Manning Clark, der mit seiner Arbeit stetig versucht habe, einem ganzen Volk Antworten auf Fragen nach *der* australischen Identität zu beantworten. Vor Clark sei der Mythos verbreitet gewesen, Australien besitze keine eigene Geschichte und niemand habe sich mit

---

[405] Vgl. Pollock: Cultural Colonization and Textual Biculturalism, S. 184 f. rekurrierend auf Stephen Turner: Being Colonial/ Colonial Being, in: New Zealand Journal of Literature 20 (2002), S. 39–66, hier S. 51.
[406] Pollock: Cultural Colonization and Textual Biculturalism, S. 185.
[407] Ebd.
[408] Vgl. dazu auch Kate Darian-Smith: Indigenes Australien – von der britischen Besiedelung bis zur Gegenwart, in: Bettina Biedermann, Heribert Dieter (Hgg.): Länderbericht Australien, Bonn 2012 (bpb 1175), S. 93–125, hier S. 111.

4. Die Botschaft der Propheten

den Aborigines oder der Geschichte der Parteienlandschaft auseinandergesetzt.[409] Clark als „the writer, the philosopher, the poet, as well as the historian"[410] trat neben all jenen Rollen auch in seiner ihm von den Medien zugeschriebenen Funktion als Orakel auf, das die „secrets of Australia's national identity through gnomic utterances and the telling of historical parables"[411] scheinbar zu offenbaren vermochte.

Mit Whitlam, dessen Politik Clark glorifizierte, weil sie wie seine eigene Arbeit im Zeichen einer neuen Vision und Identitätsprogrammatik für die Nation stand, verband ihn eine besonders enge Freundschaft. So habe Clark, wie Mark McKenna urteilt, in Whitlam seinen politischen Messias gefunden, während Whitlams *Australian Labor Party* den ersten Professor für australische Geschichte im Gegenzug zum Propheten der neuen, reifen Identität der Nation erklärt habe.[412] Seine sechsbändige „*History of Australia*" (erschienen zwischen 1962 und 1987) war nicht nur „Bestandteil eines jeden besseren australischen Bücherregals", sondern kam auch „zum Bicentennial [dem zweihundertsten Geburtstag der australischen Nation 1988] als Oper auf die Bühne"[413]. Ähnlich wie Sinclair sah sich auch Clark der Identitätssuche jenseits des *cultural cringe* verpflichtet. Von seinem neuseeländischen Kollegen unterschied er sich allerdings durch seine stilistische Art. In Anlehnung an den Stil „des europäischen 19. Jahrhunderts [...] [war sein Werk] voller Tragik, innerer Monologe und Sonnenauf- bzw. untergänge"[414]. Clark scheute dabei auch nicht, auf Bibelpassagen zurückzugreifen. So finden sich bereits in den Entwürfen zu Clarks erstem Band Anspielungen auf die Genesis. Wie Mark McKenna hervorhebt, werde dies etwa an Clarks Darstellung der Landung der *First Fleet* in der *Sydney Cove* und seiner Schilderung der Inbesitznahme des Kontinents 1788 durch Gouverneur Arthur Phillips deutlich:[415]

It was all there in the beginning, that seventh day of February 1788[.] [...] It was all there – the European past, the seeds from which it all developed – the protestant view of the world, the catholic view, the enlightenment, and that other one – man and his environment, [...], European man under the gum tree.[416]

---

[409] Gough Whitlam: Still asking – and answering – the question: Who are we?, in: The Canberra Times, 14.10.1981.
[410] Ebd.
[411] Mark McKenna: 'I Wonder Whether I belong'. Manning Clark and the Politics of Australian History 1970–2000, in: Australian Historical Studies 34.122 (2003), S. 364–383, hier S. 371.
[412] Vgl. McKenna: An Eye for Eternity, S. 565, 568 sowie auch Frie: „History Wars", S. 139.
[413] Ebd., S. 138 f.
[414] Ebd., S. 138.
[415] Vgl. McKenna: An Eye for Eternity, S. 377.
[416] NLA MS 7550, Papers of Manning Clark, Series 16: *A History of Australia*: drafts, Box 58, Folder 1, Vol. 1, Preliminary Manuscript, Oxford, 1.10.1956.

Während Sinclairs *History* mit der Entstehungsgeschichte Neuseelands aus der Perspektive der Maori begann,[417] so stand zu Beginn von Clarks Werk der Einfluss Europas, die Aufklärung, der Protestantismus, der Katholizismus – all jene Elemente also, die den vermeintlich leeren Kontinent zivilisierten. Zwar habe es durch die Aborigines (die *early inhabitants*) verschiedene Kulturen, aber keine Zivilisation in Australien gegeben,[418] hätten doch die Aborigines nicht vermocht, ihren „state of barbarism"[419] zu überwinden. In Clarks Darstellung standen die europäischen Siedler also zivilisatorisch eindeutig über den Aboriginals.

Clarks *History* war wie die Sinclairs Teil des nach dem Zweiten Weltkrieg aufblühenden *cultural nationalism* und Ausdruck des neuen nationalen Selbstbewusstseins. Von Anfang an, so erinnerte sich Clark rückblickend an den Beginn seines großangelegten Projekts, sei das Ziel seiner neu konzipierten nationalen Geschichtsschreibung die Hinwendung zu Australien und seiner Identität gewesen. Das Schicksal, so deutete er an, habe letztlich dafür gesorgt, dass sein persönliches Interesse an einer völlig neuen und selbstbewussten Historiographie für Australien auch von vielen Australiern geteilt worden sei, die sich nach dem Krieg stärker als zuvor für die australische Identität interessiert hätten. Australien, so lautete die frohe Botschaft Clarks, sei keine mittelmäßige Version von Europa oder Großbritannien, sondern könne vielmehr ganz eigene Leistungen vorweisen. In Clarks Wahrnehmung schien jedoch kein Historiker vor ihm dies erkannt zu haben. Ganz im Stile des *thwarted-nationalism*-Narrativs argumentierte er, dass die eigene noch leere historische Landschaft Australiens dringend erschlossen werden müsse, zumal die australische Geschichte nicht einfach nur ein weiterer Zweig der kolonialen Vergangenheit des Mutterlandes sei, sondern einen Eigenwert besitze.[420] Im Zuge dessen waren alte Mythen zu überdenken, ja mehrheitlich sogar durch neue zu ersetzen. Clark sah sich im Rahmen seiner emphatischen Metaphorik mit einer im Vergleich zur europäischen Geschichte leer gebliebenen Karte der australischen Historiographie konfrontiert. Seine selbstauferlegte Mission bestand darin, ohne jedwede Orientierungshilfen historiographisches Neuland zu betreten: „I must set out on a journey without maps."[421]

In einer Radiosendung interpretierte Clark vor diesem Hintergrund *Britain's turn to Europe* einerseits als Chance, durch die Australien endlich seine Inferiorität hinter sich lassen könne. Wie auch Sinclair prophezeite er andererseits

---

[417] Vgl. Sinclair: A History of New Zealand, Prologue: The Fish of Maui, S. 13–25.

[418] Vgl. Manning Clark: A History of Australia, Bd. I: From the Earliest Times to the Age of Macquarie, London, New York 1962, S. 3.

[419] Ebd., S. 5.

[420] Vgl. Manning Clark: The Quest for Grace, Ringwood, Vic. 1990, S. 159.

[421] Ebd.

4. Die Botschaft der Propheten 231

aber auch, die Logik des *thwarted nationalism* aufgreifend, dass durch die lange, paralysierende Anbindung an Großbritannien diese Chance gleichzeitig auch eine Überforderung für Australien darstellen könne:

What is going to happen to us if the [British] tide recedes from our shores? That will mean that for the first time in our history we will be in charge of our own destiny. That may prove too much for us.[422]

Die mit dem Ende des Empire einhergehende Identitätskrise, auf die Clark in seinem Radiobeitrag anspielte, traf ein Volk, das durch den lähmenden Einfluss des Mutterlandes keine eigenen Mythen und schon gar keine eigene Geschichte entwickelt zu haben schien. Wie andere Anhänger des *thwarted-nationalism*-Narrativs, die mit teleologischen Geschichtsdarstellungen Identität herbeischreiben wollten, ignorierte Clark die lange existierende Verbindung zwischen *Britishness* und den sehr wohl existenten australischen Mythen und Traditionen, die erst mit der Brüchigkeit des Empire als fragwürdig erschienen. Für Clark schlossen sich *Britishness* und australische Identität gegenseitig aus: „The question is: what is going to happen to us if and when we cease being British and become Australian?"[423] Durch die Brille des *cultural cringe* betrachtet und mit Hilfe des *thwarted-nationalism*-Narrativs ließ sich eine positivere und komplexitätsreduzierende Antwort auf die Frage nach der Ursache der Identitätskrise geben: Durch den langanhaltenden kolonialen Einfluss Großbritanniens auf Australien und die Imitation britischer Kultur war der Weg zur eigenen Identität und zur eigenen Geschichte versperrt geblieben. Nun war er frei und Propheten, Poeten und *Labor*-Politiker wie Whitlam würden der Nation zu einem neuen Selbstbild verhelfen.

In Clarks *opus magnum* stellte sich der Weg in Richtung *nationhood* als ein Kampf dar. Wie McKenna am vierten Band von Clarks *History* zeigt, sei dieser in Clarks Wahrnehmung zwischen den „supporters of Australian nationalism and the Anglo-Saxons" ausgetragen worden – „one side wanting to retain the Union Jack and God Save the Queen, the other side fighting for the independence of Australia, republican political institutions, and the end of all formal legal ties with the United Kingdom".[424] Insbesondere der sechste und letzte Band, der vor dem Hintergrund der Verfassungskrise 1975 und der damit verbundenen Entlassung Whitlams durch Generalgouverneur John Kerr entstand, widmete sich diesem symbolischen Kampf zwischen Gut und Böse, zwischen

---

[422] NLA MS 7550, Papers of Manning Clark, Series 7: Correspondence, 1975, Box 40, Folder 28, Guest of Honour (für ABC radio talk), 13.7.1971, S. 2. Vgl. zu dieser Quelle auch McKenna: An Eye for Eternity, S. 561 f.
[423] Guest of Honour, 13.7.1971, S. 2.
[424] McKenna: An Eye for Eternity, S. 589.

pro-australischen und pro-britischen Kräften sowie zwischen *Labor* und den Konservativen. Der Entstehungskontext dieses Bandes ist deshalb bedeutend, weil die überraschende Absetzung Whitlams im Zuge der Haushaltskrise 1975 ausgerechnet durch den Generalgouverneur, d.h. durch einen Vertreter der britischen Monarchie, herbeigeführt worden war – ein Ereignis, das es so zuvor noch nie gegeben hatte.[425] Mit McKenna kann festgehalten werden, dass im Rahmen der von Clark vielfach beschriebenen Auseinandersetzung zwischen pro-britischen und pro-australischen Kräften den mit den Briten paktierenden Konservativen die *Labor Party* gegenübergestanden sei, von der Clark und der Premier das Bild von einem „bulwark of an Australian historical tradition, one on which the nation's new identity was steadily being built"[426] verbreitet hätten. Die Konservativen unter Malcolm Fraser (1975–1983) und ihr der Vergangenheit anhängendes, pro-britisches Bild drohten die Nation in ihrem angestoßenen Reifeprozess auszubremsen. Vor diesem Hintergrund, so McKenna, müsse auch Clarks polemische Gegenüberstellung zwischen der Vergangenheit und der Gegenwart Australiens im letzten Band seiner *History* kontextualisiert werden.[427] Darin gehörten das britische Mutterland und seine Anhänger, die vermeintlich die Entwicklung einer eigenständigen Identität und Form von *nationhood* ausgebremst hatten, der toten Vergangenheit an. Hingegen gehörte der Nation Australien, die gemäß der Vorstellung einer teleologischen Entwicklung *from colony to nation* den inferioren Zustand der *childhood* überwunden zu haben schien, die Zukunft. Clark brachte diese Gegenüberstellung zwischen der toten Vergangenheit (der Konservativen) und der vielversprechenden, lebendigen Zukunft Australiens (der *Labor Party*) in dem Titel seines sechsten Bandes „*The Old Dead Tree and the Young Tree Green*" (1987) auf den Punkt.[428]

Der Kampf der Frauen um Gleichberechtigung, die Kritik an der Unterdrückung der Aborigines, die aufblühende kulturelle Aktivität von Künstlern wie Patrick White, der Beitrag von Einwanderern aus Asien und Europa zur australischen Gesellschaft – all dies sprach für Clark, der Anfang der 1990er Jahre im Epilog des letzten Bandes seiner *History* noch einmal einen Blick auf die zweite Hälfte des 20. Jahrhunderts richtete, für einen erfolgreich eingeschlagenen

---

[425] Zur Verfassungskrise vgl. auch Heribert Dieter: Das politische System des Australischen Bundes, in: Bettina Biedermann, Heribert Dieter (Hgg.): Länderbericht Australien, Bonn 2012 (bpb 1175), S. 127–165, hier S. 143 f.

[426] McKenna: An Eye for Eternity, S. 568.

[427] Vgl. ebd., S. 578.

[428] Den Titel entlehnte Clark einem Lied des *bush*-Poeten Henry Archibald Lawson (1867–1922). Vgl. dazu auch Graeme Davison: s.v. Lawson, Henry Archibald, in: Ders., John Hirst und Stuart Macintyre (Hgg.): The Oxford Companion to Australian History, Oxford 2001, S. 384 f. sowie Dan Tout: 'A gumtree is not a branch of an oak'. Indigenising settler nationalism in 1930s Australia, Diss. masch., Melbourne 2018, S. 11.

Pfad, der weg vom *cringe* und dem damit verbundenen Minderwertigkeitsgefühl und hin zu einer vermeintlich reifen Nation führte.[429] Allerdings schien dieses Ziel noch immer nicht erreicht worden zu sein. Ähnlich wie Sinclair diagnostizierte er in diesem Kontext erneut, dass der nur unzureichend ausgeprägte Grad an *maturity* die Folge der langen Abhängigkeit Australiens vom britischen Mutterland sei. Im Gegensatz zu den USA, die mit Stolz auf ihre Revolution und ihre *Declaration of Independence* von 1776 blicken könnten, habe es in Australien eine derartig feierliche Loslösung von Großbritannien nie gegeben, so dass es dem Land ganz eindeutig an jedwedem historischen Glanz fehle. Im Gegensatz zu den USA habe für Australien stets Folgendes gegolten: „No one seemed able to say who Australian were, or what they stood for."[430] Angesichts des während der 1960er und 1970er Jahre zur Gewissheit werdenden Endes des Empire stellte Clark in seinen Beiträgen klare Maßnahmen auf, mit deren Hilfe die australische Nation die sich eröffnenden Chancen nutzen, ihren Initiationsprozess erfolgreich durchlaufen, den *cringe* ablegen und neue Mythen und Selbstbilder etablieren würde.

In einer Welt, in der die „traditional bases of nationalism – race, ethnicity and a common culture" im Zuge der Dekolonisation und des *End of Empire* keine Stabilität mehr liefern konnten, sah Clark in einer offenen „nation without nationalism, a nation that was post-racial, post ideological and post-British"[431] die Lösung für die Identitätsproblematik Australiens. Auf dem Weg in diese neue Welt *nach* dem Empire, die unter dem Vorzeichen des *New Nationalism* stand, galt es Clark zufolge, jene Geister der Vergangenheit loszuwerden, welche immer wieder ihre kalte Hand an die Nation anlegten. Von dem neuen Nationalismus versprach sich Clark folglich die Befreiung von all jenen Geistern, die der britisch geprägten Vergangenheit und damit dem alten, chauvinistischen und auf Xenophobie basierenden Nationalismus angehörten:

I am thinking of the ghost of a male dominated society – of a society and a country which has no place for a woman except in the kitchen and the bed. I am also thinking of that ghost of the white man not acknowledging the separate culture of the Aboriginal – not acknowledging, that is, that there are at least two cultures in this country.[432]

---

[429] Vgl. Manning Clark: A History of Australia, Bd. VI: 'The Old Dead Tree and the Young Tree Green' 1916–1935 with an Epilogue, Carlton, Vic. 1987 (ND 1991), S. 499 f.
[430] Vgl. Manning Clark: The Quest for an Australian Identity. (James Duhig Memorial Lecture, University of Queensland, 6 August 1979), in: Ders.: Occasional Writings and Speeches, hgg. von Elizabeth Cham und Dymphna Clark, Melbourne 1980, S. 215–233, hier S. 222.
[431] McKenna: An Eye for Eternity, S. 563.
[432] Manning Clark: Laying the ghosts, in: The Australian, 14.5.1973. Vgl. zum Bild der *ghosts of the past* auch Ders.: The Quest for an Australian Identity, S. 221 f.

Die Unterdrückung der Frauen und die Marginalisierung der Aborigines gehörten für Clark eindeutig der britisch geprägten Vergangenheit an. In der australischen Nation der Gegenwart mit ihren spezifisch australischen Werten, die, wie Clark suggerierte, mit Hilfe des neuen Nationalismus zur Vollendung gebracht werden würden, sollten die Benachteiligungen von Frauen und insbesondere die der Indigenen keine Rolle mehr spielen. Überblickt man den Querschnitt der bisher vorgestellten Thesen und Äußerungen Clarks, so müssen mehrere Widersprüche festgehalten werden:

Zwar mahnte Clark im Verlaufe seines Schaffens immer wieder an, dass die Aborigines, ihr erfahrenes Leid und das Problem der Xenophobie in Australien zu lange ignoriert worden waren. Bereits der Blick auf die Darstellung der unzivilisierten Aborigines in Clarks erstem Band hat allerdings exemplarisch zeigen können, dass Clark aus einer eurozentrischen Perspektive heraus argumentierte, bei der die europäischstämmigen Siedler den Aborigines überlegen waren. Erst durch sie erhielt Australien vermeintlich einen zivilisatorischen Wert. Die große Frage, mit der er sich konfrontiert sah, lautete entsprechend: „What was puzzling was why the Aborigines spurned the gift of European civilisation."[433] Erst zum Ende seines Lebens, so hat Mark McKenna belegen können, habe es Clark bereut, die Aborigines in seinen Werken nur als passive und nebensächliche Akteure dargestellt zu haben.[434] Obgleich er 1973 in einem Artikel in *The Australian* davon sprach, dass es mindestens zwei Kulturen in Australien gebe, schwebte ihm dabei kein neues, bikulturelles Selbstverständnis der Nation vor. Ein solches Selbstbild entbehrte in Australien jeder historischen Legitimation, denn im Gegensatz zu den Maori im benachbarten Neuseeland hatten die Aboriginals keinerlei Anteil am Gründungsmythos der Nation. Zwar prangerte Clark im Laufe seines Schaffens immer wieder die Schuld an, welche „White Australia" durch „murder, violence, and rape"[435] auf sich geladen hatte. Seine Werke und Thesen trugen dennoch nur wenig zu einem reflektierten Umgang mit den Aboriginals und ihrer Geschichte bei. Schuld an der Unterdrückung der Aborigines waren in Clarks Schriften nicht die Australier, sondern die Briten oder zumindest die pro-britischen Kräfte innerhalb des Landes. Wie McKenna konstatiert, sei diese Schuldzuweisung auf Clarks leitmotivische Darstellung der vermeintlichen Auseinandersetzung zwischen pro-britischen und pro-australischen Kräften innerhalb Australiens zurückzuführen. Während die eigentlich Schuldigen vor diesem Hintergrund ganz klar auf der britischen Seite zu suchen gewesen seien, so McKenna, sei es für Australier lediglich nötig gewesen, ihre Reue zu bekunden,

---

[433] Clark: A Discovery of Australia, S. 22.
[434] Vgl. McKenna: 'I Wonder Whether I belong', S. 371 f.
[435] Ebd., S. 373.

um einen Haken an das Kapitel der Schuld machen zu können. Die zur Schau gestellte Reue sei dabei nicht mehr als ein Lippenbekenntnis gewesen.[436]

Ähnlich wie die Intellektuellen Kanadas und Neuseelands befürwortete auch die australische *intelligentsia* die Besinnung auf eigene kulturelle Ausdrucksformen, die in den Quellen aufgrund der sonst üblichen Rezeptionsgewohnheiten als etwas Neues beschrieben wurden.[437] In diesem Kontext galt es auch, sich mit dem asiatischen Umfeld näher zu beschäftigen, um dem Wirkungsbereich des *cringe* entfliehen zu können. Auch für Manning Clarks Darstellungen der Geschichte Australiens spielte der asiatische Raum eine entscheidende Rolle. So habe er, wie McKenna in seiner Biographie festhält, im Vorfeld der Entstehung des ersten Bandes seiner *History* beabsichtigt, den Einfluss des europäischen Imperialismus auf Asien sowie gegenseitige religiöse Beeinflussungen zu untersuchen, um „Australia's history in its broadest possible context"[438] verstehen zu können. Bereits während der 1950er Jahre, in denen die Presse regelmäßig von den „independence movements across Asia" berichtet habe und das „academic interest in ‚Asian studies'"[439] zusammen mit den Zahlen der Studierenden aus dem asiatischen Raum an den australischen Universitäten gewachsen sei, hatte Clark mit seiner Frau Südostasien bereist. Auch wenn er nicht wirklich in der Lage schien, sich auf die ihm fremden Kulturen einzulassen und sich etwa während seines gesamten Aufenthalts in Indonesien insgeheim nach europäischem Essen und europäischer Kultur sehnte,[440] brachten seine Reisen die folgenden Effekte mit sich:

Einerseits führten die Fragen von asiatischen Studierenden über den schlechten Umgang Australiens mit den Aborigines oder die *White Australia Policy* dazu, dass er sich hierfür schämte. Andererseits gründete sein Interesse an den neuen asiatischen Nationen und ihren Intellektuellen auf dem Gedanken, dass man von ihnen lernen könne, wie ein nationaler Reifeprozess und die Entwicklung einer eigenständigen Kultur und Identität erfolgreich gelingen könne.[441] Vor diesem Hintergrund, so McKenna, sei Clark nichts weiter übrig geblieben, als verlegen auf sein eigenes Land zu blicken, das statt einer nationalen Bewegung bevorzugt habe, „the role of Little Britain in the South Seas"[442] zu spielen.

---

[436] Vgl. ebd.
[437] Vgl. dazu beispielsweise Madeleine Armstrong: All About Us, in: The Bulletin, 9.3.1963: „It is still a relatively new experience for Australians to be able to go to the theatre and see plays about themselves."
[438] McKenna: An Eye for Eternity, S. 362.
[439] Ebd., S. 350.
[440] Vgl. ebd., S. 352.
[441] Vgl. ebd., S. 354, 357.
[442] Ebd., S. 355.

III. Auswirkungen des cultural cringe

Ein engerer Austausch zwischen Australien und den asiatischen Ländern gehörte insbesondere im Kontext der Identitätskrise ab den 1960er Jahren zu den verbreiteten Ansätzen von Intellektuellen, Kulturschaffenden und Politikern, die sich davon nicht nur neue Formen der Zusammenarbeit, sondern vor allem eine gewisse kulturelle Inspiration erhofften. So stellte beispielsweise Donald Horne in „The Lucky Country" dem Glauben der alten Generation an Großbritannien den Glauben der jüngeren Generation gegenüber, die sich mehr dem spezifischen australischen Umfeld zu widmen beabsichtigte und sich in diesem Kontext auch zunehmend mit Asien identifizierte. Zu dieser Gruppe, die Horne zufolge nach „similarities in Asians and mutual interests" suchte, zählte er sich auch persönlich, weil er darin die Chance eines „creative awakening among Australians"[443] sah. Von diesem Weckruf erhoffte er sich, dass sein Land sich mit dessen Hilfe „from its inhibiting provincialism, its feeling that it can do nothing new for itself"[444] befreien würde. Allerdings warnte er gleichzeitig davor, dass die Sichtweise frei nach dem Motto „,We're all Asians now'"[445] nicht dazu führen dürfe, Unterschiede zwischen Australien und Asien[446] einfach zu ignorieren. Auch müsse man beachten, dass Lippenbekenntnisse alleine nicht reichten, sondern vielmehr Handlungen und Positionierungen (etwa mit Blick auf den Konflikt zwischen Indien und China) notwendig seien. Ansonsten sei eine Identifizierung mit Asien in jeder Hinsicht nichts weiter als Augenwischerei.[447]

Grundsätzlich nahmen sowohl Sinclair als auch Clark die sich im Verlauf der 1960er und 1970er Jahre abzeichnende Identitätskrise infolge der Brüchigkeit von *Britishness*, *Whiteness* und *family values* trotz aller Probleme als Chance wahr. Die Gelegenheit schien endlich gekommen zu sein, um die *accidential nations*[448] Neuseeland und Australien aus dem Einflussbereich des *cultural*

---

[443] Horne: The Lucky Country, S. 121.
[444] Donald Horne: The British and Us. I – Mates in the Empire, in: Quadrant 9.1 (Jan.–Feb. 1965 No. 33), S. 9–13, hier S. 13. Vgl. dazu auch Mads Clausen: Donald Horne Finds Asia, in: David Walker, Agnieszka Sobocinska (Hgg.): Australia's Asia. From yellow Peril to Asian century, Crawley, W.A. 2012, S. 298–321, hier S. 311.
[445] Horne: The Lucky Country, S. 121 (Herv. i. Orig.).
[446] Wie Srdjan Vucetic betont, sei Asien für Australier nicht nur mit den Gefahren verbunden gewesen, die vor dem Hintergrund des Kalten Krieges vom Kommunismus ausgegangen seien: „Closest to the Self, were the poverty-stricken, but generally friendly, populations of ‚new Commonwealth' South Asia. Then came the ‚youthful and still uneasy' people of Burma, Indonesia, and Thailand in Southeast Asia as well as the Philippines, ‚unique as the only Christian democracy in the Far East.'" Srdjan Vucetic: The Anglosphere. A Genealogy of a Racialized Identity in International Relations, Stanford 2011, S. 59. Im Gegensatz zu diesen Ländern, so hebt Vucetic hervor, seien der alte Erzfeind Japan zusammen mit *Communist China* die asiatischen Länder gewesen, von denen sich Australier deutlich abgegrenzt hätten. Vgl. ebd.
[447] Vgl. Horne: The Lucky Country, S. 121.
[448] Als solche werden Australien und Neuseeland selbst in einem modernen Handbuchar-

cringe und damit aus dem Zustand der Inferiorität hinauszuführen. Die richtigen Impulse schienen durch die historiographischen Darstellungen der jeweiligen *Histories* bereits gesetzt. Auch die sich seit der Nachkriegszeit abzeichnende Nationalisierung in Kunst und Kultur schien aus der Sicht der *poster boys* der zeitgenössischen Geschichtswissenschaft ein Beleg dafür zu sein, dass die Entwicklung Richtung *nationhood* nun allmählich immer erfolgreicher verlief.[449]

Die Einbettung der neuseeländischen Geschichte in den pazifischen Kontext, die allgemeine Nationalisierung der Kulturlandschaft und Historiographie sowie der ab den 1960er Jahren zu beobachtende Bezug zum neuen statt alten Nationalismus – all dies waren Lösungsansätze, mit deren Hilfe es möglich erschien, eine ‚neue' und vor allem ‚eigene' Identität zu konstruieren. Ignoriert wurde dabei, dass es schon zuvor ‚eigene', auf *Britishness* basierende Mythen in den jeweiligen Ländern gab. Folglich war die Vorstellung von den fehlenden Mythen im umgangssprachlichen Sinne selbst ein Mythos. Auch bei dem Erklärungsansatz vieler *nationalists*, die auf die fehlenden Kriege und Revolutionen verwiesen, um das nicht existente Mythenarsenal ihrer Nation zu erklären, wurde ausgeklammert, dass eben diese fehlenden Konflikte zur Grundlage des eigenen Identitätsverständnisses als *Better Britain* gehörten. Vor dem Hintergrund der Identitätskrise wurde diese Tatsache einfach umgedeutet: Nun waren die fehlenden Kriege, Revolutionen etc. der vermeintliche Grund dafür, warum es keine glorreichen Referenzpunkte in der eigenen Geschichte gab, auf die sich Identitätskonstruktionen hätten beziehen können. In diesem Sinne argumentierte beispielsweise der Journalist Ian Cross nach seinem Aufenthalt in Kanada, dass das verbindende Element zwischen Kanada und Neuseeland die fehlenden Kriege und Revolutionen seien. Somit gebe es in der Gegenwart keinen übermäßigen, auf glorreichen historischen Ereignissen gründenden Nationalstolz. Aus Cross' Sicht schien dies die Identitätskrisen Kanadas und Neuseelands verstärkt zu haben:

Canadians have had no wars of independence against their British and French mother countries [...]. Perhaps for that reason they do not behave as citizens of a typical large nationstate; they are quite without bumptiousness and have no sense of self-importance because they are Canadians; [...]. They are, indeed, like New Zealanders in their unassuming, sometimes reticent manner.[450]

---

tikel von 2006 aufgrund ihrer vermeintlich fehlenden (Ursprungs-)Mythen, aber auch Revolutionen und Unabhängigkeitserklärungen bezeichnet. Vgl. zu dieser fragwürdigen Interpretation Beilharz/ Cox: Nations and Nationalism in Australia and New Zealand, S. 556.

[449] Der Beginn des modernen Australiens, so lautete noch 1987 das Urteil John Molonys in seiner anlässlich des *Australian Bicentennial* verfassten „*History of Australia*", sei in den 1950er Jahren zu finden. Charakteristisch für dieses Jahrzehnt sei eine neue Selbstidentifikation der Australier mit ihrem Kontinent gewesen. Vgl. John Molony: The Penguin Bicentennial History of Australia. The Story of 200 Years, Ringwood, Vic. u. a. 1987, S. 311.

[450] Vgl. Cross: Canada. A culture in crisis, in: NZ Listener, 4.12.1976.

Charakteristisch für die teleologischen Historiographien, die das Ende des *cultural cringe* jenseits von *Britishness* herbeischrieben, war ihre Einigkeit darüber, was alles *nicht* Bestandteil der ‚neuen' Identität sein konnte. Abgesehen vom Bikulturalismus, auf den zumindest in Kanada und Neuseeland während der Zeit der Identitätskrise für Identitätskonstruktionen zurückgegriffen werden konnte, blieben konkrete Inhalte des neuen Selbstbilds oftmals Zukunftsmusik und wurden auch von vielen zeitgenössischen Akteuren häufig als recht vage wahrgenommen. Nicht nur Kritiker wie Heinz W. Arndt monierten, dass Propheten wie Clark bedingt durch ihre weissagerische Rolle nie präzise argumentieren könnten. Auch Clark persönlich musste, nachdem er in einem Vortrag von 1954 nahezu alle bisherigen Interpretationen australischer Geschichte für ungeeignet befunden hatte, eingestehen, dass auch er noch nicht über die Antwort auf die Frage nach dem passenden Ersatz verfüge.[451] Trotz seiner historiographischen Programmatik, mit der er sich der Geister der Vergangenheit des alten Nationalismus mit Hilfe des neuen Nationalismus zu entledigen beabsichtigte, sah er sich fast 20 Jahre nach diesem Vortrag immer noch mit einem fundamentalen Problem konfrontiert, das das ganze Land betraf. Obgleich das Jet-Zeitalter mit einem neuen Selbstbewusstsein einhergegangen sei, so gab er zu bedenken, gebe es unter den Australiern immer noch eine tiefsitzende Verunsicherung über ihren Platz in der Welt: „But deep down, despite the confidence from that jet machine we still do not know the answer to the simple question: Where do we belong?"[452] Auch der Epilog in Sinclairs *History* sowohl in der Erstausgabe als auch in der erweiterten und aktualisierten Ausgabe von 1976 ließ die Rezipienten bezeichnenderweise mit dem Eindruck zurück, dass noch viel zu tun war, um die Identitätsproblematik ernsthaft lösen zu können.[453]

Wie insbesondere Stuart Ward im Rahmen seiner Forschung zeigen konnte, lassen sich die dargestellte Unsicherheit sowie das stets im Futur gehaltene *mögliche* Potential jener ‚neuen' Konzepte, die jenseits von *Britishness*, *Whiteness* und *family values* eine stabile Grundlage für Identitätskonstruktionen liefern sollten, auf die Wirkmächtigkeit des Empire zurückführen. Selbst als *British-*

---

[451] Vgl. H. W. Arndt: National Identity, in: Quadrant 25.8 (Aug. 1981), S. 27–30, hier S. 27 sowie Manning Clark: Rewriting Australian History. (Given as a lecture in Canberra 1954), in: Ders.: Occasional Writings and Speeches, hgg. von Elizabeth Cham und Dymphna Clark, Melbourne 1980, S. 3–19, hier S. 18.

[452] Clark: Laying the ghosts, in: The Australian, 14.5.1973. Auch am Untertitel des Artikels ließ sich die anhaltende Verunsicherung ablesen. Ein neues Selbstbewusstsein schien zwar (*irgendwann* in der Zukunft) möglich. Was jedoch vorerst überwog, war die auf die Identitätskrise zurückzuführende Haltlosigkeit und das Gefühl einer Orientierungslosigkeit: „Professor Manning Clark looks at Australian nationalism – the old and the new. We may be more confident but we are still floundering."

[453] Vgl. Sinclair: A History of New Zealand, S. 301 sowie Ders.: Epilogue, S. 368.

ness als kultureller Referenzrahmen während der 1960er und 1970er Jahre brüchig wurde und Akteure versuchten, ‚eigene', von *Britishness* unabhängigere Identitätskonzeptionen zur Bewältigung des *cultural cringe* zu entwickeln, den sie für die Ursache ihrer kollektiven Identitätskrise hielten, verschwanden kulturelle Bezüge zum Mutterland nicht einfach. Nicht zufällig erschien William H. Olivers „*Story of New Zealand*" trotz der Nationalisierung in Kunst und Kultur nicht etwa in Auckland oder Wellington, sondern in London. Stuart Ward zeigt in seiner jüngsten Studie unter anderem an Keith Sinclairs historiographischem Projekt, wie ambivalent die Sicht auf die britische Vergangenheit Neuseelands und auf das britische Mutterland selbst war, von dessen paralysierenden, ja als kolonial markierten Einflüssen sich Sinclair mit seiner *History* eigentlich zu befreien beabsichtigte. Von London, so Ward, sei trotz all der Unabhängigkeitsbestrebungen in den ehemaligen weißen Siedlerkolonien wie Neuseeland eine anhaltende kulturelle Anziehungskraft ausgegangen.[454] Sinclair begründete seine bereits an früherer Stelle erwähnte Prophezeiung, dass der Bezug zum britischen Mutterland künftig eine geringere Rolle in Neuseeland spielen werde, nicht etwa aus einer kritischen, sondern aus einer ehrfürchtigen Haltung heraus, wenn er feststellte, dass eine Kultivierung Neuseelands nach britischem Vorbild gar nicht erst gelingen könne.

Moreover, I am satisfied with that prospect, not as a critic of British life (indeed, I would rather be in London than anywhere else in the world, outside Auckland), but because we never can have a high civilisation that is British. For us to want to be British is a poor objective, like wanting to be an understudy, or a caretaker – or an undertaker.[455]

Die von Ward ausgemachte Ambivalenz äußert sich darin, dass vom britischen Mutterland für Sinclair einerseits weiterhin eine kulturelle Anziehungskraft ausging. Eine Imitation der kulturellen Standards versetzte Neuseeland – gemäß der Logik des *cringe* – andererseits allerdings in die untergeordnete Position des den Meister nachahmenden Schülers und unterband so vermeintlich die Entwicklung des eigenen kulturellen Potentials. Eine Nachahmung galt es daher zu vermeiden. Von London ging also gleichzeitig eine Anziehungs- und Abstoßungskraft aus.[456] Dieser ambivalente Blick auf Großbritannien und die anhaltende Wirkung von *Britishness* lässt sich auch bei Manning Clark beobachten. Trotz seiner Befreiungsrhetorik galten für ihn die Kunst und Kultur Europas und damit auch Großbritanniens als Vorbild.[457]

---

[454] Vgl. Ward: Untied Kingdom, Kap. 8: Backing Little Britain: Distempers (Manuskript), S. 25 f.

[455] Sinclair: The Historian as Prophet, S. 141.

[456] Vgl. Ward: Untied Kingdom, Kap. 8: Backing Little Britain: Distempers (Manuskript), S. 26.

[457] Vgl. ausführlich dazu auch McKenna: 'I Wonder Whether I belong', S. 373 f.

Ein weiteres und letztes Beispiel für die Persistenz von *Britishness* und die Ambivalenz der ‚neuen' Historiographie, die den *cringe* seit der Nachkriegszeit durch die *Australianization* zu überwinden glaubte, ist die Kulturgeschichte Australiens von Geoffrey Serle. In „*From Deserts the Prophets Come*" (1973) versuchte Serle ähnlich wie bereits seine Vorgänger im Duktus des *thwarted-nationalism*-Narrativs die vermeintliche Evolution einer selbstbewussten australischen Identität und Kultur zwischen 1788 und 1972 aufzuzeigen. Durch die „perpetuation of colonial dependence" zwischen 1900 und 1940 sei die „development towards nationhood"[458] ausgebremst worden. Erst während der 1940er und 1950er Jahre, so glaubte Serle zu erkennen, habe die zunehmende *Australianization* in der nationalistisch ausgerichteten Historiographie und Kultur vor dem Hintergrund des sich abzeichnenden machtpolitischen Endes des Empire dazu beigetragen, „a sense of national identity"[459] zu stärken. Die wachsende Popularität des späteren und einzigen Literaturnobelpreisträgers Patrick White, die auf breiter Ebene rezipierte nationale Geschichtsschreibung (insbesondere) unter der Federführung des Geschichtspropheten Manning Clark, die Etablierung des *Australian Elizabethan Theatre Trust* 1954, die Popularität regionaler Museen sowie die Verbreitung von australischer Literatur und *folk-music* waren für Serle starke Indikatoren dafür, dass es kulturell in Australien aufwärtsging und dass ein „sense of history and tradition"[460] im Entstehen war. So hätten beispielsweise junge Australier bis zu den *mid-fifties* keine Zerrissenheit mehr zwischen einer britischen und australischen Identität verspürt. Auch wenn es sich bei ihnen eher um unbefangene und noch junge und unerfahrene Australier gehandelt habe,[461] seien sie nun zumindest aufrecht gegangen – „neither strutted nor cringed".[462] Die kulturellen Entwicklungen bis zu Beginn der 1950er Jahre deuteten für Serle darauf hin, dass eine Loslösung von der Nabelschnur des britischen Mutterlandes und damit auch ein Ausweg aus dem *cringe* möglich war. Ein genauerer Blick zeigt allerdings zum einen, dass sich Serle selbst über mögliche Inhalte einer australischen Identität unsicher war. Deutlich wird das beispielsweise an seiner Kritik an der mangelnden Verehrung, die Australier den „founding fathers or other possible heroes"[463] entgegenbrächten. Um welche wei-

---

[458] Geoffrey Serle: From Deserts the Prophets Come. The Creative Spirit in Australia 1788–1972, Melbourne 1973, S. 89.
[459] Serle: 6) Austerica Unlimited?, S. 239.
[460] Ebd., S. 240. Zur Nationalisierung von Kunst und Kultur während der 1950er Jahre vgl. auch David Carter/ Bridget Griffen-Foley: Culture and Media, in: Alison Bashford, Stuart Macintyre (Hgg.): The Cambridge History of Australia. Vol. 2: The Commonwealth of Australia, Cambridge 2013, S. 237–262, hier S. 255. Serle: 6) Austerica Unlimited?, S. 239.
[461] Vgl. ebd.
[462] Serle: From Deserts the Prophets Come, S. 180.
[463] Serle: 6) Austerica Unlimited?, S. 245.

teren *möglichen* Helden es sich dabei handeln könnte, darüber konnte auch Serle keine nähere Auskunft geben. Zum anderen unterstrich der australische Historiker, dass trotz aller Abnabelungsversuche von Großbritannien eine „close sentimental relationship"⁴⁶⁴ aufrechterhalten werden sollte. Entgegen der Vorstellung Serles von einem Australien, das im Zuge der *Australianization* seine vermeintliche Zerrissenheit zwischen seiner Identität und der des britischen Mutterlandes beendet hatte, wirkte *Britishness* weiter und stand nicht wirklich im Widerspruch zur eigenen Identitätswahrnehmung. Auch wenn der *cultural nationalism* etwas anderes suggerierte, so fungierte *Britishness*, wie deutlich geworden ist, auch für die stolzen *nationalists* mit ihrer Nationalisierungsprogrammatik in Kunst und Kultur insgeheim weiter als ein zentraler Bezugspunkt.

Im Vergleich zu den *poster boys* der Geschichtswissenschaften in Australien und Neuseeland bildete die zeitgenössische Historikerszene Kanadas in gewisser Weise einen Sonderfall. Im Gegensatz zu den australischen und neuseeländischen Historikern hinterfragten ihre kanadischen Kollegen auch im Zuge des *cultural nationalism* nicht die britische Prägung ihres Landes. Ihrem Selbstverständnis zufolge konnte sich Kanada nur mit Hilfe seiner britischen und seiner französischen Prägung von den USA unterscheiden. Während die Identitätskrise zwischen den 1960er und 1970er Jahren in Australien und Neuseeland als Chance interpretiert wurde, weil in diesem Kontext ein Weg aus dem Einflussbereich des *cultural cringe* möglich erschien, blickten die meisten kanadischen Historiker und Kulturkritiker hingegen ausschließlich negativ auf die beiden Jahrzehnte.⁴⁶⁵

So richtete sich der berühmte kanadische Historiker Donald Creighton bereits früh gegen jene, die wie Arthur Lower eine Entwicklung Kanadas *from colony to nation* anstrebten und im Zuge dessen den Einfluss Großbritanniens problematisierten.⁴⁶⁶ Für Creighton, der diese Sichtweise in seinen Schriften als „‚authorized version' or ‚Liberal Interpretation' of Canadian history"⁴⁶⁷ oder auch abfälliger als „Liberal nationalist ideology"⁴⁶⁸ kritisierte, war der *Canadian nationalism* nicht ohne den Bezug zum britischen Mutterland vorstellbar. Hier prallten also zwei gegensätzliche Versionen des *Canadian nationalism* aufeinander. Insbesondere während der 1960er und 1970er Jahre wurde die ältere Ge-

---

⁴⁶⁴ Ebd., S. 240.
⁴⁶⁵ Vor diesem Hintergrund erklärt sich auch, warum die zeitgenössische Historikerlandschaft nicht ganz gleichgewichtig für die drei ehemaligen weißen Siedlerkolonien in den Blick genommen wird.
⁴⁶⁶ Vgl. dazu bereits die Ausführungen in Kap. II.2.1.
⁴⁶⁷ Massolin: Canadian Intellectuals, the Tory Tradition and the Challenge of Modernity, S. 203.
⁴⁶⁸ Ebd., S. 244.

neration der *nationalists* zunehmend mit dem Nationalismusverständnis der jüngeren Generation konfrontiert. Während die älteren *nationalists* den negativen Einfluss des *cultural cringe* auf die USA bezogen und in der britischen Tradition ihres Landes den Garanten für Stabilität sahen, bezog die jüngere Generation der *nationalists* den *cringe* auch auf die negativen Folgen der Nachahmung alles Britischen, wobei (mit Ausnahme unter anderem von Frank H. Underhill) auch diese Gruppierung den wachsenden Einfluss der USA problematisierte. In seiner 1957 erschienenen Abhandlung „*Freedom Wears a Crown*" grenzte der Gelehrte John Farthing die beiden Gruppierungen mit klarer Parteinahme für die in seinen Augen wahren *nationalists*, den Anhängern der Monarchie, wie folgt voneinander ab:

> A very real distinction exists between our present pure-Canada nationalism and a true Canadian nationhood. At the root of the distinction lies our attitude to what has been known in Canada as the British tradition. According to our new nationalists this tradition is something that belongs only to the British Isles and is therefore an alien influence in the life of a people who should have their own traditions and should admit nothing in their national life that is not wholly and purely of Canada.[469]

Farthings Titel kann als programmatisch für die Haltung konservativer Historiker und Politiker betrachtet werden. Für diese galt die Monarchie unter kanadischem (und nicht britischem!) Vorzeichen als ein Zeichen für Kanadas Autonomie bei gleichzeitiger Aufrechterhaltung der britischen Traditionen der Nation, die sich in dem Glanz der *Queen of Canada* spiegelte.

Für Intellektuelle wie John Farthing, Donald Creighton, Vincent Massey, George Grant und William L. Morton wurde Kanadas Existenz und Identität seit seiner Entstehung 1867 nur durch die traditionellen Verbindungen mit dem britischen Mutterland und seiner Monarchie gewährleistet. Ganz im Sinne von Brebners Konzept des *North Atlantic Triangle* war Kanada gerade durch seine britischen Elemente vor den Gefahren des Kontinentalismus durch die USA geschützt, deren Einfluss seit dem Zweiten Weltkrieg nicht nur militärisch, sondern auch ökonomisch und kulturell maßgeblich zugenommen hatte.[470] Deutlich wird hier erneut, wie zentral der *Narzissmus der kleinen Differenz* für das Verständnis kanadischer Identitätskonzepte ist, konnte sich die kanadische Nation doch vor allem durch ihre britische Traditionen von den USA abgrenzen.[471] Für Creighton galt insbesondere einer der Gründungsväter der Konföderation, nämlich der erste kanadische Premierminister John A. Macdonald (1867–1873; 1878–1891), als der Held der *Conservative Party*. Als solcher spielte er in zahl-

---

[469] John Farthing: Freedom Wears a Crown, hg. von Judith Robinson, Toronto 1957, S. 13 f.
[470] Vgl. Massolin: Canadian Intellectuals, the Tory Tradition and the Challenge of Modernity, S. 203, 244.
[471] Vgl. dazu auch Owram: Canada and the Empire, S. 157.

4. Die Botschaft der Propheten

reichen Schriften und Vorträgen Creightons eine Rolle. Macdonald schien sämtliche Prinzipien verinnerlicht zu haben, die für das *survival* Kanadas im nordamerikanischen Kontext unbedingt zu beachten waren – Prinzipien, die nach Creighton in der Gegenwart dabei helfen konnten, mit dem wachsenden Einfluss der USA umzugehen.[472] Wie Philip Massolin in diesem Kontext konstatiert, sei es Creighton primär darum gegangen, möglichst vielen Menschen die zeitlose Vision Macdonalds einer „transcontinental nation that would have an autonomous existence in North America" als die grundlegende Idee für Kanadas Identität zu vermitteln. Basierend auf Macdonalds Vision habe Kanada (im Gegensatz zu den USA) auf friedliche Art und Weise eine Unabhängigkeit von Großbritannien erreicht und könne aus der Aufrechterhaltung seiner traditionellen Beziehungen „with Britain and the Empire-Commonwealth"[473] nur gestärkt hervorgehen.

Während in Australien und Neuseeland die zeitgenössischen Historiker ihre Hoffnungen eher auf die Premiers der *Labor/Labour Party* mit ihren Visionen eines neuen Nationalismus setzten, galten die Liberalen und deren Anhänger für Creighton und seine Kollegen mit ihrem Blick auf die Geschichte als Feinde, da sie alles gefährdeten, worauf Kanadas *nationhood* und Identität gründeten. Entsprechend negativ fiel auch Donald Creightons letztes Werk von 1976 aus, das gleichzeitig der letzte Band in der bereits Mitte der 1950er Jahre geplanten *Centenary Series* zum 100. Geburtstag der kanadischen Nation war.[474] „*The Forked Road*", die ihrem Untertitel zufolge als eine Überblicksdarstellung der Geschichte Kanadas zwischen 1939 und 1957 gedacht war, entpuppte sich als eine Abrechnung Creightons mit den Liberalen. Ihre „indifference to the imperial connection", so lautete seine Hauptkritik, habe dafür gesorgt, dass Kanada seinen sicheren (britischen) Pfad verlassen habe. Damit habe die *Liberal Party* Kanada schutzlos dem Einflussbereich der USA ausgeliefert. Der von ihr eingeschlagene Weg führte im Gegensatz zu dem alten (britisch-kanadischen), wie Creighton kritisierte, „to a country that, [...] was unrecognizable"[475]. Die Weisheiten und Lehren der Vergangenheit schienen in der modernen Welt, die Creighton fremd und falsch erschien, in Vergessenheit zu geraten. Selbst die hoffnungsvolle Arbeit der *Massey Commission* gegen den schädlichen kulturellen Einfluss der USA verpuffte Creighton zufolge durch die ignorante Politik unter den liberalen Premiers King und Saint-Laurent im Nichts:

---

[472] Vgl. Massolin: Canadian Intellectuals, the Tory Tradition and the Challenge of Modernity, S. 201.
[473] Ebd.
[474] Vgl. Donald Wright: Donald Creighton. A Life in History, Toronto, Buffalo, London 2015, S. 323.
[475] Ebd., S. 324.

The Massey Commissioners were lone, lost voices, virtually unheard of in the deaf ears and closed minds of the Government of Canada. During the revealing years of war and peace, that government had apparently learnt nothing and forgotten nothing.[476]

Obwohl auch Creighton den Niedergang des Empire nicht leugnen konnte, hielt er an seinem Glauben fest, dass die *nationhood* Kanadas nur über jene Konstanten mit ihrer verbindenden und einenden Wirkung aufrechterhalten werden konnte, die sich seiner Meinung nach historisch bewährt hatten: das Empire und seine Monarchie:

The Empire-Commonwealth, despite its declining power and threatened divisions, still showed a strong instinct of cohesion, and the chief unifying force was obviously the British Crown.[477]

Die Reaktionen auf den die *Centenary Series* abschließenden Band fielen nicht wohlwollend aus. Auf Creightons Abrechnung in „*The Forked Road*", die sich nicht nur gegen die Liberalen, sondern im Rahmen eines Rundumschlags unter anderem auch gegen die „damn Yanks, the feckless Brits, new immigrants, pushy women, young people, cigarettes, alcohol, [and] marijuana"[478] richtete, hätten die Rezensenten ihrerseits, wie Donald Wright in seiner Biographie über Creighton hervorhebt, mit heftiger Kritik reagiert. Angesichts von Creightons Ignoranz gegenüber Aspekten wie „region, labour, the Japanese internment, and Aboriginal people"[479] erschien sein Werk wie ein Versatzstück aus der Vergangenheit, das sich nicht in die Gegenwart einfügen ließ.[480] Neben dem Niedergang der britischen Traditionen in Kanada kritisierte Creighton vor allem auch die separatistischen Tendenzen in Québec im Zuge der „so-called Quiet Revolution", die er als Beleg für das grundlegende Problem des Partikularismus in Kanada – „inspired by race, language, or religion"[481] – betrachtete. Was Kanada vor diesem Hintergrund drohte, war eine massive Unterminierung des *Canadian nationalism*, ohne den Kanada, so suggerierte Creighton, gegenüber dem wachsenden Einflussbereich der USA nicht zu überleben vermochte.[482] Das Kanada der 1960er Jahre, das von der Dreifachbelastung durch das Ende des Empire, die *Quiet Revolution* sowie durch die Gefahren des Amerikanismus

---

[476] Creighton: The Forked Road, S. 187.
[477] Ebd., S. 188.
[478] Wright: Donald Creighton, S. 325.
[479] Ebd.
[480] Vgl. dazu auch ebd., S. 326.
[481] Donald Creighton: Canadian Nationalism and Its Opponents (First given as a lecture at St. Francis Xavier University on 16 March 1971, and published in *Maclean's Magazine*, November 1971, under the title "Watching the Sun Quietly Set on Canada"), in: Ders.: Towards the Discovery of Canada. Selected Essays, Toronto 1972, S. 271–285, hier S. 284.
[482] Vgl. ebd.

betroffen war, schien vom Weg der Tugend abgekommen zu sein. Es drohte, sich in der Creighton so fremd erscheinenden Moderne völlig zu verlieren.

The collapse of Creighton's Canada involved much more than the weakening of this or that national policy: the causes were in our minds and in our acceptance of the values of modernity and hedonism. We have met the enemy, he [Creighton] said, and it is ourselves.[483]

Der bekannte kanadische Karikaturist Duncan Macpherson dürfte die größte Befürchtung von konservativen Intellektuellen wie Creighton mit seiner 1967 in der Toronto Star abgedruckten Karikatur des „Canadian Everyman"[484] auf den Punkt gebracht haben:

Abb. 9: Karikatur von Duncan Macpherson, abgedruckt in: Ders.: 1967 Editorial Cartoons Macpherson, Toronto 1967, Titelblatt

Je weiter der gefrorene See, den die Karikatur zeigt, auftaut, desto klarer wird dem für Kanada symbolisch stehenden Betrachter anhand seines eigenen Spiegelbildes auf der Wasseroberfläche, dass er selbst es ist, von dem die Gefahr für ihn und die ganze Nation ausgeht. Die 1965 offiziell unter der liberalen Regierung Lester B. Pearsons eingeführte Ahornblattflagge (Maple Leaf), so suggeriert die Karikatur, repräsentierte Kanada nur unzureichend. Entsprechend erscheint die neue Flagge, mit der bezeichnenderweise die kanadische Red

---

[483] Berger: The Writing of Canadian History, S. 236 rekurrierend auf Donald Creighton: A dangerous corner into which Canada was driven, in: The Globe and Mail, 17.11.1970.
[484] Litt: Trudeaumania, S. 80.

Ensign – also eine britisch geprägte Flagge, deren charakteristisches Merkmal der *Union Jack* war – ersetzt worden war, gegenüber der Flagge der Vereinigten Staaten klein und lächerlich. Kanadier drohten (ohne den britischen Bezugspunkt) zu Amerikanern zu werden; aus der kanadischen Flagge drohten *Stars and Stripes* zu werden.

Insgesamt, so lässt sich in Anlehnung an Philip Massolin festhalten, erschienen die 1950er Jahre aus der Sicht jener Historiker und Intellektueller, die *nationhood* über die symbolische und traditionelle Verbindung zwischen Kanada und dem britischen Mutterland definierten, als eine glorreiche, im Zeichen des Booms stehende Zeit der Chance, die mit der Regierungsübernahme John Diefenbakers 1957 ihren Höhepunkt erreichte. Die dunklen 1960er Jahre hingegen, in denen 1963 der Regierungsantritt Lester B. Pearsons von der *Liberal Party* das Ende der guten Zeit unter den Konservativen markierte, standen unter dem Eindruck der Krise und Transformation.[485] Die Zeit der alten Gewissheiten, für die die Konservativen seit jeher mit ihrer Version von *nationhood* eingetreten waren, schien vorbei – ein Umstand, für den George Grant 1965 in seiner Abhandlung „*Lament for a Nation*" den Untertitel „*The Defeat of Canadian Nationalism*" wählte. Unter diesem negativen Eindruck entschied sich auch der kanadische Historiker William L. Morton mit „*Canada under Stress in the Sixties*", dem Titel des Abschlusskapitels seiner 1972 erschienenen Neuauflage von „*The Canadian Identity*", für eine durchweg von der Identitätskrise geprägte Überschrift. Auch Morton argumentierte vor dem Hintergrund der Dreifachbelastung Kanadas, die durch die *Quiet Revolution*, den Niedergang des Empire sowie durch die kulturellen, politischen und ökonomischen Gefahren der Amerikanisierung bedingt war.[486] Anhand der Äußerungen Mortons über seine Wahrnehmung des *End of Empire* kann man ablesen, wie bedrohlich das Wegbrechen des alten identitären Referenzrahmens auf eine ganze Generation in *English Canada* wirkte. In einem 1964 gehaltenen Vortrag vor rund 200 Studierenden, von dem nicht nur die englisch-, sondern auch die französischsprachige Presse im Anschluss berichtete,[487] beschrieb Morton eine Bedrohung, die in ihrer Auswirkung mit den verheerenden Folgen einer Lawine vergleichbar war:

[S]uddenly I realized with the rush of an avalanche, and with all the clarity of loss, that the world in which I had been reared, the world by whose standards I had fitfully but not disloy-

---

[485] Vgl. Massolin: Canadian Intellectuals, the Tory Tradition and the Challenge of Modernity, S. 255, 267.

[486] Vgl. W. L. Morton: The Canadian Identity, Toronto ²1972, S. 115 f.

[487] Vgl. Manitoba Historian Bids Duality, But Backs 'Political Unity', in: The Gazette (Montréal), 5.9.1964; Le fédéralisme canadien est-il viable sans dualisme politique?, in: Le Devoir, 5.9.1964; Luc Perreault: Canada: deux cultures, mais un seul pouvoir, in: Le Soleil (Québec), 5.9.1964.

ally lived, the world I had bothered with and had tried to keep in modest repair, that world no longer existed. It was no longer there – it had vanished. I was like a man alone in the arctic waste, in twilight and with no landmark.[488]

Die Erkenntnis, dass das Mutterland kein verlässlicher Referenzpunkt mehr für Kanada sei, so argumentierte auch Grant ähnlich negativ wie Morton, habe einen Grundsatz zerstört, der seit der Zeit des ersten Premiers John A. Macdonald für das Zusammenleben der *English* und *French Canadians* Gültigkeit gehabt habe:

We were grounded in the wisdom of Sir John A. Macdonald, who saw plainly more than a hundred years ago that the only threat to nationalism was from the South, not from across the sea. To be a Canadian was to build, along with the French, a more ordered and stable society than the liberal experiment in the United States.[489]

Sowohl Morton als auch Grant waren Stellvertreter eines *English Canada*, in dem die Menschen mit einem Verständnis von *Britishness* aufgewachsen waren, das sie nicht als etwas Fremdes, sondern als Bestandteil von etwas spezifisch Kanadischem auffassten. Mit Morton auf den Punkt gebracht meinte das: „Britishness, […], not Englishness, but a local brew of our own which we called Canadian."[490] Über dieses Verständnis habe man sich etwa von den Snobs aus Großbritannien mit ihren „English lord[s]", ihrem „Oxford accent" oder ihrem „English style" oder aber von den Frankokanadiern abgrenzen können – „especially when [they] were being annoying"[491]. Mit dem Brüchigwerden genau dieser Auffassung von *Britishness* infolge des *End of Empire* und der *Quiet Revolution* sah sich Morton wie auch Grant einer völligen Orientierungslosigkeit ausgesetzt. Die alten Garanten für *nationalism* wie die Verbindung zwischen Großbritannien und Kanada sowie das bikulturelle Element der Nation waren instabil geworden, so dass Kanadas *survival* nun – ohne die Sicherheit des alten *nationalism* – massiv durch den Einfluss der USA bedroht war.

In diesem Kontext ist es bemerkenswert, dass Morton auch von den ausschließlich negativen Zukunftsprognosen seiner Kollegen abweichen konnte. Obgleich seine Welt zu einem Ende gekommen schien, gab es dennoch Hoffnung für eine Zukunft Kanadas. Für diese versuchte er Studierende in einem Vortrag von 1964 zu begeistern, in dem er auch selbstkritische Töne im Hin-

---

[488] MUL RC0174 W. L. Morton fonds, Box 6, Folder 1, Canadian Union of Students 1964–1965, The Dualism of Culture and the Federalism of Power. An address to the VIIth annual Seminar of the Canadian Union of Students, held at l'université Laval, Quebec City, from August 30 to September 5, 1964, delivered by Professor W. L. Morton, 4.9.1964, S. 2.

[489] Grant: Lament for a Nation, S. 5.

[490] Morton: The Dualism of Culture and the Federalism of Power, S. 5.

[491] Ebd. Vgl. zu dieser Differenzierung zwischen *Britishness* und *Englishness* auch Champion: The Strange Demise of British Canada, S. 69.

blick auf die vermeintlich ruhmvolle Zeit unter dem Empire anstimmte. So erinnerte er sich, dass ihm das glorreiche England von seiner Kindheit an trotz seiner Entfernung zu Kanada stets vertrauter gewesen sei als das eigene Umfeld. Wie jeder andere *English Canadian* habe er dieses nicht wirklich wahrgenommen und infolgedessen nur in Klischees beschreiben können: „[...], the Frenchman with his exaggerated politeness, the German with his sausage, the Russian with his boots, the Chinaman with his pigtail."[492] Akzeptanz und Wertschätzung gegenüber jenen Gruppen, die nicht zum glorreichen Kreise der Empire-Welt gehört hätten, habe es, so Morton kritisch, nicht gegeben.[493] Nun, da diese alte Welt nicht mehr existiere, so gestand er in seinem Vortrag ein, habe er die Erfahrung gemacht, dass er wie jeder andere Bewohner Kanadas Mitglied einer *ethnic minority* sei, die schlicht eines von vielen Bestandteilen der kanadischen Nation sei, in der es nur noch *Canadians* gebe und die Herkunft keine Rolle mehr spiele.[494] Eine Zukunft Kanadas könne es angesichts der drohenden Amerikanisierung nur geben, so folgerte Morton vor diesem Hintergrund, wenn Québec sich nicht vom Rest Kanadas lossage und wenn die Gesellschaft ausgehend von dem bilingualen und bikulturellen historischen Ursprung des Landes eine pluralistische Gesellschaft forme.[495]

Auch wenn Morton den Begriff des Multikulturalismus nicht direkt verwendete, so lässt sich dennoch aus seiner Argumentation ableiten, dass ihm eine Entwicklung Kanadas vorschwebte, die vom bikulturellen Erbe der Nation zu einer multikulturellen, pluralistischen Gesellschaftsform führen würde. Für die Einordnung von Mortons Ausführungen in den zeitgenössischen Kontext ist es unerlässlich, auf die Arbeit der unter Lester B. Pearson 1963 etablierten *Bi and Bi Commission* zu verweisen, die nicht nur „den Zustand des Bilingualismus und Bikulturalismus in Kanada"[496] in den Blick nahm, sondern auch unter Berücksichtigung anderer ethnischer Gruppierungen nach einem zukunftsfähigen Gesellschafts- und Identitätskonzept fragte. Angesichts der Identitätskrise – darin glichen sich Kanada und Neuseeland sehr stark – verwiesen Akteure verstärkt auf das bikulturelle Erbe ihrer Nation, auf dessen Grundlage (oftmals wieder teleologisch) ein Weg in Richtung einer multikulturell verstandenen Identität bzw. *nationhood* imaginiert wurde. Im nachfolgenden Kapitel (IV) wird dies mit Blick auf das Verhältnis zwischen Bedrohungsdiagnose und den daran anschließenden Bewältigungsstrategien insbesondere anhand der Narra-

---

[492] Morton: The Dualism of Culture and the Federalism of Power, S. 4.
[493] Vgl. ebd.
[494] Vgl. ebd., S. 7.
[495] Vgl. ebd., S. 11 f., 15.
[496] Lehmkuhl: Der kanadische Dualismus, S. 117.

tive hinter den Nationalfeiern Kanadas, Australiens und Neuseelands noch näher beleuchtet werden.

Anhand der Auseinandersetzung mit der zeitgenössischen Historikerlandschaft ist deutlich geworden, dass die Identitätskrise in Verbindung mit *Britain's turn to Europe* sowohl als Chance als auch als Bedrohung wahrgenommen wurde. Wie der Blick auf Mortons kritische Selbstreflexion zeigt, schloss sich das eine mit dem anderen nicht zwingend aus. Selbst jene Akteure, die glaubten, dass die Chance gekommen sei, um den *cultural cringe* zu überwinden, sahen sich bedingt durch die Wirkmächtigkeit des *Britishness*-Mythos auf kurz oder lang mit dem Problem konfrontiert, dass sich ‚eigene' Identitätskonzepte nur schwer definieren ließen. Das Konstrukt des *cringe* sorgte dabei dafür, dass die enge Verbindung zwischen den traditionellen kollektiven Identitätsvorstellungen mit *Britishness* als übergeordnetem Mythos ignoriert wurde. So ließ sich behaupten, dass es keine eigenen Traditionen, Mythen und Identitätskonzepte gab, obwohl *Britishness*, wie Morton in seinem Vortrag vor den Studierenden in Québec hervorhob, für Kanadier (wie auch Neuseeländer und Australier) nicht *Englishness* meinte, sondern eine je eigene, sich vom britischen Mutterland sowie dem Habitus der Briten abgrenzende Identität mit spezifischen Elementen beschrieb. Daraus resultierte die Selbstwahrnehmung der ehemaligen weißen Siedlerkolonien als *Better Britains*. Gerade diese enge Verbindung der Identitätskonzepte mit *Britishness* machte ihre Suche nach ‚eigenen' Identitätskonzepten so schwer und erklärt, warum Chance und Bedrohung selbst für die optimistischeren Intellektuellen und Historiker oft sehr nahe beieinanderlagen.

5. Exkurs: Inhaltliche und strukturelle Veränderungen der Geschichtswissenschaften

Die bisher dargestellten Ansichten der einflussreichsten zeitgenössischen Historiker können nicht losgelöst von den nicht nur inhaltlichen, sondern auch strukturellen Veränderungen betrachtet werden, die sich im Verlauf der 1960er und 1970er Jahre innerhalb der Geschichtswissenschaften abzeichneten.

In Keith Sinclairs Vorlesungen an der *University of Auckland*, so erinnert sich der ehemalige Student Peter Gibbons an die Zeit Mitte der 1960er Jahre, habe er alleine schon mit seinen einführenden Bemerkungen zu Beginn seiner Vorträge, die wie ein „string of firecrackers"[497] gewesen seien, für neuseeländische Geschichte zu begeistern gewusst. Diese mitreißende und unterhaltsame Art sei

---

[497] Gibbons: The Far Side of the Search for Identity, S. 1.

laut Gibbons auch nötig gewesen, denn zu diesem Zeitpunkt habe man das Publikum und insbesondere die Kritiker davon überzeugen müssen, dass neuseeländische Geschichte ein zentraler Gegenstand eines Studienfaches sein könne und dass es sich lohne, dieses auch zu studieren.[498] Sinclair leistete Überzeugungsarbeit für ein noch junges Fach, das noch 1965 als Gegenstand wegen qualitativer Mängel aus der australischen Zeitschrift *Historical Studies* ausgeschieden war und erst 1967 thematischer Schwerpunkt des eigens gegründeten *New Zealand Journal of History* werden sollte.[499] Im Hinblick auf das neuseeländische Bildungswesen, so erinnert sich der neuseeländische Publizist Bruce Jesson, sei es während der 1950er Jahre durchaus möglich gewesen, während der gesamten Schulzeit „next to nothing of New Zealand history and literature" zu lernen. Stattdessen hätten „English history and literature"[500] auf dem Plan gestanden. Die neuseeländische Geschichte als eigenständiges Fach steckte also während der 1950er Jahre noch in den Kinderschuhen und es war, wie man einem Brief des Geschichtsprofessors Neville C. Phillips von der *University of Canterbury* in Christchurch entnehmen kann, alles andere als eine leichte Aufgabe, überhaupt das passende Personal dafür zu finden. Phillips wandte sich mit seinem Problem 1965 vom fernen Neuseeland aus an seinen kanadischen Kollegen Donald Creighton in Toronto. Er hoffte, über Creightons persönliche Kontakte einen geeigneten Kandidaten zu finden. Besonders ablesbar wurde seine Not an einer Bemerkung, die man in heutigen Ausschreibungen wohl nicht finden würde. Wenn das Fachgebiet eines möglichen Kandidaten schon nicht die neuseeländische Geschichte sei, so Phillips, sei es notwendig, dass dieser sich dem neuen Gegenstand zumindest mit einem Grundinteresse widmen würde. Spezifische Kenntnisse der neuseeländischen Geschichte waren also keine direkte Voraussetzung für eine Bewerbung in einem Fachbereich, dessen erklärter Gegenstand die neuseeländische Geschichte war. Creighton konnte seinem verzweifelten Kollegen nicht helfen. In Kanada sei man an die missliche Situation gewöhnt, dass die *intelligentsia* in die USA abwandere. Nun würden von zehn Stellen in Kanada neun mit Akademikern aus den USA besetzt. Daher sei es angesichts der gegenwärtigen Situation sehr unwahrscheinlich, dass sich in Kanada ein geeigneter Kandidat finden ließe.[501]

Von 1950 bis in die 1990er Jahre vollzog sich an den Universitäten sowie im Fachbereich der kanadischen, australischen und neuseeländischen Geschichtswissenschaft ein rapider Wandel. Analog zu den Entwicklungen auf kulturinsti-

---

[498] Vgl. ebd.
[499] Vgl. dazu auch Frie: „History Wars", S. 130.
[500] Jesson: To Build a Nation, S. 346.
[501] LAC MG 31 D 77, Box 30, New Zealand Visit 1965–66 Correspondence, D. G. Creighton an N. C. Phillips, 16.2.1965.

tutioneller Ebene sollten sich auch die Geschichtswissenschaften, die zuvor „ein Ableger Großbritanniens"[502] waren, allmählich institutionell und thematisch verändern. Unter dem Eindruck der Unabhängigkeit früherer Kolonien, so Ann Curthoys in Anlehnung an Antony G. Hopkins, hätten Historiker die Entwicklung einer eigenständigen „professional, academic, national history"[503] als die Antwort auf die Dekolonisation und die Herausforderungen in einer nun postkolonialen Welt betrachtet. In diesem Rahmen entstanden auch nach und nach nationale postgraduale Ausbildungswege mit eigenen *PhD*-Programmen. Eine akademische Laufbahn in Cambridge oder Oxford sollte allmählich zu *einer* unter mehreren Optionen werden.

Lange Zeit, so erinnerte sich Lester B. Pearson 1970 rückblickend in einer Rede an der *McMaster University* in Hamilton an seine *college days*, sei es eine Notwendigkeit gewesen, einen Abschluss aus Oxford oder Cambridge zu haben, um an einer kanadischen Universität lehren zu können. Auch habituell spiegelte sich die akademische Vorbildfunktion des britischen Mutterlandes beispielsweise in der Imitation eines „‚cultured' English accent"[504] wider, der Pearson zufolge insbesondere für jene hilfreich gewesen sei, die keine Ausbildung in Oxbridge genossen hätten. Dabei sei an dieser Stelle noch einmal darauf hingewiesen, dass sich *Britishness* und das Bewusstsein für die eigene kanadische, australische oder neuseeländische Identität nicht gegenseitig ausschlossen. Wie Christian P. Champion anhand von Memoiren und Biographien in seiner Studie nachweisen konnte, erlebten die meisten zeitgenössischen Akteure ihr Studium in Oxford oder auch Cambridge als eine Art Initiationsprozess, der die Ebenbürtigkeit mit den Briten bestätigte und trotz aller Gemeinsamkeiten auch das eigene Nationalbewusstsein stärkte. Vor diesem Hintergrund erklärt sich auch, warum Akteure keinen Widerspruch darin sahen, sich als anglophile Nationalisten zu definieren.[505]

Die Bedeutung von Oxbridge für akademische Laufbahnen sollte zwischen 1950 und 1970 zunehmend schwinden und durch Universitäten in den USA abgelöst werden.[506] Damit zusammenhängend wurde auch „[d]er noch kolonial

---

[502] Frie: „History Wars", S. 129. Der neuseeländische Historiker J.C. Beaglehole fasste den Schwerpunkt der neuseeländischen Geschichte 1940 bezeichnenderweise wie folgt zusammen: „What is the history of New Zealand, in a nutshell? It may be regarded as part of the history of England (and more largely, of Western Europe)[.]" Beaglehole: The New Zealand Mind, S. 43.

[503] Curthoys: Does Australian History Have a Future?, S. 142.

[504] LAC MG 26 N 9, Box 86, Speeches – McMaster U. 1 of 2 Nov. 12, 1970, draft (im Folgenden zitiert als: L.B. Pearson: McMaster U., 12.11.1970).

[505] Vgl. zum Aspekt der *rite de passage* Champion: The Strange Demise of British Canada, S. 117 ff.

[506] Vgl. ausführlicher dazu für Kanada Donald Wright: The Professionalization of Histo-

und *gentlemanlike* anmutende Karrierezyklus [...] gegen Ende der 1950er Jahre allmählich aufgebrochen".⁵⁰⁷ Neue, national ausgerichtete Publikationsorgane entstanden und eine neue Generation von Historikern, Sozial- und Politikwissenschaftlern, *public intellectuals* und Kulturschaffenden trat auf, die die ‚eigene' Geschichte, die ‚eigene' Kultur und die ‚eigene' Identität fokussierte. Ihre selbsterklärte Mission war es, dem ‚neuen', im Zeichen des Booms stehenden nationalen Selbstbewusstsein nach dem Zweiten Weltkrieg eine unabhängigere und ‚reifere' Stimme über eine Australianisierung, Kanadisierung und Neuseelandisierung zu verleihen. Insgesamt betrachtet führten, wie Ewald Frie für den Fall Australiens resümiert hat, die thematischen Veränderungen in den Geschichtswissenschaften auch in Kanada und Neuseeland „aus der europäischen Geschichte heraus, durch die Nationalgeschichte hindurch und in die kritische Auseinandersetzung mit einer kaum national gewordenen Vergangenheit hinein".⁵⁰⁸

In allen drei Ländern wurde dieser Prozess, wenn auch in verschiedenem Ausmaß, bis in die 1970er Jahre von der Auseinandersetzung mit Kategorien wie „gender, class, ethnicity, and region"⁵⁰⁹ begleitet. In Australien, so hat Ewald Frie gezeigt, wurde die marxistische Geschichtsauffassung der Historiker der *New Left* ab den 1970er Jahren zunehmend kritisiert. Aus der *New Left* – ein Titel, den sich zwischen 1960 und 1970 jene *Labour*-Historiker selbst gaben, welche an die Vorarbeiten von Historikern wie Brian Fitzpatrick mit seiner Geschichte der Ökonomie und der Arbeiter in Australien anknüpften – wurde im Rückblick die *Old Left*. So wurde der Historiker Russel Ward für seinen Fokus auf die „hart arbeitenden Männer des Outback"⁵¹⁰ in seinem Werk „*The Australian Legend*" ab den 1970er Jahren etwa von feministischen Historikerinnen wie Miriam Dixson sowie anderen Nationalismusskeptikern kritisiert.⁵¹¹

Wie mit Katie Pickles festgehalten werden kann, setzte sich eine genderkritische Haltung in den Geschichtswissenschaften – mit Rückschlägen – ab den 1970er Jahren durch. So habe Miriam Dixsons „*The Real Matilda*" (1976) prob-

---

ry in English Canada, Toronto, Buffalo, London 2005, S. 169, für Australien Mark McKenna: The history anxiety, in: Alison Bashford, Stuart Macintyre (Hgg.): The Cambridge History of Australia. Vol. 2: The Commonwealth of Australia, Cambridge 2013, S. 561–580, hier S. 572 sowie Frie: „History Wars", S. 131 f., 136 und für Neuseeland Gentry: History, heritage, and colonialism, S. 166 f.

⁵⁰⁷ Frie: „History Wars", S. 131 (Herv. i. Orig.).
⁵⁰⁸ Ebd., S. 137.
⁵⁰⁹ Carl Berger: s.v. history and historians, in: Gerald Hallowell (Hg.): The Oxford Companion to Canadian History, Oxford 2004, S. 286–289, hier S. 287.
⁵¹⁰ Frie: „History Wars", S. 136.
⁵¹¹ Vgl. ebd. sowie Stuart Macintyre: s.v. Old Left, in: Graeme Davison, John Hirst und Stuart Macintyre (Hgg.): The Oxford Companion to Australian History, Oxford 2001, S. 482.

lematisiert, dass Frauen in australischen Mythen und Legenden ignoriert worden seien, ja dass Misogynie ein wesentliches Problem in der Geschichte Australiens sei. Hervorzuheben ist in diesem Kontext auch die Monographie des neuseeländischen Historikers Jock Phillips „*A Man's Country? The Image of the Pakeha Male*" (1987). Obwohl es Phillips' Anliegen gewesen sei, männliche Stereotype in der Nationalgeschichte Neuseelands zu dekonstruieren, so kritisiert Pickles, hätten zahlreiche Historiker das Fragezeichen seines Buchtitels ignoriert und Neuseeland einfach weiter als vermeintliches *Man's Country* definiert.[512] Mittlerweile haben Studien ihren Fokus längst auch auf Formen des weiblichen Imperialismus (etwa in Organisationen wie der kanadischen *Imperial Order Daughters of the Empire*) gerichtet oder beleuchten die Beziehung zwischen Männern und Frauen etwa im Hinblick auf ihre Wahrnehmung und Auslegung von Identität im Empire.[513] Wie James Curran und Stuart Ward einschränkend angemerkt haben, sei die Zeit der angestrebten nationalen Erneuerung unter dem *New Nationalism* nicht, wie unter anderem von der Historikerin Miriam Dixson kritisiert, ausschließlich von Männern dominiert gewesen, zumal auch unter ihnen die alten nationalen Stereotype wie der *frontiersman* als unzeitgemäß gegolten hätten. Ferner sei zu beachten, dass die meisten Frauen genau wie die Männer an die Ideen des *New Nationalism* geglaubt hätten.[514] Festzuhalten bleibt indes, dass die Rolle der Frauen während der 1970er Jahre noch lange nicht so akzeptiert und gefestigt war wie die der Männer. So hatten auch ihre akademischen Werke in der Regel nicht den gleichen Stellenwert und die Reichweite wie die ihrer männlichen Kollegen.

Eine kritische Auseinandersetzung mit der Geschichte der Indigenen und dem ihnen angetanen Leid lässt sich ebenfalls ab den 1970er Jahren beobachten. Die Auswirkungen infolge von Landenteignungen oder der gewaltsamen Assimilation, die an den Opfern der kanadischen *Residential Schools* oder den *Sto-*

---

[512] Vgl. Katie Pickles: Colonisation, Empire and Gender, in: Giselle Byrnes (Hg.): The New Oxford History of New Zealand, South Melbourne 2009, S. 219–241, hier S. 221 f. rekurrierend auf Miriam Dixson: The Real Matilda. Woman and Identity in Australia, 1788–1975, Ringwood, Vic. 1976 sowie Jock Phillips: A Man's Country?. The Image of the Pakeha Male. A History, Auckland u. a. 1987.

[513] Vgl. exemplarisch Lorraine Coops: 'One Flag, One Throne, One Empire': The IODE, the Great Flag Debate, and the End of Empire, in: Phillip Buckner (Hg.): Canada and the End of Empire, Vancouver, Toronto 2005, S. 251–271. Zum *gender*-Aspekt vgl. auch Anm. 300 in Kap. III.3. Frauen seien, wie Katie Pickles konstatiert, sowohl „protagonists of empire and colonisation, as well as its victims" gewesen. Pickles: Colonisation, Empire and Gender, S. 241. Aber auch Männer, so gibt sie zu bedenken, seien trotz ihrer starken Rolle innerhalb der maskulin geprägten Siedlerideologien durch diese in gewisser Weise auch eingeschränkt worden. Vgl. ebd.

[514] Vgl. Curran/ Ward: The Unknown Nation, S. 83 f.

len Generations Australiens – also den ihren Familien entrissenen Kindern der First Nations, Aboriginals und Torres Strait Islanders – sichtbar wird, konnten nicht mehr länger ignoriert werden.[515] Das Schweigen, das der Anthropologe William E. H. Stanner für sein Land 1968 als „*The Great Australian Silence*"[516] anprangerte, wurde allmählich in allen ehemaligen weißen Siedlerkolonien gebrochen. Dieser Prozess wurde bis ins 21. Jahrhundert hinein von meist heftigen Kontroversen (*History Wars*)[517] und politischen Auseinandersetzung begleitet.[518] In diesem Zusammenhang sollten sich auch die Geschichtswissenschaften ab den 1970er Jahren unter dem Eindruck der Landrechtsbewegungen und der wachsenden öffentlichen Kritik am Umgang mit den Indigenen deren Perspektive widmen.[519] Auch Maori-stämmige Historikerinnen und Historiker wie Linda Tuhiwei Smith, Te Ahukaramu Charles Royal oder Aboriginals wie Sally Morgan sollten schließlich selbst die eurozentrisch geprägte Geschichtsschreibung ab den 1980er Jahren kritisieren.[520] In Kanada sorgte Harold Cardinals Gegenentwurf zu Trudeaus Ziel, eine für alle gerechte Gesellschaft – eine *Just Society* – zu formen, ab 1969 für Aufmerksamkeit und markiert den Beginn einer von Indigenen selbst betriebenen Geschichtsschreibung.[521] Im Kontext der massiven Kritik der Indigenen am *White Paper on Indian Policy*[522] der Regie-

---

[515] Vgl. dazu für Kanada Berger: s.v. history and historians, S. 288 sowie für Australien und Neuseeland Attwood: Settler Histories and Indigenous Pasts, v.a. S. 598, 605 ff.

[516] Vgl. W. E. H. Stanner: After the Dreaming. The 1968 Boyer Lectures, Sydney ⁷1974, S. 18 ff.

[517] Zur allgemeinen Definition des Begriffs vgl. Anm. 645 in Kap. IV.4.3.

[518] Vgl. Attwood: Settler Histories and Indigenous Pasts, S. 605 f.

[519] Vgl. exemplarisch Henry Reynolds: The Other Side of the Frontier. An interpretation of the Aboriginal response to the invasion and settlement of Australia, North Queensland 1981. Die von Autoren wie unter anderem Michael King oder Judith Binney geschriebenen Biographien zu Maori, so hebt Bain Attwood hervor, hätten zum einen durch die Berücksichtigung ihrer *oral traditions* den Kontrast zwischen der indigenen Perspektive und der eurozentrischen Pakeha-Perspektive auf die neuseeländische Vergangenheit verdeutlicht. Andererseits hätten die Werke aber auch unterstrichen, dass Maori andere Formen des Erinnerns pflegten als europäischstämmige Neuseeländer. Vgl. ausführlich dazu – unter anderem rekurrierend auf Michael King: Te Puea Herangi. From Darkness to Light, Wellington 1984 – Attwood: Settler Histories and Indigenous Pasts, S. 598 f. sowie Judith Binney: Maori Oral Narratives, Pakeha Written Texts: Two Forms of Telling Stories, in: New Zealand Journal of History 21.1 (1987), S. 16–28. Vgl. in diesem Kontext zu Kanada – unter anderem rekurrierend auf Werke wie Bruce Triggers: Natives and Newcomers: Canada's 'Heroic Age' Reconsidered, Kingston 1985 – auch Berger: s.v. history and historians, S. 288.

[520] Vgl. Attwood: Settler Histories and Indigenous Pasts, S. 598, 601, 609.

[521] Vgl. Robin Jarvis Brownlie: First Nations Perspectives and Historical Thinking in Canada, in: Annis May Timpson (Hg.): First Nations, First Thoughts. The Impact of Indigenous Thought in Canada, Vancouver, Toronto 2009, S. 21–50, hier S. 29.

[522] Vgl. John L. Tobias: s.v. White Paper on Indian Policy, in: Gerald Hallowell (Hg.): The

5. Exkurs: Inhaltliche und strukturelle Veränderungen der Geschichtswissenschaften

rung klärte Cardinal als Angehöriger der Cree die kanadische Bevölkerung in „*The Unjust Society*" über vergangenes und gegenwärtiges Leid der First Nations auf.[523]

Im Verlauf der 1960er und 1970er Jahre rückte die Beschäftigung mit der imperialen Geschichte des Empire immer mehr in den Hintergrund und bildete nur noch einen von vielen Untersuchungsgegenständen innerhalb der Geschichtswissenschaften.[524] In Kanada beispielsweise, so kann in Anlehnung an Doug R. Owram festgehalten werden, führte das sich abzeichnende Ende von *Britishness, Whiteness* und *family values* vor dem Hintergrund des frankokanadischen Nationalismus zu der Erkenntnis, dass „Canada might best be understood through a series of regional, provincial, and other sub-groupings"[525]. Das von Ramsay Cook inspirierte und von James M. S. Careless 1969 ausformulierte *limited-identities*-Paradigma, das mit der teleologischen nationalen Geschichtsschreibung kritisch ins Gericht ging, lieferte den Begriff für eine neue Historikerschule, für die Kanada nicht mehr nur *eine* maßgebliche, teleologisch zur *nationhood* führende, sondern eine vielfältig aufgestellte Geschichtsschreibung haben konnte.[526]

Die Entwicklungen während der 1960er Jahre brachten auch, wie aus dem erwähnten Briefwechsel zwischen Phillips und Creighton hervorgeht, die Erkenntnis mit sich, dass Fachpersonal Mangelware war.[527] Wie Dirk Hoerder in seiner Studie gezeigt hat, musste man in Kanada aufgrund der niedrigen Anzahl an „Canadian-trained graduates and Canadian born graduates"[528] das akademische Personal ausgerechnet aus Großbritannien und den USA anwerben, wo es im Vergleich zu Kanada eine deutlich bessere Bezahlung gab. Die Debatten

---

Oxford Companion to Canadian History, Oxford 2004, S. 659 f., hier S. 659. Das *White Paper on Indian Policy* versprach zwar das Ende der Diskriminierung und das Ende des *Indian Act* von 1876. Vor dem Hintergrund der Abschaffung von speziellen Programmen für Indigene, der Aufkündigung von Verträgen und der Nichtbeachtung von Landrechten wurde allerdings massive Kritik an den Maßnahmen des *White Paper* unter den Indigenen laut. Diese Maßnahmen fassten sie als einen weiteren Versuch auf, die indigene Bevölkerung Kanadas zu assimilieren.

[523] Vgl. Harold Cardinal: The Unjust Society. The Tragedy of Canada's Indians, Edmonton 1969. Vgl. ausführlich dazu auch Brownlie: First Nations Perspectives and Historical Thinking in Canada S. 29 f.

[524] Vgl. ähnlich auch Owram: Canada and the Empire, S. 157.

[525] Ebd.

[526] Vgl. J. M. S. Careless: "Limited Identities" in Canada, in: The Canadian Historical Review 50.1 (March 1969), S. 1–10, hier S. 1 f. Vgl. dazu auch Owram: Canada and the Empire, S. 157.

[527] Zur prekären Jobsituation junger, promovierter Wissenschaftler in Australien während der 1960er Jahre vgl. Frie: „History Wars", S. 132.

[528] Hoerder: From the Study of Canada to Canadian Studies, S. 231.

über Personalprobleme, nationale Ausbildungswege, Publikationsorgane sowie Inhalte der an den Universitäten unterrichteten Teilbereiche der Geistes- und Sozialwissenschaften müssen vor dem Hintergrund der Identitätskrise kontextualisiert werden. Lester B. Pearson beispielsweise interpretierte sowohl den Einfluss der USA auf den akademischen Betrieb Kanadas als auch die erschreckenden Umfrageergebnisse unter 10 000 kanadischen *high school students*, von denen sich nur 15 Prozent über Kanada informiert fühlten und teilweise „,no source of pride in Canada's past"'[529] finden konnten, als „hangover from our colonial inferiority complex".[530] Während in Pearsons Interpretation die niedrige Anzahl zur Verfügung stehender kanadischer Akademiker, der schlechte Zustand und das mangelnde Interesse an *Canadian studies* auf den langen Einfluss von Oxbridge zurückzuführen waren, so gehörten die USA mit ihrem dominanten Einfluss („[the] process [of] ‚Americanization' or ‚continentalism' or what you will"), durch den Kanada eine „integration into the American community"[531] drohte, zu einem neuen kolonialen Komplex. Beide Probleme bedingten sich gegenseitig:

The fact that we are sadly short of graduate schools ourselves to produce the increasing number of scholars that will be required to teach our increasing number of undergraduates, has made the U.S.A. a natural and easy source of supply; even a necessary one, until we can do more ourselves to catch up. [...] So where else should we turn for teaching help in this subject, especially as our academic community seems now to be impressed by U.S. graduate education as in earlier days we were impressed by British, to the point where critics say that this community is ‚overawed' – is this a new ‚colonial complex' – by a supposed American excellence and superiority.[532]

Vorstellungen, die im Zusammenhang mit dem *cultural cringe* als Ursache der Identitätskrise bzw. „Canadian inadequacy"[533] standen, waren also auch grundlegend für die zeitgenössischen Debatten über die Neuausrichtung der universitären Strukturen. Auch dabei war es keineswegs das Ziel, sich etwa im Sinne eines *narrow-nationalism*-Konzepts abzuschotten und jeden Einfluss von außerhalb abzublocken. Ähnlich wie bereits bei den Diskursen im Zusammenhang mit der *Massey Commission* ging es darum, das eigene akademische Potential so zu entwickeln, dass man ebenbürtig – jenseits des Imitationsgedan-

---

[529] L. B. Pearson: McMaster U., 12.11.1970.
[530] Ebd., S. 2.
[531] LAC MG 26 N 9, Box 86, Speeches – McMaster U. 1 of 2 Nov. 12, 1970, draft, [handschriftl. vermerkt] Nov. 06, (im Folgenden zitiert als L. B. Pearson: McMaster U., 6.11.1970).
[532] LAC MG 26 N 9, Box 86, Speeches – Sept. – Oct. 1970, draft, [vermutl.] 30.10.1970 (im Folgenden zitiert als L. B. Pearson: Draft, 30.10.1970).
[533] L. B. Pearson: McMaster U., 6.11.1970.

5. Exkurs: Inhaltliche und strukturelle Veränderungen der Geschichtswissenschaften

kens des *cringe* – in einen Austauschprozess bzw., um es mit Pearson auszudrücken, in einen „"free flow of ideas"[534] (auch mit den USA) treten konnte.

Vor diesem Hintergrund widmete sich maßgeblich der Präsident der *Trent University* Thomas H. B. Symons gezielt den *Canadian Studies*, die zum erklärten Gegenstand des von ihm 1966 ins Leben gerufenen *Journal of Canadian Studies* wurden.[535] Unter seinem Vorsitz widmete sich auch die *Comission on Canadian Studies* mit dem nach ihm benannten *Symons Report* angesichts des Einflusses der amerikanischen Universitäten systematisch dem Zustand des kanadischen Bildungswesens. In den Blick genommen wurden „teaching and research in various fields of study relating to Canada at Canadian universities"[536]. Konsultiert wurde dabei jede Provinz mit der Intention, die Öffentlichkeit maßgeblich an der Entstehung des *Report* zu beteiligen.[537] Auch dabei ging es keineswegs darum, ein nationalistisch überhöhtes Konzept von *Canadian studies* und damit verbunden kanadischer Identität zu vermitteln. In Anbetracht der nationalen sowie regionalen Differenzen und Uneinigkeiten zwischen „Quebec nationalists and English-speaking Canadian nationalists", zwischen „Francophone Québecois [sic!] themselves, between Acadiens and Québecois, between Maritimers and ‚Upper Canadians'" etc. ging es vielmehr darum, sich auf die Suche nach den „numberless components"[538] zu begeben, die die kanadische Identität ausmachten. Dafür war es aber erforderlich, sich selbst zu kennen und sich mit der Geschichte des eigenen Landes auseinanderzusetzen. Der *Symons Report* griff damit das *limited-identities*-Paradigma auf, von dem sich eine neue Generation von Studierenden und Intellektuellen an den Universitäten ab der zweiten Hälfte der 1960er Jahre Antworten auf das Problem der Identitätskrise erhoffte.

---

[534] L. B. Pearson: Draft, 30.10.1970.

[535] Vgl. William Hamilton: Canada's Story: Canadian Identity and the Journal of Canadian Studies, in: Past Tense. Graduate Review of History 1.1 (2012), S. 84–104, hier S. 85.

[536] T. H. B. Symons: To Know Ourselves. The Report of the Commission on Canadian Studies. Volumes I and II, Ottawa 1975, Abstract.

[537] Zu den genauen Zahlen vgl. David R. Cameron: To Know Ourselves: Tom Symons and Canadian Studies, in: Ralph Heintzman (Hg.): Tom Symons. A Canadian Life, Ottawa 2011, S. 169–180, hier S. 171: „More than two thousand five hundred people attended the commission's meetings, about half of whom participated in the discussions. It received more than one thousand briefs and almost thirty thousand letters." Wie Dirk Hoerder einschränkend hervorhebt, seien die Interessen der Arbeiter, Frauen und Indigenen im *Report* allerdings weitestgehend unberücksichtigt geblieben. Vgl. Hoerder: From the Study of Canada to Canadian Studies, S. 237.

[538] Symons: To Know Ourselves, Vol. 1, S. 12.

IV. „*Wanted: a new identikit*" – Die Suche nach einem ‚*neuen*' Mythos im Kontext des *New Nationalism*

Was sind die Erkenntnisse, die aus dem *cultural cringe* gezogen werden können? Wie zu Beginn des letzten Kapitels diskutiert worden ist, könnte man behaupten, dass die dargelegten Formen des *cultural cringe* und die mit ihnen verbundene Vorstellung eines kollektiven Inferioritätskomplexes an sich keine neuen Phänomene waren. Schließlich gab es doch schon lange vor den 1950er Jahren Stimmen, die sich besorgt über den vermeintlich inferioren Status ihrer kollektiven Identität äußerten. Allerdings ist deutlich geworden, dass die Akteure hinter diesen Stimmen nicht ernsthaft beabsichtigten, sich vom Empire und ihrem Glauben an *kith and kin* zu verabschieden. In Verbindung mit ihrem Selbstbild als *Better Britons* fungierte *Britishness* weiter als zentraler Mythos. Das konnte vor allem deshalb gelingen, weil die Fortexistenz des Empire auch während der Nachkriegszeit von den Akteuren nie wirklich in Zweifel gezogen wurde. Das sollte sich jedoch spätestens ab den 1960er Jahren ändern.

Die Identitätskrise, deren zentrale Konflikte sich bereits in den Debatten über den *cultural cringe* während der 1950er Jahre abzeichneten, sollte mit dem sich ab den 1960er Jahren immer manifester werdenden Ende des Empire zu einer Bedrohung für die meisten Akteure werden. Diese wurden sich – und darin liegt die Einzigartigkeit der Identitätskrise *nach* dem Empire begründet – angesichts ihres wahrgenommenen Identitätsvakuums in besonderem Maße der dringenden Notwendigkeit neuer Identitätskonzepte bewusst. Die alte imperiale Rhetorik, basierend auf der bekannten Trias *Britishness*, *Whiteness* und *family values*, war zu einem Anachronismus im Zeitalter der Dekolonisation geworden und das sich nach Europa zurückziehende Mutterland hatte zu allem Übel auch noch seiner alten Empire-Familie den Rücken gekehrt. Damit war ein grundlegender Referenzrahmen in seiner Gesamtheit fragwürdig geworden. Maßgeblich zum Ausdruck gebracht wurde das in der selbstalarmierenden Erkenntnis „Mother had deserted".[1] Mit diesem Rückzug des Mutterlandes kam das alte imperiale Bezugssystem[2] mit seiner zur Verfügung gestellten Rhetorik, welche auch nach

---

[1] Sinclair: A History of New Zealand, S. 367.
[2] Vgl. exemplarisch zur sinnstiftenden Funktion von *Britishness* die zeitgenössischen

dem Zweiten Weltkrieg trotz aller internationaler Verschiebungen etwa im Zuge der Dekolonisation weiter zur Anwendung gekommen war, zu einem Ende. Eine epistemologische Krise war die Folge, die Geoffrey Serle wie folgt beschrieb: „[T]here has been such a vacuum since the decline of standard imperial patriotic rhetoric, that it is difficult to make any sure statement."[3] In diesem Kontext wurde der Ruf nach einer Art neuem Identitäts-Set, bestehend aus neuen Mythen, Symbolen und Definitionen, laut. Die *Saturday Pages* der australischen Zeitung *The Age* brachten dieses Bedürfnis mit der Schlagzeile *„WANTED: a new identikit for an Australian"* zum Ausdruck. Allerdings, so betonte der Artikel, reiche es nicht einfach aus, auf einer oberflächlichen Ebene ein paar Kängurus auf eine Flagge zu drucken oder sich von der Queen zu verabschieden, um das nationale Bewusstsein zu stärken. Vielmehr benötige man einen neuen Mythos mit mehr Inhalt, der in der Lage sei, die „unique vision of the quality of life we mean to build on this continent"[4] zu beschreiben. Was damit genau gemeint war, ließ der Artikel offen, und beides – die Vision und der dazugehörige Mythos – waren noch unerledigte Aufgaben, die in der ungewissen Zukunft zu bewältigen waren.

Diese Forderung nach einem ‚neuen' gesamtgesellschaftlichen Mythos, der durch „legitimitäts- und identitätsstiftende Narrationen über gemachte oder fiktive Erfahrungen eines Gemeinwesens" und als „erzählerische[s] Symbol bzw. Verweissystem [...] auf wahre oder auch unwahre historische Inhalte" rekurriert, diese „narrativ zu Sinnhorizonten [verwebt]" und sich „in emotionale[n] Tiefenschichten der Adressaten"[5] verfestigt, lässt sich vor dem Hintergrund des *cultural cringe* verstehen. Ab den 1960er Jahren wurde der *cringe* im Zuge der sich abzeichnenden Identitätskrise zu einem elementaren Bestandteil des an die Bedrohung anschließenden *re-ordering*-Prozesses. Wie anhand der Identitätsdiskurse seit dem Ende des Zweiten Weltkriegs gezeigt werden konnte, war die Vorstellung des *cultural cringe* spätestens ab den 1950er Jahren ein fester Bestandteil jener Ordnung, in der Identitätsdiskurse rund um den *cultural nationalism* im Rückgriff auf teleologische Geschichtsbilder und das Narrativ des *thwarted nationalism* verhandelt wurden, ohne dass *Britishness* dabei als My-

---

Ausführungen Donald Hornes: „It [Britishness] cast a simple image of the world; it gave meaning to life and identity to national personality; it provided a guide to action." Horne: I – Mates in the Empire, S. 10. Vgl. ausführlicher dazu auch Kap. II.3.2.

[3] Serle: 6) Austerica Unlimited?, S. 244.
[4] WANTED: a new identikit for an Australian, in: The Age, 25.1.1969.
[5] Heer: Politischer Mythos, S. 108. Vgl. auch ebd., Anm. 29, in der Heer in Anlehnung an Claus Leggewie hervorhebt, dass Mythen sich sowohl auf Wahres als auch auf Unwahres beziehen könnten, sie aber durch ihre Konstruktion von Wirklichkeit immer wahr seien. Vgl. zur Begründung auch Anm. 265 in Kap. II.3.2.

thos ernsthaft fragwürdig geworden wäre. Begreift man die sich ab den 1960er Jahren abzeichnende Identitätskrise bzw. Bedrohung als eine „Selbstalarmierung aus [dieser Vorstellung von] Ordnung[] heraus"[6], so wird deutlich, warum Akteure auf die durch den *cultural cringe* bereitgestellten Argumentationsmuster und Erklärungsansätze direkt oder indirekt, bewusst oder auch unbewusst zurückgriffen, um ihre Situation nicht nur einordnen, sondern auch Maßnahmen zur Bewältigung der Bedrohung formulieren zu können.

In dem Moment, in dem für Identitätskonstruktionen nicht mehr auf den *Britishness*-Mythos mit all seinen variierenden narrativen Bestandteilen rekurriert werden konnte, fungierte der *cringe* als ein zentraler Erklärungsansatz für das Problem der Identitätskrise. Er war somit Teil der Bedrohungsdiagnose. Diese stand mit einer entsprechenden Bewältigungspraxis in einem wechselseitigen Verhältnis. Aus der „Wechselwirkung zwischen Bedrohungsdiagnose und der durch sie in Gang gesetzten Praktiken, die auf eine Bewältigung oder Abmilderung der Bedrohung abziel[t]en", resultierte ein *re-ordering*-Prozess, dessen Ziel die Überwindung des *cringe* und damit die Lösung der Identitätskrise war. Der in allen drei ehemaligen weißen Siedlerkolonien vorzufindende Ruf nach einem ‚neuen' ordnungsstabilisierenden und kontingenzbewältigenden Mythos muss also als das Resultat der wechselseitigen Beziehung zwischen Bedrohungsdiagnose und Bewältigungspraxis und deren Begleitprozesse gesehen werden. Diese sind einerseits die Reflexion „über das Selbstverständnis von individuellen Akteuren, sozialer Gruppen oder ganzer Gesellschaften im Angesicht der Bedrohung" und andererseits die Mobilisierung von „Ressourcen und Menschen […], die notwendig sind, um gegen Bedrohungen vorzugehen".[7] Das Ergebnis dieses Prozesses ist dabei völlig offen. Folglich war es für die Akteure während der 1960er und 1970er Jahre ungewiss, ob die kulturelle und identitäre ‚Neu'-Verortung gelingen würde.

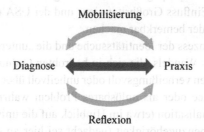

Abb. 10: Modell des *re-ordering*[8]

---

[6] Frie/ Nieswand: „Bedrohte Ordnungen" als Thema der Kulturwissenschaften, S. 9.
[7] Ebd.
[8] Entnommen aus: Antrag auf Finanzierung der dritten Förderperiode des Sonderforschungsbereichs 923 „Bedrohte Ordnungen", S. 12.

Die Notwendigkeit eines ‚neuen' Mythos, die Akteure empfanden, erklärt sich auch dadurch, dass mit dem Brüchigwerden von *Britishness* und seiner zur Verfügung gestellten Narrative der ‚alte' Mythos seine kontingenzbewältigende und – einem gesellschaftlichen Kitt gleichsam – Generationen verbindende Funktion nicht mehr erfüllen konnte. Damit war ein Mythos unbrauchbar geworden, der aus der Sicht der weißen Siedlerkolonien seit jeher „gerade in Umbruchssituationen als gemeinsame[r] Bezugspunkt[] zum Einsatz"[9] gekommen war.

Vor diesem Hintergrund erklärt sich das in allen drei ehemaligen Siedlerkolonien verbreitete Gefühl vieler Akteure, mit einem kulturellen Vakuum oder Formen einer epistemologischen Sinnkrise konfrontiert zu sein. Wie bereits anhand des Phänomens der Gleichzeitigkeit des Ungleichzeitigen zu Beginn des letzten Kapitels erläutert worden ist, verschwand der ‚alte' Mythos nicht einfach. Vielmehr wirkte er mitsamt der „Traditionen, kulturelle[n] Muster, Routinen und Handlungsskripte auch unter Bedrohungsbedingungen"[10] fort und bildete den Kontext für den Aushandlungsprozess des *re-ordering* sowie die Reflexion über einen ‚neuen' Mythos. Oft führten dabei die Persistenz von *Britishness* und das immer wieder zu beobachtende Problem, dass sich ‚eigene' Identitätskonzepte für das angestrebte ‚neue' Image der Nation nur unzureichend eigneten, innerhalb des *re-ordering*-Prozesses von der (Bewältigungs-)Praxis zurück zur Diagnose und von dort wieder zu neuen oder – in Ermangelung von Alternativen – alten Lösungsansätzen und Bewältigungsstrategien. Dass Akteure innerhalb dieses Prozesses noch häufig auf altbekannte – d.h. im Zeichen von *Britishness* stehende – Elemente zurückgriffen, ist auf die ursprünglich enge Verknüpfung zwischen dem *Britishness*-Mythos und den siedlerkolonialen Identitätskonzepten zurückzuführen. Diese Verbindung, die das Erklärungsmuster des *cringe* mit der propagierten Vorstellung einer vermeintlichen Befreiung vom kolonialen Einfluss Großbritanniens und der USA einfach ignorierte, sollte sich immer wieder bemerkbar machen.

Ob Akteure den Prozess der Identitätssuche und die „unterschiedlichen Möglichkeitshorizonte des Wandels, die sich in bedrohten Ordnungen eröffnen, als Utopien oder Dystopien verheißungsvoll oder unheilvoll über dem Geschehen"[11] schwebend, als Chance oder als unlösbares Problem wahrnahmen, hing von Faktoren wie der Sozialisation (etwa im Hinblick auf die universitäre Bildung), der ethnischen Gruppenzugehörigkeit (gedacht sei hier an die *English-Canadians*, *French-Canadians*, Pakehas, Maori, Aboriginals, First Nations und Ein-

---

[9] Heer: Politischer Mythos, S. 112.
[10] Frie/ Nieswand: „Bedrohte Ordnungen" als Thema der Kulturwissenschaften, S. 9.
[11] Ebd.

wanderer im Allgemeinen), dem persönlichen Standpunkt und teilweise auch von der Generationenzugehörigkeit ab. Auch wenn der Abschied vom Empire den Angehörigen der jüngeren Generation tendenziell einfacher gefallen sein mag als denen der älteren, so verband doch beide Generationen das Gefühl, dass es sich als schwierig gestaltete, selbstbewusste Identitätskonzepte zu etablieren oder aufrechtzuerhalten. In diesem Sinne sah Donald Horne die Situation der jüngeren Generation in Australien unter einem schlechten Vorzeichen stehen, was er auf die lange kulturelle Anbindung der Nation an Großbritannien und sein Empire zurückführte:

For the moment the new generation may be transfixed in horror at what it sees around it: the perpetuation of burdensome fictions and the lack of the self-confidence increases its sense of inadequacy and despair.[12]

Trotz der genannten Probleme blickte Horne optimistisch in die Zukunft. In dieser, so seine Annahme, würden gerade die jungen Australier wie keine Generation vor ihnen in einem nationalen Umfeld leben, in dem es irgendwann einmal gar keine Rolle mehr spielen würde, ob man „either ‚British' or ‚Anti-British'"[13] sei. Vorerst allerdings überwog vor allem während der 1960er und 1970er Jahre für viele Akteure generationenübergreifend ein negatives Gefühl. Dieses ging mit einer Orientierungslosigkeit und dem Eindruck einher, dass man mit dem nationalen Selbstbild komplett bei null anfangen müsse: „There is a commendable emptiness in Australians about their place in the world, the need for a new rhetoric, a new approach, as if Australia were beginning all over again."[14] Um Antworten auf diese Bedrohungssituation finden zu können, mussten sich die Akteure auf der Ebene des gesellschaftlichen Diskurses intensiver als zuvor mit den politischen und vor allem kulturellen (Ordnungs-)Vorstellungen ihrer jeweiligen Gesellschaften auseinandersetzen, auf deren Grundlage kollektive Identität imaginiert werden konnte. Im Vergleich zu jenen Zeiten, in denen Ordnung zwar ständig gesellschaftlich verhandelt, aber als stabil wahrgenommen wurde, wurden Diskurse in der Zeit, die unter dem Eindruck der dringend zu bewältigenden Bedrohung stand, formbarer und diskutabler. Dadurch konnten sich auch ‚neue' Akteure, die vor der Bedrohung von der Teilhabe am Mehrheitsdiskurs ausgeschlossen waren, stärker an der Aushandlung von Identität und Kultur beteiligen.

Was im vorherigen Kapitel mit Blick auf die vorgestellten kulturellen Maßnahmen und Konzepte, mit denen Akteure während der 1960er und 1970er auf das Problem des *cultural cringe* zu reagieren versuchten, immer wieder ange-

---

[12] Horne: The Lucky Country, S. 102.
[13] Ebd.
[14] Donald Horne: John the Bold or Gorton the Unready?, in: The Bulletin, 20.1.1968.

deutet worden ist, soll nun den inhaltlichen Schwerpunkt in Kapitel IV meiner Studie bilden. Dabei geht es um die Frage, welche Programmatiken und Botschaften mit dem bisher nur in seinen Grundzügen skizzierten *New Nationalism* verbunden waren und inwiefern das Schlagwort von den politischen *nation builders* für ihre Identitäts- und Mythensuche eingesetzt wurde. In diesem Kontext wird auch erneut zu klären sein, welche Rolle gegenseitige Beobachtungen unter den ehemaligen weißen Siedlerkolonien spielten. Darüber hinaus wird die Wechselwirkung zwischen der (Bedrohungs-)Diagnose und der (Bewältigungs-) Praxis in den Blick genommen, die sich als eine Art *Trial & Error*-Verfahren[15] verstehen lässt. In diesem Zusammenhang richtet sich das Erkenntnisinteresse auf die Frage, ob und wenn ja, welche Lösungsansätze sich als Strategien zur Bewältigung der Bedrohungssituation nachhaltig durchsetzen konnten. Es geht dabei auch um die Frage, welcher Ansatz (als Teil der Bewältigungspraxis der bedrohten Ordnung) am ehesten das Potential hatte, um die Grundlage eines ‚neuen' Mythos zu schaffen und *Britishness* als ‚alten' Mythos abzulösen. Bedingt durch das Phänomen der Gleichzeitigkeit des Ungleichzeitigen sind dabei Überschneidungseffekte zwischen dem ‚alten' und dem ‚neuen' Mythos zu berücksichtigen. Mit dem letzten Kapitel, das ausgehend vom Phänomen des *cultural cringe* und der sich abzeichnenden Identitätskrise die maßgeblichen Diskurse unter Intellektuellen und Kulturschaffenden beleuchtet hat, sind neben exemplarischen Lösungsansätzen für die Bedrohungssituation vor allem jene diskursiven Kontexte herausgearbeitet worden, vor deren Hintergrund im Moment der Bedrohung die „Selbstalarmierung[en] aus Ordnungen heraus"[16] erfolgten. Diese diskursiven und ordnungsspezifischen Kontexte sind bei der Frage nach den zentralen Antworten politischer Akteure auf die Herausforderungen zu berücksichtigen, die mit der Identitätskrise einhergingen.

Allerdings kann dabei der Schwerpunkt nicht nur auf den politischen *nation builders* oder der (politischen wie kulturellen) *intelligentsia* liegen. Vielmehr muss in Anlehnung an die 2019 von Hans J. Lietzmann vorgebrachte Kritik der dynamischen Beziehung zwischen Politik und Gesellschaft Rechnung getragen werden. Statt Politik als eine „gegenüber den Alltags- und Lebensprozessen [...] abgekapselte Existenz" zu betrachten, die sich „fast ausschließlich aufgrund

---

[15] Auch der Blick auf die Quellen bestätigt, dass politische, ökonomische und kulturelle Prozesse der Umorientierung, die im Zuge des *End of Empire* notwendig geworden waren, von vielen Akteuren als ein Experimentierfeld betrachtet wurden. Vgl. dazu etwa Davidson: Interview John Romeril, S. 308: „We have to [...] build a nation. And with it a culture. That can only mean a prolonged period of experimentation, trial and error, when we beg borrow steal, when we invent a politics, an economics, an art, the whole bag, appropriate to, capable of sustaining, enhancing life in a new world."

[16] Frie/ Nieswand: „Bedrohte Ordnungen" als Thema der Kulturwissenschaften, S. 7.

von Regierungserfordernissen oder von Strategien der politischen Eliten" zu definieren scheint, statt bei der analytischen Betrachtung „[d]ie Auseinandersetzung mit den Motiven, den Gefühlen, den Inszenierungen, den Bildern und den Kommunikationen, die den politischen Institutionen zugrunde liegen und die sie im politischen Alltag befeuern", auszuklammern, sind „[p]olitische Kontingenzen, historische Wahrnehmungsmuster und Konventionen" zu berücksichtigen. Darüber hinaus sind gerade im Kontext des *End of Empire* „gesellschaftliche Verschiebungen [...] oder Erweiterungen der Beteiligung an der politischen Gemeinschaftsbildung"[17] zu beachten. Die von Politikern in Zeiten der Bedrohung strategisch betriebene Identitätspolitik kann also nicht losgelöst vom öffentlichen Diskurs innerhalb der jeweiligen Gesellschaften betrachtet werden. Nicht zuletzt die Bürgerinnen und Bürger sind es, die eine Erwartungshaltung an die Politik herantragen, von der sich „keine politische Elite und keine politische Institution [...] unabhängig machen [kann]"[18].

Wie bereits im Verlauf der Studie und zuletzt anknüpfend an Donald Hornes Überlegungen zur Generationenfrage hervorgehoben wurde, lässt sich an der Auseinandersetzung der kanadischen, australischen und neuseeländischen Gesellschaften mit den Folgen der Identitätskrise beobachten, dass sich der *re-ordering*-Prozess nicht ohne den maßgeblichen Einfluss der *ordinary citizens* denken lässt. Bürgerinnen und Bürger gehörten nicht nur zu den Rezipienten und Kommentatoren der zeitgenössischen Politik oder den Werken der *intelligentsia*. Vielmehr nahmen sie etwa im Rahmen von Kampagnen und Organisationen, über Leserbriefe oder durch ihre an die jeweiligen Premiers adressierten Schreiben aktiv Einfluss auf den Diskurs rund um die kulturelle ‚Neu'-Verortung von Identität. Wie Hans J. Lietzmann zeigt, kann das Verhältnis zwischen den *nation builders* und der Bevölkerung in diesem Kontext auch mit den von Karl Rohe geprägten Begriffen der Deutungs- und Soziokultur beschrieben werden:

Deutungskultur [...] ist dann (auch) ein Rezeptionsangebot an die politische Gesellschaft; diese erfolgt in strategischer Absicht, wenngleich nicht immer im vollen Bewusstsein ihrer Eigenarten und Spezifitäten. Sie bewegt sich im Rahmen der gesellschaftlichen Kommunikation und bietet Handlungsmuster und Handlungsverständnisse für den politischen Prozess an. Sie kann sich hingegen nicht gewiss sein, mit diesem Angebot politisch zu reüssieren. Ob die politische Gesellschaft das Angebot akzeptiert und die Deutungskultur zu einer tragfähigen Soziokultur werden lässt, ist kontingent. Die politischen Eliten hantieren mit einem „symbolischen Kapital"; sie bemühen sich, ihre Absichten und ihr Handeln gegenüber der

---

[17] Hans J. Lietzmann: Kulturen politischer Partizipation. Hermeneutische und historische Perspektiven, in: Wolfgang Bergem, Paula Diehl und Hans J. Lietzmann (Hgg.): Politische Kulturforschung Reloaded. Neue Theorien, Methoden und Ergebnisse, Bielefeld 2019, S. 15–38, hier S. 15 f.
[18] Ebd., S. 18.

politischen Gesellschaft plausibel und nachvollziehbar zu machen. Sie werben um Gefolgschaft und Akzeptanz. Sie arbeiten an und bemühen sich um Reputation in ihren Handlungen.[19]

Vor dem Hintergrund dieses von Lietzmann beschriebenen Amalgams, das „die Regierungspraxis und die Alltagspraxis der politischen Gesellschaft miteinander" verbindet, richtet das Kapitel seinen Blick sowohl auf die „‚öffentliche[n] Narrative'" als auch auf die „‚strategische[n] Narrative' politischer [...] Akteure"[20].

Wenn im Folgenden in Verbindung mit dem *New Nationalism* und der übergeordneten Frage nach den Bewältigungs*strategien* bedrohter Ordnung die politischen Visionen nationaler Einheit, die öffentlichen Debatten über neue Symbole und Nationalfeiertage in den Blick genommen werden, so ist dabei zwischen intern und extern ausgerichteten Strategien[21] zu differenzieren. Die kulturpolitischen Antworten auf die Identitätskrise, die Akteure unter dem Begriff des *New Nationalism* verhandelten, richteten sich strategisch nach außen, etwa im Hinblick auf das im internationalen Kontext angestrebte Image als *sophisticated nation* bzw. als moderne, postimperiale Nation. Sie richtete sich aber auch nach innen, denn die *ordinary people* und ganz besonders die zuvor marginalisierten Indigenen nahmen Einfluss auf die Identitätsdebatten und forderten Maßnahmen ein, mit deren Hilfe sich ihr präferiertes kollektives Selbstbild verwirklichen ließ. In diesem Zusammenhang konnte die Aufarbeitung der kolonialen, vom Rassismus gezeichneten nationalen Vergangenheit langfristig nicht mehr umgangen werden. Die Interessen und der Einfluss der verschiedenen Akteursgruppen auf die Identitätsdebatten und damit auf den *re-ordering*-Prozess gilt es herauszuarbeiten, um Aussagen darüber treffen zu können, wie sich das nationale Selbstverständnis und die Vorstellungen kollektiver Identität *nach* dem Empire in den ehemaligen weißen Siedlerkolonien gestalteten. Vor diesem Hintergrund wird hinsichtlich der (Bewältigungs-)Strategien der Identitätskrise auch die Frage zu klären sein, welche Rolle indigene Elemente oder auch indigene Akteure für die Imagepflege und Selbstrepräsentation Kanadas, Australiens und Neuseelands spielten. Diese Frage bildet den Schwerpunkt des letzten Teilkapitels, das sich anhand von nationalen Erinnerungspraktiken mit der strategischen Funktion des Bikulturalismus, Multikulturalismus und der Indigenität für ‚neue' Identitätskonzepte auseinandersetzt.

---

[19] Ebd., S. 19.
[20] Ebd., S. 19f.
[21] Zur Definition von *Strategie* in Abgrenzung zu *Taktik* vgl. bereits Anm. 60 in Kap. I.2.

1. Der *New Nationalism*. Kontext und Begriff

Im Jahre 1963 wurden Leserinnen und Leser der in Sydney publizierten Zeitschrift *Nation* mit einem negativen Erlebnisbericht des australischen Historikers und Schriftstellers Geoffrey Dutton konfrontiert. Ohne den Begriff direkt zu verwenden, beschrieb er die Langzeitfolgen des *cultural cringe* – jene bereits bekannten Auswirkungen also, die insbesondere infolge der von *Britain's turn to Europe* ausgehenden Signalwirkung zum maßgeblichen Gegenstand der gesellschaftlichen Diskurse in Kanada, Australien und Neuseeland wurden. Dutton berichtete von einer Erfahrung, die er als Gastprofessor an der *Kansas State University* gemacht hatte, wo er als Repräsentant der *University of Adelaide* auch an der Gründungsfeier der Universität teilgenommen hatte. Dabei nahm er insbesondere Anstoß an einem Artikel einer lokalen Zeitung, die über die Feierlichkeiten berichtete. Folgendes konnte er dort über seine Herkunft erfahren: „Professor Geoffrey Dutton offers congratulations from England." Das Problem, über das sich der Professor empörte, lag auf der Hand: Für Dutton handelte es sich nicht einfach nur um eine fälschliche Angabe. Vielmehr interpretierte er diese kleine Fehlinformation als Symptom dafür, dass Australien aufgrund seiner „national intellectual indolence" und seiner anhaltenden Abhängigkeit von Großbritannien vom Rest der Welt als identitätslos wahrgenommen werde und als „true-blue royalist and British" gelte. Dutton bemängelte, dass die „[r]ecent body-blows from the dear old Mother-Country, like her zigzags over the Common Market"[22] zwar für Unruhen gesorgt hätten. Nichtsdestotrotz sei der Glaube der Öffentlichkeit an das familiäre Verhältnis zu Großbritannien stabil geblieben.

Aus dem kurzfristig wieder abgeschwächten Schock, den Dutton hier beschrieb, sollte im Verlauf der 1960er und 1970er Jahre allerdings ein tiefgreifender werden, mit dem sich Australien ähnlich wie auch Kanada und Neuseeland langfristig konfrontiert sah. Umso deutlicher die Abwendung Großbritanniens von seiner alten weißen Empire-Familie wurde, desto mehr wurden die Folgen der sich immer klarer abzeichnenden kollektiven Identitätskrise innerhalb ihrer gesellschaftlichen Diskurse problematisiert. Wie Dutton griffen viele Akteure in dieser Zeit, die unter dem maßgeblichen Eindruck des *End of Empire* stand, verstärkt auf das durch den *cultural cringe* bereitgestellte Argumentationsmuster in Verbindung mit dem *thwarted-nationalism*-Narrativ zurück.

Dass Fragen der kollektiven Identität zwischen den 1960er und 1970er Jahren immer mehr in den Fokus der gesellschaftlichen Debatten rückten, lässt sich auch auf einen politischen Generationenwechsel zurückführen. Auf anglophile

---

[22] Geoffrey Dutton: British Subject, in: Nation, 6.4.1963.

Premiers, die wie Menzies oder Diefenbaker krampfhaft an ihrem Glauben an das Empire und das Mutterland festhielten, folgte eine politische Spitze, die sich angesichts des offensichtlichen Endes des Empire und der alten, auf *Britishness, Whiteness* und *family values* basierenden Glaubensgrundsätze zum Handeln gezwungen sah.[23] Auf politischer Ebene sahen sich besonders die Premierminister Harold Holt (1966–1967), John Gorton (1968–1971), Gough Whitlam (1972–1975), Lester B. Pearson (1963–1968), Pierre E. Trudeau (1968–1979) und Norman Kirk (1972–1974) mit der Aufgabe konfrontiert, Antworten auf die Identitätskrise bereitzustellen. Die Langlebigkeit des Empire zeigt sich besonders daran, dass diese Aufgabe von den meisten politischen Akteuren als eine plötzliche Herausforderung wahrgenommen wurde.

So druckte etwa der *Auckland Star* im Rahmen seiner nationalen Presseschau einen kurzen Kommentar aus *New Plymouth* ab, der die Abwendung des britischen Mutterlandes von seiner alten Empire-Familie als einen unerwarteten und bedauernswerten Umstand beschrieb, durch den sich die neuseeländische Nation zum Handeln gezwungen sah:

Circumstances and the British Government have left us standing on our own. We must therefore shed all our remaining colonial trappings and behave like an independent nation. For most of us there will always be a special relationship with Britain. But it is our task to run our own lives, our own institutions, our own laws.[24]

Folgt man dieser Argumentation, so war Neuseeland zum einen offensichtlich *noch* keine unabhängige Nation, sondern befand sich in einem kolonialen Zustand.[25] Zum anderen erscheint die in dem Kommentar angestrebte Besinnung auf die eigene Nation als etwas, dessen Notwendigkeit man nur unter hohem Druck erkannt hatte.

---

[23] Zwar ist der Einwand zutreffend, dass diese Grundsätze bereits im Verlauf der 1940er Jahre im Rahmen der international zu beobachtenden kritischen Reflexion über Rassismus und die gefährlichen Folgen des Nationalismus fragwürdig geworden waren. Allerdings, so haben James Curran und Stuart Ward am Beispiel von Australien zu bedenken gegeben, berücksichtige weder dieses Argument noch der Einwand, dass es im Verhältnis zwischen Australien und dem britischen Mutterland bereits während der Nachkriegszeit durch die Dekolonisation oder sich wandelnde außenpolitische Beziehungen zu Verschiebungen gekommen sei, den Glauben vieler Australier an *Britishness*, welcher erst während der 1960er Jahre erschüttert worden sei. Vgl. Curran/ Ward: The Unknown Nation, S. 75.
[24] Colonial trappings (Daily News, New Plymouth), in: The Auckland Star, 6.2.1973.
[25] Diese Beschreibung wich, wie bereits in Verbindung mit dem *cultural cringe* gezeigt worden ist, insofern von der traditionellen siedlerkolonialen Selbstwahrnehmung ab, dass sie ihren Fokus nun nicht mehr auf das Prinzip der Ebenbürtigkeit zwischen der vormaligen Dominion und dem britischen Mutterland, sondern auf die Abhängigkeit des kolonialen Neuseelands von Großbritannien richtete.

1. Der New Nationalism. Kontext und Begriff 269

Auch die Ausführungen des australischen Premiers Harold Holt von 1966 demonstrieren, inwiefern *Britain's turn to Europe* von vielen Akteuren als ein unvorhersehbares Ereignis wahrgenommen wurde. Die Umorientierung des britischen Mutterlandes in Richtung Europa, so ist bereits an früherer Stelle an den Äußerungen Holts herausgearbeitet worden, gehörte zu jenen unkalkulierbaren äußeren Umständen, durch die Australien unvorbereitet mit Fragen seiner nationalen Reife konfrontiert worden war – Fragen, die zuvor bedingt durch die relative Stabilität des *Britishness*-Mythos keine große gesellschaftliche Relevanz aufwiesen und entsprechend nur von einigen wenigen Akteuren gestellt wurden. Holt brachte die historisch einmalige Situation, durch die sein Land ‚plötzlich' einen nationalen Initiationsprozess durchlaufen und sich entsprechend neue Verhaltensmuster aneignen musste, in einer Rede wie folgt auf den Punkt:

So Australia, ladies and gentlemen, has been jolted not merely into adulthood but into maturity of attitudes and approach; a requirement of a maturity of decision which we have not known in the degree we have to confront it today at any earlier point in our history.[26]

Holt betonte, dass er diese Ausführungen nicht etwa pessimistisch verstanden haben wolle, zumal eine mögliche Lösung für alle in der Umorientierung Australiens nach Asien liegen könne, dem neuen *destiny* der Nation.[27]

Seiner Beteuerung zum Trotz verweist die von ihm verwendete Rhetorik auf eine tiefgreifende Verunsicherung. Die Betonung, dass es keine historische Vergleichsgrundlage für die gegenwärtige Situation gebe, sowie die bereits bekannte Aussage, dass Australien in die *maturity* hineingestolpert sei, verdeutlichen diesen bleibenden Eindruck. Mit einer derartigen Unsicherheit, so hebt James Curran hervor, hätten sich weder Premierminister Curtin noch die Nachfolger Chifley oder Menzies während ihrer Amtszeit konfrontiert gesehen.[28] In Abgrenzung zu der Zeit Australiens unter dem anglophilen Robert Menzies, die Manning Clark in einem Beitrag für *Meanjin* polemisch als „*Years of Unleavened Bread*"[29] beschrieb, versuchten nachfolgende Premiers, selbstbewusst für ein „feeling of nationhood" sowie ein „feeling of real nationalism"[30] jenseits von *Britishness* einzutreten. Von Menzies Maxime, die sich aus seiner Selbstbeschreibung als „British to the boot heels"[31] ableitete, grenzte sich etwa John

---

[26] Holt: First Annual Conference of the Australian Division of the Institute of Directors, S. 8.
[27] Vgl. ebd.
[28] Vgl. Curran: The Power of Speech, S. 64.
[29] Manning Clark: The Years of Unleavened Bread: December 1949 to December 1972, in: Meanjin Quarterly. A Review of Arts and Letters in Australia 32.3 (1973), S. 245–250.
[30] John Gorton, zitiert in: Curran/ Ward: The Unknown Nation, S. 6.
[31] Menzies: Australia Club Dinner, S. 2.

Gorton mit seinem Selbstverständnis als „Australian to my boot-heels"[32] entsprechend ab. Das Erklärungsmodell des *cultural cringe* und des *thwarted-nationalism*-Narrativs aufgreifend, wurde im Rahmen der politischen Rhetorik suggeriert, dass nun die Zeit gekommen sei, Australiens Identität vollwertig zu entfalten. Während zuvor Menschen von *home* gesprochen und damit Großbritannien gemeint hätten, so Gorton, müsse es nun um eine Besinnung auf Australien gehen.[33]

In diesem Kontext beklagte Donald Horne, dass trotz des *End of Empire* und der damit verbundenen Brüchigkeit von *Britishness* immer noch viele Ältere reflexartig nach einer Droge zu greifen versuchten, die längst nicht mehr wirkte. Sie alle seien daran gewöhnt, rassistisch auf „Huns, Dagoes, Wogs, Wops, Chinks, Japs and so forth"[34] herabzublicken. Darüber hinaus glaubten sie noch immer daran, dass sich irgendwer in London eine Lösung für die Dinge einfallen lassen werde, die auf der Ebene der Weltpolitik schiefliefen.

> We were all members – to recall one of the world's most effective slogans – of an Empire on which the sun never set. Many of these older Australians now act like somnambulists. They walk like men in midair, following a path that has disappeared. [...] Some of our older people continued to behave as if the drug was still acting.[35]

Aus der Sicht Hornes ließen sich nur so die politischen Maßnahmen unter Menzies verstehen, die den „policies of somnambulists"[36] glichen. Auch das Problem des anhaltenden Rassismus in Australien führte er auf die Langzeitfolgen der ‚*Britishness*-Droge' zurück. Hornes ganze Hoffnung lag auf einer *Neu*-Konzeption der australischen Identität, einem neuen nationalen Image jenseits von *Britishness* und nicht zuletzt auf der jungen Generation, die diese Umgestaltung der australischen Identität umsetzen sollte.

Wenngleich ein erster Blick auf Ausführungen von Gesellschaftskritikern wie Horne den Eindruck einer hoffnungsvollen, selbstbewussten und im Zeichen des Aufbruchs stehenden Besinnung auf die eigene Nation erzeugt, auf das sich durchaus auch die jeweiligen Premiers stützten, so muss bei genauerer Betrachtung festgehalten werden, dass die politischen Visionen von der *Neu*-Ausrichtung der Nation ambivalent waren. Deutlich wird dies, abgesehen von Holts Bild von der stolpernden Nation, auch an einer Rede seines Nachfolgers John Gorton. Unter Rückgriff auf das *colony-to-nation*-Narrativ verkündete er selbstbewusst, dass Australien sich zielgerichtet vom Zustand des „child of the mo-

---

[32] John Gorton, zitiert in: Curran: The Power of Speech, S. 64.
[33] John Gorton, zitiert in: Curran/ Ward: The Unknown Nation, S. 6.
[34] Horne: I – Mates in the Empire, S. 10.
[35] Ebd., S. 10 f.
[36] Ebd., S. 11.

1. Der New Nationalism. Kontext und Begriff

ther country" zu einer „adolescent nation" entwickelt habe. Dabei beschrieb er den vermeintlich erreichten Reifegrad der Nation als einen Zustand „between the child stage and the world leader stage"[37]. Diese Ambivalenz zwischen dem anhaltenden Zustand der Inferiorität und der Vorstellung eines abgeschlossenen Reifeprozesses der Nation führte Gortons selbstbewusste Botschaft *ad absurdum*.

Die Unschärfe in der politischen Rhetorik Gortons blieb auch der zeitgenössischen Presse nicht verborgen. In diesem Sinne bemängelte etwa das Nachrichtenmagazin *The Bulletin*, dass man hinter der begrüßenswerten Botschaft Gortons „,First I am an Australian. I am proud of being an Australian'" einen konkreten Inhalt vermisse, der Aufschluss darüber gebe, auf was genau man denn in Australien stolz sein könne. „But what is the point in putting up such a dream without being specific?" Ironischerweise kombinierte dieser Kommentar des *Bulletin* seine lobenden Worte über die neue, aufbruchsverheißende Hinwendung zur Nation mit genau jener inhaltlichen Unsicherheit, die er am australischen Premierminister eigentlich kritisierte:

Even if for a while they make a mess of it, in itself it seems admirable that Australian politicians should now attempt to speak up as if Australia had some identity of its own and some sense of a peculiar future. It is time we developed a new rhetoric, with some attempts at defining (if arbitrarily) a sense of national purpose. It is by this means that our country can finally lose its provincialism; it is by this means that new policies can be evaluated and new action have some sense about it; […].[38]

Wie das Quellenzitat belegt, stand der angestrebte *re-ordering*-Prozess auf einem äußerst instabilen Fundament. Gelobt wurde in dem zitierten Kommentar nicht etwa, dass sich Politiker wie Gorton nun endlich auf *die* australische Identität oder auf konkrete Formen und Vorstellungen australischer Identität besonnen hatten. Stattdessen ging es darum, dass sie von Australien (wohlgemerkt im Konjunktiv) so sprachen, *als ob* es eine eigene Identität *hätte*. Auch von der für die Bewältigung der Identitätskrise so notwendigen neuen Rhetorik und Sprache schien der Kommentator nicht zu viel zu erwarten. Im besten Falle, so kann man der zitierten Passage entnehmen, führe die überfällige neue Rhetorik, wenn auch *arbitrarily*, zu einem „sense of national purpose". Der Lösungsweg aus der Identitätskrise heraus war also alles andere als eindeutig formuliert. Den einzigen Hinweis, den die zeitgenössischen Leserinnen und Leser am Ende des Artikels auf die Frage erhielten, auf was die Australier ihren Stolz aufbauen könnten, war der vage erscheinende Verweis auf eine Orientierung Australiens in Richtung Asien. Statt sich auf eine britisch-europäische Vergangenheit zu

---
[37] John Gorton, zitiert in: Curran: The Power of Speech, S. 64.
[38] Comment by 'Observer': Keeping Ahead of Ourselves, in: The Bulletin, 28.9.1968.

beziehen, könne Australien sich nur noch auf eine „possible future – as a nation of European origin appending the southern appendages of Asia – [...]"[39] stützen.

Festzuhalten bleibt: Der etwa in der Rhetorik Gortons oder in der zeitgenössischen Presse deutlich werdenden Aufbruchsstimmung stand eine anhaltende Ungewissheit gegenüber. Zwar schien endlich der Moment gekommen, den vermeintlich lange unterdrückten Initiationsprozess zu beenden und die Nation ‚neu' einzuschwören. Allerdings blieben Ansätze für eine *Neu*-Ausrichtung der Nation oft vage oder erschienen widersprüchlich, weil Akteure gleichzeitig immer wieder auf Versatzstücke zurückgriffen, die mit dem *Britishness*-Mythos und der imperialen Vergangenheit verbunden waren. Diese Ambivalenz zwischen der Aufbruchsstimmung und einer fundamentalen Unsicherheit war eine Begleiterscheinung des so genannten *New Nationalism*.

Unter diesem Label verhandelten Akteure die Maßnahmen, die notwendig waren, um die Nation nach der Identitätskrise ‚neu' einzuschwören und den angepriesenen nationalen Reifeprozess zu vollziehen. Mit dem *New Nationalism* strebten sie dabei ein neues bzw. modernes Image ihrer Nation für das postimperiale und postkoloniale Zeitalter an, das nicht mehr ausschließlich auf *Britishness* basieren konnte. Zwar war mit dem *New Nationalism* ein gesteigertes Bewusstsein für *Canadianism*, *Australianism* und *New-Zealandism* verbunden. Allerdings, so lässt sich in Anlehnung an James Curran festhalten, bedeutet das nicht, dass das britische Erbe der jeweiligen Nationen keine Rolle mehr spielte.[40] Die Hinwendung zur Nation, so Curran, sei auf das (aus der Akteursperspektive wahrgenommene) plötzliche Ende des Empire zurückzuführen, das es notwendig gemacht habe, sich stärker, wenn auch unfreiwillig, der ‚eigenen' Identität zu widmen.[41] Das emotionale Verhältnis zwischen Großbritannien und Australien war dabei allerdings weiterhin von großer Bedeutung. Keineswegs, so beschwichtigte beispielsweise Whitlam 1974 in London, sei der *New Nationalism* mit einer anti-britischen Haltung gleichzusetzen. Stattdessen müsse das australische Verhalten als Ausdruck einer herangewachsenen Nation verstanden werden, die lediglich eine pro-australische Haltung einnehme.[42] Für die politische Kultur Australiens (wie auch Kanadas und Neuseelands) war das britische Erbe also weiterhin von großer Relevanz.[43] Durch die äußeren Umstände bedingt hatte *Britishness* allerdings seine zentrale Rolle für Identitäts-

---

[39] Ebd.
[40] Vgl. Curran: The Power of Speech, S. 51.
[41] Vgl. ebd., S. 72, 132.
[42] Vgl. Whitlam, zitiert in: Curran: The Power of Speech, S. 131.
[43] Vgl. auch ebd.: „We wish to build on British institutions. I believe that our understanding will deepen, rather than diminish, as Australia assumes her rightful place as a proud and independent nation[.]" Vgl. auch Curran: The Power of Speech, S. 132.

konstruktionen eingebüßt und viele Kritiker wie Horne, Angehörige der jüngeren Generation oder auch Akteure nicht-britischer Abstammung strebten ‚eigene' Identitätskonzepte (idealerweise) jenseits von *Britishness* und vor allem *Whiteness* an.

Im Falle Kanadas sollte es im Verlauf der 1960er Jahre, im Falle Australiens und Neuseelands bis zu Beginn der 1970er Jahre offiziell keine Rolle mehr spielen, welcher Ethnie man angehörte, um ein *real Canadian, Australian* oder *New Zealander* zu sein. Auch wenn die Auswirkungen der rassistischen Einwanderungspolitiken in den jeweiligen Ländern noch lange zu spüren waren und rassistische Vorurteile nicht einfach verschwanden, so markierte diese Entwicklung eine Verschiebung des Nationalismusverständnisses vom *ethnic* zum *civic nationalism*. Dieser fragte nicht mehr nach der vermeintlichen Kern-Ethnie der Nation, sondern nach den gemeinsamen kulturellen und politischen Werten, die charakteristisch für die Nation waren.[44] In Verbindung mit dem *New Nationalism* wurden daher auch Fragen nach dem gesellschaftlichen Zusammenhalt, dem nationalen Selbstverständnis und den gemeinsamen kulturellen Werten verhandelt. Das langfristig verfolgte Ziel war es, die ehemaligen weißen Siedlerkolonien im internationalen Kontext (ganz im Sinne der zeitgenössischen Vorstellung von der Überwindung des *cultural cringe*) nicht mehr als *second rate*, sondern als eigenständig, *mature* und vor allem *sophisticated nations* erscheinen zu lassen. Daher spiegelte sich der *New Nationalism*, wie sich in Anlehnung an James Curran und Stuart Ward festhalten lässt, nicht nur in den zeitgenössischen Debatten über die Neuausrichtung der nationalen Symbolik oder über die Rolle von nationalen Feiertagen und Riten, sondern auch in der Art und Weise wider, wie politische Akteure ihre Nationen und nationalen Kulturen nach außen hin promoteten.[45]

Die Tatsache, dass der *New Nationalism* von den zeitgenössischen Akteuren als eine eigene Leistung ihrer Nationen interpretiert wurde, ohne dass sie dabei Notiz

---

[44] Vgl. dazu Patrick Ongley/ David Pearson: Post-1945 International Migration: New Zealand, Australia, and Canada Compared, in: International Migration Review 29.3 (1995), S. 765–793, hier S. 771; Jack Doig: Nationalist Rhetoric in Australia and New Zealand in the Twentieth Century: The limits of divergence, Dissertation, Queensland 2013, S. 151 f. sowie Ders.: New Nationalism in Australia and New Zealand, S. 564.

[45] Curran/ Ward: The Unknown Nation, S. 9. In diesem Sinne fasste beispielsweise Manning Clark in einem Interview die verschiedenen Entwicklungen unter der Regierung Whitlams wie folgt zusammen: „Well, the new nationalism as put forward by the present Government has been manifested in various ways. There's been talk about a new national anthem; there's been vague talk about a new flag. There's been talk about the end of colonialism, the end of White Australia and very, very, very vague talk about some sort of republic in the future." Kenneth Randall/ Alan Ramsey: Interview Manning Clark. What Do We Believe In?, in: New Accent, 8.3.1974.

von der Verwendung des Begriffs außerhalb ihrer jeweiligen nationalen Kontexte genommen hätten, lässt sich auf den nationalen Impetus des zeitgenössischen Schlagworts zurückführen: Der *New Nationalism* stand – der Vorstellung von einer teleologischen Entwicklung *from colony to nation* sowie der Logik des *thwarted-nationalism*-Narrativs gemäß – für eine vermeintliche nationale Selbstfindung und Befreiung von einem kolonialen Zustand. Er fügte sich ein in eine dynamische Zeit, die von einem innergesellschaftlichen Wandel, von studentischen Protestbewegungen, der *Indigenous Renaissance*, vom Radio und Fernsehen und von einer kulturellen wie auch politischen Dynamisierung geprägt war und so gesehen unter dem Vorzeichen des Aufbruchs stand.[46] In diesem Kontext galt der *New Nationalism* als zeitgemäß. So stand er in der Wahrnehmung seiner Befürworter als vermeintlicher *real nationalism* einem fehlgeleiteten, imperial eingefärbten Nationalismus vergangener Tage gegenüber, der den *cultural cringe* bedingt hatte. Zwar ging von dem *New Nationalism* eine Aufbruchsstimmung aus. Wie der Blick auf die von Unsicherheit gezeichnete Rhetorik der Premiers jedoch beweist, war das moderne Schlagwort entgegen seinem Anspruch mit anhaltenden Unsicherheiten verbunden, die sich auf die Identitätskrise infolge des *End of Empire* zurückführen lassen. Vorstellungen von einer Besinnung auf einen „real nationalism" oder einem „robust collective awakening"[47], die teilweise bis heute noch in Kanada, Australien und Neuseeland Anklang finden, mögen dem Wunschdenken nationalistischer Geschichtsschreibungen entsprechen. Einer kritischen Überprüfung halten sie jedoch nicht stand.

Auf den ersten Blick scheint der *New Nationalism* kein Begriff zu sein, der nur in den ehemaligen weißen Siedlerkolonien verbreitet war. Erst jüngst hat Almuth Ebke in ihrer Studie gezeigt, dass mögliche Folgen der neuen Nationalismen bzw. ‚Neo-Nationalismen' in westlichen Staaten, zu denen „[d]er seit den 1960er Jahren wahrgenommene gesteigerte schottische Nationalismus" wie auch der aufkommende Nationalismus „in Katalonien und dem Baskenland, Flandern, der Bretagne und Okzitanien sowie Quebec"[48] gezählt wurden, in der führenden britischen Tagespresse seit den 1960er Jahren diskutiert wurden. In diesem Kontext sei auch die britische Nation und ihre Identität gerade mit Blick auf die „regionale[n] Nationalismen in Schottland und Wales"[49] zum Gegen-

---

[46] Zur deutschen Perspektive auf die 1960er Jahre, verstanden als „dynamische Zeiten", vgl. Axel Schildt/ Detlef Siegfried/ Karl Christian Lammers: Einleitung, in: Dies. (Hgg.): Dynamische Zeiten. Die 60er Jahre in den beiden deutschen Gesellschaften, Hamburg 2000 (Hamburger Beiträge zur Sozial- und Zeitgeschichte 37), S. 11–20, hier v. a. S. 13 f.
[47] Curran/ Ward: The Unknown Nation, S. 6.
[48] Almuth Ebke: Britishness. Die Debatte über nationale Identität in Grossbritannien, 1967 bis 2008, Berlin, Boston 2019 (Studien zur Ideengeschichte der Neuzeit 55), S. 202.
[49] Ebd., S. 203.

1. Der New Nationalism. Kontext und Begriff

stand der öffentlichen Debatte in Großbritannien geworden. In Anlehnung an David McCrone konstatiert Ebke, dass diese Formen des Nationalismus in westlichen Staaten als neu gegolten hätten, da sie für die zeitgenössischen Akteure vergleichsweise unerwartet aufgetreten und mit den etablierten Nationalismustheorien nicht erklärbar gewesen seien.[50] Das Phänomen von Neo-Nationalismen, die in der Forschungsliteratur oftmals weniger als Formen des Nationalismus im herkömmlichen Sinne, sondern eher als „something akin to ‚regionalism'"[51] verstanden werden, scheint in der zweiten Hälfte des 20. Jahrhunderts also eine verbreitete Erscheinung in westlichen Staaten gewesen zu sein.

Mit Blick auf den *New Nationalism* in Kanada, Australien und Neuseeland müssen allerdings die entscheidenden Unterschiede zu jenen Neo-Nationalismen hervorgehoben werden, die Ebke und McCrone im Blick haben: Während die neuen Nationalismen etwa in Großbritannien oder Spanien das Resultat eines Missverhältnisses zwischen dem politischen Zentrum und einer bestimmten (im Extremfall separatistischen) Region sind, ist der *New Nationalism* in den ehemaligen weißen Siedlerkolonien hingegen als ein zentraler Bestandteil eines Prozesses der Identitätssuche zu verstehen, in den man durch das Ende des Empire überraschend und vor allem unfreiwillig geraten war. Mitnichten kann für Kanada, Australien und Neuseeland von einer fehlenden „allegiance to the centre" und einem mangelnden Bewusstsein für eine „common political-cultural identity"[52] ausgegangen werden, die McCrone als Charakteristikum für die Neo-Nationalismen anführt. Der Ursprung des *New Nationalism* in Kanada[53], Australien und Neuseeland ist nicht auf einen (historisch bedingten) Konflikt, sondern auf die von Akteuren als plötzlich wahrgenommene Brüchigkeit eines auf *Britishness, Whiteness und family values* basierenden Identitätssettings zurückzuführen. Anders als die Neo-Nationalismen stand der *New Nationalism* also nicht für eine kritische Auflehnung, sondern für den Versuch einer identitären und kulturellen *Neu*-Orientierung, die infolge des *End of Empire* zwingend notwendig geworden war. Der *New Nationalism* sollte dabei jene Orientierung wiederherstellen, die mit *Britain's turn to Europe* verloren gegangen war.

In einem Interview brachte Manning Clark diese Problematik mit Blick auf die Frage „*What do we believe in?*", die man im übertragenen Sinne als die Leitfrage hinter dem *New Nationalism* verstehen kann, wie folgt auf den Punkt:

---

[50] Vgl. ebd., S. 202 rekurrierend auf David McCrone: The Sociology of Nationalism. Tomorrow's ancestors, London, New York 1998 (International Library of Sociology), S. 125.
[51] McCrone: The Sociology of Nationalism, S. 126.
[52] Ebd. rekurrierend auf Ausführungen von Peter Alter.
[53] In diesem Kontext stellt Québec mit seinen separatistischen Tendenzen einen (regionalen) Spezialfall dar, der sich eher unter dem Begriff des *Neo-Nationalismus* im Sinne McCrones fassen lässt.

„[T]his is a great age of confusion and I don't think anybody is very clear as to what he believes."⁵⁴ Mit Hilfe des Erklärungsmodells, das der *cultural cringe* zur Verfügung stellte, wurde diese Verwirrung auf den vermeintlich kolonialen Zustand der ehemaligen Dominions zurückgeführt. Wie bereits im letzten Kapitel dargelegt wurde, spielte die Unterscheidung zwischen den ehemaligen ‚weißen' Dominions und den abhängigen nicht-weißen Kolonien des Empire für die Akteure in diesem Kontext keine Rolle mehr. Stattdessen betrachteten sie ihre Identitätssuche in Analogie zu dem aufkeimenden Nationalismus in den ehemaligen Kolonien. Entgegen dieser zeitgenössischen Vorstellung muss hervorgehoben werden, dass sich der Versuch einer identitären und kulturellen Neuorientierung der ehemaligen weißen Siedlerkolonien im Zuge des *End of Empire* von jenen aufkeimenden Nationalismen unterschied, die in den ehemaligen Kolonien während der Dekolonisation zu beobachten waren. Der *New Nationalism* mag vordergründig mit Aspekten einer Befreiung von den Folgen des *cringe* und eines imaginierten Inferioritäskomplexes gestanden haben. Faktisch war er aber auf Entwicklungen zurückzuführen, welche die meisten Akteure bedauerten und die sie ratlos zurückgelassen hatten. Der Unterschied zwischen dem *New Nationalism* und dem aufkeimenden Nationalismus in den ehemaligen Kolonien spiegelt sich auch auf sprachlicher Ebene wider, die James Curran und Stuart Ward in den Blick genommen haben. Da die erwähnten Prozesse in den ehemaligen nicht weißen Kolonien wie Indien oder Afrika von den Zeitgenossen nur äußerst selten mit dem Begriff des *New Nationalism* beschrieben worden seien, so argumentieren sie, sei es gerechtfertigt, den Begriff ausschließlich auf die identitäre Umorientierung innerhalb der ehemaligen weißen Siedlerkolonien zu beziehen.⁵⁵

Obgleich ein Unterschied zwischen dem *New Nationalism* in Kanada, Australien und Neuseeland und den neuen Nationalismen in anderen Ländern besteht, müssen die kritischen Fragen, welche David McCrone zum Phänomen der Neo-Nationalismen aufgeworfen hat, auch in Bezug auf den *New Nationalism* gestellt werden. Als paradox erscheinen die Formen der Neo-Nationalismen McCrone, weil sie doch eigentlich unzeitgemäß gewesen seien: „After all, was not nationalism in the West well and truly over? Had it not served its purpose in ushering in the modern state during the nineteenth century?"⁵⁶ Wie noch deutlich werden wird, konnte der *New Nationalism* nur deshalb zu einem attraktiven Lösungskonzept der Identitätskrise in der Zeit nach den einschneidenden Erfahrungen des Zweiten Weltkriegs werden, weil er sich durch das Attribut *neu* von

---

⁵⁴ Randall/ Ramsey: Interview Manning Clark, in: New Accent, 8.3.1974.
⁵⁵ Vgl. Curran/ Ward: The Unknown Nation, S. 9.
⁵⁶ McCrone: The Sociology of Nationalism, S. 125.

den negativen Folgen eines *alten* Konzepts von Nationalismus kritisch abgrenzen ließ. Neben diesem Aspekt soll im Folgenden gezeigt werden, wie sich der Begriff in den ehemaligen weißen Siedlerkolonien verbreitete, wie er diskutiert wurde und welche Lösungsansätze er für die Bewältigung der Identitätskrise bereithielt.

2. It's Time – Visionen nationaler Einheit im post-nationalistischen Zeitalter

Erstmals findet sich das zeitgenössische Schlagwort des *New Nationalism*, wenn auch *ex negativo*, in einer Kommentarspalte der französischsprachigen Tageszeitung *Le Devoir* von 1964.[57] Von einem fehlgeleiteten, eng gefassten Nationalismus, der die auf *Britishness* basierende Kultur der *English Canadians* über die der *French Canadians* und auch anderer ethnischer Gruppierungen stellte, grenzte Claude Ryan darin eine neue Form des Nationalismus ab, welche er in der Politik Lester B. Pearsons verwirklicht sah:

> Le projet Pearson est une réaction contre ce vieux nationalisme. Il exprime, gauchement peut-être, qui se voudrait plus complètement canadien. L'opposition que lui font les conservateurs est celle du nationalisme traditionnel du Canada anglais. [...] Les discussions actuelles nous aideront à mieux connaitre ceux, parmi les Canadiens anglais, avec qui nous pouvons tenter sérieusement d'édifier un Canada nouveau.[58]

Insbesondere die unter Pearson angestoßene und hitzig geführte Debatte über eine neue Nationalflagge, zu der in Kanada nicht nur Politiker, sondern vom Schulkind bis zum Rentner so gut wie jede Bürgerin und jeder Bürger eine Meinung hatte, konnte Ryan zufolge dabei helfen, ein neues, nicht mehr einseitig ausgerichtetes Selbstverständnis Kanadas zu etablieren.

Das sich abzeichnende Ende des Empire, die *Quiet Revolution* in Québec und das Problem der Amerikanisierung waren die drei maßgeblichen Faktoren, vor deren Hintergrund Pearsons Politik einzuordnen ist. Um das *survival* Kanadas in Zeiten der Identitätskrise zu gewährleisten, forderte Pearson in Verbindung mit dem *New Nationalism* eine neue, spezifisch kanadische Symbolik, die keine Kultur innerhalb des Landes ausschließen sollte. Ziel war es also, eine Vision von einer geeinten kanadischen Nation zu verwirklichen, mit der sich nicht nur die Frankokanadier, sondern alle ethnischen Gruppen des Landes identifizieren konnten. Nicht zuletzt die separatistischen Tendenzen in Québec sorgten dabei

---

[57] Vgl. Curran/ Ward: The Unknown Nation, S. 7 f. sowie Ward: The 'New Nationalism' in Australia, Canada and New Zealand, S. 232 f.
[58] Claude Ryan: Le dilemme du drapeau, in: Le Devoir, 15.8.1964.

dafür, dass die Aufrechterhaltung der nationalen Einheit als entscheidender Faktor im Überlebenskampf der Nation gesehen wurde. Um das „problem of unity; indeed of survival" lösen zu können, so dramatisch formulierte es Pearson etwa in einer Ansprache 1967, müssten nicht nur die Menschen in Québec, sondern in jedem Teil Kanadas davon überzeugt werden, dass in letzter Konsequenz alle Kanadier an den Folgen eines Auseinanderbrechens der Nation zu leiden hätten. Bewusst appellierte Pearson an das nun nicht mehr nur bikulturell verstandene Wir, sondern an eine nationale Gemeinschaft, die sich durch Vielfalt und Pluralität auszeichnete: „[W]hatever language we speak and whatever part of the world we came from. This applies to all of us."[59]

Mit seinem Verständnis eines *New Nationalism* und der damit verbundenen Forderung nach einer Wiederbesinnung auf die *national unity* reagierte Pearson auch auf Forderungen, die längst nicht mehr aus den öffentlichen Diskursen der 1960er Jahre wegzudenken waren. Ohne den nationalen Zusammenhalt, so betonte 1965 etwa der britische Historiker Arnold Toynbee in seinem Beitrag für die kanadische *Globe and Mail*, könne die Nation nicht darauf hoffen, sich als „genuinely distinct entity"[60] (vor allem gegenüber den USA) zu behaupten. In diesem Sinne sprachen sich Kanadier in zahlreichen Leserbriefen angesichts der Identitätskrise dafür aus, dass es eines neuen nationalen Bewusstseins bedurfte, um das *survival* Kanadas gewährleisten zu können. Im Vorfeld der Hundertjahrfeier der kanadischen Nation im Jahre 1967 fragte beispielsweise ein Bürger provokativ, ob es, nachdem in Kanada die britischen Traditionen immer fragwürdiger geworden seien, nicht möglich wäre, dass aus den Einwohnern Kanadas endlich Kanadier würden. Nur wenn es gelinge, ein Selbstbewusstsein unter allen Bürgern des Landes zu entwickeln, könne Kanada als eigenständige Nation bestehen. Insbesondere das Festjahr 1967 biete dabei mit Blick auf den nationalen Zusammenhalt die einmalige Chance, für ein gemeinsames Ziel einzutreten, anstatt sich in innergesellschaftlichen Auseinandersetzungen zu verlieren.[61] Von dem *Centenary* erhoffte sich auch der Geschichtsprofessor Cornelius J. Jaenen vom *United College* in Winnipeg einen „constructively oriented NATIONALISM"[62], um die nationale Einheit Kanadas neu einschwören zu können. Was Kanada drohte, wenn diese positive Form eines Nationalismus

---

[59] LAC MG 26 N 9, Box 44, September 1967, Transcript of the Prime Minister's Remarks at the liberal Caucus Dinner – House of Commons – Sunday, 24.9.1967, S. 4.

[60] Arnold Toynbee (London Observer Service): Canada: some reflections from without, in: The Globe and Mail, 11.8.1965.

[61] Vgl. Denison: The British Fact, in: The Globe and Mail, 20.8.1966.

[62] LAC RG 33/80 Box 177, 1974–75_039, Cornelius J. Jaenen: The Impact of the Centennial of Confederation as a Factor in Canadian Unity (Papers presented to the national conference on the centennial of confederation at Toronto, Nov. 24–25, 1964), S. 5 (Herv. i. Orig.).

2. It's Time – Visionen nationaler Einheit im post-nationalistischen Zeitalter 279

nicht zustande käme, damit beschäftigte sich der Politikwissenschaftler Gad Horowitz im *Toronto Daily Star*. Zwar sei die Rede von einer politischen Annexion Kanadas durch die USA nicht realistisch. Allerdings müsse man die Gefahr einer „total economic and cultural integration into American society"[63] sehr ernst nehmen. Nur durch die Besinnung auf jene Elemente, die Kanada zu einer besseren und einzigartigen Gesellschaft machten, könne eine notwendige Abgrenzung von dem Nachbarn südlich der Grenze gelingen.[64] Von den Rufen nach einem *Canadian nationalism* während der unmittelbaren Nachkriegszeit, wie sie etwa die *Massey Commission* hervorbrachte, unterschied sich Horowitz' Plädoyer für einen neuen Nationalismus dahingehend, dass mit dem zunehmenden Brüchigwerden von *Britishness* während der 1960er Jahre eine der zentralen Säulen des *British-Canadian nationalism* in Kanada in sich zusammengestürzt war. Für Identitätskonstruktionen bzw. für die Imagination von *nationhood* eigneten sich *Britishness* und der Rekurs auf das alte Empire nicht mehr. Verstärkt wurde dieser Umstand nicht nur durch die *Quiet Revolution*, sondern auch durch verschiedene Einwanderungsgruppen, die sich innerhalb der britisch und französisch geprägten Gesellschaft Kanadas nur unzureichend repräsentiert fühlten und dies öffentlich anprangerten.

Nationalismus, den viele Akteure, wie die zitierten Quellenbeispiele zeigen, als eine zwingende Notwendigkeit, ja als Grundlage für das Überleben Kanadas betrachteten, barg besondere Gefahren in einer „post-nationalist era"[65]. In einem solchen Zeitalter, so der zeitgenössische Kritiker John Conway, könne ein falsches Verständnis von Nationalismus in Kanada nur Schaden anrichten. So seien sowohl die Haltung der *English Canadians*, von denen viele nach dem Vorbild des 19. Jahrhunderts einen Nationalstaat mit nur einer zentralen Kultur anstrebten, als auch die Bestrebung vieler *French Canadians*, Québec zu einem starken Staat zu formen, schlicht unhaltbar. Mit Blick auf das große Potential des Bikulturalismus für Identitätskonstruktionen im post-nationalistischen Zeitalter begründete Conway seine Kritik wie folgt:

Neither of the two founding groups seems to have realized fully that at this late stage of the twentieth century the possession of two cultures presents not an intractable problem but a splendid opportunity.[66]

---

[63] Gad Horowitz: Canada needs nationalism if it is to survive, in: Toronto Daily Star, 6.4.1967.
[64] Vgl. ebd.: „The point is not to preserve all aspects of Canadian society which differentiate it from the American, simply because they are uniquely ours, but to preserve those distinctive aspects of Canadian society which make it better than American society [...]."
[65] Conway: An Essay on Politics and Culture in Canada, S. 34.
[66] Ebd.

Für Conway lag der Ursprung allen Übels auf der Hand: Die Übernahme der „postulates of nineteenth century nationalism" und eine mangelnde Reflexion über dessen negative Auswirkungen hatten die Identitätskrise in Kanada begünstigt. Sowohl für die *French* als auch die *English Canadians* sei so der Blick auf die „important possibilities inherent in the Canadian situation"[67] stets getrübt geblieben.

Die Lösung lag also nicht in einem *narrow nationalism,* den bereits die *Massey Commission* kritisiert hatte, sondern in einem neuen, dem post-nationalistischen Zeitalter angemessenen Nationalismusverständnis. Auch Pearson war sich darüber bewusst, dass dem „Canadian dream of nationhood" die Gefahr innewohnte, sich ins Gegenteil zu verkehren: „a nightmare of peoples and sections in conflict and disunity."[68] Verhindert werden könne dies nur, so die zentrale Botschaft in seiner öffentlichen Ansprache anlässlich des 97. Nationalfeiertags am 1. Juli 1964, wenn sich Kanada auf ein positives Nationalismusverständnis einige. Gelingen könne das dann, wenn man wie die *Fathers of Confederation* um 1867 die *national unity* stets im Blick behalte. Heute wie damals sei diese abhängig von gemeinsamen Kompromissen und gegenseitigem Respekt.[69]

Vor diesem Hintergrund sollte sich der Fokus zunehmend vom bikulturellen zum multikulturellen Verständnis der kanadischen Nation verschieben. Insbesondere die unter der Regierung Pearsons 1963 installierte *Bi and Bi Commission* widmete sich im Verlauf ihrer Arbeit dem Verhältnis zwischen beiden Elementen unter der Fragestellung, wie der Bi- und Multikulturalismus für das neue identitäre Konzept der *unity in diversity* in Einklang gebracht werden konnten. Zwar fungierten die wesentlichen Elemente kanadischer Identität wie der Bikulturalismus oder die regionale Vielfalt des Landes, welche bereits für die *Massey Commission* eine referentielle Grundlage für Vorstellungen eines *Canadianism* gebildet hatten, weiterhin als Bezugsgrößen bei der Imagination einer ‚neuen' kollektiven Identität. Im sich ab den 1960er Jahren abzeichnenden Bedrohungskontext war es nun allerdings mehr denn je notwendig, den schwelenden Antagonismus zwischen *English Canadians* und *French Canadians* zu überwinden oder zumindest abzumildern. Dabei galt es auch, die Leistungen anderer ethnischer und kultureller Gruppen mehr zu würdigen.

Hervorgehoben sei an dieser Stelle noch einmal, dass das erwähnte Konzept eines *Canadianism* ursprünglich ein fester Bestandteil der *imagined community* der „anglophone Canadians" war, die sich selbst „as Canadian nationalists, not

---
[67] Ebd., S. 35.
[68] LAC MG 26 N 6, Box 29, Canadian Nationalism Speeches 1964, Text of the Prime Minister's Message in Observance of Canada's Holiday, 30.6.1964, S. 1.
[69] Vgl. ebd., S. 2.

2. It's Time – Visionen nationaler Einheit im post-nationalistischen Zeitalter 281

English-Canadian nationalists" verstanden. Im Rahmen ihres Nationalismusverständnisses, so Stephen Azzi, hätten sie Kanada als „political entity [...], not a cultural one (English Canada)" definiert. Teil ihrer „pan-Canadian vision", auf der letztlich der *Canadianism* basierte, seien auch die „francophone Canadians"[70] gewesen. Dieses *de facto* von *anglophone Canadians* dominierte Konzept von Nationalismus bzw. *Canadianism* war es, das im Verlauf der 1960er Jahre maßgeblich durch die Brüchigkeit des *Britishness*-Mythos in eine Krise geriet. Eine Lösung versprach erneut Kanadas Vielfalt, allerdings in einer erweiterten Form. In einer Art Weiterentwicklung dessen, was *nation builders* seit der Nachkriegszeit unter *Canadianism* im Hinblick auf Regionalismus und Bikulturalismus (als Garanten für Vielfalt) verstanden hatten, wurde der bikulturelle Charakter der Nation nun als eine Basis interpretiert, auf der sich eine multikulturelle Gesellschaft entwickeln konnte. Im Rahmen der Rhetorik des *New Nationalism* war dies eine Leistung, auf die man mit Stolz blicken konnte und auf deren Grundlage sich die *national unity* neu einschwören ließ. Anlässlich der Eröffnung einer Schule brachte Pearson dieses Gefühl wie folgt auf den Punkt:

I think it is time to have a little more pride in what we have done and what we are doing, and faith in what we can do, in this country; and the Canada of the founding races, French speaking and English-speaking, to whom have been added the representatives of every race in the world. Out of this we are building something different, and I think, and hope, something better. A multi-racial society which comes together as Canadian.[71]

Der *New Nationalism* und die damit verbundene ‚neue' Version eines *Canadianism*, welchen Akteure als das Resultat einer (historischen) Entwicklung vom Bi- zum Multikulturalismus interpretierten, konnten als spezifische nationale Errungenschaft dargestellt werden. Daran konnten nicht mehr nur maßgeblich zwei, sondern *alle* Kulturen partizipieren. Pearson beschrieb diese neue Form des Nationalismus auch als „unhyphenated Canadianism", welcher deshalb ohne Bindestrich auskam, weil er als einende Klammer „above what is English-Canadian or French-Canadian or any other of the cultures that have contributed to our nation"[72] stand.

Wie im vierten Teil dieses Kapitels noch anhand der Erinnerungspraktiken der ehemaligen Siedlerkolonien deutlich werden wird, konnten der *New Nationalism* und das damit verbundene ‚neue' Selbstbild Kanadas – die neue Version der *imagined community* – nur durch einen ‚neuen' Zugriff auf die Geschichte der

---

[70] Azzi: The Nationalist Moment in English Canada, S. 213.
[71] LAC MG 26 N 9, Box 43, 1965 January, Transcript of remarks by the Prime Minister at opening of Newtonbrook Secondary School, Toronto, 22.1.1965, S. 6.
[72] LAC MG 26 N 9, Box 50, National Unity Extracts 1963–1964, Observance of Canada's National Holiday, 28.6.1963.

Nation legitimiert werden oder, um es mit den Worten Dieter Langewiesches zu formulieren: „Das Neue, [...], mußte im Geschichtskostüm daherkommen."[73] Nachdem *Britishness* infolge des *End of Empire* und nicht zuletzt durch die *Quiet Revolution* als Grundlage für Identitätskonstruktionen brüchig geworden war und Angehörige anderer Kulturen immer lautstärker eine angemessene Anerkennung und Berücksichtigung ihrer kulturellen Beiträge zur Gesellschaft einforderten, musste die Vergangenheit für ein ‚neues' Selbstbild der Nation nutzbar gemacht und teilweise auch uminterpretiert werden.

Festzuhalten bleibt, dass sich der *New Nationalism* positiv von einem ‚alten', *narrow* bzw. *reactionary nationalism*[74] und einem damit verbundenen essentialistischen Kulturbegriff abgrenzte. Vor diesem Hintergrund wurde kulturelle Vielfalt zu seinem Markenzeichen erklärt. Ohne diese ließ sich die nationale Einheit, die durch die *Quiet Revolution*, das Ende des Empire und den Einfluss der USA einer Dreifachbelastung ausgesetzt war, nicht aufrechterhalten. Über das auf Vielfalt basierende ‚neue' Nationalismusverständnis, das dem ‚alten' *British race patriotism* konträr gegenüberstand, konnte nicht nur ein Alleinstellungsmerkmal der kanadischen Nation in Abgrenzung zu „European and American concepts of national culture being a single, unified entity"[75] behauptet werden. Vielmehr versprachen sich Akteure von dem Konzept eines neuen *Canadian nationalism* auch eine Antwort auf die Frage, wie man den *cultural cringe* und damit verbunden die kollektive Identitätskrise überwinden könne. Innerhalb dieser Erklärung spielte die fundamentale Bedeutung des britischen Mutterlandes für die Konstruktion kollektiver Identitätsvorstellungen, wenn überhaupt, nur noch eine untergeordnete Rolle. Stattdessen standen nun die negativen Auswirkungen des britischen Einflusses auf die kanadische Identität im Mittelpunkt.

So interpretierte beispielsweise Lester B. Pearson die Suche nach einer eigenen Identität innerhalb der kanadischen Geschichte in einer 1970 an der *McMaster University* gehaltenen Rede zugespitzt als einen Prozess, der stets unter einem imperialistischen Einfluss gestanden habe: „first British, and now American." Dem *thwarted-nationalism*-Narrativ folgend, lautete die abschließende Erklärung für die Ursache der Identitätsproblematik entsprechend: „Each

---

[73] Dieter Langewiesche: Was heißt Erfindung der Nation? Nationalgeschichte als Artefakt – oder Geschichtsdeutung als Machtkampf, in: Historische Zeitschrift 277.1 (2003), S. 593–617, hier S. 616.

[74] Vgl. dazu auch Crean: Who's Afraid of Canadian Culture?, S. 277: „It is equally necessary for us to be aware of the difference between the positive nationalism that strives for a democratic form of self-determination and the reactionary nationalism that tries to impose its will on other groups and cultures."

[75] Ebd., S. 278.

2. It's Time – Visionen nationaler Einheit im post-nationalistischen Zeitalter 283

has made it more difficult for the development of a separate national purpose and identity." Angesichts des Stellenwerts einer funktionierenden internationalen Zusammenarbeit und des gegenseitigen Austauschs zwischen den Ländern sowie nicht zuletzt vor dem Hintergrund der „most horrible and destructive international crimes", die Menschen im Namen des Nationalismus begangen hatten, sah sich Pearson dazu veranlasst, sein Verständnis eines *Canadian nationalism* zu spezifizieren: „It inspires, or should inspire, a feeling of pride in our history and our heritage; in our own cultural and social values; in our own material and economic progress."[76] Auf der Grundlage dieses Nationalismusverständnisses, so betonte Pearson, solle die nationale Einheit der Nation formiert werden. Nur auf diese Weise könne Kanada als eigenständige *entity* in den Kontakt und Austausch mit anderen Staaten treten.[77] Mitnichten schwebte Pearson also eine nationalistisch motivierte Abschottung vor. Neben der Einsicht, dass es in Anbetracht der drohenden Spaltung Kanadas durch die *Quiet Revolution* dringend eines positiven *nationalism* bedurfte, war Pearsons Nationalismusverständnis vor allem von dem für die ehemaligen weißen Siedlerkolonien typischen Gedanken geprägt, dass es Kanada ohne eine neue Form des *nationalism* nicht gelingen würde, eine eigenständige kulturelle Identität zu artikulieren. Deutlich wird hier der Bezug Pearsons auf Vorstellungen, die mit dem *cultural cringe* verbunden waren. Kanada sollte nicht als *second rate* erscheinen, sondern eine eigene kulturelle sowie politische Ausdrucksfähigkeit unter kanadischem und nicht britischem oder US-amerikanischem Vorzeichen finden. Der *New Nationalism* lieferte dabei die Vision einer wieder gefestigten nationalen Einheit. Diese zeichnete sich nicht durch eine oder zwei wesentliche Kulturen, sondern durch die Vielfalt *aller* Kulturen aus. Vor diesem Hintergrund galt es, den neuen Nationalismus explizit von den negativen Auswüchsen des alten abzugrenzen. Die überarbeitete Form des *Canadianism*, so hob Pearson in diesem Sinne 1967 im Fernsehen hervor, beschreibe keine „small and smug emotion" im Sinne eines „narrow, inward-looking, selfish nationalism", sondern eine „emotion that […] does not mistake unity for uniformity".[78]

Die Zeit des Nationalismus, so urteilte auch Pearsons späterer Nachfolger Pierre E. Trudeau in einer 1968 an der *Carleton University* in Ottawa aufgezeichneten Talkshow, war vorüber. In ihrer monolithischen Überbetonung „of any one nation, any one ethnic group, any one linguistic group, any one religious group" erschien sie als völlig unzeitgemäß und damit als „obsolete"[79]. In

---

[76] L. B. Pearson: McMaster U., 6.11.1970.
[77] Vgl. ebd.
[78] LAC MG 26 N 9, Box 42, 1967 February, Transcript of Remarks by the Prime Minister on the "Nation's Business" CBC-TV Network, 1.2.1967 – 7:45 pm, S. 1.
[79] LAC MG 31 D 77, Box 40, Ontario Advisory Committee on Confederation. Discussion

Anbetracht der sich verschärfenden nationalistischen Töne aus Québec traf diese Haltung nicht nur auf Zustimmung. So fragte beispielsweise ein Student Trudeau ungläubig, ob er trotz seiner Verurteilung des Nationalismus nicht glaube, dass es gegenwärtig doch ganz offensichtlich zwei widerstreitende Nationalismen und Nationen in Kanada gebe:

Trudeau: Yes, I would deny it.
Student: On what grounds?
Trudeau: Well, because, the second nation is what. [sic!] It's composed of the English-speaking Canadians of Slavonic, Germanic, Ukrainian, Chinese origin, if there's two, there must be a second one. And to me, there is nothing of nationalistic character which unites the Chinese and the Gaelics in Canada. Now, that's for your second nation and so far as concerned is the first nation is concerned [sic!], I don't like it, if you're thinking of the French-Canadian nation, quote, unquote, because I refuse to exclude from it those Hungarians, or those Poles who happened to have arrived just in the last few years and who happen to prefer to speak French than English. There are perhaps two linguistic communities in Canada but they are not two nations.[80]

Eine Lösung der Identitätsproblematik Kanadas konnte auch für Trudeau nur in einer modernen und neuen Auffassung von Nation und Nationalismus liegen.[81] Wie keinem anderen Politiker vor ihm sollte es dem charismatischen und unorthodox auftretenden Premier, den Ryan Edwardson treffend als „a man with one foot in Parliament and the other on the dance floor" beschrieben hat, gelingen, die mit dem *New Nationalism* verbundene Aufbruchsstimmung zu verkörpern. Sein Wahlsieg 1968 kombiniert mit der Euphorie des *Centennial* im Jahre 1967, so Edwardson, habe eine regelrechte *Trudeaumania* zur Folge gehabt, in deren Rahmen er als Repräsentant einer „new, energetic, and confident nation"[82] wahrgenommen worden sei. Als solcher habe er das Konzept des alten Nationalismus verurteilt und dieses „dirty word"[83] gemieden, gleichzeitig aber eine neue „aura of nationalism"[84] ausgestrahlt.

Der *New Nationalism* war fest verbunden mit *othering*-Prozessen, die über eine wertebasierte Komponente in Verbindung mit Vorstellungen einer einzigartigen multikulturellen Vielfalt vollzogen wurden. „[B]ilingualism and multiculturalism", so formulierte es etwa das 1971 ins Leben gerufene parteienübergreifende *Select Committee on Economic and Cultural Nationalism*,[85] seien die

---

Papers, 1965–68, Transcript of the Television Programme "Under Attack", 26.2.1968, Pierre Berton and Pierre Elliot Trudeau, S. 1.

[80] Ebd., S. 19.
[81] Vgl. Edwardson: Canadian Content, S. 145.
[82] Ebd.
[83] Abraham Rotstein, zitiert in: Edwardson: Canadian Content, S. 145.
[84] Edwardson: Canadian Content, S. 145.
[85] Vgl. zu dieser *government commission* bereits den frühen *review article* von Ronald D.

„essential features of the Canadian cultural landscape."[86] Abgesehen von liberalen Politikern und nicht zuletzt Gesellschaftskritikern wie der Journalistin Susan M. Crean, die sich nach 278 Seiten geballter Kulturkritik am Ende ihres Werkes „*Who's Afraid of Canadian Culture?*" noch um einen Hoffnungsschimmer bemühte und auf das Potential eines auf Vielfalt basierenden Selbstbilds hinwies, sprachen sich im Verlauf der Zeit auch die Konservativen für dieses neue Identitätsverständnis aus, das als mögliche Antwort auf die Identitätskrise erschien:

We have, as Canadians and as a culture, a sensitivity to differences and regions that few other societies have. Far from being a defect or a constraint, this is a civilized cultural habit and an asset that could become a great liberating force.[87]

In addition to the two major cultural groups in Canada, there are many other cultures, the existence of which give to this country a splendidly multicultural character that is significantly unlike that of virtually any other country.[88]

Wertebasiert war der *New Nationalism*, weil er nicht auf ein essentialistisches Konzept von Identität, Kultur und Nation rekurrierte, sondern auf eine „moral society of multiculturalism"[89]. Nicht mit Isolation und kultureller Abgrenzung war auf den Einfluss der USA zu reagieren, sondern, um es mit Trudeau zu sagen, „with more valuable valuables"[90].

Ausgehend von der Vorstellung Kanadas als *Peaceable Kingdom*[91] hat innerhalb der kanadischen Forschung unter anderem Ryan Edwardson auf den nor-

---

Lambert, in: Canadian Review of Sociology/ Revue canadienne de Sociologie 14.3 (1977), S. 347–352, hier S. 348. Lambert hebt insbesondere die gesellschaftliche Relevanz der zahlreichen von *government agencies* angefertigten *reports* hervor, deren Botschaften und Aufforderungen, endlich aktiv gegen die Identitätsproblematik vorzugehen, sich auch an die Bürgerinnen und Bürger des Landes richteten: „[...], we can imagine these reports feeding back into the Canadian public and contributing to the creation of a nationalist constituency. By legitimizing and dramatizing the issues that trouble nationalists, by bringing together the needed documentation for establishing the intricacies of the Canadian dilemma, and by encouraging Canadians to assume responsibility for their own future, these reports provide an impetus for change in the direction and content of Canadian consciousness."

[86] Report of the Select Committee on Economic and Cultural Nationalism. Final Report on Cultural Nationalism, S. 4.

[87] Crean: Who's Afraid of Canadian Culture?, S. 278.

[88] LAC JL197 P7 P62 no.1, Progressive Conservative Party Headquarters: Canadian Identity. Section 1 – Canadian Sovereignty and Canadian Identity, Ottawa 1971 (Background paper for discussion purposes at the Annual Meeting of the Progressive Conservative Party of Canada, December 5–7th, 1971), S. 1.

[89] Ryan Edwardson: "Kicking Uncle Sam out of the Peaceable Kingdom": English-Canadian 'New Nationalism' and Americanization, in: Journal of Canadian Studies/ Revue d'études canadiennes 37.4 (Winter/ Hiver 2002–2003), S. 131–150, hier S. 138.

[90] Transcript of the Television Programme "Under Attack", S. 18.

[91] Wie Edwardson konstatiert, sei der Begriff von amerikanischen Quäkern im 19. Jahr-

mativen Anspruch hinter dem *New Nationalism* hingewiesen. Als „non-violent, multicultural mosaic of understanding and social cohesiveness, with a supportive welfare safety and solution to both Canada's and the world's problems"[92] habe sich Kanada von anderen Ländern und insbesondere von den USA abgegrenzt und so eine eigene Identität als vermeintlich bessere amerikanische Gesellschaft behaupten können.[93] Edwardson stellt den *New Nationalism* in Verbindung mit dem bereits während der Nachkriegszeit aufgekommenen Selbstbild Kanadas als *Peaceable Kingdom* vordringlich als Reaktion auf die Gefahren einer *continentalization* dar und übersieht dabei,[94] dass das neue Verständnis von Nationalismus nicht nur als Antwort auf die Amerikanisierung, sondern insbesondere auch auf die Folgen des *End of Empire* sowie der *Quiet Revolution* betrachtet werden muss.

Wie wirkmächtig der zeitgenössische Begriff des *New Nationalism* war, beweist auch Jack L. Granatsteins Monographie „*Canada 1957–1967. The Years of Uncertainty and Innovation*" von 1986. Ohne zu wissen, dass der *New Nationalism* während der 1960er und 1970er Jahre auch in Australien und Neuseeland verbreitet gewesen sei, so konstatieren James Curran und Stuart Ward, habe Granatstein den Begriff zu einem der „organising principles for his history of

---

hundert geprägt und dann im Jahre 1965 von Northrop Frye in seiner Literaturgeschichte Kanadas verwendet worden. Im Jahre 1970 sei der Begriff dann schließlich der maßgebliche Gegenstand des Sammelbands „*Canada. A Guide to the Peaceable Kingdom*" von William Kilbourn gewesen, der die Identität Kanadas und den dringend notwendigen *nationalism* auch in Anlehnung an Frye mit Hilfe dieses Begriffs definiert habe. Vgl. dazu Edwardson: Canadian Content, S. 138, Anm. 11. Zu beachten ist, dass das Selbstbild Kanadas als *Peaceable Kingdom* auch eine maßgebliche Rolle innerhalb der kanadischen Außenpolitik spielte. Vgl. dazu Ursula Lehmkuhl: Das „Peaceable Kingdom": Kanada in der internationalen Staatengemeinschaft, 1945–2016, in: Dies. (Hg.): Länderbericht Kanada, Bonn 2018 (bpb 10200), S. 522–550, hier S. 522 f. Innerhalb der Dreiecksbeziehung zwischen Kanada, den USA und Großbritannien, so Lehmkuhl, habe das Land bereits 1956 während der Suezkrise die Rolle des Vermittlers zwischen den beiden Ländern übernommen. Vor dem Hintergrund dieser Beziehung habe Kanada ab den 1950er Jahren im Rahmen seiner Außenpolitik versucht, eine spezifische kanadische Identität über die beanspruchte Rolle als Friedenswächter zu repräsentieren. Insbesondere Lester B. Pearsons Rolle sei in diesem Kontext hervorzuheben: „Für seine Initiative, Friedenssicherung als zentrales sicherheitspolitisches Instrument im Regelwerk der Vereinten Nationen rechtlich und institutionell zu verankern, erhielt [...] [er] 1957 den Friedensnobelpreis." Ebd., S. 523.

[92] Edwardson: Canadian Content, S. 138.

[93] Vgl. zu dieser Interpretation auch William Kilbourn: Introduction, in: Ders. (Hg.): Canada. A Guide to the Peaceable Kingdom, Toronto 1970, S. xi–xviii, hier S. xiii: „For what emerges clearly to me [...] is that Canada is a different kind of American society, an American alternative to what has happened in the United States."

[94] Vgl. Edwardson: "Kicking Uncle Sam out of the Peaceable Kingdom", S. 134.

Canada in the 1960s"[95] erhoben. Mit Blick auf die bereits erwähnte Ambivalenz des *New Nationalism* ist es besonders aufschlussreich, in welches Spannungsfeld Granatstein den Begriff in seiner Monographie einbettete. Das entsprechende Kapitel „*A New Nationalism? Symbol vs. Reality*"[96] stellt bewusst dem hoffnungsgeladenen Anspruch Pearsons, mit Hilfe des *New Nationalism* eine neue Symbolik für das ‚neue' Kanada zu etablieren, eine Realität gegenüber, die von der *Quiet Revolution* sowie von scheinbar endlosen gesellschaftlichen Kontroversen über die richtige und wahre Symbolik der Nation geprägt war.[97] Zwischen dem Anspruch hinter dem *New Nationalism* und der Wirklichkeit bestand also ein großer Kontrast und das nicht zuletzt, weil *Britishness* für die Identitätsvorstellungen vieler *English Canadians* trotz des offensichtlichen Endes des Empire weiterhin von großer Bedeutung blieb.

Rund vier Jahre, nachdem Claude Ryan in der französischsprachigen *Le Devoir* einen neuen Nationalismus in Kanada angedeutet hatte, sollte in Australien Donald Horne ab 1968 damit beginnen, den *New Nationalism*, den er als einen „revised Australian nationalism"[98] verstand, publik zu machen. Von seiner Behauptung, den Begriff in einem Artikel über die Politik des Premierministers Gorton in dem Magazin *The Bulletin* erfunden zu haben, distanzierte er sich allerdings im Rückblick und mutmaßte, dass es neben ihm wahrscheinlich noch zahlreiche andere Australier gegeben habe, die den Begriff zur gleichen Zeit genutzt hätten.[99]

Insbesondere die in der nationalen Tageszeitung *The Australian* veröffentlichte vierteilige Serie Robert Drewes über „Australia's new spirit of purpose as the country redefines its identity"[100] zeigt, dass der Begriff des *New Nationalism* sowie die damit verbundenen Debatten und (kultur-)politischen Maßnahmen von Premiers wie John Gorton und Gough Whitlam den öffentlichen Diskurs maßgeblich prägten. „Everyone had been reading the Rob Drewe pieces in ‚The Australian'"[101], urteilte in diesem Sinne etwa der australische Schriftsteller Frank Moorhouse in *The Bulletin* nur wenige Wochen, nachdem Drewes letzter Beitrag erschienen war. Neben der Frage, wie weit man unter dem *New Nationalism* zu gehen bereit war („*How far are we going?*"), thematisierten dessen

---

[95] Curran/ Ward: The Unknown Nation, S. 8.
[96] J.L. Granatstein: Canada 1957–1967. The Years of Uncertainty and Innovation, Toronto 1986 (The Canadian Centenary Series 19), S. 198.
[97] Vgl. ebd., S. 200f.
[98] Horne: The New Nationalism?, in: The Bulletin, 5.10.1968.
[99] Vgl. Horne: National Identity in the Period of the 'New Nationalism', S. 61.
[100] Robert Drewe: The New Nationalism. How far are we going? [pt. 1/4: The New Nationalism], in: The Australian, 9.4.1973.
[101] Frank Moorhouse: New Nationalism: what's that? (around the laundromats), in: The Bulletin, 28.4.1973.

Artikel auch die ökonomische Seite des neuen Nationalismus nach dem Motto „*Buying back the farm*"[102] sowie den Anspruch Australiens, seinen Ruf im internationalen Kontext zu verbessern („*Making a bolder place on the map*"[103]). Betrachtet man alle Artikel zusammen, so wird erneut deutlich, dass der *New Nationalism* für die Programmatik stand, mit der die Bewältigung der Identitätskrise infolge des vielfach beschriebenen *cultural cringe* möglicherweise gelingen konnte.

Australia's new spirit, sein neues Selbstbewusstsein als „modern, industrialised, predominantly urban society rather than a mateship of bushies"[104], seine neu entdeckte *maturity* und kulturelle *sophistication* sowie seine Umorientierung in Richtung Asien, all dies war mit einer nationalen Aufbruchsstimmung verbunden, die sich, wie Drewes Artikel verdeutlichen, im *New Nationalism* widerspiegelte. In allen drei ehemaligen Siedlerkolonien fungierte dieser nicht nur als Label für die Arbeit von neu etablierten kulturpolitischen Einrichtungen wie dem *Australia Council*. Vielmehr stand er auch für neue Formen von Kunst, Kultur und Medialität sowie auch für eine Publikationsflut von Büchern, in denen sich vermeintlich ‚neue' Wahrnehmungen von Identität, Gesellschaft und Geschichte widerspiegelten:[105]

New books were written, books that re-created Australian history, re-conceptualized Australia's place on the map, re-analysed Australian society and reconsidered the possible relations between people, and between people and their physical environment. New views of society came from new kinds of drama and fiction, new forms of dance and music, new visual images, new developments in movies and in television programs.[106]

Das grundsätzliche Ziel, so konstatierte Donald Horne rückblickend, sei es gewesen, mit Hilfe des *New Nationalism* auf eine „re-definition of Australia"[107] jenseits von *Britishness* hinzuwirken – eine Aufgabe, die seinen Zeitgenossen ab den 1960er Jahren unter dem Eindruck der Identitätskrise als besonders dringlich erschienen sei.[108]

Dabei ging es auch darum, wie es die *Times* in einem Artikel über „*Canada's struggle for identity*" feststellte, den Hunger „for international attention" zu stillen. Wie Kanada strebten auch Australien und Neuseeland mit Hilfe des *New*

---

[102] Robert Drewe: Buying back the farm [pt. 2/4: The New Nationalism], in: The Australian, 10.4.1973.
[103] Robert Drewe: Making a bolder place on the map [pt. 3/4: The New Nationalism], in: The Australian, 11.4.1973.
[104] Donald Horne: Ideas for a Nation, Sydney 1989, S. 39.
[105] Vgl. ebd., S. 37.
[106] Ebd., S. 40.
[107] Ebd., S. 39.
[108] Vgl. auch ebd., S. 36.

Nationalism an, als moderne, *sophisticated countries* auf der internationalen Bühne wahrgenommen zu werden – eben eine selbstbewusstere, ja kühnere Figur, einen *bolder place*, auf der Landkarte darzustellen. Auch für sie galt folglich, was der Journalist Jerome Caminada in seinem *Times*-Artikel an Kanada beobachtete: „[They want] to be seen, to be heard, to be talked about[.]"[109] Nicht nur auf nationaler, sondern vor allem auch auf internationaler Ebene wollten die selbsterklärten *mature nations*, die ihren Initiationsprozess nun vermeintlich erfolgreich durchlaufen hatten oder zumindest kurz davorstanden, zeigen, dass sie mit den kulturellen Standards anderer Nationen mithalten konnten.

Mit seiner aufbruchsverheißenden Programmatik eignete sich der *New Nationalism* besonders gut für politische Kampagnen. Das Versprechen auf Veränderung und Aufbruch spiegelte sich in Australien nicht zuletzt im Wahlkampfslogan der *Australian Labor Party* von 1972 wider. Für diese trat Gough Whitlam mit dem im Zeichen des *New Nationalism* stehenden Motto „*It's Time*" an, das er zur handlungsleitenden Maxime seiner Politik erhob. Australien, so die Botschaft seiner zentralen Wahlkampfrede, stand nach über zwei Jahrzehnten unter konservativer Führung am Scheideweg und es war die Mission der *Labor Party*, die Nation mit einer neuen und zeitgemäßen Politik zu einer glänzenden Zukunft zu führen:[110]

There are moments in history when the whole fate and future of nations can be decided by a single decision. For Australia, this is such a time. It's time for a new team, a new program, a new drive for equality of opportunities; [...], time for a new vision of what we can achieve in this generation for our nation and the region in which we live. [...] We have a new chance for our nation. We can recreate this nation.[111]

Auch das Wahlkampfmotto, zu dem es auch einen gleichnamigen Wahlkampfsong gab, war passend zu seinem Inhalt das Resultat einer ‚neuen' Zeit. Weder Robert Menzies noch der ehemalige Vorsitzende der *Labor Party* Arthur Calwell, so gab beispielsweise Stephen Alomes rückblickend zu bedenken, hätten sich träumen lassen, dass Wahlkämpfe eines Tages mit Popstars oder fetzigen T-Shirt-Kampagnen und mit zuvor markterprobten Slogans wie „*It's Time*" gewonnen werden könnten.[112] Die Botschaft des simpel gehaltenen Slogans, der,

---

[109] ANZW ABHS 7148 W5503 Box 254 LONB 69/16 pt. 5, International Affairs – Canada (01/1972–01/1976), Jerome Caminada: Canada's struggle for identity, in: The Times, 17.2. 1972 (clipping).

[110] Vgl. auch Doig: New Nationalism in Australia and New Zealand, S. 560.

[111] Gough Whitlam: 'It's time'. Labor Party policy speech, Blacktown Civic Centre, 13.11. 1972, in: Well May We Say. The Speeches That Made Australia, hg. von Sally Warhaft, Melbourne ²2014, S. 183–185, hier S. 183.

[112] Stephen Alomes: A Nation at Last? The Changing Character of Australian Nationalism 1880–1988, North Ryde, NSW, London 1988, S. 204.

so konstatiert Jack Doig, gerade durch seine Einfachheit viele Menschen mit ganz unterschiedlichen Erwartungshaltungen angesprochen habe,[113] war klar: Hinfort mit dem alten, rückständigen, hin zu einem neuen, modernen Australien!

Abb. 11: Der australische *Labour*-Kandidat Gough Whitlam mit der Sängerin Little Pattie während der „*It's Time*"-Wahlkampfkampagne, Foto von Graeme Fletcher (*Getty Images*), 21.7.1972

In diesem Sinne standen auch in Neuseeland Wahlkampfkampagnen ganz im Zeichen des *New Nationalism*. Parallel zu Whitlam hatte dort Norman Kirk zeitgleich und unter dem identischen, aufbruchsverheißenden Slogan „*It's Time*" erfolgreich seinen Wahlkampf für die *Labour Party* bestritten und damit „twelve years of National Party dominance"[114] beendet, die fortan der Vergangenheit angehören sollte.

Sowohl in Australien als auch in Neuseeland stand der *New Nationalism* für eine nationale Vision, die nun „local and national identities over a pan-British identity"[115] stellte. Teil dieser neuen Vision war, wie bereits an früherer Stelle schon angeklungen ist, eine klare Abkehr von Rassismus und Diskriminierung.[116]

---

[113] Vgl. Doig: New Nationalism in Australia and New Zealand, S. 560.
[114] Ebd.
[115] Ebd.
[116] Vgl. ähnlich dazu ebd., S. 561. Für Neuseeland vgl. Governor-General's Speech, in: New Zealand Parliamentary Debates, Vol. 382, 15.2.1973, S. 5–10, hier S. 6: „All doctrines of racial superiority and of discrimination are rejected." Für Australien vgl. die erste von insgesamt vier Maximen für das angestrebte politische Programm in der *Governor-General's*

Das mit dem *New Nationalism* verbundene „new moral framework"[117], so Jack Doig, sei in den jeweiligen Ländern Teil der angestrebten ‚neuen' nationalen Selbstwahrnehmung jenseits von *Britishness* und *Whiteness* gewesen. In diesem Sinne hätten beide Regierungen unter *Labo(u)r* ab 1972 ethnisch basierte Definitionen der Nation, homogene Konzepte von Kultur sowie die Politik der Assimilation *ad acta* gelegt und stattdessen ihren Fokus auf Vielfalt und gemeinsame politische und kulturelle Werte gerichtet.[118] Als Grundlage für die nationale Einheit sollten assimilatorische Prinzipien zwischen den 1960er und 1970er Jahren nicht zuletzt deshalb immer unattraktiver werden, weil in allen drei der ehemaligen weißen Siedlerkolonien „ethnic and cultural minorities" eine stärkere Anerkennung ihrer „unique elements within the culture of the nation and its institutions"[119] einforderten. Obgleich sich hier eindeutige Veränderungen in den Identitätsdiskursen ablesen lassen, folgten auf diese nicht zeitgleich offizielle *policies of multiculturalism*. Dieser Aspekt wird an späterer Stelle noch einmal gesondert aufgegriffen.

In Verbindung mit dem *New Nationalism* wurden auch die Beziehungen zu den Nachbarländern überdacht. Während Kanada seine Rolle im nordamerikanischen Kontext neu zu definieren hatte und sich dabei vor allem gegenüber den USA abgrenzte, verbanden Australien und Neuseeland ihre neue Wahrnehmung als „European nations on the edge of Asia"[120]. Australien identifizierte sich dabei vordringlich mit Südostasien und Neuseeland insbesondere mit dem Südpazifik.[121] Diese Entwicklung, so kann für Neuseeland mit Philippa Mein Smith festgehalten werden, hing nicht zuletzt damit zusammen, dass *New Nationalists* wie Norman Kirk für eine völlig neue Politikergeneration standen, die den Forderungen der sich national wie international formierenden Protestbewegungen nach einem Ende konservativer Identitätspolitiken gerecht zu werden versuchte. Die Angehörigen einer „new left progressive middle class"[122], die als die heran-

---

Speech, in: Commonwealth of Australia. Parliamentary Debates, No. 9, 27.2.1973, S. 11–18, hier S. 11: „First, the manifest desire of large sections of the Australian community, particularly the youthful majority, for a more tolerant, more open, more humane, more equal, yet more diverse society."

[117] Doig: New Nationalism in Australia and New Zealand, S. 561.

[118] Vgl. ebd., S. 563. Auch in Kanada wurde das Prinzip der Assimilation im Zuge der Brüchigkeit von *Britishness* und *Whiteness* fragwürdig. Im Unterschied zu Australien und Neuseeland geschah dies, bedingt durch den Québec-Separatismus und den Wunsch, sich vom *melting pot* der USA abzugrenzen, zeitlich allerdings früher zwischen den 1950er und 1960er Jahren. Vgl. Mann: The Search for a New National Identity, S. 79.

[119] Mitchell: Immigration and National Identity in 1970s New Zealand, S. 73.

[120] Doig: New Nationalism in Australia and New Zealand, S. 559.

[121] Vgl. ebd., S. 561.

[122] Mein Smith: A Concise History of New Zealand S. 202.

gewachsenen Akteure der Baby-Boomer-Generation zu identifizieren seien, hätten sich nicht nur gegen konservative Norm- und Wertvorstellungen, sondern vor allem gegen ein Denken in den Strukturen des Kalten Krieges positioniert. In ihrem Selbstverständnis als „global citizens"[123] hätten sie Kirks Versuch begrüßt, *nationalism* und *internationalism* miteinander zu kombinieren. In diesen Kontext sei auch Kirks Anspruch einzuordnen, eine neue, moralischere Außenpolitik zu betreiben. Die Annäherung Neuseelands an China und die UdSSR sowie die Positionierung des Landes als Sprecher eines nuklearwaffenfreien Südpazifiks hätten im Kontext des endenden Vietnamkrieges und der letzten Phase des Kalten Krieges Neuseelands neue Position verdeutlicht – eine Position, deren Ziel die Überwindung des außenpolitischen *cultural cringe* gewesen sei.[124] Ähnlich wie Neuseeland positionierte sich auch Australien im Zuge des *New Nationalism* Gough Whitlams mit seiner diplomatischen Annäherung an China, dem Rückzug seiner Truppen aus Vietnam sowie mit der Anerkennung der Unabhängigkeit Papua-Neuguineas außenpolitisch neu.[125] Von dem Australien der Vergangenheit – einer „insignificant, racist, militaristic, sycophantic, [...] timid and unworthy creature"[126] – wollte sich Whitlam so schnell wie möglich verabschieden.[127]

Sowohl im Falle Neuseelands als auch Australiens war die lokale Umorientierung mit dem Gedanken verbunden, dass mit den neuen politischen und kulturellen Kontakten eine Chance verbunden war.[128] In diesem Sinne bewertete beispielsweise Donald Horne die unter Premierminister Harold Holt angestoßene Annäherung Australiens an Südostasien als „opportunity to develop a new sense of nationhood". Möglicherweise könne Australien im Rahmen eines Aus-

---

[123] Ebd., S. 203.
[124] Vgl. ebd., S. 202 f.
[125] Vgl. Macintyre: A Concise History of Australia, S. 237.
[126] Gough Whitlam, zitiert in: Macintyre: A Concise History of Australia, S. 238.
[127] Trotz der Ähnlichkeiten zwischen den außenpolitischen Positionierungen Australiens und Neuseelands im Kontext des *New Nationalism* sind Unterschiede zu berücksichtigen, die sich unter anderem in der Positionierung der jeweiligen Länder gegenüber den USA ablesen lassen. Während „Neuseeland [ab den 1970er Jahren] begann sich als Sprecher des Südpazifiks zu verstehen, der aus dem zweiten Kalten Krieg der 1980er Jahre herausgehalten werden sollte", und aus diesem Grund 1987 aus dem ANZUS-Abkommen ausschied, verstand sich „Australien hingegen [...] als mittlere Macht zwischen Indischem Ozean und Pazifik". Anders als Neuseeland wollte sich Australien keiner „Anti-Atomtestpolitik [verschreiben], die es in Gegensatz zu den Atommächten [gebracht hätte]. Vielmehr ist es beharrlicher als Neuseeland im Windschatten der USA gefahren." Frie: Einmal Europa und zurück?, S. 347. Zu einer ausführlicheren Einordnung der Außenpolitik der ehemaligen Siedlerkolonien vgl. insbesondere Maike Hausens Studie „*Reviewing Britain's Presence East of Suez*".
[128] Zu Neuseeland vgl. auch Brian Easton: Norman Kirk 1923–1974, in: Ders.: The Nationbuilders, Auckland 2001, S. 179–195, hier S. 186.

tauschs eine vermittelnde Rolle „between the rich and the poor and between the races" anstreben, um die negativen „connections with the past" wegzuwaschen und endlich im internationalen „mainstream"[129] anzukommen. Der *crimson thread of kinship*, die Bedeutung von *Whiteness* und vor allem die lange bestehende rassistische Haltung Australiens gegenüber Asien, all dies sollte der Vergangenheit angehören und stand dem mit dem *New Nationalism* angestrebten ‚neuen' Selbstbild diametral entgegen. In diesem Kontext setzten Akteure erneut auf das Argumentationsmuster des *cultural cringe*, auf den sich nicht nur die Identitätskrise, sondern sogar Probleme wie das nicht leichtfertig zu beseitigende Image Australiens als rassistische Nation zurückführen ließen. Für ein positives Image, so kommentierte beispielsweise Ende der 1960er Jahre ein Artikel des *Bulletin* über die *cultural relations* des Landes, sei darauf hinzuarbeiten, dass Australien anderen Ländern nicht mehr als „a provincial British backwater" erscheine. Insbesondere gegen das rassistische Image, das Australien in asiatischen Ländern habe, müsse aktiv vorgegangen werden, wenn Australien zu den modernen Nationen gezählt werden wolle. Der Artikel bezog dieses Imageproblem auf jene Langzeitfolgen, die Australien als besagte „provincial British backwater" aufzuarbeiten hatte. Auch wenn der Artikel es nicht direkt aussprach, wurde somit, der Logik des *cultural cringe* folgend, die vormals starke Verbindung zu Großbritannien zur Ursache dafür erklärt, dass sich Australien in der Vergangenheit gar nicht erst für die „history and cultures of the other countries in their geographical environment"[130] interessiert habe. Besonders deutlich brachte Donald Horne den Zusammenhang zwischen dem britischen Einfluss auf Australien und dem Problem des Rassismus auf den Punkt. Wollte sich Australien vom *cringe* befreien, so musste es sich laut Horne von den negativen Auswüchsen des „old chauvinism of British imperialism"[131] abgrenzen. Mit anderen Worten ausgedrückt: Die Abhängigkeit Australiens von Großbritannien hatte vermeintlich nicht nur die Entwicklung einer ‚eigenen' Identität verhindert, sondern auch Australiens Ignoranz gegenüber seinen Nachbarländern sowie das Problem des Rassismus bedingt. Unter dem *New Nationalism* sollte dies nun alles anders werden.

---

[129] Donald Horne, zitiert in: Drewe: Making a bolder place on the map, in: The Australian, 11.4.1973.

[130] Making Australia better known, in: The Bulletin, 29.6.1968.

[131] Horne: National Identity in the Period of the 'New Nationalism', S. 66. Allerdings, so suggerierte Horne, habe Australien von diesem Verhältnis mit Großbritannien auch profitieren können. So habe sich das Land im Rahmen des (alten) imperialen Nationalismus wie ein feudaler Vasall zugleich „superior and dominant" (ebd.) fühlen können, da es durch seine Lehnstreue zu Großbritannien ein Gefühl von Ruhm und Ehre generiert habe.

IV. „Wanted: a new identikit"

Wie in Australien und Kanada lassen sich die Spuren des *New Nationalism* auch in Neuseeland bis in die 1960er Jahre hinein zurückverfolgen. So spielte beispielsweise Sir Arthur Porritt, der erste neuseeländischstämmige Generalgouverneur, in seiner Neujahrsansprache für das Jahr 1969 auf den *New Nationalism* an, wenn er die Bürgerinnen und Bürger seines Landes dazu aufforderte, den „new spirit of national entity"[132] auszubauen. Vor dem Hintergrund dieser Rede kommentierte ein Editorial der *Evening Post* aus Wellington kritisch, dass es für Neuseeland insbesondere darum gehen müsse, sich der Vorteile der eigenen Gesellschaft bewusst zu werden, um mit all ihrem kreativen (und, so wurde impliziert, bisher ungenutzten) Potential den Zustand der Mittelmäßigkeit und Uninspiriertheit zu überwinden. Dies könne nur dann gelingen, wenn sich der von Porritt beschworene „new spirit of national entity" über den Zustand der eigenen Mediokrität erheben könne.[133] Ein Jahr vor Porritt hatte auch der Oppositionsführer der *Labour Party* Norman Kirk, allerdings ohne das Attribut *„new"* direkt zu benutzen, die Neuseeländer dazu aufgefordert, sich basierend auf den Werten ihrer Gesellschaft – „a humane, non-violent society, free from the social and economic injustices that plague so many societies" – der Einzigartigkeit der neuseeländischen Nation bewusst zu werden, um darauf aufbauend einen „sense of nationhood"[134] zu kultivieren. All diese an die neuseeländische Gesellschaft gerichteten Appelle standen wie auch in Kanada und Australien nicht wirklich unter dem Vorzeichen eines selbstbestimmten Prozesses. Vielmehr wurden sie, wie man einer weiteren Rede Kirks aus dem Jahre 1967 entnehmen kann, unter dem Eindruck jener Umstände ausgesprochen, durch die die Neuseeländer regelrecht dazu gezwungen worden waren, ihren nationalen Initiationsprozess zu beenden. Obgleich man auch weiterhin die „warmest ties and closest sentimental attachments" gegenüber dem britischen Mutterland pflege, so formulierte es Kirk, hätten die Umstände – gemeint war *Britain's turn to Europe* – Neuseeland vor allem eines diktiert: „[W]e recognise that we have come of age and must now stand on our own feet [...]."[135]

Erneut ist etwa anhand des Kommentars der *Evening Post* zu Arthur Porritts Verständnis eines „new spirit of national entity" deutlich geworden, inwiefern

---

[132] Arthur Porritt, zitiert in: Governor Finds Litter, Shacks MAR NZ Scence, in: The Evening Post, 2.1.1969. Vgl. zu dieser Quelle auch Curran/ Ward: The Unknown Nation, S. 8.
[133] Vgl. Our Land in a Mirror, in: The Evening Post, 2.1.1969.
[134] Norman Kirk: Speech to Auckland Creditmen's Club, 30.7.1968, in: Ders.: Towards Nationhood. Selected Extracts from Speeches of Norman Kirk, M.P., Palmerston North 1969, S. 10.
[135] Norman Kirk: Hagley High School, Christchurch, 7.12.1967, in: Ders.: Towards Nationhood. Selected Extracts from Speeches of Norman Kirk, M.P., Palmerston North 1969, S. 46.

die unter dem Label des *New Nationalism* propagierte Besinnung auf die ‚eigenen' Stärken als zentrale Maßnahme betrachtet wurde, um die negativen Folgen des *cultural cringe* wie die kulturelle Mittelmäßigkeit oder die immer noch bestehende Inferiorität der Nation zu beenden. Ironischerweise beschrieb Kirk im Rahmen seiner Aufforderung an die Bürgerinnen und Bürger seines Landes, sich auf die Werte der Nation zu besinnen, jedoch jene Ideale, die ein fester Bestandteil des traditionellen Selbstbilds Neuseelands als *Better Britain* waren, in dem sich vermeintlich in einer Art sozialem Laboratorium bessere gesellschaftliche Bedingungen verwirklichen ließen als in Europa bzw. im britischen Mutterland. Was also als spezifisch neuseeländisch dargestellt wurde, ließ sich insgeheim nicht von *Britishness* trennen. Vor diesem Hintergrund und nicht zuletzt in Anbetracht des Spannungsverhältnisses, das scheinbar zwischen der angepriesenen Hinwendung zur eigenen Nation, Identität und Kultur und den beschworenen engen emotionalen Bindungen zum britischen Mutterland bestand, zweifelten auch einige Zeitgenossen daran, ob eine Lösung der Identitätsproblematik mit Hilfe des *New Nationalism* überhaupt gelingen konnte, zumal die verantwortlichen Politiker noch immer nicht bereit schienen, sich vollständig vom britischen Einfluss loszusagen. Für den Journalisten Colin James waren die im Zeichen des *New Nationalism* stehenden Botschaften Kirks, der von 1972 bis 1974 Premierminister war, daher grundsätzlich zu hinterfragen. Letztlich erschien ihm Kirks Vision eines neuen Nationalismus wie die Programmatik der Nationalisten früherer Generationen, die sich niemals von *Britishness* losgesagt hatten:

> But was it new? It was markedly different from the Britishness of the National Party Cabinet he opposed in the 1960s [...]. But its tone was much like that of the writers of a generation previously. His reference to the ‚closest sentimental attachments' with Britain indicates that his sense of independence was in reality an amendment to Britishness, not an expression of a truly indigenous national identity.[136]

---

[136] James: The Quiet Revolution, S. 22. Wie auch andere kritische Beobachter stützte sich Colin James bei seiner Argumentation indirekt auf das für den *cultural cringe* typische Argumentationsmuster, um den Mangel an ‚eigenen' Identitätskonzepten erklären zu können. Großbritanniens Pläne, der EWG beizutreten, so James, hätten dafür gesorgt, dass Neuseeland nach einem Ersatz gesucht habe. Diesen habe es in seinem neuen, kolonial konnotierten Verhältnis mit den USA gefunden. Vgl. ebd., S. 19: „It turned to the United States, already its major military guarantor, through the ANZUS (Australia, New Zealand and United States) Treaty and a growing contributor to cultural life through films and, later, television. The major break with the colonial mentality did not come until the 1970s and even then it was incomplete. [...] Consequently, New Zealand – or at least its European component – has been slow to create a distinctive, independent culture. Until well into the 1970s its cultural expression was highly derivative, transplantations of the British and the American."

Anders als James ließen sich die meisten Akteure allerdings zumindest noch während der 1960er und 1970er Jahre mit Hilfe der hoffnungsvollen Botschaft des *New Nationalism* mobilisieren.

Wie zentral dabei die Vorstellung von der Überwindung eines paralysierten Nationalismus infolge des *cringe* war, verdeutlichen auch die Beschreibungen des australischen Journalisten Robert Drewe. In seiner Darstellung hatte Gough Whitlam mit seiner Vision eines neuen Nationalismus den „frustrated and almost impotent Australian nationalism" wiederbelebt. Die Zeit des impotenten Nationalismus schien vorbei und ein Ausweg aus der Identitätskrise erschien endlich möglich. Unter dem frischen Wind des neuen Nationalismus, so zitierte Drewe Manning Clark in seinem Artikel, verspüre man nur noch Selbstbewusstsein. Die Zeit des „second-best outlook"[137] der australischen Nation sei vorüber. Dabei sei es im Prinzip egal, so Drewe, wie man den *New Nationalism* beschreibe. Wichtig sei lediglich, zu verstehen, dass es um große Chancen für alle gehe:

> If you want to put a label on it, the New Nationalism does as well as any. Call it that, or a greater spirit of national identity, or an increased sense of Australian purpose, or whatever, but the chances are that unless you're a 67-year-old mining magnate who's a member of the League of Empire Loyalists you're aware of a certain rare feeling of national self-respect these days.[138]

Wie James Curran und Stuart Ward konstatieren, mache diese Beschreibung deutlich, wie abhängig das gesteigerte ‚neue' Bewusstsein für *die* australische Identität von der karikierenden Abwertung eines nun als unnötig empfundenen *Britishness*-Konzepts gewesen sei.[139] Dabei wurden bestimmte Fakten einfach ausgeklammert. So richteten Drewes Artikel weder einen Fokus auf die Auswirkungen des *End of Empire*, durch die die Identitätskrise erst aufgekommen war, noch berücksichtigten seine Artikel, dass *Britishness* Australien nicht von außen oktroyiert worden war, sondern lange als ein fester Bestandteil der australischen Identität gegolten hatte. Neben dem stetig kritischen Blick auf die Folgen der langen Abhängigkeit Australiens von Großbritannien lebten die Artikel Drewes, die sich im Wesentlichen auf die Publikationen und Aussagen von zeitgenössischen Intellektuellen wie Donald Horne oder Manning Clark stützten, auch von der Umdeutung alter siedlerkolonialer Selbstbeschreibungen.

Welch kuriose, faktenverzerrende Formen diese Umdeutungen annehmen konnten, beweist eine Erklärung Manning Clarks für die Identitätskrise Austra-

---

[137] Manning Clark, zitiert in: Drewe: The New Nationalism. How far are we going?, in: The Australian, 9.4.1973.

[138] Drewe: The New Nationalism. How far are we going?, in: The Australian, 9.4.1973.

[139] Vgl. Curran/ Ward: The Unknown Nation, S. 62.

liens, die Drewe in seinem ersten Artikel zitierte. Das Problem, so Clark, habe schon immer darin bestanden, dass Australien im Gegensatz zu Europa keine „full-blown civilisation with opera and libraries existing side-by-side with poverty and social evils" gehabt habe, so dass eigene Konzepte von *nationhood* und Identität inhaltsleer geblieben seien. „Here we had full bellies, but nothing else."[140] Dass gerade diese vermeintliche Abwesenheit von sozialen Problemen als eine der maßgeblichen Grundlagen für die traditionelle Selbstbeschreibung Australiens als *Better Britain* gedient hatte, spielte für Clark keinerlei Rolle. Stattdessen erzeugte er den Eindruck, als ob ein Nebeneinander von sozialen Problemen und Kulturstätten ein besseres Fundament für die Entwicklung einer eigenständigen *nationhood* gewesen wäre. Gleichzeitig bediente Clark die Vorstellung eines Nationalismus, der durch die „vestiges of colonialism"[141], d.h. durch die koloniale Abhängigkeit zu Großbritannien, paralysiert worden sei.

Wie in Clarks *opus magnum* schien in Drewes Serie über den *New Nationalism* die britische Vergangenheit der ehemaligen Siedlerkolonie einer neuen Gegenwart gegenüberzustehen. In diesem Sinne kam sein letzter Artikel „*Larrikins in the ascendant*", der seine „series on the new Australia" zusammenfasste, zu dem Ergebnis, dass der vermeintlich seit jeher bestehende Kampf zwischen den „two sorts of Australian: two distinct characters whose traits by the 1970s clearly are evident right across the class-wealth-political spectrum"[142] nun entschieden sei. Neben Donald Horne lieferte in erster Linie Australiens berühmtester Geschichtsprofessor Manning Clark das wissenschaftliche Fundament für diese Gegenüberstellung, bei der Menzies als Stellvertreter aller rückwärtsgewandten Anglophilen Stillstand und die im Zeichen des *New Nationalism* agierende Regierung unter Whitlam Fortschritt verkörperte:

At the moment according to Professor Clark, the larrikin nationalist is in the ascendancy after a 20-year rule by the Anglophile led by Sir Robert Menzies.[143]

‚There always were two responses in Australia: that of the transplanted Briton and that of the dinkum Aussie. The transplanted Britons didn't like it very much: the trees were all wrong, the rocks were wrong, there were those terrible flies, snakes and so on. It was a response of a people looking down on this country, often from an insolent and arrogant height. Now the man in the street is absolutely delighted about the new Government[.]'[144]

---

[140] Manning Clark, zitiert in: Drewe: The New Nationalism. How far are we going?, in: The Australian, 9.4.1973.

[141] Ebd.

[142] Robert Drewe: Larrikins in the ascendant [pt. 4/4: The New Nationalism], in: The Australian, 12.4.1973.

[143] Ebd.

[144] Manning Clark, zitiert in: Drewe: Larrikins in the ascendant, in: The Australian, 12.4.1973.

IV. „Wanted: a new identikit"

Ganz im Sinne der Logik des *thwarted-nationalism*-Narrativs wird hier suggeriert, dass mit Hilfe des *New Nationalism* und unter der Federführung von *Labor* die lang ersehnte Befreiung der *larrikin nationalists* vom kolonialen Einfluss Großbritanniens gelingen könne. Vor dem Hintergrund der Gegenüberstellung *transplanted Britons vs. (real) Australians* spielt der Begriff des *larrikin* auf den Nationaltypus Australiens an, der ursprünglich durch seinen Witz, sein Aufbegehren gegen Autoritäten sowie sein derbes, teilweise gewaltsames Verhalten charakterisiert war und so im Kontrast zu den *Britons* stand.[145] Das Attribut *ascending* spielt dabei auf den imaginierten Reifeprozess der australischen Nation an, die jenseits der unzeitgemäßen *bush*-Legenden und des bei aller Gutherzigkeit doch unkultiviert wirkenden *larrikin*-Nationaltypus[146] den Anspruch erhob, ein reiferes und vor allem *sophisticated* Image – „related to the development of sophisticated urbanism"[147] – nach außen hin zu repräsentieren. Wollte Australien als *mature nation* wahrgenommen werden, so musste sich der *larrikin* also verändern und sich von seinen Ursprüngen erheben. Unter den vermeintlich widerstreitenden *dual identities* (*Britons* vs. *larrikins*) musste sich also nur der australische Nationaltypus durchsetzen, der zwar zu modernisieren war, nichtsdestotrotz aber *die* australische Identität zu personifizieren schien. Die Grundlage von Drewes Argumentation basierte also auf der bekannten Vorstellung von einer durch den britischen Einfluss unterdrückten australischen Identität, die mit Hilfe des *New Nationalism* nur entfesselt werden musste. Wie problematisch diese Vorstellung war, zeigt ein genauerer Blick auf die Eigenschaften des *larrikin*, die ihn als genuin australisch auszeichneten, ironischerweise aber gleichzeitig mit dem Selbstbild Australiens als egalitäres, klassenloses *Better Britain* zusammenhingen. Der Nationaltypus wie auch die Vorstellungen australischer Identität konnten folglich nicht losgelöst vom *Britishness*-Mythos betrachtet werden. *Die* australische und britische Identität waren keine Gegensätze, sondern als Komplemente miteinander verbunden.

Entgegen der Behauptung Drewes, dass es völlig egal sei, unter welchem Label man die Entwicklungen im Zuge des *New Nationalism* behandle, belegen die zeitgenössischen Quellen, dass der Begriff alles andere als beliebig gewählt war. Insbesondere um die ethisch-moralische Komponente hinter dem Begriff

---

[145] Vgl. zu dem Begriff Helen Doyle: s.v. Larrikins, in: Graeme Davison, John Hirst und Stuart Macintyre (Hgg.): The Oxford Companion to Australian History, Oxford 2001, S. 382 sowie Bruce Moore: s.v. larrikin, in: Ders. (Hg.): The Australian Oxford Dictionary, Melbourne, Oxford 1999, S. 755.

[146] Vgl. dazu School of Literature, Languages and Linguistics, ANU: Meanings and Origins of Australian words and idioms: s.v. larrikin, abgerufen unter: https://slll.cass.anu.edu.au/centres/andc/meanings-origins/l, (5.3.2020).

[147] Horne: National Identity in the Period of the 'New Nationalism', S. 65.

2. It's Time – Visionen nationaler Einheit im post-nationalistischen Zeitalter 299

betonen zu können, bedurfte es wie in Kanada und Neuseeland auch in Australien der kontrastierenden Gegenüberstellung zwischen dem *alten* und dem *neuen* Nationalismus. Erforderlich war dies nicht nur, um ‚neue' Identitätskonzepte jenseits von *Britishness* promoten zu können, sondern vor allem deshalb, weil der Begriff des *nationalism* an sich im post-nationalistischen Zeitalter bei vielen Menschen Unbehagen auslöste. Insbesondere Whitlams Rede anlässlich des 190. Geburtstags der *Eureka Stockade* liefert vor diesem Hintergrund zentrale Antworten auf die Frage, welche Lösungen der *New Nationalism* mit seiner Programmatik im Rahmen eines *re-ordering*-Prozesses auf die Identitätskrise bereitstellte.[148]

Unter Anhängern des *radical nationalist myth* galt die Erhebung der Goldgräber gegen die britische Autorität in Ballarat im Jahre 1854, in deren Verlauf sie auf die Flagge des *Southern Cross* schworen und sogar die Loslösung Australiens vom britischen Mutterland in Kauf nahmen, als ein erster Ausdruck eines wahren *Australian nationalism*.[149] Die Erinnerung an den Aufstand, die den Anlass für Whitlams Rede am 3. Dezember 1973 bildete, versprach also aus der Perspektive der *radical nationalists* die perfekte Gelegenheit zu sein, um mit Hilfe der Vergangenheit feierlich die Reife der Nation zu verkünden – einer Nation, die sich vermeintlich von der alten britischen (kolonialen) Verbindung gelöst hatte.[150] Zwar klangen in Whitlams Rede nationalistische Töne an, wenn er etwa hervorhob, dass die *Labor Party* den Aufstand von Ballarat als „symbol of pride" sehe und sich besonders mit den „strong nationalist aspirations"[151] identifiziere. Allerdings, so konstatieren Curran und Ward, sei Whitlam sichtlich darum bemüht gewesen, die militante Symbolik der *Eureka flag* nicht im typisch nationalistischen Sinne mit einem Australien zu verbinden, das sich durch Homogenität und Abschottung auszeichnete. Vielmehr sei es ihm primär darum gegangen, den Begriff des *New Nationalism* von einer alten, unzeitgemäßen und negativ konnotierten Vorstellung von Nationalismus abzugrenzen.[152]

---

[148] Vgl. zum Stellenwert der Quelle auch Curran/ Ward: The Unknown Nation, S. 77.

[149] Vgl. David Goodman: s.v. Eureka Stockade, in: Graeme Davison, John Hirst und Stuart Macintyre (Hgg.): The Oxford Companion to Australian History, Oxford 2001, S. 229–232, hier S. 230 sowie James Curran: "The Thin Dividing Line": Prime Ministers and the Problem of Australian Nationalism, 1972–1996, in: Australian Journal of Politics and History 48.4 (2002), S. 469–486, hier S. 476.

[150] Vgl. ebd., S. 475.

[151] NLA NLp 994.5031 E89, Eureka: The Birth of Australian Democracy, by the Hon. E. G. Whitlam at the unveiling of the Eureka flag, Ballarat Fine Arts Gallery, in: Department of Immigration (Hg.): Eureka: Saga of Australian History. Speeches by the Prime Minister, the Hon. E. G. Whitlam, Q. C., M. P., and the Hon. A. J. Grassby, M. H. R., at Ballarat, 3.12.1973, Canberra 1974, S. 3–8, hier S. 3.

[152] Vgl. Curran/ Ward: The Unknown Nation, S. 77.

Dabei galt es, all jene zu besänftigen, die den Begriff generell ablehnten und daher im *New Nationalism* der neuen Regierung „something sinister or threatening"[153] sahen.

Der „general secretary of the New Settlers' Federation" Solon Baltinos beispielsweise, der repräsentativ für die Angehörigen und Nachfahren von *migrants* in Drewes Reihe zu Wort kam, lehnte den Begriff des *New Nationalism* ab, weil dem Begriff des *nationalism* „connotations of racism and militarism" inhärent seien. Letztlich, so gab Baltinos zu bedenken, seien die Nazis doch nichts anderes als „supernationalists"[154] gewesen. Ähnliche Befürchtungen brachte auch ein Editorial in der *Courier-Mail* – einer Tageszeitung aus Brisbane – zum Ausdruck. Zwar sei es zu begrüßen, dass Australier dabei seien, „a fresh sense of identity" durch den neuen Nationalismus zu entdecken. Warnend schloss der Kommentar allerdings mit den folgenden Worten: „But for Heaven's sake, let's not overdo it to the point of being nationalistic cranks."[155] Von jenen negativen Folgen und Auswüchsen des *alten* Nationalismus, der zu „extremes" und zu „excess" tendieren konnte, grenzte Whitlam die positiven Seiten des *New Nationalism* ab:

There is nothing coarse or intolerant or xenophobic about this kind of nationalism. It does not mean closing our society to beneficial ideas from abroad. An authentic Australianism can readily accommodate foreign influences and foreign cultures, just as we have prospered from the post-war program of immigration. They were migrants, after all – Irish, European, American – who provided the backbone of the Eureka rising.[156]

Wie Norman Kirk und Lester B. Pearson führte auch Whitlam die Identitätsproblematik auf die vermeintlichen Folgen des *cultural cringe* zurück. Wenn Australien an der „forefront of nations" eine Rolle spielen wollte, so konstatierte er in Ballarat, die typische Rhetorik des *cringe* aufgreifend, müsse es der „temptation to be a second-rate or imitative society"[157] widerstehen. Mit keiner Silbe fand die alte familiäre Verbindung zwischen Australien und dem britischen Mutterland in seiner Rede Erwähnung. Im Vordergrund standen folglich nicht die historischen Leistungen der *Australians*, die sich im Wesentlichen über *Britishness* definierten. Stattdessen lag die Betonung deutlich auf den Leistungen der *Australians*, die, wie Whitlam suggerierte, allesamt Einwanderer gewesen seien und das Rückgrat von Eureka gebildet hätten. Whitlams Fokus lag also auf der Darstellung eines Australiens, das sich nicht mehr über seine bri-

---

[153] Ebd., S. 4.
[154] Solon Baltinos, zitiert in: Drewe: Making a bolder place on the map, in: The Australian, 11.4.1973.
[155] Fair dinkum Aussies, in: The Courier-Mail, 26.1.1974.
[156] Whitlam: The Birth of Australian Democracy, S. 6.
[157] Ebd., S. 8.

2. It's Time – Visionen nationaler Einheit im post-nationalistischen Zeitalter 301

tisch geprägte Geschichte und die Leistungen seiner britischstämmigen Siedler, sondern über seine Einwanderer im Allgemeinen definierte.

Da *Britishness* und vor allem der *British race patriotism* nicht mehr zur Verfügung standen,[158] lag der Fokus der in Ballarat anlässlich der *Eureka Stockade* gehaltenen Reden auf der multikulturellen Vielfalt der australischen Nation, die als „nation of immigrants"[159] inszeniert wurde. „[G]enerous and tolerant", stets für kulturellen Austausch offen, nicht imitativ, sondern durch den *New Nationalism* einzigartig in ihrer Identität und ihrem kulturellen Potential und somit „a true source of power and ideas in the world"[160] – all dies sollte die australische Nation sein. Vor diesem Hintergrund präsentierte sich Whitlam nicht zufällig als die Stimme der neuen Einwanderer Australiens,[161] deren historische Leistungen im Mittelpunkt der Erinnerungsveranstaltung in Ballarat standen. Ähnlich wie in Kanada und Neuseeland musste auch in Australien das neue, auf Vielfalt basierende Selbstbild, das nach dem Motto „The saga of Eureka is the saga of Australia"[162] präsentiert wurde, aus der Geschichte der Nation abgeleitet werden. In diesem Sinne nutzte der Minister für Migration Albert J. Grassby seine Rede, um eine Kontinuität zwischen der Vergangenheit und der Gegenwart zu konstruieren:

---

[158] Vgl. dazu auch Curran: The Power of Speech, S. 124. Nachdem die Vorstellung der australischen Nation als „homogeneous, predominantly white British society" in den frühen 1970er Jahren durch das Ende der „racial discrimination in immigration policy" (ebd.) fragwürdig geworden sei, so James Curran, seien ethnisch basierte Vorstellungen von Identität nicht mehr tragfähig gewesen. Wie bereits an früherer Stelle deutlich geworden ist, eignete sich das Argumentationsmuster des *cultural cringe* in diesem Kontext besonders gut dafür, um die rassistisch konnotierten Selbstbeschreibungen Australiens als kausale Folge der langanhaltenden Abhängigkeit vom britischen Mutterland darzustellen. Vor diesem Hintergrund, so brachte es Donald Horne auf den Punkt, sei der *New Nationalism* nichts weiter als ein Versuch gewesen, „to redefine Australia by stripping away the old [British] imperial chauvinism and reducing Australia to a more modest definition". Horne: National Identity in the Period of the 'New Nationalism', S. 61. Die Abgrenzung des *New Nationalism* zu den Auswüchsen des alten Nationalismus erfolgte also nicht nur, weil *nationalism* im post-nationalistischen Zeitalter generell zu einem unattraktiven Konzept geworden war. Vielmehr galt die Distanzierung vom britisch-imperialen „nationalism in the chauvinist sense" (ebd.) auch als ein entscheidender Schritt, der zur Überwindung des *cultural cringe* und zur Lösung der Identitätskrise gegangen werden musste.
[159] NLA NLp 994.5031 E89, Eureka: A Saga, by the Hon. A.J. Grassby, at Sovereign Hill, Ballarat, in: Department of Immigration (Hg.): Eureka: Saga of Australian History. Speeches by the Prime Minister, the Hon. E.G. Whitlam, Q.C., M.P., and the Hon. A.J. Grassby, M.H.R., at Ballarat, 3.12.1973, Canberra 1974, S. 14–19, hier S. 14.
[160] Whitlam: The Birth of Australian Democracy, S. 8.
[161] Vgl. ähnlich dazu auch Curran: The Power of Speech, S. 124.
[162] Grassby: Eureka: A Saga, S. 17.

And so in the presence of a symbolic gathering of migrants of the 1950s and 1960s here today, we can look back more than a century ago to the great decade of the 1850s. The migrants of this time came from just as many countries as are here today and they came together in unity with a common purpose in mateship to fight for their rights and their liberty. [...] It might be believed that the men of Eureka failed. But let us record here today, in 1973, that they did not rebel in vain and they did not fail. The ideals and objectives for which they fought were realised. They lost a battle and won the war and rebellion was never necessary again.[163]

Während in früheren Selbstbeschreibungen traditionell betont wurde, dass sich die Werte der Nation in einem *Better Britain* wie Australien vermeintlich besser entwickeln konnten als im Mutterland selbst, lag nun der Fokus auf der vom Einfluss des britischen Mutterlandes gänzlich unabhängigen Leistungen der Einwanderer. Diese standen nicht unter australisch-britischem, sondern nur noch unter australischem Vorzeichen. Akteure wie Grassby waren also sichtlich bemüht, das neue Selbstbild der Nation als völlig unabhängig und losgelöst von jedwedem Einfluss Großbritanniens erscheinen zu lassen, das keinerlei gesonderte Erwähnung fand. Britischstämmige Einwanderer waren nur noch eine Gruppe von vielen. Hinter dieser Darstellung verbarg sich, wie auch bei der Whitlams, die Vorstellung, dass die Identitätskrise Australiens nur dann gelöst werden könne, wenn man den britischen Einfluss endlich hinter sich lassen würde.

Ganz im Sinne der Vorstellung von einer Überwindung des *cultural cringe* hob Grassby in einer weiteren Rede in Ballarat hervor, dass Australier erst kürzlich damit begonnen hätten, ihre eigene Geschichte zu entdecken. Entsprechend war in diesem Kontext das Argument des *thwarted nationalism* nicht weit: Der Einfluss anderer Länder – womit im Wesentlichen Großbritannien gemeint gewesen sein dürfte – habe langfristig dafür gesorgt, dass für Australier ein Zugang zu ihrer eigenen Geschichte versperrt geblieben sei:

For almost the whole of the past two centuries, history to Australians has been the history of other countries, never our own. [...] Now is the time for us to rediscover our past, to seek the inspiration of a history either forgotten or suppressed.[164]

Vor diesem Hintergrund kann das neue, multikulturelle Selbstbild Australiens als das Ergebnis eines nun vermeintlich von allen äußeren Einflüssen befreiten Zugriffs auf die eigene Geschichte betrachtet werden. So gesehen bewies die *Eureka Stockade*, dass die Idee einer *unity in diversity* vermeintlich schon immer Teil einer australischen Tradition gewesen war. Nun, da man sich von frem-

---

[163] Ebd., S. 16.
[164] NLA NLp 994.5031 E89, Shots that Echoed Around the World, by the Hon. A. J. Grassby, at the Eureka Memorial, Ballarat, in: Department of Immigration (Hg.): Eureka: Saga of Australian History. Speeches by the Prime Minister, the Hon. E. G. Whitlam, Q. C., M. P., and the Hon. A. J. Grassby, M. H. R., at Ballarat, 3.12.1973, Canberra 1974, S. 9–13, hier S. 9.

den Einflüssen befreit hatte, zeigte der unverzerrte Blick auf die eigene Vergangenheit, dass das Ideal der *unity*, welche die verschiedenen Einwanderer trotz aller Unterschiede in Ballarat zur Erreichung ihrer Ziele formiert hatten, die Grundlage einer vermeintlich spezifisch australischen Tradition darstellte. Es handelte sich also um eine Art Wiederentdeckung von Grundsätzen, welche angeblich zu den großen historischen Errungenschaften in der Geschichte Australiens gehörten und nur durch den Einfluss des *cringe* verdeckt worden waren. Unter der frohen Botschaft des *New Nationalism* konnte die Idee der *unity in diversity*, über die die gegenwärtigen Werte der Nation in einer Kontinuitätslinie mit denen der Vergangenheit zu stehen schienen, als Ausdruck einer *mature*, ihre *manhood* erreichenden *nation*[165] dargestellt werden. Auf diese, so versicherte Grassby den 200 anwesenden neuen Einwanderern in Ballarat, seien andere Länder sogar neidisch:

> In Australia today there is peace and tranquillity and a unity which is the envy of many countries in the world and the inspiration for the men of Eureka can guide us still. To each and every one of the newcomers present today, more than 200 of you, I say this: You are the heirs, you and I, of a great common tradition in this southern land of comradeship, mateship and freedom.[166]

In der Forschung haben maßgeblich James Curran und Stuart Ward darauf hingewiesen, dass das ‚neue', auf Vielfalt basierende Identitätskonzept, welches in kurzer Zeit das ‚alte' *British race ideal* in Australien ersetzen sollte, nicht als „sudden wave of decisiveness or certainty on the question of what held the nation together"[167] missverstanden werden dürfe.

Ironischerweise waren die in Ballarat als spezifisch australisch gefeierten Werte wie *egalitarianism* als „heart of the Australian tradition"[168] oder auch *mateship* ursprünglich ein fester Bestandteil der siedlerkolonialen Identitätsbeschreibung als *Better Britain*. Ähnlich verhielt es sich auch mit Norman Kirks oder auch Arthur Porritts Versuchen, ein neues nationales Selbstbewusstsein über den Verweis auf spezifische Eigenschaften Neuseelands zu generieren, welche bei genauerem Hinsehen nicht vom *Britishness*-Mythos losgelöst wer-

---

[165] Die Vorstellung eines solchen Initiationsprozesses bediente auch der australische Generalgouverneur Paul Hasluck in seiner unter anderem im Fernsehen und Radio verbreiteten *Australia Day Address* von 1974. Vgl. NLA MS 5274, Papers of Sir Paul Hasluck, 1925–1989, Series. Personal Papers: Vice-Regal speeches, 1969–1974, Box 38, The Depth of Our Nationhood. Australia Day Address, 26.1.1974, S. 216: „Australia today has to start thinking like a nation that has come of age. We are not a baby any longer. We have reached a vigorous manhood. We have behind us more than 150 years of achievement."
[166] Grassby: Eureka: A Saga, S. 18.
[167] Curran/ Ward: The Unknown Nation, S. 74.
[168] Whitlam: The Birth of Australian Democracy, S. 5.

den konnten. Auch John Gortons Erklärung in Singapur von 1971, so Curran und Ward, beweise, wie schwierig es sich gestaltet habe, eine „new civic idea that did not have ethnicity at its core"[169] zu etablieren. Gorton hatte verkündet, dass Australien „the ‚world's first truly multiracial society'" werden und gleichzeitig „‚homogenous'"[170] bleiben solle. Ähnlich widersprüchlich argumentierte auch Gortons Vorgänger, Harold Holt, der in einer Rede gleichzeitig eine Annäherung Australiens an Asien anstrebte und im gleichen Atemzug von den „teeming countries of Asia"[171] sprach – den Ländern also, die um Australien *herumwimmelten*. Damit verwendete er eine abfällige Beschreibung, die eher an „more traditional images of descending Asian ‚hordes' and Asian communism"[172] erinnerte und damit diametral zu Holts eigentlich intendierter Botschaft stand. All dies zeige, so konstatieren Curran und Ward, dass die „new rhetoric of ‚unity in diversity' and a new definition of the country as ‚a nation of immigrants'" gleichzeitig neben der persistenten „old language of Britishness"[173] existiert habe.

Das Phänomen, das beide Forscher in ihrer Studie beschreiben, kann also auf die Persistenz des *Britishness*-Mythos zurückgeführt werden, auf dessen Funktion aus philosophisch-anthropologischer Perspektive bereits an früherer Stelle hingewiesen wurde. Gerade weil dieser Mythos so lange das Fundament für siedlerkoloniale Identitätskonstruktionen gebildet und durch seine Narrative eine kontingenzbewältigende und ordnungsstabilisierende Funktion übernommen hatte, ließ er sich trotz aller Notwendigkeit nicht einfach wegerzählen. Aus diesem Grund sollten Akteure immer wieder auf ‚alte' Konzepte kollektiver Identität – wie z. B. auf ethnisch basierte Vorstellungen einer *British race* und deren Versatzstücke – zurückgreifen, obwohl gleichzeitig ‚neue', auf Vielfalt basierende Identitätskonzepte zunehmend populärer wurden.

Mit Blick auf die an die Identitätskrise anschließenden *re-ordering*-Prozesse lässt sich vor diesem Hintergrund das Wechselverhältnis zwischen dem *cultural cringe*, verstanden als (Bedrohungs-)Diagnose, und dem *New Nationalism*, verstanden als (Bewältigungs-)Praxis, wie folgt auf den Punkt bringen: Für die Akteure lieferte das über den *cringe* in Verbindung mit dem *thwarted-nationalism*-Narrativ zur Verfügung gestellte Argumentationsmuster eine Antwort auf die Frage, warum man überhaupt mit einer Identitätskrise konfrontiert war. Darüber hinaus konnte das Ende des Empire, das nachweislich einen emotionalen Aufschrei in den jeweiligen Gesellschaften der ehemaligen weißen Siedlerkolo-

---

[169] Curran/ Ward: The Unknown Nation, S. 74 f.
[170] John Gorton, zitiert in: Curran/ Ward: The Unknown Nation, S. 75.
[171] Aust. 'thinks more of Asia', in: The Sydney Morning Herald, 26.1.1967.
[172] Curran: The Power of Speech, S. 53.
[173] Curran/ Ward: The Unknown Nation, S. 75.

nien ausgelöst hatte, mit Hilfe des *cringe* positiv umgedeutet werden. Endlich, so schien es, könne sich durch den *New Nationalism* eine genuin eigene und vor allem zeitgemäße Identität entfalten, die durch den britischen und jüngst auch noch durch den amerikanischen Einfluss paralysiert worden sei. Die Tatsache, dass Identitätsdiskurse der ehemaligen Siedlerkolonien aufs Engste mit *Britishness* verbunden waren, konnte im Rahmen dieser Argumentation einfach stillschweigend übergangen werden. Scheiterte im *re-ordering*-Prozess ein Lösungsangebot, das in Verbindung mit dem *New Nationalism* entstanden war, so führte dies oftmals zurück zur Diagnose-Ebene. Mit Hilfe des für den *cultural cringe* typischen Argumentationsmusters konnten Akteure in diesem Fall dann erklärbar machen, warum sich ihre jeweiligen Länder trotz des *New Nationalism* so schwer damit taten, ‚eigene' Mythen zu finden bzw. ‚eigene' Identitätskonzepte zu artikulieren. Trotz der kontinuierlichen Schwierigkeiten bei den Versuchen der ‚*Neu*'-Verortung von Identität, die *de facto* durch die Wirkmächtigkeit des *Britishness*-Mythos und nicht durch den *cringe* bedingt waren, glaubten Akteure während der 1960er und 1970er Jahre an den *New Nationalism*. In einer Art *Trial & Error*-Verfahren, das dem Wechselverhältnis zwischen der (Bedrohungs-)Diagnose und der (Bewältigungs-)Praxis innerhalb der *re-ordering*-Prozesse zugrunde liegt, versuchten sie immer wieder, unter dem Label des *New Nationalism* verschiedene Maßnahmen zur Bewältigung ihrer Identitätskrise zu ergreifen.

Grundsätzlich erhofften sich die Zeitgenossen vom *New Nationalism* eine Klärung der im Zuge des *End of Empire* aufgekommenen dringend zu beantwortenden Frage, was denn eigentlich die eigene Identität ausmachte. Mit seiner werteorientierten Auffassung, über die er sich von den negativen Folgen des alten, europäisch geprägten Nationalismus abgrenzte, erschien er den meisten Akteuren als ein attraktives Konzept, mit dessen Hilfe man es endlich schaffen würde, mit anderen Nationen hinsichtlich der eigenen kulturellen *sophistication* und Reife mithalten zu können. In diesem Sinne wurden Akteure wie beispielsweise Donald Horne nicht müde, zu betonen, dass weder die „assertions of confidence"[174] noch die Förderung von nationaler Kunst und Kultur im engeren Sinne als nationalistisch zu verstehen seien. Da dies in anderen Ländern völlig unumstritten sei, handle es sich bei dem, was sich unter dem *New Nationalism* in Australien vollziehe, doch letztlich um etwas völlig Natürliches. In diesem Kontext galt es, sich auch in aller Deutlichkeit von den Inklusions- und Exklusionspraktiken des alten Nationalismus zu distanzieren. Das, was die Nation ausmachte und zusammenhielt, so die frohe Botschaft des *New Nationalism*, war nicht mehr die Vorstellung einer *British race*, sondern die gemeinsamen

---

[174] Ebd., S. 38.

IV. „Wanted: a new identikit"

und vor allem vielfältigen kulturellen und politischen Werte der Nation. Der ‚neue' Blick auf die eigene Geschichte, der die Bedeutung von *Britishness* für eigene Identitätsvorstellungen entweder negativ bewertete, herunterspielte oder sogar ignorierte,[175] lieferte dabei das historisch legitimierte Fundament für die unter dem *New Nationalism* gefeierten Werte. Diese sollten nicht mehr unter einem britischen Vorzeichen stehen, sondern Ausdruck einer vermeintlich genuin eigenen (historischen) Leistung der Nation sein, welche sich nun, da sie nicht mehr paralysiert wurde, endlich zu entfalten schien. Eine nationalistisch motivierte Abgrenzung nach außen wurde damit allerdings nicht angestrebt. Vielmehr betrachteten die *nation builders* neue politische und kulturelle Kontakte zu anderen Nationen als eine Chance, um die eigene *nationhood* zu stärken und – wie an der Sichtweise Australiens auf Asien deutlich geworden ist – das eigene Image zu verbessern.

Fragt man vor dem Hintergrund des Konzepts *Bedrohte Ordnung* danach, welche Lösungs- und Bewältigungsstrategien für die Akteure das Potential hatten, langfristig eine Antwort auf die Identitätskrise zur Verfügung zu stellen – sprich Teil eines ‚neuen' Mythos zu sein –, so ist der Stellenwert zu beachten, den Akteure multikulturellen Identitätskonzepten zusprachen. Zusammen mit der gesellschaftlich einenden Idee einer *unity in diversity* setzten die ehemaligen weißen Siedlerkolonien auf den ‚neuen' Mythos des Multikulturalismus. Die Attraktivität von Identitätskonzepten, die auf multikultureller Vielfalt basierten, erklärt sich in erster Linie damit, dass die *nation builders* auf sie strategisch zurückgreifen konnten, um unter dem Label des *New Nationalism* ‚neue' Identitätskonzepte jenseits des *Britishness*-Mythos promoten zu können. Die strategische Komponente hinter den ‚neuen', auf Vielfalt basierenden Identitätskonzepten zeigt sich auch daran, dass Akteure über ihren ‚neuen' Zugriff auf die Vergangenheit nachzuweisen versuchten, dass Vielfalt in ihrer jeweiligen Nation vermeintlich schon immer eine einzigartige Rolle gespielt habe. In diesem Sinne lautete beispielsweise die Schlagzeile zu einem Länderporträt in der *Globe and Mail* anlässlich des kanadischen Nationalfeiertags 1965 „*A Nation Born of Diversity*"[176].

Bevor sich die Studie gezielt der Frage widmet, wie der Multikulturalismus unter dem Label des *New Nationalism* im Rahmen von Erinnerungspraktiken strategisch dafür genutzt wurde, um eine ‚neue' Identität jenseits von *British-*

---

[175] In diesem Kontext mehrten sich beispielsweise in Australien mitunter auch extremere Positionen wie die des Innenministers Peter Nixon, der 1969 forderte, europäische Sprachen und europäische Geschichte nicht mehr zu lehren und stattdessen den Fokus auf Asien zu richten. Vgl. ausführlich dazu Curran/ Ward: The Unknown Nation, S. 156.

[176] Moses J. Burak: A Nation Born of Diversity: Canada: a mystique of land, law and language, in: The Globe and Mail, 1.7.1965.

ness zu promoten, soll es zunächst um die gesellschaftlichen Auseinandersetzungen der ehemaligen Siedlerkolonien mit ihrer nationalen Symbolik gehen. Dargelegt werden soll, inwiefern sich die Visionen einer ‚neuen', multikulturellen Identität als Grundlage nationaler Einheit auch in den neu konzipierten Symbolen widerspiegelten. Deutlich gemacht werden soll dabei auch, dass die angestrebte Loslösung von *Britishness* ein hochemotionaler Prozess war, der die Etablierung neuer Symbole massiv erschwerte. In diesem Kontext wurde Akteuren unabhängig von ihrem Standpunkt immer wieder das Ausmaß der Identitätskrise vor Augen geführt. Vor diesem Hintergrund wird das nachfolgende Kapitel erneut das Wechselspiel zwischen (Bedrohungs-)Diagnosen und (Bewältigungs-)Praktiken in den Blick nehmen.

3. Symbole im Wandel

3.1. Kanadas Flaggenstreit und die Auseinandersetzung mit der Frage nach neuen nationalen Symbolen

Im Juni 1964 erreichte das Büro des kanadischen Premierministers Lester B. Pearson ein Brief des aufgebrachten Bürgers Stanley Petrie. Angesichts des von Pearson angestrengten Versuchs, eine neue kanadische Flagge und Hymne zu etablieren, warf er diesem nicht nur vor, Teil eines umstürzlerischen Mobs zu sein, sondern schilderte ihm in diesem Zusammenhang auch, welche Auswirkungen die gegenwärtige Politik auf die Bürgerinnen und Bürger Kanadas haben konnte:

My Secretary, Miss McQuat, a Canadian for generations, whose birth-place was Lachute, P.Q., and who is a loyal Canadian, proud subject of the Queen, decided only yesterday to fly the Ensign on the arial of her car, and today she told me with great feeling and emotion that somebody had torn down her Ensign, smashed the arial on her car and in the process cut their hand and left the blood on the front of the car. And rightly so, she said whoever it was, she hoped they would bleed to death.[177]

Petrie versicherte dem Premierminister, dass das Schicksal seiner Sekretärin stellvertretend für das Millionen anderer stehe. Alle Opfer des revolutionären Umsturzversuches gegen *English Canada*, so unterstrich er, würden bis zum Tage ihres Todes Pearson für das, was er dem Land mit seinem Anstoß angetan habe, die kanadische *Red Ensign* durch die Ahornflagge (*Maple Leaf*) zu ersetzen, verurteilen.

---

[177] LAC MG 26 N 3, Box 290, File 912.1, Canadian History – National Status – Canadian Flag – Personal, Stanley Petrie an L. B. Pearson, 17.6.1964.

Abb. 12: Canadian Red Ensign (1957–1965)   *Abb. 13: Maple Leaf* (Nationalflagge Kanadas seit dem 15. Feb. 1965)

Als Zeichen seines ewigen Widerstands gegen diesen Wahnsinn, durch den die gesamte kanadische Nation zu zerbrechen drohe, werde er „a thirty-five foot flagpole" auf seiner Terrasse errichten, „that faces the Queensway with a thousand cars an hour going by"[178]. An diesem Flaggenmast werde er für alle Welt sichtbar für immer die *Red Ensign* gehisst lassen.

Ähnlich drastisch reagierte auch die *Alberta Young Conservative Organisation*, die ihren Mitgliedern nahelegte, schwarze Armbinden „as a token of mourning the death of the Red Ensign"[179] zu tragen. Für Kanadier wie Petrie oder die jungen Konservativen aus Alberta sollte sich der 15. Februar 1965, an dem die *Maple Leaf Flag* offiziell zum ersten Mal auf dem *Parliament Hill* in Ottawa gehisst wurde, als ein Tag des Verrats in das Gedächtnis einbrennen. Für viele andere wiederum offenbarte sich in der neuen Nationalflagge Kanadas neue *nationhood*. Während die neue Flagge für den zutiefst verärgerten Petrie gerade deshalb einen Verrat an der Nation darstellte, weil mit ihr jeder Bezug zum britischen Mutterland und zur britischen Vergangenheit Kanadas annulliert erschien, so wurde dieser fehlende Bezug von Bürgern wie Michael Sheedy ausdrücklich begrüßt. In einem Brief an Pearson betonte er, dass Kanada durch die neue Flagge endlich ein distinktes Symbol zur Repräsentation seiner eigenständigen Identität erhalten habe:

I am very grateful to you for giving Canadians their own flag. I like the flag and I am sure the large majority of Canadians are very glad to have one of their own. Canadians want to be Canadians, not British. Most Canadians did not come from England, and have no ties with England. They do not want to be Britons but Canadians.[180]

Aus diesem Grund, so ließ Sheedy den Premier wissen, wünsche er sich wie viele andere Kanadier, dass die Nation neben der neuen Flagge nun auch endlich

---

[178] Ebd.

[179] LAC MG 26 N 3, Box 291, File 912.1 Subject: Canadian History – National Status – Canadian Flag – Mr K. Magnusson, Knut Magnusson an Lester B. Pearson, 21.12.1964.

[180] LAC MG 26 N 3, Box 303, File 912.2 pt. 4, Canadian History – National Status – National Anthem, Michael Sheedy an L. B. Pearson, 19.10.1965.

3. Symbole im Wandel 309

eine eigene Nationalhymne anstelle von „*God Save the Queen*" bekomme. Ähnlich argumentierte auch der *Toronto Daily Star* im Dezember 1963. Es sei an der Zeit, dass Kanada nicht mehr die Flagge und Hymne eines anderen Landes verwende, die auch noch für die innergesellschaftliche Zerrissenheit der Nation mitverantwortlich seien: „Being the national anthem of Britain, it qualifies even less as a Canadian anthem than the Red Ensign does as a Canadian flag."[181] In diesem Kontext forderte auch die kanadische Bürgerin Rhea Carson mit Blick auf das *Centennial* im Jahre 1967 in einem Leserbrief dazu auf, endlich die Zeichen der Inferiorität abzulegen, um ein Zerbrechen der Nation zu verhindern:

> Being a fourth generation Canadian, I would like to see Canada a country that can stand alone. Surely, now that we are 100 years old, we should mature enough to cut the apron strings. I sincerely believe that our continued ties with Britain could lead to the eventual separation of Canada. Let's celebrate our Centennial year by striving to become self-sustaining Canadians.[182]

Im Zuge der Flaggendebatte wandten sich zahlreiche Kanadier aus nahezu allen Altersklassen an ihren Premierminister und positionierten sich dabei klar entweder für oder gegen Pearsons Vorstoß,[183] dem Parlament innerhalb von zwei Jahren einen Entwurf für eine neue kanadische Nationalflagge vorzulegen.[184] Anglophile, die gar nicht fassen konnten, was man ihrem Land antat, standen dabei jenen gegenüber, die den Rückzug Großbritanniens nach Europa als Chance interpretierten, um die nationale Einheit neu einzuschwören.

An dem Flaggenstreit, der sich zwischen Mitte und Ende des Jahres 1964 zuspitzte, aber auch an den über die 1960er Jahre hinaus andauernden öffentlichen Debatten über die Etablierung spezifisch eigener nationaler Symbole wie

---

[181] Best flag and anthem for Canada, in: Toronto Daily Star, 7.12.1963.

[182] LAC RG 69, Box 881, Centennial General (May 1967), Stand Alone, in: Vancouver Province, B.C., 25.5.1967 (clipping).

[183] Zahlreiche Protestbriefe wurden auch an Pearsons Vorgänger John Diefenbaker geschickt, der ein erklärter Gegner der neuen Flagge war. Vgl. dazu auch Gregory A. Johnson: The Last Gasp of Empire: The 1964 Flag Debate Revisited, in: Phillip Buckner (Hg.): Canada and the End of Empire, Vancouver, Toronto 2005, S. 232–250, hier S. 246 rekurrierend auf USASK MG 01, Series IX Second Leader of the Opposition, 1963–1967, Vol. 115–139. Eine Auswahl an Briefen findet sich abgedruckt auch in John Ross Matheson: Canada's Flag. A Search for a Country, Boston, Massachusetts 1980, Kap. 9.

[184] Vgl. dazu das offizielle *Liberal Policy Statement*, das häufig in Antwortschreiben an kanadische Bürgerinnen und Bürger verwendet wurde: „Within two years of taking office, a new liberal government will submit to Parliament a design for a flag which cannot be mistaken for the emblem of any other country. When adopted, this will be the flag of Canada. ‚O Canada' will be proclaimed our official anthem." Zitiert aus LAC MG 26 N 3, Box 303, File 912.2 pt. 1, Canadian History – National Status – National Anthem, Mary E. Macdonald (Executive Assistant) an Robert J. Wheeler, 6.8.1963.

der Nationalhymne[185] „*O Canada*" oder der Umbenennung des Nationalfeiertags von *Dominion Day* in *Canada Day*[186] lässt sich das gesamtgesellschaftliche Ausmaß der Identitätskrise nach dem Empire ablesen.[187] Allein mit den Kommentaren und Artikeln über die Flagge, so hob Bruce West 1964 in der *Globe and Mail* hervor, könne man „a modern Great Wall of China along the entire length of the Quebec-Ontario border"[188] bauen. Vorschläge zum Design der Flagge, so merkt John English in seiner Biographie zu Pearson an, seien von Schulkindern genauso eingereicht worden wie von Heraldikexperten.[189] Debatten wie die über die Nationalflagge, die Nationalhymne oder die Umbenennung des Nationalfeiertags waren allerdings nicht neu. Wie der Historiker Gregory A. Johnson festhält, sei die Flaggenthematik bereits 1925 und 1945 unter Premierminister Mackenzie King aufgekommen. Angesichts des lautstarken Protests sei sie aber auch immer wieder verschwunden und während der 1950er Jahre nur gelegentlich als Bestandteil politischen Geplänkels aufgetaucht.[190] Auch die Befürworter des „*Canada Day*" als offizieller Name für den Nationalfeiertag Kanadas am 1. Juli brauchten seit 1946 insgesamt 23 Versuche, bis der *Dominion Day* Geschichte war und die neue Bezeichnung schließlich 1982 nach massenhaften Zuschriften an den Premier und hochemotional geführten öffentlichen Debatten offiziell wurde.[191] Ähnlich verhielt es sich mit der Nationalhymne „*O Canada*", die erst im Jahre 1980 offiziell angenommen werden sollte, obwohl das Parlament sie bereits 1967 genehmigt hatte.[192] Im Zuge des *End of Empire* griffen auch Australier und Neuseeländer alte Debatten über ihre natio-

---

[185] Zur symbolischen Bedeutung von Musik vgl. Stefan Koelsch: Gehirn und Musik: Ein neurokognitives Modell der Musikverarbeitung, in: Enzyklopädie der Psychologie. Affektive und Kognitive Neurowissenschaft (Kognition 5), Göttingen u. a. 2013, S. 281–306, hier S. 294.

[186] Als etwa die Bürgerin Miss Morrison aus Saskatchewan der Zeitung vom 11. April 1970 entnehmen musste, dass es Überlegungen gebe, den Namen des Nationalfeiertags in *Canada Day* umzubenennen, schrieb sie den Abgeordneten voller Wut und Bestürzung, dass die Regierung unter Trudeau jeden Sinn für einen „true patriotism" verloren habe. Vgl. LAC MG 26 O 7, Box 499, File: 912.3 Oct. 1969–1971, Miss E. E. Morrison of Carlyle an die *Members of the House of Commons*, 13.4.1970.

[187] Vgl. dazu auch Champion: The Strange Demise of British Canada, S. 165.

[188] Bruce West: The Flag Issue, in: The Globe and Mail, 4.12.1964.

[189] Vgl. John English: The Worldly Years. The Life of Lester Pearson, Vol. II: 1949–1972, New York u. a. 1992, S. 291.

[190] Vgl. Johnson: The Last Gasp of Empire, S. 241.

[191] Vgl. Raymond B. Blake/ Bailey Antonishyn: Dreams of a National Identity: Pierre Trudeau, Citizenship, and Canada Day, in: Matthew Hayday, Raymond B. Blake (Hgg.): Celebrating Canada. Vol. 1: Holidays, National Days, and the Crafting of Identities, Toronto, Buffalo, London 2016, S. 306–334, hier S. 326.

[192] Vgl. Johnson: The Last Gasp of Empire, S. 247, Anm. 6.

3. Symbole im Wandel

nale Symbolik wieder auf und diskutierten auf einer gesamtgesellschaftlichen Ebene, wie ihre Identität *nach* dem Empire ohne den Bezug zu *Britishness* am besten symbolisch repräsentiert werden könne. Die Tatsache, dass Veränderungen im Hinblick auf die nationale Symbolik erst unter dem Eindruck des *End of Empire* ernsthaft in Betracht gezogen wurden, verdeutlicht den Zäsurcharakter, den der Rückzug des britischen Mutterlandes aus seiner alten Empire-Familie für die ehemaligen Siedlerkolonien darstellte.

Auf den Zusammenhang zwischen einem beschleunigten gesellschaftlichen Wandel und jenem Vorgang, in dem Akteure zu dem Eindruck gelangen, dass Traditionen zügig abgeändert oder sogar ‚neu' erfunden werden müssen, hat bereits Eric Hobsbawm in seinem viel zitierten Aufsatz „*Inventing Traditions*" hingewiesen.[193] Gerade im Hinblick auf das Konzept *Bedrohte Ordnung* lassen sich aus seinen Aussagen wichtige Erkenntnisse ableiten. Das von den Akteuren wahrgenommene plötzliche Ende des Empire sorgte – mit Hobsbawm gesprochen – dafür, dass die „social patterns for which ‚old' traditions had been designed"[194] instabil wurden und ein großer Bedarf an ‚neuen' Traditionen und Symbolen entstand. Die bestehende nationale Symbolik[195], welche trotz der formalen Unabhängigkeit der ehemaligen Siedlerkolonien und aller offensichtlichen Niedergangserscheinungen des Empire nie ernsthaft in Frage gestellt worden war, erschien den meisten Akteuren erst ab den 1960er Jahren unter dem einschneidenden Eindruck von *Britain's turn to Europe* als ungeeignet. Durch diese Zäsur wurde den Zeitgenossen deutlich, wie fragil ihr bisheriger „symbolisch ausgeformte[r] Kosmos der Weltbilder und der in sie eingelagerten

---

[193] Vgl. Hobsbawm: Inventing Traditions, S. 4 f.: „[…], we should expect it [the ‚invention' of tradition] to occur more frequently when a rapid transformation of society weakens or destroys the social patterns for which ‚old' traditions had been designed, producing new ones to which they were not applicable, or when such old traditions and their institutional carriers and promulgators no longer prove sufficiently adaptable and flexible, or are otherwise eliminated: in short, when there are sufficiently large and rapid changes on the demand or the supply side." Zum Stellenwert von Hobsbawms Ansatz vgl. auch Johnson: The Last Gasp of Empire, S. 233.

[194] Hobsbawm: Inventing Traditions, S. 4.

[195] Zur Definition des Terminus *Symbol* vgl. John Skorupski: Symbol and Theory. A philosophical study of theories of religion in social anthropology, Cambridge u.a. 1976, S. 123 (Herv. i. Orig.): „The symbol is itself made the object of thought. It stands for, or *re-presents*, the thing symbolised. In other words it makes it present to the senses, and is treated for the purposes of symbolic action as being what is symbolised." Vgl. zum Stellenwert von Symbolen für die Siedlerkolonien des Empire auch Jürgen Osterhammel: Symbolpolitik und imperiale Integration: Das britische Empire im 19. und 20. Jahrhundert, in: Rudolf Schlögl, Bernhard Giesen und Jürgen Osterhammel (Hgg.): Die Wirklichkeit der Symbole. Grundlagen der Kommunikation in historischen und gegenwärtigen Gesellschaften, Konstanz 2004 (Historische Kulturwissenschaft), S. 395–404, hier v.a. S. 399.

Traditionen"[196] geworden war. Durch die Fragwürdigkeit von *Britishness* war somit ein großer (relativ plötzlicher) Bedarf an einer neuen nationalen Symbolik entstanden. Vor dem Hintergrund des Konzepts *Bedrohte Ordnung* lassen sich die gesellschaftlich geführten Debatten über nationale Symbole nach dem Empire als ein fester Bestandteil eines *re-ordering*-Prozesses verstehen. Mit Hilfe einer neuen Symbolik jenseits von *Britishness*, so die Hoffnung der *nation builders*, sollten neue Konzepte kollektiver Identität und damit zusammenhängend nationaler Einheit nach außen hin repräsentiert werden.

Inwiefern Kanadas Debatte über eine neue Nationalflagge und Hymne mit der Identitätskrise, dem *New Nationalism* und damit verbunden mit einem neuen Konzept nationaler Einheit zusammenhing, zeigen nicht nur diverse Editorials, sondern auch die Aussagen der Premierminister. Die Flaggenresolution, so kommentierte etwa der *Toronto Daily Star* im Juni 1964, sei der Versuch, eine Lösung für das fundamentale Problem Kanadas, nämlich das offensichtliche „lack of a strong national identity"[197], zu finden. Indem man Kanadiern mit einer eigenen und von allen Bevölkerungsteilen akzeptierten Symbolik etwas gebe, das sie nie zuvor besessen hätten, bestehe die Hoffnung darauf, dass das *national feeling* endlich gesteigert, die Identitätskrise abgewendet und das Überleben der Nation gesichert werden könne. Auch Lester B. Pearsons Argumentation für eine neue Flagge und Hymne basierte auf der Annahme, dass die gesamte kanadische Gesellschaft aufgrund der bereits erläuterten Dreifachbelastung von einer tiefsitzenden Krise gezeichnet sei und zu zerbrechen drohe.[198] Historiker, so prognostizierte er eine Einschätzung Vincent Masseys aufgreifend, würden die 1960er Jahre später einmal „as a time of doubt about our future as a nation" interpretieren. In dieser Zeit der Krise könne eine neue Nationalflagge, „that will be exclusively Canadian", dabei helfen, die nationale Einheit wieder einzuschwören und allen „a greater feeling of national identity and unity"[199] zu geben. Weder sei die *Red Ensign* als offizielle Flagge vom Parlament jemals offiziell bestätigt worden, noch könnten sich die meisten Kanadier mit der bisherigen Flagge identifizieren, da das Design der *Merchant Marine Flag* Großbritanniens nahezu identisch mit der bisherigen Nationalflagge Kanadas sei. Pearson kritisierte, dass mit dieser verwirrenden Ununterscheidbarkeit Kanada im Commonwealth eine absolute Ausnahme bilde, zumal sogar

---

[196] Hans-Georg Soeffner: Gesellschaft ohne Baldachin. Über die Labilität von Ordnungskonstruktionen, Weilerswist 2000 (Velbrück Wissenschaft), S. 188.

[197] A flag to rally around, in: Toronto Daily Star, 18.6.1964.

[198] Vgl. Lester B. Pearson: Mike. The Memoirs of the Right Honourable Lester B. Pearson, Vol. 3: 1957–1968, hgg. von John A. Munro und Alex I. Inglis, London 1975, S. 270.

[199] LAC MG 26 N 6, Box 11, Flag Issue: Notes made by the Prime Minister, June 1964–June 1965, Notes for the Prime Minister in the Flag Debate, 15.6.1964, S. 19f.

Australien und Neuseeland über eine eigene Flagge verfügten, die „easily identifiable with its country"²⁰⁰ sei.

Auch dort wurden insbesondere im Zuge von *Britain's turn to Europe* Debatten über die Nationalflagge geführt. Allerdings kam es in keinem der beiden Länder zu ernsthaften politischen Initiativen, die Nationalflagge zu ändern, weil sich dafür keine klare gesellschaftliche Mehrheit abzeichnete.²⁰¹ Während der sich unter dem Eindruck der *Quiet Revolution* zuspitzende Kampf um das *national survival* in Kanada dafür sorgte, dass britisch konnotierte Symbole bereits ab den 1960er Jahren massiv unter Kritik gerieten, zeichnete sich dies in Australien und Neuseeland, wenn auch unter einem weniger bedrohlichen Vorzeichen und mit einem entsprechend geringeren Handlungsdruck verbunden, erst ab den 1970er Jahren ab. Auch sie diskutierten unter anderem über neue Nationalhymnen und Feiertage. Diese sollten entsprechend des angestrebten ‚neuen' kollektiven Selbstbilds unter einer spezifischeren ‚eigenen' Kolorierung

---

²⁰⁰ LAC MG 26 N 6, Box 11, Flag Issue: Notes made by the Prime Minister, June 1964–June 1965, Notes 9.9.1964, S. 7.

²⁰¹ Exemplarisch dazu vgl. Australian Flag Choice No Problem, in: Vancouver Sun, 20.5.1964 sowie den Leserbrief von D.H. Parry (O' Connor): Australian nationalism, in: The Canberra Times, 10.4.1973: „Some of the trappings suggested for our new flag would be very picturesque and somewhat theatrical, outshining the old Union Jack with its plain red, white and blue. But for the present it is still our flag, symbol of the Queen and royalty." Besonders der abschließende Satz des Kommentars zeigt, dass einigen Bürgerinnen und Bürgern die Debatte um neue Symbole entschieden zu weit ging. Wenn man alles abschaffen wolle, das an die Verbindung zum britischen Mutterland erinnere, so kritisierte Parry, werde man in Australien niemals fertig werden. Zu Neuseeland vgl. ANZW AAAC 7536 W5084 Box 49 CUL 6/3/2 pt. 2, Cultural – Flags – National Anthem – Adoption of National Anthem – Suggestions, Proposals, Schemes (including: Proposals to change), National Anthem, Song and Flag (Memorandum for Cabinet, Office of Minister of Internal Affairs Wellington), [vermutl.] 18.11.1974, S. 2, 4 sowie die Beantwortung einer Anfrage der Bürgerin Adams zu etwaigen Plänen, die Nationalflagge durch eine neue zu ersetzen, in: ANZW ACGO 8333 IA1W2633 Box 10 CUL 6/3/2, Flags: Design, Use: Flying of and National Anthem – Adoption of National Anthem – Suggestions, proposals, Henry May (Minister of Internal Affairs) an Mrs. R.B. Adams, 28.5.1973: „[I]n fact [it] is still not clear, whether the majority of New Zealanders want such changes." Eine nationale Umfrage vom September 1973 verdeutlicht, dass sich unter der neuseeländischen Bevölkerung keine Mehrheit für eine neue Nationalflagge finden ließ. So stimmten 75 Prozent der Befragten gegen einen entsprechenden Vorschlag. Vgl. New Anthem – Yes, New Flag – No, in: The New Zealand Herald, 1.9.1973. Für eine Auflistung der Versuche, die Nationalflagge Neuseelands zu ändern, vgl. John Moody: Past Attempts to Change New Zealand's Flag, in: The XIX International Congress of Vexillology. Proceedings, York, England, 23–27 July 2001, 2009 (Flag Institute), S. 47–50. Zuletzt entschieden sich im Jahre 2016 in einem Referendum 56,6 Prozent der Neuseeländer für die Beibehaltung ihrer Nationalflagge. Vgl. Eleanor Ainge Roy: New Zealand votes to keep its flag after 56,6 % back the status quo, in: The Guardian, 24.3.2016, abgerufen unter: https://www.theguardian.com/world/2016/mar/24/new-zealand-votes-to-keep-its-flag-in-referendum, (19.3.2020).

stehen und die *re-imagined community* auch auf symbolischer Ebene repräsentieren. In Anbetracht der großen gesellschaftlichen Skepsis gegenüber typisch nationalistischen Überhöhungsphantasien betonten die *nation builders* Kanadas, Australiens und Neuseelands, dass Maßnahmen wie die Etablierung neuer Symbole als ein Bestandteil des weltoffenen *New Nationalism* zu verstehen seien und daher nichts mit den chauvinistischen Vorstellungen des alten Nationalismus gemeinsam hätten.[202]

So distanzierte sich auch Lester B. Pearson in der Flaggendebatte immer wieder von den Konzepten des alten Nationalismus und betonte, dass Nationalismus für sich genommen nicht ausreiche, wenn er nicht für gewisse gemeinsame Werte stehe:

> So, in its recognition of our new nationalism, the Maple Leaf flag of this Resolution does not ignore the obvious truth that nationalism is not enough; or the equally obvious truth that, while it is a heartening and stirring thing to have a distinctive national flag, it is even better to have it fly over a free and flourishing country[.][203]

In der Flaggendebatte zeichnete sich ein regelrechtes Dilemma ab: Während jeder Bezug zu britischen Symbolen für einen Großteil der französischsprachigen Bevölkerung in Québec als ein Zeichen der Unterdrückung gedeutet wurde, so galt für viele *English Canadians* jeder Versuch, sich von der britischen Symbolik loszulösen, als ein Verrat an der eigenen Geschichte. Was für die einen mit der Chance verknüpft war, alle Bevölkerungsteile unabhängig von ihrer Sprache und Herkunft unter einer distinkten kanadischen Flagge neu zu vereinen,[204] fühlte sich für andere an, als ob ihnen ihre nationale Identität entrissen würde. Am deutlichsten spiegelten sich die widerstreitenden Positionen in den politischen Auseinandersetzungen zwischen Lester B. Pearson und dem Oppositionsführer John Diefenbaker wider. Symbolisch erstreckte sich der Streit zwischen beiden sogar bis zum Tage ihrer jeweiligen Beisetzungen: Während die *Red Ensign* Diefenbakers Sarg zierte, wurde Pearson mit der *Maple Leaf Flag* beigesetzt.[205]

Im Rahmen seiner Kritik bediente Diefenbaker die Vorstellung, dass die Liberalen unter Pearson auf dem besten Wege seien, das nationale Erbe zu zer-

---

[202] Zur gesellschaftlichen Skepsis gegenüber dem Nationalismus vgl. exemplarisch Australia – and the way ahead, in: The Sunday Australian, 30.1.1972: „What we need, […], is a new philosophy. Not one based on a narrow nationalism, but one which tries to relate that nationalism to a world which is changing faster than most of us had dreamed possible."

[203] Notes for the Prime Minister in the Flag Debate – 15.6.1964, S. 23.

[204] Vgl. dazu auch den Kommentar A Flag for Unity, in: Vancouver Sun, 20.5.1964: „If any today questions Mr. Pearson's timing in view of the still unsolved problems of Confederation and of Canada's economic future, let it be said that a show of unity on the flag could be just the tonic Canada's nationhood needs."

[205] Vgl. English: The Worldly Years, S. 292.

stören und die Nation so in eine schädliche „collective amnesia"²⁰⁶ zu stürzen. So bezichtigte er sie in einer Rede im Dezember 1964, das gesamte historische Erbe der kanadischen Nation auszulöschen und mit der neuen Flagge in Kauf zu nehmen, dass Millionen Menschen in ihrer Identität verleugnet würden.²⁰⁷ Dieses Gefühl teilten auch viele Veteranen, die mit Hilfe der *Royal Canadian Legion* eine *Red-Ensign*-Broschüre verteilen ließen, die den „[s]piritual and cultural death"²⁰⁸ für den Fall verkündete, dass die alte Flagge, unter der zwei Millionen Soldaten gedient und 111 000 gestorben seien, abgeschafft werden würde. Ohne den Bezug zur gemeinsamen Geschichte mit Großbritannien, so lautete die eindringliche Warnung, könne es auch keine Zukunft geben.²⁰⁹

Neben den meisten Angehörigen der *Legion*, deren lautstarke Buh-Rufe bei einer Rede Pearsons vor ihrer Veteranenorganisation in Winnipeg am 17. Mai 1964 auch von einer breiten Öffentlichkeit an den Fernsehbildschirmen verfolgt wurde,²¹⁰ positionierten sich auch eine Reihe prominenter Intellektueller wie Denis Smith, Donald Creighton, William L. Morton, Eugene Forsey sowie Tom und Scott Symons öffentlichkeitswirksam gegen Pearsons Flaggenprojekt. In einem an Pearson adressierten Brief protestierten sie gegen die Geschmacklosigkeit der neuen Flagge, die Creighton eher an das Label einer Bierflasche erinnerte als an eine würdige Nationalflagge.²¹¹ Der in allen zentralen englisch- wie französischsprachigen Zeitungen des Landes veröffentlichte Brief problematisierte Pearsons Flaggenprojekt vor allem mit Blick auf das altbekannte Problem des *national survival*:²¹²

We have a despairing feeling that this insipid flag, instead of promoting national unity, will produce only an indifferent response, and in doing so will subtly undermine the Canadian

---

²⁰⁶ Stuart Ward: The Redundant "Dominion": Refitting the National Fabric at Empire's End, in: Matthew Hayday, Raymond B. Blake (Hgg.): Celebrating Canada. Vol. 1: Holidays, National Days, and the Crafting of Identities, Toronto, Buffalo, London 2016, S. 335–441, hier S. 336.

²⁰⁷ Vgl. Liberals Destroying Nation's Heritage: Diefenbaker, in: The Globe and Mail, 18.12.1964.

²⁰⁸ LAC MG 26 N 3 Box 296, File 912.1 pt. 43, Canadian History – National Status – Canadian Flag, Canadian Red Ensign Brochure (Royal Canadian Legion).

²⁰⁹ Vgl. ebd.

²¹⁰ Vgl. dazu auch Matheson: Canada's Flag, S. 72 sowie English: The Worldly Years, S. 290.

²¹¹ Vgl. Donald Creighton, zitiert in: Wright: Donald Creighton, S. 263.

²¹² Vgl. Wright: Donald Creighton, S. 263. In der *Globe and Mail* wurde sogar bereits auf der Titelseite von dem Brief der insgesamt zwölf Intellektuellen an Pearson berichtet. Vgl. Stanley Westall: Call Party Chiefs To Pick New Flag, Scholars Ask PM; Flag Design Opposed by 12 Scholars, Termed Poor Symbol, in: The Globe and Mail, 29.5.1964.

will to survive. We believe profoundly that this negative approach to our national symbols erodes our national spirit.²¹³

Vor dem Hintergrund der spezifischen Bedrohungskontexte Kanadas prallten während der Flaggendebatte zwei grundsätzlich verschiedene Visionen von *unity* aufeinander. Der Historiker Donald Wright hat diesen Umstand wie folgt auf den Punkt gebracht: „The flag debate was really a debate about the meaning of Canada[.]"²¹⁴ Auf die zentrale Frage der Zeit, was die Nation zusammenhalten könne, lieferten beide Seiten zwei verschiedene Definitionen von *Canadianism* bzw. *Canadian nationalism*.²¹⁵

Während für die eine Seite die überlebenswichtige *unity* nicht ohne einen auf *Britishness* basierenden kanadischen Nationalismus und die damit verbundene „creative tension between the two founding peoples"²¹⁶ denkbar war, wandte sich die andere Seite gerade aufgrund der zunehmenden innergesellschaftlichen Spannungen von dieser Auffassung ab. In Verbindung mit dem *New Nationalism* sprach sie sich stattdessen für ein Identitätskonzept aus, dessen Fundament nicht mehr nur auf dem Bikulturalismus basierte, sondern auch die Kulturen anderer Ethnien miteinbezog. Auf dieser multikulturellen Grundlage sollte es gelingen, alle in Kanada lebenden Ethnien miteinander zu vereinen.

Vor diesem Hintergrund ist Pearsons Flaggenpolitik einzuordnen. Im Rahmen des an die Identitätskrise anschließenden *re-ordering*-Prozesses sollten die neuen Symbole die Vorstellung „of any kind of hyphenated Canadianism"²¹⁷ beenden. Statt Vorstellungen einer Bindestrich-Identität zu vertreten, so hob Pearson hervor, müsse es darum gehen, die Einheit der Nation über ihre Vielfalt einzuschwören.²¹⁸ In diesem Sinne versuchte er sein Publikum beim *Third Freedom Festival* in Toronto im Jahre 1964 für das Prinzip der „unity in diversity" als Grundlage für den nationalen Zusammenhalt zu begeistern. Pearson zufolge habe gerade das „Canadian multi-racial heritage"²¹⁹ gelehrt, dass die Vielfalt Kanadas und die friedliche Zusammenarbeit *aller* Kulturen die einzigartige Grundlage für den Zusammenhalt der Nation bildeten. Um den „hyphen-

---

²¹³ LAC MG 31 D 77, Box 30, The New Flag 1964. Correspondence, clippings, D.G. Creighton et al. an L.B. Pearson, 27.5.1964.
²¹⁴ Wright: Donald Creighton, S. 263.
²¹⁵ Vgl. C.P. Champion: A Very British Coup: Canadianism, Quebec, Ethnicity in the Flag Debate, 1964–1965, in: Journal of Canadian Studies/ Revue d'études canadiennes 40.3 (Automne/ Fall 2006), S. 68–99, hier S. 70.
²¹⁶ D.G. Creighton et al. an L.B. Pearson, 27.5.1964.
²¹⁷ LAC RG 26, Box 76, File 1-5-11, The Foreign Press in Canada pt. 4, 1962–1964, Remarks by the Prime Minister the Right Honourable Lester B. Pearson at the Third Freedom Festival O'Keefe Centre, Toronto, 10.5.1964, S. 6.
²¹⁸ Vgl. End hyphenated Canadian – Pearson, in: The Toronto Daily Star, 11.5.1964.
²¹⁹ Vgl. Lester B. Pearson at the Third Freedom Festival O'Keefe Centre, S. 1.

ated Canadianism" zu beseitigen, müssten alle für ein neues Verständnis „of Canadian identity" eintreten, zu der sowohl die beiden „founding races" als auch alle anderen Kulturen zu zählen seien, die zum „common heritage"[220] beigetragen hätten. Mit dieser Auffassung reagierte Pearson insbesondere auf die Kritik der „Canadians of Italian, Polish, German, Ukrainian and other origins"[221], die sich gegen die anfängliche Auffassung der 1963 etablierten *Bi and Bi Commission* von einer „equal partnership between the two founding races" richtete. Durch diese Überbetonung des Bikulturalismus fühlten sich die Angehörigen der „other ethnic groups"[222] abgewertet.

Vor diesem Hintergrund berücksichtigte der neue Mythos der *unity in diversity*, aus dem sich Pearsons Vision einer Identität für das neue Kanada unter dem Label des *New Nationalism* speiste, sowohl das bikulturelle Fundament der Nation als auch den Beitrag anderer Kulturen. Bi- und Multikulturalismus fungierten also als ‚neue' Grundlage für die Aufrechterhaltung der nationalen Einheit. Die neue Nationalflagge, so erklärte Pearson anlässlich ihrer Einweihung am 15. Februar 1965, sollte genau diese Idee von einer *unity in diversity* als Fundament für das ‚neue' Kanada symbolisieren:

As the symbol of a new chapter in our national story, our Maple Leaf Flag will become a symbol of that unity in our country without which one cannot grow in strength and purpose; the unity that encourages the equal partnership of two peoples on which this Confederation was founded; the unity also that recognizes the contributions on the cultures of many other races.[223]

Auffällig ist dabei, dass neben den verschiedenen Einwanderergruppen die Rolle der Indigenen während der Flaggendebatte in den Hintergrund rückte. So fanden sie im Kontext der Debatten über ein neues Kanada, das durch die *Maple Leaf Flag* symbolisiert werden sollte, nur selten Beachtung. Einzig Pearsons Heraldikexperte John Matheson erklärte, dass das Blatt des *sugar maple tree* deshalb für die Nationalflagge so geeignet gewesen sei, weil dieser Baum historisch betrachtet sowohl für die *United Empire Loyalists* als auch für die „*Indians*" eine wichtige Funktion gehabt hätte.[224]

---

[220] Ebd., S. 6.
[221] Ebd., S. 3.
[222] Ukrainian Canadian Committee (Winnipeg), zitiert in: Jatinder Mann: The introduction of multiculturalism in Canada and Australia, 1960s–1970s, in: Nations and Nationalism 18.3 (2012), S. 483–503, hier S. 489.
[223] LAC MG 26 N 9, Box 50, National Unity Extracts 1964–1965, The Inauguration of the National Flag of Canada – Ottawa, 15.2.1965, National Unity-107.
[224] Vgl. Matheson: Canada's Flag, S. 177.

Vorstellungen von einem *new chapter* innerhalb der Nationalgeschichte des Landes, die immer wieder vorzufindende Beschwörung eines *new* und vor allem *mature Canada* sowie die kritischen Stimmen, welche Pearson vorwarfen, die kanadische Identität zu zerstören und die eigene Geschichte auszulöschen, legen den Schluss nahe, dass die *Maple Leaf Flag* für eine Abkehr von *Britishness* stand. Nicht zuletzt Trudeau sollte die Umbenennung des Nationalfeiertags von *Dominion Day* in *Canada Day* später in diesem Sinne interpretieren. „The change finally removed any sense of Canada as a British nation"[225], glaubte er. Daran anschließend ließe sich auch argumentieren, dass der neue Mythos der *unity in diversity* den alten, auf *Britishness* basierenden Mythos ersetzte. Ewiggestrige Konservative, die sich an ihre nostalgischen Erinnerungen an die besseren Tage unter dem Empire klammerten, so ließe sich weiter folgern, standen den progressiven Liberalen gegenüber, die die Zeichen der Zeit erkannt und sich von *Britishness* gelöst hatten. Auch die Auswertungen zeitgenössischer Zeitungsartikel, die im Fokus der Studie von José E. Igartua stehen, scheinen dieses Bild zu bestätigen:

The flag debate marked the end of the British view of Canada. [...] Nearly all newspapers accepted – some with more reluctance than others – the passing of British symbols and the promise rather of a new national identity represented by the maple leaf flag.[226]

Gegen die Kontrastierung zwischen den progressiven Liberalen und den rückwärtsgewandten Konservativen sowie gegen die Vorstellung eines klaren Bruchs mit *Britishness* haben sich vor allem Gregory A. Johnson sowie Charles P. Champion ausgesprochen. Beide haben in ihren Untersuchungen zeigen können, dass jene Gegenüberstellung zwischen Fortschritt und Rückschritt meist auf die Rhetorik der Befürworter der neuen Flagge und deren „acts of self-congratulation"[227] zurückzuführen und daher zu hinterfragen ist. In den kritischen Fokus der Betrachtung ist damit auch Igartuas Annahme eines klaren Bruchs mit *Britishness* geraten, den er in der Ablösung der *Red Ensign* durch die *Maple Leaf Flag* bestätigt sieht. So hat Champion nachweisen können, dass *Britishness*, wenn auch in jeweils anderer Art und Weise, für beide Flaggen eine Rolle spielte.[228] Wie bereits die Ausführungen zum Siedlernationalismus in Kapitel II meiner Studie gezeigt haben, waren *Canadian nationalism* und *Britishness* keine Gegensätze, sondern miteinander verbunden. Das schloss allerdings nicht aus, dass sich *Canadians* bzw. die *Canadian Britons* mit ihrem britischen Erbe identifizierten und

---

[225] Pierre E. Trudeau, zitiert in: Blake/ Antonishyn: Dreams of a National Identity, S. 327.
[226] Igartua: The Other Quiet Revolution, S. 192.
[227] Johnson: The Last Gasp of Empire, S. 232.
[228] Vgl. Champion: A Very British Coup, S. 70f. sowie Ders.: The Strange Demise of British Canada, S. 166f.

sich gleichzeitig von den in Großbritannien lebenden *Britons* abgrenzten. Diese Feststellung bestätigen auch Champions Beobachtungen. Die *Red Ensign* sei ursprünglich als Ausdruck des kanadischen *nationalism* verstanden worden, „[i]ronically, [...] because it was not the Union Jack"[229]. Auch in der heraldischen Debatte über die neue Flagge, deren Symbolik bis auf das 19. Jahrhundert zurückgeht,[230] spielte *Britishness* eine Rolle, wenn sich etwa Akteure dafür aussprachen, dass die rote Farbe der neuen Flagge besonders geeignet sei, da es sich um den gleichen Farbton wie bei der *Red Ensign* oder dem *Union Jack* handle.[231]

Auch ein genauerer Blick auf Pearsons Rhetorik belegt, wie falsch die Vorstellung eines deutlichen Bruchs mit der britischen Vergangenheit des Landes ist. Seinen mitunter größten Kritikern, nämlich den Angehörigen der *Legion*, versicherte er, dass ihm nichts ferner liege als die „ties of affection, of tradition and respect"[232] zu Großbritannien zu zerstören oder zu schwächen. So solle der *Union Jack* auch weiterhin respektvoll geehrt und bei offiziellen Anlässen als Symbol der Mitgliedschaft Kanadas im Commonwealth und als Zeichen der Treue zur britischen Krone gehisst werden.[233] An sich stellte das Bekenntnis Pearsons zu den britisch geprägten Traditionen Kanadas nichts dar, was nicht auch unter seinen Vorgängern als völlig normal angesehen worden wäre. Anders als zuvor jedoch spielten das Ende des Empire und die Identitätskrise des Landes eine entscheidende Rolle, auch wenn beide Faktoren in Pearsons Rede vor der *Legion* aus taktischen Gründen nicht direkt angesprochen wurden. Im Gegensatz zu seinen Vorgängern – und darin ist eine weitere zentrale Veränderung festzustellen – hatte für Pearson jede Form eines „British race patriotism" ausgedient. Ähnlich wie sein australischer Kollege Gough Whitlam, der in einer in London gehaltenen Rede seine „affection for Britain and the British in London" zum Ausdruck brachte, dabei aber auf die „proud proclamation of ‚coming home' or of being ‚British to the boot-heels'"[234] verzichtete, unterließ auch Pearson anders als noch Diefenbaker Bekenntnisse dieser Art. So erklärte er der *Legion*, dass sich nicht nur das Verhältnis zu Großbritannien, sondern auch Kanada selbst – insbesondere im Hinblick auf seine Zusammensetzung – verändert habe und daher einer Nationalflagge „designed around the maple leaf"[235] bedürfe, durch die das neue Kanada der vielen Kulturen repräsentiert werden könne.

---

[229] Champion: A Very British Coup, S. 75.
[230] Vgl. Ward: The 'New Nationalism' in Australia, Canada and New Zealand, S. 246 f.
[231] Vgl. Champion: The Strange Demise of British Canada, S. 193.
[232] Vgl. Lester B. Pearson: To the Royal Canadian Legion, 17.5.1964, in: Ders.: Words and Occasions, Cambridge, Massachusetts 1970, S. 228–232, hier S. 229.
[233] Vgl. ebd., S. 230.
[234] Curran: The Power of Speech, S. 103.
[235] Vgl. Pearson: To the Royal Canadian Legion, S. 230. Pearson favorisierte ursprünglich

Mit dem *New Nationalism* und den Symbolen für ein ‚neues' Kanada, dessen einender Mythos nun nicht mehr auf *Britishness* und *Whiteness*, sondern auf Vielfalt nach dem Motto „*unity in diversity*" basieren sollte, gab es also weder einen klaren Bruch mit der britischen Vergangenheit, noch löste ein ‚neuer' Mythos einen ‚alten' einfach ab. In der Flaggendebatte spiegelten sich, um Champions grundlegende These noch einmal aufzugreifen, verschiedene Interpretationen von *Canadianism* wider. Während das Verständnis einer eigenständigen Identität im nordamerikanischen Kontext von der früheren Generation der *nationalists* über *Britishness, Whiteness, family values* sowie den für Kanada charakteristischen Bikulturalismus definiert wurde, griffen Akteure wie Pearson, die man angesichts ihrer angestrebten Programmatik *new nationalists* nennen könnte, auf multikulturelle Identitätskonzepte zurück. Jedoch beabsichtigten sie dabei in der Regel keine vollständige Abkehr von der britischen Vergangenheit ihres Landes und schon gar nicht von dem bikulturellen Fundament ihrer Nation.

Trotz aller Unterschiede handelte es sich bei beiden Gruppen jener *nationalists*, die sich für die Symbolik ihres Landes einsetzten, um Akteure, deren akademische Sozialisation in den meisten Fällen von Oxbridge geprägt worden war.[236] Auch Vorstellungen eines *thwarted nationalism* spielten für beide Seiten eine Rolle. Allerdings nutzten zahlreiche Akteure dieses Narrativ in der Zeit, in der sich die Identitätskrise zuspitze, nicht mehr in Bezug auf die paralysierende Auswirkung der Amerikanisierung, sondern zunehmend auch in Bezug auf den Einfluss des britischen Mutterlandes. Diese Interpretation empfanden *nationalists* wie Creighton als Verrat an der eigenen Identität. Für ihn bezog sich der *cringe* lediglich auf den negativen Einfluss der USA, der ohne die symbolische Distinktion durch die *Red Ensign*, d.h. ohne *Britishness*, nur noch mehr zunehmen würde. Akteure wie Pearson hingegen konnten unter dem Label des *New Nationalism* suggerieren, dass die Nation nun erfolgreich ihren Initiationsprozess *from colony to nation* abgeschlossen und den *cringe* überwunden habe. Für alle wurde dies nun daran sichtbar, dass Kanada über eine eigene Nationalflagge verfügte, die für ein eigenständiges Konzept kanadischer Identität stehen sollte. Wie Champion kritisiert, seien dieser teleologischen Interpretation, in denen pro-britische, konservative Akteure ihren anti-britischen, liberalen Kontrahenten gegenüberstünden, bis heute viele Nationalgeschichten gefolgt.[237] Einer empirischen Überprüfung hält diese Deutung, die sich ähnlich auch in den Nationalgeschichten Neuseelands und Australiens wiederfindet, nicht stand.

eine Flagge mit drei Ahornblättern auf weißem Grund, die an den Seiten von zwei blauen Streifen umgeben war.
[236] Vgl. Champion: A Very British Coup, S. 87.
[237] Vgl. Champion: The Strange Demise of British Canada, S. 168, 194.

3. Symbole im Wandel

Das Spannungsfeld, in das der *New Nationalism* in allen drei ehemaligen weißen Siedlerkolonien eingebettet war, bestand zwischen dem Anspruch nach etwas ‚Neuem' und der Persistenz des ‚Alten'. Angesichts der Identitätskrise reagierten die *new nationalists* auf ein allgemeines Bedürfnis unter vielen, wenn auch längst nicht allen Bürgerinnen und Bürgern nach eigenständigen Ausdrucksformen kollektiver Identität. In diesem Sinne wurde etwa in einem Memorandum des neuseeländischen Innenministeriums aus dem Jahre 1974 festgestellt, dass es angesichts von „Britain's closer ties to the European Economic Community"[238] unter der Bevölkerung ein stärkeres, emotional aufgeladenes Bedürfnis nach Distinktion gebe. So sei die öffentliche Kritik an *„God Save the Queen"* zuletzt immer lauter geworden, weil diese Hymne offensichtlich zu eng mit Großbritannien in Verbindung stehe und folglich nicht geeignet sei, um Neuseelands eigenständiger Identität Ausdruck zu verleihen. Ähnlich forderte auch die *Canadian Chamber of Commerce*, auf die Pearson in seiner Rede vor der *Legion* verwies, eine distinkte Nationalflagge als Zeichen von Kanadas *full nationhood*.[239] Entsprechend sollte die neue Nationalflagge Kanadas für einen Aufbruch stehen, durch den, wie suggeriert wurde, die Zeit der Ununterscheidbarkeit und der Abhängigkeit vom britischen Mutterland enden würde:

I believe most sincerely that it is time now for Canadians to unfurl a flag that is truly distinctive and truly national in character; as Canadian as the maple leaf which should be its dominant design; a flag easily identifiable as Canada's [...].[240]

Auch in Australien war die Debatte über neue nationale Symbole mit der Forderung nach Distinktion, einer endlich zur Entfaltung kommenden *nationhood* sowie damit verbunden nach dem Ende des kolonialen Zustands der Nation verbunden, das Premierminister Gorton 1968 mit den folgenden Worten einforderte:

For so long we stood not really as a nation in our right, but as a nation, the people of whom spoke of ‚home' and meant some other nation, meant Great Britain. [...] And it was taken as a natural thing that that was home, and Australia was a different place away from home – small, distinct, colonial.[241]

[...], it is essential, and I hope I don't offend anybody by saying this, and if I do, I don't much care, it is essential that we should develop a feeling of nationhood. Everybody wherever they live in Australia should say first, ‚I am an Australian and I am glad to be an Australian, and I am proud to be an Australian, and I am working for the Australian nation', and this, too,

---

[238] National Anthem, Song and Flag (Memorandum for Cabinet, Office of Minister of Internal Affairs Wellington), S. 2.
[239] Canadian Chamber of Commerce, zitiert in: Pearson: To the Royal Canadian Legion, S. 232.
[240] Pearson: To the Royal Canadian Legion, S. 231.
[241] DPMCL John Gorton: Henty Electorate Dinner, Moorabbin, Vic., 14.9.1968, S. 1.

is in a sense a change from what would have been the situation ten years ago. [...] I hope you will all help me in the years ahead to foster this feeling of real nationalism and I believe you will. I believe the Australian people want it[.]"[242]

Mit Begriffen wie *real nationalism, full nationhood* oder *mature nation* wurde suggeriert, dass die jeweiligen Nationen aus ihren alten kolonialen Abhängigkeiten zum britischen Mutterland herausgewachsen waren und nun ihren Initiationsprozess *from colony to nation* erfolgreich vollendet hatten. Es wurde also ein Bruch zwischen der alten kolonialen und der neuen, im Zeichen der *full nationhood* stehenden Zeit suggeriert. Der vermeintlich nicht zur Entfaltung gekommenen Identität der Vergangenheit – charakterisiert durch eine nur unzureichende *nationhood* und eine allgemeine Inferiorität – stand die frohe Botschaft des *New Nationalism* gegenüber.

Ein genauerer Blick offenbart allerdings, wie unsicher die *new nationalists* eigentlich waren. So beschrieben sie die angepriesene nationale Initiation häufig als *noch* unvollendet oder benötigten wie Gorton schlicht Hilfe bei der Entfaltung der *nationhood*. Dieses Streben nach einer eigenen Identität war nicht etwa auf einen lange unterdrückten Drang nach Selbstentfaltung, sondern auf die plötzliche Anforderung einer ‚*Neu*'-Verortung von Identität im Zuge des *End of Empire* zurückzuführen. Ablesbar wird dies etwa an der folgenden Frage, die Gorton in der gleichen Rede von 1968 aufwarf, in der er sich für die Entfaltung der australischen *nationhood* aussprach: „Who would have thought that suddenly at this point in this nation's history, all the old conceptions would have to be taken out, have to be re-examined[?]"[243]

Mit dem „non-British content" von *nationalism*, der zumindest nicht mehr „wholly dominated by Britishness"[244] sein sollte, grenzten sich die *new nationalists* in ihrem Selbstverständnis von früheren Politikergenerationen ab. Mit ihren Argumentationsmustern, die auf Vorstellungen eines unterdrückten Nationalismus sowie einer teleologischen Evolution *from colony to nation* basierten, konnten sie das Ende des Empire als große Chance darstellen und eine Erfolgsgeschichte erzählen. Angepriesen wurde in diesem Zusammenhang auch, wie Gortons Rede zeigt, das Ende einer vermeintlichen Doppelidentität, die sich angeblich lange in einer „dual allegiance to nation and empire"[245] gezeigt hatte. Für die Akteure hingegen gab es, wie bereits an früherer Stelle nachgewiesen wurde, keinen Unterschied zwischen ihrer nationalen Identität und ihrem Selbstverständnis als *Canadian-, Australian-* oder *New Zealand-Britons*. Gerade weil *Britishness* über Generationen hinweg als grundlegender Mythos für

---

[242] Ebd., S. 4.
[243] Ebd., S. 1.
[244] Curran: The Power of Speech, S. 72.
[245] Ebd., S. 71.

Identitätskonstruktionen in den ehemaligen weißen Siedlerkolonien gedient hatte, entstanden die für den *New Nationalism* charakteristischen Probleme. Diese äußerten sich in nicht abebbenden Diskussionen über eine geeignete Symbolik, in dem lautstarken Protest der Konservativen gegen den Verrat an der eigenen Identität und Geschichte, im immer wieder zu beobachtenden Rückgriff der Akteure auf Versatzstücke von *Britishness* und *Whiteness* sowie in der Uneinigkeit darüber, welche Elemente innerhalb der nationalen Geschichte überhaupt für die ‚neuen' Identitätskonzepte nutzbar waren. Die britisch-imperiale Vergangenheit der Länder ließ sich im Kontext der Identitäts- und Symbolsuche schlecht ausblenden. Ein grundsätzlicher Widerspruch, so Stuart Ward, habe daher in dem Anspruch bestanden, Symbole zur Repräsentation eines ‚*new*' *Canada, Australia and New Zealand* auf den Weg zu bringen, obgleich doch nationale Symbole nur durch die gemeinsame nationale Vergangenheit und nicht etwa durch den Bruch mit dieser ihre Legitimation erhalten könnten.[246]

3.2. Von neuen australischen Ehren, Nationalhymnen, Feiertagen, Peinlichkeiten und Sinnkrisen

In der Zeit der Identitätskrise, so ist bereits festgestellt worden, spielten Beobachtungs- und Austauschprozesse zwischen den ehemaligen weißen Siedlerkolonien eine große Rolle. So geht beispielsweise aus den Akten des neuseeländischen Außenministeriums hervor, dass sich Repräsentanten aller drei Länder 1975 in Wellington über die Entwicklungen in den jeweiligen Debatten über neue Nationalhymnen austauschten.[247] Neben dem reinen Informations- und Erfahrungsaustausch achteten die jeweiligen Länder insbesondere auch darauf, wie ihre ‚neuen' und ‚reifen' Identitätskonzepte, die sich in ihrer eigenen Symbolik widerspiegeln sollten, gerade von den Angehörigen der alten weißen Empire-Familie wahrgenommen wurden. Dabei ging es ihnen vor allem um eine positive Resonanz. Die Auszüge aus Briefen, die zwischen den jeweiligen

---

[246] Vgl. Ward: The 'New Nationalism' in Australia, Canada and New Zealand, S. 250.

[247] Bei diesem Zusammentreffen wurde Neuseeland von australischer und kanadischer Seite aus versichert, dass man das Land über aktuelle Entwicklungen auf dem aktuellen Stand halten wolle. Vgl. ANZW ABHS 950 W4627 Box 1037 pt. 1, New Zealand Affairs: Ceremonial Affairs – General – NZ National Anthem and National Song, A. Finlayson: 28 May 1975: Note For File, S. 3. Auch in den Akten des australischen Nationalarchivs finden sich Belege für gegenseitige Verflechtungen. Deutlich wird dies etwa daran, dass in den Akten zur Entwicklung einer neuen Nationalhymne die kanadische Gesetzesentwurf abgeheftet ist, mit dem „*O Canada*" zur Nationalhymne erklärt werden sollte. Vgl. NAA A1209 1978/1103 pt. 1, Development of an Australian National Anthem and tune for a national song, Bill C-158. An Act respecting the national anthem of Canada, (National Anthem Act), 1972.

Außenministerien und den kanadischen und neuseeländischen *High Commissioners* in ihren Niederlassungen in Wellington, Ottawa und Canberra verschickt wurden, illustrieren jene transnationalen Verflechtungen.

So beschrieb etwa der kanadische *High Commissioner* in Wellington, wie es nicht zuletzt durch den jungen, dynamischen Trudeau gelungen sei, ein Bewusstsein für die Identität Kanadas in Neuseeland zu erzeugen. Deutlich werde dies erfreulicherweise an der neuseeländischen Berichterstattung:

> The result has been to give New Zealand readers a favourable picture of the new Prime Minister, who is a new figure on the international scene for most of them. In addition there have been comments on Canada itself which show an awareness of our identity [...], and a generally sympathetic attitude.[248]

Der *Daily Telegraph* aus Napier beispielsweise habe besonders die Eigenständigkeit Kanadas mit der Bemerkung hervorgehoben, dass das Land seine „own flag" und seine „republican instincts" habe. Generell, so der Artikel, sei Kanada „a land of opportunities and a place for the young, who are looking for younger ideas"[249], die der 46-jährige Trudeau wie kein anderer repräsentiere. Die *Trudeaumania* schien also zu wirken, und das über Kanadas Grenzen hinaus. Noch weiter ging zur Freude des *High Commissioner* der *Hawera Star* aus Taranaki, der zu bedenken gab, dass Neuseeland die Beziehungen zu Kanada zu lange vernachlässigt habe und es nun, da ein so dynamischer Premier wie Trudeau das Amt übernommen habe, die Chance gebe, das Verhältnis zu Kanada auf ein völlig neues Level zu heben.[250] Auch Australien und Neuseeland hatten in Zeiten der Identitätskrise die gleichen Interessen wie Kanada: Neben Vorteilen, die sich von einer intensiveren Zusammenarbeit im politischen, ökonomischen sowie kulturellen Bereich versprach, galt es den anderen Mitgliedsländern des alten „family circle"[251] zu beweisen, dass man es geschafft hatte, sich aus dem vermeintlich kolonialen Zustand mit seiner paralysierenden Wirkung zu befreien. Für die ‚neuen', eigenständigen Selbstbilder, die unter dem *New Nationalism* entstanden waren, musste Aufmerksamkeit generiert werden. Verstärkt müsse man daran arbeiten, so gab etwa der neuseeländische *High Commissioner* in Ottawa zu bedenken, dass das „Canadian consciousness of the Pacific"[252] ver-

---

[248] Vgl. LAC RG 25-A-3-c, Box 10055 pt. 1, File 20-1-2-NZ, External Affairs, The Office of the High Commissioner for Canada, Wellington an den Under-Secretary of State for External Affairs, Subject, Mr. Trudeau and the New Zealand Press, Ottawa, 23.4.1968, S. 1.
[249] Ebd., S. 2.
[250] Vgl. ebd.
[251] ANZW ABHS 22128 W5522 Box 12 CBA 22/2/1 pt. 1, Reporting – Annual Reports – General (01/1966–03/1976), New Zealand High Commission, Canberra an den Secretary of External Affairs, Wellington, 31.3.1969.
[252] ANZW ABHS 7148 W5503 Box 254 LONB 69/16 pt. 1, International Affairs – Canada

bessert werde. Zu häufig seien Kanadier nicht in der Lage, Neuseeland von Australien zu unterscheiden. Vor diesem Hintergrund bestand die Aufgabe darin, die eigenen Distinktionsmerkmale zur Abgrenzung von Australien stärker zu repräsentieren. Das bedeutete jedoch nicht, dass damit eine Abschottung von Australien angestrebt worden wäre. Vielmehr ging es Neuseeland darum, mit dem australischen Nachbarn auf Augenhöhe in einen Austausch zu treten. Dieser war nicht zuletzt auch durch außen- und sicherheitspolitische Aspekte im Zuge von Großbritanniens Rückzug *east of Suez* notwendig geworden.[253]

Bedingt durch die Erfahrungen, die Kanada zeitlich etwas früher in der nationalen Identitätspolitik sammeln konnte als Australien und Neuseeland, bot der kanadische Fall nicht nur eine Orientierung, sondern fungierte auch als Vorbild. In diesem Sinne blickte etwa *The Australian* auf Kanada. Schon vor Jahren habe es das Land selbst unter erschwerten Bedingungen „with its volatile French-Canadians and conservative British Columbians" und seiner „far more fragile Federal structure" geschafft, neben einer eigenen Nationalflagge auch noch das alte „British honors system"[254] zu verschrotten. Die Tatsache, dass Lester B. Pearson bereits am 17. April 1967 mit der *Order of Canada* ein eigenes „system of honours and awards" als Zeichen des „national pride"[255] eingeführt hatte, warf unangenehme Fragen auf. Selbstkritisch galt es, zu klären, warum Australien und seine Bundesstaaten im Gegensatz zu Kanada nicht imstande schienen, ihre Unabhängigkeit und nationale Reife etwa über die 1975 ins Leben gerufenen *Australian honours* (bzw. die *Order of Australia*) zu artikulieren. Der *Australian* brachte das generelle Problem wie folgt auf den Punkt: „Are we such infants in Australia that we are even yet unable to agree on the symbols of our independence? How long will it take to wean the States from the imperial breast?"[256]

Das Dilemma, so wurde den Leserinnen und Lesern des Artikels erklärt, bestehe darin, dass die Regierung unter Whitlam alles dafür tue, um sich selbst und den Rest Australiens davon zu überzeugen, dass die Nation ihren Reifeprozess erfolgreich durchlaufen habe, damit aber kläglich versage. Die Realität sehe völlig anders aus. Wohl verdiente Bürgerinnen und Bürger nicht mit *royal honours* auszuzeichnen, die von einem weit entfernten Land stammten, sondern

---

(05/1963–08/1966), New Zealand High Commission, Ottawa an den Secretary of External Affairs, Wellington, 9.4.1964, S. 3.

[253] New Zealand High Commission, Canberra an den Secretary of External Affairs, Wellington, 31.3.1969. Vgl. ausführlich dazu auch jüngst Hausen: Reviewing Britain's Presence East of Suez.

[254] Why we need our own honors, in: The Australian, 19.2.1975.

[255] Pearson: Mike, S. 303.

[256] Why we need our own honors, in: The Australian, 19.2.1975.

mit den neuen *Australian honours*, könne man zwar als Ausdruck jener geglaubten nationalen Reife interpretieren. Die Tatsache jedoch, dass die *Australian honours* unter der Bevölkerung nicht wirklich beliebt seien, deute darauf hin, dass es sich bei Australien um das Gegenteil einer reifen Nation handle – und das, obwohl jeder im Lande wisse, dass es das Empire nicht mehr gebe. Entsprechend negativ fiel die Prognose der nationalen Tageszeitung für die neue *Order of Australia* aus: Als *Ocker Award* würde diese in die Geschichte eingehen, womit auf das negativ konnotierte Stereotyp des unkultiviert wirkenden und vulgär auftretenden Australiers angespielt wurde.[257]

In einem satirischen Brief an Whitlam, der im *Australian* abgedruckt wurde, zeigte Phillip Adams, was passierte, wenn man ein „acceptable antipodean equivalent for the British-style honors system" durch die *Order of Australia* ersetzte. Man müsse unter anderem nur die alten Begriffe wie *Sir* und *Lord* durch australische Begriffe wie *Digger* oder *Mate* austauschen und anstatt eines Zeremonienschwerts einfach einen *Boomerang* oder eine *Woomera*, die Aboriginals zum Werfen eines Speers verwendeten, bei den Auszeichnungen benutzen, und schon würde aus einer *gala occasion* eine *galah*[258] *occasion*. Vor seinem geistigen Auge könne er schon sehen, wie Whitlam anlässlich einer Verleihung der *Australian honours* in ein Kangaroo-Fell gehüllt einen Bürger Australiens mit seiner Zeremonial-*Woomera* auszeichne, während er einen Hut von *Akubra* trage – ein Hut, dessen baumelnde Korken im *Outback* gegen Fliegen helfen sollten und der als „key ingredient in the nation-continent's identity"[259] galt. Entsprechend ironisch lautete Adams' abschließende Beurteilung zur vermeintlichen Ehrwürdigkeit der neuen *honours*: „How dignified. How moving. How unequivocally Australian."[260]

---

[257] Vgl. Gerhard Leitner: Australia's Many Voices. Australian English – The National Language, Berlin, New York 2004, S. 129.

[258] *Galah* ist ursprünglich ein anderer Begriff für den Rosakakadu. In der australischen Umgangssprache jedoch handelt es sich um einen pejorativen Begriff, der für eine idiotische Person steht. Vgl. Tony Thorne: s.v. galah, in: Ders.: Dictionary of Contemporary Slang, London u. a. ⁴2014, S. 177.

[259] Robert Anderson: Akubra (1912), in: Fifty Hats that Changed the World, London 2011 (Design Museum fifty), S. 32 f., hier S. 32. Der Hut sei auch von *Crocodile Dundee* (allerdings ohne aufgereihte Korken, dafür aber mit aufgereihten Krokodilzähnen) getragen worden. Heute werde der *Akubra* außerhalb des ländlichen Australiens tendenziell eher belächelt und als Klischee australischer Identität aufgefasst.

[260] Phillip Adams: [Letter to Prime Minister Whitlam], in: The Australian, 23.12.1972.

Abb. 14: Karikatur von Ward O'Neill, abgedruckt in:
Phillip Adams: [Letter to Prime Minister Whitlam], in: The Australian, 23.12.1972

Wie lächerlich der Rückgriff auf ‚typisch' australische Elemente wirkte, welche eher touristischen Klischees über Australien entsprachen als ‚eigenen' altehrwürdigen Traditionen, zeigte auch die direkt unter Adams' Brief abgedruckte Karikatur. Leicht abweichend von Adams' Beschreibung stellte sie Premierminister Whitlam dar, der den vor ihm knienden ehemaligen Generalgouverneur Richard Casey (1965–1969) auf ‚spezifisch' australische Art für seine Leistungen auszeichnete. Weder das Kangaroo-Fell, in das Casey gehüllt ist, noch der anstelle des britischen *baron* gesetzte australische Titel *cobber*, noch der anstatt eines Zeremonienschwerts genutzte Bumerang waren der Karikatur zufolge ernstzunehmende australische Elemente. Casey, der in Wirklichkeit seit 1960 den von der Queen verliehenen Titel *Baron Casey of Berwick* trug,[261] wird in der Darstellung durch den Titel *cobber* mit einem Begriff geehrt, der eine ähnliche Bedeutung wie *mate* hat und dessen Ursprung ironischerweise im britischen Mutterland zu finden ist.[262] Wie spezifisch australisch die ganze Szenerie vermeintlich ist, soll besonders der Bumerang verdeutlichen, der neben ein bisschen Verzierung mit beliebig wirkenden indigenen Elementen zu allem Überfluss auch noch mit der Aufschrift *Ayer's Rock* – dem von den Aboriginals als Heiligtum verehrten Berg *Uluru* – versehen ist. Jedes Element, egal wie klischeebehaftet es sein mochte, schien also dafür geeignet zu sein, um *die* australische Identität nach außen hin zu repräsentieren.

In der Forschung haben insbesondere James Curran und Stuart Ward herausgearbeitet, vor welche Probleme Australier ihr Bedürfnis nach einer würdevollen und kultivierten Repräsentation ihrer Nation jenseits von *Britishness* stell-

---

[261] Vgl. Honours and Awards, in: The London Gazette, 17.5.1960.
[262] Vgl. School of Literature, Languages and Linguistics, ANU: Meanings and Origins of Australian words and idioms: s.v. cobber, abgerufen unter: https://slll.cass.anu.edu.au/centres/andc/meanings-origins/c, (5.3.2020).

te.²⁶³ Die „own symbols of our own nationhood", die Whitlam im Zuge seiner „*It's Time*"-Kampagne eingefordert hatte, sollten etwa im Hinblick auf die Nationalhymne den Geschmack der australischen Bevölkerung und nicht „the musical taste of George II"²⁶⁴ widerspiegeln. Es sei an der Zeit, so zitierte die neuseeländische Presse aus Whitlams Ansprache anlässlich des *Australia Day* 1973, sich selbst und dem Rest der Welt zu zeigen, für was Australien eigentlich stehe, welchen Charakter seine Traditionen aufwiesen und welch einzigartige Qualitäten die Nation auszeichneten.²⁶⁵ Nur was genau zeichnete Australiens ‚eigene' Identität eigentlich aus? Wie der satirische Blick Adams' auf die *Australian Order* zeigt, wirkten spezifisch australische Elemente wie der *Akubra* eher wie lächerliche Stereotype und eigneten sich daher nicht für die Verheißung einer ‚neuen' Identität unter dem Label des *New Nationalism*. Auch spezifisch australische Symbole und Nationaltypen schienen sich für Whitlams Ziele nicht wirklich anzubieten. Adams' Anspielung auf die Traditionen der *mates* und *diggers* war nicht zuletzt deshalb problematisch, da diese doch eher für ein unzeitgemäßes Australien mit seinen männlichen Helden standen. Vor diesem Hintergrund haben Curran und Ward auf die implizite Botschaft Adams' hingewiesen. Dieser habe letztlich die innige Verschränkung von *civic culture* und *Britishness* aufgezeigt, die Australiern traditionell einen Sinn für Identität und *unity* gegeben habe. Ohne einen Bezug auf *Britishness* hätten daher zahlreiche Zeitgenossen lediglich die „banalities of local emblems and ornaments"²⁶⁶ wahrgenommen. Eine neue nationale Symbolik ohne *Britishness* konnte also nicht wirklich funktionieren.

Die Unentschlossenheit darüber, was denn die Identität Australiens ausmachte oder welche Traditionen die Nation zusammenhielten, führte zu einem merkwürdig anmutenden Nebeneinander von ‚Altem' und ‚Neuem'. So entschied Whitlams Nachfolger Malcolm Fraser (1975-1983) im Jahre 1976, die *British honours* wieder einzuführen und gleichzeitig die *Order of Australia* beizubehalten. Begründet wurde dies mit dem Verweis auf die „lower level awards"²⁶⁷. Diese seien von der *Order of Australia* nicht abgedeckt worden und würden nun wieder durch die *British honours* berücksichtigt. Obwohl damit eine klare Zweckbestimmung der beiden Systeme artikuliert worden war, führte die Entscheidung dennoch zu Verwirrungen. Schwierig zu klären war etwa die Frage, wie man vermeiden könne, dass Menschen zweimal für die gleiche Leistung ausgezeichnet würden. Zahlreiche Editorials der australischen Tagespresse, so

---

[263] Vgl. Curran/ Ward: The Unknown Nation, S. 220.
[264] Gough Whitlam, zitiert in: Alomes: A Nation at Last, S. 205.
[265] Vgl. Australia to drop "God Save the Queen", in: The Press, 27.1.1973.
[266] Curran/ Ward: The Unknown Nation, S. 220.
[267] Vgl. dazu die Pressemeldung Fraser to restore knights, in: The Age, 22.1.1976.

haben James Curran und Stuart Ward in ihrer Studie gezeigt, reihten sich mit spitz formulierten Fragen und Kommentaren in die lange Liste der kritischen Stimmen ein und verdeutlichten, wie viel Chaos durch das Nebeneinander von ‚Altem' und ‚Neuem' entstanden war.[268] Dass man sich fernab einer Überwindung der Identitätskrise befand, veranschaulicht auch der symbolische Zeitpunkt, an dem die australischen Ehren zum ersten Mal offiziell verliehen werden sollten. Vorgesehen war dafür der *Australia Day* 1976, der gerade in Verbindung mit dem *New Nationalism* für ein ‚neues' Australien bzw. eine *mature identity* der Nation jenseits von *Britishness* stehen sollte, damit aber scheiterte.[269]

Inwiefern der Nationalfeiertag Australiens mit dem *New Nationalism* zusammenhing, verdeutlichte beispielsweise die *Courier-Mail* aus Brisbane in einem Beitrag vom 26. Januar 1970. Aus keinem Lautsprecher habe man am *Australia Day* glühende patriotische Slogans oder nationalistische Musik vernehmen können. Stattdessen hätten Australier ganz im Sinne des *New Nationalism* die Reife ihrer Nation sowie ihre gemeinsamen Werte ohne jedwede nationalistische Selbstüberhöhung gefeiert:

[...] there is a new nationalism in Australia. And it is being saluted today, because Australia Day is no longer that grafted-on extra excuse for a long summer week-end. It is becoming recognised as THE national day[.] [...] It now can be seen as the start of a country with an identity all its own. There are new values uppermost in Australian minds these days, and some of these values are associated with independence of outlook and goals in life. [...] Australia is firmly placed within the Asian scene and we have to stand up on our own merits. This perhaps is the great realisation of modern Australia. Ten years ago, talk of Britain (it used to be ‚the Mother Country') entering the European Common Market caused outraged reactions here. Now there is hardly a ripple of protest at Britain's renewed efforts. [...] Australia has grown up. In our maturity we can now afford to be constructively self-critical. Australia Day is a good time to start.[270]

Wie Curran und Ward in ihrer Studie dargelegt haben, erhielt der *Australia Day* erst mit dem Brüchigwerden alter Identitätskonzepte und Auffassungen von *nationhood* zum Ende der 1960er Jahre hin eine besondere Relevanz. Das hing einerseits mit den lauter werdenden Rufen nach ‚neuen' Identitätskonzepten zusammen.[271] Andererseits sorgte aber auch der in Zeiten des studentischen Protests gegen den Vietnamkrieg wegen seiner imperial-militaristischen Konnotationen aus vergangenen Empire-Tagen immer unpopulärer werdende *ANZAC Day* für Überlegungen darüber, wie man die Lücke im nationalen Feiertagskalender mit dem *Australia Day* füllen könne.[272]

---

[268] Vgl. Curran/ Ward: The Unknown Nation, S. 220 f.
[269] Vgl. dazu auch ebd., S. 221.
[270] Standing on our own feet, in: The Courier-Mail, 26.1.1970 (Herv. i. Orig.).
[271] Vgl. Curran/ Ward: The Unknown Nation, S. 215.
[272] Vgl. ebd., S. 198 f.

Glaubt man der zitierten Darstellung der *Courier-Mail*, so schien der *Australia Day*, dessen Bedeutung vielen Australiern noch während der 1960er Jahre meist unklar war und von den meisten einfach nur als freier Tag geschätzt wurde,[273] zum Beginn des neuen Jahrzehnts ein Symbol der ‚neuen' Identität Australiens jenseits von *Britishness* zu sein. Scheinbar handelte es sich nun um einen Tag voller Bedeutung: Die neue Identifikation mit Asien, eine vermeintlich ausbleibende erneute Welle der Empörung anlässlich Großbritanniens Beitrittsverhandlungen mit der EWG sowie die Tatsache, dass Australier nun den *Australia Day* als ihren zentralen Feiertag auffassten, all diese Aspekte sollten die positive Auswirkung des *New Nationalism* belegen. Nur zwei Jahre später lauteten die Berichte über den Nationalfeiertag allerdings schon deutlich negativer: In einem Leserbrief prophezeite etwa Catherine M. Howard mit Blick auf den *Australia Day* 1972, dass der Feiertag wie üblich nur von der Regierung wahrgenommen werden würde, während der Rest der Bevölkerung sich lediglich über ein verlängertes Wochenende freuen werde. Es sei höchste Zeit, so ihre Kritik, dass Australier endlich einen „keener sense of the national destiny of their country"[274] bekämen. Auch wenn sich viele, wenn auch längst nicht alle Bürgerinnen und Bürger mit der Botschaft des *New Nationalism* identifizierten und sich wie Catherine M. Howard angesichts der bevorstehenden Olympischen Spiele in München für eine neue nationale Symbolik ohne britische Elemente aussprachen,[275] gelang es nicht wirklich, die Botschaft und Vision des *New Nationalism* symbolisch zum Ausdruck zu bringen und die Nation mit ihrem ‚neuen' Selbstverständnis entsprechend zu repräsentieren. Dafür lassen sich vier wesentliche Faktoren festhalten:

1. Viele Akteure sahen den *Australia Day* als die Ausdrucksform eines Landes, das gerade erst damit begonnen hatte, eine ‚eigene' Identität zu artikulieren. Ablesbar wird dies beispielsweise an dem bereits zitierten Artikel aus der *Courier-Mail*, der von einem „start of [Australia as] a country with an identity all its own" sprach. Ein genauerer Blick auf die Berichterstattung über den *Australia Day* beweist, dass die Presse mehrheitlich nicht von einem eigenständigen

---

[273] Vgl. dazu etwa den folgenden Bericht über eine Befragung von Schulkindern zur Bedeutung des *Australia Day*: What is meaning of Australia Day? Not Many Could Answer, in: The Courier-Mail, 27.1.1967: „Kathy Ryley, of Kedron, said: We hear about Thanksgiving and the fourth of July, but nobody tells us much about Australia Day. We learn at school about Captain Phillip and the first settlement in Australia, but I don't know much about it except that we have a holiday on Monday."

[274] Catherine M. Howard (Deepdene): National day which passes unnoticed, in: The Age, 26.1.1972.

[275] Vgl. ebd.: „It is a sad reflection with the Munich Games approaching, that Australian sportsmen will receive medals for Australia to the tune of God Save the Queen, and salute a flag which displays a prominent Union Jack."

3. Symbole im Wandel

Konzept einer selbstbewussten und reifen *nationhood* bzw. Identität überzeugt war. Wie Curran und Ward in ihrer Studie nachgewiesen haben, wurde *die* Identität Australiens von der zeitgenössischen Presse meistens als ein Ziel beschrieben, welches *irgendwann* einmal in der Zukunft erreicht werden würde.[276] Auch der Generalgouverneur Paul Hasluck, so konstatieren beide Forscher, habe mit Ansprachen wie jener, die er vor der Nation anlässlich des *Australia Day* 1974 gehalten habe, keine Lösungen auf die Frage anbieten können, warum der Feiertag in Australien seine Wirkung nicht so recht zu entfalten schien. Haslucks Rede sei ein weiteres Beispiel dafür, dass es sich für Akteure vor dem Hintergrund der Identitätskrise sehr viel einfacher gestaltet habe, die offensichtlichen Probleme anzuprangern, statt konkrete Lösungsangebote zu unterbreiten.[277] Jene potentiellen Lösungsansätze, die typischerweise in Verbindung mit dem *New Nationalism* artikuliert wurden – Aspekte wie Australiens neue Identifikation mit Asien oder die *new values* der Nation –, fanden infolgedessen keine wirkliche Beachtung bei der Umsetzung des Nationalfeiertags.

2. Während Politiker wie der Minister für Migration Albert J. Grassby Australier dafür kritisierten, dass sie den Nationalfeiertag nicht für seine eigentliche Bedeutung – das „new awareness in our national heritage"[278] – feierten, gab es gleichzeitig von Seiten der Regierung keine finanzielle Unterstützung für lokale Festtagskomitees. Darüber hinaus gab es auch kein zentrales Programm zum *Australia Day*.[279] So sah sich beispielsweise das *Canberra Australia Committee* dazu gezwungen, seine Aktivität für das Festjahr 1976 einzustellen. Zur Begründung hieß es, dass „a lack of money, ideas and equipment"[280] der Organisation keine andere Wahl gelassen habe. Statt der noch im Vorjahr vom *Committee* organisierten *historical enactments*, die wenigstens irgendeinen Bezug zur Geschichte Australiens aufwiesen, wurden den Einwohnern von Canberra nun von verschiedenen Vereinen und Organisationen alternative Aktivitäten anlässlich ihres Nationalfeiertags angeboten. Zur Wahl standen Hammerwerfen, ein Wettbewerb im Gewichtheben, Cricket- und Tennisspiele, das *Great Canberra Skateboard Derby* und Wagenrennen.[281] Auch Grassbys Vorschlag von 1973, fortan am *Australia Day* einen Festzug in Canberra unter der Beteiligung von

---

[276] Vgl. Curran/ Ward: The Unknown Nation, S. 201.
[277] Vgl. ebd., S. 203.
[278] Vgl. 'Apathetic suburban Australians' attacked. No national pride, says Grassby, in: The Age, 30.1.1973.
[279] Vgl. Curran/ Ward: The Unknown Nation, S. 203. Vgl. dazu auch Ward: The Redundant "Dominion", S. 338.
[280] Australia Day plans abandoned, in: The Canberra Times, 23.1.1976.
[281] Vgl. Australia Day activities, in: The Canberra Times, 23.1.1976.

„artists, pets, trade-unionists, industry, Government and the armed forces"[282] zu veranstalten, ließ das von ihm angepriesene *new awareness* des ‚neuen' Australiens in einem lächerlichen Licht erscheinen. Eine Veranstaltung, wie sie der Minister vorschlage, so spottete beispielsweise der *Sydney Morning Herald*, würde weniger als Festzug, sondern vielmehr als eine trostlose Veranstaltung enden. Was die meisten Australier seit Jahren am *Australia Day* praktizierten, solle am besten auch für die tierischen Teilnehmer von Grassbys Festzug gelten: „[L]et the pets stay at home[.]" So blieb der *Australia Day* aus der Sicht der meisten Akteure, um es mit den Worten des *Herald* zu sagen, „no more than an excuse for a holiday"[283]. Die Frage nach den je ‚eigenen' nationalen Inhalten des unter dem *New Nationalism* angepriesenen ‚neuen' Australiens blieb letztlich unbeantwortet, was sich in der planlos wirkenden Umsetzung des *Australia Day* widerspiegelte.

3. In Australien teilten wie auch in Kanada und Neuseeland längst nicht alle Bürgerinnen und Bürger den Wunsch nach ‚neuen' Symbolen und Mythen jenseits von *Britishness*. So reagierte beispielsweise der *Australia Day Council* des Bundesstaats Victoria äußerst kritisch darauf, dass die Regierung unter Whitlam 1973 einen Wettbewerb initiiert hatte, um eine neue Nationalhymne für Australien zu finden. Mit Sorge, so hielt der *Report* fest, beobachte man darüber hinaus nicht nur die Tendenzen, die Nationalflagge durch eine neue zu ersetzen, sondern vor allem jene Pläne, die auf eine Abschaffung der Monarchie mitsamt des ritualisierten Treueschwurs abzielten.[284] Ähnlich wie die Kritiker von Pearsons Flaggenprojekt befürchteten auch die Gegner von Whitlams Politik, dass man Australien mit einer neuen Symbolik seiner britischen Geschichte und damit seiner kulturellen Wurzeln berauben könne.[285] Der *Council* griff in seinem Bericht auch die Kritik Grassbys an der Indifferenz der Australier gegenüber dem *Australia Day* auf und schilderte, wie wertschätzend der Minister reagiert habe, als er von den Aktivitäten des *Council* und vieler anderer Organisationen erfahren habe.[286] Mit dem *New Nationalism* hatten diese allerdings nichts gemeinsam. Die für jede Aktivität des *Council* zugrunde gelegten Überzeugungen wie die beschworenen „close ties and very high regard to England"[287] zei-

---

[282] A. J. Grassby, zitiert in: Pets and Patriotism, in: The Sydney Morning Herald, 31.1.1973.

[283] Pets and Patriotism, in: The Sydney Morning Herald, 31.1.1973. Vgl. ähnlich dazu auch Curran/ Ward: The Unknown Nation, S. 211 f.

[284] Vgl. NAA A463 1973/3562, Observance of Australia Day, The Australia Day Council (Victoria). Report of the Executive Committee for 1972/1973, S. 1 f. Vgl. ähnlich zu dieser Quelle auch Curran/ Ward: The Unknown Nation, S. 213.

[285] Vgl. The Australia Day Council (Victoria). Report of the Executive Committee for 1972/1973, S. 2.

[286] Vgl. ebd., S. 3.

[287] Ebd.

gen, dass die australische Identität für die Akteure des *Council* nicht ansatzweise ohne *Britishness* denkbar war.[288]

4. Der *Australia Day* war nicht zuletzt deshalb problematisch, weil er unauflöslich mit *Britishness* und dessen Folgen für die indigene Bevölkerung verbunden war: Er erinnerte an die Landung der *First Fleet* 1788 und stand damit für die Inbesitznahme Australiens und vor allem für die Kolonisation der Aboriginals durch Großbritannien. Da sich eine selbstkritische Haltung nicht in der offiziellen Repräsentation von *nationhood* und Identität widerspiegelte, blieb die kritische Reflexion der eigenen Geschichte und Identität eine unerledigte Aufgabe. Obwohl der Protest der Aboriginals zwischen den 1960er und 1970er Jahren immer lauter werden sollte,[289] hatte dies lange keinen Einfluss auf die Art und Weise, wie Identität offiziell nach außen hin repräsentiert wurde. Fragwürdig blieb damit auch, wie glaubwürdig Grassbys Plan war, den *Australia Day* „as a symbol of family unity" zu feiern. Das ‚neue' Australien sollte am *Australia Day* als „better place to live" dargestellt werden, an dem Australier in der angestrebten Rolle des „good neighbour" den Benachteiligten, den Alten und Kranken, den *newcomers* und sogar den illegal Eingereisten freundschaftlich die Hand reichten. In Grassbys abgespeckter Version einer *unity in diversity* galten immer noch assimilatorische Prinzipien. So sollten illegal Eingereiste anlässlich des *Australia Day* 1974 – als einmalige Geste – nur dann eine Aufenthaltserlaubnis erhalten, wenn sie nachweisen konnten, dass sie sich als „good citizens"[290] bewährt hatten. Darüber hinaus fand die Gruppe der Aborigines in Grassbys Beschreibung der guten Nachbarschaft bezeichnenderweise keinerlei Erwähnung. Somit konnte es nicht gelingen, mit Hilfe des *Australia Day*, der konzeptlos und für die meisten Australier auch bedeutungslos blieb, ein glaubwürdiges ‚neues', auf Vielfalt basierendes Konzept nationaler Einheit zu beschwören.

Deutlich geworden ist, dass der *Australia Day* mitnichten für die ‚neue' Identität Australiens stand, die unter dem *New Nationalism* angestrebt wurde. Insofern versagte er als Symbol.[291] Für die meisten Australier blieb er einfach nur ein

---

[288] Vgl. ähnlich dazu auch Curran/ Ward: The Unknown Nation, S. 214.

[289] Vgl. ebd., S. 209.

[290] NAA A463 1973/3562, Observance of Australia Day, News Release from the Minister of Immigration, A.J. Grassby, 25.1.1974.

[291] Zur politischen Symbolik von Nationalfeiertagen vgl. auch Vera Caroline Simon: Gefeierte Nation. Erinnerungskultur und Nationalfeiertag in Deutschland und Frankreich seit 1990, Frankfurt a.M., New York 2010 (Campus Historische Studien 53), S. 12: „Als politisches Symbol soll der Nationalfeiertag die Funktion von Integration, Identifikation und Stabilitätssicherung der bestehenden Ordnung ausfüllen. Mithin spielt er für die kulturelle Produktion nationaler Vorstellungen eine bedeutende Rolle. Er soll die Nation erfahrbar und er-

freier Tag. Aus diesem Grund wirkte es äußerst ironisch, wenn für die erste Verleihung der *Australian honours*, welche die eigenständige Identität Australiens repräsentieren sollten, als symbolischer Zeitpunkt der Nationalfeiertag ausgewählt wurde. Das Gleiche galt für Whitlams Ankündigung am *Australia Day* 1973, dass jeder Australier für einen Zeitraum von drei Monaten Text- und Musikvorschläge im Rahmen eines Wettbewerbs einreichen könne, an dessen Ende Australiens neue Nationalhymne stehen sollte. Das gesamte Projekt ist als Farce in die Geschichte eingegangen, die bereits von Stuart Ward beschrieben worden ist. Im Folgenden soll sie daher nur in ihren Grundzügen skizziert werden.

Seit 1901 war es in Australien Usus, bei offiziellen Anlässen „*God Save the King/ Queen*" zu spielen. Einen formalen Beschluss, der eine eigene Nationalhymne festgelegt hätte, existierte wie auch in Neuseeland und Kanada lange nicht.[292] Erst mit der Identitätskrise jedoch bestand ein, wenn auch längst nicht von allen geteiltes Interesse daran, eine ‚eigene' Nationalhymne zu finden. So sprachen sich zwischen 1965 und 1972 in repräsentativen Umfragen immer mehr Menschen für eine spezifisch australische Hymne aus. Die Werte stiegen von anfänglich 38 Prozent auf zuletzt 72,3 Prozent.[293] Unter dem Label des *New Nationalism* ließ sich diese Entwicklung sehr gut nutzen, um ein ‚neues', ‚reiferes' Australien zu beschwören. So erklärte Whitlam, die für den *New Nationalism* typische Rhetorik aufgreifend, dass mit der neuen Hymne die Eigenständigkeit Australiens sowie die „distinctive qualities of Australian life and the character and traditions"[294] der Nation repräsentiert werden sollten. Um eine neue Nationalhymne auf den Weg zu bringen, sollte im Rahmen eines nationalen Wettbewerbs eine vom *ACA* einbestellte Jury, bestehend aus Künstlern und Intellektuellen, zu denen neben Manning Clark auch die Aboriginal Kath Walker zählte,[295] die besten Vorschläge aus den Einsendungen auswählen.[296] Bereits früh zeichnete sich allerdings ab, dass sich die wenigsten Vorschläge auch nur ansatzweise für die Melodie oder den Text einer Nationalhymne eignen würden. So einigte man sich darauf, dass statt zwölf nur noch sechs Textvorschläge aus den rund 2500 Einsendungen ausgewählt werden sollten. Die Berichterstattung

lebbar werden lassen, welche sich durch diese Form rituellen Handelns konstruiert und konstituiert."

[292] Vgl. ANZW AAAC 7536 W5084 Box 49 CUL 6/3/2 pt. 2, Cultural – Flags – National Anthem – Adoption of National Anthem: Suggestions, Proposals, Schemes (including: Proposals to change), National Anthem (Memorandum for Cabinet Committee on Legislation and Parliamentary Questions), 23.8.1977, S. 1 f.

[293] Vgl. Ward: The 'New Nationalism' in Australia, Canada and New Zealand, S. 248.

[294] NAA A3211 1973/128 pt. 1, Suggestions for a new Australian National Anthem, Australia Day Broadcast by the Prime Minister, Canberra, 26.1.1973, S. 1.

[295] Vgl. Curran/ Ward: The Unknown Nation, S. 167.

[296] Vgl. Ward: The 'New Nationalism' in Australia, Canada and New Zealand, S. 248 f.

3. Symbole im Wandel

wie die des *Sydney Morning Herald* illustriert exemplarisch, wie negativ die Stimmung unter den „leading writers, poets and critics" des Landes selbst in Anbetracht der verbleibenden sechs Liedvorschläge war:

‚Hopelessly bad … embarrassing … rubbish … .' [...] And one of the four judges of the competition, Melbourne playwright David Williamson, agreed today with their strong criticism [...]: ‚If you think these are bad you should have seen the rest of the 2,500 or so we rejected,' he said. ‚We are supposed to find 12 final entries but we could find only six, and even then some of the judges felt the number should have been reduced further.'[297]

Schon nach kurzer Zeit, so Stuart Ward, seien die sechs Vorschläge in Vergessenheit geraten. An ihre Stelle traten offiziell die Vorschläge „*Waltzing Matilda, Advance Australia Fair,* and *Song of Australia*", über die ein „indicative plebiscite of 60 000 voters"[298] abzustimmen hatte. Neben der Kritik an der Repräsentativität der Befragung, so hält Ward fest, hätten sich viele Akteure vor allem an der Tatsache gestört, dass „*God Save the Queen*" von vornherein als Wahloption ausgeschlossen gewesen sei.[299] In zahlreichen Leserbriefen kritisierten Bürgerinnen und Bürger wie Robert A. Anderson, dass der Wunsch nach einer spezifisch australischen Hymne zwar nachvollziehbar sei, sich aber offensichtlich unter den drei Auswahlmöglichkeiten kein Lied finden lasse, das mit der altehrwürdigen Hymne „*God Save the Queen*" mithalten könne.[300] Der *Sydney Morning Herald* brachte die Ansichten vieler Australier zu den Auswahlmöglichkeiten wie folgt auf den Punkt:

The reason ‚God Save the Queen' is excluded from the list is that Mr Whitlam promised a new Australian anthem last year. It would surely be fairer to add our present anthem to the trio of popular songs because it could well be that many of those Australians who want a new anthem would prefer to turn back to ‚God Save the Queen' if the only other choice lay among three vintage candidates – none of them really suitable.[301]

Abgesehen von der Kritik an der Repräsentativität der Abstimmung betraf also ein weiteres Problem die drei potentiellen Lieder selbst.

Bei diesen handelte es sich um bekannte Volkslieder aus dem 19. Jahrhundert. „*Waltzing Matilda*" beispielsweise hatte zwar den Status als inoffizielle Hymne Australiens. Als solche wurde das Lied aber etwa von W.L. Hoffmann in der *Canberra Times* gerade deshalb als problematisch beschrieben, weil es von einem „British folk-song" abstammte: „[T]his sort of adaptation is not acceptable

---

[297] Verses Are Hopelessly Bad – Critics, in: The Sydney Morning Herald, 4.7.1973.
[298] Ward: The 'New Nationalism' in Australia, Canada and New Zealand, S. 251 (Herv. i. Orig.).
[299] Vgl. ebd.
[300] Vgl. Robert A. Anderson (Concord West.): Letters to the Editor, in: The Sydney Morning Herald, 1.11.1973.
[301] Choosing an anthem, in: The Sydney Morning Herald, 1.1.1973.

– it is seemingly important that we should have a fully written and composed national anthem of our very own."[302] Noch problematischer erschien der Inhalt des Liedes, das sich im April 1974 nach der Abstimmung durchgesetzt hatte: „*Advance Australia Fair*", so konstatiert Ward, sei ein Lobgesang auf das imperiale Australien gewesen. So hätten von fünf Strophen des Originals alleine drei auf Australiens inniges Verhältnis zum Empire verwiesen.[303] Angesichts dieses offensichtlichen Problems habe Whitlam zunächst betont, nur die Melodie, nicht aber den Text von „*Advance Australia Fair*" übernehmen zu wollen. Diese Aussage betrachteten Akteure wie Rupert J. Hamer, der Premierminister von Victoria, als nicht akzeptabel. Stellvertretend für die Mehrheit der Bevölkerung in seinem Bundesstaat teilte er Whitlam mit, dass die Regierung von Victoria „*God Save the Queen*" für offizielle Anlässe so lange als Nationalhymne beibehalten werde, bis sich eine nachweisbare Mehrheit der Bevölkerung auf eine angemessene Alternative „with more appropriate words"[304] geeinigt habe. Nach einer weiteren Volksabstimmung über die Melodie einer neuen Nationalhymne im Jahre 1977 unter Premierminister Malcolm Fraser (1975–1983) – der Text war wie unter Whitlam von nebensächlicher Bedeutung geblieben –, sprachen sich 44 Prozent für „*Advance Australia Fair*", 28 Prozent für „*Waltzing Matilda*" und 19 Prozent für „*God Save the Queen*" aus. Letzteres sollte weiterhin die Hymne für royale Anlässe bleiben.[305] Erst 1984 unter der Regierung Bob Hawkes (1983–1991) sollte der Liedtext der nun offiziellen Nationalhymne mit all ihren Referenzen auf „'British courage', ,old England's flag', and ,Britannia rules the waves'"[306] so geändert werden, dass der Fokus nicht mehr auf Großbritannien und seinem Empire, sondern auf Australien lag. Allerdings war das Ergebnis alles andere als zufriedenstellend. Die nach der Überarbeitung verbleibenden zwei Strophen ließen keinerlei Aussagen mehr über Australiens spezifisches Selbstverständnis zu:[307] „Both of the remaining verses were primarily concerned with Australia's material and natural bounty, and had little to say

---

[302] W.L. Hoffmann: The Search for a national anthem, in: The Canberra Times, 27.1.1973. Vgl. zum viel diskutierten Ursprung des Liedes auch Helen Doyle: s.v. 'Waltzing Matilda', in: Graeme Davison, John Hirst und Stuart Macintyre (Hgg.): The Oxford Companion to Australian History, Oxford 2001, S. 674.
[303] Vgl. Ward: The 'New Nationalism' in Australia, Canada and New Zealand, S. 252.
[304] Vgl. NAA A1209 1978/1103 pt. 1, Development of an Australian National Anthem and tune for a national song, R.J. Hamer (Premier of Victoria) an Prime Minister Whitlam, 29.4.1974.
[305] Vgl. Curran/ Ward: The Unknown Nation, S. 186.
[306] Ebd., S. 171.
[307] Vgl. detaillierter dazu auch ebd., S. 188f.

about the spiritual, cultural, or historical unity of Australians as a distinctive people – indeed, these were precisely the bits that had been cut out."[308]

Für Manning Clark lag der Grund für dieses Problem auf der Hand. Denn was konnte die Australier ohne den Bezug zu den nun unzeitgemäß wirkenden Symbolen und Glaubensgrundsätzen noch einen? An was konnten sie in der Zeit der Identitätskrise überhaupt noch gemeinsam glauben? Darüber existierte keinerlei Konsens:

> What's left? You could talk about the aborigines, the countryside but you've still got to talk about what Australians believe in. And it's at that point that I think the people who contributed towards this competition fumbled and faltered because fundamentally it's a great age of confusion and no one is very certain about what they believe.[309]

Aber auch der selbsterklärte Geschichtsprophet Clark konnte keine neuen Antworten auf die Identitätskrise und die mit ihr verbundenen Fragen nach potentiellen Glaubensgrundsätzen geben. „Dressed like a gentleman of the 1890s and wearing a 10-galon Texan hat"[310], so kommentierte die Journalistin Fiona Whitlock Clarks Erscheinung mit einem nicht zu überhörenden ironischen Unterton, habe der Geschichtsprofessor die neue Hymne „*Advance Australia Fair*" wegen ihres unzureichenden Inhalts kritisiert: Weder würden die Aborigines noch die Angehörigen anderer Ethnien in der neuen Hymne repräsentiert, die sich zu einseitig auf den britischen Teil der Bevölkerung beziehe. Insbesondere problematisierte Clark die Beschreibung der Australier als „*young and free*". Diese sei alles andere als geeignet, um auch Australiens Indigene anzusprechen und zu repräsentieren.[311] Bei seiner Fehleranalyse griff Clark jedoch auf ein altbekanntes Argument zurück: Um eine Nationalhymne hervorbringen zu können, die mit den großen Hymnen Europas mithalten könne, brauche das Land einen Bürgerkrieg oder eine Revolution. Mit anderen Worten: Alles, was Clark an Lösungen zu bieten hatte, bezog sich genau auf die historischen Ursprünge, aus denen die im post-nationalistischen Zeitalter vielfach problematisierten romantischen oder auch chauvinistischen Vorstellungen des Nationalismus hervorgegangen waren.[312]

---

[308] Ward: The 'New Nationalism' in Australia, Canada and New Zealand, S. 252.
[309] Randall/ Ramsey: Interview Manning Clark, in: New Accent, 8.3.1974.
[310] Fiona Whitlock: "Only crisis will spawn right anthem", in: The Australian, 13.4.1984.
[311] Vgl. Manning Clark, zitiert in: Fiona Whitlock: "Only crisis will spawn right anthem", in: The Australian, 13.4.1984.
[312] Vgl. ähnlich dazu auch Curran/ Ward: The Unknown Nation, S. 189.

3.3. Neuseelands Debatten rund um eine neue nationale Symbolik

Nachdem Neuseeland lange Australiens und Kanadas Suche nach einer neuen Nationalhymne beobachtet hatte, wurden 1977 zwei Lieder zur offiziellen Nationalhymne erklärt.[313] Während „*God Save the Queen*" ähnlich wie in Kanada und Australien eher für royale Anlässe vorgesehen war, sollte „*God Defend New Zealand*" immer dann gespielt werden, wenn es darum ging, die neuseeländische Identität hervorzuheben.[314] Auch in Neuseeland hatte *Britain's turn to Europe* einen großen gesellschaftlichen Bedarf an spezifisch nationalen Symbolen entstehen lassen, über die ‚neue' Vorstellungen einer nun stärker im pazifischen Kontext verorteten kollektiven Identität repräsentiert werden sollten. Im Hinblick auf die Nationalhymne zeigte beispielsweise eine nationale Umfrage im Juli 1973, dass sich nur noch 32 Prozent der Neuseeländer dafür aussprachen, gar keine Änderungen vorzunehmen, während sich 18 Prozent der Befragten für eine neue Hymne und 47 Prozent konkret für „*God Defend New Zealand*" aussprachen.[315] Zwar hatte es in der Vergangenheit wie auch in Kanada und Australien immer wieder mal Debatten über die Nationalhymne gegeben. Erst in Verbindung mit der Aufbruchsstimmung des *New Nationalism* allerdings zeichneten sich ernsthafte Bestrebungen ab, eine spezifisch neuseeländische Hymne zu bestimmen. In diesem Kontext, so kann man einem Informationspapier des neuseeländischen Innenministeriums entnehmen, trat mit den *New Zealand Jaycees* erstmals auch ein nationaler Gesellschaftsclub auf, der sich *der* neuseeländischen Identität und ihrer Repräsentation gerade auch im internationalen Kontext verschrieben hatte.[316] Angesichts der zahlreichen verschiedenen regionalen Feiertage setzten sich die *Jaycees* einerseits für den *Waitangi Day* als zentralen Nationalfeiertag ein. Nach eigens finanzierten statistischen Erhebun-

---

[313] Vgl. exemplarisch dazu ANZW AAAC 7536 W5084 Box 49 CUL 6/3/2 pt. 2, Cultural – Flags – National Anthem – Adoption of National Anthem: Suggestions, Proposals, Schemes (including: Proposals to change), D. Allan Highet (Minister of Internal Affairs): National Anthem, Song and Flag (Memorandum for Cabinet), [vermutl.] 1976, S. 3 f.: „Under Mr Fraser's government, ‚God Save the Queen' has the status of a Royal Salute to be played on all royal and vice-regal occasions, and on any other occasion the organisers are free to choose between ‚Advance Australia Fair' […], ‚Waltzing Matilda', and ‚Song of Australia' as their national anthem. […] Canada is also in a similar position, basically applying the same roles for similar occasions. Presence of the Queen warrants the playing of the National Anthem but for other occasions the alternative national anthem ‚O Canada' is played."
[314] Vgl. Supplement to the New Zealand Gazette, 17.11.1977.
[315] Vgl. New Anthem – Yes, New Flag – No, in: The New Zealand Herald, 1.9.1973.
[316] Insbesondere bei sportlichen Großveranstaltungen wie den Olympischen Spielen in München 1972 und Montréal 1976 spielte dies eine entscheidende Rolle. Den meisten kanadischen, australischen und neuseeländischen Akteuren ging es dabei darum, dass bei Siegerehrungen die Nationalhymne ihrer Nation und nicht die Großbritanniens gespielt werden sollte.

3. Symbole im Wandel

gen forderten sie andererseits auch, dass der *national song* „*God Defend New Zealand*" zur Hymne Neuseelands erklärt werden solle.[317]

Dass zwischen dem offensichtlich großen gesellschaftlichen Bedürfnis nach spezifisch neuseeländischen Symbolen und *Britain's turn to Europe* ein Zusammenhang bestand, wird exemplarisch an einem Memorandum des neuseeländischen Innenministers David Allan Highet von 1976 deutlich. Rückblickend brachte er darin die Verknüpfung beider Phänomene wie folgt auf den Punkt: „This feeling has been heightened by Britain's closer ties to the European Economic Community and our increasing independence from direct ties with that country."[318] Highets Verweis auf die „increasing independence", mit der er das gestiegene Bedürfnis der Neuseeländer nach einer eigenen Symbolik erklärte, eignete sich gut für die positive Rhetorik, über die ähnlich wie auch in Australien und Kanada die nun vermeintlich zur Vollendung kommende Entwicklung Neuseelands *from colony to nation* verkündet wurde. Zwar versuchten die jeweiligen Länder mit ihrer *coming-of-age*-Rhetorik eine Erfolgsgeschichte zu erzählen. Allerdings sollte der Schock, den *Britain's turn to Europe* ausgelöst hatte, immer wieder als Ursache ihrer Identitätskrise thematisiert werden und so einen Schatten auf die Erfolgsnarrative werfen. Spätestens 1973, als Großbritannien offiziell der EWG beitrat, konnte nicht mehr geleugnet werden, dass das besondere Verhältnis zum geliebten Mutterland der Vergangenheit angehörte. Mit welch großem Bedauern diese Veränderung zur Kenntnis genommen wurde, verdeutlicht ein Artikel des *Evening Star* aus Dunedin von 1975. Dieser griff zwar auf das bekannte *thwarted-nationalism*-Narrativ zurück. Er verdeutlichte dabei allerdings auch, dass sich viele Neuseeländer eher passiv bei der Suche nach möglichen Ausdrucksformen einer eigenständigen Identität ihrer Nation verhielten, nachdem das Mutterland Neuseeland – jenem Land, das traditionell „of all the ‚colonies' [...] closest to the ‚Old Country'" gewesen sei – den Rücken zugekehrt hatte:

Now that Britain is breaking our embrace and walking backwards into Europe, however, there is a strong lobby which is urging us to find a new anthem to indicate not only our displeasure but the fact that we are independent of mother and have cut the apron strings that have bound us for so long.[319]

---

[317] Vgl. ANZW ACGO 8333 IA1W2633 Box 10 CUL 6/3/2, Flags: Design, Use: Flying of and National Anthem – Adoption of National Anthem – Suggestions, proposals, David C. Seath (Minister of Internal Affairs): Change of National Anthem (Memorandum to Cabinet), n.d., S. 1 sowie Ders.: Jaycee Deputation: New Zealand's National Anthem and Waitangi Day, 22.12.1970, S. 1.

[318] D. A. Highet (Minister of Internal Affairs): National Anthem, Song and Flag (Memorandum for Cabinet), [vermutl.] 1976, S. 2.

[319] The Search for a national anthem, in: The Evening Star, 8.2.1975.

Dem Bild des herangewachsenen Kindes, das sich nun vermeintlich vom paralysierenden Einfluss Großbritanniens loslöste, steht hier die offensichtlich tiefsitzende Enttäuschung gegenüber, dass sich das Mutterland mit seiner Orientierung nach Europa aus der innigen Umarmung mit Neuseeland gelöst hatte. In diesem Sinne widerspricht auch die Tatsachenbehauptung, „that we are independent", der Äußerung, dass sich die Neuseeländer nicht etwa von selbst um neue Symbole bemühten, sondern dazu extrinsisch zu motivieren waren. Sie schienen also selbst nicht so recht an ihren vollendeten Initiationsprozess zu glauben oder konnten sich schlicht nicht mit dem Gedanken anfreunden, dass ihre bisherigen Symbole nun auf einmal nicht mehr zu ihnen gehören sollten. So gesehen erschien der Ruf nach „symbols of national identity", mit denen laut dem neuseeländischen Innenminister „New Zealand's emergence from colonialism and search for a more independent destiny as a Pacific Nation"[320] repräsentiert werden sollten, wie eine trotzige Reaktion. Auf welch unsicherem Fundament die angepriesenen Initiationsprozesse standen, zeigt auch die Rede des Innenministers von der *Suche* nach einer *unabhängigeren* Bestimmung Neuseelands in seiner Rolle als pazifische Nation. Beschrieben wird in den Quellen also ein Prozess der Identitätssuche, der unfreiwillig begonnen wurde und dessen Ausgang völlig ungewiss war.

Wie die anderen ehemaligen weißen Siedlerkolonien sah sich auch Neuseeland bei seiner Suche nach neuen nationalen Symbolen mit dem Problem konfrontiert, den Anspruch des *New Nationalism* in die Realität umzusetzen. Zwar hatte das Land aus dem gescheiterten nationalen Wettbewerb Australiens um eine neue Hymne seine Lehren gezogen und ein ähnliches Vorgehen von vornherein abgelehnt.[321] Dennoch ließen sich viele der Probleme, mit denen auch das benachbarte Australien zu kämpfen hatte, nicht vermeiden. So hinterfragten auch in Neuseeland viele Akteure, ob sich der berühmte *national song* „God Defend New Zealand"* aus den 1870er Jahren überhaupt als Nationalhymne eignete. Ähnlich wie in Australien, wo viele Kritiker die verbleibenden Strophen von „*Advance Australia Fair*" mit ihrem Verweis auf das junge, freie und ressourcenreiche Land als inhaltsleer und visionslos kritisierten,[322] mehrten sich

---

[320] ANZW AAAC 7536 W5084 Box 49 CUL 6/3/2 pt. 2, Cultural – Flags – National Anthem – Adoption of National Anthem: Suggestions, Proposals, Schemes (including: Proposals to change), Allan Highet (Minister of Internal Affairs) an Mr. C. W. Ferrel, Secretary (The Public Questions Committee of the Grand Orange Lodge of New Zealand), 10.8.1977.

[321] Vgl. D. A. Highet (Minister of Internal Affairs): National Anthem, Song and Flag (Memorandum for Cabinet), [vermutl.] 1976, S. 2.

[322] Vgl. dazu die erste Strophe: Australians all let us rejoice/ For we are young and free/ We've golden soil and wealth for toil/ Our home is girt by sea/ Our land abounds in nature's gifts/ Of beauty rich and rare/In history's page, let every stage/Advance Australia Fair/ In joyful strains then let us sing/ Advance Australia Fair.

auch in Neuseeland kritische Stimmen über mangelnde Inhalte. In diesem Sinne wurde in einem der zahlreichen Leserbriefe etwa angemerkt, dass weder „*God Defend New Zealand*" und noch viel weniger „*God Save the Queen*", das „nothing intrinsically New Zealand"[323] beinhalte, geeignete Hymnen seien.

Die große Frage, die sich stellte, lautete: Welche Inhalte eigneten sich für eine Nationalhymne in einem post-nationalistischen Zeitalter? Die Erfahrungen, die man im 20. Jahrhundert mit dem Nationalismus und insbesondere dem Faschismus gemacht habe, so argumentierte ein internes Informationspapier der *Research Branch* des Innenministeriums, hätten einen desillusionierenden Effekt auf die romantischen Vorstellungen des Nationalismus gehabt, die man noch während des 19. Jahrhunderts vertreten hätte. Entsprechend sei die Wahrscheinlichkeit, einen modernen Liedermacher zu finden, der einen zeitgemäßen Text für eine Nationalhymne zustande bringe, als sehr unwahrscheinlich einzuschätzen.[324] Einigkeit bestand weitestgehend darin, dass man jede Form einer nationalistisch-chauvinistischen Selbstüberhöhung zusammen mit den romantischen Vorstellungen eines Nationalismus im Stile des 19. Jahrhunderts ablehnte.[325] Der *national song* „*God Defend New Zealand*" jedoch war ähnlich wie die potentiellen Hymnen Australiens genau mit jenen Elementen des alten Nationalismus durchsetzt, die man eigentlich kritisch betrachtete: In diesem Sinne bemängelte den neuseeländischen Liedtext beispielsweise ein Englisch-Professor von der *Victoria University* in Wellington als „romantic, sentimental and Victori-

---

[323] ANZW AAAC 7536 W5084 Box 49 CUL 6/3/2 pt. 2, Cultural – Flags – National Anthem – Adoption of National Anthem: Suggestions, Proposals, Schemes (including: Proposals to change), Inevitable recognition, in: Post, 19.7.1973 (clipping).

[324] ANZW ACGO 8333 IA1W2633 Box 10 CUL 6/3/2, Flags: Design, Use: Flying of and National Anthem – Adoption of National Anthem – Suggestions, proposals, J.R.S. Daniels (Executive Officer)/ Coral Broadbent (Assistant Research Officer): New Zealand's National Anthem and Song, September 1969, S. 11.

[325] In Australien warnte der *Labor Senator* John Button vor den Gefahren der nationalistischen Selbstüberhöhung im Stile von „*Rule, Britannia*" oder „*Deutschland Über Alles*". Für sein Land erhoffte er sich daher eine Hymne ohne Text. Vgl. ausführlich dazu Curran/ Ward: The Unknown Nation, S. 184 f. Auch in Kanada setzte man sich kritisch mit den Gefahren des Nationalismus auseinander. Dabei argumentierten manche Bürgerinnen und Bürger wie B. Doerksen gegen „*O Canada*" als neue Nationalhymne, indem sie auf die Gefahren nationalistischer Selbstüberhöhung und wie viele Akteure in Australien auch auf die Parallelen zum nationalsozialistischen Deutschland hinwiesen. „In by-passing God by singing ,O Canada' we would be hitching the cart before the horse like the Germans singing: ,Deutschland Ueber Alles' (Germany above Everything), virtually saying that there is no power greater than that of Germany. It led them into W.W. 1 and defeat. […] Hitler […] led them on again with the same motto and into W.W. 2 and this time Germany was split right down the middle, perhaps forever. We trust that this is not be the lullaby Sir, for Canadian courting similar national disaster." LAC MG 26 N 3, Box 303, File 912.2 pt. 4, Canadian History – National Status – National Anthem, B. Doerksen an L.B. Pearson, 16.5.1963.

an"³²⁶. In Anbetracht der Gefahren nationalistischer Selbstüberhöhung, die von den unzeitgemäßen Strophen mit all ihren Plattitüden auszugehen drohten, äußerte sich ähnlich kritisch auch ein neuseeländischer Bürger in einem Leserbrief:

> The sentiments are well-worn, trite platitudes, and the assumption hope that here is one awfully virtuous country for which God should feel particularly responsible seems presumptuous and smug, to say the least! [...] The hackneyed, old march-rhythms and clichés of other eras sound atrher [sic!] sad and shadow today, and so does breast-beating language, and lip-worship of old royalties. We are in the New World, and in many ways very much on our own. Why don't we try to rise to that challenge, and encourage new sentiments, new music to fit the challenge?³²⁷

Was diese „new sentiments" ausmachen sollte oder welche Formen die „new music" annehmen konnten, darüber herrschte selbst unter Künstlern wie dem Poeten Alistair Campbell Ratlosigkeit: „What the alternatives are to the sentiments expressed in our National Song, I just don't know."³²⁸

Angesichts des Problems, dass der bekannte *national song* Neuseelands Elemente enthielt, die man eigentlich ablehnte, bediente man sich einer argumentativen Zwischenlösung. „*God Defend New Zealand*", so konstatierte beispielsweise der *New Zealand Listener*, sei auch nicht schlechter als andere Hymnen und erscheine im direkten Vergleich zu anderen Nationalhymnen als deutlich weniger chauvinistisch.³²⁹ Die Rechtfertigung dafür, warum sich Neuseelands *national song* als Nationalhymne eignete, illustriert das Spannungsverhältnis zwischen dem Anspruch des *New Nationalism* und einer Realität, in der man sich in Ermangelung an Alternativen für „*God Defend New Zealand*" als das kleinere Übel aussprach. Vor diesem Hintergrund hatte es einen schalen Beigeschmack, wenn der neuseeländische Innenminister die polynesische Übersetzung der neuen Nationalhymne dazu nutzte, um die Tatsache zu unterstreichen, dass es sich bei Neuseeland um eine multikulturelle Nation handle.³³⁰

---

³²⁶ Professor Gordon, zitiert in: J. R. S. Daniels (Executive Officer)/ Coral Broadbent (Assistant Research Officer): New Zealand's National Anthem and Song, September 1969, S. 11.

³²⁷ Anthem For This Land, in: The Evening Post, 8.12.1972.

³²⁸ Alistair Campbell, zitiert in: J. R. S. Daniels (Executive Officer)/ Coral Broadbent (Assistant Research Officer): New Zealand's National Anthem and Song, September 1969, S. 11.

³²⁹ Vgl. N.Z. Listener, 21.2.1969, zitiert in: J.R.S. Daniels (Executive Officer)/ Coral Broadbent (Assistant Research Officer): New Zealand's National Anthem and Song, September 1969, S. 12.

³³⁰ Vgl. ANZW AAAC 7536 W5084 Box 49 CUL 6/3/2 pt. 2, Cultural – Flags – National Anthem – Adoption of National Anthem: Suggestions, Proposals, Schemes (including: Proposals to change), Allan Highet an J. Antonio, n.d.: „You will be pleased to learn that all the verses of ‚God Defend New Zealand' have been translated into Maori and the copies of the words and music which are available from my Department on request include the Maori

3. Symbole im Wandel

Auch wenn Neuseeland bemüht war, ähnliche Peinlichkeiten zu vermeiden, wie sie beim australischen Nachbarn zu beobachten waren, blieben sie dem Land dennoch nicht erspart. Ähnlich wie in Australien der *Australia Day*, so scheiterte auch der 1974 eigens etablierte *New Zealand Day* als Zeichen für eine unter dem *New Nationalism* zur Vollendung kommende Identität. Seit den 1930er Jahren feierte man in Waitangi in der neuseeländischen Region Northland den 6. Februar in Erinnerung an die Unterzeichnung des *Treaty of Waitangi* von 1840, der bis heute aufgrund seiner unterschiedlichen Auslegungen als ein umstrittenes juristisches Dokument gilt.[331] Außerhalb von Northland wurde der *Waitangi Day* nicht gewürdigt.[332] Neuseeland, so wurde in einem Editorial von 1968 beklagt, habe anstelle eines Nationalfeiertags „eight separate provincial anniversary holidays at various times of the year"[333].

Bereits während der 1950er Jahre prangerten Maori und deren parlamentarische Repräsentanten wie Eruera Tirikatene und Tiaki Omana von der *Labour Party* an, dass der *Waitangi Day* in Neuseeland kein offizieller Feiertag war.[334] In Neuseeland, so versuchte die *Evening Post* das Problem zu erklären, sei man eben nicht sicher, ob ein Nationalfeiertag überhaupt von Relevanz sei. Bis auf die Ankunft der Queen oder den Sieg der Rugby-Nationalmannschaft *All Blacks* gebe es generell nur wenig Anlässe, die man feierlich zelebriere. Die historische Bedeutung des *Treaty of Waitangi* als bikulturelles Gründungsdokument der Nation schien dabei keine Rolle zu spielen. In diesem Sinne sprach sich der Artikel ironisch nur deshalb für einen zentralen Nationalfeiertag aus, weil dies den großen Vorteil mit sich bringen könne, dass künftig cocktailtrinkenden Neuseeländern die Peinlichkeit erspart bleiben würde, nicht die Frage nach dem konkreten Datum des *New Zealand Day* beantworten zu können. Für dieses Ziel bedürfe es allerdings großer Anstrengungen, denn das historische Datum des

translation as well as the English translation. [...] The Maori version of the song is very attractive and I agree that its use will help to symbolise the fact that we have a multi-cultural society."

[331] Dies lässt sich maßgeblich auf die Unterschiede zwischen der englischen und der polynesischen Version des Vertrages zurückführen. Die Übersetzung des Vertragswerkes ins Polynesische war durch Missionare bewerkstelligt worden. Vgl. Parehau Richards/ Chris Ryan: New Zealand. Waitangi Day. New Zealand's National Day, in: Linda K. Fuller (Hg.): National Days/ National Ways. Historical, Political, and Religious Celebrations around the World, Westport, Conn. 2004, S. 145–157, hier S. 147 f.

[332] Vgl. ebd., S. 149 sowie Ward: The 'New Nationalism' in Australia, Canada and New Zealand, S. 253.

[333] Waitangi Day should be national day, in: The Auckland Star, 5.2.1968.

[334] Vgl. Helen Robinson: Remembering the Past, Thinking of the Present: Historic Commemorations in New Zealand and Northern Ireland, 1940–1990, Diss. masch., Auckland 2009, S. 72.

Vertragsabschlusses von *Waitangi* sei seit Jahren landesweit nahezu in Vergessenheit geraten.[335]

Eine letzte Initiative der *Labour*-Regierung unter Walter Nash (1957–1960) versuchte auf dieses Problem zu reagieren. Wie Stuart Ward konstatiert, habe diese Regierung mit dem *Waitangi Day Act* Anfang der 1960er Jahre versucht, den *Waitangi Day* anstelle der zahlreichen verschiedenen lokal zelebrierten Jahrestage zum einzigen Nationalfeiertag zu erheben. Letztendlich sei es jedoch den einzelnen Regionen Neuseelands freigestellt worden, ob sie diesem Vorschlag Folge leisteten. Am Ende habe nur Northland den *Auckland Anniversary Day* gegen den *Waitangi Day* eingetauscht. Die restlichen Regionen hingegen hätten ihre Jahrestage behalten.[336] Diese wurden weiterhin, wie es die neuseeländische Tageszeitung *The Dominion* beschrieb, „for the sake of convenience, [as] a part of a long weekend"[337] und nicht wegen eines tieferen historischen Bezugs zur nationalen Vergangenheit gefeiert.[338]

Ähnlich wie die Diskussion über eine neue Nationalhymne war die Debatte um einen zentralen Nationalfeiertag ein Ausdruck der Identitätskrise infolge des *End of Empire*. Neben vielen anderen neuseeländischen Zeitungen kam so etwa der *Gisborne Herald* Ende der 1960er Jahre zu dem Ergebnis, dass sich die nur unzureichend ausgeprägte *nationhood* des Landes in dem Mangel einer eigenen Hymne und eines eigenen Nationalfeiertags widerspiegle. Dieser Missstand sei darauf zurückzuführen, dass Neuseeland immer noch versuche, sein aus vergangenen Tagen stammendes britisches Image zu pflegen. Aber auch die Partikularinteressen der einzelnen Regionen würden das Problem nur noch weiter verschärfen. Der *Waitangi Day* im Jahre 1969, über den der Artikel berichtete, war so nicht wirklich mehr als ein unbedeutender Tag mit etwas Fanfare, an dem es überdurchschnittlich viel geregnet hatte:

> Waitangi Day, to New Zealand, or New Zealand Day to some other parts of the world, has come and gone with relatively little fanfare. Some New Zealand flags were flying on buildings but in general terms the day seemed just like any other, except that on this occasion there was rather more rain than we anticipate of the year. In fact the official ceremony at Waitangi was washed out and was confined to a comparatively small occasion in the whare runanga in the Treaty House grounds.[339]

Die Vorstellung des *thwarted nationalism* und des *cringe* aufgreifend, führte auch *The Dominion* diese Probleme auf den negativen britisch-europäischen

---

[335] Vgl. The Day We Celebrate: But Which?, in: The Evening Post, 9.2.1954.
[336] Vgl. Ward: The 'New Nationalism' in Australia, Canada and New Zealand, S. 253.
[337] National Day, in: The Dominion, 14.9.1967.
[338] Vgl. auch Ward: The 'New Nationalism' in Australia, Canada and New Zealand, S. 253.
[339] New Zealand's Day, in: Gisborne Herald, 8.2.1969.

3. Symbole im Wandel

Einfluss zurück. Dieser schien für das nur geringe gesellschaftliche Interesse am *Waitangi Day* und einer „healthy nationhood"[340] verantwortlich zu sein. Mit dem *New Zealand Day Act* vom Oktober 1973, durch den der bisher als *Waitangi Day* bekannte 6. Februar offiziell unter dem neuen Namen *New Zealand Day* zum Nationalfeiertag erklärt wurde, sollte sich alles ändern. Akteure wie Matiu Rata, der *Minister of Maori Affairs*, sahen in der Etablierung des Nationalfeiertags vor allem eine Chance. Mit Hilfe des symbolträchtigen Nationalfeiertags hoffte er, im Sinne der Maori auf *better race relations* und die landesweite „recognition to the Treaty of Waitangi"[341] hinwirken zu können. Wie noch deutlich werden wird, sollte dieser Aspekt für viele andere Vertreter der *Labour Party* allerdings kaum eine Rolle spielen.[342] Mit dem *New Zealand Day*, dessen Etablierung Norman Kirk im Rahmen seiner „*It's Time*"-Wahlkampfkampagne versprochen hatte, sollte ähnlich wie in Kanada und Australien zum Ausdruck gebracht werden, dass Neuseeland über eine eigenständige *nationhood* verfügte. Es sei eine einfache Tatsache, so argumentierte der neuseeländische Innenminister bei der zweiten Lesung der *New Zealand Day Bill* im Parlament, dass jede Nation ihre Unabhängigkeit artikulieren wolle und in Neuseeland sei es zweifellos der *Waitangi Day* und nicht die zahlreichen lokalen Jahres- und Feiertage, über den *nationhood* symbolisiert und die Entwicklung der eigenen Identität gefördert werden könne. In diesem Zusammenhang sei es vorteilhafter, den Nationalfeiertag nicht als *Waitangi Day*, sondern als *New Zealand Day* zu feiern. Die Beibehaltung des alten Namens, so gab der Innenminister zu bedenken, könne dazu führen, dass das einzelne mit Waitangi verbundene historische Ereignis zu sehr im Vordergrund stehe und die durch den *Treaty* begründeten grundsätzlichen Prinzipien nationaler Einheit in den Hintergrund rückten. Auch der Evolution der neuseeländischen *nationhood* könne man mit dem alten Namen letztlich nicht gerecht werden.[343] Abgeordnete wie Allan Highet von der Opposition wurden in diesem Kontext noch deutlicher: Da der *Waitangi Day* leider fest mit der Unzufriedenheit der Maori und deren Protest verbunden sei, sei der neue Name *New Zealand Day* deutlich vorteilhafter, um Neuseeland als *eine* Nation „[of] one people"[344] repräsentieren zu können.

---

[340] Waitangi Day, in: The Dominion, 7.2.1973.
[341] Hon. M. Rata, in: New Zealand Parliamentary Debates, Vol. 382, 14.3.1973, S. 795.
[342] Vgl. ähnlich dazu auch Ward: The 'New Nationalism' in Australia, Canada and New Zealand, S. 254.
[343] Vgl. Hon. H.L.J. May, in: New Zealand Parliamentary Debates, Vol. 385, 1.8.1973, S. 2886f.
[344] Mr. Highet (Remuera), in: New Zealand Parliamentary Debates, Vol. 385, 1.8.1973, S. 2898.

Wie Helen Robinson und Stuart Ward gezeigt haben, lag der Fokus der Befürworter des neuen Namens deutlich auf der Betonung von *nationhood, maturity* und *identity*, auch wenn sich mitunter Verweise auf die historische Bedeutung des *Treaty of Waitangi* in den Debatten finden lassen.[345] Das erfahrene Unrecht der Maori, das mit Waitangi fest verknüpft war, erschien dabei eher als hinderlich. Stattdessen versuchte die Regierung unter Kirk eine multikulturelle Einheit[346] als Aushängeschild der vermeintlich zur Vollendung kommenden neuseeländischen Identität zu beschwören und über die anhaltenden Konflikte zwischen Maori und Pakehas hinwegzutäuschen.[347] Mit dem nationalen Fokus, der sich im Namen des neuen Nationalfeiertags *New Zealand Day* widerspiegelt, versuchten die *new nationalists* ein Symbol für das vermeintlich wahre und durch seine Vielfalt einzigartige Neuseeland zu etablieren.[348] In den Kommentarspalten und Editorials der zeitgenössischen Presse war ein distinktes Symbol dieser Art im Verlauf der 1960er Jahre immer wieder etwa wie folgt eingefordert worden:

But it seems, one of the reasons for Waitangi Day remaining a purely ‚local' affair is the inevitable emphasis on the Maori-Pakeha relationship. The term ‚New Zealanders' still does not emerge as clearly as it should [...]. It is still a recipe which remains to be sculptured into a symbol which truly represents New Zealand, what she is, what she stands for, what she has achieved and what she hopes to achieve in all things based upon multi-racial co-operation.[349]

---

[345] Vgl. Helen Robinson: Making a New Zealand Day. The Creation and Context of a National Holiday, in: New Zealand Journal of History 46.1 (2012), S. 37–51, hier S. 41 f. sowie Ward: The Redundant "Dominion", S. 342.

[346] Vgl. dazu die Reaktion des Innenministers auf die Kritik einer Bürgerin am Namenswechsel, in: ANZW AAAC 7536 W5084 Box 226 CON 9/1/5, Constitutional – Holidays – Public – New Zealand Day Bill & Act 1973, Henry May (Minister of Internal Affairs) an Mrs. J. Speeding, 9.10.1973: „I agree that the ideals implicit in the signing of the Treaty of Waitangi are worth remembering. However, Government believes that by naming the 6th of February New Zealand Day it will give the day a greater nationwide importance than is evident in the present Waitangi Day and that it will emphasize its significance for New Zealanders of all races."

[347] Vgl. Ward: The 'New Nationalism' in Australia, Canada and New Zealand, S. 253 f.

[348] Der Abgeordnete Anthony T. Rogers wollte den multikulturellen Charakter Neuseelands dazu nutzen, um dem Rest der Welt ein einzigartiges Vorbild zu sein. Vgl. Dr. Rogers (Hamilton East), in: New Zealand Parliamentary Debates, Vol. 385, 1.8.1973, S. 2897: „With our diverse racial origins we can teach the world something, and we can rightly show our pride by recognising a national day." Der Tourismusministerin Whetu Tirikatene-Sullivan hingegen ging es vor allem um ein Nebeneinander des Bi- und Multikulturalismus. Mit dem *New Zealand Day* sah sie die große Chance verknüpft, dieses Nebeneinander als einzigartiges Charakteristikum der Nation nach außen hin zu repräsentieren. Vgl. Hon. Mrs. T. W. M. Tirikatene-Sullivan, in: New Zealand Parliamentary Debates, Vol. 385, 1.8.1973, S. 2899.

[349] New Zealand's Day, in: Gisborne Herald, 8.2.1969.

3. Symbole im Wandel

Forderungen wie diese, die in der kulturellen Vielfalt der Nation die Grundlage der ‚wahren' neuseeländischen Identität entdeckten und den Standpunkt der Maori häufig ausklammerten, waren nicht zuletzt Versuche, Antworten auf die Identitätskrise infolge des *End of Empire* zu finden. In diesem Sinne stellte die Tageszeitung *The Dominion* anlässlich des *New Zealand Day* 1974 fest, dass Neuseeland erst durch das Ende des Empire dazu veranlasst worden sei, „a durable national identity"[350] jenseits des europäischen oder amerikanischen Einflusses zu entwickeln. Eine Artikulation einer solchen Identität wünschten sich nun immer mehr Neuseeländer. Mit dem *New Zealand Day*, der in der Tagespresse mit Schlagzeilen wie „*NZ Comes of Age When National Day Dawns on Wednesday*"[351] gefeiert wurde, schien sich dieser Wunsch vermeintlich zu erfüllen. Es ist in diesem Zusammenhang nicht wirklich überraschend, dass der neue Nationalfeiertag von der Presse dazu genutzt wurde, um mit Metaphern wie der einer final durchtrennten Nabelschnur „with ‚Mother Britain'" Vorstellungen von der Überwindung des *cultural cringe* und eines unterdrückten Nationalismus zu bedienen. Der ‚wahre' Nationalismus, der sich nun endlich zu entfalten schien, grenzte sich von den „ugly nationalisms"[352] anderer Länder ab.

Welche strategische Rolle der Multikulturalismus am *New Zealand Day* für die Promotion der vermeintlich reiferen und neuen Identität spielte und in welchem Verhältnis er dabei zum Bikulturalismus stand, soll im nachfolgenden Kapitel in den Blick genommen werden. Festzuhalten bleibt, dass auch am *New Zealand Day* nicht wirklich verborgen bleiben konnte, dass die unter dem *New Nationalism* verkündete ‚neue' Identität nicht, wie gewünscht, Ausdruck eines sich vollendenden Initiationsprozesses war, sondern eher einem Wunschbild entsprach. Auch wenn zahlreiche Editorials der neuseeländischen Tagespresse den *New Zealand Day* für seine Symbolkraft lobten, über die Neuseelands neues Selbstverständnis als kulturell vielfältige pazifische Nation so erfolgreich repräsentiert worden war, verdeutlichten Bemerkungen wie die der *Dominion* die Fragwürdigkeit des vermeintlichen Erfolgs. Die besagte Tageszeitung aus

---

[350] The nation's day, in: The Dominion, 6.2.1974.

[351] NZ Comes of Age When National Day Dawns on Wednesday, in: The Evening Post, 4.2.1974.

[352] The nation's day, in: The Dominion, 6.2.1974. Auch im *New Zealand Herald* wurde nachdrücklich betont, dass der *nationalism* der Neuseeländer, der am *New Zealand Day* repräsentiert werde, nichts mit den negativen und übersteigerten Formen anderer Nationalismen gemeinsam habe. In seiner positiven Form als nur ‚eingeschränkter', nicht chauvinistischer Nationalismus diente er wie auch in Kanada und Australien als Distinktionsmerkmal: „The spirit of nationalism in New Zealand is, of course, distinctively restrained. But its degree and its pattern probably fairly characterise a people not given to grand gestures or attracted to the often bizarre exhibitions that have accompanied the upsurge of nationalism in some other countries." A Day to Celebrate, in: The New Zealand Herald, 6.2.1974.

Wellington beschrieb das am Nationalfeiertag vermittelte neue Selbstbild Neuseelands nicht etwa als Erfüllung eines intrinsischen Wunsches der Nation, sondern als das Resultat einer von der Politik an die Nation gestellte Anweisung: „We are, the Government instructs us, undeniably part of the Asian-Pacific community."[353] Die Symbolkraft des *New Zealand Day* von 1974, an dem zum ersten Mal in der Geschichte des Landes in Waitangi nicht der *Union Jack*, sondern die neuseeländische Flagge gehisst wurde,[354] war daher von ambivalentem Charakter. Das betraf nicht zuletzt auch den Wunsch, mit Hilfe des neuen Nationalfeiertags den „Waitangi Day from a semi-imperialist to a nationalist celebration" umzuwandeln, denn durch die Anwesenheit der Queen sei dies, wie Helen Robinson betont, „at best a mixed message"[355] gewesen.

Ein weiteres Problem betraf von Anfang an den neuen Namen des Nationalfeiertags. Wie Stuart Ward ausführt, habe selbst Norman Kirk, der noch vor dem *House of Representatives* das Argument bedient hatte, dass der *Waitangi Day* im Ausland nur als *New Zealand Day* bekannt und daher entsprechend auch zu benennen sei,[356] öffentlich eingestehen müssen, dass der Nationalfeiertag für ihn wie für die meisten Neuseeländer für immer mit dem Namen *Waitangi Day* verbunden bleiben werde.[357] Kritik an dem neuen Namen kam nicht nur von Graham Latimer, dem Präsidenten des *Maori Council*,[358] sondern auch von der *Maori Women's Welfare League*, die sich gegen den „Pakeha name"[359] aussprach und die Beibehaltung des alten Namens forderte. Niemals, so lautete der zentrale Vorwurf in einem Beschwerdebrief an Norman Kirk, könne sich eine neuseeländische Identität oder gar die angepriesene multikulturelle Einheit der Nation verwirklichen lassen, wenn man den Namen „*Waitangi*" streiche, der nicht nur ein fundamentaler Bestandteil der Geschichte der Maori, sondern des gesamten Landes sei.[360] Die Folge war ein Neben- und Durcheinander von Vorschlägen, die darauf abzielten, einen Kompromiss zwischen den beiden Be-

---

[353] The nation's day, in: The Dominion, 6.2.1974.
[354] Vgl. Robinson: Making a New Zealand Day, S. 46.
[355] Ebd.
[356] Vgl. Hon. N. E. Kirk, in: New Zealand Parliamentary Debates, Vol. 382, 14.3.1973, S. 796 f.
[357] Vgl. Norman Kirk, zitiert in: Ward: The 'New Nationalism' in Australia, Canada and New Zealand, S. 255.
[358] Vgl. Rangi [Ranginui] Walker: New Myth, in: NZ Listener, 16.3.1974.
[359] ANZW AAAC 7536 W5084 Box 226 CON 9/1/5, Constitutional – Holidays – Public – New Zealand Day Bill & Act 1973, Maori Women's Welfare League, n.d.
[360] Vgl. ANZW AAAC 7536 W5084 Box 226 CON 9/1/5, Constitutional – Holidays – Public – New Zealand Day Bill & Act 1973, Wayne R. Hawkins an Prime Minister Kirk, 10.9.1973.

3. Symbole im Wandel

zeichnungen zu finden. Aufgrund ihrer Uneindeutigkeit, so konstatiert Ward, seien diese aber sehr schnell von offizieller Seite aus ignoriert worden.[361]

So schnell wie der *New Zealand Day* ins Leben gerufen worden war, so schnell verschwand er auch wieder, nachdem mit Premierminister Robert Muldoon (1975–1984) wieder die Konservativen die Regierung übernommen hatten.[362] Mit dem *Waitangi Day Act* von 1976 wurde aus dem *New Zealand Day* wieder der *Waitangi Day*. Begründet wurde dieser Namenswechsel vor dem Hintergrund des Protests der Maori. Die Regierung glaube, so argumentierte Innenminister David Highet, dass mit dem historischen Namen der Stellenwert des *Treaty* und die historische Rolle der Maori wieder stärker hervorgehoben werden könnten. Somit könne es einfacher gelingen, den anderen ethnischen Gruppen Neuseelands die zentrale Bedeutung des *Treaty* zu verdeutlichen.[363] Wie Stuart Ward anhand der Berichterstattung der zeitgenössischen Presse gezeigt hat, gab es, abgesehen von der kritischen Nachfrage „Is this Nationhood?" im *New Zealand Herald*, kaum Kritik an dieser Entscheidung. Eine der wesentlichen Fragen zielte dabei auf das Szenario eines erneuten Namenswechsels. Mit Blick auf die Zukunft wurde ein ewiges Hin und Her befürchtet: „Furthermore, if the National Administration proposes to switch the name to Waitangi Day, will a future Labour Government change it back to New Zealand Day?"[364]

Generell, so Ward, sei die zeitgenössische Presse im Verlauf der Zeit zu der einvernehmlichen Erkenntnis gekommen, dass der ursprüngliche Plan, Waitangi als „rallying point for nationhood"[365] zu etablieren, gescheitert sei. Wie der *Australia Day*, so wurde auch der *Waitangi Day* nach dem gescheiterten Namensexperiment ohne eine zentrale Planungsebene immer mehr zu einem belanglosen, aber – zur Freude der meisten Bürgerinnen und Bürger – immerhin freien Tag, dessen Gestaltung den einzelnen Regionen überlassen wurde. Der *Waitangi Day* selbst spielte wie zuvor eher eine große Rolle in Northland und wurde im Verlauf der 1970er Jahre zunehmend zum Gegenstand des immer lauter werdenden Maori-Protests und ihrer Landrechtsbewegung – mit Auswir-

---

[361] Vgl. Ward: The 'New Nationalism' in Australia, Canada and New Zealand, S. 255.
[362] Stuart Ward hat in diesem Kontext auf den Zusammenhang zwischen Neuseeland und Australien hingewiesen. Sowohl Whitlams Pläne für eine Nationalhymne als auch Kirks Pläne für den *New Zealand Day*, welche beide unter dem Vorzeichen des *New Nationalism* gestanden hätten, seien teilweise durch die Konservativen wieder rückgängig gemacht worden. Vgl. ebd., S. 257.
[363] Vgl. Hon. D.A. Highet, in: New Zealand Parliamentary Debates, Vol. 404, 6.8.1976, S. 1367.
[364] Is this Nationhood, in: The New Zealand Herald, 9.2.1976.
[365] Ward: The 'New Nationalism' in Australia, Canada and New Zealand, S. 258.

kungen bis ins 21. Jahrhundert.[366] Auch die immer wieder direkt in Waitangi zu Tage tretende Persistenz von *Britishness* sollte über die 1970er Jahre hinaus verdeutlichen, dass das Projekt des *New Nationalism* gescheitert war. Wie Helen Robinson nachgewiesen hat, setzten die verantwortlichen Akteure in Waitangi zwischen 1975 und 1984 verstärkt auf eine positive Darstellung britischer Kolonisation im militärischen Anstrich. Damit bewegte man sich jenseits jeder Forderung der Maori und entsprach mitnichten der eigenen Vision von einer ‚neu' artikulierten, auf Vielfalt basierenden Identität Neuseelands.[367]

3.4. Abkehr von der Monarchie? Hinwendung zur Republik?

Wie die in Kanada, Australien und Neuseeland ausgetragenen Debatten über eigene Nationalfeiertage, Hymnen und Flaggen sind auch die in den jeweiligen Ländern in unterschiedlicher Intensität geführten Diskussionen über eine mögliche Loslösung von der Monarchie vor dem Hintergrund der Identitätskrise zu betrachten. Als ein Beispiel dafür können die neuen *Royal Title Acts* in Australien und Neuseeland von 1973 und 1974 angeführt werden, durch die die Rolle der Königin als *Queen of Australia/ New Zealand* hervorgehoben wurde. Der alte Zusatz „*of Great Britain*" fiel dabei weg. Nicht zufällig, so merkte etwa die neuseeländische Tageszeitung *The Dominion* an, sei diese Veränderung der königlichen Titulatur erst im Zuge des *End of Empire* vorgenommen worden:

> The fracturing of Empire and the breaking down of traditional trading patterns [...] were more instrumental in cultivating a sense of nationhood than all the constitutional mechanics. The change in the Queen's title to give precedence to her role of Queen of New Zealand, [...], comes after the fact, not before it.[368]

Unter dem Eindruck von *Britain's turn to Europe*[369] mehrten sich in den zeitgenössischen Kommentarspalten zwar Bürgerstimmen wie die des „Grim Dig" aus der neuseeländischen Stadt Kawerau, der vor dem Hintergrund seiner Einschätzung, dass die Briten mit dem Beitritt zur EWG am 22. Januar 1972 den

---

[366] Vgl. ebd., S. 256 f. sowie Robinson: Making a New Zealand Day, S. 44.

[367] Vgl. ebd., S. 47.

[368] The nation's day, in: The Dominion, 6.2.1974.

[369] Die Abwendung Großbritanniens von seiner Empire-Familie überschattete bereits 1963 den Besuch der Queen in Neuseeland. Vgl. dazu TNA DO 161/73, Visit by HM The Queen to Australia and New Zealand in 1963, Wellington despatch NO. 1, 19.4.1963, S. 5 f.: „In normal circumstances the visit would have strengthened the feeling that the Queen ‚belongs' to New Zealand no less than to Britain but the recent questioning of the future of the Commonwealth relationship created an atmosphere of confusion of thought [...]. To sum up, the Royal Visit was in general most successful, but its impact and effects were reduced by the timing of the visit so close to the strains of the E.E.C. negotiations on New Zealand's relations with Britain."

„final nail in their European coffin"³⁷⁰ geschlagen hätten, die sofortige Einführung einer neuseeländischen Republik forderte. Allerdings bildeten Forderungen wie diese, welche nicht selten mit dem Hinweis auf die für das Mutterland geleisteten Kriegsdienste und erbrachten Opfer einhergingen,³⁷¹ weniger einen gesamtgesellschaftlichen Konsens ab. Sie lassen sich vielmehr als eine fast schon trotzige Reaktion auf die erlebte Enttäuschung durch Großbritanniens Abwendung verstehen.³⁷²

Auch in Australien und insbesondere in Kanada, wo es bedingt durch den Antagonismus zwischen *English* und *French Canadians* bereits seit der Nachkriegszeit ein besonderes Interesse an der *Canadianization* der Monarchie gab, sollte der Ruf nach der Republik im Zuge des *End of Empire* lauter werden. Zeitgenössische australische Kritiker wie Geoffrey Dutton und Donald Horne, die diese Entwicklung angesichts der lange von ihnen angemahnten Fragwürdigkeit und paralysierenden Wirkung von *Britishness* begrüßten, konnten die zu beobachtende „continued reverence for things British"³⁷³ nicht nachvollziehen, sollte sich doch Australiens Identität nun endlich entfalten.³⁷⁴ Unter Rückgriff auf eine nahezu identische Rhetorik forderte auch der Historiker John Conway für Kanada eine Loslösung von der Monarchie, da diese die kanadische Identität in ihrer Entfaltung eher paralysiere als fördere.³⁷⁵ Vor dem Hintergrund der *Quiet Revolution* sollte sich in Kanada die Kritik an der Institution der Monarchie vor allem in Québec verschärfen.³⁷⁶ *New nationalists* wie Lester B. Pearson

---

³⁷⁰ 'Grim Dig' (Kawerau): At Last the British have put the final nail in their European coffin, in: NZ Truth, 14.11.1972.

³⁷¹ Vgl. ebd.: „To think we helped them through three wars and lost thousands of lives. Well, it's OK by me. Let us declare ourselves a republic and cut the ties forever."

³⁷² Für viele Neuseeländer galt weiterhin das, was Michael Adeane, der Privatsekretär der Queen, bereits 1963 wie folgt beschrieb: „Home is now New Zealand. But I think they still have a good deal of the feeling for the Old Country that they have always had." TNA PREM 11/4445, Visit of HM The Queen to Australia and New Zealand, 1963. Correspondence with Private Secretary to HM The Queen, 1963 – Royal Family, Michael Adeane an PM Macmillan, 13.2.1963.

³⁷³ Curran/ Ward: The Unknown Nation, S. 84.

³⁷⁴ Vgl. Geoffrey Dutton: Preface, in: Ders. (Hg.): Australia and the Monarchy. A Symposium, Melbourne 1966, S. 6–10 sowie Donald Horne: Republican Australia, in: Geoffrey Dutton (Hg.): Australia and the Monarchy. A Symposium, Melbourne 1966, S. 86–106.

³⁷⁵ Vgl. Conway: An Essay on Politics and Culture in Canada, S. 42: „To the extent that the appearance of the Queen or members of her family evokes excitement inhibits rather than enhances our sense of ourselves because it must necessarily aggrandize the achievements of another society at the expense of our own."

³⁷⁶ Schlagzeilen wie die der *Saturday Evening Post* „*An Angry Welcome for A Queen. The French Revolt That Threatens Canada*" oder auch die der *Globe and Mail* „*300 Montreal Students March With 'Liz Go Home', 'La Reine No'*" brachten das Ausmaß der Bedrohung auf den Punkt, die nicht nur eine Gefahr für das nationale Überleben Kanadas, sondern – ange-

hatten daher ein großes Interesse daran, mit Symbolen wie der *Maple Leaf Flag* anstelle der *Red Ensign* die „substitution of a British tradition for a national one"[377] zu markieren, um die gefährdete nationale Einheit wieder einzuschwören. In diesem Kontext kam auch die Frage auf, ob sich Kanada von der Monarchie loslösen solle. Allerdings blieben die öffentlichen Debatten über eine kanadische Republik, die Pearson sogar persönlich mit der Queen diskutierte, ergebnislos.[378] Auch Trudeau, so hat Philip Murphy in seiner Studie nachweisen können, musste sich trotz seiner Sympathie für ein republikanisches Kanada langfristig eingestehen, dass dies „not [a] realistic prospect in the foreseeable future"[379] war. Mit anderen Worten: Eine ernsthafte Abkehr von der Monarchie war nicht wirklich denkbar.

In Abhängigkeit von nationalen Entwicklungen wie der Verfassungskrise in Australien 1975[380] oder der *Quiet Revolution* sollte das öffentliche Stimmungsbarometer immer wieder eine tendenzielle anti-monarchische Stimmung anzeigen. Bezeichnend ist allerdings, dass letztendlich in keiner der ehemaligen Siedlerkolonien der Ruf nach einer Republik in die Tat umgesetzt wurde. Viele Akteure wie Noel McLachlan verstanden die Forderung nach einer Republik als eine Art „practical republicanism"[381]. Dieser war die zwangsläufige, wenn auch schmerzhafte Konsequenz aus *Britain's turn to Europe*. Er bedeutete aber nicht, dass viele Akteure damit aufgehört hätten, sich insgeheim weiter als *British Australian, Canadian* oder *New Zealander* zu verstehen.[382] In Anlehnung an die Befunde von James Curran und Stuart Ward lässt sich vermuten, dass die Monarchie mit der Queen als starker Identifikationsfigur während der Identitätskrise für eine Konstante stand, welche sich zwar im Wandel befand, die aber gerade wegen der ihr zugeschriebenen ordnungsstabilisierenden Funktion für viele Akteure weiterhin attraktiv blieb.[383]

sichts der terroristischen Aktivitäten in Québec – auch eine Gefahr für das Leben der Queen darstellte. Vgl. Robert Sherrod: An Angry Welcome For A Queen, in: The Saturday Evening Post, 10.10.1964 sowie 300 Montreal Students March With "Liz Go Home", "La Reine No", in: The Globe and Mail, 10.10.1964.

[377] Ward: The 'New Nationalism' in Australia, Canada and New Zealand, S. 253.

[378] Vgl. Buckner: The Last Great Royal Tour, S. 90 rekurrierend auf Pearson: Mike, S. 300f.

[379] Murphy: Monarchy and the End of Empire, S. 153. Vgl. dazu auch den vertraulichen Bericht des *High Commissioner* Henry Lintott über ein Gespräch mit Trudeau: „He said he thought [...] it would be a long time before the Monarchy faded out in Canada – ‚perhaps not before it disappears in Great Britain.'" TNA PREM 13/1960, Canada, Future of Monarchy in Canada, H. Lintott (British High Commissioner in Canada), 28.6.1968.

[380] Vgl. dazu v. a. Murphy: Monarchy and the End of Empire, S. 145, 148f.

[381] Noel McLachlan: Should Australia Become a Republic?, in: Meanjin Quarterly. A Review of Arts and Letters in Australia 31.3 (1972), S. 330–337, hier S. 336.

[382] Vgl. ebd.

[383] Vgl. Curran/ Ward: The Unknown Nation, S. 85.

3. Symbole im Wandel

In den ehemaligen weißen Siedlerkolonien, so lässt sich festhalten, führte die Identitätskrise zu einem großen Bedarf an ‚eigenen' Symbolen. Über diese sollten in Verbindung mit dem *New Nationalism* nicht nur die ‚neuen' kollektiven Selbstbilder, sondern damit verbunden auch die Grundlagen der *re-imagined communities* repräsentiert werden. Zwar hatte es in der Geschichte der jeweiligen Länder immer wieder Debatten über nationale Symbole gegeben. Diese blieben letztlich aber ohne Konsequenzen, da kein gesamtgesellschaftliches Interesse an neuen Symbolen bestand. Erst unter dem Eindruck der Identitätskrise im Zuge des *End of Empire* war der gesellschaftliche Bedarf an distinkten Symbolen jenseits von *Britishness*, wenn auch oft unter dem Vorzeichen eines gewissen Handlungszwangs, so groß geworden, dass Veränderungen aus der Sicht der Akteure dringend erforderlich waren. Als Mitglieder der alten weißen Empire-Familie formten Kanada, Australien und Neuseeland unter dem geteilten Eindruck der Identitätskrise eine Art Schicksalsgemeinschaft. Aus diesem Grund spielten während der Bedrohung nicht nur gegenseitige Beobachtungen, sondern auch ein gegenseitiger Austausch eine große Rolle. Deutlich geworden ist dies etwa an dem Treffen politischer Repräsentanten aus allen drei Ländern, die sich in Wellington über ihren momentanen Umgang mit Fragen zu Änderungen der Nationalhymnen austauschten. Insbesondere Kanada, das bedingt durch die *Quiet Revolution* früher als die anderen Länder Maßnahmen zur Bewältigung der Identitätskrise treffen musste, wurde von den *new nationalists* in Australien und Neuseeland als Vorbild wahrgenommen. Nach all den Peinlichkeiten rund um den Findungsprozess einer Nationalhymne war Australiens Vorgehen hingegen gerade für Neuseeland ein abschreckendes Beispiel, dem man nicht folgen wollte. Daran anschließend konnte ferner gezeigt werden, dass die Länder im Rahmen der gegenseitigen Beobachtungs- und Austauschprozesse einen großen Wert darauf legten, mit ihren ‚neuen' Selbstbildern gerade in den verschwisterten Nationen eine positive Resonanz zu erzeugen.

Im Hinblick auf gegenseitige Verflechtungen zwischen den jeweiligen Ländern ist es bezeichnend, dass kanadische, australische und neuseeländische *nation builders* auf die gleichen Strategien und Rhetoriken zur Bewältigung der Identitätskrise setzten. Inwiefern sich etwa die ‚neuen', auf kultureller Vielfalt basierenden Identitätskonzepte auf symbolischer Ebene in allen drei Ländern widerspiegelten, ist an Pearsons Konzept eines *unhyphenated Canadianism* in Verbindung mit der *Maple Leaf Flag*, an Al Grassbys anlässlich des *Australia Day* angepriesenen neuen gesamtgesellschaftlichen Zusammenhalts sowie auch an Neuseelands ‚neuem' Selbstverständnis als kulturell vielfältig aufgestellte *Pacific nation* deutlich geworden, das anlässlich des *New Zealand Day* repräsentiert werden sollte. Die *new nationalists* versuchten also mit ihren neuen Identitätsnarrativen – abstrakt gesprochen –, einen ‚neuen' Mythos jenseits von

Britishness zu etablieren. Dieser sollte als ‚neue' Grundlage für den gesellschaftlichen Zusammenhalt der *re-imagined communities* dienen, deren Motto „*unity in diversity*" lautete. Entgegen der Vorstellung eines klaren Bruchs zwischen der ‚alten' und der ‚neuen' Zeit, in der unter dem *New Nationalism* eine ‚neue' und vor allem ‚eigene' Identität hervortreten sollte, ließ sich *Britishness* jedoch nicht einfach durch einen ‚neuen' Mythos ersetzen. So verschwanden britische Elemente in keinem der Länder und auch die ‚neue' Symbolik war nur schwer von *Britishness* zu lösen.

Bei der Gegenüberstellung der ‚alten' und der ‚neuen' Zeit wurde häufig auch suggeriert, dass der schädliche Zustand einer zu lange bestehenden *dual identity* nun mit Hilfe des *New Nationalism* endlich überwunden werden könne. Wie problematisch die Annahme einer *dual identity* ist, die manche Nationalisten bis heute noch vertreten, verdeutlicht unter anderem ein Schreiben des neuseeländischen Innenministers Allan Highet. Mit Blick auf die neue Nationalhymne sprach dieser nicht etwa von einer Dualität zwischen der nationalen und der britischen Symbolik, sondern von deren Komplementarität. Daher sei es falsch, so folgerte er, „*God Save the Queen*" und „*God Defend New Zealand*" gegeneinander auszuspielen, indem man nur ein Lied zur offiziellen Nationalhymne erkläre. Ein solches Vorgehen könne schließlich dafür sorgen, dass das Verständnis von Identität unter den Bürgerinnen und Bürgern gestört werden könne.[384] In Kanada sollte genau diese unauflösbare Komplementarität, die von den Akteuren in der Regel weiterhin als Dualität problematisiert wurde, zu einer andauernden Kritik an dem als lächerlich empfundenen Nebeneinander zwischen alten und neuen Symbolen führen. Die angestrebte *nationhood* drohte vermeintlich erneut in ihrem Potential ausgebremst und der koloniale Zustand nicht wirklich überwunden zu werden. In diesem Sinne argumentierte etwa die frankokanadische Tageszeitung *Le Devoir*, deren Standpunkt in einer englischsprachigen Presseschau wie folgt wiedergegeben wurde:

> We had no flag, and now officially we shall have two; likewise for a national anthem. It is a ridiculous situation … On the one hand we shall have a Canadian flag, and on the other we shall have the Union Jack as a symbol of our membership in the Commonwealth and of our allegiance to the Crown… We thus assert and re-establish a vestige of colonialism which is unacceptable for an independent country. The Union Jack, because it was the imperial flag, was Canada's emblem in the days when our country, even though largely autonomous under Confederation, was still a semi-colony. That phase ended with the Statute of Westminster. From then on we should have had a distinctive flag: the Union Jack was an extension of colonialism which an independent Canada should have refused.[385]

---

[384] Vgl. Allan Highet an J. Antonio, n.d.
[385] LAC MG 30 D 204 Box 58, File 566-6, Quebec 1964, French Press: Two Flags, One of Them Colonial, n.d. (clipping).

3. Symbole im Wandel

Der Vorwurf des Verrats an der eigenen Geschichte und Identität durch konservative Akteure wie Diefenbaker oder Creighton, das Blut auf dem mit der *Red Ensign* geschmückten Auto der Sekretärin McQuat, die durch Trauerbinden zum Ausdruck gebrachte Ablehnung der *Maple Leaf Flag*, tausende an die jeweiligen Premiers adressierte hochemotionale Briefe über die ‚richtige' Nationalflagge, die ‚richtige' Nationalhymne, die Bedeutung der Monarchie, die Notwendigkeit einer sofortigen Einführung der Republik oder eines zentralen Nationalfeiertags sowie die Debatten in den Kommentarspalten der Tagespresse über eine nationale Symbolik ohne nationalistische Elemente – all dies zeigt, wie schwer es für die ehemals britisch geprägten Siedlerkolonien war, das Ende des Empire als einen Loslösungsprozess vom Mutterland zu verkaufen. Schlussendlich ließ sich in keinem der untersuchten Länder eine Erfolgsgeschichte über die in der Zeit der Identitätskrise ins Leben gerufenen Symbole erzählen. Sowohl Kanadas Flaggendebatte, die bezeichnenderweise nur unter größtem Druck im *House of Commons* zu einem Ende kommen konnte,[386] als insbesondere auch Australiens Wettbewerb um eine Nationalhymne oder Neuseelands Versuch, mit dem *New Zealand Day* einen neuen nationalen Feiertag zu etablieren, sind als gescheitert, ja zum Teil sogar als Farce in die Geschichte der jeweiligen Länder eingegangen.

Innerhalb des *re-ordering*-Prozesses führte diese Erfahrung des Scheiterns immer wieder zurück zur ursprünglichen (Bedrohungs-)Diagnose und von dort wieder zu neuen Lösungsansätzen, um die Bedrohung bewältigen zu können. Neben dem minder erfolgreichen Lösungsansatz, den ‚neuen' Mythos über eine entsprechende ‚neue' Symbolik zu repräsentieren, setzten Akteure auch auf Erinnerungspraktiken sowie damit verbunden auf ‚neue' Vergangenheitszugriffe, um den ‚neuen' Mythos der *unity in diversity* zu etablieren und die Identitätskrise so zu lösen. Um diese Bewältigungspraktiken bedrohter Ordnung soll es nachfolgend gehen. Anhand zentraler nationaler wie internationaler Veranstaltungen wie Kanadas *Centennial*, der Expo 1967 oder dem ersten *New Zealand Day* 1974 wird zu klären sein, inwiefern Indigenität sowie der Bi- und Multikulturalismus im Rahmen von Erinnerungspraktiken von den Akteuren strategisch eingesetzt wurden, um Identitätsvorstellungen jenseits von *Britishness* nach außen hin promoten zu können. Dabei wird auch ein Blick auf die Aushandlungsprozesse rund um die ‚neuen' Identitätskonzepte gerichtet, die alles andere als statisch, sondern, bedingt durch die Bedrohung, besonders dynamisiert waren. Diese besondere Dynamisierung der gesellschaftlichen Diskurse im Zuge der Identitätskrise bzw. Bedrohung sorgte dafür, dass die ‚neuen' Zugriffe auf die Vergangenheit zusammen mit den ‚neuen' Identitätskonzepten nicht unhin-

---

[386] Vgl. Ward: The 'New Nationalism' in Australia, Canada and New Zealand, S. 247.

terfragt blieben. Vielmehr wurde gerade in der Zeit der Bedrohung geglaubtes Wissen einer kritischen Überprüfung unterzogen. In diesem Kontext konnten Akteure wie die zuvor lange marginalisierten Indigenen mit ihren Anliegen nicht einfach weiter ignoriert werden.

4. *Celebrating new identities* – Bikulturalismus, Multikulturalismus und Indigenität als Bewältigungsstrategien bedrohter Ordnung[387]

Blickt man auf die zeitgenössischen Debatten infolge des *End of Empire*, so fällt auf, dass Identität in Kanada, Australien und Neuseeland genau in der Zeitspanne, in der bisherige Vorstellungen kollektiver Identität vor allem in ihrer Brüchigkeit wahrgenommen wurden, zunehmend im Rekurs auf Bikulturalismus, Multikulturalismus und Indigenität[388] verhandelt wurde. „To be an Australian is, in part, to be an Aborigine"[389], argumentierte in diesem Sinne beispielsweise Donald Horne im Vorwort von Frank Hardys „*The Unlucky Australians*" von 1968. Ähnlich wie in Kanada, wo das Motto „*unity in diversity*" nicht zuletzt vor dem Hintergrund des auf dem Spiel stehenden *national survival* zur

---

[387] Die diesem Kapitel zugrunde liegenden Thesen sind erst jüngst in meinem Aufsatz über die Identitäts- und Erinnerungspraktiken Kanadas und Australiens während der kanadischen Hundertjahrfeier von 1967 bzw. der im gleichen Jahr stattfindenden Expo veröffentlicht worden. Entsprechend finden sich Teile dieses Kapitels in dem besagten Aufsatz wieder. Vgl. Sebastian Koch: Biculturalism, multiculturalism, and indigeneity as a strategy of *memoria*. Canada and Australia defining themselves in times of threat, in: Renate Dürr (Hg.): Threatened Knowledge. Practices of Knowing and Ignoring from the Middle Ages to the Twentieth Century, London, New York 2022 (Knowledge Societies in History), S. 152–178.

[388] Bis heute gilt der Versuch, den Terminus *Indigenität* definitorisch zu bestimmen, als ein kontroverses Unternehmen. Vgl. dazu etwa Francesca Merlan: Indigeneity. Global and Local, in: Current Anthropology 50.3 (2009), S. 303–333, hier v. a. S. 304–306 sowie Claire Timperley: Constellations of indigeneity: The power of definition, in: Contemporary Political Theory 19.1 (2019), S. 38–60, hier S. 38. Allgemein lässt sich der Begriff in seiner Funktion als kategoriale Referenz fassen. Indigenität bezieht sich auf „peoples who have great moral claims on nation-states and on international society, often because of inhumane, unequal, and exclusionary treatment" infolge von „colonization, and marginalization". Merlan: Indigeneity, S. 304. Da Indigenität innerhalb der Identitätsdiskurse der ehemaligen weißen Siedlerkolonien strategisch dazu genutzt wurde, um ‚neue' Selbstbilder jenseits von *Britishness* und *Whiteness* anzupreisen, bezieht sich Indigenität im Folgenden auch auf die Rolle indigener Kultur und Geschichte innerhalb der Identitätsdiskurse, die vor dem Hintergrund des *End of Empire* geführt wurden.

[389] Donald Horne: Foreword, in: Frank Hardy: The Unlucky Australians, Adelaide u. a. 1976 (1. Aufl. 1968), S. vii–ix, hier S. viii. Weiter heißt es dort: „The Aborigines are part of our Australian-ness, part of ourselves as a nation."

4. Celebrating new identities

Grundlage der *re-imagined community* werden sollte, so wurde auch in Neuseeland die, wenngleich weniger gefährdete, Fortexistenz der Nation an den Erfolg eines neuen, auf Vielfalt basierenden Identitätskonzepts („Unity through diversity"[390]) gekoppelt. Wie programmatisch die Idee der *unity in diversity* auch dort während der Zeit der Identitätskrise war, verdeutlicht ein Bericht mit dem Titel „*New Zealand at the Turning Point*" von 1976. Dieser war dem Skript zu einem Info-Film über Neuseeland vorangestellt. Darin wurde Vielfalt als eine überlebenswichtige Inspirationsquelle für die Nation beschrieben: „In short, New Zealand will either draw its flavour from the peaceful co-existence of plural lifestyles, or it will have no flavour, and possibly no future [...]."[391] In Neuseeland müsse es gegenwärtig darum gehen, die Vielfalt der *cultural identities* nicht nur als Kennzeichen einer eigenen kulturellen Identität, sondern als *flavour* der gesamten Nation, ja als Grundlage derselben darzustellen – eine Aufgabe, mit der sich insbesondere auch Kanada und Australien konfrontiert sähen. Aber auch hier schien man nicht gänzlich auf die Vorstellung einer homogenen Gesellschaft verzichten zu können. So erinnert das in dem Skript formulierte Ziel, die einzigartige kulturelle Vielfalt Neuseelands abzubilden, während gleichzeitig seine Homogenität betont wird,[392] an die widersprüchlichen Aussagen des australischen Premiers Gorton zur vermeintlichen Vereinbarkeit von multikulturellen und homogenen Identitätsvorstellungen.

Im Zuge des *End of Empire* waren die Diskurse rund um eine ‚neue' Identität zu einem Gegenstand geworden, dem sich kein Akteur wirklich zu entziehen vermochte. In diesem Sinne hielt etwa der von der neuseeländischen *Human Rights Commission* herausgegebene Bericht des *Race Relations Conciliator* fest, dass durch den „cultural shock" infolge der schwindenden „trade and cultural ties with Britain" Neuseeländer regelrecht dazu gezwungen worden seien, sich mit ihrer eigenen Identität auseinanderzusetzen, um „their own identity in the South Pacific"[393] stärker verankern zu können. Dieses Gefühl teilten auch viele Akteure in Australien und Kanada. Vor diesem Hintergrund wurden unter dem Label des *New Nationalism* ‚neue', auf Vielfalt basierende Selbstbilder promotet, ohne dass dies jedoch zwangsläufig und zeitgleich mit einer entsprechend gestalteten Politik des Multikulturalismus einherging.[394] Zwar gelangte bei-

---

[390] Race Relations Conciliator (Hiwi Tauroa): Race Against Time, hg. von Human Rights Commission, Wellington 1982, S. 51.
[391] ANZW AAPG W3435 Box 56 38/8/1847, The New Zealanders, Short thematic film treatment for THE NEW ZEALANDERS, a new 20 minute information film, 20.8.1977, S. 1.
[392] Vgl. ebd.
[393] Race Relations Conciliator: Race Against Time, S. 17.
[394] Ich folge hier Audrey Kobayashis Argument, dass sich insgesamt drei verschiedene Stufen des Multikulturalismus unterscheiden lassen: 1. Die demographische Stufe: „a state of

spielsweise die neuseeländische *Labour*-Regierung ähnlich wie die Australiens unter dem Eindruck der EWG-Beitrittsverhandlungen Großbritanniens zu der Überzeugung, dass Fragen von *race* und *colour* zukünftig keinerlei Rolle mehr für Einwanderungspolitiken spielen dürften, zumal sich die Zukunft der Nation nun im pazifischen Raum und damit in Abhängigkeit von einem guten Verhältnis zu Asien entscheiden würde. Allerdings verschwanden die alten Formen der Diskriminierung dabei nicht vollständig, auch wenn sich die ehemaligen weißen Siedlerkolonien nun zunehmend über ein multikulturelles Image definierten und entsprechend einen großen Wert darauf legten, ihre jeweiligen Einwanderungspolitiken als diskriminierungsfrei zu beschreiben.[395]

Aus strategischer Sicht waren die angepriesenen ‚neuen' multikulturellen Selbstbilder einerseits ein klares Signal an jene Länder, auf deren Kooperation man zukünftig stärker angewiesen war. Andererseits war die erfolgreiche Promotion jener ‚neuen' Selbstbilder gerade im Rahmen von öffentlichen Anlässen mit großer, teils internationaler Reichweite von zentraler strategischer Bedeutung: Dem Rest der Welt sollte verdeutlicht werden, dass man erfolgreich einen Initiationsprozess durchlaufen hatte, an dessen Ende die vermeintlich gelungene Etablierung einer einzigartigen pluralistischen und multikulturellen Gesellschaft stand. Kanada, Australien und Neuseeland schienen mit Hilfe ihres *New Nationalism* endlich alle Eigenschaften einer modernen und kultivierten Nation vorweisen zu können und imstande zu sein, mit anderen modernen Nationen mithalten zu können.

Vor diesem Hintergrund soll es im Folgenden um die symbolische Dimension der ‚neuen' Identitätskonzepte gehen. Mit Jatinder Mann könnte man diese auch als *philosophy of multiculturalism* bezeichnen, auf die verzögert die jeweiligen *policies of multiculturalism* folgten.[396] Allerdings lässt sich Manns Annahme,

ethno-cultural diversity towards which no coherent official policy exists"; 2. die symbolische Stufe, „wherein it is official policy to recognize and promote multiculturalism, without a firm commitment to bring about its objectives"; 3. die strukturelle Stufe, „at which legislative reform provides the basis for social change". Audrey Kobayashi: Multiculturalism: Representing a Canadian Institution, in: James Duncan, David Ley (Hgg.): Place/ Culture/ Representation, London, New York 1993 (ND 1997), S. 205–231, hier S. 205.

[395] Vgl. Sean Brawley: 'No "White Policy" in NZ'. Fact and Fiction in New Zealand's Asian Immigration Record, 1946–1978, in: The New Zealand Journal of History 27.1 (1993), S. 16–36, hier S. 33 f.

[396] Vgl. Mann: The introduction of multiculturalism in Canada and Australia, S. 483. Während für Kanada bereits ab 1971 von einem offiziellen Multikulturalismus gesprochen werden kann, den die Regierung unter Trudeau verkündet hatte, wandte sich Australien hingegen offiziell erst ab 1978 unter der Regierung Malcolm Frasers dem Multikulturalismus zu. Vgl. ebd., S. 491, 496 sowie Stephen Castles et al.: A Nation Without Nationalism?, in: Dies.: Mistaken Identity. Multiculturalism and the Demise of Nationalism in Australia, Sydney 1988, S. 1–15, hier S. 4. In diesem Kontext ist insbesondere auf die Ähnlichkeiten zwischen

4. Celebrating new identities

dass der inhaltlich stets unklare *New Nationalism* durch eine *philosophy* des Multikulturalismus zwischen den 1960er und 1970er Jahren ersetzt worden sei,[397] mit den bisherigen Untersuchungsergebnissen meiner Studie nicht vereinbaren. Die im Zeichen des Multikulturalismus stehende Vorstellung einer *unity in diversity*, die als Grundlage für die jeweiligen *re-imagined communities* nach dem Empire dienen sollte, war nicht losgelöst vom *New Nationalism*. Sie war vielmehr aufs Engste mit diesem verbunden.

Was die Publikationen gemeinsam haben, die in den letzten Jahren zur Rolle des Bi- und Multikulturalismus zu den ehemaligen weißen Siedlerkolonien erschienen sind, ist die Beobachtung, dass *aboriginal policies* in den jeweiligen Ländern getrennt von Fragen der *migrant policies* behandelt worden seien.[398] Fokussiert man sich jedoch nicht nur auf die jeweiligen Politiken, sondern auf die symbolische Dimension hinter dem Bi- und Multikulturalismus, so wird deutlich, dass Akteure unter dem Label des *New Nationalism* auf Indigenität als Marker für Vielfalt zurückgriffen, um ihre ‚neuen' Selbstbilder und Vorstellun-

---

den bikulturell geprägten Ländern Kanada und Neuseeland hinzuweisen. In beiden Ländern musste das Verhältnis zwischen dem Bi- und Multikulturalismus sorgfältig ausgehandelt werden. Dieser Aspekt wird an späterer Stelle noch einmal gesondert aufgegriffen werden. Für Neuseeland bleibt vorerst festzuhalten, dass es dort zu keiner offiziellen Hinwendung zum Multikulturalismus kam. Obgleich der Multikulturalismus sowie Vorstellungen einer multikulturellen Nation spätestens seit den 1970er Jahren nicht mehr aus den Identitätsdiskursen des Landes wegzudenken waren, blieb die Nation offiziell bikulturell. Bis heute, so Janine Hayward und Paul Spoonley, gebe es keinen offiziellen Multikulturalismus in Neuseeland, da die *tangata whenua* befürchteten, ihre besondere Stellung innerhalb der Gesellschaft verlieren zu können, wenn der Bikulturalismus durch das Konzept des Multikulturalismus ersetzt werden würde. Vgl. Janine Hayward: Biculturalism, in: Te Ara – The Encyclopedia of New Zealand, abgerufen unter: https://teara.govt.nz/en/biculturalism, (21.8.2017) sowie Paul Spoonley: Renegotiating Citizenship, in: Jatinder Mann (Hg.): Citizenship in Transnational Perspective. Australia, Canada, and New Zealand, Cham 2017, S. 209–222, hier S. 219. Trotz der Bestrebungen der *Labour*-Regierungen in den 1970er Jahren, eine neue „nondiscriminatory immigration policy" (Ongley/ Pearson: Post-1945 International Migration, S. 774) umzusetzen, änderte sich die neuseeländische Einwanderungspolitik offiziell erst 1987. Dies lässt sich unter anderem auf die Ablösung der *Labour Party* durch die konservative *National Party* unter Robert Muldoon zurückführen. Muldoon versuchte im Rahmen seines Nationalismusverständnisses, jene Prinzipien der *immigration policy* zu wahren, die auf *Britishness* basierten. So stützte er seine Vorstellung von einer guten Einwanderungspolitik im Wesentlichen auch auf alte Vorstellungen von *Whiteness*, die in seinem populistisch geführten Wahlkampf sichtbar wurden. Vgl. ausführlich dazu Mitchell: Immigration and National Identity in 1970s New Zealand, S. 96–98, 207–212.

[397] Vgl. Mann: The introduction of multiculturalism in Canada and Australia, S. 492, 496f. sowie zuletzt Ders.: The Search for a New National Identity, S. 227. Mann bleibt eine Begründung für seine Thesen leider schuldig.

[398] Vgl. etwa ebd., S. 8 sowie Anthony Moran: The Public Life of Australian Multiculturalism. Building a Diverse Nation, Cham 2017, S. 209.

gen kollektiver Identität jenseits von *Britishness* zu promoten. Oftmals führte dies gerade in den Situationen, in denen der Öffentlichkeit ein bestimmtes kollektives Selbstbild zu präsentieren war, zu verzerrten Darstellungen und Wahrnehmungen der Indigenen. Zwar erschienen die Indigenen mit ihrem *native heritage* während der Identitätskrise besonders attraktiv, da ihre Geschichte und Kultur Identifikationsmöglichkeiten jenseits von *Britishness* und *Whiteness* anboten. Allerdings bestand dabei ein grundsätzliches Problem, das der australische Anthropologe William E. H. Stanner für sein Land wie folgt auf den Punkt gebracht hat: Egal wie sehr es die Menschen auch wollten, hätten die für lange Zeit völlig vergessenen und strukturell marginalisierten Indigenen nicht ohne Weiteres zu einem Bestandteil des australischen Erinnerns werden können.[399] Für das benachbarte Neuseeland führte der Bericht des *Race Relations Conciliator* diese Schwierigkeit vor allem auf das problematische Erbe der ehemaligen Siedlerkolonie zurück. Im Fokus stand dabei die anhaltende Wirkung eines homogenen Kulturbegriffs, der durch *Britishness* und *Whiteness* gerahmt war: „[...], the legacy of ethnocentrism inherited from the Anglo-Celtic culture has made it harder to accept differences and to accept cultural change."[400] „Australia was being defined by some as if it included the blacks"[401], so problematisierte auch Donald Horne im Rückblick die Identitätsdefinitionen in der Zeit des *New Nationalism* und deutete mit *as if* sprachlich jene Diskrepanz an, die zwischen dem multikulturellen Selbstbild und der Wirklichkeit bestand.

Dieses offensichtliche Missverhältnis sowie die Beobachtung, dass auf die Indigenen und ihre Kultur rekurriert wurde, um ‚neue' Identitätskonzepte im Zuge des *End of Empire* zu promoten, scheinen zunächst keine wirklich überraschend neuen Erkenntnisse zu sein. Bereits lange vor der Zeit der Identitätskrise spielten die Indigenen und ihre Kultur als Bestandteil von nationalen Repräsentationsformaten eine Rolle innerhalb der Erinnerungspraktiken der ehemaligen weißen Siedlerkolonien. So seien Indigene, wie Ruth B. Phillips und Sherry Brydon für den kanadischen Fall angemerkt haben, ein „standard feature of the Canadian sections of fairs from the time of London's Great Exhibition of 1851" gewesen, wo sie als „minor footnotes to the main focus on Euro-Canadian culture"[402] präsentiert worden seien. Zwar ist in der Forschung der Zusammenhang zwischen der Identitätskrise und der Attraktivität von bi- und multikulturellen

---

[399] Vgl. Stanner: After the Dreaming, S. 25.
[400] Race Relations Conciliator: Race Against Time, S. 17.
[401] Horne: National Identity in the Period of the 'New Nationalism', S. 66.
[402] Ruth B. Phillips mit Sherry Brydon: "Arrow of Truth": The Indians of Canada Pavilion at Expo 67, in: Ruth B. Phillips: Museum Pieces. Towards the Indigenization of Canadian Museums, Montreal u. a. 2011, S. 27–47, hier S. 30.

4. Celebrating new identities

Identitätskonzepten erkannt worden.[403] Abgesehen von wenigen ersten Ansätzen[404] existiert allerdings bis jetzt noch keine Analyse, welche die auf Vielfalt basierenden Identitätskonzepte in ihrer symbolischen Dimension und in ihrer Funktion als Bewältigungsstrategien der Identitätskrise ernst nimmt, sie systematisch untersucht und dabei die besondere Rolle berücksichtigt, die Indigene und ihre Kultur in diesem Kontext gespielt haben. Was die Zeit der Identitätskrise, verstanden als bedrohte Ordnung, besonders macht, ist die zu beobachtende starke Dynamisierung von Identitätsdiskursen. Diese ermöglichte es, dass zuvor marginalisierte Akteure wie die Indigenen einen stärkeren Einfluss auf die Aushandlung von Identität bekamen. Langfristig gesehen mussten sich Promoter der ‚neuen' Identitätsvorstellungen mit der Frage auseinandersetzen, wie man mit anderen ethnischen Gruppierungen und insbesondere den Indigenen zukünftig umgehen sollte, wenn man glaubwürdig ein ‚neues' Selbstbild jenseits von *Britishness* und *Whiteness* nach außen hin repräsentieren wollte. In diesem Kontext, so die These, konnte es allmählich gelingen, dass das kollektive Gedächtnis der Indigenen sowie Vorstellungen indigener Identität nicht mehr länger ignoriert und stumm gehalten werden konnten.[405]

Wie bereits angeklungen ist, lässt sich die Beziehung zwischen Identität und historischem Erinnern am besten über öffentlich zelebrierte Nationalfeiern oder Gedenkveranstaltungen sichtbar machen, denn was erinnert werde, so hat es John R. Gillis auf den Punkt gebracht, sei durch die Vorstellung einer bestimmten Identität definiert.[406] Angesichts der langen Planungszeit und Intentionalität hinter Veranstaltungen dieser Art – schließlich wird in diesem Kontext stets

---

[403] Vgl. etwa Susanne Schech und Janes Haggis, die bereits im Jahre 2000 darauf hingewiesen haben, dass die Beschreibung Australiens als multikulturelle Gesellschaft „at precisely the moment at which the existing white Anglo-Celtic hegemony was being settled from within" aufgekommen sei. Susanne Schech/ Jane Haggis: Migrancy, Whiteness and the Settler Self in Contemporary Australia, in: John Docker, Gerhard Fischer (Hgg.): Race, Colour and Identity in Australia and New Zealand, Sydney 2000, S. 231–239, hier S. 234. Vgl. dazu auch Doig: New Nationalism in Australia and New Zealand, S. 562.

[404] Vgl. insbesondere Curran/ Ward: The Unknown Nation, S. 74 f., 78 und Katherine Smits: Dialogue: Why Does Culture Matter? The political uses of minority cultures, in: Politics, Groups, and Identities 2.4 (2014), S. 674–680, hier S. 674. Ausgehend von australischen und neuseeländischen Diskursen über den Bi- und Multikulturalismus mahnt Smits in ihrem Aufsatz an, dass der Multikulturalismus nicht nur im Hinblick auf „the relationship between cultural membership, individual identity, and individual rights and freedoms" diskutiert werden solle. Stattdessen solle auch berücksichtigt werden, wie etwa für die jeweiligen außenpolitischen Agenden auf den „discourse of cultural recognition, both indigenous and polyethnic" rekurriert worden sei.

[405] Vgl. Frie/ Nieswand: „Bedrohte Ordnungen" als Thema der Kulturwissenschaften, S. 6.

[406] Vgl. John R. Gillis: Memory and Identity: The History of a Relationship, in: Ders. (Hg.): Commemorations: The Politics of National Identity, Princeton ²1996, S. 3–24, hier S. 3.

beabsichtigt, ein bestimmtes Selbstbild oder eine bestimmte Botschaft erfolgreich nach außen hin zu vermitteln – kann von einer diskursiven Strategie ausgegangen werden, die von den mit der Organisation und Planung betrauten Akteuren verfolgt wird. In diesem Kontext ist es sinnvoll, einen Blick auf die mit Identitätsvorstellungen verbundenen Wissenspraktiken zu richten, da Identität, wie mit James H. Liu festgehalten werden kann, stets aus den „representations (‚imaginings') of knowledge about a group"[407] konstruiert wird.

Längst hat die Forschung nicht nur die definitorischen Schwierigkeiten des ubiquitären Wissensbegriffs, sondern auch das Dilemma der Forschungsperspektive auf „die soziale Determiniertheit von Wissen", die man selbst „unter dem Vorzeichen der sozialen Determiniertheit des eigenen Wissens und der eigenen Aussagen"[408] einnimmt, problematisiert.[409] Da sich Wissen für die Geschichtswissenschaften inhaltlich nicht greifen lasse, so konstatiert Achim Landwehr, müsse man sich auf „die Kategorisierungen [...] konzentrieren, die im und mit dem Wissen am Werk sind".[410] Wissen lässt sich vor diesem Hintergrund „nur noch im Zusammenhang von Gesellschaft und Kultur angemessen begreifen" und versteht sich infolgedessen als ein „Ensemble von Ideen", welches „von einer sozialen Gruppe als gültig und real anerkannt"[411] wird. Bedingt durch die diskursive Regulierung von Wissenspraktiken[412] lässt sich eine Auf-

---

[407] James H. Liu: History and Identity: A System of Checks and Balances for Aotearoa/ New Zealand, in: Ders. et al. (Hgg.): New Zealand Identities, Departures and Destinations, Wellington 2005, S. 69–87, hier S. 69.

[408] Achim Landwehr: Das Sichtbare sichtbar machen. Annäherungen an ‚Wissen' als Kategorie historischer Forschung, in: Ders. (Hg.): Geschichte(n) der Wirklichkeit. Beiträge zur Sozial- und Kulturgeschichte des Wissens, Augsburg 2002 (Documenta Augustana 11), S. 61–89, hier S. 76. Vgl auch ebd., S. 70.

[409] Angesichts dieser Paradoxie müsse eine Wissenssoziologie, wie Niklas Luhmann vorgeschlagen hat, „sich selbst als konstruierte, [und damit] als dekonstruierbare Selbstbeschreibung der Gesellschaft" darstellen und begreifen. Niklas Luhmann, zitiert in: Landwehr: Das Sichtbare sichtbar machen, S. 76.

[410] Landwehr: Das Sichtbare sichtbar machen, S. 70: „Erst die Einteilungen, Grenzziehungen, Differenzierungen, Inklusionen und Exklusionen sind es, die das Wissen und die Wirklichkeit zu dem machen, was sie für gegenwärtige und vergangene Gesellschaften sind. [...] Eine [...] kulturwissenschaftliche und kulturhistorische Erforschung des Wissens sieht Gesellschaft und kommunizierte Wissensformen als untrennbar miteinander verknüpft, als wechselseitig aufeinander bezogen, wobei keiner der beiden Faktoren dem anderen vorgängig ist – es macht also wenig Sinn, zu fragen, ob zuerst die Henne oder das Ei da war."

[411] Ebd., S. 71.

[412] Wissen ist, anders als der Kollektivsingular suggerieren mag, keine feste Entität, sondern wird stets gesellschaftlich ausgehandelt und damit durch die verschiedenen Diskurse reguliert, die wiederum von den Akteuren selbst geprägt werden. In Anlehnung an Michel Foucault müssen Diskurse und Praktiken zusammen gedacht werden, definiert er diskursive Praktiken doch als „the practice of producing meaning". Stuart Hall: The West and the Rest:

fassung von *dem* Wissen im Singular nicht vertreten. Vielmehr müsse, wie mit Landwehr festgehalten werden kann, Wissen stets im Plural gedacht werden.[413] Im Hinblick auf die These, dass während der Zeit der Bedrohung ‚neue' Akteure wie die zuvor marginalisierten Indigenen mit ihren Erinnerungen und ihrem Wissen mehr wahrgenommen wurden und so auch einen größeren Einfluss gewinnen konnten als zuvor, ist insbesondere die Frage nach dem Wandel von „Wissen in seiner gesellschaftlichen Bedingtheit"[414] zentral.

Vor diesem Hintergrund soll in diesem letzten Kapitel vor allem ein Fokus auf *prekäres Wissen* gerichtet werden – ein Terminus, der von Martin Mulsow geprägt wurde und eine Form des Wissens beschreibt, das unsicher, aber auch subversiv in seinem Potential ist, Erinnerungspraktiken und die damit verbundenen etablierten Wahrheiten zu hinterfragen.[415] In bedrohten Ordnungen spielt *prekäres Wissen* gerade deshalb eine besondere Rolle, weil zuvor etablierte Identitätskonzepte sowie die damit verbundenen Wissenspraktiken innerhalb der an Bedrohungen anschließenden *re-ordering*-Prozesse hinterfragbarer werden. In Anlehnung an Jay Winters Konzept von Schweigen (*silence*) könnte man dies wie folgt auf den Punkt bringen: In bedrohten Ordnungen wird es für Akteure möglich, das Verhältnis zwischen dem etablierten Wissen und dem unterdrückten oder stummgehaltenen Wissen zu hinterfragen und neu auszuhandeln. Letztlich kann so jenes Schweigen gebrochen werden, das als ein „sozial regu-

---

Discourse and Power, in: Ders., Bram Gieben (Hgg.): Formations of Modernity, Oxford 1992, S. 275–335, hier S. 291. Vgl. dazu auch Parr: s.v. Diskurs, S. 234. Zum Zusammenhang zwischen *Diskurs* und *Praxis* vgl. insbesondere auch Reckwitz: Praktiken und Diskurse, S. 63. Wie Reckwitz konstatiert, lasse sich das Materialitäts- und Implizitheitsargument der Praxeologen, das Diskurse vormals von Praktiken trennte, ohne Weiteres auch auf Diskurse anwenden: „Diese sind keine ideellen Phänomene, sondern haben ihre eigene Materialität als Sequenz von schriftlichen Markierungen, technisch hergestellten Bildern oder auch lautlichen Schallwellen. Die Diskurse repräsentieren zwar die Dinge ‚explizit', sie handeln von den Dingen, reden über sie oder setzen sie ins Bild, aber sie enthalten gleichwohl ebenfalls implizite Codes und Wissensordnungen, die nicht selbst in ihrer Abstraktion Thema der Repräsentationen sind." Ebd. Foucaults Diskursbegriff ist insbesondere auch deshalb hilfreich, weil er die gesellschaftliche und soziale Bedingtheit sowie die stets mögliche Wandelbarkeit von Wissenspraktiken verdeutlicht und im Gegensatz zum Terminus *Ideologie* die Dichotomie *wahr vs. falsch* nicht als Gegebenheit, sondern als hinterfrag- und dekonstruierbar auffasst. Was als anerkanntes oder eben nicht anerkanntes Wissen gilt, so lehrt Foucaults Diskursbegriff, wird gesellschaftlich ausgehandelt. Vgl. dazu auch Hall: The West and the Rest, S. 292; Landwehr: Das Sichtbare sichtbar machen, S. 76 sowie Hubert Knoblauch: Wissenssoziologie, Konstanz ³2014 (UTB 2719), S. 353.

[413] Vgl. Landwehr: Das Sichtbare sichtbar machen, S. 72.
[414] Ebd.
[415] Vgl. Martin Mulsow: Prekäres Wissen. Eine andere Ideengeschichte der Frühen Neuzeit, Berlin 2012, S. 17, 32.

lier[ender], sozial bewahr[ender] aber auch sozial zerstör[barer]" Raum verstanden werden kann, „in dem niemand darüber spricht, was jedermann weiß".[416]

Daran anknüpfend soll es im Folgenden anhand von Fallbeispielen zu Kanadas *Centennial*, der Expo von 1967 und dem ersten *New Zealand Day* von 1974 zum einen um die Fragen gehen, wie Bikulturalismus, Multikulturalismus und Indigenität innerhalb der im Zeichen des *New Nationalism* stehenden Erinnerungspraktiken von Akteuren strategisch eingesetzt wurden, welche Vergangenheitsentwürfe damit verbunden waren und welches Wissen in diesem Rahmen angenommen, abgelehnt oder auch verschwiegen wurde. Zum anderen soll geklärt werden, inwiefern zuvor marginalisierte Akteure ihre Erinnerungen an vergangenes Leid und erfahrenes Unrecht sowie das damit verbundene *prekäre Wissen* langfristig nutzen konnten, um sich Gehör zu verschaffen und in ihrem Sinne Einfluss auf die Aushandlung von Identität zu nehmen.

4.1. 1967: Kanadas Coming-of-Age-Party

Ende September des Jahres 1964 erschien in einer der größten kanadischen Tageszeitungen, der *Globe and Mail*, eine Selbstreflexion des bekannten Historikers William L. Morton. Für einen Intellektuellen wie Morton, der wie Donald Creighton oder George Grant zu jenen Akteuren gehörte, die um den Verlust der britischen Anbindung trauerten und damit das Ende der kanadischen Identität gekommen sahen, war der in dem Artikel angeschlagene selbstkritische Ton bemerkenswert. Im kritischen Fokus seiner Betrachtung stand *Canada's Britishness* als ein problematisches Identitätskonzept. Morton zufolge habe dieses Konzept über einen langen Zeitraum dafür gesorgt, dass *English Canadians* wie er in ihrer Hybris angenommen hätten, sie besäßen im Gegensatz zum Rest der kanadischen Gesellschaft ein größeres Prestige:

It is arrogant to suggest that an English Canadian was ever anything else than a Canadian like any other. In Canada now, a man's origins do not matter: we are equally, and really equally, Canadians. This sudden realization of equality, [...], is, I believe, the great thing that has happened in Canada since the last war. Until 1945, or a few years later, the lingering memory of that empire gave to Canada an external support, an artificial coherence, a dominant majority. All that is quite gone now.[417]

---

[416] Suzan Meryem Kalayci: Interview with Professor Jay Winter, in: Tarih 1.1 (2009), S. 29–36, hier S. 34. In deutscher Übersetzung zitiert nach Dietmar Rothermund: Einleitung: Erinnerung und Handlungskompetenz, in: Ders. (Hg.): Erinnerungskulturen post-imperialer Nationen, Baden-Baden 2015, S. 9–27, hier S. 14.

[417] W.L. Morton: An English Canadian Denounces Separatism, in: The Globe and Mail, 26.9.1964.

4. Celebrating new identities

Was Morton von seinen Kollegen wie Creighton oder Grant unterschieden habe, so hat Philip Massolin herausgearbeitet, sei seine grundsätzlich weniger pessimistische Haltung gewesen, die er trotz seiner kritischen Arbeiten zu Kanadas Identitätskrise, den Gefahren des Separatismus und Kontinentalismus eingenommen habe.[418] Im Gegensatz zu Creighton, der ausgerechnet 1967, zum 100. Geburtstag der *Confederation*, die Grundlagen der gesellschaftlichen Einheit hinterfragte, indem er öffentlich erklärte, dass die kanadische Nation nicht grundsätzlich auf den Prinzipien des Bilingualismus und Bikulturalismus aufgebaut worden sei,[419] schlug Morton versöhnlichere Töne an.[420]

Unter dem Eindruck des *End of Empire* und der *Quiet Revolution* sprach sich Morton in seinem Artikel für ein ‚neues' Identitätsverständnis aus, mit dessen Hilfe das Überleben der kanadischen Gesellschaft gewährleistet und die Gefahr einer „absorption by the United States with Canadians reduced to the status of second-class Americans"[421] abgewendet werden sollte. Die alte Zeit unter dem Vorzeichen des *British race patriotism* schien vorüber. Im ‚neuen' postimperialen Kanada, das Morton nun wahrnahm, schienen „ethnic backgrounds" keinerlei Rolle mehr zu spielen. Was zählte, war die Gleichheit *aller* Kanadier. Jene ‚neue' Gesellschaft, die Morton wie viele seiner Zeitgenossen imaginierte, gründete historisch auf dem bikulturellen Fundament der Nation und schien sich nun immer mehr ihres pluralistischen und multikulturellen Charakters bewusst zu werden.

Vorstellungen wie diese, die eine Entwicklung vom Bi- zum Multikulturalismus suggerierten, sowie die metaphorisch aufgeladenen Schlagwörter wie *ethnic mosaic* oder *unity in diversity*, wurden im Verlauf der 1960er Jahre zu festen

---

[418] Vgl. Massolin: Canadian Intellectuals, the Tory Tradition and the Challenge of Modernity, S. 266 f.

[419] Vgl. Wright: Donald Creighton, S. 284 f. Creighton trug seine kontroverse These am 11. Januar 1967 anlässlich des *Centennial* und des Geburtstags des ersten Premierministers Kanadas, John A. Macdonald, vor der *Manitoba Historical Society* in Winnipeg vor. Bereits im Vorfeld hatte er seine Kritik an einem bilingualen und bikulturellen Fundament der Nation im auflagenstarken *Saturday-Night*-Magazin veröffentlicht. Vgl. D.G. Creighton: The Myth of Biculturalism, in: Saturday Night, Sept. 1966. Infolgedessen sah sich Creighton nicht zuletzt aufgrund seiner Polemik einer heftigen öffentlichen Kritik ausgesetzt. Man warf ihm vor, ein Imperialist zu sein, der die Nation weiter unnötig spalten wolle. Vgl. Arpin's Blood Boils At Speech, in: Winnipeg Free Press, 12.1.1967; Doern Attacks Historian, in: Winnipeg Free Press, 13.1.1967; Come off it, Professor, in: Ottawa Citizen, 17.1.1967; Tim Creery: Historian's choice plea for secession, in: Ottawa Citizen, 18.1.1967. Vgl. dazu auch die *clipping*-Sammlung und Korrespondenzen Creightons in: LAC MG 31 D 77, Box 30, Manitoba Historical Society Speech 1966–67. Correspondence and clippings.

[420] Vgl. Berger: The Writing of Canadian History, S. 256.

[421] Morton: An English Canadian Denounces Separatism, in: The Globe and Mail, 26.9.1964.

Bestandteilen der nationalen Selbstbeschreibungen.[422] Nicht nur dienten sie dazu, eine Einzigartigkeit kanadischer Identität gerade gegenüber den USA mit ihrem *melting pot* zu suggerieren.[423] Sie waren vielmehr auch eine Reaktion auf die Kritik vieler verschiedener Gruppierungen am Bikulturalismus, für den der Einfluss ihrer jeweiligen Kulturen auf Kanada keinerlei Rolle zu spielen schien.[424] Vor dem Hintergrund dieser Kritik betonte die vierte Veröffentlichung der *Bi and Bi Commission* die Zentralität des Multikulturalismus, wobei zugleich hervorgehoben wurde, dass die historische Prägung, die Kanada durch die englische und französische Kultur erfahren habe, ein fester Bestandteil des kollektiven Gedächtnisses bleiben müsse. Dies führte zu der Wahrnehmung Kanadas als „officially bilingual but fundamentally multi-cultural"[425].

In diesem Kontext waren Kanadas *Centennial* und Montréals „coming-of-age-party"[426], wie die Expo 1967 vom *Maclean's Magazine* genannt wurde, mit der großen Hoffnung verbunden, die vermeintliche *mature identity* Kanadas zu feiern und die Einheit *aller* Kanadier auf der Grundlage des ‚neuen' multikulturellen Selbstbilds einzuschwören. Schlagzeilen wie „*Hope Expo Will Help Dis-*

---

[422] Eine Lösung für die Identitätskrise boten Ramsay Cook zufolge auch die *limited identities*, die er als charakteristisch für Kanada einstufte: „Perhaps instead of constantly deploring our lack of identity, we should attempt to understand and explain the regional, ethnic and class identities that we do have. It might just be that it is in these limited identities that ‚Canadianism' is found, and that except for our over-heated nationalist intellectuals, Canadians find this situation quite satisfactory." Ramsay Cook: Canadian Centennial Celebrations, in: International Journal 22.4 (1967), S. 659–663, hier S. 663. Auch in den Quellen der *Bi and Bi Commission* finden sich zahlreiche Dokumente, die gerade in der einzigartigen Vielfalt Kanadas die Lösung für die Identitätskrise sahen. Vgl. etwa LAC RG 33/80, Box 83, E. Berton Paper, Working Paper. Canadian Identity, 10.6.1966, S. 7f.

[423] Vgl. Mackey: The House of Difference, S. 65. Auch wenn keiner wirklich wisse, was ein Kanadier eigentlich sei, so unterstrich der frankokanadische Journalist Jean-Louis Gagnon, gebe es doch eine Gewissheit: „Canada is not a melting pot." Die wesentlichen Charakteristiken, über die sich Kanada von den USA abgrenze, seien die britisch geprägten Institutionen, der *French factor* sowie die „very existence of a third element", also all jene ethnischen Gruppen und Kulturen, die weder britisch noch französisch geprägt waren. Diese seien „integrated to a great extent but not assimilated[.]" LAC RG 33/80, Box 177, 1974–75_039, Jean-Louis Gagnon: Importance du Centenaire de la Confédération comme Facteur d'Unité Canadienne (Papers presented to the national conference on the centennial of confederation at Toronto, Nov. 24–25, 1964), S. 2.

[424] Vgl. Litt: Trudeaumania, S. 78.

[425] Report of the Royal Commission on Bilingualism and Biculturalism, Book IV: The Cultural Contribution of the Other Ethnic Groups, Ottawa 1969, S. 12. Die Vorschläge der vierten Veröffentlichung der *Bi and Bi Commission* wurden unter Premierminister Trudeau 1971 offiziell durch eine *policy* umgesetzt, die den Titel „*Policy of Multiculturalism within a Bilingual Framework*" trug. Vgl. P.E. Trudeau, in: Canada. House of Commons Debates, Vol. 8, 8.10.1971, S. 8545.

[426] What Expo really is: a coming-of-age-party, in: Maclean's, Vol. 80 No. 1 (1967).

cover Identities"⁴²⁷ oder Pearsons Beschreibung der *Centennial*-Feierlichkeiten, durch die eine Identität „out of ‚the dualism of our origin and the diversity of our development'"⁴²⁸ geschmiedet werden sollte, verdeutlichen, dass die angenommene *mature identity* Kanadas mehr einem Wunsch als einer tiefsitzenden Überzeugung entsprach. Wie sehr Kanadas Festjahr 1967 unter dem Vorzeichen der Identitätskrise stand, verdeutlicht beispielsweise ein Interview, das Pearson noch zu Jahresbeginn dem *CBC Newsmagazine* gegeben hatte. Auf die Frage, was sein Gefühl zum jetzigen Zeitpunkt sei, da Kanada nun seinen 100. Geburtstag begehe, verwies er auf die vorherrschend negative Stimmung unter den Bürgerinnen und Bürgern sowie die deutlich wahrnehmbaren Selbstzweifel der Nation.⁴²⁹ Nicht zuletzt die angespannte Situation in Québec drohte einen Schatten auf das Festjahr zu werfen. Abgesehen von der öffentlich geführten Debatte, ob die in Montréal ausgetragene Expo 67 eine Veranstaltung Kanadas oder doch nur von *French Canada* sei,⁴³⁰ spiegelte sich diese Spannung nicht zuletzt in der öffentlichen Entrüstung wider, nachdem Charles de Gaulle während seines Aufenthaltes in Kanada den „separatist slogan ‚*Vive le Quebec libre*' (long live free Quebec)"⁴³¹ vom Balkon des Rathauses von Montréal gerufen hatte. In diesem Ereignis, so schilderte es der Korrespondent der *Canberra Times* in Ottawa seinen australischen Leserinnen und Lesern, spiegelte sich die Fragilität der kanadischen Identität wider. Gerade zum Festjahr 1967 habe man den Eindruck gehabt, dass es gelingen könne, die kanadische Identität zusammen mit dem

---

⁴²⁷ Hope Expo Will Help Discover Identities, in: The Globe and Mail, 15.7.1965.
⁴²⁸ Pearson, zitiert in: A hundred years of Prime Ministers. Pearson hopes 1967 will bring pride, in: The Globe and Mail, 31.12.1966.
⁴²⁹ Vgl. LAC MG 26 N 9, Box 42, 1967 January, Transcript of Prime Minister's Interview with Tom Gould on CBC Newsmagazine Harrington Lake, 3.1.1967, S. 1.
⁴³⁰ Vgl. etwa Jean Woodfield: Expo '67 – Canada's Or Montreal's?, in: The Gazette, 13.9. 1966 oder Charles Lynch: The nation. What are we celebrating?, in: Ottawa Citizen, 11.1.1966: „We are moved to ask whether Expo will be used for the greater glory of Canada, or for the greater glory of Quebec?" Die Veranstalter und Planer hinter der Expo erhofften sich hingegen, dass gerade von der Ortswahl ein positives Signal für *alle* Bürgerinnen und Bürger Kanadas ausgehe. Vgl. LAC RG 69, Box 141, File 3-5-49 Vol. 1 Dec. 7/65, La Revue Touristique de Montreal Inc., John Fisher (The Centennial Commission, Ottawa): The Centennial and Montreal, S. 3: „The non-Canadians who will come to Montreal and to all Canada in thousands (and probably millions) in 1967 will find a people celebrating Confederation's Centennial in a way and in a spirit that will reflect a determination to understand and cope with all differences, […]. More important, perhaps, the hosts of Canadians who visit and linger in Montreal and environs in 1967 will wonder what all the shouting was about, and the hosts of Quebec people who will be travelling across Canada will find that they are living in a neighbourhood of warm-hearted and understanding people longing to be their friends."
⁴³¹ Robert McKenzie: After Separatist Slogan 'Long live Canada', in: Toronto Daily Star, 25.7.1967 (Herv. i. Orig.).

Verhältnis zwischen *British* und *French Canadians* in einem stabilen Zustand zu halten. All dies sei mit de Gaulles Auftritt jedoch sehr zweifelhaft geworden.[432]

Angesichts des auf dem Spiel stehenden Überlebens der kanadischen Nation konzentrierten sich die Organisatoren des *Centennial* darauf, über die Hundertjahrfeier die ‚neuen', auf Vielfalt basierenden Grundlagen des gesellschaftlichen Zusammenhalts zu promoten. Das ‚Neue', das Antworten auf die sich aus dem Ende des Empire, der Angst vor den Folgen der *Quiet Revolution* sowie der Amerikanisierung speisenden Identitätskrise geben sollte, musste dabei allerdings durch die Geschichte legitimiert werden – ein Vorgang, den Dieter Langewiesche für die Nationalismusforschung wie folgt auf den Punkt gebracht hat: „Das meint Erfindung der Nation: Die Geschichte wird neu eingekleidet, aber aus dem Fundus der Vergangenheit."[433] In diesem Sinne setzten die *identity planners* darauf, die Idee der *unity in diversity* historisch mit Hilfe der Erinnerungspraktiken zu legitimieren. Wie die nationale Geschichte Kanadas seit ihren Anfängen im Jahre 1867 darzustellen war, sollte sich an den gegenwärtigen Interessen des Landes, in dem das *survival* auf dem Spiel stand, orientieren. Im Mittelpunkt stand daher die Aufgabe, die Vorstellung der *unity in diversity* sowie die allmähliche Zusammensetzung des kanadischen *mosaic* aus verschiedensten Ethnien aus der Geschichte des Landes abzuleiten.

Für den kanadischen Historiker Cornelius Jaenen gab es zwischen der gegenwärtigen Situation im Jahre 1967 und dem Gründungsjahr der kanadischen Dominion 1867 eine vermeintlich eindeutige Parallele: Bereits die *Fathers of Confederation*, so argumentierte er, hätten gewusst, dass nur die Orientierung an der Gegenwart die Einheit aller Kanadier gewährleisten könne:

These are the vital elements of Canadianism today, as in 1867. These are the bases for bringing together in an organic whole disparate peoples, divergent cultures, distant and dissimilar regions. The impact of 1967 can be, and must be, greater than that of 1867. On the decisions we make now with regards to our problems depend our survival, our identity and our role among the nations.[434]

Ähnlich wie Jaenen argumentierte auch der *Chief Centennial Commissioner* John Fisher. Um Kanadiern ein Gefühl für die angestrebte *unity in diversity* geben zu können, müsse man den Menschen mit Hilfe einer entsprechenden Darstellung nicht nur eine Vorstellung der nationalen Geschichte vermitteln. Vielmehr solle man dabei auch einen besonderen Schwerpunkt auf den Einfluss

---

[432] Ottawa Correspondent: Setback to national unity, in: The Canberra Times, 9.8.1967.
[433] Langewiesche: Was heißt Erfindung der Nation?, S. 616.
[434] Jaenen: The Impact of the Centennial of Confederation as a Factor in Canadian Unity, S. 5.

„by the many other people from foreign lands, and the part this homogenous mixture is playing in Canada's life today"⁴³⁵ legen. Vor diesem Hintergrund ließ sich über den zeitlos wirkenden *unity*-Gedanken die Vergangenheit mit der Gegenwart verknüpfen. Was in den 1960er Jahren die *unity in diversity* ausmache, so wurde in diesem Zusammenhang häufig angedeutet, sei um 1867 der auf Bikulturalismus basierende *unity*-Gedanke gewesen, durch den die Interessen der frankokanadischen Minderheit gewahrt worden seien. Ein weiterer interpretatorischer Schritt wurde in der Thronrede zum Festjahr 1967 vollzogen, in der die Vorstellung einer *unity in diversity* eins zu eins auf das Handeln der *Fathers of Confederation* übertragen wurde. In ihrer Weisheit hätten diese bereits gewusst, „that unity, with cultural and regional diversity could be harnessed to a positive and enriching role in no other way".⁴³⁶ Mit dieser Vorstellung verbunden war ein teleologisches Geschichtsbild, das eine lineare Entwicklung von der bikulturellen Vision der *Fathers of Confederation* von 1867 zur multikulturellen Gesellschaftsform 1967 anpries. In diesem Sinne suggerierte etwa Premierminister Pearson, dass die Vision der Gründungsväter im Verlauf der Zeit „into an ideal of nationhood"⁴³⁷ herangereift sei.

Um dieses teleologische Geschichtsbild während des Festjahres in Kanada verbreiten zu können, setzte die Planungsebene auf ein Ausstellungsformat, das diese Interpretation der Nationalgeschichte im eigens etablierten *Confederation Train* und – für die periphereren Gegenden – im *Confederation Caravan* sprichwörtlich durch Kanada transportierte.

Abb. 15: LAC Misc. Poster Collection/e010779401 (Canadian Corporation 1967b)

---

⁴³⁵ LAC RG 69, Box 640, Fisher – Basic Address 1967, S. 3.
⁴³⁶ Speech from the Throne, in: Canada. House of Commons Debates, Vol. 1, 8.5.1967, S. 1–5, hier S. 1.
⁴³⁷ LAC MG 26 N 9, Box 42, 1967 January, Transcript of the PM's Remarks at Queen's University Ceremony Kingston, 11.1.1967, S. 4.

In den insgesamt sechs Wagons des Zuges, der die „Confederation and the unity of all provinces"[438] symbolisch abbilden sollte, wurden „detailed aspects of Canadian society to be proud of"[439] präsentiert, mit deren Hilfe eine positive Verbindung zwischen der nationalen Vergangenheit und der Gegenwart Kanadas erzeugt werden sollte. Auf diese Weise versuchten die *identity planners* der Identitätskrise, deren Folgen den öffentlichen Diskurs während der *langen* 1960er Jahre dominierten, eine positive Botschaft entgegenzustellen. In einer indirekten Anspielung auf jene Krise hob beispielsweise Peter H. Aykroyd, der Hauptverantwortliche für die Öffentlichkeitsarbeit der *Centennial Commission*, hervor, dass der Zug mit seiner Ausstellung ein starkes psychisches Bedürfnis aller Kanadier nach einer selbstbewussten und positiven Botschaft befriedige.[440] Wie zentral die Thematik der Identitätssuche für die mobile Ausstellung war, verdeutlicht der Ausstellungsflyer zum *Confederation Train*, der den Besucherinnen und Besuchern unter der programmatischen Überschrift „What is Canada?" historische Fakten zu den präsentierten Themen lieferte.[441] Eine mögliche Antwort auf diese Frage versuchte die Ausstellung durch eine Verknüpfung zwischen der Vergangenheit, Gegenwart und Zukunft Kanadas zu geben. Angefangen bei der Darstellung einiger Dörfer von ‚Indianern'[442] und der Geschichte ihrer Überquerung der Beringstraße passierten die Besucherinnen und Besucher auf ihrem weiteren Weg durch die einzelnen Wagons die Geschichte der frühen Einwanderer und die „pre- and post-Confederation periods of Canadian history with a walk through a French seigniorial house"[443]. Vom Ende des 19. Jahrhunderts über die beiden Weltkriegserfahrungen erreichten die Besucherinnen und Besucher schließlich mit dem letzten Wagon die noch offe-

---

[438] Jane Griffith: One Little, Two Little, Three Canadians: The Indians of Canada Pavilion and Public Pedagogy, Expo 1967, in: Journal of Canadian Studies/ Revue d'études canadiennes 49.2 (2015), S. 171–204, hier S. 191.
[439] Aykroyd: The Anniversary Compulsion, S. 126.
[440] Vgl. ebd.
[441] Vgl. David Graham/ Laura New: Sea to shining Sea. Millions journeyed through Canada's past aboard the Confederation Train, in: Quebec Heritage 4.4 (2007), S. 18 f., hier S. 19.
[442] Vgl. zu diesem Begriff Nina Reuther: Die indigene Geschichte Kanadas, in: Ursula Lehmkuhl (Hg.): Länderbericht Kanada, Bonn 2018 (bpb 10200), S. 194–221, hier S. 194 (Herv. i. Orig.): „Der Begriff ‚Indianer' ist zwar gerade im deutschen Sprachgebrauch durchaus gängig, wird aber im Englischen (*indians*) weitgehend abwertend oder selbstironisch verwendet. In Kanada hat sich der Begriff ‚First Nations' als Bezeichnung für diese indigene Bevölkerungsgruppe durchgesetzt. Neben den First Nations leben in Kanada zwei weitere von der kanadischen Regierung als indigen anerkannte Bevölkerungsgruppen, die Inuit und die Métis."
[443] Graham/ New: Sea to shining Sea, S. 19.

4. Celebrating new identities

ne, aber freudig zu erwartende Zukunft Kanadas, zu der es offiziell im Ausstellungsflyer hieß:

Perhaps one yearns to spend time to read and gain a deeper understanding of the past. We also see images of the future suggesting that a greater story is about to begin. Who will make that story? Who, but us, will create the future Canada?[444]

Die Geschichte der kanadischen Identität, so lautete die intendierte Botschaft hinter dem Ausstellungsnarrativ, schien durch die einzigartige *unity* zwischen Indigenen, den *French* und *English Canadians* sowie allen anderen Einwanderergruppen charakterisiert zu sein. Auf diese einzigartige Vielfalt schien in der Geschichte des Landes alles hinauszulaufen. Dieser teleologischen Geschichtsvorstellung entsprechend wurde die auf dem Motto *unity in diversity* basierende Identitätsvorstellung als eine historische Kontinuität dargestellt, die sich in allen drei Zeitebenen widerspiegelte. In diesem Sinne ließ sich die Geschichte Kanadas als ein linear verlaufendes „widening of the mosaic"[445] erzählen und die Zukunft der Nation dementsprechend positiv prognostizieren.

Entgegen dem angepriesenen Bild vom sich stetig erweiternden kanadischen Mosaik, das sich aus *allen* Kanadiern unabhängig ihrer Herkunft zusammensetzen sollte, zeigt ein genauerer Blick auf die Erinnerungspraktiken, wie eurozentrisch die Perspektive auf die First Nations war. Ablesbar wird dies daran, dass die indigene Geschichtswahrnehmung, etwa im Hinblick auf „Indigenous creation stories"[446], innerhalb der Ausstellung keinerlei Beachtung fand. Entgegen der intendierten Verknüpfung zwischen Vergangenheit, Gegenwart und Zukunft war die Geschichte der Indigenen nur in der Zeit *vor* der Ankunft der europäischen Einwanderer verortet. Die First Nations und ihre Geschichte waren also nur ein Bestandteil einer längst vergangenen Vorvergangenheit, auf die dann die europäisch geprägte Vergangenheit der Siedler, die europäisch geprägte Gegenwart und die (voraussichtlich) europäisch geprägte Zukunft folgten. Darüber hinaus zeigen die in der offiziellen Ausstellungsbeschreibung verwendeten Pronomen, dass die Welt der Indigenen nicht wirklich ein Bestandteil des Eigenen, sondern eher des Fremden war. So hat insbesondere Jane Griffith mit ihrer Analyse der verwendeten Sprache demonstrieren können, dass die Pronomen *we* und *us* europäische Siedler beschrieben, während sich die Pronomen *they* und *he* auf die Indigenen bezogen. Lege man diese Lesart an die offen gelassene Frage der Zukunftssektion der Ausstellung an: „Who, but us, will create

---

[444] Appendix H. Confederation Train Keeper Piece, in: Aykroyd: The Anniversary Compulsion, S. 193–196, hier S. 196.
[445] Ebd., S. 195.
[446] Griffith: One Little, Two Little, Three Canadians, S. 192.

the future Canada?", so liege die zu erwartende Antwort eigentlich längst auf der Hand: „,we' as European".[447]

In der mobilen Ausstellung des *Confederation Train* spiegelten sich also eurozentrische Formen von Wissen wider, die dafür sorgten, dass Indigene weiterhin aus einer kolonial geprägten Perspektive betrachtet wurden. *Prekäres Wissen* spielte dabei keinerlei Rolle, denn das Leid, das die First Nations durch die europäischen Siedler erfahren hatten, wurde innerhalb der Ausstellung einfach ausgeklammert. Indigenität diente somit in erster Linie als Marker für die angepriesene farbenfrohe, multikulturelle Gesellschaft, ohne dass die Indigenen dabei jedoch als ein integraler Bestandteil des Mosaiks dargestellt worden wären. Innerhalb der kollektiven Erinnerung der kanadischen Nation erschienen sie als passive Akteure, deren zivilisatorisches und kulturelles Potential erst mit der Ankunft der europäischen Siedler und Missionare aktiviert worden war. In diesem Sinne implizierte die Ausstellung im ersten Wagon des Zuges etwa, dass das Potential indigener Völker am eurozentrischen Verständnis von Religion und Ökonomie gemessen werden müsse:

But the European explorers, who found this other world in their path, discovered that it had its own riches in furs and gold, and the missionaries who followed saw a potential harvest in men's souls.[448]

Auch ein im *Saturday-Night*-Magazin veröffentlichter Beitrag über Louis Riel (1844–1885), einen frankophonen Mitbegründer von Manitoba, der in Québec als Volksheld verehrt wurde,[449] illustriert, wie eurozentrische Wissenskategorien die Erinnerungspraktiken während des Festjahres 1967 beeinflussten und potentiell *prekäres Wissen* unterdrückten. Riel, der für seine Rebellion gegen die Regierung zum Schutze der Interessen und Kultur der Métis berühmt war, wurde in dem Beitrag von Morris C. Shumiatcher als eine Persönlichkeit beschrieben, auf die man gerade während des kanadischen Festjahres auf gar keinen Fall verzichten könne. In Ermangelung eines größeren Heldenrepertoires, so hieß es darin ironisch, sei man auf jeden nur denkbaren Helden angewiesen. Äquivalent zu der impliziten Botschaft des ersten Wagons im *Confederation Train* legte der Artikel über die ‚einfachen Indianer' („*The Plains Indians*") einen europäischen Maßstab an und negierte jeden zivilisatorischen Wert der Métis mit dem Argument, dass ihnen Besitz fremd gewesen sei: „Without property no society has ever been capable of creating a significant civilisation." Bei

---

[447] Ebd.
[448] Appendix H. Confederation Train Keeper Piece, in: Aykroyd: The Anniversary Compulsion, S. 193.
[449] Vgl. George F.G. Stanley: Louis Riel, in: The Canadian Encyclopedia, abgerufen unter: https://www.thecanadianencyclopedia.ca/en/article/louis-riel, (16.9.2021).

genauerer Betrachtung, so vernichtend lautete das abschließende Urteil des Beitrags, eigneten sich „not Riel or his Indian friends"[450] als potentielle Helden für das Festjahr der Nation, da zentrale Vorstellungen von Besitz, ökonomischem Wachstum und Zivilisation erst mit der Ankunft des weißen Mannes zu den Indigenen gebracht worden seien.

Ähnlich wie Shumiatcher argumentierte auch ein internes *policy paper* von 1964. Dieses beschäftigte sich mit der heiklen Frage, inwiefern die ‚*Indians*' mit Blick auf die Planung des *Centennial* als eine Sondergruppe behandelt werden müssten, zumal sie „neither to the two ‚founding' groups nor to the ‚third area' of Canadian society" zu zählen seien. Klar war dabei, dass ein solcher Sonderstatus eine sensible Thematik darstellte, die aufgrund des „Canadian consensus on this question" nicht einfach ohne eine gewisse Rechtfertigung behauptet werden konnte. ‚Gute' und ‚rationale' Argumente waren daher erforderlich, die das *policy paper* des *Department of Indian Affairs* in einer fein säuberlich gegliederten Liste zur Verfügung stellte. Neben den Punkten zu den Folgen der *economic poverty, socio-cultural poverty* sowie *educational poverty* wurde unter dem bezeichnenden Stichwort *marginality* angeführt, dass die *Indian group* theoretisch zwar eine *ethnic group* Kanadas darstelle. Im Gegensatz zu allen anderen Gruppierungen fehle es den ‚*Indians*' allerdings deutlich an einer „organizational structure (European style) that would make it possible for government to deal effectively with them through the same approach as would be effective with other ethnic groups".[451] Ein weiteres Problem, das die Organisatoren des *Centennial* beschäftigte, war der fehlende Enthusiasmus der Indigenen gegenüber der Hundertjahrfeier der kanadischen Nation. Die einzige Erklärung für dieses Problem schien die über Generationen hinweg bestehende Isolation von den in Kanada lebenden anderen *ethnic groups* zu liefern:

Having lived under somewhat isolated conditions over a large portion of the last hundred years, Indians do not seem to have caught the pride of belonging to Canadian society nor the enthusiasm for contributing to its national enrichment which are characteristic of other ethnic groups in Canada.[452]

Der den Indigenen zugeschriebene Sonderstatus begründete sich also über einen zutiefst eurozentrischen Maßstab, den sie weder ökonomisch noch organi-

---

[450] Morris C. Shumiatcher: Canadians With Nothing to Celebrate. 1. The Plains Indians, in: Saturday Night, Jun. 1967.

[451] LAC RG 10, Box 8575, File 1/1-2-2-18 Vol. 2, A.J. Cormier (Chief, Cultural Division, Planning Branch): Participation in Canada's Centennial by People of Indian Ancestry – Some Policy Considerations, 24.9.1964, S. 2. Vgl. auch ebd., S. 3 f.

[452] LAC RG 10, Box 8575, File 1/1-2-2-18 Vol. 2, Indian Centennial Advisory Committee: Indian Participation in Canadian Centennial Activities, 23.2.1965, S. 3.

satorisch zu erfüllen schienen.[453] Im Vergleich zur zentralen Referenzgruppe, nämlich den anderen *ethnic groups* Kanadas, schienen die Indigenen stets unter dem Vorzeichen des Defizits zu stehen.

Innerhalb der untersuchten Erinnerungspraktiken, so bleibt festzuhalten, diente Indigenität als strategisch einsetzbarer Marker für das unter dem *New Nationalism* angepriesene ‚neue', auf Vielfalt basierende Selbstbild Kanadas. In diesem Kontext wurde zwar suggeriert, dass die First Nations wie auch alle anderen *ethnic groups* ein fundamentaler Bestandteil jenes einzigartigen kanadischen Mosaiks waren, das sich auf dem teleologischen Weg vom Bi- zum Multikulturalismus geformt zu haben und mit Blick auf die Zukunft immer mehr zu erweitern schien. Innerhalb der untersuchten Erinnerungspraktiken jedoch waren eurozentrische Kategorien von Wissen vorherrschend, durch die das potentiell *prekäre Wissen* der Indigenen ausgeklammert wurde. Elemente indigener Geschichte und Kultur dienten somit häufig nur als etwas Dekoratives, das für die Promotion des *unity-in-diversity*-Ideals eingesetzt werden konnte. Somit blieben die Indigenen innerhalb des kanadischen Mosaiks insgeheim eine Randgruppe.

Gemäß der Logik hinter dem verbreiteten Blick auf die eigene nationale Vergangenheit, mit deren Hilfe das Ideal der Vielfalt nicht nur legitimiert, sondern zum einzigartigen Charakteristikum der kanadischen Nation erklärt wurde, schien Kanada von 1867 bis 1967 erfolgreich einen Initiationsprozess durchlaufen zu haben. Nun in der Zeit des *New Nationalism* angekommen, schien das ‚neue' Kanada gänzlich unabhängig vom kulturellen Einfluss Großbritanniens oder der USA zu sein. In diesem Sinne hob beispielsweise Lester B. Pearson anlässlich seiner Expo-Willkommensrede für die Queen hervor, dass 1967 ein Jahr markiere, in dem völlig klar geworden sei, dass Kanadier ihr geliehenes „national costume [in form of] a union jacket worn with star striped trousers"[454] längst abgelegt und zurückgegeben hätten. Unter Rückgriff auf die gleiche metaphorische Beschreibung, die auf die Überwindung des *cultural cringe* durch den *New Nationalism* anspielte, beschrieb auch der Journalist Patrick O'Donovan das ‚neue' Kanada als ein Land, das 1967 endlich damit begonnen habe, Geliehenes abzulegen. Bislang ungenutzte Mythen würden nun genutzt und die eigene Geschichte endlich geschrieben werden. Auch die Kulturschaffenden Kanadas, so hieß es weiter, fühlten sich nun nicht mehr dazu verpflichtet, nach London oder New York zu gehen, und würden endlich wertgeschätzt. Die neu-

---

[453] Vgl. dazu auch Mackey: The House of Difference, S. 60 ff.

[454] Lester B. Pearson: Expo – and a Welcome to the Queen, 3.7.1967, in: Ders.: Words and Occasions, Cambridge, Massachusetts 1970, S. 274–276, hier S. 275.

gewonnene „calm identity", die nichts mit einem „ugly and grievance-ridden nationalism"[455] gemeinsam habe, könne für die Weltgemeinschaft nur als bereichernd empfunden werden.

Wie genau man sich Kanadas ‚neues' Nationalkostüm vorstellen konnte, nachdem das geliehene mehr oder weniger in der Altkleidersammlung entsorgt worden war, das zeigte der Vorsitzende der *Manitoba Centennial Corporation* Maitland Steinkopf 1967. Anlässlich des Festjahres setzte er mit seinem Gewand die neue multikulturelle Grundlage des gesamtgesellschaftlichen Mythos in Szene, der auf Vorstellungen der *unity in diversity* basierte. Zum *ethnic costume*, in das sich die kanadische Nation nun dauerhaft zu hüllen beabsichtigte, gehörten, gemessen an Steinkopfs Kleiderwahl, ein indigener Kopfschmuck, eine ungarische Tracht, deutsche Lederhosen, ein ukrainischer *Sash*, niederländische Clogs sowie ein irischer *Shillelagh*.

Abb. 16: Maitland Steinkopf, Vorsitzender der *Manitoba Centennial Corporation* im *ethnic costume*, Winnipeg, Manitoba, 1967, LAC Centennial Commission fonds/ PA-185504

---

[455] Patrick O'Donovan: Canada, Suddenly One Summer, in: The Observer, 25.6.1967.

4.2. Vorhang auf – postkoloniale Bühne frei!?
Kanadas und Australiens Selbstdarstellung auf der Expo 67

In Anlehnung an Victor Turners Ausführungen über die Sichtbarkeit von Kulturen „in their ritual and theatrical performances"[456] haben Beate Binder, Peter Niedermüller und Wolfgang Kaschuba konstatiert, dass kollektive Identitäten wie auf einer Theaterbühne durch symbolische Praxen inszeniert und in ihrer Selbstverständlichkeit immer wieder durch performative Akte hervorgebracht und bestätigt werden.[457] Eine solche Bühne bot Montréals Expo von 1967, auf der Kanada und Australien – Neuseeland nahm an der Expo nicht teil – ihre ‚neuen' Identitätskonzepte einem Weltpublikum präsentierten.

Zwar mag die Bühnenmetapher, die nach der Erkenntnis „*All the world's a stage*" einer Figur William Shakespeares bekanntlich auf die gesamte Welt anzuwenden ist, so gut wie jede Situation beschreiben, in deren Rahmen Identitäts- und Kulturvorstellungen performativ im Sinne eines *doing identity* bzw. *doing culture* hervorgebracht werden. Ihrem eigenen Anspruch zufolge bot Montréals Expo von 1967 allerdings – um die Metapher noch einmal zu bedienen – eine ganz besondere Bühne. In Abgrenzung zu jeder je dagewesenen Expo verstand sie sich gerade in Verbindung mit ihrem Titel „*Terre des Hommes/ Man and His World*", der dem gleichnamigen Werk des französischen Autors und Piloten Antoine de Saint-Exupéry entlehnt war, als Heterotopie. Wie bei Saint-Exupérys literarischer Verarbeitung seiner Wahrnehmungen vom Flugzeug auf die Erde, bei der „any number of geo-political, ethnic, or religious differences and conflicts"[458] bedeutungslos erschienen, sollten Besucherinnen und Besucher der Expo feststellen, dass die Erde ein kollektives Gut *aller* Menschen war. In dieser Heterotopie, verstanden als „tatsächlich realisierte Utopie[]"[459], sollte es anders als bei früheren Weltausstellungen keinen Platz mehr für ein nationalistisch motiviertes Wettbewerbsgehabe zwischen den einzelnen Pavillons der Länder geben.

---

[456] Victor Turner, zitiert in: Beate Binder/ Peter Niedermüller/ Wolfgang Kaschuba: Inszenierungen des Nationalen – einige einleitende Bemerkungen, in: Dies. (Hgg.): Inszenierung des Nationalen. Geschichte, Kultur und die Politik der Identitäten am Ende des 20. Jahrhunderts, Köln, Weimar, Wien 2001 (alltag & kultur 7), S. 7–15, hier S. 10 f.

[457] Vgl. Binder/ Niedermüller/ Kaschuba: Inszenierungen des Nationalen, S. 10 f.

[458] Rhona Richman Kenneally/ Johanne Sloan: Introduction: Dusting Off the Souvenir, in: Dies. (Hgg.): Expo 67. Not Just a Souvenir, Toronto, Buffalo, London 2010, S. 3–24, hier S. 5.

[459] Michel Foucault: Andere Räume, in: Karlheinz Barck u. a. (Hgg.): Aisthesis. Wahrnehmung heute oder Perspektiven einer anderen Ästhetik, Leipzig ⁶1998 (Reclam Bibliothek 1352), S. 34–46, hier S. 39.

In diesem Sinne brachte die *World Exhibition Corporation* den zentralen Gedanken hinter dem Thema der Expo wie folgt auf den Punkt: „Expo '67 must take cognizance of the fact that the world is, and is increasingly becoming, more a ‚terre des hommes' than a ‚terre des nations'."[460] Gerade im Hinblick auf die *New York World Fair*, die 1964 und damit nur drei Jahre vor Kanadas Expo stattfand, bedurfte es eines starken Alleinstellungsmerkmals, das man sich von dem weltvereinenden Konzept erhoffte. Die Expo, so hob die frankokanadische Schriftstellerin Gabriele Roy die Einzigartigkeit der Weltausstellung hervor, sei die erste in der Geschichte, welche sich der „illumination of an ideal of human interdependence"[461] verschrieben habe.

Wie mit Rhona Richman Kenneally und Johanne Sloan festgehalten werden kann, bot die Expo 67 zwar eine postkoloniale Plattform, auf der es prinzipiell eine „promotional opportunity for an emergent post-colonial consciousness" gab. Sichtbar sei dies etwa am Pavillon *Africa Place* oder an der Selbstrepräsentation Algeriens geworden. Die vermeintliche Heterotopie war jedoch nicht frei von Makeln. So ließ sich beispielsweise der ideologische Kontrast zwischen den USA und der Sowjetunion auf der Expo nicht einfach ignorieren, der in einem „inevitable showdown between the American and Soviet pavilions"[462] mündete. Das postkoloniale Setting der Weltausstellung stellte darüber hinaus eine problematische Aufgabe für Kanada und Australien als ehemalige weiße Siedlerkolonien dar. Beiden Ländern musste es gelingen, dem internationalen Publikum der Expo ein zeitgemäßes, d.h. postimperiales Konzept kollektiver Identität jenseits von *Britishness* und vor allem *Whiteness* zu präsentieren. Nicht zuletzt vor dem Hintergrund ihres selbst gesteckten Ziels, der Welt zu beweisen, dass man über eine ‚eigene' Kultur sowie über eine entsprechende *sophistication* verfüge und längst nicht mehr im kolonialen Kielwasser des Mutterlandes fahre, stellte dies angesichts des gleichzeitig oft beklagten Identitätsvakuums eine große Herausforderung dar.[463] Dieses Spannungsverhältnis zwischen den eigenen Ansprüchen und der sich immer wieder bemerkbar machenden Identitätskrise wurde auch von der kanadischen Berichterstattung kritisch aufgegriffen. Während so einerseits vom „new international glamour" des Landes und vom „glit-

---

[460] CCA AP027, Van Ginkel Associates fonds, 1944–1992, Project: Canadian World Exhibition, Expo '67, Montreal (1962–1967), 27-A21-03, Compagnie de l'Exposition Universelle Canadienne. Canadian World Exhibition Corporation, Appendix 1: Significance of the Theme, [1963], S. 1.

[461] Gabrielle Roy: Man and His World. A Telling of the Theme, in: Dies.: The Fragile Lights of Earth. Articles and Memories, 1942–1970. Translated by Alan Brown, Toronto 1982, S. 191–222, hier S. 203.

[462] Kenneally/ Sloan: Introduction, S. 6.

[463] Vgl. dazu auch James Curran: 'Australia Should Be There'. Expo '67 and the Search for a New National Image, in: Australian Historical Studies 39.1 (2008), S. 72–90, hier S. 77.

ter, [and] sex-appeal"[464] der Expo berichtet wurde, die zum 100. Geburtstag der Nation dem Wort *Canadian* einen Inhalt und eine Vision eingehaucht habe, sahen sich die zeitgenössischen Leserinnen und Leser gleichzeitig auch mit sarkastischen Schlagzeilen wie „*Canadians Out To Show World ‚We're Not So Dull*‘"[465] oder Grundsatzfragen wie „*Is Canada Cultured?*"[466] konfrontiert.

Vor diesem Hintergrund soll im Folgenden nicht nur ein Fokus auf die Erinnerungspraktiken und die damit verbundenen Inszenierungen von Identität, sondern auch auf die Rolle von *prekärem Wissen* gerichtet werden. Erkenntnisleitend ist dabei die Frage, inwiefern es Indigenen im besonderen Rahmen der Expo gelingen konnte, mit ihren eigenen Erinnerungspraktiken Einfluss auf die Identitätsdiskurse zu nehmen und so etablierte Wissensbestände zu hinterfragen. Um die verschiedenen Wissenspraktiken Kanadas und Australiens in diesem Zusammenhang einordnen und analysieren zu können, müssen einerseits die verschiedenen politischen, kulturellen und historischen Kontexte der jeweiligen Länder sowie andererseits ihre Verflechtungen näher in den Blick genommen werden.

Anders als in Kanada oder Neuseeland, deren Vorstellung kollektiver Identität traditionell auf einem bikulturellen Gründungsmythos basierte, war *Britishness* als Grundlage für Identitätskonstruktionen in der Geschichte Australiens, in der bikulturelle oder binationale Vorstellungen nicht aufgekommen waren,[467] faktisch konkurrenzlos. Trotz dieser Nuance, durch die sich Australien in gewisser Weise von Kanada und Neuseeland unterschied, waren dennoch alle drei Länder über die traditionelle Vorstellung einer Mitgliedschaft in der weißen Empire-Familie verbunden und teilten sich im Zuge des *End of Empire* entsprechend das Familienschicksal der Identitätskrise. Vor diesem Hintergrund erklärten kanadische Journalisten wie etwa David Fulton ihren Leserinnen und

---

[464] O'Donovan: Canada, Suddenly One Summer.

[465] Grant Roberts: Canadians Out To Show World – "We're Not So Dull", in: The Montreal Star, 30.9.1966.

[466] DuBarry Campau: Is Canada Cultured?, in: Saturday Review, 29.4.1967.

[467] Vgl. dazu auch Morans Ausführungen zur Rolle der Iren in Australien: „[The] sectarian conflict between Irish Catholics and English Protestants of the nineteenth and early twentieth centuries [...], did not lead to the creation of distinct and separate national cultures, [...] and faded after the Second World War." Moran: The Public Life of Australian Multiculturalism, S. 214. Erst ab den 1970er Jahren, in denen Australien den asiatischen Raum als Chance für sich entdeckte und sich die Perspektive auf Asien entsprechend änderte, zeichnete sich ab, dass auf *Britishness* basierende homogene Gesellschaftskonzepte an Attraktivität eingebüßt hatten. Vgl. Neville Meaney: The End of 'White Australia' and Australia's Changing Perceptions of Asia, 1945–1990, in: Australian Journal of International Affairs 49.2 (1995), S. 171–189. Vgl. dazu auch Jatinder Mann: "Leaving British Traditions": Integration Policy in Australia, 1962–1972, in: Australian Journal of Politics and History 59.1 (2013), S. 47–62, hier S. 50.

Lesern, dass Australien längst nicht mehr das sei, „what Canadians – or Australians once pictured it", da es „confused, muddled and in for tough times"[468] erschien. Wie prägend die familiäre Bindung für das Verhältnis der Länder untereinander war, sollte sich insbesondere auch im Kontext der Expo zeigen. So spielte etwa der *Expo Commissioner* Pierre Dupuy auf jene alte Verbindung an, wenn er den australischen Premierminister Harold Holt mit der Aussage begrüßte, dass man die Expo ohne die Teilnahme Australiens niemals als *family party* hätte bezeichnen können.[469] Trotz all der familiären Gemeinsamkeiten beschäftigten sich die Mitglieder des australischen Expo-Planungsstabs vor allem mit den Unterschieden zwischen ihrem Land und dem bikulturell geprägten Kanada. Dabei ging es insbesondere um die Tatsache, dass die *Quiet Revolution* sowie die mit ihr verbundene Gefahr eines Auseinanderbrechens der kanadischen Nation eine positive innergesellschaftliche Dynamik hervorgebracht zu haben schien, die man in Australien vermisste.

In diesem Sinne bewerteten Akteure wie Robin Boyd, der Architekt des australischen Pavillons, die *Quiet Revolution* anders als viele Kanadier weniger als Problem. Vielmehr betrachteten sie diese als eine große Chance, welche im kanadischen Gastgeberland für die notwendige Inspiration bei der ‚*Neu*'-Verortung von Identität sorgen konnte. Im Gegensatz zu Kanada, so argumentierte Boyd, gebe es in Australien keine vergleichbare Quelle der Inspiration. Das neue Selbstbewusstsein, welches der australische Architekt in Kanada beobachtete und das seiner Meinung nach „to the positive swagger of Montreal at Expo '67" geführte hatte, suchte er in seinem Land vergeblich. Die Probleme Australiens, ‚neue' Vorstellungen von Identität zu artikulieren, führte Boyd auf das Fehlen eines bikulturellen Dualismus zurück. So schlussfolgerte er, dass man sich in Australien im Gegensatz zu Kanada „not yet at the stage of essential introspection"[470] befinde. Auch die bereits früh durch die *Massey Commission* gesetzten kulturpolitischen Impulse, die es in dieser Form während der 1950er Jahre in Australien noch nicht gab, lieferten für Boyd eine Erklärung für die grundlegenden Probleme, mit denen man sich in Australien bei der Identitätssuche konfrontiert sah. Die Nuancen von *Britishness* sowie die sich hier abzeichnende Funktion des Bikulturalismus bzw. – im Falle Australiens – die Ermangelung eines bikulturellen Gründungsmythos gilt es bei der Analyse von Erinnerungs- und Wissenspraktiken zu berücksichtigen.

---

[468] David Fulton: Australian Letter, in: Saturday Night, Apr. 1968.

[469] Vgl. Pierre Dupuy, zitiert in: John Gray: Holt Welcomes 'Ray of Hope', in: The Montreal Star, 6.6.1967.

[470] Boyd: Artificial Australia, S. 7. Vgl. dazu auch Curran/ Ward: The Unknown Nation, S. 68.

Im Hinblick auf den allmählich zunehmenden Einfluss der Indigenen waren die 1960er Jahre für Kanada und Australien (sowie auch für Neuseeland) prägende Jahre. Jedoch sollte es noch bis über die 1970er Jahre hinaus dauern, bis grundlegende politische Veränderungen zu ihren Gunsten in Kraft traten.[471] In diesem Sinne haben Myra Rutherdale und Jim Miller die 1960er Jahre als eine Phase „of prolonged introspection about Indian policy"[472] beschrieben, in der in Kanada etwa die *Hawthorn Commission* mit ihrer Untersuchung „of Indians' social and economic conditions"[473] auf die anhaltende Benachteiligung der Indigenen aufmerksam gemacht habe. Gerade angesichts des zu erwartenden öffentlichen Protests sowie des allgemein wachsenden politischen Drucks, der insbesondere von dem *National Indian Council* (*NIC*) ausgegangen sei, so Rutherdale und Miller, habe sich die Regierung für eine separate Repräsentation der Indigenen auf dem Expo-Gelände entschieden.[474]

Anders hingegen stellte sich die Situation in Australien dar, wo die Regierung nur sehr zögerlich auf den wachsenden Protest der Aboriginals und der Anti-Rassismus-Bewegung reagierte, zu der auch die von Charles Perkins angeführten *Freedom Riders* gehörten.[475] Lange hatte die Regierung unter Menzies die „calls for a referendum"[476] ignoriert, durch das die Indigenen unter anderem das Wahlrecht erhalten sollten.[477] Erst als der öffentliche Druck unter dem Einfluss des *Freedom Ride* in New South Wales im Februar 1965 zu groß geworden war, änderte die Regierung ihre Haltung. Bei dem Referendum von 1967, bei dem sich überwältigende 90,7 Prozent der Australier für „eine Änderung der verfassungsmäßigen Restriktionen auf Bundesebene"[478] aussprachen, ging es Premierminister Menzies und seinem Nachfolger Harold Holt weniger um eine nachhaltige Veränderung der *Aboriginal policies* oder gar um die Anerkennung der

---

[471] Zu Kanada vgl. dazu Reuther: Die indigene Geschichte Kanadas, S. 212, zu Australien vgl. Darian-Smith: Indigenes Australien, S. 108 ff. sowie zu Neuseeland vgl. Carlyon/ Morrow: Changing Times, S. 257 ff.

[472] Myra Rutherdale/ Jim Miller: "It's Our Country": First Nation's Participation in the Indian Pavilion at Expo 67, in: Journal of the Canadian Historical Association/ Revue de la Société historique du Canada 17.2 (2006), S. 148–173, hier S. 154.

[473] Ebd., S. 155.

[474] Vgl. ebd.

[475] Vgl. dazu Anna Haebich/ Steve Kinnane: Indigenous Australia, in: Alison Bashford, Stuart Macintyre (Hgg.): The Cambridge History of Australia. Vol. 2: The Commonwealth of Australia, Cambridge 2013, S. 332–357, hier S. 346. Als zentrales Ego-Dokument zu den *Freedom Riders* gilt Ann Curthoys: Freedom Ride. A Freedom Rider remembers, Crows Nest, NSW 2002.

[476] Bain Attwood et al.: The 1967 Referendum, or when Aborigines didn't get the vote, Canberra 1997, S. 31.

[477] Vgl. Darian-Smith: Indigenes Australien, S. 104 f.

[478] Ebd., S. 104.

indigenen Kultur als distinkten Teil Australiens. Im Zentrum ihres Interesses stand vorrangig Australiens internationales Image als „modern, egalitarian nation"[479]. In diesem Zusammenhang merkte Menzies 1965 an, dass es bei den Veränderungen darum gehen müsse, die Aborigines „for all purposes, as Australian citizens" sowie als „part of the general community"[480] zu behandeln.

Vor diesem Hintergrund galt es für Australien, auf der internationalen Bühne der Expo eine gute Figur vor dem Rest der Welt zu machen – einer Welt, in der Rassismus und Ethnozentrismus zunehmend verurteilt wurden. Angesichts dieser Aufgabe mahnte der von Menzies in das „government's advisory committee"[481] berufene Journalist und Poet Kenneth Slessor[482] an, dass im Rahmen der Expo jedes Thema zu vermeiden sei, welches Australiens angestrebtem „more positive" Image hätte schaden können. Es ist bezeichnend, dass Slessor damit „the introduction of any racial theme"[483] meinte, welches so heikel erschien, dass es einfach grundsätzlich auszuklammern war. Ähnlich wie Australien ging es auch Kanada gerade in Verbindung mit dem *New Nationalism* um eine gelungene Selbstrepräsentation auf der Expo. Im Gegensatz zu Australien allerdings, wo es keine mit dem Einfluss des *NIC* vergleichbare politische Institution oder Organisation gab, konnte man *racial themes* aufgrund des zu erwartenden Protests nicht einfach ausklammern.[484]

In Australien standen nicht alle mit der Planung der Expo betrauten Akteure hinter der von Slessor vorgeschlagenen Strategie. Für Akteure wie den *advisory*

---

[479] Attwood et al.: The 1967 Referendum, S. 35.

[480] Robert Menzies, zitiert in: Attwood et al.: The 1967 Referendum, S. 33.

[481] Curran/ Ward: The Unknown Nation, S. 99.

[482] Zur Biographie Slessors vgl. Dennis Haskell: Slessor, Kenneth Adolf (1901–1971), in: Australian Dictionary of Biography, abgerufen unter: http://adb.anu.edu.au/biography/slessor-kenneth-adolf-11712, (10.5.2020).

[483] NAA A463 1965/4946, Expo 67 – Theme for Australian Pavilion, Kenneth Slessor, Second (revised) draft of a basic theme, 6.11.1965, S. 1 f.

[484] Vgl. ausführlich dazu auch Jennifer Clark: 'The Wind of Change' in Australia: Aborigines and the International Politics of Race, 1960–1972, in: The International History Review 20.1 (1998), S. 89–117, hier S. 96 f.: „Aborigines were not a political force in the early 1960s. [...] Sporadic labour action such as the 1946 Pilbara strike of Aboriginal pastoral workers helped to raise public awareness of working conditions, but until the Federal Council for the Advancement of Aborigines (FCAA) was formed in 1958, there was no systematic organized pressure for change nor any nationally effective politicization of Aboriginal concerns." Zu Kanada vgl. Reuther: Die indigene Geschichte Kanadas, S. 212. Auch wenn es zum Ende der 1960er Jahre in Kanada die politische Bestrebung gab, „[d]ie indigene Bevölkerung [...] der eurokanadischen Bevölkerung rechtlich [...] und politisch" (ebd.) mit dem *White Paper* gleichzustellen, war es noch ein langer und vom Protest der Indigenen gezeichneter Weg bis zu maßgeblichen politischen Veränderungen. Diese sollten erst zwischen den 1970er und 1980er Jahren eintreten.

councillor R. P. Greenish beispielsweise erschien Australien durch die fehlende Beteiligung der Aborigines an der Expo als rückständig und gleichgültig, während Kanada durch den Pavillon „*Indians of Canada*" Maßstäbe zu setzen schien.[485] Im Hinblick auf Wissens- und Erinnerungspraktiken war dieser Pavillon und das darin präsentierte Narrativ bemerkenswert. Dieser war unter der landesweiten Beteiligung der Indigenen entstanden und spiegelte daher eine dezidiert indigene Perspektive auf die Vergangenheit, Gegenwart und Zukunft Kanadas wider. Auf diese Weise konnten etablierte eurozentrische Erinnerungspraktiken und die mit ihnen verbundenen Wissensbestände in ihrer Selbstverständlichkeit hinterfragt werden. Der Hauptbereich des Pavillons thematisierte beispielsweise unverblümt die negativen Auswirkungen, die die Missionierungsversuche europäischer Siedler für die Indigenen in der Vergangenheit mit sich gebracht hatten. Besucherinnen und Besucher wurden hier mit einem Bären als Symbol für das indigene Verständnis von Spiritualität konfrontiert,[486] auf den ein christliches Lichtkreuz projiziert wurde. Damit wurde ihnen vor Augen geführt, inwiefern den Indigenen die Glaubensgrundsätze der weißen Welt schlicht aufgezwungen worden waren.

Europäische Kategorien von Religion, so lautete die intendierte Botschaft, hatten dafür gesorgt, dass die Kultur und Religion der Indigenen eine grundsätzliche Abwertung, ja eine regelrechte Verdrängung erfahren hatten.

Der letzte Ausstellungsabschnitt des *Indian Pavilion* thematisierte Visionen der Indigenen für eine gemeinsame Zukunft in Kanada, die sich entschieden von dem „trope of the vanishing Indian"[487] sowie gegen jede Form eines Paternalismus richteten. In „*The Future*" konnten sich die Besucherinnen und Besucher die vornehmlich männlich geprägte Zukunftsvision der Indigenen über Lautsprecher anhören. In der Zukunft, so erfuhren sie, würden indigene Formen der Erinnerung einen eigenen Wert aufweisen und kulturelle Unterschiede als Bereicherung und potentielle Stärke ausgelegt werden, ohne dass die First Nations dabei etwas einbüßen würden:

But I see another vision, I see an Indian, tall and strong in the pride of his heritage. He stands with your sons, a man among men. He is different, as you and I are different, and perhaps it will always be so. But, in the Indian way, we have gifts to share. Our skills and strengths –

---

[485] Vgl. NAA A463 1965/5744, Expo 67 – Aboriginal participation, R.P. Greenish, Australian Participation in Expo, 67, 7.9.1966, S. 1.

[486] Vgl. dazu auch Ruth B. Phillips: Show times: de-celebrating the Canadian nation, de-colonising the Canadian museum, 1967–92, in: Annie E. Coombes (Hg.): Rethinking settler colonialism. History and memory in Australia, Canada, Aotearoa New Zealand and South Africa, Manchester 2006, S. 121–139, hier S. 125 sowie Rutherdale/ Miller: "It's Our Country", S. 161.

[487] Phillips: Show times, S. 126.

Abb. 17: Der Bär im *Indians of Canada Pavilion*,
LAC Canadian Corporation for the 1967 World Exhibition fonds/ PA-173205.
„*The early missionaries thought us pagans. They imposed upon us their own stories of god, of heaven and hell, of sin and salvation.*"

yours and mine. The ancient wisdom of our fathers – yours and mine. The love of God, the Great Spirit – yours and mine. We will meet again in the time to come and perhaps, now and then, we will share a day's journey. But the trail we walk is our own, and we bear our own burdens. That is our right.[488]

Obgleich mit „*Indians of Canada*" durchaus eine indigene Perspektive ermöglicht wurde, über die das eurozentrisch geprägte Wissen Kanadas hinterfragt werden konnte, so zeigt die Positionierung des Pavillons jedoch, dass die Indigenen nicht wirklich als integraler Bestandteil des angepriesenen kanadischen Mosaiks repräsentiert wurden. Wie Myra Rutherdale, Jim Miller und auch Sonja Macdonald in ihren Untersuchungen festgehalten haben, war der Pavillon „of but not in the country"[489]:

As a ‚private' pavilion, the Indians of Canada were placed in an ambiguous relationship with the other ‚official' Canadian spaces. Perhaps because Aboriginal Canadians did not represent

---

[488] Expo (International Exhibitions Bureau): Indians of Canada Pavilion – Expo 67, Ottawa 1968, S. 17.
[489] Rutherdale/ Miller: "It's Our Country", S. 158.

any one territorial area within Canada, they were left outside of the official Canadian compound despite the fact that the Pavilion's funding and oversight came from a federal government department. Thus Aboriginal Canadians were then presented outside of the official Canadian national narrative.[490]

In der unglücklichen Positionierung des Pavillons spiegelte sich gleichsam das Gefühl vieler Indigener wider, die sich von der kanadischen Gesellschaft nach wie vor ausgeschlossen fühlten. In diesem Sinne kritisierte Andrew Delisle, der Repräsentant der „Caughnawaga band of Mohawks near Montreal" und „Commissioner-General"[491] des *Indian Pavilion*, dass es für die Indigenen 1967 nichts zu feiern gebe, zumal *Aboriginal peoples* nach wie vor keinen wirklichen Anteil am so sehr auf Gleichberechtigung bedachten Kanada hätten: „We were not invited to join in 1867, we are still separate[.]"[492]

Negativ verstärkt wurde dieser Eindruck nicht zuletzt durch den Besuch der Queen, die nicht länger als 13 Minuten „in the only ‚foreign' pavilion she visited at Expo" verbracht hatte, wie es in der *Globe and Mail* in Anspielung auf den *Indian Pavilion* hieß. Was viele Angehörige der First Nations dabei besonders enttäuscht hatte, war ihre fehlende Reaktion, nachdem sie in der Ausstellung sowohl mit dem von Indigenen erfahrenen Leid als auch ihren Forderungen konfrontiert worden war. Für die Kritik an den etablierten Erfolgsgeschichten der kanadischen Nation, die sich 1967 für ihre Vielfalt feierte, schienen Repräsentanten wie die Queen oder Premierminister Pearson, der den Pavillon „seconds after he entered in response to a telephone call from Ottawa"[493] wieder verließ, weder Zeit noch Gehör zu finden. Gerade vor dem Hintergrund der selbstgesteckten Ziele der Expo erschien auch die Art und Weise, wie *Aboriginal peoples* und ihre Geschichte außerhalb des *Indian Pavilion* dargestellt wurden, äußerst fragwürdig. Folgte man etwa dem Narrativ zur Ausstellung „Growth of Canada" innerhalb des *Canadian Pavilion*, so begann die Geschichte der Indigenen erst mit der Ankunft der europäischen Siedler. Eine Geschichte, „existing both before and after colonization began"[494], schien es nicht zu geben.

Festgehalten werden kann, dass mit dem *Indian Pavilion* zwar dahingehend ein neuer Maßstab gesetzt wurde, dass es nun im Rahmen einer Weltausstellung

---

[490] Sonja Macdonald: Expo 67, Canada's National Heterotopia: A Study of the Transformative Role of International Exhibitions in Modern Society, M.A. Thesis, Carleton University, Ottawa 2003, S. 142.

[491] David Gorrell: Queen silent after viewing Indians' demand for better deal, in: The Globe and Mail, 4.7.1967.

[492] Andrew Delisle, zitiert in: Gorrell: Queen silent after viewing Indians' demand for better deal in: The Globe and Mail, 4.7.1967.

[493] Gorrell: Queen silent after viewing Indians' demand for better deal, in: The Globe and Mail, 4.7.1967.

[494] Rutherdale/ Miller: "It's Our Country", S. 158.

für die Indigenen erstmals möglich war, ihre Perspektiven auf die kanadische Vergangenheit, Gegenwart und Zukunft zu artikulieren und so etablierte Erfolgsnarrative der Nation zu hinterfragen. Bedingt durch die fehlende Aufmerksamkeit, Anerkennung und Wertschätzung insbesondere von zentralen gesellschaftlichen Repräsentanten konnte sich die Botschaft des *Indian Pavilion* jedoch nicht in ihrem vollen Potential entfalten. Auch eurozentrische Perspektiven auf die Geschichte und Kultur der Indigenen verschwanden auf der internationalen Bühne der Expo trotz ihrer heterotopischen Vision nicht einfach. Für einige australische Akteure, die Teil des Expo-Planungsstabs waren, spielte dies jedoch weniger eine Rolle. Für sie galt Kanada mit seinem *Indian Pavilion* als maßgebliches Vorbild, an dem es sich nach Möglichkeit zu orientieren galt.

In Anbetracht des großen Potentials, das etwa *advisory councillor* R. P. Greenish im *Indian Pavilion* für die nationale Selbstdarstellung Kanadas sah, sprach er sich dafür aus, dass auch Australien für seine Selbstrepräsentation Aborigines auf der Expo miteinbeziehen sollte: „This would help restore our image abroad in respect of what we are now trying to do to remedy the appalling treatment given our native peoples in the past."[495] Dabei ging es Greenish mitnichten um eine separate Ausstellung zur Geschichte und Kultur der Indigenen Australiens, in der die Aboriginals selbst zu Wort gekommen wären. Stattdessen schien er davon auszugehen, dass allein die reine Beteiligung von einigen wenigen ausgewählten „fine representatives of the aborigine race"[496] als ein Zeichen des guten Willens zu sehen wäre. Die Mitwirkung einiger Indigener betrachtete er als eine Art Must-have, denn wenn Kanada den *Indian Pavilion* hatte, so könnte man die Greenishs Argumentation zu Grunde liegende Logik auf den Punkt bringen, musste Australien als moderne Nation nachziehen. Innerhalb des Beratungskomitees der Regierung fanden Greenishs Vorschläge allerdings keine Unterstützung,[497] erhoffte man sich doch auf einfachere Art und Weise ein positives Image von Australien in Montréal erzeugen zu können.

Aus Sicht der meisten Mitglieder des australischen Thinktanks erschien eine Beteiligung der Aborigines an der Expo aufgrund ihres vermeintlich mangelhaften Bildungsniveaus, Selbstbewusstseins und Verständnisses von Umgangsformen problematisch. Nachdem etwa das „National Aborigines Day Observance Committee" gefordert hatte, zwei „aboriginal girls"[498] in das Team der Expo-Hostessen aufzunehmen, wurde in rassistischer Manier unterstellt, dass „such girls" ein grundsätzliches Defizit „in education, poise, personality or natural friendliness" hätten und sich somit nur schwer gegen andere (weiße)

---

[495] Greenish: Australian Participation in Expo, 67, S. 1.
[496] Ebd.
[497] Vgl. ebd.
[498] Hostesses for Expo '67, in: The Canberra Times, 5.10.1966.

Australierinnen durchsetzen könnten, zumal die insgesamt 25 Hostessen „virtually all the qualities of ‚Miss Australia'"[499] aufweisen sollten. Letztlich könnten jene Defizite, so warnte der *Commissioner General* Valston Hancock, auf der öffentlichen Bühne der Expo als Beweis für Australiens Versagen bei der Integration der Aborigines interpretiert werden und somit negativ auf das ganze Land zurückfallen.[500] Vor diesem Hintergrund entschied man sich gegen eine Beteiligung von indigenen Hostessen.[501] Für Australien galt es, jedes Thema zu vermeiden, das kritische Fragen zu den Aboriginals und ihrem Stand innerhalb der australischen Gesellschaft hätte aufwerfen können. Stattdessen setzte das Land auf stereotypische Bilder. Eine gelungene Selbstrepräsentation Australiens könne in Kanada nur dann gelingen, so argumentierten etwa Akteure wie der Poet Kenneth Slessor, wenn man anstelle eines „grim realism" auf „simplified and even slightly romanticised" Vorstellungen von Australien setze. Nur so könne man es schaffen, die Aufmerksamkeit der Besucherinnen und Besucher „by the first hit"[502] zu erlangen und die Einzigartigkeit der australischen Nation hervorzuheben. In diesem Sinne inszenierte sich Australien auf der Expo mit Hilfe von stereotypischen, postkartentauglichen Elementen wie Kängurus, dem *Great Barrier Reef* oder indigenen Gegenständen wie dem Didgeridoo oder dem Bumerang. Auch das für die Expoausstellung gewählte Thema „*The Australian Adventure*" folgte der von Slessor vorgeschlagenen Strategie.

In diesen thematischen Rahmen eingebettet war ein Erinnerungsnarrativ, das Australien als ein Land darstellte, in dem das stets lockende Abenteuer im Verlauf der Zeit für einen grenzenlosen Fortschritt gesorgt hatte. So schien es den australischen Abenteurern gelungen zu sein, die *frontier* immer weiter zurückzudrängen und Unwissen durch Wissen zu ersetzen: „The land has been transformed, [...], the dangers conquered, the riches won by an incessant pitting of the human spirit against the powers of the unknown [...]."[503] Aus diesem linear verlaufenden Fortschrittsnarrativ leitete sich in suggerierter logischer Konsequenz das Selbstbild des gegenwärtigen Australiens der so genannten *new frontier* ab. Mit diesem Begriff sollte verdeutlicht werden, dass sich die australische Gesellschaft längst zu einer fortschrittlichen Gesellschaft jenseits des Klischees

---

[499] NAA A463 1965/5744, Expo 67 – Aboriginal participation, V.E. Hancock (Commissioner-General): Aboriginal Representation – Expo 67, [vermutl.] 1966, S. 1.

[500] Vgl. ebd. Vgl. zu diesem Quellenbeispiel auch Curran/ Ward: The Unknown Nation, S. 103 f.

[501] Vgl. Curran: 'Australia Should Be There', S. 86.

[502] NAA A463 1965/4946, Expo 67 – Theme for Australian Pavilion, Kenneth Slessor: Second (revised) draft of a basic theme, 6.11.1965, S. 1. Vgl. dazu auch Curran: 'Australia Should Be There', S. 77.

[503] LAC RG 71, Box 387, Australia S15, Information Manual – Australia, No. 5 – Storyline of Exhibits, S. 1.

4. Celebrating new identities

der „bushmen in earlier times"[504] weiterentwickelt hatte, von der auch in der Zukunft viel zu erwarten war.[505] Die Legenden rund um die verschwitzten, gegen die Strapazen des *bush* ankämpfenden Arbeiter mit ihrem wüsten Erscheinungsbild hatten ausgedient. In einem Australien, das sich als moderne und kultivierte Nation begreifen wollte, in der vom Künstler bis zum Naturwissenschaftler alle daran arbeiteten, die „limits or inhibitions of space, natural resources, conventions, archaic laws, social gulfs or colour barriers"[506] zurückzudrängen,[507] waren diese alten Vorstellungen mit dem angestrebten Selbstbild nicht mehr kompatibel.

Ähnlich wie Kanada setzte also auch Australien auf ein teleologisches Geschichtsbild, mit dem Unterschied allerdings, dass eine Entwicklung hin zur multikulturellen Gesellschaft in dem Erinnerungsnarrativ eher implizit mitgedacht war. Als Nation, die darum bemüht war, auf der postkolonialen Bühne der Expo ihre postimperiale Identität jenseits von *Britishness* und vor allem *Whiteness* zu präsentieren, konnte auf den Verweis der schwindenden „social gulfs or colour barriers" nicht verzichtet werden. Die in der Geschichte Australiens lange Zeit konkurrenzlose Bedeutung von homogenen, auf *Britishness* basierenden Identitätskonzepten, die fehlende politische Lobby der Indigenen sowie die strategischen Leitlinien des australischen Thinktanks erklären, warum die Aboriginals sowie ihre Geschichte und Kultur während der Expo nahezu keine Rolle spielten. Der Logik des Fortschrittsnarrativs zufolge war eine reflektierte Auseinandersetzung mit den sozialen Problemen der Indigenen infolge ihres in der Vergangenheit erfahrenen Leids auch gar nicht nötig. Der Fortschritt im Australien der *new frontier*, so lautete das Versprechen in Verbindung mit dem Abenteuermotiv, würde diese Probleme schon beheben.

Ein genauerer Blick auf das für das Ausstellungsnarrativ verwendete Tempus enthüllt, dass das promotete ‚neue' Image Australiens in der Gegenwart eigentlich noch gar nicht zu erkennen war. Besonders deutlich wird dies etwa bei der Lektüre der offiziellen Informationsbroschüre „*Australia at Expo 67*", in der das ‚neue', kultivierte Australien weniger als Fakt, sondern eher als ein noch nicht erreichtes Ziel dargestellt wurde. Irgendwann in der Zukunft, so lautete die Prognose, würde dieses Ziel im Zuge eines „*soul searching*"-Prozesses erreicht werden: „The new frontier means the creation of an advanced culture. In the social

---

[504] NLA NLp 607.34 A938, Australian Exhibit Organisation for Expo '67: Australia at Expo 67, [Montreal 1967], S. 29.
[505] Vgl. dazu auch Curran/ Ward: The Unknown Nation, S. 103.
[506] NAA A4940 C3973, Universal and International Exhibition – Montreal 1967, Kenneth Slessor: Suggestions for a basic theme, 16.10.1965, S. 1.
[507] Vgl. auch Information Manual – Australia, No. 5 – Storyline of Exhibits, S. 1.

sciences as well as the arts a great deal of soul searching is going on."[508] Diese Unsicherheit sowie der anhaltende eurozentrische und rassistische Blick auf die Indigenen illustrieren einmal mehr, wie schwierig sich die Artikulation einer vermeintlich ‚neuen' Identität jenseits von *Britishness* und *Whiteness* darstellte. Nicht zuletzt lässt sich die ständige Betonung der Kultiviertheit Australiens, wie auch Donald Horne rückblickend urteilte, als „one of the withdrawal symptoms in recovering from being part of the British empire"[509] deuten. Das betraf auch Kanada. Beiden Ländern, so kann in Anlehnung an James Curran und Stuart Ward festgehalten werden, ging es in Verbindung mit ihren Vorstellungen zum *New Nationalism* letztlich darum, auf der Bühne der Expo zu zeigen, dass sie mit ihrer ‚eigenständigen' *highbrow culture* und ihrem ‚neuen' Verständnis von Gesellschaft imstande waren, mit dem Rest der Welt mitzuhalten.[510]

Für die Repräsentation Australiens spielte Indigenität in diesem Rahmen, wenn überhaupt, nur eine dekorative Rolle als Marker für die zeitgemäße Vielfalt der Gesellschaft. Wie die kanadischen Indigenen im *Confederation Train*, so wurden auch die Aboriginals vom australischen Fortschrittsnarrativ vereinnahmt und lediglich aus einer eurozentrischen Perspektive dargestellt. So konnten Besucherinnen und Besucher der Expo-Ausstellung in der Infobroschüre „*Australia in brief*" etwa erfahren, dass die Aborigines vor der Ankunft der weißen Siedler „virtually isolated" gewesen seien und nur über eine „primitive culture"[511] verfügt hätten. Kultur und Geschichte, so wurde suggeriert, waren also etwas, das die europäischstämmigen Siedler innerhalb kürzester Zeit nach Australien gebracht hatten. Aboriginals schienen an dieser Leistung keinerlei Anteil zu haben. Einen besonderen Aufschluss darüber, wie Aboriginals und ihre Kultur während der 1960er Jahre in Australien trotz aller Entwicklungen rund um das Referendum 1967 betrachtet wurden, liefert ein streng vertrauliches Papier Herbert C. Coombs', des Vorsitzenden des *Australia Council*. Darin kam Coombs zu der Einschätzung, dass viele Australier von der politischen Ebene bis hin zu den Bürgerinnen und Bürgern gegenüber den Aborigines und ihrer Kultur indifferent seien, zumal ihr traditionelles Leben als „poor and poverty-stricken in all senses" gelte. Die Folge daraus sei eine generelle Unkenntnis „of their culture and ceremonial life", die lediglich als „decoration rather than as elements in a way of life" betrachtet würden. Nach wie vor, so konstatierte Coombs, gingen die meisten davon aus, dass es das Beste sei, wenn die Aborigines in die „general

---

[508] Australian Exhibit Organisation for Expo '67: Australia at Expo 67, S. 29.
[509] Horne: Time of Hope, S. 121.
[510] Vgl. Curran/ Ward: The Unknown Nation, S. 103.
[511] LAC RG 71, Box 387, Australia S15, Australia in brief. An Australian News and Information Bureau Publication, Twenty-second edition: 1966, 29. Aborigines.

Australian society"[512] assimiliert werden würden. Während Coombs in seinem Vortrag durchaus Kritik am Umgang mit den Aborigines und ihrer allgemeinen Wahrnehmung laut werden ließ, relativierte er diese allerdings im gleichen Atemzug wieder, indem er aus einer eurozentrischen Haltung heraus die Anpassungsprobleme der Aborigines an das moderne Australien als eine der zentralen Ursachen für ihre gegenwärtigen Probleme hervorhob:

> They do not adapt readily. Aboriginals seem strangely handicapped in matters of social organization. [...] It is therefore exceedingly difficult for them to confront a highly organized society such as our own. Their traditional structure gives nobody clear authority to speak for them and they find it hard to evolve ways of choosing such persons.[513]

In Coombs' Erläuterungen spiegelt sich trotz seiner Kritik die Einstellung wider, dass die Traditionen der Aborigines gemessen an der von Australien gerade im Zuge des *End of Empire* so hoch gehaltenen *highbrow culture* defizitär, ja störend wirkten. Während des Expo-Jahres 1967 entsprach diese abwertende Sichtweise, die jede Form einer angemessenen Repräsentation der Aboriginals letztlich verhinderte, der offiziellen Haltung der Regierung. So wurde zur Frage einer direkten Beteiligung von Aborigines beispielsweise das Argument angeführt, dass „an Aboriginal presence would be at odds with the ‚picture of a modern growing nation'"[514]. Wenn man sich auch gegen eine direkte Beteiligung der Indigenen aussprach, wollte man dennoch nicht auf alle Elemente indigener Kultur verzichten, wenn damit Aufmerksamkeit oder zumindest ein gewisser Unterhaltungswert generiert werden konnte. Versatzstücke indigener Kultur kamen rund um den *Australian Pavilion* nur auf symbolischer Ebene zur Anwendung. Sie waren Bestandteil der von Slessor vorgeschlagenen Repräsentationsstrategie, die auf romantisierte Bilder und postkartentypische Stereotype setzte. Allerdings wurde dieser Umgang mit indigener Kultur sowie die *De-facto*-Marginalisierung der Aboriginals nicht ohne Protest einfach hingenommen. Insbesondere in Verbindung mit dem latenten Rassismus, der im Zuge einer Bumerang-Darbietung während des *Australia Day* 1967 offen zutage trat, setzten sich Indigene öffentlichkeitswirksam gegen die anhaltenden Probleme wie Diskriminierung und Rassismus zur Wehr und konfrontierten Australien mit ihren Erinnerungen an erfahrenes Unrecht.

Für Australien sollte 1967 *das* Jahr sein, wie man einem Editorial des *Australian* noch zu Jahresanfang entnehmen konnte, in dem das Land endlich seine

---

[512] NAA C25 68/425, Box 23, Statements and Speeches by Council Members, Aboriginal Australians – Is it a New Era? Address by Dr. H.C. Coombs to the Society of Friends at Wahroonga, 21.11.1969, S. 6.
[513] Ebd., S. 7.
[514] Sydney Sun, 17.2.1966, zitiert in: Curran: 'Australia Should Be There', S. 77.

kulturelle Mittelmäßigkeit sowie seine „ersatz culture from America's sick society" hinter sich lassen und mit einer eigenen Vision seiner selbst aufwarten würde. Ironischerweise sollte aber gerade auf der internationalen Bühne der Expo deutlich werden, dass es jenem „young man with an old head on his shoulders – too old"[515], wie es allegorisch zu Beginn des Editorials in Anspielung auf Australien hieß, nicht so recht gelingen wollte, mit einem entsprechenden Selbstbild aufzuwarten. Die großen Hoffnungen lagen unter anderem auf dem *Australia Day*, der 1967 auf der Expo vor internationalem Publikum gefeiert und per Satellit erstmals aus Nordamerika nach Australien im Fernsehen übertragen wurde.[516] Entgegen dem angestrebten Bild Australiens als *sophisticated nation* erfuhren die Zuschauerinnen und Zuschauer der *Australia Day Speech* des australischen Premierministers Harold Holt, dass „corals, [...] apples, [...] gum trees, and [...] kangaroos"[517] scheinbar zu den wenigen repräsentativen ‚eigenen' Identifikationsmerkmalen Australiens gehörten.[518] Abgesehen von diesen einzigartigen Aspekten Australiens, so kommentierte *The Australian* ironisch, habe man bei der Fernsehübertragung auch einen Fokus auf „sheep-herding (three sheep and two dogs), tennis players and pop singing rounded off by the most amateurish of music-hall acts" gesetzt, um Australiens Identität zu repräsentieren. In Anbetracht dieser Peinlichkeiten sowie der Tatsache, dass die eigens nach Montréal gebrachten Eukalyptusbäume nun nicht mal aus Australien, sondern aus Kalifornien stammten, oder dass eine Bumerang-Performance nicht von einem ‚Aborigine', sondern von einem Weißen vorgeführt wurde, fiel das Urteil des *Australian* vernichtend aus: Der Versuch Australiens, auf der internationalen Bühne der Expo ein ‚neues', modernes und kultiviertes Selbstbild einer Nation zu präsentieren, die den *cultural cringe* hinter sich gelassen hatte, war gescheitert. Der bleibende Eindruck war der eines „dedicated provincialism"[519].

---

[515] Australia's challenge in 1967, in: The Australian, 2.1.1967.

[516] Vgl. NLA NLpf 607.34 A938, Australian Exhibit Organisation: The Australian Pavilion at Expo '67, [Montreal 1967], Australia's National Day, S. 3.

[517] DPMCL Harold Holt: Speech by the Prime Minister Harold Holt on Australia's National Day at Place des Nations, Montreal, 6.6.1967, S. 1.

[518] Vgl. dazu auch die fast identisch lautenden Ausführungen zu dem spezifischen *Australian Setting* des australischen Pavillons, in: LAC RG 71, Box 387, Australia S15, The Australian Pavilion, S. 4.

[519] 'Roos with everything, in: The Australian, 12.6.1967. Vgl. dazu auch Curran/ Ward: The Unknown Nation, S. 107. Ähnlich kritisch betrachtete auch der *Sydney Morning Herald* die australische Expo-Performance, für die der Choreograph Robert Helpmann verpflichtet wurde. Zum einen erschien es dem *Herald* fragwürdig, ob sich die Vorführung eines Tennisspiels oder die Präsentation von Schäferhunden dafür eigneten, die Einzigartigkeit der australischen Identität zu repräsentieren. Zum anderen war völlig unklar, wieso ausgerechnet ein Choreograph wie Helpmann, der ansonsten als „artistic director of the Australian Ballet" künstlerisch tätig war, als Spezialist für die geplante Darbietung gesehen wurde: „But, asked

Insbesondere von der auf dem *Place des Nations* der Expo dargebotenen Bumerang-Performance ging eine höchst fragwürdige Botschaft aus. Bereits während der Planungsphase war von offizieller Seite deutlich gemacht worden, dass Elemente wie „Boomerang throwing" auf der Expo nicht erwünscht seien, da über eine solche Vorführung nicht das moderne Australien, sondern wenn überhaupt nur der „tribal and uncivilised state"[520] der Aborigines repräsentiert werden könne. Wie der *Australia Day* 1967 jedoch beweisen sollte, hatte der Planungsstab weniger ein Problem mit dem Bumerang an sich als vielmehr mit den Aboriginals, denen man nicht zutraute, Australien angemessen zu repräsentieren. So entschied man sich für eine Bumerang-Darbietung, die durch einen Weißen, nämlich den 70-jährigen Frank Donnellan, anlässlich des australischen Festtags vorgeführt wurde.

Abb. 18: Frank Donnellan während seiner Bumerang-Performance 1967, Foto von Bob Gomel (*Getty Images*), 1.6.1967

one reporter, can a famous ballet master produce a show dealing with sheepdogs and woodchopping? ‚Why, I was born on a sheep station in outback South Australia,' Mr Helpmann replied proudly." Axmen, dogs – and ballet, in: The Sydney Morning Herald, 12.7.1966. Zur medialen Bewertung Helpmanns vgl. auch Curran/ Ward: The Unknown Nation, S. 105.

[520] Hancock: Aboriginal Representation – Expo 67, S. 1.

Als Verantwortlicher versuchte Valston Hancock die heikle Situation damit zu erklären, indem er behauptete, dass in ganz Australien trotz intensiver Suche kein „highly skilled aboriginal boomerang thrower"[521] gefunden worden sei. Der *Australia Day* 1967 zeigt einmal mehr, inwiefern Indigenität nur in Verbindung mit einem gewissen Entertainment-Faktor eine Rolle spielte, so dass indigenen Akteuren, ihrer Kultur und Geschichte jede Wertigkeit abgesprochen wurde.

Gegen diese Darstellung Australiens und die damit verbundene Marginalisierung der Indigenen formierte sich ein massiver öffentlicher Widerstand der Aboriginals und ihrer Repräsentanten wie Charles Perkins, dem Sprecher der *Aboriginal community* Sydneys:

To have a white man represent Australia at boomerang-throwing will make this country a laughing stock and point up to the discrimination here against Aborigines. Can you imagine the Canadians choosing a white man to live in an igloo to represent Eskimos?[522]

We, the undersigned Aborigines, are shocked and disgusted by the proposal of sending a European to represent Australia at boomerang throwing at the coming Canadian World Fair. We maintain that one of our own people must be offered the chance to attend, as we have been pushed into the background too long.[523]

Vor dem Hintergrund dieser Kritik galt die Bumerang-Performance, um es mit einer Schlagzeile des *Sydney Morning Herald* auf den Punkt zu bringen, als eine „*Decision that Boomeranged*"[524].

Festzuhalten bleibt: Den Promotern einer ‚neuen' australischen Identität bzw. eines *Australia of the new frontier* konnte es entgegen ihrem eigenen Anspruch nicht gelingen, ein glaubwürdiges Selbstbild einer kultivierten und ‚reifen' Nation auf der Bühne der Expo zu präsentieren. Sowohl der *cultural cringe* als auch die Identitätskrise erschienen vielen Zeitgenossen nicht wirklich als bewältigte Probleme. Obwohl ein gesamtgesellschaftlicher Aufschrei ausblieb, blickte die zeitgenössische Berichterstattung sehr kritisch auf die Tatsache, dass Vorstellungen von *Whiteness* sowie die damit verbundenen „racial assumptions of colonialism"[525], wie sie sich etwa in der Bumerang-Performance manifestierten, noch immer zu den ungelösten Problemen Australiens zählten. Die eurozentrischen Erinnerungspraktiken, die das angestrebte Bild des modernen, pro-

---

[521] NAA A463 1965/5744, Expo 67 – Aboriginal participation, V.E. Hancock an den Secretary, Prime Minister's Department, 10.1.1967.

[522] LAC RG 71, Box 414, Charles Perkins, zitiert in: Criticism 1967, Boomerang act angers aborigines, in: Sun Herald, n.d. (clipping).

[523] LAC RG 71, Box 414, Criticism 1967, Boomerang [open letter of 12 Aboriginals], in: Telegraph, n.d. (clipping).

[524] Decision that Boomeranged, in: The Sydney Morning Herald, 29.10.1966.

[525] Curran: 'Australia Should Be There', S. 88.

gressiven Australiens mit der notwendigen historischen Legitimation konsolidieren sollten, sorgten dafür, dass Indigene mit ihren Erinnerungen offiziell nicht zu Wort kommen konnten. Eine reflektierte Auseinandersetzung mit der kolonialen Vergangenheit, die auch in Kanada trotz des *Indian Pavilion* nur bedingt erfolgte, blieb in Australien aus, hätte doch ein solch selbstkritischer Umgang mit der eigenen Vergangenheit die romantisierten Selbstbilder konterkariert. Obwohl es so gesehen keine offizielle Anerkennung indigener Kultur oder der Geschichte der Aboriginals gab, konnte sich das *prekäre Wissen* der Indigenen außerhalb der Bühne der Expo seinen Weg bahnen und die etablierten eurozentrischen Narrative und Erinnerungspraktiken des weißen Australiens herausfordern. Während der *langen* 1960er Jahre, die in Australien wie auch in Kanada und Neuseeland eine „watershed in Aboriginal-white relations"[526] markierten, konnte die immer lauter werdende Stimme der Indigenen nicht mehr länger ignoriert werden. Maßgeblich hing diese Entwicklung mit der im Zuge des *End of Empire* zwingend notwendig gewordenen ‚*Neu*'-Verortung von Kultur und Identität zusammen, durch die grundsätzliche Vorstellungen von Identität im Vergleich zu der Zeit *vor* der Bedrohung aushandelbarer geworden waren.

4.3. 1974: Von der bi- zur multikulturellen Nation?
Die Inszenierung und Dramaturgie des ersten New Zealand Day

Wie in Kanada und Australien wurde die Weltausstellung in Montréal auch in Neuseeland als eine große Chance gesehen. Die Gründe dafür waren die gleichen wie in den *sister nations*: Die Expo mit ihrem einmaligen Setting bot die Möglichkeit, dem Rest der Welt zu beweisen, dass es sich bei Neuseeland um eine moderne und kultivierte Nation handelte, die den *cringe* längst hinter sich gelassen hatte. Vor diesem Hintergrund hatten politische Akteure wie der neuseeländische *High Commissioner* in Ottawa bereits im Vorfeld gewarnt, dass eine Absage die Gefahr eines Imageschadens für Neuseeland berge. Argumentativ ins Feld geführt wurde dabei auch, dass das „old Commonwealth fellowfeeling" zu berücksichtigen sei, welches gerade bei einer Einladung durch ein Land wie Kanada beachtet werden müsse. Obgleich die glorreichen Zeiten der alten Empire-Familie vorüber waren, spielte das spezielle Zusammengehörigkeitsgefühl zwischen Kanada, Australien und Neuseeland also weiterhin eine wichtige Rolle. Wie aus den Papieren des neuseeländischen Außenministeriums hervorgeht, sollte dieses besondere Gefühl der Verbundenheit aus den alten Empire-Tagen im Kontext der Expo allerdings eher „in very low key"[527] artikuliert

---
[526] Peter Kivisto: Multiculturalism in a Global Society, Oxford 2002, S. 105.
[527] ANZW ABHS 7148 W4628 Box 2 LONB 6/3/80 pt. 1, Public Relations – Exhibitions

werden. Auf der internationalen und postimperialen Bühne der Expo, so lässt sich vermuten, konnte eine Überbetonung der alten familiären Verbindungen unter den ehemaligen weißen Siedlerkolonien durch offizielle Repräsentanten schnell anachronistisch wirken und so kontraproduktiv für die angepriesenen ‚neuen' Selbstbilder der jeweiligen Nationen jenseits von *Britishness* und *Whiteness* sein.

Zu einer Beteiligung Neuseelands an der Expo 1967 sollte es jedoch nicht kommen. Alles, was Kanadier von Neuseeland während ihres Festjahres zu sehen bekommen sollten, waren „100 sets of the Encyclopaedia of New Zealand"[528], die der neuseeländische Premierminister Holyoake nicht nur an Politiker wie Pearson, sondern auch an zahlreiche kanadische Bibliotheken und Universitäten anlässlich des *Centennial* verschenkte. Die Entscheidung, aus finanziellen Gründen auf eine Repräsentation der neuseeländischen Nation in Montréal zu verzichten,[529] wurde von der Öffentlichkeit scharf kritisiert. Das blieb auch in Kanada nicht unbemerkt. In Anbetracht der Berichterstattung der zentralen neuseeländischen Tageszeitungen berichtete so etwa J. C. Graham, der kanadische Pressekorrespondent in Auckland, dass es bereits vor der offiziellen Eröffnung der Expo zu einer massiven und nahezu flächendeckenden Kritik an Neuseelands Abwesenheit in Montréal gekommen sei. Besonders negativ hätten sich, wie Graham beobachtete, die Zeitungen angesichts der Tatsache geäußert, dass Neuseeland das einzige Land des alten Commonwealth sei, das nicht auf der Expo repräsentiert werde.[530] Die insgeheim fortbestehende Vorstellung einer besonderen Zusammengehörigkeit zwischen den ehemaligen weißen Siedlerkolonien spielte also nicht nur mit Blick auf die Gemeinsamkeiten eine Rolle, auf welche etwa Pierre Dupuy mit seiner *family-party*-Metapher bei der Begrüßung Whitlams anspielte. Wie der Blick auf die neuseeländischen Pressestimmen deutlich macht, ging es vielmehr auch darum, durch eine Teilnahme an der Weltausstellung zu demonstrieren, dass man imstande war, mit den anderen Mitgliedern aus dem alten *family circle* mitzuhalten.

– World Exhibitions: Expo 67 (Canada), High Commissioner of New Zealand in Ottawa an den Secretary of External Affairs u. a., 26.3.1965.

[528] LAC RG 25-A-3-c, Vol. 10055 pt. 1, File 20-1-2-NZ, Political affairs – Policy and background – Canada's foreign policy trends – New Zealand pt. 1, Centennial Gift from New Zealand. Memorandum for the Prime Minister, 20.7.1967. Ferner verschenkte Neuseeland drei Kunstgegenstände, die im *New Zealand Room* des *Parliamentary Restaurant* in Ottawa ausgestellt wurden.

[529] Vgl. LAC MG 26 N 3, Box 276, File No. 840/N532-26, Canada and Foreign Countries – New Zealand, External Ott. an LDN (For PM only [Alec Douglas Home]), 7.7.1964.

[530] Vgl. J.C. Graham: Criticism in New Zealand Over Lack of Expo Pavilion, in: Ottawa Journal, 31.5.1967. Vgl. zur Kritik auch Great Day for a Great Show in a Great Year – Expo '67, in: The Evening Post, 28.4.1967.

4. Celebrating new identities

Abb. 19: Karikatur von Nevile S. Lodge, abgedruckt in:
The Evening Post, 28.4.1967

Während 1967 für Kanada und Australien als ein Jahr voller Chancen und Möglichkeiten zur Selbstrepräsentation erschien, blieb für Neuseeland, einer Karikatur Nevile Lodges zufolge, nur die Erkenntnis, dass seine Nation diese Chance verpasst hatte und infolgedessen weiterhin als ein kleines, unbedeutendes Land wahrgenommen werden würde. Diese Enttäuschung über die verpasste Chance war nicht zuletzt mit der Identitätskrise verbunden, denn mit der Teilnahme Neuseelands an der Weltausstellung in Montréal schien die Hoffnung vieler Akteure verknüpft zu sein, dass man durch eine angemessene Selbstrepräsentation in Kanada dieser Krise Herr werden und die internationale Wahrnehmung des Landes verbessern könne. Was Neuseeland 1967 verpasst zu haben schien, versuchte es nur sieben Jahre später mit der festlichen Begehung des ersten *New Zealand Day* im Jahre 1974 in gewisser Weise nachzuholen. Bevor die im Zeichen des *New Nationalism* stehenden Erinnerungspraktiken

Neuseelands mit Blick auf diesen zentralen Nationalfeiertag näher beleuchtet werden, soll im Folgenden ein Fokus auf die Frage gerichtet werden, inwiefern die Identitätskrise in Neuseeland das Interesse an der Kultur der Maori förderte. Wie bereits zuvor in den Fällen Kanadas und Australiens sind dabei auch innergesellschaftliche Entwicklungen zu berücksichtigen.

Inwiefern insbesondere *Britain's turn to Europe* als die maßgebliche Ursache der Identitätskrise zwischen den 1960er und 1970er Jahren in Neuseeland betrachtet wurde, verdeutlichen Norman Kirks Äußerungen in einer Rede anlässlich des *Christchurch Arts Festival* von 1973. In dieser beschrieb er die Identitätssuche der Neuseeländer ähnlich wie der australische Premierminister Harold Holt sieben Jahre zuvor nicht etwa als einen selbstgewählten,[531] sondern als einen durch äußere Umstände zwangsläufig notwendig gewordenen Prozess:

> With Britain moving towards the European Economic Community more and more the question will be asked ‚Who are we?' [...] Britain and Europe forces [sic!] us to face the fact that no longer are we just Britishers, but that we must face the necessity of working out our own civilisation; our own way of life, and our own depth of life.[532]

Folgt man Kirks Argumentation, so hatte der Rückzug Großbritanniens aus seiner Empire-Familie nicht nur dafür gesorgt, dass die britisch konnotierte Identität Neuseelands massiv ins Wanken geraten war. Vielmehr hatte die unerwartete Entwicklung auch verdeutlicht, wie abhängig die eigenen Kultur- und Identitätsvorstellungen von britischen und auch amerikanischen Elementen waren. Die Rede des neuseeländischen Premierministers illustriert einmal mehr, dass die Vorstellungen des *thwarted nationalism* und des *cultural cringe* dem Bereich nationalistischer Träumereien zuzuordnen sind. So konnte auch der *new nationalist* Kirk nicht verhehlen, dass die britisch konnotierte Identität der Neuseeländer erst unter dem Eindruck der äußeren Umstände fragwürdig geworden war.

Die Erkenntnis, dass man sich mit einer fundamentalen Identitätskrise auseinandergesetzt sah, sorgte in Neuseeland für ein neues Interesse an den Maori und ihrer Kultur. Dies spiegelte sich auch in Kirks Rede wider. Während es den Maori trotz aller durch Europäer verursachten Probleme gelungen sei, ihre Kultur und Identität zu behaupten, so konstatierte Kirk, müsse der Rest Neuseelands nun bemerken, dass sein Verständnis von Kultur nichts weiter als „a mixture of British and American" sei. Ein genauerer Blick auf die von Kirk verwendeten Personalpronomen zeigt dabei, dass sich das *Wir*-Verständnis, welches nun in die Krise geraten war, auf die Perspektive der Pakehas bezog, wohin-

---
[531] Vgl. zu Holt S. 54 in der hier vorliegenden Studie.
[532] ANZW AAWV 23583 Kirk1 Box 19, General Speech notes, interviews, 1968–1974, Opening of Christchurch Arts Festival, 2.3.1973, S. 4.

4. Celebrating new identities

gegen die polynesische Kultur und Identität der Maori als etwas verstanden wurde, das zu den *anderen* gehörte:

> Now we are discovering how shallow our culture is – that we have virtually none of our own. [...] The people who help us most to see this lack is the Polynesian. They know who they are, having worked out their culture. There was a time when their culture was neglected, became diluted, but they have at their roots this basis for national pride, for national identity.[533]

Mit der Identitätskrise, so lässt sich aus Kirks Äußerungen folgern, war deutlich geworden, dass der vermeintliche Kitt, der vormals die europäischstämmigen Pakehas mit den Maori in einer einzigartigen bikulturellen Gemeinschaft zu einen schien, gar nicht oder nicht mehr vorhanden war. In der Vision, die Kirk im Rahmen seines *New Nationalism* für Neuseeland zeichnete, sollte die Unterscheidung zwischen verschiedenen Kulturen und Gruppierungen zukünftig keinerlei Rolle mehr spielen. Um eine neuseeländische Identität artikulieren und die Krise lösen zu können, so argumentierte er, müsse etwas entstehen, das „not Maori, not European, not American"[534] sei, das sich aber aus den kulturellen Beiträgen aller in Neuseeland vorzufindenden Kulturen speisen sollte: „It is the contribution that each culture makes to the other."[535]

Bedingt durch den *Treaty of Waitangi* basierten Vorstellungen kollektiver Identität in Neuseeland traditionell auf dem Bikulturalismus, der in Verbindung mit der Vorstellung einer vermeintlich harmonischen Partnerschaft zwischen Pakehas und Maori ein zentrales Distinktionsmerkmal Neuseelands bildete. Maori galten dabei, wie sie der Premierminister Walter Nash 1958 beschrieb, als „Full Partner in Nationhood"[536], da sie sich unter anderem als gute Soldaten, gute *civil servants* und – auch dieses Argument war weit verbreitet – als loyale Anhänger der Queen bewiesen hatten. Die Indigenen waren ein fester Bestandteil der Selbstbeschreibung Neuseelands als *Better Britain*, in dem es vermeintlich keine Probleme wie Rassismus und Diskriminierung gab. Zu den Merkmalen dieser Vereinnahmung der Maori für das auf *Britishness* und *Whiteness* basierende Selbstbild Neuseelands gehörte, dass sie als *better blacks* betrachtet wurden, deren Leistungen und zivilisatorische Wertigkeit stets nach einem eurozentrischen Maßstab bemessen wurden. So lobte Nash noch zum Ende der 1950er Jahre die Leistungen der Maori, die gerade deshalb so außergewöhnlich erschienen, da ihr Kontakt mit der europäischen Zivilisation erst knapp seit ein-

---

[533] Ebd.
[534] Ebd.
[535] Ebd., S. 5.
[536] ANZW AEFZ 22620 W5727 Box 176 201, NZ's Maoris Full Partner in Nationhood, [gleichnamiges Papier], [1958].

hundert Jahren bestehe.[537] Innerhalb der eurozentrisch geprägten Diskurse war die für die Maori vorgesehene Position passiver Natur. In diesem Sinne sah ein Drehbuch von 1968 für den geplanten Dokumentarfilm „*The Maori Today*" etwa vor, Maori lediglich abzubilden, ohne sie jedoch in dem gesamten Beitrag einmal zu Wort kommen zu lassen. Die Dokumentation, die in verschiedene Sprachen übersetzt wurde und Neuseeland international in einem guten Licht erscheinen lassen sollte, sagte also mitnichten etwas über die Perspektiven der Maori aus. Stattdessen illustrierte sie etwa mit Fragen nach der Assimilationsfähigkeit der Maori, inwiefern die europäischstämmigen Pakehas mit ihren Sichtweisen den Diskurs in Neuseeland dominierten.[538]

Das gesellschaftliche Ideal der *racial harmony*, des *egalitarianism* und die darauf basierenden Identitätsdiskurse, die mit Vorstellungen eines paradiesisch anmutenden Neuseelands als *Better Britain* verbunden waren, sollten erst allmählich im Verlauf der Urbanisierung der Maori und durch die Einwanderung der *Pacific Islanders* hinterfragt werden. Diese waren im Zuge der Dekolonisation von den Cookinseln aus Niue und Tokelau, Westsamoa, Tonga, Fiji und Tahiti nach Neuseeland gekommen und hofften ähnlich wie die Maori, von denen zwischen 1945 und 1976 ein Großteil aus abgeschiedenen ländlichen Regionen in die Städte gezogen waren, vom wirtschaftlichen Boom profitieren zu können.[539] Während Pakehas zuvor keine größere Notiz vom Leben der Maori nahmen, sahen sie sich nun mit einer unerwarteten „sudden visibility of the Maori"[540] konfrontiert, wie sie etwa der neuseeländische Historiker William H. Oliver wahrnahm. In den Städten sah die soziale Realität für Maori und *Pacific Islanders*, die als billige Arbeitskräfte ausgenutzt wurden, im Gegensatz zum Leben der als *skilled labourers* geltenden Pakehas düster aus.[541] So vergrößerten sich im Zuge der Urbanisierung soziale Spannungen, die der nach dem verantwortlichen *secretary* Jack Hunn benannte *Hunn Report* (*Report of Maori Affairs*) wie folgt mit einem Zitat aus dem *New Zealand Herald* beschrieb:

---

[537] Vgl. ANZW AEFZ 22620 W5727 Box 176 201, NZ's Maoris Full Partner in Nationhood, [titelloses Papier zur Bedeutung der Maori], [1958].

[538] Vgl. ANZW AAPG W3435 Box 16 3/2/87, The Maori Today, Ambassador [nicht näher spezifiziert] an den Secretary of External Affairs, 25.9.1968.

[539] Vgl. Mein Smith: A Concise History of New Zealand, S. 192, 194. Zu statistischen Daten der Urbanisierung vgl. die Grafik in Paul Meredith: Urban Māori – Urbanisation, in: Te Ara – The Encyclopedia of New Zealand, abgerufen unter: https://teara.govt.nz/en/graph/3571/maori-urbanisation-1926-86, (17.7.2019). Die Zahl der in den Städten lebenden Maori stieg von 26 Prozent im Jahre 1945 auf 76 Prozent im Jahre 1976.

[540] W.H. Oliver: The Awakening Imagination, in: Ders. mit B.R. Williams (Hgg.): The Oxford History of New Zealand, Oxford, Wellington 1981, S. 430–461, hier S. 460.

[541] Vgl. Mein Smith: A Concise History of New Zealand, S. 194 sowie auch Mitchell: Immigration and National Identity in 1970s New Zealand, S. 24.

4. Celebrating new identities

„[T]he painless absorption of the fast growing Maori population into the economic and social structure of the European is *the great problem* facing both races in New Zealand today."[542]

Dem *Hunn Report* von 1961, der die Integration der Maori in die moderne neuseeländische Gesellschaft anstrebte, in welcher ihre Kultur einen distinkten Wert behalten sollte, lag das Idealbild einer auf dem Bikulturalismus basierenden nationalen Einheit zu Grunde. Schnell wurden allerdings kritische Stimmen laut, die den integrativen Ansatz des *Report* als „assimilation by another name"[543] enttarnten, wurden Maori doch weiterhin als eine Gruppierung betrachtet, die erst noch lernen musste, sich sowohl in ihrem Verhalten als auch beruflich auf ihre „new role in the city"[544] einzustellen. James Mitchell hat in seiner Studie die assimilatorische Grundidee hinter den zeitgenössischen Diskursen rund um die Urbanisierung der Maori wie folgt zusammengefasst:

Pakeha were willing and even proud to accept Maori as equals as long as they conformed to the cultural norms of their particular form of British society. However, such acceptance of individuals left little room in the national culture, or in the institutions of the nation-state, for the culture of the Maori or the smaller ethnic groups which made up New Zealand's population.[545]

Seit dem Ende der 1940er Jahre hatten internationale Entwicklungen im Zusammenhang mit der *Allgemeinen Menschenrechtserklärung* (1948), der Antiapartheidsbewegung, der *civil rights movement* oder dem *Internationalen Übereinkommen zur Beseitigung jeder Form von Rassendiskriminierung* der Vereinten Nationen (1963) dafür gesorgt, dass der Handlungsdruck, etwas gegen Rassismus und Diskriminierung zu unternehmen, auf die Staaten immer größer geworden war.[546] Protestbewegungen wie die in den 1960er Jahren aufkommende *Red-Power*-Bewegung in Kanada, die von der *Black-Power*-Bewegung in den USA beeinflusst war,[547] die *Freedom Riders* in Australien, die *Maori Organisation on Human Rights* (MOOHR) oder die Protestgruppe *Ngā Tamatoa* (wörtlich: *„junge Krieger"*), die ab dem Ende der 1960er Jahre alte wie neue Verletzungen des *Treaty of Waitangi* in Neuseeland anprangerte,[548] sorgten dafür,

---

[542] Maoris in a Changing Role, in: The New Zealand Herald, 23.5.1960, zitiert in: Jack Hunn: Report of the Department of Maori Affairs with Statistical Supplement, Wellington 1961, S. 78 (Herv. i. Orig.). Vgl. dazu auch Mein Smith: A Concise History of New Zealand, S. 195.
[543] Ebd.
[544] Maoris in a Changing Role, in: The New Zealand Herald, 23.5.1960.
[545] Mitchell: Immigration and National Identity in 1970s New Zealand, S. 11.
[546] Vgl. dazu auch Ann Curthoys: Indigenous Subjects, in: Deryck M. Schreuder, Stuart Ward (Hgg.): Australia's Empire, Oxford u. a. 2008 (The Oxford History of the British Empire. Companion Series), S. 78–102, hier S. 99.
[547] Vgl. dazu v. a. Palmer: Canada's 1960s, S. 196.
[548] Vgl. Carlyon/ Morrow: Changing Times, S. 253 f. sowie Vincent O'Malley/ Bruce Stirling/ Wally Penetito: Maori Renaissance, in: Dies. (Hgg.): The Treaty of Waitangi Compan-

dass die Perspektiven der Indigenen nicht mehr länger von der Gesellschaft ignoriert werden konnten. Verstärkt wurde diese in gewisser Weise ‚neue' Sichtbarkeit der Indigenen nicht zuletzt durch besonders öffentlichkeitswirksame Protestaktionen. Dazu zählte etwa der *Land March* von 1975, in dessen Rahmen ähnlich wie 1972 in Australien eine Zeltbotschaft in der Nähe des Parlaments errichtet wurde, um auf das Problem der Landrechtsfragen aufmerksam zu machen.[549] Zu den weiteren Faktoren, die einen großen Einfluss auf die öffentliche Wahrnehmung der Indigenen und ihrer Probleme hatten, zählte in Neuseeland ein engerer kultureller und sozialer Austausch, zu dem es im Zuge der Urbanisierung gekommen war. Dieser spiegelte sich nicht zuletzt in der steigenden Eheschließungsrate zwischen Pakehas und Maori wider.[550]

Die Veränderungen der Perspektive auf die Indigenen lässt sich einerseits auf die mit den *langen* 1960er Jahren verbundenen gesellschaftlichen, politischen und kulturellen Transformationsprozesse sowie auf einen Wertewandel zurückführen. Andererseits aber gerieten die Identitätskonzepte der ehemaligen Siedlerkolonien, die trotz aller Veränderungen insgeheim weiter auf *Britishness*, *Whiteness* sowie *family values* basierten, erst durch die Identitätskrise im Zuge des *End of Empire* so ins Wanken, dass sie für die Zeitgenossen in ihrer fortdauernden Wirkung sichtbar wurden und entsprechend als dringend zu ersetzen galten. So gesehen sorgte die Bedrohungssituation für eine außergewöhnliche Dynamisierung der gesellschaftlichen Diskurse. In diesem Sinne brachte die Maori-Aktivistin Donna Awatere die Auswirkungen der Krise und ihre Folgen für den weißen Teil Neuseelands in ihrer berühmten Schrift „*Maori Sovereignty*" wie folgt auf den Punkt:

> The crisis thus revealed the pro-British jingoism of the white New Zealander; a British chauvinistic patriotism which can still be seen in their desperate obsession with the Royal Family. [...] What is there in this country that gives to it its own New Zealand identity? Very little. All the institutions and even the national shrines and memory are direct importations from Britain.[551]

ion. Māori and Pākehā from Tasman to Today, Auckland 2010, S. 291 f., hier S. 291. Insbesondere der 1967 erlassene *Maori Affairs Amendment Act*, durch den wirtschaftlich nicht genutzter Grundbesitz der Maori zum Verkauf angeboten werden sollte, wurde von den meisten Maori als ein weiterer Landraub der Pakehas empfunden und löste eine Welle des Protests aus. Vgl. Robinson: Making a New Zealand Day, S. 43. Als Reaktion auf die strittigen Landrechtsfragen wurde 1975 mit dem *Treaty of Waitangi Act* das *Waitangi Tribunal* etabliert, das Verletzungen gegen die Bestimmungen des *Treaty of Waitangi* untersucht und die Regierung entsprechend berät. Vgl. Claudia Orange: Treaty of Waitangi – Honouring the treaty – 1940 to 2000s, in: Te Ara – The Encyclopedia of New Zealand, abgerufen unter: https://teara.govt.nz/en/treaty-of-waitangi/page-7, (23.6.2021).

[549] Vgl. Darian-Smith: Indigenes Australien, S. 105 sowie Carlyon/ Morrow: Changing Times, S. 258 ff.

[550] Vgl. Mein Smith: A Concise History of New Zealand, S. 238.

[551] Donna Awatere: Maori Sovereignty, Auckland 1984, S. 10 f.

4. Celebrating new identities

Angesichts der Identitätskrise ließ sich auch die Vorstellung Neuseelands als paradiesisches Land, von dem Premierminister Walter Nash noch 1958 in einem Gespräch mit David Saul Marshall, dem ehemaligen *Chief Minister* Singapurs, selbstbewusst behaupten konnte „[T]here [is] now no racial problem in New Zealand"552, langfristig nicht mehr aufrechterhalten.

Abb. 20: Graffiti, abgedruckt in: July H. Katz: "White Awareness", in: Racism – a white problem. Christian action week, 27 June – 4 July 1982

---

552 ANZW ACIE 8798 EA1 Box 227 59/2/176/1, Visits – Right Honourable W. Nash to Southeast Asia – General 1958–1959, Note of a Discussion between Rt. Hon. Walter Nash and Mr. David Marshall, Former Chief Minister of Singapore, 4.3.1958. Das Bild Neuseelands als eine bikulturelle Nation der *races in harmony*, die vermeintlich im Gegensatz zu Australien international eine Vorbildfunktion einnehmen konnte, war weit verbreitet. Die mit diesem (Selbst-)Bild verbundene Vorstellung spiegelte sich nicht nur in der politischen Rhetorik, sondern etwa auch in den Texten touristischer Infobroschüren über Neuseeland wider. Vgl. dazu etwa die Ausführungen der Abgeordneten Mrs. Tombleson (Gisborne), in: New Zealand Parliamentary Debates, Vol. 355, 16.7.1968, S. 520: „The Maori has had the benefit of education and of better social hygiene, welfare, housing, and so on, and naturally that puts him in a different strata[.]" Vgl. auch den Bericht über die Rede des Generalgouverneurs Sir Arthur Porritt: N.Z. Sets Example To The World. "Leads in Harmonious Bi-Racial Living Equality" – Governor General, in: Thames Star, 26.9.1969. Vgl. dazu auch New Zealand. Information and Publicity Services: New Zealand. AOTEAROA, The Long White Cloud, Wellington 1960, S. 4. Die Infobroschüre über Neuseeland stellte Maori in eurozentrischer Manier als eine Ethnie dar, die vermeintlich erst durch einen Lernprozess an europäische Vorstellungen von Freiheit, Demokratie und Zivilisation gewöhnt worden war. Das Resultat dieses Adaptions- bzw. Assimilationsprozesses, mit dem die Broschüre werben konnte, war eine scheinbar friedliche bikulturelle Nation.

Das Selbstbild als eine vom Rassismus nicht beeinflusste Gesellschaft, mit dem sich Neuseeland von Australiens Umgang mit den Aborigines in ähnlicher Art wie Kanada von den rassistischen USA abgrenzte,[553] sollte im Zuge der Identitätskrise immer mehr in die Kritik geraten. Ein Anfang der 1980er Jahre auf einer Broschüre zur neuseeländischen *Christian action week* abgedrucktes Graffiti brachte dies mit der Botschaft „*Come Out From Behind the Myths*" zum Ausdruck. Hinterfragt wurde damit letztlich ein essentielles Distinktionsmerkmal, welches zuvor vermeintlich problemlos für Identitätskonstruktionen verwendet werden konnte, so dass Akteure wie der neuseeländische Historiker Keith Sinclair vor diesem Hintergrund die „relative quality" der Nation „under threat"[554] sahen. Zur Dekonstruktion der alten Selbstbilder sollte nicht zuletzt auch die zunehmende Kritik der Maori am *Waitangi Day* beitragen.

Während der Protest der Maori noch bis in die zweite Hälfte der 1960er Jahre oft eher abseits der zentralen Feierlichkeiten zu vernehmen war und selbst bei auffallend harscher Kritik von der neuseeländischen Presse weitestgehend ausgeklammert wurde, konnten die anklagenden Stimmen der Indigenen gegen die etablierte „dominant meaning and message of Waitangi Day"[555] zu Beginn der 1970er Jahre nicht mehr überhört werden. Wie Helen Robinson gezeigt hat, hing dies vor allem mit der ersten öffentlichkeitswirksamen Störungsaktion des *Waitangi Day* im Jahre 1971 zusammen. Mitglieder der Protestgruppe *Ngā Tamatoa* hatten dabei nicht nur die Rede des Vizepremiers Robert Muldoon mit Zwischenrufen und einem rituellen Kriegertanz, einem *Haka*, gestört, sondern auch versucht, eine Flagge auf dem *Treaty*-Gelände zu verbrennen. Durch diese Aktion, von der nahezu alle Medien, wie Robinson festhält, berichtet hätten, sei es gelungen, das Selbstbild Neuseelands als harmonische bikulturelle Gesellschaft öffentlich zu dekonstruieren.[556] So gesehen wurde die neuseeländische Gesellschaft bereits im Vorfeld der Feierlichkeiten zum *New Zealand Day* 1974

---

[553] Zur Brüchigkeit des Selbstbildes einer im Gegensatz zu den USA rassismusfreien kanadischen Gesellschaft vgl. beispielsweise den Kommentar der *Times*, der auf die 1960er Jahre zurückblickend Folgendes festhielt: „One of Canada's recurring arguments for cultural superiority over the United States was that she had avoided a racial conflict. But this was the result of a long series of injustices: until 1962, Canada had admitted practically no Africans, Indians, or West Indians, and only a trickle of orientals; within her borders, she had badly ill-treated her own blacks in Nova Scotia, her Acadians in New Brunswick, her Métis in Saskatchewan, and her native Indians everywhere. During the 1960s, these myths, the warp and woof of Canadian ideology, were shown to be inaccurate and misleading." Canadian Culture in the 1960s, in: The Times Literary Supplement, 28.8.1969.
[554] UOASC MSS & Archives 2010/3, Sir Keith Sinclair Papers, Series 3, Box 6, Folder 3/2, Re 'Class in New Zealand'. Keith Sinclair: Class in New Zealand, n.d., S. 8.
[555] Robinson: Making a New Zealand Day, S. 44.
[556] Vgl. ebd.

durch das *prekäre Wissen* der Maori für die anhaltenden Probleme infolge von Rassismus und Diskriminierung sensibilisiert. Für die Maori war Waitangi nicht der Ursprung einer vermeintlich einzigartigen bikulturellen Nation, die sich nun ausgehend von ihrer bikulturellen Grundlage immer mehr als eine „plural society, a multi-racial nation"[557] definierte. Waitangi, so lautete die Meinung vieler Maori, war kein freudiger Feiertag, sondern ein Trauertag.[558]

Vor diesem Hintergrund versuchte Norman Kirk am 6. Februar 1973 – ein Jahr, bevor der *Waitangi Day* zum *New Zealand Day* werden sollte – ein versöhnliches Signal an die Maori zu senden, indem er den *Treaty of Waitangi*, die mit ihm verbundenen Prinzipien sowie seine Symbolkraft als konstitutiv für das Selbstverständnis *aller* Neuseeländer anpries und dabei gleichzeitig versicherte, dass assimilatorische Prinzipien im modernen Neuseeland nichts mehr zu suchen hätten. Ohne das britische Mutterland zu erwähnen, konstatierte Kirk in seiner Rede mit Blick auf die Geschichte seines Landes, dass die enormen Möglichkeiten Neuseelands vor allem jene Siedler angelockt hätten, die in ihren Herkunftsländern keine Zukunft mehr gesehen hätten, und daher im einzigartigen Umfeld einer „bi-cultural togetherness" ansässig geworden seien. Das multikulturelle Neuseeland der Gegenwart, so suggerierte Kirk, könne ohne das bikulturelle Fundament der Nation, den *Treaty of Waitangi,* nicht gedacht werden, dessen einzigartiges „gift of opportunity"[559] nicht nur an die Maori, sondern an *alle* in Neuseeland lebenden Ethnien gerichtet sei. Ähnlich wie in Kanada und Australien versuchten also auch die *nation builders* in Neuseeland, ihre neue Vorstellung kollektiver Identität durch ein teleologisches Geschichtsbild zu legitimieren, bei dem die britischstämmigen Siedler nur noch eine von vielen Einwanderergruppen waren, die stetig zur kulturellen Vielfalt der Nation beigetragen hatten. Der *Treaty of Waitangi,* der, wie Kirk hervorhob, in einer Zeit geschlossen worden sei, in der Kolonialmächte Besitztümer ohne Rücksicht auf die „wishes or the interests of the occupants of those lands"[560] einfach annektiert hätten, verband mit seinen Prinzipien die Vergangenheit mit der Gegenwart und galt gleichsam als Versprechen für die Zukunft. Neuseeland schien sich auf der Grundlage dieser Prinzipien von einer bikulturellen zu einer multikulturellen Nation entwickelt zu haben. Partikularinteressen einer bestimmten Gruppe sollten in dieser Nation fortan die kulturelle Identität anderer nicht mehr ein-

---

[557] ATL 99-266-32/1 Papers re Treaty of Waitangi, Waitangi Day 1968, Shortened and amended version of an address given to the N.Z. Founders' Society by Koro Dewes, Lecturer in Maori Language, Victoria University, 8.2.1968, S. 2.

[558] Vgl. Robinson: Making a New Zealand Day, S. 44.

[559] Norman Kirk, zitiert in: Easton: Norman Kirk 1923–1974, S. 187.

[560] Ebd., S. 186.

Abb. 21: Premierminister Norman Kirk mit dem Maori-Jungen Moana Priest beim *Waitangi Day* 1973

schränken können, wie Kirk in Anspielung auf die von vielen Maori empfundene Dominanz der britisch geprägten Kultur der Pakehas betonte.[561]

Nicht zuletzt unter dem Eindruck der Identitätskrise lieferten dieser Anspruch und das als zeitlos erscheinende Erbe des *Treaty of Waitangi* für Kirk die Begründung dafür, warum es höchste Zeit war, den *Waitangi Day* mit seiner nur lokal beschränkten Bedeutung durch einen zentralen Nationalfeiertag zu ersetzen: den *New Zealand Day*.

Seine Leistung, mit der Etablierung des *New Zealand Day* eine neue Zukunft für die neuseeländische Nation unter Wahrung ihres bikulturellen Erbes eingeleitet zu haben, unterstrich Kirk auf besondere medienwirksame Art: Demonstrativ, so berichtete etwa eine Lokalzeitung, sei er Hand in Hand mit dem zehnjährigen Maori-Jungen Moana Priest zum Rednerpult in Waitangi geschritten und habe während seiner Rede, mit dem Blick auf ihn gerichtet, die junge Generation adressiert, die fortan unter dem *New Zealand Day* aufwachsen würde.[562] Das ursprünglich im *New Zealand Herald* abgedruckte Bild von Kirk und Priest, so hat David Grant in seiner Biographie über den früheren Premierminister festgehalten, sei nach der Erstveröffentlichung landesweit auch durch zahlreiche andere Zeitungen verbreitet worden.[563]

Ein Jahr, nachdem das symbolträchtige Foto aufgenommen worden war, welches bis heute zu den bekanntesten Bildern der Kirk-Ära zählt, sollte in Waitangi anlässlich des neuen Nationalfeiertags Neuseelands ‚neues' Identitätsver-

---

[561] Vgl. ebd., S. 187.
[562] Old Waitangi Spirit as New Zealand Day is Proclaimed, in: Northland Age, 9.2.1973.
[563] Vgl. David Grant: The Mighty Totara. The Life and Times of Norman Kirk, Auckland 2014, S. 244.

ständnis öffentlichkeitswirksam in Szene gesetzt werden. In Anbetracht des befürchteten Protests, so hat Helen Robinson festgestellt, habe man bei der Planung des Feiertags streng darauf geachtet, den *Treaty of Waitangi* zu ehren sowie die besondere Rolle der Maori bei der Gründung der Nation zu würdigen.[564] Erwartet wurden neben der Queen und einigen weiteren Angehörigen der königlichen Familie auch Politiker, zahlreiche Prominente sowie Schätzungen des Innenministeriums zufolge zwischen 15 und 20 000 Besucherinnen und Besucher.[565]

Die bereits zuvor verwendete Bühnenmetapher, mit der die Erinnerungspraktiken Kanadas und Australiens im Kontext der Expo beschrieben worden sind, kann ohne Einschränkungen auch auf den *New Zealand Day* angewendet werden. Ähnlich wie Montréals Expo war das gesamte *Treaty*-Gelände in Waitangi 1974 sprichwörtlich eine große Bühne. Neben Programmpunkten wie dem „ceremonial Maori Welcome", einem „Royal Salut and an inspection of a Naval Guard of Honour"[566], der Rede des Premiers und der Queen sowie einer Flaggenzeremonie bildete ein durchchoreographiertes und live im Fernsehen übertragenes Geschichtsschauspiel die Hauptattraktion des *New Zealand Day*. Unter der Beteiligung von rund 900 Schauspielerinnen und Schauspielern sollte Neuseelands Entwicklung von einer bikulturellen zu einer multikulturellen Nation dramaturgisch inszeniert werden.[567] So gesehen bot der *New Zealand Day* wie die Expo einen einzigartigen Rahmen für die Repräsentation ‚neuer' Identitätsvorstellungen, die unter dem Label des *New Nationalism* entstanden waren. Aus diesem Grund soll im Folgenden ein genauerer Blick auf die performative Umsetzung jener Identitäts- und Kulturvorstellungen gerichtet werden, über die Neuseelands ‚neuer' Mythos des Multikulturalismus im Rahmen des Geschichtsschauspiels öffentlichkeitswirksam inszeniert wurde. In diesem Kontext ist auch die Frage zu klären, inwiefern dabei die Erinnerungen und Perspektiven der Maori berücksichtigt wurden.

In der rund 90-minütigen Darstellung und für das Fernsehen aufgezeichneten Inszenierung der neuseeländischen Geschichte setzte der Programmleiter Dick Johnstone erstmals auf die Beteiligung von Gruppierungen „of neither Māori nor British origin"[568] in Waitangi. Wie man den Protokollen des mit der Planung der Feierlichkeiten betrauten Regierungskomitees entnehmen kann, ging diese

---

[564] Vgl. Robinson: Making a New Zealand Day, S. 44.
[565] Vgl. ANZW ACGO 8406 IA84 11 Box 11/43, File on New Zealand Day Celebrations – Waitangi 1974, R. R. Carter (for Secretary of Internal Affairs) an The Manager, Australasian Performing Rights Association, Wellington, 8.1.1974.
[566] Ebd.
[567] Vgl. ebd.
[568] Robinson: Making a New Zealand Day, S. 45.

Abweichung von dem sonstigen Fokus des *Waitangi Day* auf den persönlichen Wunsch des Premierministers Norman Kirk zurück. Neuseeland sollte als ein Land „of many people" repräsentiert werden, das sich durch seine „multicultural society"[569] auszeichnete. Vor diesem Hintergrund ließ Johnstone intensiv zu Fragen der Einwanderungsgeschichte Neuseelands recherchieren. Nach diesen Nachforschungen sowie den Konsultationen mit Keith Sinclair und seinen wissenschaftlichen Mitarbeitern an der *University of Auckland*, so Johnstone in einem Memo, habe er sich dafür entschieden, neben dem Einfluss der Maori sowie der englischen, schottischen, irischen und walisischen Einwanderer auch einen Fokus auf die sukzessiv erfolgte Prägung der neuseeländischen Geschichte durch die Ankunft von Migranten aus den folgenden Herkunftsländern zu legen: China, Deutschland, den Ländern Skandinaviens, Indien, Italien, Jugoslawien, Griechenland, Holland und Polynesien (Pacific Islanders).[570] Die verschiedenen Einwanderergruppen und die von ihnen innerhalb der neuseeländischen Nationalgeschichte geleisteten Beiträge sollten von Schauspielerinnen und Schauspielern dargestellt werden, die von Vereinen wie beispielsweise der *Auckland Indian Association*, der *Danish Society* oder – im Falle der Maori und Pacific Islanders – aus den Gruppen stammten, die 1973 am *Polynesian Festival* in Rotorua teilgenommen hatten.[571]

Durch die „‚[d]anced' entries" der jeweiligen Bevölkerungsgruppen und den Einsatz eines Orchesters, das bei jedem Auftritt die „[n]ational music"[572] des jeweilig repräsentierten Herkunftslandes anstimmte, wurde den Gästen in Waitangi und den Zuschauerinnen und Zuschauern vor den Fernsehgeräten vor Augen geführt, wie sich Neuseeland durch den Einfluss zahlreicher Einwanderer und deren Kulturen zu einer multikulturellen Gesellschaft entwickelt hatte. Um den großen Einfluss der verschiedenen *cultural communities* auf den Verlauf der neuseeländischen Nationalgeschichte zu verdeutlichen, wurden ferner die großen nationalen Erfolgsnarrative wie etwa „the signing of the Treaty, pioneering, the establishment of the welfare state and other historical landmarks"[573] mit der Ankunft verschiedener Kulturen in Neuseeland verknüpft. Im

---

[569] ANZW AAAC 7536 W5084 Box 231 CON/9/3/14, Constitutional – Holidays – Anniversaries – New Zealand Day 1973–1991, Notes of Discussion Meeting of New Zealand Day Celebrations Steering Committee, 2.10.1973, S. 2. Im Originalzitat wurde der ursprünglich im Protokoll abgedruckte Begriff *multi-racial* handschriftlich durch *multi-cultural* ersetzt.

[570] Vgl. ANZW ACGO 8406 IA84 11 Box 11/43, File on New Zealand Day Celebrations – Waitangi 1974, Dick Johnstone: New Zealand Day Celebration. Waitangi – 6th February 1974. Requested memo to the Minister of Maoris Affairs, [1974], S. 2.

[571] Vgl. ANZW ACGO 8333 IA1W1918 Box 12 210/32/1 pt. 2, Royal Visit 1974 – Function – Waitangi – New Zealand Day, Press Release by Prime Minister, n.d., S. 2.

[572] Johnstone: New Zealand Day Celebration, S. 2.

[573] Robinson: Making a New Zealand Day, S. 45.

4. Celebrating new identities

Rahmen dieser Geschichtsdarstellung waren die britischen Siedler nur noch eine von vielen verschiedenen Einwanderergruppen.

In Anbetracht der Tatsache, dass die gesamte Darstellung neuseeländischer Geschichte über ein teleologisches Erfolgsnarrativ vermittelt wurde, ist es wenig überraschend, dass die zentrale Rolle, die *Britishness* für die traditionellen Identitätsdiskurse der ehemaligen weißen Siedlerkolonie gespielt hatte, von Johnstone einfach ausgeklammert wurde. Eine selbstkritische Auseinandersetzung mit *Britishness* hätte das angestrebte Selbstbild Neuseelands als eine multikulturelle und vor allem reife und unabhängige Nation nur irritiert. Allerdings räumte Johnstone der Perspektive der Maori auf die neuseeländische Geschichte und ihrem *prekären Wissen* einen festen Platz im Rahmen seines Erfolgsnarrativs ein.

Wie man dem Programmheft zum *New Zealand Day* entnehmen konnte, ließ er die Geschichte Neuseelands nicht mit der Ankunft der Europäer, sondern mit der Entdeckung des Landes durch den „Polynesian navigator Kupe"[574] beginnen, der in der traditionellen Geschichtserzählung der Maori als der Entdecker Neuseelands gilt. Mit diesem Startpunkt des Geschichtsschauspiels, welches die Rezipienten chronologisch durch ihre Nationalgeschichte führte, wurde deutlich signalisiert, dass die Überlieferungen und das Geschichtsverständnis der Maori nicht einfach ausgeklammert wurden, sondern einen festen Platz innerhalb der Nationalgeschichte Neuseelands hatten. Vor diesem Hintergrund ließ Johnstone nach dem Auftritt der mystischen Figur Kupes die „actual migration of the Maori" durch 288 Schauspielerinnen und Schauspieler darstellen. In Anspielung auf die Ankunft der Maori über den Wasserweg bildeten sie als Gruppe symbolisch „one long canoe"[575]. Ihre Ankunft endete wie auch die der nachfolgend dargestellten Einwanderergruppen mit dem symbolischen Ablegen eines Babys auf der Erde des neuen Landes.[576] Obgleich damit die Botschaft intendiert war, dass alle Einwanderergruppen einen prägenden Einfluss in der Geschichte Neuseelands hinterlassen hatten, der bis in die Gegenwart spürbar war, legte Johnstone einen besonderen Fokus auf den Bikulturalismus. So diente das besondere Verhältnis zwischen Maori und Pakehas im Rahmen seines in Waitangi erzählten Erfolgsnarrativs als die Grundlage, von dem aus sich Neuseeland zielgerichtet zu einer multikulturellen Nation entwickelt zu haben schien.

---

[574] ANZW ACGO 8333 IA1W1918 Box 13 210/32/1 pt. 3, Royal Visit 1974 – Function – Waitangi – New Zealand Day, Souvenir Programme of celebrations to mark the first New Zealand Day, Waitangi, Bay of Islands, 6.2.1974, S. 9.
[575] Johnstone: New Zealand Day Celebration, S. 4.
[576] Vgl. ebd.

Im Hinblick auf die Frage, welche Rolle *prekäres Wissen* während des *New Zealand Day* spielte, ist vor allem der *Haka "Muru Raupatu"* hervorzuheben. Über diesen rituellen Tanz brachten Maori-Tänzer das unter anderem infolge von Landrechtsverletzungen entstandene Leid der Indigenen in einer an die Pakehas adressierten Anklage zum Ausdruck.[577] In Johnstones Durchlauf durch die neuseeländische Nationalgeschichte wurde also nicht verschwiegen, dass der *Treaty of Waitangi* als *das* zentrale Gründungsdokument der Nation von den britisch-europäischen Siedlern verletzt worden war. Obgleich damit die eurozentrische Perspektive auf den *Treaty* durchaus aufgebrochen wurde, illustriert ausgerechnet der Programmpunkt, der die Unterzeichnung des besagten Vertrags durch Vertreter der Maori und Pakehas thematisierte, wie eurozentrische Diskurse während des *New Zealand Day* reproduziert wurden.

Bereits im Vorfeld der Feierlichkeiten hatte sich Johnstone besorgt über „possible disruptions"[578] geäußert, welche er während des Programmpunkts zum *Treaty of Waitangi* durch protestierende Maori im Publikum befürchtete. In der Tat hätte eine solche Störung, die sich anders als der *Haka "Muru Raupatu"* nicht hätte kontrollieren lassen, die intendierte frohe Botschaft des Fernsehevents massiv gestört. Hinsichtlich der Probleme, welche die ehemaligen Siedlerkolonien immer wieder bei den Versuchen hatten, ihre Kultur und Identität jenseits von *Britishness* ‚neu' zu verorten, ist es bezeichnend, dass Johnstone versuchte, das Problem unter Rückgriff auf Altbewährtes zu lösen. So entschied er sich dafür, die Performance zur Unterzeichnung des *Treaty of Waitangi*, bei der sich ein Repräsentant der Maori und einer der Pakehas mit Schriftfedern und einer Schriftrolle aufeinander zubewegen sollten, ausgerechnet mit dem Lied „*I Vow to Thee My Country*" musikalisch zu untermalen.[579] Johnstone setzte dabei auf die emotionale Wirkung eines imperialen Liedes, das ursprünglich 1912 als Gedicht von dem britischen Diplomaten Cecil Spring-Rice verfasst und später im Jahre 1918 von ihm umgetextet worden war.[580] In der ursprünglichen Version des Gedichts rief die gerüstete Seegöttin *Britannia*, die allegorisch für Großbritannien steht, das lyrische Ich im Kriegslärm in die britische Heimat zurück.[581] Aber auch in der abgewandelten und weniger militärisch auf-

---

[577] Vgl. Souvenir Programme of celebrations to mark the first New Zealand Day, S. 18.
[578] Johnstone: New Zealand Day Celebration, S. 4.
[579] Vgl. ebd., S. 4f.
[580] Vgl. Mark Browse: I vow to thee, my country, in: Ders.: O Little Town. Hymn-tunes and the places that inspired them, o.O. 2015, S. 65–72, hier S. 69. Siehe ferner dazu auch den Artikel der britischen Nationalbibliothek zur Vertonung des Gedichts durch Gustav Holst im Jahre 1921. Vgl. British Library: Gustav Holst: 'I vow to thee, my country', abgerufen unter: https://www.bl.uk/collection-items/holst-i-vow-to-thee-my-country, (5.6.2020).
[581] Vgl. Browse: I vow to thee, my country, S. 69: „I heard my country calling, away across the sea,/ Across the waste of waters she calls and calls to me;/ Her sword is girded at her side,

geladenen Version Spring-Rices, die am *New Zealand Day* in der vertonten Version verwendet wurde, ging es inhaltlich um die tiefe Verbundenheit, ja die innige Liebe des lyrischen Ichs zu seiner britischen Heimat.[582] Von der emotionalen und besänftigenden Wirkung dieses durch und durch britischen Liedes erhoffte Johnstone sich, mögliche Störungen durch Proteste gleich im Vorfeld unterbinden zu können.[583] Damit stellte er *das* zentrale Gründungsdokument der neuseeländischen Nation deutlich unter ein britisches Vorzeichen. Somit wurde das Bild des harmonischen bikulturellen Ursprungs der neuseeländischen Nation, das durch den *Treaty* repräsentiert wurde, konterkariert. An diesem Beispiel wird nicht zuletzt deutlich, wie konstruiert das teleologische Geschichtsbild war, das die Ursprünge des multikulturellen Neuseelands auf die bikulturellen Prinzipien des *Treaty* zurückführte, oder anders formuliert: Der vermeintlich ‚neue' Mythos des Multikulturalismus, über den sich Neuseeland zunehmend im Zuge des *End of Empire* definierte, sollte immer wieder von der Wirkmächtigkeit des ‚alten' Mythos beeinflusst werden.

Wie das Geschichtsschauspiel unter der Regie Johnstones, so standen auch die Festtagsreden des Premierministers sowie der Queen ganz im Zeichen des Multikulturalismus. Im Sinne der medienwirksamen Inszenierung der scheinbar linear verlaufenden Nationalgeschichte Neuseelands basierten auch ihre Reden auf jenem teleologischen Geschichtsbild, das von einer zielgerichteten Entwicklung vom bikulturellen Neuseeland der Vergangenheit zum multikulturellen Neuseeland der Gegenwart ausging. Im Rahmen dieser Vorstellung fungierte der *Treaty* als das verbindende Element zwischen der Vergangenheit und der Gegenwart. In einem Entwurf für Kirks *New Zealand Day Address* hieß es dazu allerdings: „New Zealand is no longer bi-cultural – it is a truly multicultural society."[584] In den offiziellen Reden Kirks und der Queen wurde jedoch vorsichtiger argumentiert, indem suggeriert wurde, dass die multikulturelle Identität der Nation ohne den Bikulturalismus bzw. die bikulturelle Basis gar nicht erst denkbar sei. Unter Rückgriff auf diese Vorstellung wurde in diesen Reden das bereits von den Festlichkeiten des *Waitangi Day* im Vorjahr bekannte Argument ins Feld geführt, dass der auf das Gründungsdokument zurückgehende „spirit

---

her helmet on her head;/ And round her feet are lying the dying and the dead;/ I hear the noise of battle, the thunder of her guns,/ I haste to thee my mother, a son among her sons."

[582] Vgl. Souvenir Programme of celebrations to mark the first New Zealand Day, S. 16: „I vow to thee my country all earthly things above/ Entire and whole and perfect the service of my love."

[583] Vgl. Johnstone: New Zealand Day Celebration, S. 4 f.

[584] ANZW ACGO 8333 IA1W1918 Box 12 210/32/1 pt. 2, Royal Visit 1974 – Function – Waitangi – New Zealand Day, Text of the Prime Minister's address at Waitangi and suggested draft reply for the Queen, S. 2.

of mutual respect"[585] des bikulturellen Neuseelands auch ein Versprechen an jene „[m]en and women from many lands and many cultures"[586] gewesen sei. Von diesem Versprechen angelockt, seien diese nach Neuseeland gekommen und hätten die Nation in ihrer Multikulturalität maßgeblich durch ihre kulturellen Beiträge geprägt. Ohne den Bikulturalismus, so lautete die Botschaft, konnte es also auch keinen Multikulturalismus geben.

Auch wenn weder Kirk noch die Queen im Rahmen ihrer Anpreisungen des einzigartigen Weges Neuseelands *towards nationhood* umhinkamen, gerade mit Blick auf das Verhältnis zwischen Pakehas und Maori auch auf Probleme einzugehen, blieb die Perspektive der Indigenen dennoch vergleichsweise nebensächlich in ihren Reden. So galten für Norman Kirk die „blows [between] Maori and pakeha [sic!]" als eine Art „testing period", aus der Neuseeland gestärkt „with a great respect for each other"[587] hervorgegangen war. Kirks Darstellung zufolge gehörte dieser herausfordernde Abschnitt der Vergangenheit an. Innerhalb des teleologischen Erfolgsnarrativs, über das suggerierte wurde, dass der einzigartige Weg Neuseelands *from colony to nation* von 1840 an vermeintlich linear auf die Entstehung der multikulturellen Gesellschaft der Gegenwart hinauslaufen musste, konnten Aspekte wie Rassismus, Diskriminierung und die massiven Verletzungen des *Treaty of Waitangi* nur als störende Elemente wirken. Nicht zuletzt war dies der Fall, da sich Kirk im Rahmen seiner Erfolgsgeschichte jener Elemente bediente, die ursprünglich Bestandteile des siedlerkolonial geprägten *Better-Britain*-Narrativs waren. In diesem Sinne blickte Kirk auf eine Geschichte zurück, in der *nationhood* anders als in vielen anderen Nationen nicht über Kriege und Revolutionen, sondern friedlich durch ein einzigartiges Vertragswerk zwischen den britischen Siedlern und den Maori begründet worden sei.[588] In Kirks Geschichtsdarstellung galt Neuseeland entsprechend als „the lucky country".[589] Auch die interkulturellen Probleme, die nur eine sehr allgemein gehaltene Erwähnung fanden, wurden in die Erfolgsgeschichte integriert, indem sie von Kirk als längst geklärt dargestellt und zu einer einzigartigen Stärke der Nation auf dem vermeintlich zielgerichteten Weg von der bi- zur multikulturellen Gesellschaft umgedeutet wurden. Abweichend

---

[585] Queen Elizabeth II speaks at the first New Zealand Day celebrations at Waitangi, in: The Treaty of Waitangi Companion. Māori and Pākehā from Tasman to Today, hgg. von Vincent O'Malley, Bruce Stirling und Wally Penetito, Auckland 2010, S. 308–310, hier S. 310.
[586] ANZW AAWV 23583 Kirk1 Box 19, General Speech notes, interviews, 1968–1974, Prime Minister's New Zealand Day Address. Address by the Prime Minister, the Right Hon. Norman Kirk at the New Zealand Day celebrations, Waitangi, 6.2.1974, S. 3.
[587] Ebd.
[588] Vgl. ebd.
[589] Ebd.

4. Celebrating new identities

davon sprach die Queen in ihrer Rede auch gegenwärtige Spannungen zwischen den Kulturen an und wies auf die dringende Notwendigkeit der interkulturellen Zusammenarbeit hin.[590] Insgesamt betrachtet jedoch blieb die Perspektive der Indigenen im Rahmen der Festtagsreden weitgehend marginal.

Dieser Eindruck bestätigt sich auch beim Blick auf ein Detail, das den Protest einiger Maori hervorrufen sollte. Besonders fragwürdig sei ihnen, wie Helen Robinson festgehalten hat, die Tatsache erschienen, dass ausgerechnet anlässlich des neuen Feiertags zum ersten Mal seit 1947 kein Vertreter der Maori in Waitangi eine Rede gehalten habe. Dadurch, dass in Waitangi lediglich die Queen als Vertreterin der britischen Monarchie und Norman Kirk als Vertreter Neuseelands zu Wort gekommen seien, habe man, wie Robinson argumentiert, die eigene Darstellung des *Treaty of Waitangi* in ihrer intendierten Botschaft unterminiert. Statt als Vertrag zwischen Maori und Pakehas sei das Gründungsdokument so als eine Übereinkunft zwischen der britischen Krone und Neuseeland erschienen. Entgegen der Vorstellung einer einzigartigen, durch den *Treaty* garantierten Gemeinschaft *aller* seien die Maori in dieser Interpretation des Vertragswerkes also nun nicht einmal als Vertragspartner vorgekommen.[591]

Im Fokus der öffentlichen Wahrnehmung standen allerdings weniger die Festtagsreden des Premierministers und der Queen, sondern vielmehr das in Waitangi aufgezeichnete und live im Fernsehen übertragene Schauspiel. Die Meinungen zu diesem TV-Spektakel, das insbesondere wegen seines Show-Charakters von den sonst üblichen Übertragungen des *Waitangi Day* abwich, polarisierten. In diesem Sinne mutmaßte etwa Neuseelands bekannteste Tageszeitung, der *New Zealand Herald*, dass die „two-and-a-half-hour television extravaganza" die Zuschauerinnen und Zuschauer vor den Geräten wahrscheinlich „straight down the middle" gespalten habe. Die beiden sich konträr gegenüberstehenden Meinungslager, so fasste es die Tageszeitung zusammen, sahen sich mit den folgenden zwei Fragen konfrontiert:

Had they seen a superb, imaginative translation of orthodox history to a modern (and musical) idiom? Or was it an embarrassing, superficial, even excruciating attempt to mix cabaret (or music hall) with ceremony?[592]

Für die letztere Bewertung des Dargebotenen entschied sich etwa der *Evening Star*, der das außergewöhnliche Format mit dem Charakter einer „stage show"

---

[590] Vgl. Queen Elizabeth II speaks at the first New Zealand Day celebrations at Waitangi, S. 308.

[591] Vgl. Robinson: Making a New Zealand Day, S. 45.

[592] Staff Correspondent: Imaginative Pageantry Or Tasteless Vulgarity?, in: The New Zealand Herald, 7.2.1974.

als „tasteless entertainment"[593] verurteilte. Weder dem historischen Ansehen des *Treaty* noch den Maori sei mit diesem Unterhaltungsformat gedient worden. In diesem Sinne kritisierte auch der berühmte Maori-Autor Witi Ihimaera den Show-Charakter des in Waitangi aufgezeichneten Geschichtsschauspiels, an dem ihm insbesondere das Potpourri von „pop singers, [...] some actors and some [...] individuals whom I can only describe as ‚gogo' dancers"[594] als peinlicher Fehlgriff erschien. In Anbetracht des öffentlichkeitswirksam dargestellten neuseeländischen Paradeweges von einer bi- zu einer multikulturellen Nation wies Ihimaera darüber hinaus auch auf die bestehende Kluft zwischen der pompösen Darstellung des *New Zealand Day* und der Wirklichkeit hin:

> Waitangi Day has gone, New Zealand Day has arrived, heralded by royal pomp, Maori splendour, fireworks, and multicultural extravaganza. Against the tranquil backdrop of the Bay of Islands an attempt was made to depict this country's amicable multi-racialism and to project a national idealism and spirit of goodwill into the future. As entertainment New Zealand Day succeeded mightily.[595]

Dass das angepriesene Neuseeland mit seinem multikulturellen Ideal eher einem löblichen Ziel als der Wirklichkeit entsprach, äußerte sich für Ihimaera beispielsweise an dem fehlenden Dialog mit den Maori, von denen einige anlässlich des *New Zealand Day* direkt vor Ort demonstrierten.[596] Neben dem durch Salutschüsse ausgelösten Qualm, welcher die Queen nahezu komplett umhüllte, zählte die Flaggenzeremonie für Ihimaera zu den symbolträchtigsten Pannen des ersten *New Zealand Day*. Wie die Nationalflagge, die sich mitten in der Flaggenzeremonie verhakte habe, so dass kurz der Eindruck entstanden sei, dass sie niemals ihr Ziel würde erreichen können, seien auch die anhaltenden Probleme in Neuseeland zu betrachten. Damit sich eine vom gegenseitigen Respekt aller Kulturen gezeichnete neuseeländische Nation entfalten könne, gelte es, diese Probleme zu lösen.[597] Ein weiterer zentraler Punkt in der Kritik Ihimaeras bezog sich auf den Namenswechsel von *Waitangi Day* zu *New Zealand Day*. So werde für die meisten Maori der 6. Februar für immer der *Waitangi Day* bleiben, der sowohl für die Ideale des *Treaty*, aber auch für die von den Maori

---

[593] It was tasteless, in: The Evening Star, 9.2.1974.

[594] ANZW ACGO 8333 IA1W1918 Box 13 210/32/1 pt. 4, Royal Visit 1974 – Function – Waitangi – New Zealand Day, Impressions of the New Zealand Day celebrations held at Waitangi on 6 February as viewed by the author Witi Ihimaera, S. 25.

[595] Ebd., S. 22.

[596] Vgl. Witi Ihimaera, zitiert in: Waitangi Pageant 'An Exercise In Self-Delusion', in: The Evening Post, 28.5.1974. Vgl. zu den Protesten auch First NZ Day was subdued, despite fires, protests, in: The Northern Advocate, 7.2.1974.

[597] Vgl. Impressions of the New Zealand Day celebrations held at Waitangi on 6 February as viewed by author Witi Ihimaera, S. 22 f.

erfahrenen Enttäuschungen stehe. Weder könne ein zweistündiges Geschichtsschauspiel die Gefühle der Maori angesichts ihres erfahrenen Leids besänftigen noch werde es jemals gelingen, die Vergangenheit einfach reinzuwaschen.[598]

Wie Helen Robinson hervorgehoben hat, sahen viele Maori den *New Zealand Day* trotz aller Kritik auch als eine mögliche Chance für sich.[599] In diesem Sinne fragte sich etwa Ihimaera am Ende seiner Schilderungen kritisch, ob nicht die Maori ebenfalls ein Teil des Problems seien, da sie womöglich zu sehr mit der Erinnerung an das vergangene Leid beschäftigt seien und so nicht sähen, dass der *New Zealand Day* auch einen symbolischen Neuanfang markieren könnte.[600] Diese Interpretation teilte auch Ranginui Walker, einer der Gründer der Maori-Protestgruppe *Ngā Tamatoa*,[601] der zwar Verständnis für die Kritik an dem neuen Nationalfeiertag hatte, jedoch im *New Zealand Day* und insbesondere in der künstlerisch umgesetzten Entwicklung Neuseelands von einer bi- zu einer multikulturellen Nation einen neuen Mythos verkörpert sah:

A myth is in part a reflection of what a society is and what it would like to be. Herein lies the real significance of New Zealand's first national day. A new mythology was created at Waitangi. Never before in the history of our country has an image of ourselves as a plural society, a multicultural nation, been presented ‚live' to 20,000 people and to a million or so TV viewers.[602]

Ein genauerer Blick auf die Festtagsrede des Premierministers Norman Kirk zeigt allerdings, dass dieser vielfach angepriesene ‚neue' Mythos von einem multikulturellen Neuseeland insgeheim keine Leistung war, welche die Nation aus einem eigenen Antrieb heraus hervorgebracht hatte. Obgleich Kirk dies in seiner Rede immer wieder suggerierte, machte er ironischerweise auch deutlich, dass erst durch *Britain's turn to Europe* und die dadurch ausgelöste Identitätskrise ein ‚neuer' Mythos überhaupt erst zu einer Notwendigkeit geworden war: „As Britain joins her destiny with Europe's, we must draw more upon the spiritual and cultural strength of the people who make our nation."[603] Der ‚neue' Mythos des multikulturellen Neuseelands, der unter dem Label des *New Nationalism* als Grundlage für ein ‚neues' Identitätskonzept jenseits von *Britishness*

---

[598] Vgl. Witi Ihimaera, zitiert in: Waitangi Pageant 'An Exercise In Self-Delusion', in: The Evening Post, 28.5.1974.
[599] Vgl. Robinson: Making a New Zealand Day, S. 44.
[600] Vgl. Witi Ihimaera, zitiert in: Waitangi Pageant 'An Exercise In Self-Delusion', in: The Evening Post, 28.5.1974.
[601] Vgl. Mark Derby: Cultural go-betweens – Artistic and academic go-betweens (Ranginui Walker), in: Te Ara – The Encyclopedia of New Zealand, abgerufen unter: https://teara.govt.nz/en/photograph/26812/ranginui-walker, (2.6.2020).
[602] Walker: New Myth, in: NZ Listener, 16.3.1974.
[603] Address by the Prime Minister, the Right Hon. Norman Kirk at the New Zealand Day celebrations, Waitangi, 6.2.1974, S. 4.

promotet wurde, war also nicht nur das Ergebnis von globalen Entwicklungen, die *Whiteness* sowie die damit verbundenen Vorstellungen eines *British race patriotism* unhaltbar werden ließen. Vielmehr, so ist deutlich geworden, war die Identitätskrise in der Wahrnehmung der Akteure *die* maßgebliche Entwicklung, in deren Verlauf man sich erst bewusst geworden war, wie dringend es eines ‚neuen' Identitätskonzepts und damit verbunden eines ‚neuen' gesamtgesellschaftlichen Mythos bedurfte. Wie unsicher das Verständnis kollektiver Identität selbst in Verbindung mit dem oft geforderten und angepriesenen ‚neuen' Mythos des Multikulturalismus eigentlich war, zeigt eine rhetorische Frage Kirks, die er anlässlich des *New Zealand Day* stellte:

> For 134 years we have been making a nation and we are perhaps to ask ourselves, ‚are we yet a completed nation? Have we yet achieved a true New Zealand civilisation?' Not yet. [...] We didn't have to react against another country so that we have not yet fully developed ourselves.[604]

Was *new nationalists* wie Kirk also promoteten, galt längst nicht als Abbildung des *Status quo*, sondern entsprach eher einem noch nicht erreichten Ziel.

Kirks Festtagsrede verdeutlicht erneut das Dilemma der ehemaligen weißen Siedlerkolonien, die im Zuge des *End of Empire* einen ‚neuen' Mythos jenseits von *Britishness* zu etablieren versuchten und dabei immer wieder um Erklärungen ringen mussten, warum dieses selbstgesteckte Ziel so schwer zu erreichen war. Wie bereits an früherer Stelle herausgearbeitet worden ist, griffen Akteure in diesem Kontext oftmals auf das Argument der fehlenden Kriege und Revolutionen zurück, durch die sich vermeintlich kein stark ausgeprägtes nationales Selbstverständnis ausgebildet zu haben schien. Ironischerweise nutzten Akteure das gleiche Argument, wenn es darum ging, die Einzigartigkeit ihrer neuseeländischen Nation aufzuzeigen. Diese schien sich historisch betrachtet nicht durch kriegerische Konflikte, sondern durch ihren vermeintlich harmonischen Bikulturalismus auszuzeichnen. In diesem widersprüchlichen Sinne nutzte auch Kirk in seiner Festtagsrede dieses Argument einerseits als Distinktionsmerkmal – paradoxerweise rekurrierend auf die alte, siedlerkolonial geprägte Vorstellung Neuseelands als *Better Britain*, in dem es die Konflikte Europas vermeintlich nicht gab – und andererseits als Begründung für die Probleme, die man bei der Identitätsfindung zu verzeichnen hatte. Besonders bezeichnend für das Dilemma aller ehemaligen weißen Siedlerkolonien ist dabei, dass offensichtlich immer wieder auf das *Better-Britain*-Narrativ und damit auf einen Bestandteil des ‚alten' Mythos zurückgegriffen werden musste, um überhaupt eine Erfolgsgeschichte auf dem vermeintlich zielgerichteten Weg Richtung *nationhood* erzählen zu können.

---

[604] Ebd.

4. Celebrating new identities 415

All jene dargestellten Ambivalenzen, Widersprüche und Unsicherheiten illustrieren letztlich, wie paradox sich die Aufgabe für die ehemaligen weißen Siedlerkolonien gestaltete, den ‚neuen' Mythos historisch zu legitimieren, ohne dabei über *Britishness* und dessen Versatzstücke zu stolpern. Dies spiegelt sich etwa in der ambivalenten Botschaft des *New Zealand Day* wider. Wie Helen Robinson in ihrer Studie dargelegt hat, habe dieser zwar einerseits den Weg von einer bi- zur multikulturellen Nation zelebriert und so eine Eigenständigkeit und Reife der Nation zu suggerieren versucht. Andererseits jedoch sei der Anwesenheit der Queen eine so enorme Bedeutung beigemessen worden, dass dadurch eigentlich nur die fehlende kulturelle und auch konstitutionelle Unabhängigkeit von Großbritannien deutlich geworden sei.[605] Als ähnlich ambivalent lässt sich auch die Botschaft der Erinnerungspraktiken zusammenfassen: Während den Erinnerungen der Maori in Johnstones Geschichtsschauspiel zwar ein Platz durch den *Haka „Muru Raupatu"* eingeräumt wurde, wurde ihre Rolle ausgerechnet beim Programmpunkt zum *Treaty* durch ein imperiales Lied marginalisiert. Der ‚alte' Mythos, den man eigentlich mit dem ‚neuen' multikulturellen Selbstbild hinter sich zu lassen beabsichtigte, fungierte im Rahmen der Erinnerungspraktiken also insgeheim immer noch als (emotionaler) Referenzpunkt, auf den Akteure wie Johnstone beinahe reflexartig zurückzugreifen schienen, wenn es darum ging, ein positives Gefühl bei den Rezipienten hervorzurufen.

Die Hoffnungen von *new nationalists* wie Kirk, mit der Etablierung des *New Zealand Day* einen wichtigen Impuls zur Lösung der Identitätskrise gesetzt zu haben, erwies sich in den Folgejahren als vergebens. Bereits 1974 hatte der *New Zealand Herald* im Hinblick auf zukünftige Veranstaltungen die kritische Frage aufgeworfen, ob der Nationalfeiertag, bei dem jeder Programmpunkt – und selbst das Auftreten der royalen Gäste – einem Skript zu folgen schien, in seiner Extravaganz einen neuen Standard gesetzt habe oder aber als ein einmaliges Ereignis einzustufen sei.[606] Bereits ein Jahr nach dem ersten *New Zealand Day*, der wie die Expo oder der *Canada* bzw. *Australia Day* dabei helfen sollte, in Verbindung mit dem *New Nationalism* die Identitätskrise zu lösen,[607] stellte sich heraus, dass der erste Nationalfeiertag als letzteres zu bewerten war. Durch die fehlende zentrale Organisation in den Folgejahren, so ist bereits festgestellt worden, war der *New Zealand Day*, der ironischerweise ab 1976 unter Premierminister Muldoon wieder zum *Waitangi Day* werden sollte, für die meisten Neuseeländer nichts weiter als ein freier Tag. In der *Bay of Islands* in Waitangi, wo einst der *Treaty*

---

[605] Vgl. Robinson: Remembering the Past, Thinking of the Present, S. 200.
[606] Vgl. Staff Correspondent: Imaginative Pageantry Or Tasteless Vulgarity?, in: The New Zealand Herald, 7.2.1974.
[607] Vgl. ähnlich dazu auch Ward: The 'New Nationalism' in Australia, Canada and New Zealand, S. 257.

unterzeichnet worden war, griffen die Veranstalter schnell wieder auf alte Erinnerungspraktiken zurück. Im Vordergrund standen wieder militärischer Pomp, die Navy, die Rede des Generalgouverneurs sowie einige traditionelle Tänze der Maori, deren Perspektive auf die Folgen der britisch-kolonialen Vergangenheit Neuseelands allerdings keine sonderliche Beachtung mehr fand.[608]

Dass Indigenität im Prinzip nichts weiter als ein „marker[] for toleration and inclusiveness as civic values"[609] des multikulturellen Neuseelands war, wurde von den Maori indes ab den 1970er Jahren nicht mehr hingenommen. So wurde der Nationalfeiertag, mit dessen Symbolkraft die *new nationalists* ursprünglich Neuseelands postimperiale Identität promoten wollten, im Verlauf der 1970er Jahre zum zentralen Anlass für landesweite Proteste. Während Maori in diesem Jahrzehnt noch für die Einhaltung des *Treaty* demonstriert hätten, so Helen Robinson, sei das Vertragswerk ab den 1980er Jahren dann zunehmend unter dem anklagenden Ruf „*The Treaty is a Fraud*" immer mehr als ein Dokument interpretiert worden, mit dem die britischen Kolonisatoren die Maori bewusst betrogen hätten.[610] In diesem Kontext konnten Indigene von der Brüchigkeit des *Britishness*-Mythos besonders profitieren.

Akteure wie die feministische Aktivistin Donna Awatere etwa waren sich sehr wohl über die symbolische Dimension der neu entdeckten Vielfalt Neuseelands bewusst, über die nun, da die britisch beeinflusste dominante Kultur nicht mehr *en vogue* war, die Identität Neuseelands plötzlich wie bei einem Zaubertrick definiert wurde. Ohne eine ernsthafte Verwirklichung des Bikulturalismus und die glaubhafte Einsicht, dass es keine Überlegenheit der Weißen oder der britischen Kultur gebe oder dass Neuseeland nicht britisch sei,[611] so lautete ihre Kritik in ihrer für die indigene Protestbewegung Neuseelands einflussreichen Schrift „*Maori Sovereignty*",[612] sei die Rede von einem multikulturellen Neuseeland nichts weiter als ein Lippenbekenntnis:

> To achieve multiculturalism, white hegemony must be put to one side. Unless this is done, all that is sought is the display of multiculturalism rather than its reality. A magician's illusion conjured up to by the presence of brown faces, song and dance tricks [...]. And if biculturalism could not be achieved then what is the call for multiculturalism?[613]

---

[608] Vgl. Robinson: Making a New Zealand Day, S. 47.

[609] Vgl. Smiths: Dialogue: Why Does Culture Matter, S. 679.

[610] Vgl. Robinson: Making a New Zealand Day, S. 47.

[611] Vgl. Awatere: Maori Sovereignty, S. 32.

[612] Zur Bedeutung von Awateres „*Maori Sovereignty*" vgl. auch Constance Backhouse et al.: 'Race', gender and nation in history and law, in: Diane Kirkby, Catharine Coleborne (Hgg.): Law, history, colonialism. The reach of empire, Manchester, New York 2001 (Studies in imperialism), S. 277–300, hier S. 282 f.

[613] NLNZ New Zealand Pacific P Box q323.11994 AWA 1982, Donna Awatere: Cultural Imperialism and the Maori. The Role of the Public Servant, March 1982, S. 2.

4. Celebrating new identities

Ähnlich kritisch äußerte sich auch der Bericht des *Race Relations Conciliator* von 1982, der mit Blick auf die negativen Auswirkungen des britischen Einflusses auf die Identitäts- und Kulturvorstellungen der Pakehas anprangerte, dass diese endlich anfangen müssten, die Vielfalt der Kulturen in Neuseeland ernsthaft wertzuschätzen. Was Awateres Haltung mit dem besagten Bericht verband, war die Vorstellung, dass es ohne die Verwirklichung des Bikulturalismus auch keinen Multikulturalismus in Neuseeland geben könne:

> A New Zealand national identity must be based on a firm foundation of biculturalism through which multiculturalism can emerge. This will mean that Pakeha New Zealanders as a whole will need to step out their cultural straitjackets into an appreciation of our many cultures and see them as their own birthright and heritage.[614]

Viele Maori betrachteten das populäre multikulturelle Selbstbild Neuseelands nicht zuletzt deshalb mit großer Skepsis, weil man befürchtete, durch den Multikulturalismus nicht mehr als *tangata whenua* – d. h. als ursprüngliches Volk –, sondern nur noch als eine von vielen kulturellen Gruppierungen wahrgenommen zu werden.[615] Trotz dieser verbreiteten Skepsis konnten die meisten Maori das multikulturelle Selbstbild Neuseelands unter der Bedingung akzeptieren, dass sich dieses auch in der Realität bzw. in entsprechenden politischen Taten widerspiegelte. Ohne die Umsetzung des Bikulturalismus allerdings konnte es aus der Sicht der meisten Maori auch kein multikulturelles Neuseeland geben.

Während der Zeit des *New Nationalism* zwischen den 1960er und 1970er Jahren hatten sie die Erfahrung gemacht, dass sich das promotete ‚neue' Selbstbild ihrer Nation samt der angepriesenen ‚neuen' *civic values* nur mit ihrer Hilfe glaubwürdig vermitteln ließ oder anders formuliert: Ohne die Maori ließ sich die Identitätskrise nicht lösen. Wollte Neuseeland zukünftig noch glaubhaft etwa gegenüber Kanada versichern können, dass es sich lohne, die multikulturelle Gesellschaftsform Neuseelands zu studieren und darauf aufbauend in einen Austauschprozess zu treten – so laut der Darstellung des neuseeländischen Premierministers Keith Holyoake bei einem Besuch des *Canadian Minister for Indian Affairs*, Jean Chrétien, im Jahre 1971 geschehen –,[616] musste man sich zwangsläufig ernsthaft mit den Anliegen und der Perspektive der Maori auseinandersetzen. In diesem Zusammenhang galt es auch, Indigenität nicht einfach

---

[614] Race Relations Conciliator: Race Against Time, S. 17.

[615] Zur Sichtweise der Maori auf den Multikulturalismus vgl. auch Nina Nola: Exploring Disallowed Territory: Introducing the Multicultural Subject into New Zealand Literature, in: John Docker, Gerhard Fischer (Hgg.): Race, Colour and Identity in Australia and New Zealand, Sydney 2000, S. 203–217, hier S. 207.

[616] Vgl. ANZW AAFZ 22500 W5814 Box 8, Loose papers: Background Papers – Overseas Visit of the Minister of Agriculture, October–November 1971, Keith Holyoake an D. J. Carter (Minister of Agriculture), 19.10.1971.

nur als einen Marker für Vielfalt zu nutzen, sondern den Worten Taten folgen zu lassen. Andernfalls drohte auch international ein Gesichtsverlust. Vor diesem Hintergrund sollten Maori den *Waitangi Day* immer wieder dazu nutzen, um mit ihren landesweiten Protesten zu verdeutlichen, dass es ohne die Berücksichtigung ihrer Perspektive und Anerkennung ihres erfahrenen Leids keinen Multikulturalismus und damit keine ernstzunehmende kollektive Identität in Neuseeland geben könne. Obgleich Proteste anlässlich des *Waitangi Day* auch im 21. Jahrhundert immer wieder aufkommen, seien diese, wie mit Helen Robinson festgehalten werden kann, nicht mit dem Ausmaß der Proteste während der 1980er Jahre zu vergleichen. An Intensität hätten diese erst durch die zunehmende Bedeutung des *Waitangi Tribunal* eingebüßt, das die sich aus dem *Treaty of Waitangi* ergebenden historischen Ansprüche der Maori untersuche.[617]

Auch beim australischen Nachbarn, den Neuseeland gerade mit Blick auf die wachsende Kritik unter den Aboriginals aufmerksam beobachtete,[618] waren die 1980er Jahre vom Protest der Indigenen gezeichnet. Insbesondere im Zusammenhang mit den Feierlichkeiten zum 200. Geburtstag der Nation, dem *Bicentennial*, im Jahre 1988 nutzten Aboriginals das symbolträchtige Datum des Nationalfeiertags, an dem unter dem Motto „*Living Together*" die Vielfalt des multikulturellen Australiens gefeiert werden sollte, um mit ihrem Boykott national wie international auf „Australia's appalling human rights record"[619] aufmerksam zu machen. Vor dem Hintergrund der zentralen Erkenntnis der ehemaligen weißen Siedlerkolonie „[W]e must be multicultural to be national"[620] setzte die Planungsebene des *Bicentennial* genau auf die symbolische Dimension des Multikulturalismus durch „song and dance, food and folklore"[621], die Indigene als inhaltsleer kritisierten. Ähnlich wie während der Hochphase des *New Nationalism* in den 1960er und 1970er Jahren sollten sich bereits im Vorfeld der

---

[617] Vgl. Robinson: Making a New Zealand Day, S. 47. Vgl. dazu auch die Ausführungen zu den Feierlichkeiten anlässlich des 150. Geburtstags der neuseeländischen Nation (*Sesquicentennial*) im Jahre 1990, in: Graeme Davison: The Use and Abuse of Australian History, St Leonards, NSW 2000, S. 75 f.

[618] Vgl. exemplarisch dazu etwa den Vergleich zwischen Aborigines und Maori, in: ANZW ABHS 22128 W5533 Box 99 CBA 61/2/2 pt. 2, New Zealand Affairs – Sesquicentennial – 1990 Committees (01/1990–05/1990), Waitangi – Trick or Treaty, in: Financial Review, 2.2.1990 (clipping).

[619] Melanie Pose: Indigenous Protest. Australian Bicentenary, 1988, in: Museums Victoria Collection, abgerufen unter: https://collections.museumsvictoria.com.au/articles/2835, (6.6.2020).

[620] Castles et al.: A Nation Without Nationalism?, S. 5.

[621] Ebd., S. 6.

4. Celebrating new identities

nationalen Geburtstagsfeier Probleme ergeben, die auf die langfristigen Auswirkungen der Identitätskrise zurückzuführen sind.

Inwiefern die Folgen der Identitätskrise noch bis weit über die 1970er Jahre hinaus zu spüren waren, lässt sich exemplarisch an der Uneinigkeit der Akteure über das Motto des australischen *Bicentennial* ablesen. Dieses changierte zwischen dem „pluralistic slogan ‚Living Together'" und dem „more chauvinistic [slogan] ‚The Australian Achievement'"[622]. Nachdem unter der Regierung Malcolm Frasers (1975–1983) der von vielen Konservativen kritisierte ursprüngliche Vorschlag der *Australian Bicentennial Authority (ABA)* durch das Motto „*The Australian Achievement*" ersetzt worden sei, so Graeme Davison, habe sich die Regierung unter Bob Hawke (1983–1991) wiederum für das Motto „*Living Together*" entschieden. Nach einem Führungswechsel in der *ABA* im Jahre 1985 sei dann kurzzeitig noch einmal das Motto „*Celebration of a Nation*" für Australiens Festjahr im Rennen gewesen, bevor sich dann dennoch der pluralistische Slogan habe durchsetzen können. Wie Davison zu bedenken gibt, sei das vorgesehene Programm während der gesamten Debatte nicht ein einziges Mal verändert worden.[623] Das Durcheinander bei der Mottofindung und ein Programm, in dessen Rahmen nur oberflächliche Anspielungen auf Australiens multikulturelle Identität vorgesehen waren, verdeutlichen, wie schwierig es sich auch noch in den 1980er Jahren für ehemalige Siedlerkolonien wie Australien gestaltete, sich kritisch mit ihrer eigenen kolonialen Vergangenheit auseinanderzusetzen und ihre behauptete postimperiale Identität mit konkreten Inhalten zu füllen.[624]

Die Unglaubwürdigkeit des multikulturellen Selbstbilds und der unreflektierte Umgang mit der eigenen Geschichte prangerten Akteure wie der Soziologe Stephen Castles aufgrund der nicht zu erkennenden Aufarbeitung „of unpleasant realities" massiv an. Zusammen mit anderen Fachforschenden bezeichnete er das *Bicentennial* als „one of history's more extended one-night stands"[625]. Insbesondere von Indigenen wurde das *Bicentennial*, in dessen Rahmen der Einfluss und die negativen Auswirkungen von *Britishness* und *Whiteness* weitestgehend ausgeklammert wurden,[626] als eine scheinheilige Veranstaltung wahrgenommen. Mit ihrem Boykott machten sie ähnlich wie die Maori in Neuseeland klar, dass das angepriesene multikulturelle Selbstbild der australischen Nation national wie international nicht glaubwürdig zu vermitteln war, wenn man sich nicht ernsthaft mit der Perspektive der Indigenen und den Folgen der

---

[622] Davison: The Use and Abuse of Australian History, S. 68.
[623] Vgl. ebd.
[624] Vgl. Curran/ Ward: The Unknown Nation, S. 233.
[625] Castles et al.: A Nation Without Nationalism?, S. 6.
[626] Vgl. ausführlicher dazu Davison: The Use and Abuse of Australian History, S. 70 f.

britisch-kolonialen Vergangenheit Australiens auseinandersetzte – einer Vergangenheit, in der das Land der Indigenen ursprünglich als Niemandsland (*terra nullius*) galt.[627] In den 1990er Jahren sollte diese Forderung innerhalb der australischen Gesellschaft zu einer kontrovers geführten Debatte über den Umgang mit der britisch geprägten Geschichte der Nation führen, gegen deren kritische Interpretation sich der zeitgenössische Historiker Geoffrey Blainey mit seinem polemischen Begriff der „*Black Armband History* (Trauerbinden-Geschichte)"[628] positionierte. Die *History Wars*, die vor dem Hintergrund der Kritik an einer vermeintlich chronisch negativen und ideologisch motivierten Geschichtsschreibung geführt wurden, ließen „die australische Geschichtsschreibung zu einem Schlüsselthema in den Medien"[629] werden. Die im Zuge des *End of Empire* während der 1960er und 1970er Jahre angestoßenen Identitätsdebatten und diskursiven Dynamisierungsprozesse waren in ihrer Auswirkung also noch bis in die darauffolgenden Jahrzehnte spürbar.

Zusammenfassend betrachtet kann festgehalten werden, dass alle ehemaligen weißen Siedlerkolonien unter dem Label des *New Nationalism* auf Multikulturalismus und Indigenität rekurrierten, um ihre Vorstellungen einer ‚neuen' kollektiven Identität jenseits von *Britishness, Whiteness* und *family values* national wie international promoten zu können. Obwohl die *new nationalists* während der *re-ordering*-Prozesse im Zuge der Identitätskrise vor allem auf die symbolische Dimension des Multikulturalismus setzten, konnte das *prekäre Wissen* der Indigenen innerhalb der durch die Bedrohung besonders dynamisierten gesellschaftlichen Diskurse nicht einfach weiterhin ausgeklammert werden. Für die ‚*Neu*'-Verortung kollektiver Identität war es langfristig notwendig, sich mit ihrem Identitätsverständnis und ihrer Perspektive auf die Vergangenheit, Gegenwart und Zukunft auseinanderzusetzen. Allerdings, so ist an den Erinnerungspraktiken der jeweiligen Länder deutlich geworden, fiel der Umgang mit dem *prekären Wissen* der Indigenen in Kanada, Australien und Neuseeland unterschiedlich aus. Während Kanada und Neuseeland im Rahmen ihrer Selbstrepräsentationen im *Indian Pavilion* sowie während des *New Zealand Day* einen Raum für die Botschaften der Indigenen schufen, in dem eurozentrische Perspektiven allerdings insgeheim fortbestanden, fanden die Aboriginals Australiens und ihre Positionen insbesondere während der Expo keine offizielle Beachtung. Die Faktoren für die Unterschiede und Gemeinsamkeiten zwischen den

---

[627] Vgl. dazu auch Moran: As Australia decolonizes, S. 1021.
[628] Darian-Smith: Indigenes Australien, S. 112 (Herv. i. Orig.).
[629] Ebd.

4. Celebrating new identities

Erinnerungspraktiken der jeweiligen Länder lassen sich in drei Punkten wie folgt beschreiben:

1. In der Geschichte Australiens war *Britishness*, basierend auf „[n]otions of race (white, Anglo-Saxon), ethnicity (British, English, Scots, Irish, etc.) and religion (Christianity)"[630], als Grundlage für Identitätskonstruktionen nahezu konkurrenzlos geblieben. Damit unterschied sich Australiens Selbstwahrnehmung insbesondere von Kanadas und Neuseelands traditionellen Selbstbildern, in denen der Bikulturalismus neben *Britishness* eine wichtige Rolle spielte. Vor diesem Hintergrund ist vor allem anhand der Akteursperspektiven herausgearbeitet worden, dass der traditionelle Dualismus zwischen *English* und *French Canadians* von Australiern wie Robin Boyd weniger als ein Problem, sondern vielmehr als eine große Chance interpretiert wurde. In Anbetracht seines ‚Überlebenskampfes' war Kanada in der Wahrnehmung Boyds in gewisser Weise zu einer Selbstreflexion gezwungen worden. Mit dieser waren inspirierende Impulse einhergegangen, die Boyd in Australien schmerzlich vermisste. Sowohl in Kanada als auch in Neuseeland konnten die *new nationalists* auf die Vorstellungen eines bikulturellen Fundaments der Nation zurückgreifen, um darauf aufbauend ihre Erfolgsnarrative zu erzählen. Das multikulturelle Selbstbild der Gegenwart, so wurde suggeriert, war immer schon das Ziel der historischen Entwicklung – das, worauf alles innerhalb der jeweiligen Nationalgeschichten hinauszulaufen schien. In Australien hingegen konnten die *new nationalists* ihren ‚neuen' Mythos nicht mit einem derartigen Zugriff auf die nationale Vergangenheit legitimieren. Um die „post-imperial void"[631] im Zuge des *End of Empire* schließen zu können, griffen sie in Ermangelung eines bikulturellen Gründungsmythos auf das alte *frontier*-Narrativ zurück und labelten es aufgrund der damit verbundenen unzeitgemäßen Stereotype zum *bush* einfach um, indem sie sich als moderne und kultivierte Nation der *new frontier* darstellten. Diese erschien als das Ergebnis einer nationalen Geschichte, in der das Versprechen auf Abenteuer für einen stetigen Fortschritt in allen Bereichen des Lebens gesorgt zu haben schien. Bis in die jüngste Gegenwart hinein, so lautete die frohe Botschaft, schien dieser Fortschritt kontinuierlich anzuhalten. Vor diesem Hintergrund befürchtete der australische Expo-Planungsstab, dass eine offizielle Selbstrepräsentation der Aborigines sowie eine öffentliche Darstellung ihrer Perspektiven und Erinnerungen sowohl das Fortschrittsnarrativ als auch das romantisierte Selbstbild Australiens – dem Land mit den Kangaroos, dem *Great Barrier Reef* und den Bumerangs – stören könnten. Aus diesem Grund versuchte man, die Aboriginals nach Möglichkeit außen vor zu lassen.

---

[630] Moran: The Public Life of Australian Multiculturalism, S. 175.
[631] Curran/ Ward: The Unknown Nation, S. 21.

2. Die *langen* 1960er Jahre standen in allen drei ehemaligen Siedlerkolonien unter dem Eindruck der globalen Dekolonisation, der Bürgerrechtsbewegung in den USA sowie nie dagewesener nationaler Protestbewegungen. Durch die *Red-Power*-Bewegung in Kanada, die *Freedom Riders* in Australien oder den Protest der *Ngā Tamatoa*, der in Neuseeland Bestandteil der *Maori Renaissance* war,[632] konnten die Folgen von Rassismus und Diskriminierung nicht mehr länger ignoriert werden. Die veränderte gesellschaftliche Wahrnehmung der Aborigines sollte sich etwa in dem Ergebnis des australischen Referendums von 1967 widerspiegeln. Allerdings, so kann mit Anna Haebich und Steve Kinnane festgehalten werden, betrachteten viele Australier das Referendum als *die* Lösung, mit der das „,Aboriginal problem'"[633] als final geklärt erschien. In diesem Sinne gab der Vorsitzende des *ACA* Ende der 1960er Jahre zu bedenken, dass die Mehrheit der weißen Bevölkerung Australiens mit dem Referendum lediglich gezeigt habe, dass die Regierung „with the minimum effort from the community"[634] etwas unternehmen müsse, um den Aborigines zu helfen. Die Bumerang-Performance am *Australia Day* 1967 durch einen 70-jährigen Weißen und der darauffolgende Protest der Aboriginals führte jedoch der australischen Gesellschaft vor Augen, dass Probleme wie Diskriminierung und Rassismus noch längst nicht aus ihrer Gesellschaft verschwunden waren. In Kanada hingegen hatten einerseits der Einfluss des *NIC* und andererseits die Identitätskrise gerade in Verbindung mit der *Quiet Revolution* für die Einsicht gesorgt, dass die Indigenen und ihre Perspektive während der Expo unbedingt zu berücksichtigen waren, wollte man die Krise mit Hilfe des multikulturellen Selbstbildes erfolgreich lösen.[635] Insbesondere für Neuseeland, wo die Maori durch den *Treaty of Waitangi* eine gewisse Sonderstellung innehatten, wäre eine Repräsentation des nationalen Selbstbilds ohne ihre Beteiligung nicht denkbar gewesen. Obwohl in Kanada und Neuseeland das *prekäre Wissen* der Indigenen artikuliert werden konnte, verschwanden eurozentrische Perspektiven und vor allem auf *Britishness* basierende Selbstbeschreibungen nicht einfach. Vielmehr waren sie in allen drei Ländern Bestandteile jener Erfolgsgeschichten, mit denen die *new nationalists* den vermeintlich geradlinigen Weg Richtung *nationhood* und *maturity* beschrieben. Neben dem Multikulturalismus, über den das Motto *unity in*

---

[632] Vgl. dazu auch Carlyon/ Morrow: Changing Times, S. 248.
[633] Haebich/ Kinnane: Indigenous Australia, S. 347.
[634] Aboriginal Australians – Is it a New Era? Address by Dr. H.C. Coombs to the Society of Friends at Wahroonga, S. 5.
[635] Vgl. als Quelle dazu auch A.J. Cormier: Participation in Canada's Centennial by People of Indian Ancestry, S. 7: „Surely this must be important to the Government of Canada at a time when the country is in a state of crisis over its inability to reconcile the divergent cultural and regional demands which arise out of the pluralistic character of our nation."

4. Celebrating new identities

diversity als neue Grundlage gesellschaftlichen Zusammenhalts angepriesen wurde, wirkten auf *Britishness* basierende homogene Vorstellungen von Kultur und Identität teilweise fort. Dies spiegelte sich in der widersprüchlichen Rhetorik von Premiers etwa dann wider, wenn der multikulturelle Charakter der Nation und gleichzeitig ihre vermeintliche Homogenität angepriesen wurden.[636]

3. Daran anknüpfend gilt es abschließend zu spezifizieren, wie die symbolische Dimension des Multikulturalismus in Verbindung mit Indigenität für Identitätskonstruktionen genutzt wurde. Obgleich in Australien noch während der 1960er Jahre angezweifelt wurde, ob der Multikulturalismus überhaupt „the same unifying power as ethnicity"[637] haben könne, konnte anhand der Selbstrepräsentation Australiens in Montréal gezeigt werden, inwiefern indigene Elemente (nicht jedoch indigene Akteure!) als Marker für die kulturelle Vielfalt des Landes zu den Must-haves auf der postkolonialen Bühne der Expo zählten. In diesem Kontext präsentierte sich das Australien der *new frontier* als eine moderne und kultivierte postimperiale Nation, in der mit dem Fortschritt einhergehend – so lautete die frohe, im Futur gehaltene Botschaft – auch soziale Probleme sowie *colour barriers* nach und nach (auf-)gelöst würden. Obwohl der Begriff des *Multikulturalismus* in den Selbstbeschreibungen Australiens anlässlich der Expo keine direkte Erwähnung fand,[638] legte das Land dennoch Wert darauf, dass zumindest indigene Elemente und Artefakte in Montréal repräsentiert wurden. Indirekt und auf eine sehr oberflächliche Art und Weise beschrieb sich also auch Australien auf der Expo als ein kulturell vielfältiges Land. Der Eigenwert der indigenen Kultur wurde in diesem Rahmen nicht anerkannt. Gerade durch ihre Missachtung wurde sie zu einem Bestandteil der von Australien bedienten Stereotype rund um Kängurus und das *Great Barrier Reef*. Die symbolische Dimension des Multikulturalismus, auf die Akteure wie die *new nationalists* für die ‚Neu'-Verortung der australischen Identität strategisch zurückgriffen, hat die Soziologin und Vorsitzende des *Australian Ethnic Affairs Council* Jerzy Zubrzycki implizit bereits 1978 beschrieben. Auf die 1960er Jahre zurückblickend argumentierte sie, dass die meisten Australier die Pflege „of the ‚pretty' ethnic traditions, usually dancing, music, craft and, sometimes but not often, language and literature" mit Multikulturalismus gleichgesetzt hätten. Während der 1950er und 1960er Jahre, aber teilweise noch darüber hinaus, sei diese oberflächliche Auffassung von Multikulturalismus und der damit verbundene herabwürdigende Blick auf die Indigenen und ihre Kultur als „the only

---

[636] Vgl. Curran/ Ward: The Unknown Nation, S. 75.
[637] Moran: The Public Life of Australian Multiculturalism, S. 179.
[638] In den von mir gesichteten Quellen fand sich jedenfalls keine direkte Erwähnung des Multikulturalismus.

'Safe Kind'"[639] aufgefasst worden, galten homogene Identitäts- und Kulturkonzepte doch noch immer als verlässlicher. Im Rahmen dieser Auffassung war Indigenität nichts weiter als ein strategisch einsetzbarer Marker, mit dessen Hilfe die ‚neue', auf Vielfalt basierende Identität der Nation in Szene gesetzt werden konnte. Entgegen der angepriesenen ‚neuen' Selbstbilder hat ein genauerer Blick auf die Erinnerungspraktiken aller drei ehemaligen Siedlerkolonien zeigen können, dass die Indigenen noch längst kein integraler Bestandteil ihrer jeweiligen Gesellschaften waren. So wurden ihre Erinnerungen und Perspektiven auf die Vergangenheit, Gegenwart und Zukunft ihrer Länder, wenn überhaupt, dann nur bedingt berücksichtigt, zumal ihre kulturellen Leistungen weiterhin insgeheim am europäischen Standard gemessen wurden. Inwiefern eurozentrische Perspektiven auf die Indigenen fortexistierten, konnte beispielsweise am *Confederation Train*, an der zeitgenössischen Perspektive auf Louis Riel, an der unglücklichen Positionierung des *Indian Pavilion* auf dem Expo-Gelände, an der Bumerang-Performance Australiens sowie an der Wahl eines imperial konnotierten Liedes für die dramaturgische Inszenierung der Entstehung des *Treaty of Waitangi* illustriert werden.

Im Zuge des *End of Empire* sahen sich nicht nur die Promoter der ‚neuen' multikulturellen Identitätskonzepte, sondern auch die Gesellschaften der ehemaligen weißen Siedlerkolonien zunehmend mit dem *prekären Wissen* der Indigenen konfrontiert. Für diese, so kann festgehalten werden, war die besondere Dynamisierung der Identitätsdiskurse infolge der Identitätskrise eine Chance, um die „Verschwörung des Schweigens"[640] zu brechen und – um die von Jay Winter geprägte Metapher weiter zu bedienen – lautstark auf ihre Erinnerungen und ihr erfahrenes Leid hinzuweisen. Damit einhergehend wurden die etablierten positiven Perspektiven auf die jeweiligen Nationalgeschichten zunehmend hinterfragt. Insofern eröffneten sich für die Indigenen in der Zeit zwischen den 1960er und 1970er Jahren, in der zahlreiche weiße Akteure in Kanada, Australien und Neuseeland über ein kollektives Identitätsvakuum klagten, neue Mög-

---

[639] Jerzy Zubrzycki: Need for New Direction in the Search for a National Identity, in: The Canberra Times, 26.1.1978.

[640] In Anlehnung an den von Jay Winter geprägten Begriff des *Schweigens* haben sich 2013 die Teilnehmenden der Heidelberger Konferenz „*Erinnerungskulturen post-imperialer Nationen*" für die Vorstellung von einer *Verschwörung des Schweigens* anstelle einer *Amnesie* entschieden, um zu verdeutlichen, dass das Ausblenden einer imperialen Vergangenheit nicht die Folge eines unbeabsichtigten Gedächtnisverlusts, sondern das Ergebnis einer intendierten Unterdrückung einer Erinnerung ist: „Wer unter Gedächtnisverlust leidet, wird versuchen seine Erinnerung wieder zu erlangen, wer sich an einer Verschwörung des Schweigens beteiligt, wird nicht wollen, dass das Schweigen gebrochen wird." Rothermund: Einleitung, S. 14.

lichkeiten der Teilhabe an den gesellschaftlichen Aushandlungsprozessen kollektiver Identität.

Im Hinblick auf die „Überkreuzung der Perspektiven" zwischen der „des vormaligen Kolonisators mit der des Kolonisierten", die es für „einen integraleren Blick auf die Nationalgeschichte" von postimperialen Nationen zu gewinnen gilt, hat Dipesh Chakrabarty „einen dialogischen Anerkennungsbegriff"[641] vorgeschlagen, den er *historische Wunde* nennt. Diese Wunde definiert er als „„eine Mischung von Geschichte und Gedächtnis""[642], die dadurch charakterisiert ist, dass „die Erinnerung der Opfer das bewahrt hat und ergänzt, was in der Geschichte nicht registriert und erst nachträglich zugänglich geworden ist".[643] Der selbstbewusste Verweis der Indigenen auf ihre jeweils erlittene Wunde „from within a history of having being wounded"[644] ist nach Chakrabarty Teil einer Art Genesungsprozess, dessen erfolgreicher Verlauf allerdings abhängig von der Anerkennung der ehemaligen Kolonisatoren ist. Überträgt man dies auf den Umgang der ehemaligen weißen Siedlerkolonien mit dem *prekären Wissen* ihrer indigenen Bevölkerungen, so lässt sich festhalten, dass die Erinnerungen der Indigenen an die koloniale Vergangenheit langfristig ihren *prekären* Status innerhalb der jeweiligen Gesellschaften durch eine offizielle Politik der „Anerkennung historischer Wunden" verlieren mussten, wenn deren pluralistische und multikulturelle Selbstbilder Realität werden sollten. Bis in die 1990er Jahre sollte es dauern, bis nach mitunter heftigen gesellschaftlichen Kontroversen im Zuge von Erinnerungskriegen (*History Wars*)[645] eine selbstkritische Auseinan-

---

[641] Assmann: Erinnerungen post-imperialer Nationen, S. 267.

[642] Dipesh Chakrabarty: History and the politics of recognition, in: Keith Jenkins, Sue Morgan und Alun Munslow (Hgg.): Manifestos for History, London 2007, S. 77–87, hier S. 77. In deutscher Übersetzung zitiert nach Assmann: Erinnerungen post-imperialer Nationen, S. 268.

[643] Ebd.

[644] Chakrabarty: History and the politics of recognition, S. 77.

[645] Der Begriff der *History Wars* lässt sich auf die Kontroverse am *Smithsonian Institute* in den USA zurückführen. Als im Jahre 1994 im Rahmen einer geplanten Ausstellung zum 50. Jahrestag des Kriegsendes auch der Rumpf der *Enola Gay* – jenes Flugzeug, das die Atombombe auf Hiroshima und Nagasaki abgeworfen hatte – ausgestellt werden sollte, wurde dies als ein Affront gegen die nationale Ehre aufgefasst. Insbesondere der Versuch der Aussteller, eine kritische Reflexion über die moralische Rechtfertigung des Flugzeugeinsatzes anzuregen, verursachte scharfe Kritik. Vor allem die Veteranen kritisierten die geplante Ausstellung als anti-amerikanisch. Vor diesem Hintergrund etablierte sich schließlich spätestens mit dem Sammelband von Edward T. Linenthal und Tom Engelhardt „*The Enola Gay and Other Battles for the American Past*" (1996) der Begriff der *History Wars*, der internationale Verbreitung fand. Unter diesem Begriff versteht man allgemein eine gesellschaftlich geführte Debatte, die immer dann ausgelöst wird, wenn Akteure ihre jeweilige Nationalgeschichte und damit auch alte Loyalitäten, Narrative und (Deutungs-)Traditionen in Frage

dersetzung der ehemaligen weißen Siedlerkolonien mit ihrer kolonialen Vergangenheit und deren Folgen einsetzte. Diese Selbstkonfrontation mit den historischen Wunden, welche den Indigenen mit nachhaltiger Wirkung zugefügt worden waren, führte mittels „politische[r] Rituale der Reue [...] durch das Nadelöhr der Anerkennung, Erinnerung und Aufarbeitung"[646]. Der Ursprung dieses Aufarbeitungsprozesses, so konnte gezeigt werden, ist für Kanada, Australien und Neuseeland auf die Entwicklungen im Zuge ihrer Identitätskrise ab den 1960er Jahren zurückzuführen.

stellen. Vgl. Stuart Macintyre: History Wars and the Imperial Legacy in the Settler Societies, in: Phillip Buckner, R. Douglas Francis (Hgg.): Rediscovering the British World, Calgary 2005, S. 381–397, hier S. 389 sowie Jana Brubaker: s.v. *Enola Gay* Exhibit, in: Roger Chapman (Hg.): Culture Wars. An Encyclopedia of Issues, Viewpoints, and Voices, Bd. 1, New York, London 2010, S. 161.
[646] Aleida Assmann: Formen des Vergessens, Göttingen ³2017 (Historische Geisteswissenschaften Frankfurter Vorträge 9), S. 66. Assmann fasst diese Art der Erinnerung als *therapeutisches Vergessen* auf: „Erinnern wird in diesem Kontext als eine Therapie eingesetzt, um eine Geschichtslast durch Anerkennung und Reue zu überwinden und hinter sich zu lassen. Es ist [...] auf Versöhnung, soziale Integration und die Überwindung einer gemeinsamen Gewaltgeschichte gerichtet, aber nur über das Erinnern zu erreichen." Ebd., S. 64.

V. Fazit und Ausblick

Die während der 1960er und 1970er Jahre vielfach beschriebene Suche nach vermeintlich ‚neuen' Identitätskonzepten und ‚eigenen' kulturellen Ausdrucksformen kollektiver Identität stellte für die ehemaligen weißen Siedlerkolonien eine massive Herausforderung dar, mit der sie sich völlig unvorbereitet konfrontiert sahen. Obgleich sich Auflösungserscheinungen des Empire bereits seit dem Ende des Zweiten Weltkriegs abgezeichnet hatten, geriet Kanadas, Australiens und Neuseelands emotional stark aufgeladene Empire-Verbundenheit erst unter dem Eindruck von *Britain's turn to Europe*, der *East-of-Suez*-Debatte (1967/68) und den neuen Einreisemodalitäten für Europäer in das Vereinigte Königreich (1971) in eine fundamentale Krise. Aus ihrer Sicht ging dabei insbesondere von Großbritanniens Bewerbungen um die Mitgliedschaft in der EWG (1961 und 1967), die das Land erst nach zweifachem Scheitern 1973 erreichen sollte, eine schockierende Signalwirkung aus. Je deutlicher sich die Abwendung des britischen Mutterlandes von seinem als Familie imaginierten weißen Empire-Verband abzeichnete, desto weniger ließ sich der Glaube der Zeitgenossen an die Kontinuität des Empire und an Großbritannien als *caring mother* aufrechterhalten. Vor diesem Hintergrund geriet der *Britishness*-Mythos mit all seinen kontingenzbewältigenden Narrativen, die neben Vorstellungen von Kultur und kollektiver Identität auch Leitlinien von Ökonomie, Politik samt Migrationsregimen und nationalen Meistererzählungen rahmten, in eine Krise. Zusätzlich verschärft wurde diese nicht zuletzt durch gesellschaftliche Transformationsprozesse unter anderem infolge von sich verändernden Migrationsströmen sowie insbesondere durch die Dekolonisation. Durch diese wurde die Selbstverständlichkeit der siedlerkolonial geprägten Identitätsvorstellungen basierend auf der Trias *Britishness*, *Whiteness* und *family values* zusätzlich unterminiert. Grundlegende gesellschaftliche Ordnungsvorstellungen erschienen infolgedessen derartig brüchig, dass es für Akteure zu einer unumgänglichen Aufgabe wurde, ihr Verständnis von Kultur und Identität ‚*neu*' auszuhandeln.

In Kanada, Australien und Neuseeland ging das *End of Empire* mit einer Identitätskrise einher, die zwischen den 1960er und 1970er Jahren zum wesentlichen Gegenstand ihrer gesellschaftlichen Diskurse wurde (kommunikative Hegemonie). Diese Bedrohung sowie der daran anschließende *re-ordering*-Prozess, der aus der wechselseitigen Beziehung zwischen der (Bedrohungs-)Diagnose und der (Bewältigungs-)Praxis entstand, bildeten den Gegenstand der hier vorliegenden Studie. Unter dem Eindruck, dass es angesichts des *End of Empire* rasch ‚neuer' Identitätsangebote jenseits von *Britishness* bedurfte (zeitliche Verknappung), wurden die hitzig geführten (Emotionalität)[1] und zumeist öffentlich ausgetragenen Debatten über die Rekonzeptionalisierung der eigenen nationalen Geschichte und des eigenen Raumes geführt. Das trifft insbesondere auch auf die ebenfalls öffentlich verhandelte Suche nach ‚neuen' Symbolen, Traditionen und einem geeigneten ‚neuen' Mythos zu, auf dessen Grundlage zukünftig Vorstellungen kollektiver Identität imaginiert werden sollten. Die zentralen Ergebnisse der Untersuchung lassen sich in sieben Punkten festhalten:

1. Zwischen Chance und Bedrohung

Sowohl für Kanada als auch für Australien und Neuseeland konnte nachgewiesen werden, dass es unterschiedliche Blickwinkel auf die Identitätskrise gab. Für die einen, wie den kanadischen Bürger Stanley Petrie, den Journalisten Hector Bolitho oder die ältere Historikergeneration Kanadas, wurde mit dem Ende des Empire und *Britain's turn to Europe* eine über Generationen hinweg als stabil geglaubte Ordnung plötzlich brüchig. Für andere Akteure hingegen, wie die Gesellschaftskritiker Donald Horne, Robin Boyd, Colin James, Susan M. Crean und Ian Cross oder Historiker wie Manning Clark, Geoffrey Serle oder Keith Sinclair, erschien die Hinwendung Großbritanniens nach Europa als eine große Chance, um endlich den Initiationsprozess der Nation vollenden zu können, der vermeintlich durch die Abhängigkeit vom britischen Mutterland oder den Einfluss der USA paralysiert worden war. Von den Zugriffen australischer und neuseeländischer *nationalists* auf diese Vorstellung eines unterdrückten Nationalismus (*thwarted nationalism*) unterschieden sich die der kanadischen *nationalists* in der Regel dahingehend, dass sie zunächst, bedingt durch die Nähe Kanadas zu den USA und die damit verbundene Angst vor dem Kontinentalismus, lediglich die Amerikanisierung in ihrer negativen Wirkung auf die kulturelle und identitäre Entfaltung der Nation problematisierten. Indessen galt die britische Tradition vor dem Hintergrund des bikulturellen Charakters der Nation als *das* zentrale Distinktionsmerkmal im *North Atlantic Triangle*. Entsprechend fiel auch die Sichtweise der meisten kanadischen Intellektuellen auf die Entwicklungen seit dem Zweiten Weltkrieg aus. Während die 1950er Jahre Akteuren wie Vincent Massey, Donald Creighton, William L. Morton

---

[1] Vgl. Frie/ Nieswand: „Bedrohte Ordnungen" als Thema der Kulturwissenschaften, S. 6.

oder John Farthing als das letzte Jahrzehnt erschienen, in dem die Empire-Verbindung unter der konservativen Führung John Diefenbakers noch einmal eine Blüte erlebt hatte, wurden die 1960er Jahre von ihnen unter dem Eindruck von *Britain's turn to Europe* sowie der Ablösung der Konservativen durch die Liberalen unter der Führung Lester B. Pearsons als ein dunkles Zeitalter wahrgenommen. Ihr Verständnis eines gesunden *Canadian nationalism*, der Kanadas eigenständige Identität gerade durch die britische Verbindung schützte, erschien erschüttert. Dem gegenüber stand etwa die Interpretation des berühmten australischen Historikers Manning Clark, der die längst tote Vergangenheit der Konservativen einer hoffnungsvollen Zukunft unter der Führung der *Labor Party* gegenüberstellte, von der er sich die Entfaltung eines vermeintlich lange durch den *cultural cringe* unterdrückten Nationalismus erhoffte. Bedingt durch den Generationenwechsel sollte sich aber auch in Kanada die Interpretation des *cultural cringe* wandeln. So bezog er sich ab den 1960er Jahren zunehmend auch auf den vermeintlich paralysierenden Einfluss Großbritanniens.

Die Wahrnehmung der Identitätskrise hing von Faktoren wie der Sozialisation sowie der Gruppen- und Generationenzugehörigkeit ab. Während Angehörige der älteren Generation, die unter dem Eindruck einer britisch geprägten Kultur aufgewachsen waren, in der Regel akademische Ausbildungen in Oxbridge durchlaufen hatten und für das Empire in den Krieg gezogen waren, dem britischen Mutterland trotz aller Veränderungen weiterhin emotional stark verbunden blieben und es weiter als kulturelle Heimat betrachteten, war die jüngere Generation tendenziell indifferenter. Obgleich sich vor diesem Hintergrund festhalten lässt, dass die Identitätskrise ein weitaus größeres Problem für die ältere als für die jüngere Generation darstellte, waren beide Gruppierungen in gewisser Weise durch die Erkenntnis miteinander verbunden, dass die Veränderungen im Zuge des *End of Empire*, unabhängig davon, wie man sie nun bewertete, eine massive Herausforderung darstellten. So mussten auch jene Akteure, die das Ende des Empire als Chance für die Etablierung einer ‚eigenen‘, unabhängigen Identität jenseits des negativen Einflussbereichs des *cultural cringe* bewerteten, häufig feststellen, dass sich eigenständige und selbstbewusste Identitätskonzepte nicht einfach finden ließen. Gerade weil die siedlerkolonialen Identitätsvorstellungen Hybride aus gemeinbritischen Elementen und Akkulturationserfahrungen der jeweiligen Länder waren, gestaltete sich die Artikulation einer ‚eigenen‘ Identität jenseits von *Britishness* als unlösbare Aufgabe.

Insofern waren alle Akteure unabhängig von ihrer Generationenzugehörigkeit auf je unterschiedliche Weise von der Identitätskrise betroffen. Donald Horne hat diesen Umstand im Rahmen seines Rückblicks auf die 1960er und 1970er Jahre wie folgt auf den Punkt gebracht: Egal ob Akteure revisionistische Geschichten verfassten oder T-Shirts mit aufbruchsverheißenden Slogans – man denke hier vor allem an Whitlams „*It's Time*"-Wahlkampfkampagne – getragen hätten, seien doch alle einer neuen Realität ausgesetzt gewesen. Aus dieser seien „new hopes and new fears, new national pasts and new national identities" hervorgegangen. Selbst jene, die sich partout nicht von den alten Glaubensgrundsätzen zu trennen beabsichtigt hätten, seien zwangsläufig mit den Folgen der fundamentalen Veränderungen konfrontiert worden, „because if you stick to an old faith in new times it becomes something different".[2] Was Horne als neue Realität beschrieb, verweist auf die durch die Bedrohung ins Wanken geratenen Ordnungsvorstellungen, die nun in einen besonders dynamischen „Handlungsraum der Akteure"[3] gerieten. In diesem war zwangsläufig auszudiskutieren, welcher Veränderungen es bedurfte und was es zu bewahren galt.[4] Egal ob Akteure *Britain's turn to Europe* als Chance begriffen oder um die Grundlagen ihrer kollektiven Identität fürchteten, war es für die meisten unerlässlich geworden, sich innerhalb dieses Raums zu positionieren.

Das gesamtgesellschaftliche Ausmaß der Identitätskrise, das hier angesprochen wird, konnte insbesondere anhand der emotional stark aufgeladenen Debatten rund um neue Nationalhymnen, Nationalflaggen und Nationalfeiertage illustriert werden, an der sich Akteure aus nahezu allen Altersklassen mit Beiträgen in den Kommentarspalten der jeweiligen Tageszeitungen oder mit Briefen – unter anderem mit beigefügten selbstentworfenen Symbolen oder Liedtexten – an die jeweiligen Premiers beteiligten. Auch die Prominenz der *poster boys* der zeitgenössischen Geschichtswissenschaft und die Popularität ihrer Werke, die sich fast ausschließlich mit Fragen der Identität bzw. der *Search for Identity* befassten, verdeutlichen, dass die Identitätsdebatte während der 1960er und 1970er Jahre nicht aus dem öffentlichen Diskurs wegzudenken war.

Die Identitätskrise brachte insbesondere für zuvor marginalisierte Bevölkerungsgruppen wie die Indigenen neue Chancen mit sich. Angesichts der Bedrohung und der durch sie verursachten Unklarheit und Offenheit der Situation war es für die jeweiligen Gesellschaften zu einer Notwendigkeit geworden, ihr kollektives Selbstverständnis einer kritischen Reflexion zu unterziehen.[5] Bei manchen Akteuren wie dem kanadischen Historiker William L. Morton konnte diese Reflexion auch zu einem Umdenken führen, in dessen Verlauf die Dominanz der britisch geprägten Kultur gegenüber anderen Kulturen als fragwürdig erschien. Grundsätzlich wurden vormals festgefahrene Identitätsdiskurse und geglaubte Annahmen über das kollektive Selbst im Rahmen des an die Identitäts-

---

[2] Horne: Ideas for a Nation, S. 42.
[3] Frie/ Meier: Bedrohte Ordnungen, S. 5.
[4] Vgl. Frie/ Nieswand: „Bedrohte Ordnungen" als Thema der Kulturwissenschaften, S. 13.
[5] Vgl. dazu auch ebd.

krise bzw. des an die Bedrohung anschließenden *re-ordering*-Prozesses diskutabler. In Anbetracht der Dringlichkeit, in der man sich als moderne und postimperiale Nation jenseits der alten Trias *Britishness, Whiteness* und *family values* ‚neu' zu verorten hatte, konnten anhaltende Probleme wie Diskriminierung und Rassismus nicht länger stillschweigend ignoriert werden, die im Zuge der Dekolonisation zwar allgemein verurteilt wurden, in den jeweiligen Gesellschaften aber insgeheim fortexistierten. In diesem Kontext mussten Inklusions- und Exklusionskriterien langfristig neu ausgehandelt werden. Auch alte Selbstbilder wie das eines paradiesisch anmutenden, rassismusfreien Neuseelands ließen sich nicht mehr aufrechterhalten und wurden insbesondere von den diversen Protestbewegungen abwertend als illusorischer Mythos gebrandmarkt. In diesem Kontext eröffneten sich insbesondere für die Indigenen neue Möglichkeitsräume,[6] in deren Rahmen sie in ihrem Sinne mehr Einfluss auf die Aushandlung kollektiver Identität nehmen konnten als zuvor.

2. *Cultural cringe, thwarted nationalism* und *New Nationalism*: Selbstalarmierungen und Lösungsansätze aus Ordnungen heraus

Die Debatten um eine ‚eigene' Identität ab den 1960er Jahren waren streng genommen kein Novum. Besonders im Zuge der *reconstruction*-Phase nach dem Ende des Zweiten Weltkriegs, aber bereits auch davor, hatten sich Intellektuelle und Kulturschaffende immer wieder auf die Suche nach *der* kanadischen, australischen und neuseeländischen Identität begeben. Mit Ausnahme von Kanada, wo *nationalism* in der Regel nicht ohne einen Bezug zum britischen Mutterland denkbar war, teilten alle (*radical*) *nationalists* die Vorstellung, dass die kulturelle Abhängigkeit von Großbritannien und (später) auch von den USA die Entwicklung einer ‚eigenen' Kultur und Identität ausgebremst habe. Die jeweiligen Länder schienen aufgrund dieses unterdrückten Nationalismus (*thwarted nationalism*) an einem Inferioritätskomplex zu leiden. Im Verlauf eines imaginierten Initiationsprozesses der Nation, so schien es, hatten sie den Status eines Adoleszenten noch längst nicht hinter sich lassen und den Weg *from colony to nation* vollständig durchlaufen können.

Im Kontext des *cultural nationalism* der 1950er Jahre, in denen in Kunst, Literatur und Historiographie eine Hinwendung zum Nationalen vollzogen wurde, begann die transnationale Karriere einer Begrifflichkeit, die von dem australischen Literaturkritiker Arthur A. Phillips geprägt worden war und an die Vorstellung eines unterdrückten Nationalismus anknüpfte. In allen drei ehe-

---

[6] Vgl. ebd., S. 8.

maligen weißen Siedlerkolonien griffen Intellektuelle auf das Schlagwort des *cultural cringe* zurück, um den Inferioritätskomplex und die bisher vermeintlich nur erratisch verlaufenen *rites de passage* ihrer jeweiligen Länder zu beschreiben. Aber auch *ordinary people* nutzten etwa im Rahmen ihrer Leserbriefe bewusst oder auch unbewusst das durch den *cultural cringe* zur Verfügung gestellte Argumentationsmuster, das in den zeitgenössischen Identitätsdebatten nahezu omnipräsent war. Bis in die Gegenwart hinein scheint die Wirkmächtigkeit des *cultural cringe* auszustrahlen. So konnte man beispielsweise einer im *New Zealand Journal of History* im Jahre 2008 erschienenen Rezension, die von Doug Munro zu einer Monographie über Geoffrey Serles Rolle innerhalb der australischen Historiographie verfasst wurde, entnehmen, dass dieser wie Manning Clark oder Keith Sinclair zu jenen Historikern gehöre, deren große Leistung darin bestanden habe, die Nationalgeschichte ihrer Länder von den Folgen des *cultural cringe* befreit zu haben. Diese großen Historiker hätten ihre Nationalgeschichte nicht mehr „in imperial and British contexts", sondern „as histories in their own right"[7] behandelt. Aussagen wie die Munros demonstrieren, inwiefern die Vorstellung eines zu bewältigenden *cringe* bis heute noch für die anhaltend teleologischen Darstellungen der Nationalgeschichten so mancher Historiker – vor allem aus den ehemaligen Siedlerkolonien – attraktiv geblieben ist.

Durch den transnationalen Blick auf die Kultur- und Identitätsvorstellungen Kanadas, Australiens und Neuseelands konnte entgegen Munros Feststellung nachgewiesen werden, dass es sich beim *cultural cringe* um ein Konstrukt handelt, dessen Plausibilität bei genauerem Hinsehen als fragwürdig erscheinen muss. Die Vorstellung zweier sich konträr gegenüberstehender Identitäten (*British identity* vs. *national identity*), die die Grundlage für die Vorstellung des *cringe* wie die des *thwarted-nationalism*-Paradigmas bildet, lässt sich nicht aufrechterhalten. Wie anhand des Siedlernationalismus gezeigt werden konnte, waren zeitgenössische Identitätsvorstellungen und damit auch die Nationalgeschichten fest mit *Britishness* verbunden, verstanden sich doch die ehemaligen weißen Siedlerkolonien als *Better Britains*. Auch der *cultural nationalism* entfernte sich mitnichten von kulturellen Ordnungsvorstellungen, welche durch *Britishness* und die dazugehörigen Narrative gerahmt blieben. Der Glaube an eine weiße Kernfamilie des Empire existierte im *Commonwealth* fort, London galt weiterhin als kulturelles Zentrum und Ansätze zur Etablierung einer ‚eigenen' Kultur und Identität, die durch die neuen Kulturinstitutionen unterstützt

---

[7] Doug Munro: Rez. zu John Thompsons *The Patrician and the Bloke: Geoffrey Serle and the Making of Australian History*, in: New Zealand Journal of History 42.1 (2008), S. 128 f., hier S. 128.

2. Cultural cringe, thwarted nationalism und New Nationalism

werden sollten, blieben vage oder griffen auf Versatzstücke des *Better-Britain*-Selbstbilds zurück.

Ein ähnliches Muster zeichnet sich auch innerhalb der zeitgenössischen Historiographie ab. Während der 1950er Jahre lauschten Studierende den Vorlesungen jener selbsterklärten Geschichtspropheten, die wie Manning Clark oder Keith Sinclair für sich beanspruchten, als erste Vertreter ihrer Zunft eine ‚eigene' Nationalgeschichte ihres Landes etabliert zu haben. Wie der Blick auf ihre zentralen Werke jedoch zeigen konnte, reproduzierten auch sie das *Better-Britain*-Narrativ und damit auch den eurozentrischen Blick auf die Indigenen, wenn etwa Neuseeland als paradiesisch anmutendes Land beschrieben wurde, das sich weit entfernt vom negativen Einfluss Europas zu einem Land ohne Rassismus entwickelt zu haben schien und sich durch sein angeblich intaktes bikulturelles Verhältnis zwischen Pakehas und Maori auszeichnete. Statt paradiesisch anmutender äußerer Umstände standen in Kanada und Australien vor allem die Zivilisationsleistungen im Vordergrund, die trotz der widrigen Bedingungen durch Hitze, Kälte und die Weite des Landes fernab vom negativen Einfluss Europas erreicht worden waren. Für Historiker wie Manning Clark spielten Indigene mit Blick auf die großen nationalen Leistungen nur eine marginale Rolle. Die Zivilisation, so lautete sein Standpunkt, war erst durch die weißen Siedler nach Australien gebracht worden. Wie schwierig sich die selbst auferlegte Mission für Geschichtspropheten wie Clark oder auch Keith Sinclair gestaltete, ihre jeweiligen Nationalgeschichten vom Einfluss des *cultural cringe* zu befreien, äußert sich in ihren vagen Aussagen. Wie die Kulturschaffenden verharrten sie immer dann im Futur, wenn es darum ging, zu spezifizieren, wann die Identitätssuche der jeweiligen Länder auf dem Weg *from colony to nation* final abgeschlossen würde.

Ab den 1960er Jahren schien aus der Sicht der meisten Historiker, mit Ausnahme der älteren Historikergeneration Kanadas, durch *Britain's turn to Europe* trotz aller damit einhergehender Probleme eine Chance gekommen zu sein. Die Hinwendung zum pazifischen Raum und vor allem nach Asien, die Suche nach einem ‚neuen' Mythos und eigenen nationalen Symbolen, wie sie Intellektuelle und Historiker bereits in den 1950er Jahren eingefordert hatten, trafen nun auf ein großes Interesse. Zusammen mit der Vorstellung des neuen Nationalismus (*New Nationalism*) anstelle des alten pro-britischen galten diese Aspekte als Bestandteile jener Lösung, durch die eine eigenständige, moderne und vor allem postimperiale Identität jenseits von *Britishness* artikuliert werden sollte. Der zentrale Unterschied zwischen der Zeit *vor* der Bedrohung und den Entwicklungen ab den 1960er Jahren besteht darin, dass Akteure sich erst angesichts der für sie unerwarteten Entwicklungen im Zuge des *End of Empire* der Dringlichkeit

‚neuer' Identitätskonzepte bewusst wurden.⁸ Diese hatte es zuvor in dieser Form nicht gegeben.

Gerade im Hinblick auf die generelle Verunsicherung der Akteure infolge des von ihnen wahrgenommenen *End of Empire* war das Argumentationsmuster, das der *cringe* in Verbindung mit dem *thwarted-nationalism*-Narrativ zur Verfügung stellte, besonders attraktiv. Mit dem *cringe* ließ sich die Geschichte eines zwar durch den britischen und amerikanischen Einfluss verzögerten, sich nun aber unter dem Label des *New Nationalism* vollendenden Initiationsprozesses der Nation erzählen. Weitere Erklärungen für die Identitätskrise lieferten Faktoren, über die sich die ehemaligen Siedlerkolonien paradoxerweise ursprünglich als *Better Britain* definiert hatten. Während die fehlenden Revolutionen, der Dominion-Status oder die große Entfernung zu Europa zuvor als positive Elemente dargestellt wurden, durch die die kollektiven Selbstbilder geprägt worden waren, so wurden sie im Kontext der Identitätskrise häufig einfach umgedeutet. Nun galten fehlende Revolutionen, die Abgeschiedenheit vom Rest der Welt (*tyranny of distance*) oder der koloniale Status, der in Analogie zu den nach Freiheit strebenden abhängigen Kolonien des Empire auch auf die weißen Dominions übertragen wurde, als Faktoren dafür, warum man etwa über keinen eigenen Mythos verfügte und dadurch auch keine eigene Identität vorzuweisen hatte.

Vor dem Hintergrund der Identitätskrise wurde der *cultural cringe* in Kanada nicht mehr ausschließlich auf die negativen Folgen der Amerikanisierung, sondern zunehmend auch auf die vermeintlich paralysierenden Auswirkungen bezogen, die die Imitation britischer Kultur auf die eigene Identitätsentwicklung zu haben schien. In Anbetracht der ständig drohenden Amerikanisierung sowie nicht zuletzt der *Quiet Revolution* rekurrierten Akteure auch hier auf das Argumentationsmuster des *cringe*, um die Brüchigkeit ihrer kollektiven Identität erklärbar zu machen. Von Australien und Neuseeland unterschied sich Kanada darin, dass hier durch die Dreifachbelastung infolge der *Quiet Revolution*, der Amerikanisierung und des *End of Empire* das *survival* der gesamten Nation auf dem Spiel stand, deren Einheit zu zerbrechen drohte. Ein solches Ausmaß hatte die Bedrohung in Australien und Neuseeland nicht. In allen drei Ländern jedoch – darin ist die große Parallele zu sehen – wurde mit dem Argumentationsmuster des *cringe* der wenig erfolgreiche Versuch unternommen, die ursprüngliche Bedeutung von *Britishness*, *Whiteness* und *family values* für die Imagination kollektiver Identitäten herunterzuspielen. Ironischerweise koexistierten in allen drei Ländern Vorstellungen von einem unterdrückten Nationalismus neben Bekundungen darüber, wie schockiert man doch angesichts von *Britain's*

---

⁸ Vgl. ähnlich dazu auch McKenna: An Eye for Eternity, S. 560.

2. Cultural cringe, thwarted nationalism und New Nationalism 435

turn to Europe sei, fühlte man sich dem britischen Mutterland doch nach wie vor besonders verbunden.

Auch Politiker griffen, wenn auch häufig implizit, auf das Argumentationsmuster des *cultural cringe* zurück, wenn etwa betont wurde, dass der mediokre Zustand der kulturellen *second-rateness* der Nation beendet und eine eigenständige *sophisticated culture* etabliert werden müsse. Mit Aussagen wie dieser wurde auf die zentrale Vorstellung des *cringe* angespielt, nach der die lange Imitation britischer oder amerikanischer Kultur das Potential der ‚eigenen' Kultur unterdrückt habe. *Labo(u)r*-Politiker wie Gough Whitlam in Australien oder Norman Kirk in Neuseeland suggerierten ihrer Wählerschaft mit dem aufbruchsverheißenden Motto „*It's Time*" erfolgreich, dass sie mit ihrer Vision eines *New Nationalism* die dringend benötigte Grundlage schaffen würden, auf der sich eine eigenständige und zeitgemäße postimperiale Identität und international konkurrenzfähige Kultur ihrer Länder entwickeln lassen würden. Ähnliches ließ sich für die kanadischen Premierminister Lester B. Pearson und Pierre E. Trudeau beobachten, die Vorstellungen des *New Nationalism* insbesondere vor dem Hintergrund der *Quiet Revolution* dazu nutzten, um die Gesellschaft im Zeichen der multikulturellen Vielfalt neu einzuschwören.

Anhand des *cultural cringe* und des *New Nationalism* – jeweils verstanden als Teil der Bedrohungsdiagnose und der Bewältigungspraxis bedrohter Ordnung – konnte dargelegt werden, inwiefern vor dem Hintergrund der Identitätskrise die Selbstalarmierung der Akteure und ihre darauf folgenden Maßnahmen nicht losgelöst von jenen Ordnungsvorstellungen betrachtet werden können, die erst durch die Bedrohung fragwürdig geworden waren. Akteure, die das Argumentationsmuster des *cultural cringe* nutzten, rekurrierten sowohl während der 1950er Jahre in Verbindung mit dem aufblühenden *cultural nationalism* als auch ein Jahrzehnt später fortlaufend auf Selbstbilder, die auf traditionelle Vorstellungen der Siedlerkolonien als *Better Britains* zurückzuführen waren. Auch wenn ab den 1960er Jahren der *Britishness*-Mythos in seiner kontingenzbewältigenden Funktion ausgedient hatte, verschwanden alte, auf diesem Mythos aufbauende Ordnungsvorstellungen nicht einfach. Vielmehr wirkten sie noch lange nach und sollten bei der Suche nach einer ‚neuen' Identität immer wieder für Irritationen und Ambivalenzen sorgen. Entgegen jener Assoziation, die das Attribut *neu* etwa im Hinblick auf die unter dem Vorzeichen des *New Nationalism* stehende Suche nach einem *neuen* gesamtgesellschaftlichen Mythos als Grundlage für eine *neue* Identität hervorrufen mag, konnte *Britishness* aufgrund seiner Wirkmächtigkeit als ordnungskonstituierender Mythos nicht einfach ersetzt werden. Solange es keine glaubwürdige Realisierung eines ‚neuen' kontingenzbewältigenden Mythos gab, griffen Akteure, ganz im Sinne der von Albrecht

Koschorke konstatierten Vakuum-Scheue des Mythos,[9] bewusst oder unbewusst auf das Altvertraute, d. h. auf Versatzstücke von *Britishness*, zurück. Die hier zu beobachtenden Überlagerungen von Zeitschichten, die auf die „Phasen des Suchens" im Zuge der „[langsamen] Veränderungen von Ideenwelten"[10] verweisen, können mit Anselm Doering-Manteuffel auch damit erklärt werden, „dass Menschen, die als junge Erwachsene in einer bestimmten Zeit, intellektuell, politisch und habituell geprägt worden sind, an den Prägungen auch dann noch festhalten, wenn diese im Diskurs keine Bedeutung mehr haben".[11]

3. *Re-ordering*: Von der Bedrohungsdiagnose zur Bewältigungspraxis und wieder zurück

Trotz der Verheißungen des *New Nationalism* sahen sich Akteure also immer wieder direkt oder indirekt mit der Tragweite des *Britishness*-Mythos konfrontiert. Mit teilweise neu etablierten Kulturinstitutionen versuchte man zwar, eine ‚eigene' kulturelle Identität jenseits der britischen und amerikanischen Vorbilder zu fördern und die Folgen des *cringe* hinter sich zu lassen. In Anbetracht der Tatsache jedoch, dass *Britishness* über Generationen hinweg untrennbar mit den hybriden Identitäts- und Kulturvorstellungen Kanadas, Australiens und Neuseelands verbunden war – man denke nur an Australiens *Australian Elizabethan Theatre Trust* oder Neuseelands *Queen Elizabeth II Arts Council* –, ließ sich die ‚alte', britisch geprägte Kultur nicht einfach durch eine vermeintlich ‚neue' und ‚eigene' Kultur ablösen.

So überlagerten etwa homogene Identitäts- und Kulturvorstellungen jene ‚neuen' kollektiven Selbstbilder, deren ‚neuer' Mythos nicht mehr auf *Britishness*, sondern auf Multikulturalismus basieren sollte. Erinnert sei an dieser Stelle an die in Australien zwischen den 1960er und 1970er Jahren neu aufkommenden Selbstbeschreibungen als *white Asians* oder an den Plan des australischen Premiers John Gorton, die kulturelle Homogenität zu wahren und gleichzeitig

---

[9] Vgl. S. 128 in der hier vorliegenden Studie.

[10] Anselm Doering-Manteuffel: Konturen von ‚Ordnung' in den Zeitschichten des 20. Jahrhunderts, in: Ders.: Konturen von Ordnung. Ideengeschichtliche Zugänge zum 20. Jahrhundert, hgg. von Julia Angster u. a., Berlin, Boston 2019 (Ordnungssysteme 54), S. 3–32, hier S. 3. Die Vorstellung von *Zeitschichten* geht auf Reinhart Koselleck zurück, der diese Metapher als ein heuristisches Instrumentarium vorgeschlagen hat, „um verschiedene Wandlungsgeschwindigkeiten zu thematisieren, ohne in die Scheinalternative linearer oder kreisläufiger Zeitverläufe zu verfallen". Reinhart Koselleck: Zeitschichten, in: Ders.: Zeitschichten. Studien zur Historik, Frankfurt a. M. ⁴2015 (stb 1656), S. 19–26, hier S. 26.

[11] Doering-Manteuffel: Konturen von ‚Ordnung' in den Zeitschichten des 20. Jahrhunderts, S. 8.

aus der australischen Gesellschaft die weltweit erste multikulturelle Gesellschaft zu formen. Auf welch unsicherem Boden der während der 1960er und 1970er Jahre geprägte ‚neue' Mythos stand, lässt sich insbesondere am nicht bikulturell geprägten Australien beobachten, wo die Premierminister Paul Keating (1991–1996) und John Howard (1996–2007) grundsätzlich am Konzept gesellschaftlicher Vielfalt zweifelten. Besonders fraglich war für sie, ob durch den Multikulturalismus überhaupt *eine* australische Identität formiert und der gesellschaftliche Zusammenhalt erfolgreich aufrechterhalten werden könne.[12]

Vor diesem Hintergrund ist das wechselseitige Verhältnis zwischen der Bedrohungsdiagnose und der Bewältigungspraxis innerhalb des *re-ordering*-Prozesses zu kontextualisieren. Die scheinbar endlosen Auseinandersetzungen über neue Flaggen, Nationalhymnen, Feiertage und die Abschaffung der Monarchie – eine Debatte, die zum Ende der 1990er Jahre noch einmal in Australien geführt werden sollte[13] – sowie die insgeheimen Zweifel an heterogenen Gesellschaftskonzepten illustrieren, inwiefern Bewältigungspraktiken von Akteuren immer wieder in ihrer Sinnhaftigkeit hinterfragt wurden und in „Re-Diagnose[n] münde[en]"[14]. Im Falle Kanadas, Australiens und Neuseelands lag das vor allem an der Persistenz von *Britishness*, die nie so ganz überwunden werden konnte. Aus diesem Grund war der *New Nationalism* zu Beginn der 1980er Jahre aus ihrem gesellschaftlichen und politischen Vokabular verschwunden, war es doch nie wirklich gelungen, die Gesellschaften glaubwürdig unter diesem Label ‚neu' einzuschwören. In Anbetracht der fortbestehenden Probleme bei der Suche nach ‚eigenen' Identitätskonzepten hatten Akteure allmählich den Glauben an die anfangs aufbruchsverheißenden Versprechen des *New Nationalism* verloren.[15] Wahlen konnten unter dem Slogan „*New Nationalism*" jedenfalls nicht mehr gewonnen werden.

Was von den *re-ordering*-Prozessen der 1960er und 1970er Jahre blieb, war das Argumentationsmuster des *cultural cringe*, das noch weit über die 70er Jahre[16] hinaus immer wieder für Diagnosen genutzt werden sollte. Allerdings gab es in der Folgezeit durchaus auch Veränderungen auf der Diagnoseebene, was auch entsprechende Auswirkungen auf die Handlungsebene hatte. Insbesondere unter dem Einfluss der „sich in den 1970er Jahren [...] [in der internationa-

---

[12] Vgl. dazu Curran/ Ward: The Unknown Nation, S. 239 f.
[13] Vgl. ebd., S. 245.
[14] Frie/ Nieswand: „Bedrohte Ordnungen" als Thema der Kulturwissenschaften, S. 11.
[15] Vgl. ähnlich dazu Curran/ Ward: The Unknown Nation, S. 224.
[16] So bezog sich etwa maßgeblich der australische Premierminister Paul Keating mit seinem Verständnis von einem *radical nationalism* in den 1990er Jahren auf Vorstellungen des *thwarted nationalism* und *cultural cringe*. Vgl. ebd., S. 239.

len Arena verdichtenden] Menschenrechtspolitik"[17] rückten die eigene koloniale Vergangenheit und ihre Folgen auf die indigenen Bevölkerungen in den kritischen Fokus der ehemaligen Siedlerkolonien.[18] Allerdings zeugen etwa die *History Wars* Australiens in den 1990er Jahren davon, dass die selbstkritische Aufarbeitung der eigenen Geschichte ein von massiven Spannungen gezeichneter Aushandlungsprozess war. So galt beispielsweise Paul Keatings berühmte *Redfern Speech*, in der er vor den anwesenden Indigenen die Verantwortung für den Landraub und die den Indigenen angetanen Verbrechen übernahm, vielen Akteuren als ein längst überfälliger Schritt. Andere Zeitgenossen wiederum wie John Howard oder Geoffrey Blainey kritisierten die von Keating vertretene Sicht auf die Vergangenheit als zu düster und einseitig (*black armband view*) und lehnten sie daher ab.[19] Hier lassen sich also Spuren des wechselseitigen Verhältnisses zwischen Diagnose und Praxis erkennen, die im Zusammenhang mit den *re-ordering*-Prozessen der 1960er und 1970er Jahre standen. Mitnichten kann folglich von einem geradlinigen Weg in Richtung einer Politik der Anerkennung gesprochen werden. Was sich aber sagen lässt, ist, dass die Grundlagen für diese Politik und für eine intensivere gesellschaftliche Auseinandersetzung mit dem Schicksal der Indigenen ab den 1960er Jahren im Zuge der Identitätskrise entstanden sind.

4. Multikulturalismus als ‚neuer' Mythos

Multikulturelle Identitätskonzepte wurden in Kanada, Australien und Neuseeland genau im Moment der Infragestellung der ‚alten', auf *Britishness* basierenden Identitätsvorstellungen attraktiv. Im Gegensatz zu den politischen Interpretationen des Multikulturalismus, die davon ausgehen, dass Fragen der Indigenität separat von Fragen der Einwanderungspolitik behandelt werden müssen, konnte durch den Fokus auf die symbolische Dimension des Multikulturalismus nachgewiesen werden, dass Indigenität als strategisch einsetzbarer Marker für multikulturelle Identitätsvorstellungen in den ehemaligen *settler colonies* fungierte und insofern eine zentrale Rolle spielte. Auf multikultureller Vielfalt basierende Identitätskonzepte wurden unter dem Label des *New Nationalism* von den *nation builders* Kanadas, Australiens und Neuseelands strategisch dazu genutzt, um ‚neue' kollektive Selbstbilder ihrer postimperialen Nationen jen-

---

[17] Jan Eckel: Vielschichtiger Konflikt und transnationale Steuerung. Zur Neuinterpretation der Geschichte internationaler Politik zwischen den 1940er- und 1990er Jahren, in: Archiv für Sozialgeschichte 57 (2017), S. 497–535, hier S. 530.
[18] Vgl. ähnlich dazu auch Curran/ Ward: The Unknown Nation, S. 225.
[19] Vgl. ebd., S. 241.

seits von *Britishness* promoten zu können. Diese Identitätsvorstellungen, in deren Rahmen Indigenität als identitäre Ressource für das neue, bunte Gesellschaftskonzept (unter Verweis auf Artefakte wie den Bumerang, auf Flora und Fauna wie das Ahornblatt, Kiwi und Känguru, auf gemeinsame Erfahrungen der Ahnen etc.) genutzt wurde, erschienen gerade vor dem Hintergrund der Identitätskrise als eine attraktive Option.

Inwiefern in diesem Kontext auf Indigenität und auch auf Bikulturalismus rekurriert wurde, konnte anhand der zentralen Feierlichkeiten zu den Festjahren 1967 und 1974 gezeigt werden. In teleologischer Manier wurde unter dem Label des *New Nationalism* versucht, den Multikulturalismus als ‚neuen' Mythos historisch zu legitimieren, der als Grundlage für das ‚neue' Gesellschaftsideal der *unity in diversity* galt. Im Rahmen der teleologischen Geschichtszugriffe entstand der Eindruck, der Multikulturalismus sei das natürliche Ergebnis der jeweiligen Nationalgeschichten – das, worauf alles linear hinauszulaufen schien. Dies galt insbesondere für die bikulturell geprägten Länder Kanada und Neuseeland, die auf ihren bikulturellen Gründungsmythos zurückgriffen, um darauf aufbauend zu suggerieren, dass eine Entwicklung vom Bi- zum Multikulturalismus stattgefunden habe. Aufgrund der durch die *Quiet Revolution* bedingten gesellschaftlichen Turbulenzen und der Separatismusgefahr in Kanada legten die *nation builders* dort einen großen Wert auf die Betonung, dass durch den Multikulturalismus das bikulturelle Fundament der Nation niemals in Frage gestellt werden würde. Im Verlauf der 1960er Jahre fand in Verbindung mit den *Reports* der *Bi and Bi Commission* eine Verlagerung von der alten Vorstellung einer bikulturellen Nation zu einer *multicultural nation within a bilingual framework* statt, die der Tatsache Rechnung trug, dass Kanada nicht nur durch zwei Hauptkulturen, sondern durch zahlreiche andere Kulturen geprägt worden war. Obwohl die traditionelle Position der Maori in Neuseeland nicht annähernd so stark war wie die der *French Canadians*, achteten auch die neuseeländischen *nation builders* in Anbetracht wachsender Protestbewegungen darauf, den Bikulturalismus in Einklang mit dem Multikulturalismus zu bringen. Angesichts anhaltender Probleme wie Rassismus und Diskriminierung kritisierten dies Indigene schnell als scheinheilig. In Australien hingegen griffen Akteure in Ermangelung eines bikulturellen *founding myth* auf alte Erfolgsnarrative zurück, die in abgewandelter, modernisierter Form – zu denken wäre hier vor allem an die Vorstellung der *new frontier* – als vermeintlich neue Identitätskonzepte präsentiert wurden. Pfadabhängig bedingt knüpfte Australien im Rahmen seiner Selbstrepräsentation auf der Expo eher indirekt an Vorstellungen von kultureller Vielfalt an, wenn etwa in Verbindung mit dem Fortschrittsnarrativ der *new frontier* – wohlgemerkt im Futur – versichert wurde, dass *colour barriers* in Zukunft immer weniger eine Rolle spielen würden.

Der Verweis auf die schwindenden Probleme wie Rassismus und soziale Ungleichheit erfolgte vor dem Hintergrund eines kollektiven Selbstbilds, über das dem Rest der Welt auf der großen Bühne der Expo gezeigt werden sollte, dass es sich bei Australien um eine moderne, postimperiale und vor allem *sophisticated nation* handelte, welche die Folgen des *cringe* hinter sich gelassen hatte. Gleichzeitig verdeutlichen aber Verweise auf den *ongoing soul searching process*, von dem in der offiziellen Expo-Broschüre Australiens die Rede war, wie schwierig sich die Artikulation einer ‚neuen' Identität jenseits von *Britishness* gestaltete. Entgegen dem angestrebten Bild zeigte Australien ironischerweise mit den Auswahlkriterien für die Expo-Hostessen und insbesondere mit der Bumerang-Performance am *Australia Day* 1967, dass die australische Gesellschaft noch längst nicht bereit war, sich selbstkritisch mit Rassismus und Diskriminierung und der eigenen kolonialen Vergangenheit auseinanderzusetzen. Ähnlich wie bereits Harold Holt die imaginierte Initiation Australiens 1966 als einen Prozess beschrieb, in den das Land durch äußere Umstände – d. h. durch *Britain's turn to Europe* – unfreiwillig hineingestolpert sei, so räumte auch der australische Premierminister Malcolm Fraser fast zwei Jahrzehnte später ein, dass Australien stolpernd „into the multicultural epoch"[20] geraten sei. Was er 1981 mit Blick auf den Multikulturalismus in Australien als „*Australia's Unique Achievement*" beschrieb, war also noch immer von den Folgen der Identitätskrise und den damit verbundenen Schwierigkeiten gezeichnet, einen ‚neuen' Mythos zu begründen und eine „transition from monoculture to ‚multiculture'" jenseits der Vorstellungen einer „British racial homogeneity" zu vollziehen. Multikulturalismus, so hat es James Curran auf den Punkt gebracht, „still struggled to offer a new myth of national cohesion".[21]

Im Gegensatz zu den bikulturell geprägten Gesellschaften Kanadas und (bedingt auch) Neuseelands war *Britishness* in Australien erst spät in seiner Selbstverständlichkeit herausgefordert worden, so dass der Glaube vieler Akteure an Stabilität durch kulturelle Homogenität noch weit über die 1960er Jahre anhielt. Auch war die politische Position der Indigenen Australiens im Vergleich zu den First Nations in Kanada und den Maori in Neuseeland schwächer. Vor dem Hintergrund dieser Faktoren müssen die zu Tage getretenen Unterschiede zwischen Australiens Selbstrepräsentation und den Selbstdarstellungen Kanadas und Neuseelands kontextualisiert werden. Obgleich Kanada und Neuseeland dem *prekären Wissen* ihrer indigenen Bevölkerungen auf der Expo bzw. anlässlich des *New Zealand Day* 1974 mehr Platz einräumten als Australien 1967, über-

---

[20] Malcolm Fraser: Multiculturalism: Australia's Unique Achievement. Inaugural address. The Institute of Multicultural Affairs, Melbourne, 30.11.1981, Canberra 1981, S. 6.
[21] Curran: "The Thin Dividing Line", S. 480.

dauerten nichtsdestotrotz auch hier eurozentrische Perspektiven auf die Indigenen und deren Geschichte und Kultur. Wie anhand des *Indian Pavilion* oder an dem neuseeländischen Geschichtsschauspiel Johnstones illustriert werden konnte, trafen die Erinnerungen und Anklagen der Indigenen nicht immer auf genügend Resonanz, was darauf zurückzuführen ist, dass sie in ein insgeheim latent eurozentrisches Setting eingebettet waren, in dessen Rahmen auch die Rolle der Frauen so gut wie nicht berücksichtigt wurde. Auch hier wirkte der ‚alte' Mythos also deutlich nach.

Parallelen zwischen den ehemaligen Siedlerkolonien sind auch im Hinblick auf ihre Geschichtsdarstellungen festzuhalten. So glichen sie sich darin, dass sie zwischen den 1960er und 1970er Jahren zunehmend die Dominanz von *Britishness* innerhalb ihrer jeweiligen Nationalgeschichte dadurch herunterzuspielen versuchten, indem sie die britischen Siedler nur noch als eine von vielen Migrationsgruppen innerhalb des „continuum of migration"[22] darstellten. Allerdings kamen die drei Länder, wie der Blick auf den *Indian Pavilion* oder den Protest im Zuge der Bumerang-Präsentation gezeigt hat, nicht umhin, sich auch mit der Perspektive der Indigenen gerade im Hinblick auf die Folgen der kolonialen Vergangenheit auseinanderzusetzen. So konnten Repräsentanten der Maori, First Nations und Aboriginals wie Donna Awatere, Andrew Delisle und Charles Perkins die durch die Identitätskrise besonders dynamisierten Diskurse über kollektive Selbstbilder dazu nutzen, um klarzumachen, dass die als neu beworbenen Selbstbilder scheinheilig waren und nur dann zur Realität werden könnten, wenn es endlich eine gesellschaftliche Auseinandersetzung mit den an indigenen Völkern begangenen Verbrechen und deren Folgen geben würde.

Vor diesem Hintergrund konnte anhand der Erinnerungspraktiken Kanadas, Australiens und Neuseelands, die als Bestandteil eines an die Bedrohung anschließenden *re-ordering*-Prozesses verstanden werden können, illustriert werden, inwiefern erst durch die Brüchigkeit von *Britishness*, *Whiteness* und *family values* eine Grundlage für eine selbstkritische Auseinandersetzung mit der eigenen imperialen Geschichte geschaffen wurde. Während der *langen* 1960er Jahre zeichnete sich langsam ab, dass ein strategisches Rekurrieren auf die symbolische Dimension des Multikulturalismus nicht ausreichend war, wenn eine glaubwürdige Selbstrepräsentation der ‚neuen' multikulturellen Identität langfristig gelingen sollte. Ohne eine ernsthafte und reflektierte Auseinandersetzung mit der Perspektive und den Forderungen der Indigenen war dies nicht möglich.

---

[22] Ebd.

5. Gegenseitige Beobachtungen und die Rolle von *othering*-Prozessen

Neben dem Transfer von Ansätzen zur Erklärung bzw. Lösung der Identitätskrise wie dem *cultural cringe* oder dem *New Nationalism*, die zwischen den ehemaligen weißen Siedlerkolonien zirkulierten, konnte **erstens** gezeigt werden, inwiefern Kanada eine gewisse kulturpolitische Vorbildfunktion für Australien und Neuseeland einnahm. **Zweitens** konnte nachgewiesen werden, dass die Identitätskrise ab den 1960er Jahren neben den gegenseitigen Beobachtungen – etwa im Hinblick auf den jeweiligen Umgang der Länder mit dem *cringe* – auch den Austausch zwischen den drei Ländern intensivierte.

Auf kulturpolitischer bzw. kulturinstitutioneller Ebene galten die Entwicklungen, die in Kanada bereits zum Ende der 1940er durch die *Massey Commission* angestoßen worden waren, aus Sicht Australiens und Neuseelands als vorbildlich. Die problematische Nähe zum US-amerikanischen Nachbarn, dessen ökonomischer und kultureller Einfluss in Kanada vor allem der *intelligentsia* Sorgen bereitete, hatte zu einer intensiven Auseinandersetzung mit der eigenen Kultur geführt. Wollte Kanada seine eigenständige Existenz und Identität aufrechterhalten, so die Auffassung der *cultural nationalists*, galt es, die Verwässerung der kanadischen Kultur durch die amerikanische unbedingt aufzuhalten. Zwar zeichnete sich während der Nachkriegszeit auch in Australien und Neuseeland im Zuge des aufblühenden *cultural nationalism* eine Hinwendung zur ‚eigenen' Kultur ab. Allerdings sah man sich hier anders als in Kanada, das aufgrund der drohenden Amerikanisierung um sein *national survival* bangte, nicht dazu veranlasst, gezielte kulturpolitische Maßnahmen zu ergreifen. Erst vor dem Hintergrund der Identitätskrise, welche für Australien und Neuseeland die relativ überraschende Erkenntnis mit sich brachte, dass es dringend neuer kulturpolitischer Inputs bedurfte, blickten die australischen und neuseeländischen *nation builders* mit einem regelrecht neidischen Blick auf die Arbeit der *Massey Commission* sowie des zum Ende der 1950er Jahre ins Leben gerufenen *CC*. Auch die zeitlich frühere Einführung einer neuen Nationalflagge sowie die *Trudeaumania* wurden von Australien und Neuseeland in diesem Sinne wahrgenommen.

Vor diesem Hintergrund kam die unangenehme Frage auf, warum man im direkten Vergleich zu Kanada einen größeren kulturellen Rückstand aufzuarbeiten hatte. Insbesondere in Australien löste der direkte Vergleich mit Kanada eine kritische Reflexion aus. Während Kanada und Neuseeland die bikulturellen Gründungsmythen der jeweiligen Nationen als Grundlage für einen gemeinsamen Austausch nutzen konnten, fühlte sich das nicht bikulturell geprägte Australien (allerdings vordringlich mit Blick auf Kanada) regelrecht benachteiligt. Weder hatte man die Erfahrung einer so problematischen Nachbarschaft wie der zwischen Kanada und den USA gemacht, durch die sich die kanadische Nation bereits früh zu einem selbstreflexiven Umgang mit ihrer eigenen Identität und Kultur veranlasst sah, noch verfügte man über das kreative Potential, das Akteuren wie dem australischen Architekten Robin Boy zufolge auf den Bikulturalismus und den Bilingualismus Kanadas zurückzuführen war. Auch die traditionelle Konkurrenz zwischen *French* und *English Canadians* interpretierte Boyd als etwas Positives, durch das Kräfte freigesetzt werden konnten. Auch in Neuseeland fühlte man sich, wie anhand des *flea-elephant syndrome* deutlich gemacht werden konnte, im Vergleich zu Kanada im Nachteil. Während sich die Selbstwahrnehmung Kanadas trotz aller Probleme immerhin über das Bild *sleeping next to an elephant* speisen konnte, verglichen die *nation builders* Neuseelands ihre Situation mit der eines Flohs, von dessen Existenz niemand Notiz nahm. Allerdings gab es weder in Australien noch in Neuseeland ein Problembewusstsein dafür, dass sowohl die Grundlagen der viel geachteten *Massey Commission* als auch die des *CC* auf *Britishness* basierten.

Kanada diente darüber hinaus aber noch auf einer weiteren Ebene als Vergleichsgegenstand. So rekurrierten Australien und Neuseeland insbesondere während der Zeit der Identitätskrise auf den kanadischen Fall, der angesichts der *Quiet Revolution* und der problembehafteten Nachbarschaft zu den USA als Inbegriff des Bedrohtseins galt, um den Effekt der eigenen Selbstalarmierung zu verstärken. Über den Vergleich mit der Situation Kanadas, von der gemeinhin bekannt war, wie schwierig sie sich gestaltete, konnte ein Alleinstellungsmerkmal generiert werden. In diesem Sinne verstärkten Akteure den Effekt der Selbstalarmierung etwa dadurch, indem sie behaupteten, die Situation ihrer Nation gestalte sich noch viel schlimmer als die Kanadas. Auf diese Art und Weise wurde im Rahmen der Bedrohungskommunikation der Eindruck erweckt, dass das Ausmaß der Identitätskrise im eigenen Land so exorbitant sei, dass ein äußerst dringender Handlungsbedarf zur Abwendung der Krise bestünde.

Neben den verstärkten Vergleichen Australiens und Neuseelands mit Kanada bewirkte die Identitätskrise auch eine stärkere Vernetzung zwischen den ehemaligen weißen Siedlerkolonien. Als ehemalige Mitglieder eines wohlvertrauten *family circle*, der beispielsweise im Rahmen der *family party* bzw. der *family reunion* auf der Expo eine Rolle spielte, sahen sie sich in Anbetracht der Bedrohung in einer Art Schicksalsgemeinschaft miteinander verbunden. Zwar standen sie untereinander in einem gewissen Konkurrenzverhältnis, erhofften sich doch alle, mit ihrer Identitätspolitik eine positive Resonanz in den anderen Mitgliedsländern des ehemaligen weißen Empire-Verbunds zu erzeugen. Allerdings führte diese Konkurrenz nicht zu einer Abschottung, sondern zu einer stärkeren Vernetzung untereinander. Welche Rolle der gegenseitige Austausch in Zeiten der Identitätskrise spielte, konnte neben Robin Boyd auch an Akteuren wie dem neuseeländischen Journalisten Ian Cross oder dem Historiker Keith Sinclair verdeutlicht werden. Ähnlich wie Cross, dem während seiner Reise durch Kanada vor allem die Parallelen zwischen der Identitätskrise seines Landes und der Kanadas auffielen, beschäftigten diese auch Sinclair mit Blick auf das Verhältnis zwischen Neuseeland und Australien. Gerade vor dem Hintergrund der Inferioritätskomplexe beider Länder sprach sich der neuseeländische Historiker für einen stärkeren Austausch zwischen den beiden Nationen aus. Nur indem man das gegenseitige kulturelle Desinteresse beende, das Sinclair ähnlich wie Cross auf die lange bestehende Abhängigkeit der Länder vom britischen Mutterland zurückführte, könne man die Identitätskrise erfolgreich lösen. Gleichzeitig spielten bei seinen Vorschlägen identitäre *othering*-Prozesse eine große Rolle, über die sich Neuseeland aus Angst vor der Ununterscheidbarkeit von seinem Nachbarn definierte. Insofern glichen sich Kanada und Neuseeland in dem, was mit Anton Blok *Narzissmus der kleinen Differenz*[23] genannt werden kann. Schließlich ging es doch beiden darum, wenn auch in unterschiedlichem Ausmaß, sich von ihren Nachbarländern (Australien im Falle Neuseelands, die USA im Falle Kanadas) zu unterscheiden und entsprechend abzugrenzen. Auch die Parallelen, die sich trotz aller Unterschiede zwischen beiden Ländern im Hinblick auf die Rolle des Bi- und Multikulturalismus innerhalb ihrer jeweiligen Gesellschaften ergaben, dürften ihren transnationalen Austausch zu Fragen des multikulturellen Zusammenlebens erleichtert haben.

6. Anknüpfungspunkte an etablierte Forschungsfelder

Die hier vorliegende Studie hat die programmatische Forderung Anthony G. Hopkins' als Ausgangspunkt genommen, postkoloniale Erfahrungen auch in den ehemaligen weißen Siedlerkolonien zu erforschen. Indem die Identitätskrisen Kanadas, Australiens und Neuseelands vergleichend und verflechtend aus der Perspektive der *decolonization* sowie der *postcolonial studies* betrachtet wurden, konnte im Sinne der *New Imperial History*[24] zum einen herausgearbeitet werden, wie zentral der globale Transfer von Ideen und Diskursen für die Identitätskonstruktionen der ehemaligen weißen Siedlerkolonien war. Zum anderen konnte aufgezeigt werden, inwiefern eurozentrische Identitätsvorstellungen und Wissenskategorien trotz aller Veränderungen fortbestanden.

---

[23] Vgl. zu diesem Terminus S. 164 f.
[24] Vgl. Howe: Introduction, S. 2.

6. Anknüpfungspunkte an etablierte Forschungsfelder

Die Identitätskrise Kanadas, Australiens und Neuseelands war geprägt von der Langzeitwirkung jener Identitätsdiskurse rund um *Britishness, Whiteness* und *family values*, die noch bis in die 1950er Jahre hinein zwischen Zentrum und Peripherie, aber auch unter den ehemaligen Siedlerkolonien selbst zirkulierten. Unter dem Eindruck der Identitätskrise verbreiteten sich wiederum Erklärungsansätze, die zum Teil alte nationalistische Argumentationsmuster reaktivierten und sie auf die gegenwärtige Situation übertrugen. In diesem Sinne wurde mit Vorstellungen von einer Überwindung des *cringe* durch die Vollendung von begonnenen, aber immer wieder durch die Umklammerung des britischen Mutterlandes verzögerten Initiationsprozessen suggeriert, dass man wie die nach Freiheit strebenden Kolonien den subalternen Zustand überwinden müsse, um zur *nationhood* zu gelangen. Vor dem Hintergrund der Dekolonisation betrachteten sich die ehemaligen weißen Siedlerkolonien also in Analogie zu den abhängigen Kolonien. Während ihr Dominion-Status ursprünglich etwas war, mit dem sie sich stolz von abhängigen Kolonien abgegrenzt hatten, erschien er nun als einer der zentralen Faktoren für ihre Abhängigkeit und ihren Mangel an ‚eigenständigen' Identitätskonzepten.

Aufgrund dieser Verzerrung, die sich hier vor allem mit Blick auf die Rolle Kanadas, Australiens und Neuseelands als Kolonisatoren und eben nicht als Kolonisierte abzeichnet, wurde vorgeschlagen, die drei Länder unter der Rubrik *postimperial* zu fassen. Anstelle des *postkolonialen* Paradigmas, so Stuart Ward, das Großbritannien als Kolonisator und Länder wie Australien als Kolonisierte betrachte, könne der Begriff *postimperial* dabei helfen, etwa „Australia's ambiguous emergence from the imperial era"[25] zu beschreiben. Einzuwenden ist gegen diesen Standpunkt, dass es wenig sinnvoll erscheint, die Begriffe *postimperial* und *postkolonial* gegeneinander auszuspielen. Zu berücksichtigen ist, dass der Terminus *postkolonial* nicht normativ, sondern rein deskriptiv zu verstehen ist und sich daher gut dafür eignet,[26] die oft von Widersprüchen und der Gleichzeitigkeit des Ungleichzeitigen gezeichneten Identitätsdiskurse im Zeitalter der Dekolonisation beschreiben zu können. Diese lassen sich sowohl für die ehemaligen Kolonien als auch, wenn auch unter einem anderen Vorzeichen, in den ehemaligen Dominions beobachten. In diesem Kontext gehören die in Verbindung mit der Persistenz von *Britishness* insgeheim fortbestehenden eurozentrischen Kategorien von Wissen und Identität einerseits und das Aufkommen von neuen zirkulierenden Ideen rund um den Multikulturalismus andererseits zu den *postkolonialen* Charakteristika der 1960er und 1970er Jahre.

---

[25] Stuart Ward: "Post-Imperial" Australia: Introduction, in: Australian Journal of Politics and History 51.1 (2005), S. 1–5, hier S. 1.
[26] Vgl. ausführlich dazu Kap. II.2.3.

Diese gilt es im Zusammenhang mit den „Überlappungen von Zeitschichten" zu berücksichtigen, um verstehen zu können, warum sich „Veränderungen von Ideenwelten"[27] nur äußerst langsam vollziehen.

Für die Geschichtsschreibung *nach dem Boom*, die sich auf die drei Jahrzehnte seit den 1970ern bezieht,[28] stellt sich vor dem Hintergrund der Ergebnisse der hier vorliegenden Studie noch einmal die Frage nach der Rolle von Zäsuren, die schon einmal im Zuge der Veröffentlichung von Anselm Doering-Manteuffels und Lutz Raphaels einschlägigem Essay „*Nach dem Boom*" (2008) in Fachkreisen für Kritik gesorgt hat. Diese zielte vor allem auf den Widerspruch, der sich zwischen Doering-Manteuffels und Raphaels Postulat eines „Bruch[s] als ein quasi übergreifendes, allpräsentes Phänomen" und ihrer These ergibt, „daß [in der Zeit nach dem Boom] weder Strukturbruch noch revolutionärer Wandel von einem einzigen Punkt her analysiert werden könnten"[29]. Daraufhin haben beide Historiker den „Begriff des Strukturbruchs [als] die Beobachtung von zahlreichen Brüchen" präzisiert. Diese würden sich „an unterschiedlichen Stellen und zu unterschiedlichen Zeitpunkten in den westeuropäischen Ländern bündeln".[30]

Zu fragen ist, ob es unter den zahlreichen zu beobachtenden Brüchen nicht Einschnitte gibt, von denen für Zeitgenossen eine besondere katalysatorische Wirkung ausgegangen ist. Nimmt man die Entwicklungen in Kanada, Australien und Neuseeland seit dem Ende des Zweiten Weltkriegs aus der Akteursperspektive ernst, so fällt auf, dass erst mit dem *End of Empire* – für die Akteure am sichtbarsten an *Britain's turn to Europe* – ein Umdenken auf gesellschaftlich breiter Ebene stattfand. Obwohl sich die besagten Brüche bereits vor den 1960er und 1970er Jahren abzeichneten, bedurfte es im Falle der ehemaligen weißen Siedlerkolonien der einschneidenden Erfahrung, dass auf das Empire und das britische Mutterland kein Verlass mehr war, bevor die auf *Britishness*, *Whiteness* und *family values* basierenden Ordnungskategorien, welche insgeheim fortbestanden, endgültig fragwürdig wurden. Mein Argument lautet also, dass man bei der berechtigten Annahme von zahlreichen Brüchen „im Ordnungsdiskurs des 20. Jahrhunderts"[31] unter starker Beachtung der Akteursperspektiven kurzfristige Dramatisierungen ernst nehmen muss, um ideengeschichtliche Verschiebungen im transnationalen Kontext verstehen zu können.

---

[27] Doering-Manteuffel: Konturen von ‚Ordnung' in den Zeitschichten des 20. Jahrhunderts, S. 3.
[28] Vgl. Anselm Doering-Manteuffel/ Lutz Raphael: Nach dem Boom. Perspektiven auf die Zeitgeschichte seit 1970, Göttingen ³2012, S. 26.
[29] Ebd., S. 13.
[30] Ebd.
[31] Doering-Manteuffel: Konturen von ‚Ordnung' in den Zeitschichten des 20. Jahrhunderts, S. 3.

Erst durch die Berücksichtigung von Entwicklungen mit besonderem katalysatorischem Ausmaß wie dem *End of Empire* können besondere diskursive Dynamisierungen erklärbar gemacht werden. Wie die hier vorliegende Studie gezeigt hat, liefert das Konzept der *Bedrohten Ordnung* in diesem Kontext ein entscheidendes Instrumentarium, um das Phänomen der Identitätskrise und seine Auswirkungen für verschiedene Akteursgruppen gezielt analysieren zu können. Genau dieser Aspekt kommt in der englischsprachigen Forschung oftmals zu kurz, die zwar die Identitätskrisen der (einzelnen) ehemaligen weißen Siedlerkolonien hinlänglich thematisiert, sie aber weder ausreichend in theoretisch-systematischer Hinsicht noch konsequent genug in ihrer transnationalen Dimension in den Blick nimmt.[32]

Fragt man etwa nach den Bedingungen für die „Dekolonisierung des Geistes"[33], welche nach dem Zweiten Weltkrieg noch längst nicht einsetzte,[34] so kann der Blick auf das Phänomen der Identitätskrisen infolge des *End of Empire* zu verstehen helfen, inwiefern erst durch die an die Bedrohung anschließenden besonderen diskursiven Dynamisierungseffekte eine Grundlage für die langfristige Aufarbeitung der kolonialen Vergangenheit in Kanada, Australien und Neuseeland entstanden war. Vor diesem Hintergrund kann *Britain's turn to Europe* in dem sich seit dem Ende des Zweiten Weltkriegs abzeichnenden Prozess der Dekolonisation als jenes einschneidende Ereignis interpretiert werden, in dessen Folge es für kanadische, australische und neuseeländische Akteure langfristig unumgänglich wurde, sich ihrer imperialen Vergangenheit zu stellen.[35]

7. Der lange Schatten des Empire

Ende der 1980er Jahre blickte der berühmte australische Intellektuelle Donald Horne auf fast drei Jahrzehnte zurück, in denen die britische Identität Australiens unter dem Eindruck des *End of Empire* derart brüchig geworden war, dass es dringend einer „re-definition of Australia"[36] bedurfte. Vor diesem Hintergrund schienen die 1960er und 1970er Jahre in Hornes Rückschau unter dem Vorzeichen des nahezu omnipräsenten Attributs *neu* zu stehen. So seien in

---

[32] Zu den wenigen Ausnahmen vgl. Anm. 86 in Kap. I.2.
[33] Assmann: Erinnerungen post-imperialer Nationen, S. 267.
[34] Vgl. ebd.
[35] Vgl. zum Zusammenhang zwischen dem Aufbrechen der *Verschwörung des Schweigens* und besonderen, von den Akteuren als einschneidend empfundenen Ereignissen auch Rothermund: Einleitung, S. 14: „Es wurde [...] vorgeschlagen, von einer Verschwörung des Schweigens zu sprechen, die eine lange Zeit andauert und nur mit Anstrengung überwunden oder durch besondere Ereignisse aufgebrochen werden kann."
[36] Horne: Ideas for a Nation, S. 39.

Kunst und Kultur Ausdrucksformen einer „new sophistication"[37] gesucht worden, zahlreiche Bücher zur australischen Identität und den Grundlagen der australischen Gesellschaft seien nicht zuletzt aufgrund der hohen Nachfrage nach ‚neuen' Identitätskonzepten erschienen und Politiker wie Premierminister John Gorton seien zu einer Zeit, als Intellektuelle „with hope [...] of Australians as ‚white Asians'"[38] gesprochen hätten, als Erneuerer und Modernisierer aufgetreten.[39] Was den positiven Anschein dieser ‚neuen' Entwicklungen jedoch trübte, war die Erkenntnis, dass sich ‚neue' und eigenständige nationale Selbstbilder in Australien nicht so einfach artikulieren ließen. Immer noch, so musste Horne enttäuscht feststellen, schienen insbesondere der Schatten der alten Empire-Verbindung, aber auch die Folgen der Nachahmung amerikanischer Kultur – ganz im Sinne des bereits 1960 von Robin Boyd problematisierten *Austerica*-Phänomens – in Form des *cultural cringe* nachzuwirken. Australien erschien so, wie es Horne 1988 mit der Schlagzeile eines im *Sydney Morning Herald* veröffentlichten Artikels zuspitzend zum Ausdruck brachte, als *„The nation that won't grow up"*[40]. In Anbetracht dieser anhaltenden und nur schwer zu beendenden Inferiorität, die fast zeitgleich und mit nahezu der gleichen Wortwahl von dem Journalisten Colin James im Rahmen seiner Rückschau auf die vergangenen Jahrzehnte Neuseelands beschrieben wurde,[41] schien die Identitätskrise trotz aller positiven Ansätze noch längst nicht gelöst.

Zwar verlor diese über die 1970er Jahre hinaus, nach dem Konzept *Bedrohte Ordnung* bemessen, allmählich an Bedrohungspotential. Allerdings sollte sie über die 1970er Jahre hinaus vor allem immer dann ihren Weg zurück in die öffentlichen Debatten finden,[42] wenn es etwa um Fragen der nationalen Symbolik oder aber um nationale Anlässe von großer Reichweite ging, in deren Rahmen der Öffentlichkeit eine konkrete Vorstellung kollektiver Identität zu präsentieren war. Maßgeblich zu denken wäre hier an die Feierlichkeiten zum 150. bzw. 200. Geburtstag der neuseeländischen und australischen Nationen, in deren Kontext die Identitätskrise insbesondere in Verbindung mit kritischen Fragen zum Umgang mit der eigenen kolonialen Vergangenheit erneut für eine besondere Dynamisierung der gesellschaftlichen Diskurse sorgen sollte. Der

---

[37] Ebd., S. 38.
[38] Ebd., S. 39.
[39] Vgl. ebd., S. 37–41.
[40] Donald Horne: The nation that won't grow up, in: The Sydney Morning Herald, 25.1.1988.
[41] Vgl. etwa James: The Quiet Revolution, S. 20 ff.
[42] Vgl. dazu Frie/ Nieswand: „Bedrohte Ordnungen" als Thema der Kulturwissenschaften, S. 11: „[...] Erfahrungen mit Bewältigungspraxis [sedimentieren sich] im individuellen wie kollektiven Gedächtnis und können bei der Re-Aktualisierung einer Bedrohungsdiagnose wieder mobilisiert werden."

lange Schatten des Empire wirkte in seinen Auswirkungen also nach und er tut dies bis heute.

Im Zuge der sich ab den 1970er abzeichnenden fundamentalen Veränderungen im nationalen wie internationalen Kontext – zu denken wäre hier etwa an die Niederlagen der australischen wie neuseeländischen *Labo(u)r Partys* gegen die Konservativen 1975, das allmähliche Ende der *Trudeaumania* in Kanada,[43] neuartige Globalisierungseffekte, den Wandel der „Gesellschaftsmodell[e] der Boom-Epoche mit hoher, bisweilen revolutionärer Dynamik"[44], das Ende des Bretton-Woods-Systems 1971/72, die beiden Ölkrisen 1973/79 sowie die „nachhaltige Liberalisierung der Wirtschaftsordnung"[45] durch die Ablösung des Keynesianismus durch den Monetarismus – schien der alte Ordnungsrahmen des Empire die einfacheren Antworten bereitzuhalten. Damit einhergehend sollten Ansätze, die im Rahmen der *re-ordering*-Prozesse als Antwort auf die Identitätskrise galten, im Verlauf der Zeit immer wieder in den Hintergrund rücken, wirkten sie doch etwa im Vergleich zu den ordnungsstabilisierenden Ansätzen aus der Zeit des Empire weniger selbstverständlich. Das alte, auf *Britishness* basierende Nationalismusverständnis konnte so durchaus wieder attraktiv erscheinen. Multikulturell heterogene Gesellschaftskonzepte sowie ein selbstkritischer Umgang mit der eigenen Nationalgeschichte gerade mit Blick auf die Situation der Indigenen wurden in diesem Kontext hingegen aufgrund ihres Irritationspotentials besonders kontrovers diskutiert.

Die hier vorliegende Studie hat ihren Anfang mit der Weltkarte des Journalisten Hector Bolitho genommen, von der er sich nicht zu trennen vermochte, obwohl das Abgebildete längst der Vergangenheit angehörte. Die roten Einfärbungen auf der Karte erinnerten ihn wie die alten englischen Lieder, die früher einmal gespielt worden waren, an die vergangenen, vermeintlich besseren Tage unter dem sinnstiftenden Schirm des Empire. Zum Ende des 20. Jahrhunderts, so beobachtete der kanadische Historiker Daniel Francis 1997, habe diese Form der Empire-Nostalgie im Zusammenhang mit einer wachsenden Verunsicherung wieder stark zugenommen. „*Breaking Faith, The Betrayal of Canada, Faultiness: Struggling for a Canadian Vision, Impossible Nation* [...]"[46], so lauteten die typischen Titel, die Francis zum Ende des Jahrtausends in den Regalen kanadischer Bücherläden finden konnte. Der lange Kampf der First Nations zurück in die Geschichte, die Veränderung der gesellschaftlichen Zusammensetzung durch Migration und vor allem der Verlust des alten Master-Narrativs habe

---

[43] Vgl. Litt: Trudeaumania, S. 334 f.
[44] Doering-Manteuffel/ Raphael: Nach dem Boom, S. 26.
[45] Eckel: Vielschichtiger Konflikt und transnationale Steuerung, S. 525. Vgl. zu den 1970er Jahren auch ebd., S. 525 ff.
[46] Francis: National Dreams, S. 175 (Herv. i. Orig.).

insbesondere den *English Canadians*, aber auch den *French Canadians* zugesetzt, welche das gescheiterte Québec-Referendum 1995 zum Teil den *ethnics* angelastet hätten.[47] Diese Akteure erinnerten sich alle an eine vermeintlich bessere Zeit – eine Zeit, die so fern und doch so nah erschien.

Auch in jüngster Zeit sind mit dem Ausscheiden Großbritanniens aus der EU im Zuge des *Brexit* nostalgische Vorstellungen an das Empire wieder auf den Plan getreten. Obgleich die Weltkarte Bolithos mit ihren Einfärbungen in imperialem Rot ein Artefakt aus der Vergangenheit ist, scheint die mit jener Karte verbundene höchst problematische Vorstellung von nationaler Größe die Zeit überdauert zu haben. Längst gehe es nicht mehr um die Frage, so konstatierten 2019 David Thackeray und Richard Toye, *ob* postimperiale Nostalgie eine zentrale Grundlage des *Brexit* sei. Vielmehr müsse es um die Klärung gehen, *wie* genau diese eingesetzt werde, ohne dabei von den trügerischen Prämissen auszugehen, dass das Erbe des Empire den *Brexit* und den Euroskeptizismus prädisponiert habe oder dass Nostalgie nur eine Rolle für euroskeptische Akteure spiele, zumal während der Nachkriegszeit viele britische Politiker stolze Imperialisten und zugleich begeisterte Europäer gewesen seien.[48]

Insbesondere von der postimperialen Vorstellung eines *Empire 2.0* haben sich die *Brexiteers* distanziert. Politiker wie Boris Johnson werden angesichts der an ihnen geäußerten Kritik, eine kolonial-nostalgische Haltung im Zusammenhang mit dem *Brexit* eingenommen zu haben, nicht müde, zu betonen, dass die Errichtung eines neuen Empire mitnichten in ihrem Interesse sei. Stattdessen versuchen sie mit ihrer Vision eines *Global Britain*, die auch die frühere Premierministerin Theresa May (2016–2019) propagierte,[49] an die Dynamik des viktorianischen Zeitalters anzuknüpfen, ohne dabei den kolonialen ‚Ballast' mitzutragen. In einem Artikel in *The Telegraph* von 2018 brachte Johnson diese Vision wie folgt auf den Punkt:

And by Global Britain I meant a country that was more open, more outward-looking, more engaged with the world than ever before. It meant taking the referendum and using it as an opportunity to rediscover some of the dynamism of the bearded Victorians; not to build a new empire, heaven forfend.[50]

---

[47] Vgl. ebd.

[48] Vgl. Thackeray/ Toye: Debating Empire 2.0, S. 16, 22. Zur Kritik am Terminus *Nostalgie* vgl. v. a. Robert Saunders: Brexit and Empire: 'Global Britain' and the Myth of Imperial Nostalgia, in: The Journal of Imperial and Commonwealth History 48.6 (2020), S. 1140–1174, hier v. a. S. 1141 f.

[49] Vgl. Stuart Ward/ Astrid Rasch: Introduction: Greater Britain, Global Britain, in: Dies. (Hgg.): Embers of Empire in Brexit Britain, London u. a. 2019, S. 1–13, hier S. 1 f.

[50] Boris Johnson: The rest of the world believes in Britain. It's time that we did too, in: The Telegraph, 15.7.2018, abgerufen unter: https://www.telegraph.co.uk/politics/2018/07/15/rest-

Wie die Vorstellungen von *CANZUK* oder der *Anglosphere* basiert auch *Global Britain* auf einer postimperialen Nostalgie,[51] die Akteure wie Johnson zu verschleiern versuchen, indem sie, wie mit Stuart Ward und Astrid Rasch festgehalten werden kann, jede Parallele zum Empire abstreiten, während sie paradoxerweise immer wieder auf die imperiale Zeit – etwa auf die mit ihr assoziierte Weltoffenheit und kulturelle Vielfalt Großbritanniens –[52] hinweisen.[53] Um eine möglichst breite Zielgruppe zu erreichen, wird der unangenehme Teil der imperialen Vergangenheit einfach ausgeklammert und in Verbindung mit dem Slogan „*Let's take back control*" der Eindruck erweckt,[54] man brauche sich nur aus der paralysierenden Umklammerung der EU lösen und in die Welt zurückkehren, die man 1973 „too hastily"[55] verlassen habe. In diesem Kontext soll ein *Global Britain* entstehen: Ein Großbritannien also, das nur das Beste aus der Vergangenheit mit einer nie dagewesenen Weltoffenheit in der Gegenwart kombiniert.[56] Auf diese Vorstellung lässt sich die populistische Grundformel herunterbrechen, über die in der Post-*Brexit*-Welt Kontingenz bewältigt, ja eine neue, stolzere Identität gespeist werden soll. Es sind zum einen die unzweifelhaften Parallelen zwischen der Vorstellung eines *Global Britain* und Charles Dilkes imperialistischer Vorstellung eines *Greater Britain*, die den Begriff als höchst problematisch erscheinen lassen. Zum anderen hat nicht zuletzt ein auf Veranlassung des *Foreign Affairs Committee* herausgegebener Bericht von 2018 auf ein weiteres zentrales Problem hingewiesen: Der vage Begriff *Global Britain* könne dem internationalen Ruf des Vereinigten Königreichs erheblich schaden, vor allem wenn dessen historische Dimensionen außer Acht gelassen blieben.[57] Schnell sei nach der Veröffentlichung des Berichts, so Ward und Rasch, auch

---

world-believes-britain-time-did/, (21.7.2020). Vgl. zu dieser Quelle auch Ward/ Rasch: Introduction, S. 3.

[51] Vgl. dazu auch Davis: India and the Anglosphere, S. 153, der allerdings von einer „colonial nostalgia" spricht.
[52] Vgl. ebd., S. 154.
[53] Vgl. Ward/ Rasch: Introduction, S. 7.
[54] Vgl. ähnlich dazu auch Davis: India and the Anglosphere, S. 155.
[55] Ward/ Rasch: Introduction, S. 2.
[56] Wie Stuart Ward und Astrid Rasch konstatieren, sei der (zum Scheitern verurteilte) Versuch, die pejorative Aufladung des *Empire*-Begriffs zu umgehen, indem man auf andere Begriffe zurückgreift, so alt wie das Empire selbst. Auch Charles Dilke habe bewusst darauf verzichtet, vom *British Empire* zu sprechen. Stattdessen habe er mit dem Begriff *Greater Britain* versucht, die gegenüber anderen Völkern im Empire ausgeübte Dominanz und Unterdrückung herunterzuspielen und den Fokus auf die von den britischen (weißen) Völkern rund um den Globus erbrachten Leistungen und Errungenschaften zu legen. Vgl. ebd., S. 6. Charakterisiert seien die alternativen Begriffe durch ihre Vagheit und auch durch ihre semantische Ambiguität. Vgl. ebd., S. 7.
[57] Bericht des *Foreign Affairs Committee*, zitiert in: Ward/ Rasch: Introduction, S. 6.

das Problem wahrgenommen worden, dass *Global Britain* letztlich für nichts anderes stehe als *Empire 2.0*.[58]

Egal ob in den ehemaligen weißen Siedlerkolonien, in Großbritannien oder in den USA, in all diesen postimperialen und damit auch postkolonialen Nationen wirkt der Schatten ihres alten Empire bis heute nach. Gerade in Anbetracht komplexer Herausforderungen oder neuer Bedrohungssituationen besteht prinzipiell die Möglichkeit, mit Hilfe der in diesen Nationen stets verfügbaren (post-)imperialen Nostalgie und dem damit verbundenen einseitigen Blick auf eine glorifizierte Vergangenheit einfache und stark komplexitätsreduzierende Antworten zur Verfügung zu stellen. Insbesondere rechtskonservative Populisten, so lehrt die jüngste Zeitgeschichte, bemächtigen sich dieser nostalgischen Anknüpfungspunkte, die ohne eine (erneute) *Verschwörung des Schweigens* über die negativen Folgen der kolonialen Vergangenheit nicht auskommen würden.[59] Mit ihren einfachen Slogans wie „*Let's take back control*" oder ihrem trumpistischen „*Make America Great Again*",[60] mit denen sie eine breite Wählerschaft zu mobilisieren versuchen, lässt sich das gerade in Zeiten der Unsicherheit große gesellschaftliche Bedürfnis nach Antworten bzw. nach Kontingenzbewältigung auf relativ unproblematische Art und Weise stillen. Völlig unklar bleibe dabei in der Regel, so Katie Donington, was genau die Nation eigentlich verloren habe und für wen genau das Verlorene wiederhergestellt werden solle.[61] Die große Gefahr populistisch-nationalistischer Zugriffe auf die Vergangenheit sowie der damit verbundenen homogenen Kultur- und Identitätsvorstellungen sind die Taten, die auf die Worte folgen. Rassismus, Diskriminierung und eine erneute Marginalisierung der Indigenen gehen damit einher. Insbesondere unter den globalen Auswirkungen der *Black-lives-matter*-Bewegung wird vor allem im umkämpften Bereich der Kultur – man denke hier etwa an den derzeitigen Kulturkampf in den USA – entschieden werden, mit welcher Vergangenheit und damit verbunden in welcher Gegenwart wir Menschen leben wollen.

---

[58] Vgl. Ward/ Rasch: Introduction, S. 6.

[59] Vgl. dazu auch Katie Donington: Relics of Empire? Colonialism and the Culture Wars, in: Stuart Ward, Astrid Rasch (Hgg.): Embers of Empire in Brexit Britain, London u. a. 2019, S. 121–131, hier S. 122 f.

[60] Vgl. Dirk Nabers/ Frank A. Stengel: Trump und der Populismus, Berlin 2017 (Heinrich Böll Stiftung Demokratie).

[61] Vgl. Donington: Relics of Empire?, S. 123.

Kommentierte Zeitleiste zu ausgewählten Ereignissen in Kanada, Australien und Aotearoa Neuseeland, 1939–1999[1]

1939	Kurz nach der Kriegserklärung Großbritanniens an Deutschland vom 3. September 1939 treten auch Australien und Neuseeland an der Seite Großbritanniens in den Zweiten Weltkrieg ein. Kanada folgt am 10. September 1939.
1940	Neuseeland feiert sein 100-jähriges Bestehen (*Centennial*) und damit verbunden das zentrale Dokument der neuseeländischen Nation – den 1840 entstandenen *Treaty of Waitangi*.
1942	Nach der Eroberung Singapurs durch Japan im Februar 1942 gehen 15 000 australische Soldaten in japanische Kriegsgefangenschaft.
1942/47	Anders als Kanada ratifiziert Australien erst im Oktober 1942 das Westminster-Statut, mit dem bereits 1931 die Eigenständigkeit der Dominions festgeschrieben worden war. In Neuseeland erfolgt die Ratifizierung erst 1947.
1944	Gründung der *Liberal Party* in Canberra. Robert Gordon Menzies wird erster Parteivorsitzender und bleibt dies bis 1966.
1947	Mit dem Beitritt Indiens (1947), Pakistans (1948) und Ceylons (1949) wird das „*British Commonwealth of Nations*" zum „*New Commonwealth of Nations*" (ohne den Zusatz „*British*").
1948	Australien öffnet sich unter dem Motto „*Populate or Perish*" für eine nicht-britische Zuwanderung aus Kontinentaleuropa. Damit verbunden ist die Vorstellung, dass man sich ohne eine Zuwanderung nicht gegen eine drohende Invasion aus dem asiatischen Raum zur Wehr setzen könnte. Wie in Australien sinkt auch in Kanada und Neuseeland der Anteil britischstämmiger Einwanderer nach 1945 beträchtlich.
1949/51	Unter der Regierung Louis Saint-Laurents wird 1949 die *Royal Commission on Development in the Arts* etabliert. Unter der Leitung des späteren Generalgouverneurs Kanadas, Vincent Massey, legt sie 1951 ihren

---

[1] Die Erläuterungen zu den zeitlichen Angaben, die Australien betreffen, wurden entnommen aus: Heribert Dieter: Zeitleiste. Australien von der ersten Besiedelung bis zur Gegenwart, in: Bettina Biedermann, Heribert Dieter (Hgg.): Länderbericht Australien, Bonn 2012 (bpb 1175), S. 418–435. Manches wurde abgewandelt oder teilweise auch ergänzt.

Abschlussbericht, den *Massey Report*, vor. Dieser soll unter anderem Aufschluss über den Zustand des kulturellen Lebens in Kanada geben. Ferner spricht er Empfehlungen aus, wie die kanadische Kultur gefördert werden kann.

1. September 1951   In San Francisco wird das Verteidigungsbündnis zwischen Australien, Neuseeland und den USA (*ANZUS*) unterzeichnet. Mit Blick auf eine etwaige erneute japanische Invasion verpflichten sich die drei Länder dazu, ihre sicherheitspolitischen Interessen im pazifischen Raum gemeinsam zu koordinieren und miteinander abzustimmen.

1956   Während der Suezkrise untersagt Kanada im Gegensatz zu Australien und Neuseeland Großbritannien die Unterstützung bei dem Versuch, gegen die vom ägyptischen Staatschef Nasser initiierte Verstaatlichung des Suezkanals vorzugehen.

1957   Der kanadische Außenminister und Vertreter der Vereinten Nationen Lester B. Pearson erhält für seine Deeskalationsdiplomatie während der Suezkrise den Friedensnobelpreis.

Einem Vorschlag des *Massey Report* folgend wird der *Canada Council for the Arts* eingerichtet.

1961   Großbritannien bewirbt sich zum ersten Mal für eine Mitgliedschaft in der EWG. Das Beitrittsgesuch scheitert im Januar 1963 am Veto des französischen Präsidenten Charles de Gaulle.

1962–67   Der wirtschaftliche Bedarf an Einwanderern sowie die zunehmende Kritik an der gegenwärtigen Einwanderungspolitik sorgen in Kanada 1962 für einen Beschluss, der rassistische Kriterien aus der *Canadian immigration policy* streicht. 1967 wird ein entsprechendes Einwanderungsgesetz erlassen.[2]

1963   In Neuseeland wird der *Arts Council* zu Ehren der Queen in *Queen Elizabeth II Arts Council* umbenannt.[3]

1965   Unter der Führung des indigenen Aktivisten Charles Perkins startet der *Freedom Ride* durch den australischen Bundesstaat New South Wales, um gegen die praktizierte Rassentrennung zu protestieren.

15. Februar 1965   In Ottawa wird erstmals die neue kanadische Nationalflagge, die *Maple Leaf Flag*, gehisst.

1967   Großbritannien bewirbt sich zum zweiten Mal um eine Mitgliedschaft in der EWG und scheitert erneut an einem Veto de Gaulles. Im gleichen Jahr kündigt Großbritannien das Ende seiner Militärpräsenz *east of Suez* an und sorgt damit für Empörung in Australien und Neuseeland. Bis zur Ankündigung dieses symbolträchtigen Rückzugs hatten viele

---

[2] Vgl. Dirk Hoerder: Kanadischer Multikulturalismus. Einwanderung und Einwanderungspolitik, in: Ursula Lehmkuhl (Hg.): Länderbericht Kanada, Bonn 2018 (bpb 10200), S. 425–449, hier S. 437f.

[3] Vgl. Durrant: Arts funding and support.

australische und neuseeländische Zeitgenossen an die alte Schutzbeziehung zu Großbritannien geglaubt, obwohl ihre Länder bereits seit der Unterzeichnung des ANZUS-Vertrags sicherheitspolitische Verbindungen mit den USA pflegten.

27. April 1967 Expo 67: Unter dem Motto „*Terre des Hommes/ Man and his World*" startet in Montréal die Weltausstellung. Gleichzeitig feiert die kanadische Nation ihr 100-jähriges Bestehen (*Centennial*).

27. Mai 1967 Nach einem Referendum, dem 90,7 Prozent der Australier zustimmen, wird die australische Verfassung geändert und die indigene Bevölkerung erhält umfassende Bürgerrechte.

24. Juli 1967 Bei einer Rede auf dem Balkon des Rathauses von Montréal stellt sich der französische Präsident Charles de Gaulle mit seinem Ausruf „*Vive le Québec libre*" auf die Seite der Separatisten und verursacht damit einen öffentlichen Eklat.

1. November 1967 In Australien wird nach Vorbild des *Canada Council for the Arts* die Etablierung des *Australia Council for the Arts* von Premierminister Harold Holt verkündet.

17. Dezember 1967 Der australische Premierminister Harold Holt kehrt nach einem Bad im Pazifik nicht mehr zurück. Die Umstände seines Todes bleiben bis heute ungeklärt.

1969 Das *White Paper on Indian Policy* der kanadischen Regierung verspricht zwar das Ende der Diskriminierung. Von den Indigenen wird das Positionspapier jedoch angesichts der Auflösung von Verträgen und in Anbetracht verletzter Landrechte als ein weiterer Versuch kritisiert, die indigene Bevölkerung zu assimilieren.

1970 Oktoberkrise in Kanada: Linksextreme Terroristen der *Front de Libération du Québec* entführen den *British Trade Commissioner* James Cross sowie den Vizepremier Québecs Pierre Laporte, der später ermordet wird. Premierminister Pierre E. Trudeau entsendet die Armee nach Québec.

6. Februar 1971 Mitglieder der Protestgruppe *Ngā Tamatoa* (wörtlich: „*junge Krieger*") erregen aufgrund der anhaltenden Verletzungen des Vertrags von Waitangi mit ihrer Störaktion während der offiziellen Feierlichkeiten zum *Waitangi Day* landesweit Aufmerksamkeit. Das Selbstbild Neuseelands, in dem die europäischstämmigen Pakehas und die Maori vermeintlich friedlich miteinander in einer bikulturellen Gesellschaft leben, gerät immer mehr ins Wanken.

1972 In Canberra errichten Demonstrierende vor dem australischen Parlamentsgebäude eine Zeltbotschaft (*Aboriginal Tent Embassy*), mit der sie darauf aufmerksam machen, dass den Indigenen Land geraubt wurde.

6. Dezember 1972 Gough Whitlam (*Labor Party*) wird nach seinem aufbruchsverheißenden „*It's Time*"-Wahlkampf 21. Premierminister Australiens.

8. Dezember 1972	Norman Kirk (*Labour Party*) führt parallel in Neuseeland einen erfolgreichen Wahlkampf unter dem gleichen, aufbruchsverheißenden „*It's Time*"-Motto. Er wird zum 29. Premierminister Neuseelands gewählt.
1973	Großbritannien wird nach zwei gescheiterten Versuchen Mitglied in der EWG.
1973/86	Der rassistisch motivierten australischen Einwanderungspolitik, der *White Australia Policy*, wird von der Whitlam-Regierung eine Absage erteilt. Angesichts der wirtschaftlichen Bedeutung der aufstrebenden asiatischen Nachbarn, der Identifikation Australiens mit Asien, aber auch wegen des wachsenden öffentlichen Drucks lassen sich ethnische Einwanderungskriterien kaum noch rechtfertigen. Auch in Neuseeland erscheint die *White New Zealand Immigration Policy* immer fragwürdiger, zumal sich Neuseeland zunehmend als pazifische Nation identifiziert. Im Zuge der *Immigration Policy Review* (1986) kommt die alte Einwanderungspolitik schließlich zu einem Ende.[4]
10. Dezember 1973	Der australische Schriftsteller Patrick White bekommt den Literatur-Nobelpreis.
6. Februar 1974	Als Zeichen seiner ‚eigenen' Identität feiert Neuseeland in Waitangi den unter der Kirk-Regierung etablierten Nationalfeiertag, den *New Zealand Day*. Dieser soll den bisher nur regional gefeierten *Waitangi Day* ersetzen. Bereits ein Jahr später wird der Nationalfeiertag unter der Muldoon-Regierung wieder in *Waitangi Day* umbenannt.
1975	*Maori Land March*: Von der neuseeländischen Northland Region bis nach Wellington ziehen Demonstrierende, um für die Landrechte der Maori zu protestieren. Als Reaktion auf die strittigen Landrechtsfragen wird 1975 mit dem *Treaty of Waitangi Act* das *Waitangi Tribunal* etabliert, das ausgehend vom *Treaty of Waitangi* Vertragsverletzungen untersucht und die Regierung entsprechend berät.
11. November 1975	Verfassungskrise in Australien: Gouverneur John Kerr entlässt im Zuge der Haushaltskrise Gough Whitlam. Malcolm Fraser (*Liberal Party*) wird 22. Premierminister Australiens.
1977/84	Etablierung einer eigenen nationalen Staatsbürgerschaft: Ab 1977 gibt es in Kanada und Neuseeland durch die jeweiligen *Citizenship Acts* keinen *British subject status* mehr. In Australien dauert es noch bis 1984, bis die *Labor*-Regierung unter Bob Hawke ein entsprechendes *amendment* auf den Weg bringt.
Mai 1977	Der Song „*Advance Australia Fair*" wird in einem Plebiszit mit rund 43 Prozent zur neuen Nationalhymne erkoren. Neuseeland entscheidet sich im gleichen Jahr für zwei offizielle Nationalhymnen, „*God Defend New Zealand*" und „*God Save the Queen*".

---

[4] Vgl. ausführlich dazu Biedermann: Migration und Integration, S. 261 sowie Ann Beaglehole: Immigration regulation – 1986–2003: selection on merit, abgerufen unter: https://teara.govt.nz/en/immigration-regulation/page-5, (24.6.2021).

Kommentierte Zeitleiste zu ausgewählten Ereignissen 457

1980/95	Das Québec-Referendum scheitert. Nur 40 Prozent sprechen sich im Rahmen der Volksabstimmung für eine Unabhängigkeit Québecs aus. Bei einer weiteren Volksabstimmung im Jahre 1995 votieren knappe 50,6 Prozent gegen eine Abspaltung Québecs von Kanada.
1. Juli 1980	Der Song „*O Canada*" wird zur neuen Nationalhymne Kanadas.
1982/86	Ende des Westminster Statuts: Trotz ihrer formalen Unabhängigkeit seit dem Statut von Westminster (1931) besiegeln Kanada, Australien und Neuseeland erst sehr viel später ihre verfassungsrechtliche Unabhängigkeit. In Kanada erfolgt dies 1982 mit dem *Constitution Act*. Australiens und Neuseelands Legislative und Judikative werden schließlich 1986 durch den *Australia Act* bzw. den *Constitution Act* unabhängig.
17. September 1986	Im Zuge der neuseeländischen Anti-Atom-Politik opfert die *Labour*-Regierung das ANZUS-Abkommen, nachdem sie im Februar 1985 einem amerikanischen Schiff die Einfahrt in den Hafen verweigert hatte, über dessen mögliche nukleare Bewaffnung die USA keine Auskunft erteilen wollten. Offiziell bleibt das ANZUS-Bündnis zwischen Neuseeland und den USA weiterhin bestehen, obgleich die USA dem neuseeländischen Partner die sicherheitspolitische Unterstützung entziehen.[5] Australien hingegen bleibt dem Abkommen und damit dem Bündnis mit den USA langfristig treu.
1988	Australien feiert sein 200-jähriges Bestehen (*Bicentennial*).
1990	Neuseeland feiert sein 150-jähriges Bestehen (*Sesquicentennial*).
1992	Der australische *High Court*, das Oberste Gericht, urteilt im Fall Mabo gegen *Queensland,* dass die indigene Bevölkerung unter bestimmten Bedingungen Landrechte besitzt. Damit wird die Annahme brüchig, dass es vor der europäischen Besiedlung keinen Landbesitz gegeben habe (*terra nullius*).
26. Mai 1998	Erstmalig wird in Australien der *National Sorry Day* begangen. Seither wird jedes Jahr am 26. Mai an das der indigenen Bevölkerung zugefügte Leid erinnert.
6. November 1999	In einem Referendum wird die Monarchie bestätigt und das Vorhaben, Australien zu einer Republik zu machen, von etwa 55 Prozent der Wählerinnen und Wähler abgelehnt. In Neuseeland und Kanada bleiben frühere Debatten über die Abschaffung der Monarchie ergebnislos.

---

[5] Vgl. NN: USS *Buchanan* refused entry to New Zealand. 4 February 1985, abgerufen unter: https://nzhistory.govt.nz/page/uss-buchanan-refused-entry-new-zealand, (1.5.2022).

Übersicht über die Regierungszeiten bedeutender Premierminister[1]

Land	Name	Partei	Regierungs-zeit(en)
Kanada	William Lyon Mackenzie King	*Liberal Party*	1921–1926 1926–1930 1935–1948
	Louis Saint-Laurent	*Liberal Party*	1948–1957
	John Diefenbaker	*Progressive Conservative Party*	1957–1963
	Lester B. Pearson	*Liberal Party*	1963–1968
	Pierre E. Trudeau	*Liberal Party*	1968–1979 1980–1984
Australien	Robert Menzies	*United Australia Party*	1939–1941
	John Curtin	*Australian Labor Party*	1941–1945
	Ben Chifley	*Australian Labor Party*	1945–1949
	Robert Menzies	*Liberal Party of Australia*	1949–1966
	Harold Holt	*Liberal Party of Australia*	1966–1967
	John McEwen	*Country Party of Australia*	1967–1968
	John Gorton	*Liberal Party of Australia*	1968–1971
	Gough Whitlam	*Australian Labor Party*	1972–1975
	Malcolm Fraser	*Liberal Party of Australia*	1975–1983
	Bob Hawke	*Australian Labor Party*	1983–1991
	Paul Keating	*Australian Labor Party*	1991–1996
Neuseeland	Michael Joseph Savage	*New Zealand Labour Party*	1935–1940
	Peter Fraser	*New Zealand Labour Party*	1940–1949
	Keith Holyoake	*New Zealand National Party*	1957
	Walter Nash	*New Zealand Labour Party*	1957–1960
	Keith Holyoake	*New Zealand National Party*	1960–1972
	Norman Kirk	*New Zealand Labour Party*	1972–1974
	Robert Muldoon	*New Zealand National Party*	1975–1984

---

[1] Gelistet wurden nur jene Premierminister, die in der hier vorliegenden Studie eine zentrale Rolle spielen.

Bibliographie

1. Archivalien

A) Australien

DPMCL: Department of Prime Minister and Cabinet Library

Gorton, John: Henty Electorate Dinner, Moorabbin, Vic., 14.9.1968.
Gorton, John: Presentation of Australian Film Institute Awards for 1969. National Library, Canberra, ACT, 2.12.1969.
Holt, Harold: First Annual Conference of the Australian Division of the Institute of Directors, Sydney, NSW, 24.2.1966.
Holt, Harold: Speech by the Prime Minister Harold Holt on Australia's National Day at Place des Nations, Montreal, 6.6.1967.
Menzies, Robert G.: Australia Club Dinner, Savoy Hotel London, 12.6.1962.

NAA: National Archives Australia, Canberra

A463: Prime Minister's Department, Central Office
1960/5684, Australian film industry – Commonwealth assistance, 17.8.1960.
1961/5676, Use of terms "Britain", "British" to designate the United Kingdom in public statements etc., 28.6.1961–4.6.1962.
1965/4946, Expo 67 – Theme for Australian Pavilion, 12.10.1965–15.2.1966.
1965/5744, Expo 67 – Aboriginal participation, 6.7.1966–7.4.1967.
1973/3562, Observance of Australia Day, 27.8.1973–27.1.1974.

A1209: Department of the Prime Minister and Cabinet
1978/1103 pt. 1, Development of an Australian National Anthem and tune for a national song, 1967–1974.

A1838: Department of External Affairs, Central Office
67/1/3 pt. 6, United Kingdom – Foreign Policy – Relations with Australia – General, 1972.

A3211: High Commissioner's Office, London
1973/128 pt. 1, Suggestions for a new Australian National Anthem, 1967–1973.

A3753: Department of the Environment, Aborigines and the Arts
1972/1499 pt. 1, The Australian Council for the Arts – Establishment and Policy, 1961–1968.

A4940: Cabinet Office
C3973, Universal and International Exhibition – Montreal 1967, 1964–1967.

C25: Australian Council for the Arts
68/425, Box 23, Statements and Speeches by Council Members, 1968–1974.

NLA: National Library of Australia, Canberra

MS 5274: Papers of Sir Paul Hasluck, 1925–1989
Series. Personal Papers: Vice-Regal speeches, 1969–1974, Box 38.

MS 7550: Papers of Manning Clark, 1907–1992
Series 7: Correspondence, 1975, Box 40, Folder 28.
Series 16: *A History of Australia*: drafts, Box 58, Folder 1, Vol. 1, Preliminary Manuscript.

NLp 607.34 A938:
Australian Exhibit Organisation for Expo '67: Australia at Expo 67, [Montreal 1967].

NLp 994.5031 E89:
Department of Immigration (Hg.): Eureka: Saga of Australian History. Speeches by the Prime Minister, the Hon. E.G. Whitlam, Q.C., M.P., and the Hon. A.J. Grassby, M.H.R., at Ballarat, Canberra 1974.
- Eureka: The Birth of Australian Democracy, by the Hon. E.G. Whitlam at the unveiling of the Eureka flag, Ballarat Fine Arts Gallery, 3.12.1973, S. 3–8.
- Shots that Echoed Around the World, by the Hon. A.J. Grassby, at the Eureka Memorial, Ballarat, 3.12.1973, S. 9–13.
- Eureka: A Saga, by the Hon. A.J. Grassby, at Sovereign Hill, Ballarat, 3.12.1973, S. 14–19.

NLpf 607.34 A938:
Australian Exhibit Organisation: The Australian Pavilion at Expo '67, [Montreal 1967].

Npf 320.994 N277:
Horne, Donald: National Identity in the Period of the 'New Nationalism', in: Laurie Hergenhan (Hg.): Nationalism and Class in Australia 1920–1980, Brisbane 1982 (Seminar Papers. University of Queensland. Australian Studies Centre), S. 61–67.

p 933.1 S616:
Sinclair, Keith: The Native Born. The Origins of New Zealand Nationalism, Massey Memorial Lecture 1986.

B) Großbritannien

TNA: The National Archives, Kew, London

CAB: Records of the Cabinet Office
21/1793, Dominion Affairs: Australia visit of Prime Minister, July 1948: Subjects for Discussion.

DO: General Records of the Dominions Office
161/73, Visit by HM The Queen to Australia and New Zealand in 1963.

1. Archivalien

FCO: Records of the Foreign and Commonwealth Office and predecessors
24/188, Australia: Political Affairs (Bilateral): U.K.: Relations with.
24/590, New Zealand: Political Affairs and Administration Affairs – Internal Situation (1968/9).

PREM: Records of the Prime Minister's Office
11/3652, Prime Minister's Office 1961–1962, Use in Commonwealth of adjective "British" and noun "Britain" instead of "United Kingdom".
11/4445, Visit of HM The Queen to Australia and New Zealand, 1963.
13/1960, Canada, Future of Monarchy in Canada.

C) Kanada

CCA: Canadian Centre for Architecture, Montréal

AP027: Van Ginkel Associates fonds, 1944–1992
Project: Canadian World Exhibition, Expo '67, Montreal (1962–1967), 27-A21-03.

LAC: Library and Archives Canada, Ottawa

MG 26 N 3: Lester B. Pearson fonds, Prime Minister's Office Correspondence, 1963–1965
Box 276, File No. 840/N532-26, Canada and Foreign Countries – New Zealand.
Box 290, File 912.1, Canadian History – National Status – Canadian Flag – Personal.
Box 291, File 912.1 Subject: Canadian History – National Status – Canadian Flag – Mr K. Magnusson.
Box 296, File 912.1 pt. 43, Canadian History – National Status – Canadian Flag.
Box 303, File 912.2 pt. 1, Canadian History – National Status – National Anthem.
Box 303, File 912.6 pt. 1 Canadian History – National Status – National Unity.

MG 26 N 4: Lester B. Pearson fonds, Prime Minister's Office Correspondence, 1965–1968
Box 65, File No. 311 Federal Government Executive – The Crown in Canada Nov 1965 to Mar 1968.

MG 26 N 6: Lester B. Pearson fonds, General subject files, 1958–1968
Box 11, Flag Issue: Notes made by the Prime Minister, June 1964–June 1965.
Box 29, Canadian Nationalism Speeches 1964.

MG 26 N 9: Lester B. Pearson fonds, Speeches, 1920–1972
Box 42, 1967 January.
Box 42, 1967 February.
Box 43, 1965 January.
Box 44, September 1967.
Box 50, National Unity Extracts 1963–1964.
Box 50, National Unity Extracts 1964–1965.
Box 86, Speeches – McMaster U. 1 of 2 Nov. 12, 1970.

MG 26 O 7: Pierre Elliot Trudeau fonds, 1968–1978 PMO priority correspondence
Box 499, File *912.6 7–21 May 1968.
Box 499, File: 912.3 Oct. 1969–1971.

MG 30 D 204: Frank Hawkins Underhill fonds, 1891–1972
Box 58, File 566-6, Quebec 1964.

MG 31 D 77: Donald Grant Creighton fonds, 1770–1979
Box 30, The New Flag 1964. Correspondence, clippings.
Box 30, New Zealand Visit 1965–66 Correspondence.
Box 30, Manitoba Historical Society Speech 1966–67. Correspondence and clippings.
Box 40, Ontario Advisory Committee on Confederation. Discussion Papers, 1965–68.
Box 42, File 1 No. 1, Ontario Advisory Committee – Discussion Papers 1966–1969.

RG 10: Indian Affairs
Box 8575 [Headquarters – Correspondence concerning the National Indian Council and Participation of Native People in Canada's Centennial], File 1/1-2-2-18 Vol. 2.

RG 25: Department of External Affairs
A-3-c, Box 10055, File 20-1-2-NZ pt. 1. Political affairs – Policy and background – Canada's foreign policy trends and relations – New Zealand.
Vol. 5200, Box 108, File 6065-40 pt. 2, Use of terms "Britain", "United Kingdom", "British Commonwealth" and "British Empire".

RG 26: Department of Citizenship and Immigration fonds, 1950–1966
Box 76, File 1-5-11, The Foreign Press in Canada pt. 4, 1962–1964.

RG 33-28: Royal Commission on National Development in the Arts, Letters and Sciences fonds, 1946–1951
Box 16, 157, Briefs, Comité Permanent de la Survivance Française en Amérique.

RG 33/80: Royal Commission on Bilingualism and Biculturalism fonds, 1963–1971
Box 83, E. Berton Paper.
Box 177, 1974–75_039.

RG 69: Centennial Commission fonds, 1960–1970
Box 141, File 3-5-49 Vol. 1 Dec. 7/65, La Revue Touristique de Montreal Inc.
Box 640, Fisher – Basic Address 1967.
Box 881, Centennial General (May 1967).

RG 71: Canadian Corporation for the 1967 World Exhibition fonds, 1963–1970
Box 387, Australia S15.
Box 414, Criticism 1967.

(National Library) JL197 P7 P62 no.1:
Progressive Conservative Party Headquarters: Canadian Identity. Section 1 – Canadian Sovereignty and Canadian Identity, Ottawa 1971 (Background paper for discussion purposes at the Annual Meeting of the Progressive Conservative Party of Canada, December 5–7th, 1971).

MUL: McMaster University Library, Archives & Research Collections, Hamilton

MUL RC0174: W. L. Morton fonds, 1944–1978
Box 6, Folder 1, Canadian Union of Students 1964–1965.

SAB: Saskatchewan Archives Board/ Provincial Archives of Saskatchewan, Regina

S-A139: Hilda Neatby Papers
I.12, Folder 3, Massey Vincent (1951–69).

USASK: University of Saskatchewan, University Archives & Special Collections, Diefenbaker Centre, Saskatoon

MG 01: John G. Diefenbaker fonds, 1925–1979
Series IX Second Leader of the Opposition, 1963–1967, Vol. 115–139 [Flag letters].

MG 01/III: Diefenbaker Collection – Microfilm
Series III: 1940–1956, Vol. 42, M-7432, Dominion Day, n.d., 32859–32884.

UTA: University of Toronto Archives

B1987-0082: Vincent Massey Personal Records
Box 424 (04), Miscellaneous – Arrangements, Addresses.

D) *Neuseeland*

ANZW: Archives New Zealand/ Te Rua Mahara o te Kāwanatanga, Wellington

AAAC: Department of Internal Affairs
7536 W5084 Box 49 CUL 6/3/2 pt. 2, Cultural – Flags – National Anthem – Adoption of National Anthem: suggestions, Proposals, Schemes (including: Proposals to change).
7536 W5084 Box 226 CON 9/1/5, Constitutional – Holidays – Public – New Zealand Day Bill & Act 1973.
7536 W5084 Box 231 CON/9/3/14, Constitutional – Holidays – Anniversaries – New Zealand Day 1973–1991.

AAFZ: Ministry of Agriculture and Fisheries, Head Office
22500 W5814 Box 8, Loose papers: Background Papers – Overseas Visit of the Minister of Agriculture, October–November 1971.

AANV: Queen Elizabeth II Arts Council of New Zealand
972 Box 66 8/21/1 Public Relations, General – Speeches by Council Officers 1971–1973.

AAPG: National Film Unit
W3435 Box 16 3/2/87, The Maori Today.
W3435 Box 56 38/8/1847, The New Zealanders.

AAWV: Rt. Hon. Norman Kirk, MP
23583 Kirk1 Box 19, General Speech notes, interviews, 1968–1974.

ABHS: Ministry of Foreign Affairs and Trade, Head Office

950 W4627 Box 1037 pt. 1, New Zealand Affairs: Ceremonial Affairs – General – NZ National Anthem and National Song.
7148 W4628 Box 2 LONB 6/3/80 pt. 1, Public Relations – Exhibitions – World Exhibitions: Expo 67 (Canada).
7148 W4628 Box 53 LONB 67/1/4 pt. 2, United Kingdom Affairs – General – Immigration 1970–1972.
7148 W5503 Box 254 LONB 69/16 pt. 1, International Affairs – Canada (05/1963–08/1966).
7148 W5503 Box 254 LONB 69/16 pt. 5, International Affairs – Canada (01/1972–01/1976).
22128 W5522 Box 12 CBA 22/2/1 pt. 1, Reporting – Annual Reports – General (01/1966– 03/1976).
22128 W5533 Box 99 CBA 61/2/2 pt. 2, New Zealand Affairs – Sesquicentennial – 1990 Committees (01/1990–05/1990).

ACGO: Department of Internal Affairs, Head Office
8333 IA1W2633 Box 10 CUL 6/3/2, Flags: Design, Use: Flying of and National Anthem – Adoption of National Anthem – Suggestions, proposals.
8333 IA1W1918 Box 12 210/32/1 pt. 2, Royal Visit 1974 – Function – Waitangi – New Zealand Day.
8333 IA1W1918 Box 13 210/32/1 pt. 3, Royal Visit 1974 – Function – Waitangi – New Zealand Day.
8333 IA1W1918 Box 13 210/32/1 pt. 4, Royal Visit 1974 – Function – Waitangi – New Zealand Day.
8406 IA84 11 Box 11/43, File on New Zealand Day Celebrations – Waitangi 1974.

ACIE: Department of External Affairs
8798 EA1 Box 227 59/2/176/1, Visits – Right Honourable W. Nash to Southeast Asia – General 1958–1959.

AEFZ: Sir Walter Nash
22620 W5727 Box 176 201, NZ's Maoris Full Partner in Nationhood.

ATL: Alexander Turnbull Library, Wellington

99-266: Conference of Churches in Aotearoa New Zealand: Further Records
32/1 Papers re Treaty of Waitangi, Waitangi Day 1968.

NLNZ: National Library of New Zealand/ Te Puna Mātauranga o Aotearoa, Wellington

New Zealand Pacific PAM 327.9304 OLI1970:
Oliver, W. H.: The Image of Europe in the New Zealand Experience, Massey University 1971.

New Zealand Pacific P Box q323.11994 AWA 1982:
Awatere, Donna: Cultural Imperialism and the Maori. The Role of the Public Servant, March 1982.

New Zealand Pacific P 919.31 NZ.TOU 1960:
New Zealand. Information and Publicity Services: New Zealand. AOTEAROA, The Long White Cloud, Wellington 1960.

UOASC: University of Auckland Library/ Te Tumu Herenga,
Special Collections

MSS & Archives 2010/3: Sir Keith Sinclair Papers, 1932–2007
Series 3: Lecture Notes and Resources re New Zealand History, 1944–1992
Box 6, Folder 3/4, 1980s.
Box 7, Folder 3/17, 1974.

Series 4: Draft Articles, Lectures, Papers and Research Notes, 1950s–1990s
Box 7, Folder 4/4, 1950–1980.

Series 9: Clipping Books, 1941–2004
Box 15, Folder 9/2, 1985–2004.

2. Bildquellen

Abb. 1: Karikatur von Duncan Macpherson, abgedruckt in: Claude Ryan: A referendum, even separation won't answer the Canadian Question. They will merely focus it, in: Maclean's, Vol. 89 No. 23 (1976).
Abb. 2: Darstellung Kanadas als Kind, an dessen Armen seine Eltern ziehen, in: Christina Newman: Growing up reluctantly. How a political system failed: the birth and brutal death of the New Nationalism, in: Maclean's, Vol. 85 No. 8 (1972).
Abb. 3: Darstellung Kanadas als Kind zwischen seinen Eltern, in: Will this country ever grow up? A special report, in: Maclean's, Vol. 85 No. 8 (1972), Titelblatt.
Abb. 4: *Coat of Arms of New Zealand* 1911–1956, entnommen von: https://nzhistory.govt. nz/media/photo/new-zealand-coat-arms-1911-1956 (Ministry of Culture and Heritage).
Abb. 5: *Coat of Arms of New Zealand* seit 1956, entnommen von: https://mch.govt.nz/nz-identity-heritage/coat-arms (Ministry of Culture and Heritage).
Abb. 6: Die Mitglieder der *Massey Commission on National Development in the Arts, Letters, and Sciences*, UTA 2001-77-189MS; Quelle: A1978-0041/015(22), 1951.
Abb. 7: Robert Menzies und die Queen auf dem Titelblatt der *Australian Women's Weekly*, 10.3.1954.
Abb. 8: *The Jack Pine* (1916–17) von Tom Thomson, National Gallery of Canada (Ottawa), entnommen von *Wikimedia Commons*.
Abb. 9: Karikatur von Duncan Macpherson, abgedruckt in: Ders.: 1967 Editorial Cartoons Macpherson, Toronto 1967, Titelblatt.
Abb. 10: Modell des *re-ordering*, entnommen aus: Antrag auf Finanzierung der dritten Förderperiode des Sonderforschungsbereichs 923 „Bedrohte Ordnungen" 2019/2–2023/1, Tübingen 2018, S. 12.
Abb. 11: Der australische *Labour*-Kandidat Gough Whitlam mit der Sängerin Little Pattie während der „*It's Time*"-Wahlkampfkampagne, Foto von Graeme Fletcher (*Getty Images*), 21.7.1972.
Abb. 12: *Canadian Red Ensign* (1957–1965), entnommen von *Wikimedia Commons*.
Abb. 13: *Maple Leaf* (Nationalflagge Kanadas seit dem 15. Feb. 1965), entnommen von *Wikimedia Commons*.

Abb. 14: Karikatur von Ward O'Neill, abgedruckt in: Phillip Adams: [Letter to Prime Minister Whitlam], in: The Australian, 23.12.1972.
Abb. 15: The Confederation Caravan is here. The Confederation Train is here, 1967, LAC Misc. Poster Collection/e010779401 (Canadian Corporation 1967b).
Abb. 16: Maitland Steinkopf, Vorsitzender der *Manitoba Centennial Corporation* im *ethnic costume*, Winnipeg, Manitoba, 1967, LAC Centennial Commission fonds/ PA-185504.
Abb. 17: Der Bär im *Indians of Canada Pavilion*, LAC Canadian Corporation for the 1967 World Exhibition fonds/ PA-173205.
Abb. 18: Frank Donnellan während seiner Bumerang-Performance 1967, Foto von Bob Gomel (*Getty Images*), 1.6.1967.
Abb. 19: Karikatur von Nevile S. Lodge, abgedruckt in: The Evening Post, 28.4.1967.
Abb. 20: Graffiti „*Come Out From Behind the Myths*", abgedruckt in: July H. Katz: "White Awareness", in: Racism – a white problem. Christian action week, 27 June – 4 July 1982.
Abb. 21: Premierminister Norman Kirk mit dem Maori-Jungen Moana Priest beim *Waitangi Day* 1973, entnommen von *Wikimedia Commons*.

3. Periodika

3.1. Parlamentsdebatten

Commonwealth Parliamentary Debates. House of Representatives and Senate, Canberra
Commonwealth of Australia. Parliamentary Debates. House of Representatives. Official Hansard, No. 44 (1967), 26th Parliament – First Session – Second Period.
Commonwealth of Australia. Parliamentary Debates. House of Representatives. Official Hansard, No. 12 (1968), 26th Parliament – Second Session – First Period.
Commonwealth of Australia. Parliamentary Debates. House of Representatives. Official Hansard, No. 9 (1973), 28th Parliament – First Session – First Period.

House of Commons Debates. Official Report, Ottawa
Canada. House of Commons Debates. Official Report, Vol. 1 (1957), First Session – 22nd Parliament, 5-6 Elizabeth II.
Canada. House of Commons Debates. Official Report, Vol. 1 (1967), Second Session – 27th Parliament, 16 Elizabeth II.
Canada. House of Commons Debates. Official Report, Vol. 8 (1971), Third Session – 28th Parliament, 20 Elizabeth II.

New Zealand Parliamentary Debates. House of Representatives, Wellington
New Zealand Parliamentary Debates. Legislative Council and House of Representatives, Vol. 279 (1947), First Session – 28th Parliament.
New Zealand Parliamentary Debates. Legislative Council and House of Representatives, Vol. 281 (1948), Second Session – 28th Parliament.
New Zealand Parliamentary Debates (Hansard). House of Representatives, Vol. 331 (1962), Second Session – 33rd Parliament.
New Zealand Parliamentary Debates (Hansard). House of Representatives, Vol. 355 (1968), Second Session – 35th Parliament.

3. Periodika

New Zealand Parliamentary Debates (Hansard). House of Representatives, Vol. 382 (1973), First Session – 37th Parliament.
New Zealand Parliamentary Debates (Hansard). House of Representatives, Vol. 385 (1973), First Session – 37th Parliament.
New Zealand Parliamentary Debates (Hansard). House of Representatives, Vol. 404 (1976), First Session – 38th Parliament.

3.2. Zeitungen und Magazine

A) Australien

Melbourne Herald
Curtin, John: The Task Ahead, in: Melbourne Herald, 27.12.1941.

Nation
Dutton, Geoffrey: British Subject, in: Nation, 6.4.1963.

New Accent (Australia Today)
Randall, Kenneth/ Ramsey, Alan: Interview Manning Clark. What Do We Believe In?, in: New Accent, 8.3.1974.

Quadrant
Arndt, H. W.: National Identity, in: Quadrant 25.8 (Aug. 1981), S. 27–30.
Hirst, John: Australian History and European Civilisation, in: Quadrant 37.5 (May 1993), S. 28–38.
Horne, Donald: The British and Us. I – Mates in the Empire, in: Quadrant 9.1 (Jan.–Feb. 1965 No. 33), S. 9–13.

The Age
Horne, Donald: Still Lucky, but getting smarter, in: The Age, 28.8.2004, abgerufen unter: https://www.theage.com.au/entertainment/books/still-lucky-but-getting-smarter-200408 28-gdyjab.html, (15.5.2019).
Howard, Catherine M. (Deepdene): National day which passes unnoticed, in: The Age, 26.1.1972.
NN: 'Apathetic suburban Australians' attacked. No national pride, says Grassby, in: The Age, 30.1.1973.
NN: Fraser to restore knights, in: The Age, 22.1.1976.
NN: WANTED: a new identikit for an Australian, in: The Age, 25.1.1969.

The Australian
Adams, Phillip: [Letter to Prime Minister Whitlam], in: The Australian, 23.12.1972.
Clark, Manning: Laying the ghosts, in: The Australian, 14.5.1973.
Drewe, Robert: The New Nationalism. How far are we going? [pt. 1/4: The New Nationalism], in: The Australian, 9.4.1973.
Drewe, Robert: Buying back the farm [pt. 2/4: The New Nationalism], in: The Australian, 10.4.1973.
Drewe, Robert: Making a bolder place on the map [pt. 3/4: The New Nationalism], in: The Australian, 11.4.1973.
Drewe, Robert: Larrikins in the ascendant [pt. 4/4: The New Nationalism], in: The Australian, 12.4.1973.

NN: 'Roos with everything, in: The Australian, 12.6.1967.
NN: Australia – and the way ahead, in: The Sunday Australian, 30.1.1972.
NN: Australia's challenge in 1967, in: The Australian, 2.1.1967.
NN: Conquering the tyranny of distance, in: The Australian, 27.1.1988.
NN: The arts wrangle continues, in: The Australian, 6.1.1961.
NN: Why we need our own honors, in: The Australian, 19.2.1975.
Whitlock, Fiona: "Only crisis will spawn right anthem", in: The Australian, 13.4.1984.

The Australian Financial Review
NN: A case for Dr Freud?, in: The Australian Financial Review, 23.10.1967.

The Bulletin
Armstrong, Madeleine: All About Us, in: The Bulletin, 9.3.1963.
Comment by 'Observer': Keeping Ahead of Ourselves, in: The Bulletin, 28.9.1968.
Horne, Donald: The Australian Image, in: The Bulletin, 6.5.1967.
Horne, Donald: John the Bold or Gorton the Unready?, in: The Bulletin, 20.1.1968.
Horne, Donald: The New Nationalism?, in: The Bulletin, 5.10.1968.
Moorhouse, Frank: New Nationalism: what's that? (around the laundromats), in: The Bulletin, 28.4.1973.
NN: Making Australia better known, in: The Bulletin, 29.6.1968.

The Canberra Times
Hoffmann, W. L.: The search for a national anthem, in: The Canberra Times, 27.1.1973.
Holt, Harold: New council for the arts. Text of the PM's statement, in: The Canberra Times, 2.11.1967.
Juddery, Bruce: New Zealand and the national identity, in: The Canberra Times, 16.6.1967.
NN: Australia Day activities, in: The Canberra Times, 23.1.1976.
NN: Australia Day plans abandoned, in: The Canberra Times, 23.1.1976.
NN: Hostesses for Expo '67, in: The Canberra Times, 5.10.1966.
Ottawa Correspondent: Setback to national unity, in: The Canberra Times, 9.8.1967.
Parry, D. H. (O' Connor): Australian nationalism, in: The Canberra Times, 10.4.1973.
Whitlam, Gough: Still asking – and answering – the question: Who are we?, in: The Canberra Times, 14.10.1981.
Zubrzycki, Jerzy: Need for New Direction in the Search for a National Identity, in: The Canberra Times, 26.1.1978.

The Courier-Mail
NN: Fair dinkum Aussies, in: The Courier-Mail, 26.1.1974.
NN: Standing on our own feet, in: The Courier-Mail, 26.1.1970.
NN: What is meaning of Australia Day? Not Many Could Answer, in: The Courier-Mail, 27.1.1967.

The Sydney Morning Herald
Anderson, Robert A. (Concord West.): Letters to the Editor, in: The Sydney Morning Herald, 1.11.1973.
Horne, Donald: The nation that won't grow up, in: The Sydney Morning Herald, 25.1.1988.
NN: 'Coloured' C'wealth worried Australia, in: The Sydney Morning Herald, 2.1.1988.
NN: Arts Inquiry?, in: The Sydney Morning Herald, 4.10.1966.
NN: Aust. 'thinks more of Asia', in: The Sydney Morning Herald, 26.1.1967.
NN: Axmen, dogs – and ballet, in: The Sydney Morning Herald, 12.7.1966.

NN: Choosing an anthem, in: The Sydney Morning Herald, 1.1.1973.
NN: Decision that Boomeranged, in: The Sydney Morning Herald, 29.10.1966.
NN: Long tyranny of segregation, in: The Sydney Morning Herald, 27.4.1970.
NN: Pets and Patriotism, in: The Sydney Morning Herald, 31.1.1973.
NN: Verses Are Hopelessly Bad – Critics, in: The Sydney Morning Herald, 4.7.1973.

B) Großbritannien

The Daily Telegraph/ The Telegraph
Bolitho, Hector: The Alarming Pacific, in: The Daily Telegraph, 12.2.1966.
Johnson, Boris: The Aussies are just like us, so let's stop kicking them out, in: The Telegraph, 25.8.2013, abgerufen unter: https://www.telegraph.co.uk/news/politics/10265619/The-Aussies-are-just-like-us-so-lets-stop-kicking-them out.html, (10.9.2019).
Johnson, Boris: The rest of the world believes in Britain. It's time that we did too, in: The Telegraph, 15.7.2018, abgerufen unter: https://www.telegraph.co.uk/politics/2018/07/15/rest-world-believes-britain-time-did/, (21.7.2020).

The Guardian
Olusoga, David: Empire 2.0 is dangerous nostalgia for something that never existed, abgerufen unter: https://www.theguardian.com/commentisfree/2017/mar/19/empire-20-is-dangerous-nostalgia-for-something-that-never-existed, 19.3.2017, (16.10.2018).
Roy, Eleanor Ainge: New Zealand votes to keep its flag after 56,6 % back the status quo, in: The Guardian, 24.3.2016, abgerufen unter: https://www.theguardian.com/world/2016/mar/24/new-zealand-votes-to-keep-its-flag-in-referendum, (19.3.2020).

The London Gazette
Honours and Awards, in: The London Gazette, 17.5.1960.

The Observer
O'Donovan, Patrick: Canada, Suddenly One Summer, in: The Observer, 25.6.1967.

The Spectator
Johnson, Boris: Cancel the guilt trip: Africa is a mess, but it is simply not credible to blame colonialism, in: The Spectator, 2.2.2002.

The Times (Literary Supplement)
NN: Canadian culture in the 1960s, in: The Times Literary Supplement, 28.8.1969.

C) Kanada

Le Devoir (Montréal)
NN: Le fédéralisme canadien est-il viable sans dualisme politique?, in: Le Devoir, 5.9.1964.
Ryan, Claude: Le dilemme du drapeau, in: Le Devoir, 15.8.1964.
Ryan, Claude: Le nouveau nationalisme anglo-canadien. Doit-il nous laisser indifférents?, in: Le Devoir, 21.9.1970.

Le Soleil (Québec)
Perreault, Luc: Canada: deux cultures, mais un seul pouvoir, in: Le Soleil (Québec), 5.9.1964.

Maclean's. Canada's National Magazine
NN: Left with Ourselves. How a people triumphed: the emergence and celebration of the New Canuckism, in: Maclean's, Vol. 85 No. 8 (1972).
NN: What Expo really is: a coming-of-age-party, in: Maclean's, Vol. 80 No. 1 (1967).
Ryan, Claude: A referendum, even separation won't answer the Canadian Question. They will merely focus it, in: Maclean's, Vol. 89 No. 23 (1976).

The Montreal Star
Gray, John: Holt Welcomes 'Ray of Hope', in: The Montreal Star, 6.6.1967.
Roberts, Grant: Canadians Out To Show World – "We're Not So Dull", in: The Montreal Star, 30.9.1966.

Ottawa Citizen
Creery, Tim: Historian's choice plea for secession, in: Ottawa Citizen, 18.1.1967.
Lynch, Charles: The nation. What are we celebrating?, in: Ottawa Citizen, 11.1.1966.
NN: Come off it, Professor, in: Ottawa Citizen, 17.1.1967.

Ottawa Journal
Graham, J.C.: Criticism in New Zealand Over Lack of Expo Pavilion, in: Ottawa Journal, 31.5.1967.

Saturday Night
Creighton, D.G.: The Myth of Biculturalism, in: Saturday Night, Sept. 1966.
Fulton, David: Australian Letter, in: Saturday Night, Apr. 1968.
Shumiatcher, Morris C.: Canadians With Nothing to Celebrate. 1. The Plains Indians, in: Saturday Night, Jun. 1967.

The Gazette (Montréal)
NN: Manitoba Historian Bids Duality, But Backs 'Political Unity', in: The Gazette, 5.9.1964.
Woodfield, Jean: Expo '67 – Canada's Or Montreal's?, in: The Gazette, 13.9.1966.

The Globe/ The Globe and Mail
Burak, Moses J.: A Nation Born of Diversity: Canada: a mystique of land, law and language, in: The Globe and Mail, 1.7.1965.
Creighton, Donald: A dangerous corner into which Canada was driven, in: The Globe and Mail, 17.11.1970.
Denison, D.W.J.: The British Fact, in: The Globe and Mail, 20.8.1966.
Drohan, Madelaine: Luxurious royal yacht slowly sailing into empire's sunset, in: The Globe and Mail, 29.3.1997.
Drohan, Madelaine: Britannia rules waves no more. Royal yacht decommissioned after 44 years of service, in: The Globe and Mail, 12.12.1997.
Globe editorial: With Brexit looming, Britain suddenly remembers the Commonwealth, in: The Globe and Mail, 20.4.2018, abgerufen unter: https://www.theglobeandmail.com/opinion/editorials/article-globe-editorial-with-brexit-looming-britain-suddenly-remembers-the/, (10.9.2019).
Gorrell, David: Queen silent after viewing Indians' demand for better deal, in: The Globe and Mail, 4.7.1967.
McCullough, Collin: U.K. planning to hold talks with Canada on immigration policy, in: The Globe and Mail, 24.11.1972.
Morton, W.L.: An English Canadian Denounces Separatism, in: The Globe and Mail, 26.9.1964.

3. Periodika

NN: 300 Montreal Students March With "Liz Go Home", "La Reine No", in: The Globe and Mail, 10.10.1964.
NN: A Battleship for Britannia. Lest we forget, in: The Globe and Mail, 11.1.1940.
NN: A hundred years of Prime Ministers. Pearson hopes 1967 will bring pride, in: The Globe and Mail, 31.12.1966.
NN: An Appeal to Canada, in: The Globe and Mail, 3.5.1962.
NN: Britons can't resist Australia's sunny promises, in: The Globe and Mail, 16.3.1963.
NN: Hope Expo Will Help Discover Identities, in: The Globe and Mail, 15.7.1965.
NN: Liberals Destroying Nation's Heritage: Diefenbaker, in: The Globe and Mail, 18.12.1964.
NN: No white Commonwealth for Canada, in: The Globe and Mail, 25.11.1972.
NN: Now We Are 94, in: The Globe and Mail, 1.7.1961.
NN: Who are the true Britons, in: The Globe, 19.11.1887.
Parekh, Navin: Letter to the Editor, in: The Globe and Mail, 29.10.1966.
Toynbee, Arnold (London Observer Service): Canada: some reflections from without, in: The Globe and Mail, 11.8.1965.
West, Bruce: The Flag Issue, in: The Globe and Mail, 4.12.1964.
Westall, Stanley: Call Party Chiefs To Pick New Flag, Scholars Ask PM; Flag Design Opposed by 12 Scholars, Termed Poor Symbol, in: The Globe and Mail, 29.5.1964.

Toronto Star/ Toronto Daily Star

Horowitz, Gad: Canada needs nationalism if it is to survive, in: Toronto Daily Star, 6.4.1967.
Jones, Frank: Britain will soon lift special rights given to Canadian worker, in: Toronto Star, 6.11.1972.
McKenzie, Robert: After Separatist Slogan 'Long live Canada', in: Toronto Daily Star, 25.7.1967.
NN: A flag to rally around, in: Toronto Daily Star, 18.6.1964.
NN: Best flag and anthem for Canada, in: Toronto Daily Star, 7.12.1963.
NN: End hyphenated Canadian – Pearson, in: The Toronto Daily Star, 11.5.1964.
Simpson, J. F.: Writers face an uncertain future after a decade of discouragement, in: Toronto Daily Star, 17.1.1970.

Vancouver Sun

NN: A Flag for Unity, in: Vancouver Sun, 20.5.1964.
NN: Australian Flag Choice No Problem, in: Vancouver Sun, 20.5.1964.
NN: The British Name, in: Vancouver Sun, 3.11.1961.

Winnipeg Free Press

NN: Arpin's Blood Boils At Speech, in: Winnipeg Free Press, 12.1.1967.
NN: Doern Attacks Historian, in: Winnipeg Free Press, 13.1.1967.

D) Neuseeland

Gisborne Herald
NN: New Zealand's Day, in: Gisborne Herald, 8.2.1969.

New Zealand Gazette
Supplement to the New Zealand Gazette, 17.11.1977.

Northland Age
NN: Old Waitangi Spirit as New Zealand Day is Proclaimed, in: Northland Age, 9.2.1973.

NZ Listener
Cross, Ian: Canada. A culture in crisis, in: NZ Listener, 4.12.1976.
NN: The Empire That Was Britain's, in: NZ Listener, 9.2.1974.
Russell, Mrs. P.: Pursuing the image, in: NZ Listener, 10.1.1969.
Walker, Rangi [Ranginui]: New Myth, in: NZ Listener, 16.3.1974.

NZ Truth
'Grim Dig' (Kawerau): At Last the British have put the final nail in their European coffin, in: NZ Truth, 14.11.1972.
NN: If Britain alienates the Kiwi, we must get tough and warn Brits: Beat it Pommie Bludger, in: NZ Truth, 12.12.1972.
NN: Pommie moaners, in: NZ Truth, 12.10.1976.
NN: Sorry, NZ. A Pom's eye view of Europe's "Shotgun wedding", in: NZ Truth, 23.1.1973.

Thames Star
NN: N.Z. Sets Example To The World. "Leads in Harmonious Bi-Racial Living Equality" – Governor General, in: Thames Star, 26.9.1969.

The Auckland Star
NN: Colonial trappings (Daily News, New Plymouth), in: The Auckland Star, 6.2.1973.
NN: Kirk: NZ has lost access to Queen, in: The Auckland Star, 17.11.1972.
NN: Of British descent, but not British, in: The Auckland Star, 10.2.1971.
NN: Waitangi Day should be national day, in: The Auckland Star, 5.2.1968.

The Dominion
NN: National Day, in: The Dominion, 14.9.1967.
NN: New Zealanders would be aliens, in: The Dominion, 21.11.1972.
NN: The nation's day, in: The Dominion, 6.2.1974.
NN: Waitangi Day, in: The Dominion, 7.2.1973.

The Evening Post
NN: Anthem For This Land, in: The Evening Post, 8.12.1972.
NN: Governor Finds Litter, Shacks MAR NZ Scene, in: The Evening Post, 2.1.1969.
NN: Great Day for a Great Show in a Great Year – Expo '67, in: The Evening Post, 28.4.1967.
NN: NZ comes of Age When National Day Dawns on Wednesday, in: The Evening Post, 4.2.1974.
NN: Our Land in a Mirror, in: The Evening Post, 2.1.1969.
NN: The Colony's New Status. Effect of the Change, in: The Evening Post, 28.6.1907.
NN: The Day We Celebrate: But Which?, in: The Evening Post, 9.2.1954.
NN: Tomorrow country, in: The Evening Post, 24.4.1970.
NN: Waitangi Pageant 'An Exercise In Self-Delusion', in: The Evening Post, 28.5.1974.

The Evening Star
NN: It was tasteless, in: The Evening Star, 9.2.1974.
NN: The Search for a national anthem, in: The Evening Star, 8.2.1975.

The New Zealand Herald
Barber, David: British No More, Australia Seeks an Image, in: The New Zealand Herald, 21.7.1967.

NN: A Day to Celebrate, in: The New Zealand Herald, 6.2.1974.
NN: Is this Nationhood, in: The New Zealand Herald, 9.2.1976.
NN: Maoris in a Changing Role, in: The New Zealand Herald, 23.5.1960.
NN: New Anthem – Yes, New Flag – No, in: The New Zealand Herald, 1.9.1973.
Plessis-Allan, Heather du, It's a New World Order, in: The New Zealand Herald, 14.8.2016, abgerufen unter: https://www.nzherald.co.nz/nz/news/article.cfm?c_id=1&objectid=11693291, (30.1.2019).
Staff Correspondent: Imaginative Pageantry Or Tasteless Vulgarity?, in: The New Zealand Herald, 7.2.1974.

The Northern Advocate
NN: First NZ Day was subdued, despite fires, protests, in: The Northern Advocate, 7.2.1974.

The Press
NN: Australia to drop "God Save the Queen", in: The Press, 27.1.1973.

E) Sonstiges

Becker, Markus: Das Ende des Empire-Gefühls, in: Der Spiegel, 21.7.2017, abgerufen unter: http://www.spiegel.de/politik/ausland/brexit-empire-am-ende-a-1159102.html, (23.7.2017).
Berry, Jake über die neue Rolle der *Britannia* in der Nach-Brexit-Welt in den Tagesthemen vom 11.10.2016, abgerufen unter: https://www.tagesschau.de/multimedia/sendung/tt-4779.html, (10.7.2017).
Bryant, Nick: Is Australia a culture-free zone?, 31.7.2014, abgerufen unter: http://www.bbc.com/culture/story/20140731-is-australia-a-culture-free-zone, (14.8.2019).
Campau, DuBarry: Is Canada Cultured?, in: Saturday Review, 29.4.1967.
Sherrod, Robert: An Angry Welcome For A Queen. The French Revolt That Threatens Canada, in: The Saturday Evening Post, 10.10.1964.
Vucetic, Srdjan im Gespräch mit dem Radiomoderator Phillip Adams, Empire 2.0: Brexit fantasies and the Anglosphere (Late Night Live), 20.11.2018, abgerufen unter: https://www.abc.net.au/radionational/programs/latenightlive/empire-2.0:brexit-fantasies-about-the-return-of-british-imperia/10515006, (30.1.2019).

4. Publizierte Quellen

Adorno, Theodor W.: Résumé über Kulturindustrie, in: Ders.: Gesammelte Schriften, hg. von Rolf Tiedemann, Bd. 10/1: Kulturkritik und Gesellschaft I: Prismen. Ohne Leitbild, Frankfurt a.M. 1977, S. 337–345.
Alomes, Stephen: A Nation at Last? The Changing Character of Australian Nationalism 1880–1988, North Ryde, NSW, London 1988.
Awatere, Donna: Maori Sovereignty, Auckland 1984.
Aykroyd, Peter H.: The Anniversary Compulsion. Canada's Centennial Celebrations. A Model Mega-Anniversary, Toronto, Oxford 1992.
Bailey, K.H.: Australia in the Empire, in: The Australian Quarterly 14.1 (1942), S. 5–18.
Beaglehole, J.C.: New Zealand: A Short History, London 1936.
Beaglehole, J.C.: The New Zealand Mind, in: Australian Quarterly 12.4 (1940), S. 40–50.

Binney, Judith: Maori Oral Narratives, Pakeha Written Texts: Two Forms of Telling Stories, in: New Zealand Journal of History 21.1 (1987), S. 16–28.
Blainey, Geoffrey: The Tyranny of Distance. How Distance shaped Australia's History, Melbourne 1966 (rev. ed. 1983).
Bonn, Moritz: The Crumbling of Empire. The Disintegration of World Economy, London 1938.
Boyd, Robin: Artificial Australia. Australian Broadcasting Commission. The Boyer Lectures 1967, Sydney ²1969.
Boyd, Robin: The Australian Ugliness, Melbourne 1960 (rev. ed. 2012).
Brebner, John Bartlet: North Atlantic Triangle. The Interplay of Canada, the United States and Great Britain, Toronto 1945 (ND 1966) (The Carleton Library 30).
Buckner, Phillip: (A Life in History/ La vie d'historien/ne) Defining Identities in Canada: Regional, Imperial, National, in: The Canadian Historical Review 94.2 (2013), S. 289–311.
Cardinal, Harold: The Unjust Society. The Tragedy of Canada's Indians, Edmonton 1969.
Careless, J.M.S.: Frontierism, Metropolitanism, and Canadian History, in: The Canadian Historical Review 35 (1954), S. 1–21.
Careless, J.M.S.: "Limited Identities" in Canada, in: The Canadian Historical Review 50.1 (March 1969), S. 1–10.
Castles, Stephen et al.: A Nation Without Nationalism?, in: Dies.: Mistaken Identity. Multiculturalism and the Demise of Nationalism in Australia, Sydney 1988, S. 1–15.
Clark, Manning: Rewriting Australian History. (Given as a lecture in Canberra 1954), in: Ders.: Occasional Writings and Speeches, hgg. von Elizabeth Cham und Dymphna Clark, Melbourne 1980, S. 3–19.
Clark, Manning: A History of Australia, Bd. I: From the Earliest Times to the Age of Macquarie, London, New York 1962.
Clark, Manning: The Years of Unleavened Bread: December 1949 to December 1972, in: Meanjin Quarterly. A Review of Arts and Letters in Australia 32.3 (1973), S. 245–250.
Clark, Manning: A Discovery of Australia. 1976 Boyer Lectures, Sydney 1976.
Clark, Manning: The Quest for an Australian Identity. (James Duhig Memorial Lecture, University of Queensland, 6 August 1979), in: Ders.: Occasional Writings and Speeches, hgg. von Elizabeth Cham und Dymphna Clark, Melbourne 1980, S. 215–233.
Clark, Manning: A History of Australia, Bd. VI: 'The Old Dead Tree and the Young Tree Green' 1916–1935 with an Epilogue, Carlton, Vic. 1987 (ND 1991).
Clark, Manning: The Quest for Grace, Ringwood, Vic. 1990.
Cook, Ramsay: The Meaning of Confederation (1965), in: Ders.: Watching Quebec. Selected Essays, Montreal u. a. 2005 (Carleton Library Series 201), S. 156–172.
Cook, Ramsay: Canadian Centennial Celebrations, in: International Journal 22.4 (1967), S. 659–663.
Cook, Ramsay: Cultural Nationalism in Canada: An Historical Perspective, in: Janice L. Murray (Hg.): Canadian Cultural Nationalism. The Fourth Lester B. Pearson Conference on the Canada-U.S. Relationship, Niagara Institute, 1976, New York 1977, S. 15–44.
Crean, S.M.: Who's Afraid of Canadian Culture?, Don Mills, Ontario 1976.
Creighton, Donald: Doctrine and the Interpretation of History (Presidential Address 1957 University of Ottawa), in: Ders.: Towards the Discovery of Canada. Selected Essays, Toronto 1972, S. 27–45.
Creighton, Donald: Canadian Nationalism and Its Opponents (First given as a lecture at St. Francis Xavier University on 16 March 1971, and published in *Maclean's Magazine*, November 1971, under the title "Watching the Sun Quietly Set on Canada"), in: Ders.: Towards the Discovery of Canada. Selected Essays, Toronto 1972, S. 271–285.

4. Publizierte Quellen

Creighton, Donald: The Forked Road. Canada 1939–1957, Toronto 1976 (The Canadian Centenary Series 18).

Curthoys, Ann: Freedom Ride. A Freedom Rider remembers, Crows Nest, NSW 2002.

Davidson, Jim: Interview John Romeril, in: Meanjin Quarterly. A Review of Arts and Letters in Australia 37.3 (1978), S. 300–312.

Davidson, Jim: The De-Dominionisation of Australia, in: Meanjin Quarterly. A Review of Arts and Letters in Australia 38.2 (1979), S. 139–153.

Davidson, Jim: Dominion Culture, in: Meanjin 63.3 (2004), S. 75–84.

Davidson, Jim: De-Dominionisation Revisited, in: Australian Journal of Politics and History 51.1 (2005), S. 108–113.

Denison, Merrill: That Inferiority Complex. The Empire Club of Canada Addresses (Toronto, Canada), 10.3.1949, abgerufen unter: http://speeches.empireclub.org/62586/data?n=1, (18.4.2019).

Dilke, Charles Wentworth: Greater Britain. A Record of Travel in the English-Speaking Countries During 1866 and 1867, Vol. II, London 1868.

Dilke, Charles Wentworth: Problems of Greater Britain, Vol. II, London 1890.

Dixson, Miriam: The Real Matilda. Woman and Identity in Australia, 1788–1975, Ringwood, Vic. 1976.

Dutton, Geoffrey: Preface, in: Ders. (Hg.): Australia and the Monarchy. A Symposium, Melbourne 1966, S. 6–10.

Expo (International Exhibitions Bureau): Indians of Canada Pavilion – Expo 67, Ottawa 1968.

Fanon, Frantz: Die Verdammten dieser Erde. Mit einem Vorwort von Jean-Paul Sartre, Frankfurt a. M. ¹⁴2014.

Farthing, John: Freedom Wears a Crown, hg. von Judith Robinson, Toronto 1957.

Fraser, Blair: The Search for Identity. Canada, 1945–1967, Toronto 1967 (Canadian History Series 6).

Fraser, Malcolm: Multiculturalism: Australia's Unique Achievement. Inaugural address. The Institute of Multicultural Affairs, Melbourne, 30.11.1981, Canberra 1981.

Frye, Northrop: Conclusion to a *Literary History of Canada* (1965), in: Ders.: The Bush Garden. Essays on the Canadian Imagination, Toronto 1971, S. 213–251.

Granatstein, J.L.: Canada 1957–1967. The Years of Uncertainty and Innovation, Toronto 1986 (The Canadian Centenary Series 19).

Grant, George: Canada – An Introduction to a Nation, (Toronto 1943), in: Ders.: Collected Works of George Grant, Vol. 1, 1933–1950, hgg. von Arthur Davis und Peter C. Emberley, Toronto, Buffalo, London 2000, S. 74–90.

Grant, George: The Empire – Yes or No?, (Toronto 1945), in: Ders.: Collected Works of George Grant, Vol. 1, 1933–1950, hgg. von Arthur Davis und Peter C. Emberley, Toronto, Buffalo, London 2000, S. 97–126.

Grant, George: Lament for a Nation. The Defeat of Canadian Nationalism, Montreal u. a. 2005 (1. Aufl. 1965) (Carleton Library Series 205).

Grant, George: The Canadian Character and Identity. Program 12; A Canadian Identity. Program 13. Two Televised Conversations between George Grant and Gad Horowitz, (broadcast by the CBC on 7 and 14 Feb. 1966), in: Ders.: Collected Works of George Grant, Vol. 3, hgg. von Arthur Davis und Henry Roper, Toronto, Buffalo, London 2000, S. 431–454.

Grove, Robin: Government Arts, in: Meanjin Quarterly. A Review of Arts and Letters in Australia 25.3 (1966), S. 351–363.

Hancock, W. K.: Australia, London 1930 (The Modern World. A Survey of Historical Forces).

Hancock, W.K.: Für und wider das Weltreich, Hamburg 1946; deutsche Übersetzung der Originalausgabe: Argument of Empire, Harmondsworth 1943 (Penguin Specials 130).
Harkness, David B.: This Nation Called Canada, Toronto 1945.
Hirst, John: Australian History and European Civilisation, in: Quadrant 37.5 (May 1993), S. 28–38.
Horkheimer, Max/ Adorno, Theodor W.: Kulturindustrie. Aufklärung als Massenbetrug, in: Dies.: Dialektik der Aufklärung. Philosophische Fragmente, Frankfurt a.M. ^{19}2010, S. 128–176.
Horne, Donald: The Lucky Country, London ^{6}2008 (1. Aufl. 1964).
Horne, Donald: Republican Australia, in: Geoffrey Dutton (Hg.): Australia and the Monarchy. A Symposium, Melbourne 1966, S. 86–106.
Horne, Donald: Foreword, in: Frank Hardy: The Unlucky Australians, Adelaide u.a. 1976 (1. Aufl. 1968), S. vii–ix.
Horne, Donald: Time of Hope. Australia 1966–72, London u.a. 1980.
Horne, Donald: Ideas for a Nation, Sydney 1989.
Horne, Donald: Into the Open. Memoirs 1958–1999, Pymble, NSW 2000.
Hunn, Jack: Report of the Department of Maori Affairs with Statistical Supplement, Wellington 1961.
Hutchison, Bruce: The Unknown Country. Canada and Her People, Toronto ^{7}1948 (1. Aufl. 1943).
Imperial Conference 1926. Inter-Imperial Relations Committee. Report, Proceedings and Memoranda, November 1926, veröffentlicht unter: https://www.foundingdocs.gov.au/resources/transcripts/cth11_doc_1926.pdf, (18.3.2020).
Innis, Harold A.: Great Britain, the United States, and Canada, University of Nottingham, 21.5.1948, in: Ders.: Essays in Canadian Economic History, hg. von Mary Q. Innis, Toronto, Buffalo, London 2017, S. 216–225.
Innis, Harold A.: Die Strategie der Kultur. Unter besonderer Berücksichtigung der kanadischen Literatur – Eine Fußnote zum Massey-Report, (*The Strategy of Culture*, 1952), in: Ders.: Harold A. Innis – Kreuzwege der Kommunikation. Ausgewählte Texte, hg. von Karlheinz Barck, Wien, New York 1997 (Ästhetik und Naturwissenschaften), S. 191–209.
James, Colin: The Quiet Revolution. Turbulence and Transition in Contemporary New Zealand, Wellington 1986.
Jesson, Bruce: To Build a Nation, April 1999, in: Ders.: To Build a Nation. Collected Writings 1975–1999, hg. von Andrew Sharp, Auckland 2005, S. 340–353.
Kilbourn, William: Introduction, in: Ders. (Hg.): Canada. A Guide to the Peaceable Kingdom, Toronto 1970, S. xi–xviii.
King, Michael: Te Puea Herangi. From Darkness to Light, Wellington 1984.
King, Michael: Being Pakeha, Auckland 1985.
King, Michael: Being Pakeha Now. Reflections and Recollections of a White Native, Auckland u.a. 2004 (1. Aufl. 1999).
Kirk, Norman: Hagley High School, Christchurch, 7.12.1967, in: Ders.: Towards Nationhood. Selected Extracts from Speeches of Norman Kirk, M.P., Palmerston North 1969.
Kirk, Norman: Speech to Auckland Creditmen's Club, 30.7.1968, in: Ders.: Towards Nationhood. Selected Extracts from Speeches of Norman Kirk, M.P., Palmerston North 1969.
Lambert, Ronald D.: Review article/ Article d'évaluation, in: Canadian Review of Sociology/ Revue canadienne de Sociologie 14.3 (1977), S. 347–352.
Lower, Arthur R.M.: Colony to Nation. A History of Canada, Toronto ^{5}1977 (1. Aufl. 1946).

4. Publizierte Quellen   479

Lundkvist, Artur: The Nobel Prize in Literature in 1973. Presentation Speech by Artur Lundkvist, of the Swedish Academy, abgerufen unter: https://www.nobelprize.org/prizes/literature/1973/ceremony-speech/, (30.6.2022).
MacKenzie, Jeanne: Australian Paradox, London 1962.
Massey, Vincent: On Being Canadian, Toronto, Vancouver 1948.
Massey, Vincent: The Good Canadian. Address at the 50th Anniversary of the Canadian Club of Montreal, 7.11.1955, in: Ders.: Speaking of Canada. A selection of speeches, made while in office, of the Right Hon. Vincent Massey, C.H. Governor-General of Canada, 1952–1959, London 1959, S. 36–41.
Massey, Vincent: Canadians and their Commonwealth. The Romanes Lecture Delivered in the Sheldonian Theatre, 1 June 1961, Oxford 1961.
Matheson, John Ross: Canada's Flag. A Search for a Country, Boston, Massachusetts 1980.
McLachlan, Noel: Should Australia Become a Republic?, in: Meanjin Quarterly. A Review of Arts and Letters in Australia 31.3 (1972), S. 330–337.
Menzies, Robert: Speech welcoming Queen Elizabeth II, Canberra, 18.2.1963, in: Well May We Say. The Speeches That Made Australia, hg. von Sally Warhaft, Melbourne ²2014, S. 545 f.
Molony, John: The Penguin Bicentennial History of Australia. The Story of 200 Years, Ringwood, Vic. u. a. 1987.
Morton, W.L.: Clio in Canada: The Interpretation of Canadian History, in: University of Toronto Quarterly 15.3 (1946), S. 227–234.
Morton W.L.: The Canadian Identity, Toronto 1961.
Morton W.L.: The Canadian Identity, Toronto ²1972.
Neatby, Hilda: Cultural Evolution, in: G.P. Gilmour (Hg.): Canada's Tomorrow. Papers and Discussion. Canada's Tomorrow Conference Quebec City, November 1953, Toronto 1954, S. 185–223.
Nicol, Eric/ Whalley, Peter: Canada Cancelled Because of Lack of Interest, Edmonton 1977.
Oliver, W.H.: The Story of New Zealand, London 1960.
Oliver, W.H.: The Awakening Imagination, in: Ders. mit B.R. Williams (Hgg.): The Oxford History of New Zealand, Oxford, Wellington 1981, S. 430–461.
Parkes, Henry: Speech at the Grand Federal Banquet on the occasion of the Federation Conference in Queen's Hall, Parliament House, Melbourne, 6.2.1890, in: Well May We Say. The Speeches That Made Australia, hg. von Sally Warhaft, Melbourne ²2014, S. 3–11.
Parkinson, Gordon: Rez. zu Keith Sinclairs *A Destiny Apart*, in: New Zealand Journal of History 22.1 (1988), S. 65–68.
Pearson, Bill: Fretful Sleepers. A Sketch of New Zealand Behaviour and its Implications for the Artist, (London, January 1952), in: Ders.: Fretful Sleepers and Other Essays, Auckland 1974, S. 1–32.
Pearson, Lester B.: To the Royal Canadian Legion, 17.5.1964, in: Ders.: Words and Occasions, Cambridge, Massachusetts 1970, S. 228–232.
Pearson, Lester B.: Expo – and a Welcome to the Queen, 3.7.1967, in: Ders.: Words and Occasions, Cambridge, Massachusetts 1970, S. 274–276.
Pearson, Lester B.: Mike. The Memoirs of the Right Honourable Lester B. Pearson, Vol. 3: 1957–1968, hgg. von John A. Munro und Alex I. Inglis, London 1975.
Phillips, A.A.: The Cultural Cringe, in: Meanjin 9.4 (1950), S. 299–302.
Phillips, Jock: A Man's Country?. The Image of the Pakeha Male. A History, Auckland u.a. 1987.

Pocock, J.G.A.: British History: A Plea for a New Subject, in: The Journal of Modern History 47.4 (1975), S. 601–621.
Pocock, J.G.A.: Contingency, identity, sovereignty, in: Alexander Grant, Keith J. Stringer (Hgg.): Uniting the Kingdom? The Making of British History, London 1995 (e-Library 2003), S. 203–209.
Queen Elizabeth II speaks at the first New Zealand Day celebrations at Waitangi, in: The Treaty of Waitangi Companion. Māori and Pākehā from Tasman to Today, hgg. von Vincent O'Malley, Bruce Stirling und Wally Penetito, Auckland 2010, S. 308–310.
Race Relations Conciliator (Hiwi Tauroa): Race Against Time, hg. von Human Rights Commission, Wellington 1982.
Report of the Royal Commission on Bilingualism and Biculturalism, Book IV: The Cultural Contribution of the Other Ethnic Groups, Ottawa 1969.
Report of the Select Committee on Economic and Cultural Nationalism. Final Report on Cultural Nationalism, Ontario 1975.
Reynolds, Henry: The Other Side of the Frontier. An interpretation of the Aboriginal response to the invasion and settlement of Australia, North Queensland 1981.
Robinson, Basil: Diefenbaker's World: A Populist in Foreign Affairs, Toronto 1989.
Roy, Gabrielle: Man and His World. A Telling of the Theme, in: Dies.: The Fragile Lights of Earth. Articles and Memories, 1942–1970. Translated by Alan Brown, Toronto 1982, S. 191–222.
Royal Commission on National Development in the Arts, Letters, and Sciences: Report, Ottawa 1951.
Salmon, E.T.: State Support in Matters Cultural: The Canadian Experiment, in: Meanjin Quarterly. A Review of Arts and Letters in Australia 21.4 (1962), S. 488–491.
Sargent, Orme: India's future relations with the Commonwealth; FO minutes and briefs by Mr Mc Neil, Mr Bevin, Sir O Sargent and G W Furlonge, including comments on a paper by P J H Stent (FO 371/70198, nos 987, 3459, 4700, 6848 & 7550 2 Feb–24 Nov 1948), in: The Labour Government and the End of Empire 1945–1951. Part IV: Race Relations and the Commonwealth, London 1992 (British Documents on the End of Empire. Series A Vol. 2), S. 148 f.
Serle, Geoffrey: 6) Austerica Unlimited?, in: Meanjin Quarterly. A Review of Arts and Letters in Australia 26.3 (1967), S. 237–250.
Serle, Geoffrey: Australia and Britain, in: Richard Preston (Hg.): Contemporary Australia. Studies in History, Politics, and Economics, Durham 1969 (Duke University Commonwealth-Studies Center 35), S. 3–19.
Serle, Geoffrey: From Deserts the Prophets Come. The Creative Spirit in Australia 1788–1972, Melbourne 1973.
Sinclair, Keith: The Origins of the Maori Wars, Wellington 1957.
Sinclair, Keith: A History of New Zealand, London 1959 (The Pelican History of the World).
Sinclair, Keith: The Historian as Prophet, in: M.F. Lloyd Prichard (Hg.): The Future of New Zealand, Auckland 1964, S. 124–142.
Sinclair, Keith: Why are Race Relations in New Zealand Better Than in South Africa, South Australia or South Dakota?, in: New Zealand Journal of History 5.2 (1971), S. 121–127.
Sinclair, Keith: Epilogue. The Search for National Identity [überarb. Vers. auf dem Stand von 1976], in: Ders.: A History of New Zealand. Revised Edition, Auckland u.a. 2000, S. 360–368.
Sinclair, Keith: A Destiny Apart. New Zealand's Search for National Identity, Wellington, Sydney, London 1986.

Smith, Ross: The Need for an Australian Council, in: Meanjin Quarterly. A Review of Arts and Letters in Australia 25.1 (1966), S. 100–107.
Stanner, W.E.H.: After the Dreaming. The 1968 Boyer Lectures, Sydney ⁷1974.
Stead, C.K.: 'For the Hulk of the World's Between', in: Keith Sinclair (Hg.): Distance Looks Our Way. The Effects of Remoteness on New Zealand, Sydney 1961 (ND 1962), S. 79–96.
Stephensen, P.R.: The Foundations of Culture in Australia. An Essay Towards National Self Respect, Gordon, NSW 1936.
Stephenson, Neal: The Diamond Age, London 1995.
Sutch, W.B.: Colony or Nation? The Crisis of the Mid-1960s, in: Ders.: Colony of Nation? Economic Crises in New Zealand from the 1860s to the 1960s, hg. von Michael Turnbull, Sydney 1966, S. 163–183.
Symons, T.H.B.: To Know Ourselves. The Report of the Commission on Canadian Studies. Volumes I and II, Ottawa 1975.
Taylor, T. Griffith: The Australasian Environment, in: J. Holland Rose, A.P. Newton und E.A. Benians (Hgg.): Cambridge History of the British Empire, Vol. VII, Pt. I: Australia, Cambridge 1933, S. 3–24.
The Canada Council. First Annual Report, Ottawa 1958.
Trigger, Bruce: Natives and Newcomers: Canada's 'Heroic Age' Reconsidered, Kingston 1985.
Underhill, Frank: Notes on the Massey Report, in: Forum: Canadian Life and Letters 1920–1970. Selections from *The Canadian Forum*, hgg. von J.L. Granatstein und Peter Stevens, Toronto 1972, S. 271–274.
Vallières, Pierre: White Niggers of America. The Precocious Autobiography of a Quebec "Terrorist", translated by Joan Pinkham, New York, London 1971.
Ward, Russel: The Australian Legend, Melbourne u.a. 1995 (1. Aufl. 1958).
White, Patrick: The Prodigal Son (April 1958), in: Ders.: Patrick White Speaks, hgg. von Paul Brennan und Christine Flynn, Sydney 1989, S. 13–17.
White, Richard: Inventing Australia. Images and Identity 1688–1980, Sydney 1981 (The Australian experience 3).
Whitlam, Gough: 'It's time'. Labor Party policy speech, Blacktown Civic Centre, 13.11.1972, in: Well May We Say. The Speeches That Made Australia, hg. von Sally Warhaft, Melbourne ²2014, S. 183–185.
Williams, Norman: Prospects for the Canadian Dramatist, in: University of Toronto Quarterly 26.3 (1957), S. 273–283.
Wood, Frederick L.W.: Understanding New Zealand, New York 1944.

5. Literatur

Alessio, Dominic: Promoting Paradise. Utopianism and National Identity in New Zealand, 1870–1930, in: New Zealand Journal of History 42.1 (2008), S. 22–41.
Altmann, Gerhard: Abschied vom Empire. Die innere Dekolonisation Großbritanniens 1945–1985, Göttingen 2005 (Moderne Zeit. Neuere Forschungen zur Gesellschafts- und Kulturgeschichte des 19. und 20. Jahrhunderts 8).
Anderson, Benedict: Die Erfindung der Nation. Zur Karriere eines folgenreichen Konzepts, Frankfurt a.M., New York ²2005.

Anderson, Robert: Akubra (1912), in: Fifty Hats that Changed the World, London 2011 (Design Museum fifty), S. 32 f.
Antrag auf Finanzierung der dritten Förderperiode des Sonderforschungsbereichs 923 „Bedrohte Ordnungen" 2019/2–2023/1, Tübingen 2018.
Ashcroft, Bill/ Griffiths, Gareth/ Tiffin, Helen: s.v. Aboriginal/ Indigenous Peoples, in: Dies.: Post-Colonial Studies. The Key Concepts, London, New York ³2013 (Routledge Key Guides), S. 3.
Ashcroft, Bill/ Griffiths, Gareth/ Tiffin, Helen: s.v. Settler Colony, in: Dies.: Post-Colonial Studies. The Key Concepts, London, New York ³2013 (Routledge Key Guides), S. 236–238.
Assmann, Aleida: Der lange Schatten der Vergangenheit. Erinnerungskultur und Geschichtspolitik, München 2006.
Assmann, Aleida: Ist die Zeit aus den Fugen? Aufstieg und Fall des Zeitregimes der Moderne, München 2013.
Assmann, Aleida: Erinnerungen post-imperialer Nationen. Ein Kommentar, in: Dietmar Rothermund (Hg.): Erinnerungskulturen post-imperialer Nationen, Baden-Baden 2015, S. 261–273.
Assmann, Aleida: Formen des Vergessens, Göttingen ³2017 (Historische Geisteswissenschaften Frankfurter Vorträge 9).
Assmann, Aleida/ Friese, Heidrun: Einleitung, in: Dies. (Hgg.): Identitäten. Erinnerung, Geschichte, Identität, Bd. 3, Frankfurt a.M. ²1999 (stw 1404), S. 11–23.
Assmann, Jan: Das kulturelle Gedächtnis. Schrift, Erinnerung und politische Identität in frühen Hochkulturen, München ³2000 (bsr 1307).
Attwood, Bain et al.: The 1967 Referendum, or when Aborigines didn't get the vote, Canberra 1997.
Attwood, Bain: Settler Histories and Indigenous Pasts: New Zealand and Australia, in: Alex Schneider, Daniel Wolf (Hgg.): The Oxford History of Historical Writing, Vol. 5: Historical Writing Since 1945, Oxford 2011, S. 594–614.
Azzi, Stephen: The Nationalist Moment in English Canada, in: Lara Campbell, Dominique Clément und Greg Kealey (Hgg.): Debating Dissent. Canada and the 1960s, Toronto, Buffalo, London 2012 (Canadian social history series), S. 213–228.
Baberowski, Jörg: Erwartungssicherheit und Vertrauen: Warum manche Ordnungen stabil sind, und andere nicht, in: Ders. (Hg.): Was ist Vertrauen? Ein interdisziplinäres Gespräch, Frankfurt a.M., New York 2014 (Eigene und fremde Welten. Repräsentationen sozialer Ordnungen im Wandel 30), S. 7–29.
Bachmann-Medick, Doris: Cultural Turns. Neuorientierungen in den Kulturwissenschaften, Reinbek bei Hamburg ³2009 (Rowohlts Enzyklopädie).
Backhouse, Constance et al.: 'Race', gender and nation in history and law, in: Diane Kirkby, Catharine Coleborne (Hgg.): Law, history, colonialism. The reach of empire, Manchester, New York 2001 (Studies in imperialism), S. 277–300
Ballantyne, Tony: Webs of Empire. Locating New Zealand's Colonial Past, Vancouver, Toronto 2012.
Barker, Fiona/ Capie, David: Identity as a Variable in Canadian and New Zealand Politics, in: Political Science 62.1 (2010), S. 3–10.
Barnes, Felicity: New Zealand's London. A Colony and its Metropolis, Auckland 2012.
Barnes, Felicity: Bringing Another Empire Alive? The Empire Marketing Board and the Construction of Dominion Identity, 1926–33, in: The Journal of Imperial and Commonwealth History, 42.1 (2014), S. 61–85.

Barnes, John: Legend, in: Richard Nile (Hg.): Australian Civilisation, Melbourne u. a. 1994, S. 41–57.
Barthes, Roland: Das semiologische Abenteuer, Frankfurt a. M. ⁸1985.
Bassett, Michael: The Mother of All Departments. The History of the Department of Internal Affairs, Auckland 1997.
Beaglehole, Ann: Immigration regulation – 1986–2003: selection on merit, abgerufen unter: https://teara.govt.nz/en/immigration-regulation/page-5, (24.6.2021).
Bebermeyer, Renate: „Krise" in der Krise. Eine Vokabel im Sog ihrer Komposita und auf dem Weg zum leeren Schlagwort, in: Muttersprache 91 (1981), S. 345–359.
Beilharz, Peter/ Cox, Lloyd: Nations and Nationalism in Australia and New Zealand, in: Gerard Delanty, Krishan Kumar (Hgg.): The SAGE Handbook of Nations and Nationalism, London u. a. 2006, S. 555–564.
Belich, James: Myth, Race and Identity in New Zealand, in: New Zealand Journal of History 31.1 (1997), S. 9–22.
Belich, James: Colonization and History in New Zealand, in: Robin W. Winks (Hg.): Historiography, Oxford 1999 (ND 2007) (The Oxford History of the British Empire 5), S. 182–193.
Belich, James: Paradise Reforged. A History of the New Zealanders. From the 1880s to the Year 2000, Honolulu 2001.
Belich, James: Replenishing the Earth. The Settler Revolution and the Rise of the Anglo-World, 1783–1939, Oxford 2009.
Bell, Claudia: Inventing New Zealand. Everyday Myths of Pakeha Identity, Auckland 1996.
Bell, Duncan: The Idea of Greater Britain. Empire and the Future of World Order, 1860–1900, Princeton, Oxford 2007.
Bell, Duncan/ Vucetic, Srdjan: Brexit, CANZUK, and the legacy of empire, in: The British Journal of Politics and International Relations 21.2 (2019), S. 367–382.
Benvenuti, Andrea/ Ward, Stuart: Britain, Europe, and the 'Other Quiet Revolution' in Canada, in: Phillip Buckner (Hg.): Canada and the End of the Empire, Vancouver, Toronto 2005, S. 165–182.
Berger, Carl: The Sense of Power. Studies in the Ideas of Canadian Imperialism 1867–1914, Toronto 1970.
Berger, Carl: The Writing of Canadian History. Aspects of English-Canadian Historical Writing since 1900, Toronto u. a. ²1986.
Berger, Carl: s.v. history and historians, in: Gerald Hallowell (Hg.): The Oxford Companion to Canadian History, Oxford 2004, S. 286–289.
Berger, Stefan: Narrating the Nation: Die Macht der Vergangenheit, in: Aus Politik und Zeitgeschichte 1.2 (2008), S. 7–13.
Berghahn, Volker: Englands Brexit und Abschied von der Welt. Zu den Ursachen des Niedergangs der britischen Weltmacht im 20. und 21. Jahrhundert, Göttingen 2021.
Bericht und Vorschläge der AG „Geschlechtergerechte Schreibung" zur Sitzung des Rats für deutsche Rechtschreibung am 16.11.2018 – Revidierte Fassung aufgrund des Beschlusses des Rats vom 16.11.2018, abgerufen unter: https://www.rechtschreibrat.com/DOX/rfdr_ 2018-11-28_anlage_3_bericht_ag_geschlechterger_schreibung.pdf, (8.7.2021).
Bhabha, Homi K.: Introduction: narrating the nation, in: Ders. (Hg.): Nation and Narration, London, New York 1990 (ND 2006), S. 1–7.
Bhabha, Homi K.: Die Verortung der Kultur, Tübingen 2011 (Stauffenburg Discussion. Studien zur Inter- und Multikultur 5).

Biedermann, Bettina: Migration und Integration, in: Dies., Heribert Dieter (Hgg.): Länderbericht Australien, Bonn 2012 (bpb 1175), S. 243–284.

Binder, Beate/ Niedermüller, Peter/ Kaschuba, Wolfgang: Inszenierungen des Nationalen – einige einleitende Bemerkungen, in: Dies. (Hgg.): Inszenierung des Nationalen. Geschichte, Kultur und die Politik der Identitäten am Ende des 20. Jahrhunderts, Köln, Weimar, Wien 2001 (alltag & kultur 7), S. 7–15.

Blake, Raymond B./ Antonishyn, Bailey: Dreams of a National Identity: Pierre Trudeau, Citizenship, and Canada Day, in: Matthew Hayday, Raymond B. Blake (Hgg.): Celebrating Canada. Vol. 1: Holidays, National Days, and the Crafting of Identities, Toronto, Buffalo, London 2016, S. 306–334.

Blok, Anton: The Narcissism of Minor Differences, in: European Journal of Social Theory 1.1 (1998), S. 33–56.

Blumenberg, Hans: Arbeit am Mythos, Frankfurt a.M. ^{6}2001 (stw 1805).

Bösch, Frank et al.: Für eine reflexive Krisenforschung – zur Einführung, in: Frank Bösch, Nicole Deitelhoff und Stefan Kroll (Hgg.): Handbuch Krisenforschung, Wiesbaden 2020, S. 3–16.

Bothwell, Robert: The Penguin History of Canada, Toronto 2006.

Bothwell, Robert/ Granatstein, J.L.: Our Century. The Canadian Journey in the Twentieth Century, Toronto 2000.

Bourdieu, Pierre: Die feinen Unterschiede. Kritik der gesellschaftlichen Urteilskraft, Frankfurt a.M. 2011 (stw 658).

Brawley, Sean: 'No "White Policy" in NZ'. Fact and Fiction in New Zealand's Asian Immigration Record, 1946–1978, in: The New Zealand Journal of History 27.1 (1993), S. 16–36.

Bridge, Carl/ Fedorowich, Kent: Mapping the British World, in: Dies.: The British World: Diaspora, Culture and Identity, London, Portland 2003, S. 1–15.

British Library: Gustav Holst: 'I vow to thee, my country', abgerufen unter: https://www.bl.uk/collection-items/holst-i-vow-to-thee-my-country, (5.6.2020).

Brown, Timothy S.: 1968. Transnational and Global Perspectives, in: Docupedia-Zeitgeschichte, 11.6.2012, abgerufen unter: http://docupedia.de/zg/1968?oldid=125618, (1.11.2017), S. 1–11.

Brownlie, Robin Jarvis: First Nations Perspectives and Historical Thinking in Canada, in: Annis May Timpson (Hg.): First Nations, First Thoughts. The Impact of Indigenous Thought in Canada, Vancouver, Toronto 2009, S. 21–50.

Browse, Mark: I vow to thee, my country, in: Ders.: O Little Town. Hymn-tunes and the places that inspired them, o.O. 2015, S. 65–72.

Brubaker, Jana: s.v. *Enola Gay* Exhibit, in: Roger Chapman (Hg.): Culture Wars. An Encyclopedia of Issues, Viewpoints, and Voices, Bd. 1, New York, London 2010, S. 161.

Bubert, Marcel/ Merten, Lydia: Medialität und Performativität. Kulturwissenschaftliche Kategorien zur Analyse von historischen und literarischen Inszenierungsformen in Expertenkulturen, in: Frank Rexroth, Theresa Schröder-Stapper (Hgg.): Experten, Wissen, Symbole. Performanz und Medialität vormoderner Wissenskulturen, Berlin, Boston 2018 (Historische Zeitschrift. Beiheft, Neue Folge 71), S. 29–68.

Buckner, Phillip/ Francis, R. Douglas: Introduction, in: Dies. (Hgg.): Canada and the British World: Culture, Migration, and Identity, Vancouver, Toronto 2006, S. 1–9.

Buckner, Phillip: Presidential Address/ Discours du Président: Whatever happened to the British Empire?, in: Journal of the Canadian Historical Association/ Revue de la Société historique du Canada 4.1 (1993), S. 3–32.

Buckner, Phillip (Hg.): Canada and the End of Empire, Vancouver, Toronto 2005.

Buckner, Phillip: Introduction, in: Ders. (Hg.): Canada and the End of Empire, Vancouver, Toronto 2005, S. 1–14.
Buckner, Phillip: The Last Great Royal Tour: Queen Elizabeth's 1959 Tour to Canada, in: Ders. (Hg.): Canada and the End of Empire, Vancouver, Toronto 2005, S. 66–93.
Buckner, Phillip: The Long Goodbye: English Canadians and the British World, in: Ders., R. Douglas Francis (Hgg.): Rediscovering the British World, Calgary 2005, S. 181–207.
Buckner, Phillip: Introduction: Canada and the British Empire, in: Ders. (Hg.): Canada and the British Empire, Oxford 2008 (The Oxford History of the British Empire. Companion Series), S. 1–21.
Buckner, Phillip: Canada and the End of Empire, 1939–1982, in: Ders. (Hg.): Canada and the British Empire, Oxford 2008 (The Oxford History of the British Empire. Companion Series), S. 107–126.
Buckner, Phillip/ Francis, R. Douglas (Hgg.): Rediscovering the British World, Calgary 2005.
Buckner, Phillip/ Francis, R. Douglas (Hgg.): Canada and the British World: Culture, Migration, and Identity, Vancouver, Toronto 2006.
Buettner, Elizabeth: Europe after Empire. Decolonization, Society, and Culture, Cambridge 2016 (New Approaches to European History).
Burgmann, Verity: Power and Protest. Movements for change in Australian society, St Leonards, NSW 1993.
Byrnes, Giselle: Introduction: Reframing New Zealand History, in: Dies. (Hg.): The New Oxford History of New Zealand, South Melbourne 2009, S. 1–18.
Cameron, David R.: To Know Ourselves: Tom Symons and Canadian Studies, in: Ralph Heintzman (Hg.): Tom Symons. A Canadian Life, Ottawa 2011, S. 169–180.
Campbell, Lara/ Clément, Dominique: Introduction: Time, Age, Myth: Towards a History of the Sixties, in: Lara Campbell, Dominique Clément und Greg Kealey (Hgg.): Debating Dissent. Canada and the 1960s, Toronto, Buffalo, London 2012 (Canadian social history series), S. 3–26.
Cannadine, David: Imperial Canada: Old History, New Problems, in: Colin M. Coates (Hg.): Imperial Canada, 1867–1917. A selection of papers given at the University of Edinburgh's Centre of Canadian Studies Conference – May 1995, Edinburgh 1997, S. 1–19.
Carlyon, Jenny/ Morrow, Diana: Changing Times. New Zealand Since 1945, Auckland 2013.
Carter, David/ Griffen-Foley, Bridget: Culture and Media, in: Alison Bashford, Stuart Macintyre (Hgg.): The Cambridge History of Australia. Vol. 2: The Commonwealth of Australia, Cambridge 2013, S. 237–262.
Cavell, Janice: Suez and After: Canada and British Policy in the Middle East, 1956–1960, in: Journal of the Canadian Historical Association/ Revue de la Société historique du Canada 18.1 (2007), S. 157–178.
Chakrabarty, Dipesh: History and the politics of recognition, in: Keith Jenkins, Sue Morgan und Alun Munslow (Hgg.): Manifestos for History, London 2007, S. 77–87.
Chakrabarty, Dipesh: Europa provinzialisieren. Postkolonialität und die Kritik der Geschichte, in: Sebastian Conrad, Shalini Randeria und Regina Römhild (Hgg.): Jenseits des Eurozentrismus. Postkoloniale Perspektiven in den Geschichts- und Kulturwissenschaften, Frankfurt a. M., New York ²2013, S. 134–162.
Champion, C. P.: A Very British Coup: Canadianism, Quebec, Ethnicity in the Flag Debate, 1964–1965, in: Journal of Canadian Studies/ Revue d'études canadiennes 40.3 (Automne/ Fall 2006), S. 68–99.
Champion, C. P.: The Strange Demise of British Canada. The Liberals and Canadian Nationalism, 1964–1968, Montreal u. a. 2010.

Chaplin, Tamara / Mooney, Jadwiga E. Pieper (Hgg.): The Global 1960s. Convention, contest, and counterculture, London, New York 2018 (Decades in Global History).

Clark, Jennifer: 'The Wind of Change' in Australia: Aborigines and the International Politics of Race, 1960–1972, in: The International History Review 20.1 (1998), S. 89–117.

Clausen, Mads: Donald Horne Finds Asia, in: David Walker, Agnieszka Sobocinska (Hgg.): Australia's Asia. From yellow Peril to Asian century, Crawley, W.A. 2012, S. 298–321.

Coates, Colin M.: French Canadians' Ambivalence to the British Empire, in: Phillip Buckner (Hg.): Canada and the British Empire, Oxford 2008 (The Oxford History of the British Empire. Companion Series), S. 181–199.

Cole, Douglas: 'The Crimson Thread of Kinship': Ethnic Ideas in Australia, 1870–1914, in: Australian Historical Studies 14.56 (1971), S. 511–525.

Cole, Douglas: The Problem of "Nationalism" and "Imperialism" in British Settlement Colonies, in: Journal of British Studies 10.2 (1971), S. 160–182.

Connors, Jane: Royal Visits to Australia, Canberra 2015.

Conrad, Margaret: A Concise History of Canada, Cambridge 2012 (Cambridge Concise Histories).

Conrad, Sebastian: Globalgeschichte. Eine Einführung, München 2013.

Coombes, Annie E.: Memory and history in settler colonialism, in: Dies. (Hg.): Rethinking settler colonialism. History and memory in Australia, Canada, Aotearoa New Zealand and South Africa, Manchester, New York 2006 (Studies in imperialism), S. 1–12.

Coops, Lorraine: 'One Flag, One Throne, One Empire': The IODE, the Great Flag Debate, and the End of Empire, in: Phillip Buckner (Hg.): Canada and the End of Empire, Vancouver, Toronto 2005, S. 251–271.

Courville, Serge: Part of the British Empire, Too: French Canada and Colonization Propaganda, in: Phillip Buckner, R. Douglas Francis (Hgg.): Canada and the British World: Culture, Migration, and Identity, Vancouver, Toronto 2006, S. 129–141.

Curran, James: "The Thin Dividing Line": Prime Ministers and the Problem of Australian Nationalism, 1972–1996, in: Australian Journal of Politics and History 48.4 (2002), S. 469–486.

Curran, James: The Power of Speech. Australian Prime Ministers defining the national image, Melbourne ²2006.

Curran, James: 'Australia Should Be There'. Expo '67 and the Search for a New National Image, in: Australian Historical Studies 39.1 (2008), S. 72–90.

Curran, James: Australia at empire's end. Approaches and arguments, in: History Australia. Journal of the Australian Historical Association 10.3 (2013), S. 23–35.

Curran, James/ Ward, Stuart: The Unknown Nation. Australia After Empire, Melbourne 2010.

Curthoys, Ann: Does Australian History Have a Future?, in: Australian Historical Studies 33.118 (2002), S. 140–152.

Curthoys, Ann: Indigenous Subjects, in: Deryck M. Schreuder, Stuart Ward (Hgg.): Australia's Empire, Oxford u.a. 2008 (The Oxford History of the British Empire. Companion Series), S. 78–102.

Curthoys, Ann: White, British, and European: historicising identity in settler societies, in: Jane Carey, Claire McLisky (Hgg.): Creating White Australia, Sydney 2009, S. 3–24.

Darian-Smith, Kate: Indigenes Australien – von der britischen Besiedelung bis zur Gegenwart, in: Bettina Biedermann, Heribert Dieter (Hgg.): Länderbericht Australien, Bonn 2012 (bpb 1175), S. 93–125.

Darwin, John: The End of the British Empire. The Historical Debate, Oxford 1991 (ND 1995) (Making Contemporary Britain).
Darwin, John: Decolonization and the End of Empire, in: Robin W. Winks (Hg.): Historiography, Oxford 2007 (The Oxford History of the British Empire, Bd. V), S. 541–557.
Darwin, John: Das unvollendete Weltreich. Aufstieg und Niedergang des Britischen Empire 1600–1997, Frankfurt a. M., New York 2013.
Darwin, John: Die britische Erinnerung an das Empire: Eine vorläufige Betrachtung, in: Dietmar Rothermund (Hg.): Erinnerungskulturen post-imperialer Nationen, Baden-Baden 2015, S. 29–55.
Darwin, John: Last Days of Empire, in: Miguel Bandeira Jerónimo, António Costa Pinto (Hgg.): The Ends of European Colonial Empires. Cases and Comparisons, Basingstoke u. a. 2015, S. 268–277.
Davis, Alexander: India and the Anglosphere. Race, Identity and Hierarchy in International Relations, Milton 2019 (ASAA South Asian Series 4).
Davison, Graeme: The Use and Abuse of Australian History, St Leonards, NSW 2000.
Davison, Graeme: s.v. Blainey, Geoffrey Norman, in: Ders., John Hirst und Stuart Macintyre (Hgg.): The Oxford Companion to Australian History, Oxford 2001, S. 74–76.
Davison, Graeme: s.v. Bush, in: Ders., John Hirst und Stuart Macintyre (Hgg.): The Oxford Companion to Australian History, Oxford 2001, S. 98 f.
Davison, Graeme: s.v. Cultural Cringe, in: Ders., John Hirst und Stuart Macintyre (Hgg.): The Oxford Companion to Australian History, Oxford 2001, S. 165.
Davison, Graeme: s.v. Frontier, in: Ders., John Hirst und Stuart Macintyre (Hgg.): The Oxford Companion to Australian History, Oxford 2001, S. 272 f.
Davison, Graeme: s.v. Lawson, Henry Archibald, in: Ders., John Hirst und Stuart Macintyre (Hgg.): The Oxford Companion to Australian History, Oxford 2001, S. 384 f.
Day, David: The Great Betrayal. Britain, Australia & the Onset of the Pacific War 1939–42, Melbourne 1988.
Day, David: Reluctant Nation. Australia and the Allied Defeat of Japan 1942–1945, Oxford 1992.
Denoon, Donald: Re-Membering Australasia: A repressed memory, in: Australian Historical Studies 34.122 (2003), S. 290–304.
Denoon, Donald/ Mein Smith, Philippa: A History of Australia, New Zealand and the Pacific, Malden u. a. 2000.
Derby, Mark: Cultural go-betweens – Artistic and academic go-betweens (Ranginui Walker), in: Te Ara – The Encyclopedia of New Zealand, abgerufen unter: https://teara.govt.nz/en/photograph/26812/ranginui-walker, (2.6.2020).
Dieter, Heribert: Das politische System des Australischen Bundes, in: Bettina Biedermann, Heribert Dieter (Hgg.): Länderbericht Australien, Bonn 2012 (bpb 1175), S. 127–165.
Dieter, Heribert: Zeitleiste. Australien von der ersten Besiedelung bis zur Gegenwart, in: Bettina Biedermann, Heribert Dieter (Hgg.): Länderbericht Australien, Bonn 2012 (bpb 1175), S. 418–435.
Dipper, Christof/ Raphael, Lutz: „Raum" in der Europäischen Geschichte. Einleitung, in: Journal of Modern European History 9.1 (2011), S. 27–41.
Doering-Manteuffel, Anselm: Amerikanisierung und Westernisierung, in: Docupedia-Zeitgeschichte, 18.1.2011, abgerufen unter: http://docupedia.de/zg/Amerikanisierung_und_Westernisierung, (12.7.2019), S. 1–13.

Doering-Manteuffel, Anselm: Konturen von ‚Ordnung' in den Zeitschichten des 20. Jahrhunderts, in: Ders.: Konturen von Ordnung. Ideengeschichtliche Zugänge zum 20. Jahrhundert, hgg. von Julia Angster u. a., Berlin, Boston 2019 (Ordnungssysteme 54), S. 3–32.

Doering-Manteuffel, Anselm/ Raphael, Lutz: Nach dem Boom. Perspektiven auf die Zeitgeschichte seit 1970, Göttingen ³2012.

Doig, Jack: Nationalist Rhetoric in Australia and New Zealand in the Twentieth Century: The limits of divergence, Dissertation, Queensland 2013.

Doig, Jack: New Nationalism in Australia and New Zealand: the Construction of National Identities by Two Labo(u)r Governments in the Early 1970s, in: Australian Journal of Politics and History 59.4 (2013), S. 559–575.

Doig, Jack: The Australian and New Zealand governments' responses to Britain's decline in the 1960s: Identity, geopolitics and the end of Empire, in: Journal of New Zealand & Pacific Studies 1.1 (2013), S. 41–54.

Donington, Katie: Relics of Empire? Colonialism and the Culture Wars, in: Stuart Ward, Astrid Rasch (Hgg.): Embers of Empire in Brexit Britain, London u. a. 2019, S. 121–131.

Doyle, Helen: s.v. Larrikins, in: Graeme Davison, John Hirst und Stuart Macintyre (Hgg.): The Oxford Companion to Australian History, Oxford 2001, S. 382.

Doyle, Helen: s.v. Pommy, in: Graeme Davison, John Hirst und Stuart Macintyre (Hgg.): The Oxford Companion to Australian History, Oxford 2001, S. 520.

Doyle, Helen: s.v. 'Waltzing Matilda', in: Graeme Davison, John Hirst und Stuart Macintyre (Hgg.): The Oxford Companion to Australian History, Oxford 2001, S. 674.

Duara, Prasenjit: Introduction: The Decolonization of Asia and Africa in the Twentieth Century, in: Ders. (Hg.): Decolonization: Perspectives from Now and Then, London 2004 (Rewriting histories), S. 1–18.

Durrant, Martin: Arts funding and support – Government's developing role, in: Te Ara – The Encyclopedia of New Zealand, abgerufen unter: https://teara.govt.nz/en/arts-funding-and-support, (21.8.2019).

Easton, Brian: Norman Kirk 1923–1974, in: Ders.: The Nationbuilders, Auckland 2001, S. 179–195.

Ebke, Almuth: Britishness. Die Debatte über nationale Identität in Grossbritannien, 1967 bis 2008, Berlin, Boston 2019 (Studien zur Ideengeschichte der Neuzeit 55).

Eckel, Jan: Verschlungene Wege zum Ende der Apartheid. Südafrika in der internationalen Menschenrechtspolitik 1945–1994, in: Zeithistorische Forschungen/ Studies in Contemporary History 13 (2016), S. 306–313.

Eckel, Jan: Vielschichtiger Konflikt und transnationale Steuerung. Zur Neuinterpretation der Geschichte internationaler Politik zwischen den 1940er- und 1990er Jahren, in: Archiv für Sozialgeschichte 57 (2017), S. 497–535.

Eckert, Andreas: Die Verdammten dieser Erde, abgerufen unter: http://www.bpb.de/gesellschaft/bildung/filmbildung/193512/frantz-fanon-die-verdammten-dieser-erde, (17.9.2019).

Edwardson, Ryan: "Kicking Uncle Sam out of the Peaceable Kingdom": English-Canadian 'New Nationalism' and Americanization, in: Journal of Canadian Studies/ Revue d'études canadiennes 37.4 (Winter/ Hiver 2002–2003), S. 131–150.

Edwardson, Ryan: Canadian Content. Culture and the Quest for Nationhood, Toronto, Buffalo, London 2008 (ND 2012).

English, John: The Worldly Years. The Life of Lester Pearson, Vol. II: 1949–1972, New York u. a. 1992.

Erikson, Erik H.: Childhood and Society, New York 1950.

Erll, Astrid: s.v. British Empire, in: Stephanie Wodianka, Juliane Ebert (Hgg.): Metzler Lexikon moderner Mythen. Figuren, Konzepte, Ereignisse, Stuttgart, Weimar 2014, S. 63–67.

Fechner, Fabian et al.: „We are gambling with our survival." Bedrohungskommunikation als Indikator für bedrohte Ordnungen, in: Ewald Frie, Mischa Meier (Hgg.): Aufruhr – Katastrophe – Konkurrenz – Zerfall, Tübingen 2014 (Bedrohte Ordnungen 1), S. 141–173.

Finlay, Karen A.: The Force of Culture. Vincent Massey and Canadian Sovereignty, Toronto, Buffalo, London 2004.

Foucault, Michel: Archäologie des Wissens, Frankfurt a. M. 1981 (stw 356).

Foucault, Michel: Andere Räume, in: Karlheinz Barck u. a. (Hgg.): Aisthesis. Wahrnehmung heute oder Perspektiven einer anderen Ästhetik, Leipzig⁶1998 (Reclam Bibliothek 1352), S. 34–46.

Francis, Daniel: National Dreams. Myth, Memory, and Canadian History, Vancouver⁴2005.

Francis, Mark: Writings on Colonial New Zealand. Nationalism and intentionality, in: Andrew Sharp, Paul McHugh (Hgg.): Histories, Power, and Loss. Uses of the Past – A New Zealand Commentary, Wellington 2001, S. 165–245.

Francis, R. Douglas: Historical Perspectives on Britain: The Ideas of Canadian Historians Frank H. Underhill and Arthur R. M. Lower, in: Phillip Buckner, R. Douglas Francis (Hgg.): Canada and the British World: Culture, Migration, and Identity, Vancouver, Toronto 2006, S. 309–321.

Frie, Ewald: „History Wars". Geschichtspolitik, Geschichtswissenschaft und Geschichtskultur in Australien, in: Christoph Marx (Hg.): Bilder nach dem Sturm. Wahrheitskommissionen und historische Identitätsstiftung zwischen Staat und Zivilgesellschaft, Berlin 2007 (Periplus Studien 12), S. 122–144.

Frie, Ewald: Einmal Europa und zurück? Australien und Neuseeland, in: Helmut Konrad, Monika Stromberger (Hgg.): Die Welt im 20. Jahrhundert nach 1945, Wien 2010 (Globalgeschichte. Die Welt 1000–2000), S. 337–359.

Frie, Ewald/ Meier, Mischa: Bedrohte Ordnungen. Gesellschaften unter Stress im Vergleich, in: Dies. (Hgg.): Aufruhr – Katastrophe – Zerfall. Bedrohte Ordnungen als Thema der Kulturwissenschaften, Tübingen 2014 (Bedrohte Ordnungen 1), S. 1–27.

Frie, Ewald/ Nieswand, Boris: „Bedrohte Ordnungen" als Thema der Kulturwissenschaften. Zwölf Thesen zur Begründung eines Forschungsbereiches, in: Journal of Modern European History 15.1 (2017), S. 5–15.

Füssel, Marian/ Neu, Tim: Doing Discourse. Diskursiver Wandel aus praxeologischer Perspektive, in: Marian Füssel (Hg.): Diskursiver Wandel, Wiesbaden 2010, S. 213–235.

Galligan, Brian: Australian Citizenship in a Changing Nation and World, in: Jatinder Mann (Hg.): Citizenship in Transnational Perspective. Australia, Canada, and New Zealand, Cham 2017, S. 79–96.

Gassert, Philipp: Amerikanismus, Antiamerikanismus, Amerikanisierung. Neue Literatur zur Sozial-, Wirtschafts- und Kulturgeschichte des amerikanischen Einflusses in Deutschland und Europa, in: Archiv für Sozialgeschichte 39 (1999), S. 531–561.

Gentry, Kynan: History, heritage, and colonialism. Historical consciousness, Britishness, and cultural identity in New Zealand, 1870–1940, Manchester 2015.

Gibbons, Peter: Cultural Colonization and National Identity, in: New Zealand Journal of History 36.1 (2002), S. 5–17.

Gibbons, Peter: The Far Side of the Search for Identity. Reconsidering New Zealand History, in: New Zealand Journal of History 37.1 (2003), S. 1–10.

Gibson, Lisanne: The Uses of Art. Constructing Australian Identities, Queensland 2001.

Giddens, Anthony: Tradition in der post-traditionalen Gesellschaft, in: Soziale Welt 44.4 (1993), S. 445–485.
Gillis, John R.: Memory and Identity: The History of a Relationship, in: Ders. (Hg.): Commemorations: The Politics of National Identity, Princeton ²1996, S. 3–24.
Goldsworthy, David: Losing the Blanket. Australia and the End of Britain's Empire, Melbourne 2002.
Goodman, David: s.v. Eureka Stockade, in: Graeme Davison, John Hirst und Stuart Macintyre (Hgg.): The Oxford Companion to Australian History, Oxford 2001, S. 229–232.
Graham, David/ New, Laura: Sea to shining Sea. Millions journeyed through Canada's past aboard the Confederation Train, in: Quebec Heritage 4.4 (2007), S. 18 f.
Grant, David: The Mighty Totara. The Life and Times of Norman Kirk, Auckland 2014.
Griffith, Jane: One Little, Two Little, Three Canadians: The Indians of Canada Pavilion and Public Pedagogy, Expo 1967, in: Journal of Canadian Studies/ Revue d'études canadiennes 49.2 (2015), S. 171–204.
Haebich, Anna/ Kinnane, Steve: Indigenous Australia, in: Alison Bashford, Stuart Macintyre (Hgg.): The Cambridge History of Australia. Vol. 2: The Commonwealth of Australia, Cambridge 2013, S. 332–357.
Hall, Stuart: The West and the Rest: Discourse and Power, in: Ders., Bram Gieben (Hgg.): Formations of Modernity, Oxford 1992, S. 275–335.
Hall, Stuart: Wer braucht „Identität"?, in: Ders.: Ideologie. Identität. Repräsentation. Ausgewählte Schriften 4, hgg. von Juha Koivisto und Andreas Merkens, Hamburg 2004, S. 167–187.
Hall, Stuart: Alte und neue Identitäten, alte und neue Ethnizitäten, in: Ders.: Rassismus und kulturelle Identität. Ausgewählte Schriften 2, hgg. von Ulrich Mehlem et al., Hamburg 2012, S. 66–87.
Hall, Stuart: Die Frage der kulturellen Identität, in: Ders.: Rassismus und kulturelle Identität. Ausgewählte Schriften 2, hgg. von Ulrich Mehlem et al., Hamburg 2012, S. 180–222.
Hall, Stuart: Wann gab es „das Postkoloniale"?: Denken an der Grenze, in: Sebastian Conrad, Shalini Randeria und Regina Römhild (Hgg.): Jenseits des Eurozentrismus. Postkoloniale Perspektiven in den Geschichts- und Kulturwissenschaften, Frankfurt a.M., New York ²2013, S. 197–223.
Hamilton, William: Canada's Story: Canadian Identity and the Journal of Canadian Studies, in: Past Tense. Graduate Review of History 1.1 (2012), S. 84–104.
Hammerton, A. James/ Thomson, Alistair: Ten Pound Poms. Australia's invisible migrants, Manchester, New York 2005.
Haskell, Dennis: Slessor, Kenneth Adolf (1901–1971), in: Australian Dictionary of Biography, abgerufen unter: http://adb.anu.edu.au/biography/slessor-kenneth-adolf-11712, (10.5.2020).
Hausen, Maike: Reviewing Britain's Presence East of Suez. Australian, Canadian and New Zealand Foreign Policy Considerations Surrounding Southeast Asia, 1956–1971, Tübingen 2022 (Bedrohte Ordnungen 17).
Hayward, Janine: Biculturalism, in: Te Ara – The Encyclopedia of New Zealand, abgerufen unter: https://teara.govt.nz/en/biculturalism, (21.8.2017).
Heale, M.J.: The Sixties as History: A Review of the Political Historiography, in: Review in American History 33.1 (2005), S. 133–152.
Heer, Sebastian: Politischer Mythos, Legitimität und Ordnungskonstruktion, in: Werner J. Patzelt (Hg.): Die Machbarkeit politischer Ordnung. Transzendenz und Konstruktion, Bielefeld 2013, S. 99–125.

Hein-Kircher, Heidi: Politische Mythen, in: Aus Politik und Zeitgeschichte 11 (2007), S. 26–31.
Hilliker, John/ Donaghy, Greg: Canadian Relations with the United Kingdom at the End of Empire, 1956–73, in: Phillip Buckner (Hg.): Canada and the End of Empire, Vancouver, Toronto 2005, S. 25–46.
Hillmer, Norman/ Granatstein, J.L.: Empire to Umpire: Canada and the World to the 1990s, Toronto 1994.
Hirschhausen, Ulrike von: Diskussionsforum. A New Imperial History? Programm, Potenzial, Perspektiven, in: Geschichte und Gesellschaft 41 (2015), S. 718–757.
Hirschhausen, Ulrike von/ Leonhard, Jörn: Zwischen Historisierung und Globalisierung: Titel, Themen und Trends der neueren Empire-Forschung, in: Neue Politische Literatur. Berichte über das internationale Schrifttum 56.1 (2011), S. 389–404.
Hirst, John: s.v. Egalitarianism, in: Graeme Davison, John Hirst und Stuart Macintyre (Hgg.): The Oxford Companion to Australian History, Oxford 2001 (rev. ed.), S. 210f.
Hobsbawm, Eric: Inventing Traditions, in: Ders., Terence Ranger (Hgg.): The Invention of Tradition, Cambridge 1983, S. 1–14.
Hoerder, Dirk: From the Study of Canada to Canadian Studies. To Know Our Many Selves Changing Across Time and Space, Augsburg 2005 (Beiträge zur Kanadistik. Schriftenreihe der Gesellschaft für Kanada-Studien 13).
Hoerder, Dirk: Kanadischer Multikulturalismus. Einwanderung und Einwanderungspolitik, in: Ursula Lehmkuhl (Hg.): Länderbericht Kanada, Bonn 2018 (bpb 10200), S. 425–449.
Hopkins, A.G.: Rethinking Decolonization, in: Past and Present 200.1 (2008), S. 211–247.
Hopkins, A.G.: Globalisation and Decolonisation, in: The Journal of Imperial and Commonwealth History 45.5 (2017), S. 729–745.
Hopkins, A.G.: American Empire. A Global History, Princeton, Oxford 2018.
Howe, Stephen: The Slow Death and Strange Rebirths of Imperial History. Rez. zu *The Oxford History of the British Empire 5*, hg. von Robin W. Winks, in: The Journal of Imperial and Commonwealth History 29.2 (2001), S. 131–141.
Howe, Stephen: Introduction: New Imperial Histories, in: Ders. (Hg.): The New Imperial Histories Reader, London, New York 2010 (Routledge Readers in History), S. 1–20.
Hudon, Raymond: s.v. Vallières, Pierre, in: Gerald Hallowell (Hg.): The Oxford Companion to Canadian History, Oxford 2004, S. 640.
Hulme, Peter: Including America, in: Ariel. A Review of International English Literature 26.1 (1995), S. 117–123.
Igartua, José E.: The Other Quiet Revolution. National Identities in English Canada, 1945–71, Vancouver, Toronto 2006.
Igartua, José E.: The Sixties in Quebec, in: Lara Campbell, Dominique Clément und Greg Kealey (Hgg.): Debating Dissent. Canada and the 1960s, Toronto, Buffalo, London 2012 (Canadian social history series), S. 249–339.
Inglis, K.S.: Multiculturalism and national identity, in: Ders.: Observing Australia 1959–1999, hg. von Craig Wilcox, Melbourne 1999, S. 186–218.
Inglis, K.S.: Sacred Places. War Memorials in the Australian Landscape, Melbourne ³2008.
Irving, Helen: s.v. Citizenship, in: Graeme Davison, John Hirst und Stuart Macintyre (Hgg.): The Oxford Companion to Australian History, Oxford 2001, S. 126f.
Jameson, Frederic: Periodizing the 60s [1984], in: Ders.: The Ideologies of Theory. Essays 1971–1986, Vol. 2: The Syntax of History, Minneapolis ²1989 (Theory and History of Literature 49), S. 178–208.

Jansen, Jan C./ Osterhammel, Jürgen: Dekolonisation. Das Ende der Imperien, München 2013 (bsr 2785).
Jeffery, Keith: The Second World War, in: Judith M. Brown, Wm. Roger Louis (Hgg.): The Twentieth Century, Oxford, New York 1999 (The Oxford History of the British Empire 4), S. 306–328.
Johnson, Gregory A.: The Last Gasp of Empire: The 1964 Flag Debate Revisited, in: Phillip Buckner (Hg.): Canada and the End of Empire, Vancouver, Toronto 2005, S. 232–250.
Kalayci, Suzan Meryem: Interview with Professor Jay Winter, in: Tarih 1.1 (2009), S. 29–36.
Kenneally, Rhona Richman/ Sloan, Johanne: Introduction: Dusting Off the Souvenir, in: Dies. (Hgg.): Expo 67. Not Just a Souvenir, Toronto, Buffalo, London 2010, S. 3–24.
Keppler, Angela: Ambivalenzen der Kulturindustrie, in: Richard Klein, Johann Kreuzer und Stefan Müller-Doohm (Hgg.): Adorno-Handbuch. Leben – Werk – Wirkung, Stuttgart ²2019, S. 307–315.
Keupp, Heiner et al.: Identitätskonstruktionen. Das Patchwork der Identitäten in der Spätmoderne, Hamburg ⁴2008.
Khalfani, Akil K. et al.: Population Statistics, in: Tukufu Zuberi, Amson Sibanda und Eric Udjo (Hgg.): The Demography of South Africa, London, New York 2005, S. 3–39.
King, Michael: The Penguin History of New Zealand, Auckland 2003.
Kivisto, Peter: Multiculturalism in a Global Society, Oxford 2002.
Knightley, Phillip: Australia. A Biography of a Nation, London 2000.
Knoblauch, Hubert: Wissenssoziologie, Konstanz ³2014 (UTB 2719).
Kobayashi, Audrey: Multiculturalism: Representing a Canadian Institution, in: James Duncan, David Ley (Hgg.): Place/ Culture/ Representation, London, New York 1993 (ND 1997), S. 205–231.
Koch, Sebastian: Biculturalism, multiculturalism, and indigeneity as a strategy of *memoria*. Canada and Australia defining themselves in times of threat, in: Renate Dürr (Hg.): Threatened Knowledge. Practices of Knowing and Ignoring from the Middle Ages to the Twentieth Century, London, New York 2022 (Knowledge Societies in History), S. 152–178.
Koelsch, Stefan: Gehirn und Musik: Ein neurokognitives Modell der Musikverarbeitung, in: Enzyklopädie der Psychologie. Affektive und Kognitive Neurowissenschaft (Kognition 5), Göttingen u. a. 2013, S. 281–306.
Koschorke, Albrecht: Wahrheit und Erfindung. Grundzüge einer Allgemeinen Erzähltheorie, Frankfurt a. M. ⁴2017.
Koselleck, Reinhart: Zeitschichten, in: Ders.: Zeitschichten. Studien zur Historik, Frankfurt a. M. ⁴2015 (stb 1656), S. 19–26.
Kristensen, Jeppe: "In Essence still a British Country": Britain's withdrawal from East of Suez, in: Australian Journal of Politics & History 51.1 (2005), S. 40–52.
Kumar, Ashok: Patrick White's Contribution to Australian Literature: A Tribute to the Nobel Laureate, in: Jaydeep Sarangi, Binod Mishra (Hgg.): Explorations in Australian Literature, New Delhi 2006, S. 142–152.
Lammert, Christian: Nationale Bewegungen in Québec und Korsika 1960–2000, Frankfurt a. M., New York 2004 (Nordamerikastudien 22).
Landwehr, Achim: Das Sichtbare sichtbar machen. Annäherungen an ‚Wissen' als Kategorie historischer Forschung, in: Ders. (Hg.): Geschichte(n) der Wirklichkeit. Beiträge zur Sozial- und Kulturgeschichte des Wissens, Augsburg 2002 (Documenta Augustana 11), S. 61–89.
Landwehr, Achim: Historische Diskursanalyse, Frankfurt, New York ²2009.

Langewiesche, Dieter: Was heißt Erfindung der Nation? Nationalgeschichte als Artefakt – oder Geschichtsdeutung als Machtkampf, in: Historische Zeitschrift 277.1 (2003), S. 593–617.

Langewiesche, Dieter: Der gewaltsame Lehrer. Europas Kriege in der Moderne, München 2019.

Lehmkuhl, Ursula: Das „Peaceable Kingdom": Kanada in der internationalen Staatengemeinschaft, 1945–2016, in: Dies. (Hg.): Länderbericht Kanada, Bonn 2018 (bpb 10200), S. 522–550.

Lehmkuhl, Ursula: Der kanadische Dualismus: Franko- und anglophone Politik und Gesellschaft, in: Dies. (Hg.): Länderbericht Kanada, Bonn 2018 (bpb 10200), S. 114–122.

Leitner, Gerhard: Australia's Many Voices. Australian English – The National Language, Berlin, New York 2004.

Leonhard, Jörn: Introduction. The *Longue Durée* of Empire. Toward a Comparative Semantics of a Key Concept in Modern European History, in: Contributions to the History of Concepts 8.1 (2013), S. 1–25.

Lietzmann, Hans J.: Kulturen politischer Partizipation. Hermeneutische und historische Perspektiven, in: Wolfgang Bergem, Paula Diehl und Hans J. Lietzmann (Hgg.): Politische Kulturforschung Reloaded. Neue Theorien, Methoden und Ergebnisse, Bielefeld 2019, S. 15–38.

Litt, Paul: The Massey Commission, Americanization and Canadian Cultural Nationalism, in: Queen's Quarterly 98.2 (1991), S. 375–387.

Litt, Paul: The Muses, the Masses, and the Massey Commission, Toronto, Buffalo, London 1992.

Litt, Paul: Trudeaumania, Vancouver, Toronto 2016.

Liu, James H.: History and Identity: A System of Checks and Balances for Aotearoa/ New Zealand, in: Ders. et al. (Hgg.): New Zealand Identities, Departures and Destinations, Wellington 2005, S. 69–87.

López, Alfred J.: Introduction: Whiteness after Empire, in: Ders. (Hg.): Postcolonial Whiteness. A Critical Reader on Race and Empire, New York 2005, S. 1–30.

Louis, Wm. Roger: Introduction, in: Judith M. Brown, Wm. Roger Louis (Hgg.): The Twentieth Century, Oxford, New York 1999 (The Oxford History of the British Empire 4), S. 1–46.

Macdonald, Sonja: Expo 67, Canada's National Heterotopia: A Study of the Transformative Role of International Exhibitions in Modern Society, M.A. Thesis, Carleton University, Ottawa 2003.

Macintyre, Stuart: s.v. Old Left, in: Graeme Davison, John Hirst und Stuart Macintyre (Hgg.): The Oxford Companion to Australian History, Oxford 2001, S. 482.

Macintyre, Stuart: History Wars and the Imperial Legacy in the Settler Societies, in: Phillip Buckner, R. Douglas Francis (Hgg.): Rediscovering the British World, Calgary 2005, S. 381–397.

Macintyre, Stuart: A Concise History of Australia, Cambridge ³2009 (Cambridge Concise Histories).

Macintyre, Stuart: Historical Writing in Australia and New Zealand, in: Ders., Juan Maiguashca und Attila Pók (Hgg.): The Oxford History of Historical Writing, Vol. 4: 1800–1945, Oxford 2011, S. 410–427.

Macintyre, Stuart/ Clark, Anna: The History Wars, Melbourne 2003 (ND 2004).

MacKenzie, David: Canada, the North Atlantic, and the Empire, in: Judith M. Brown, Wm. Roger Louis (Hgg.): The Twentieth Century, Oxford, New York 1999 (The Oxford History of the British Empire 4), S. 574–596.

Mackey, Eva: The House of Difference. Cultural Politics and National Identity in Canada, Toronto, Buffalo, London 2008.

Mackinnon, Alison: s.v. Gender relations, in: Graeme Davison, John Hirst und Stuart Macintyre (Hgg.): The Oxford Companion to Australian History, Oxford 2001, S. 279f.

Mann, Jatinder: The introduction of multiculturalism in Canada and Australia, 1960s–1970s, in: Nations and Nationalism 18.3 (2012), S. 483–503.

Mann, Jatinder: "Leaving British Traditions": Integration Policy in Australia, 1962–1972, in: Australian Journal of Politics and History 59.1 (2013), S. 47–62.

Mann, Jatinder: The Search for a New National Identity. The Rise of Multiculturalism in Canada and Australia, 1890s–1970s, New York u.a. 2016 (Interdisciplinary Studies in Diasporas 2).

Mann, Jatinder: The end of the British World and the redefinition of citizenship in Aotearoa New Zealand, 1950s–1970s, in: National Identities (September 2017), abgerufen unter: https://doi.org/10.1080/14608944.2017.1369019, (11.11.2017), S. 1–17.

Mann, Jatinder: The Redefinition of Citizenship in Canada, 1950s–1970s, in: Ders. (Hg.): Citizenship in Transnational Perspective. Australia, Canada, and New Zealand, Cham 2017 (Politics of Citizenship and Migration), S. 97–115.

Martel, Marcel: s.v. Quiet Revolution, in: Gerald Hallowell (Hg.): The Oxford Companion to Canadian History, Oxford 2004, S. 526.

Marwick, Arthur: The Sixties. Cultural Revolution in Britain, France, Italy, and the United States, c.1958–c.1974, Oxford, New York 1998.

Marx, Karl: Der achtzehnte Brumaire des Louis Bonaparte, Frankfurt a.M. 2007 (stb 3).

Massolin, Philip: Canadian Intellectuals, the Tory Tradition and the Challenge of Modernity, 1939–1970, Toronto, Buffalo, London 2001.

May, Markus: Die Aktualität des Mythischen und „der Absolutismus der Wirklichkeit": Hans Blumenbergs *Arbeit am Mythos*, in: Rudolf Freiburg, Markus May und Roland Spiller (Hgg.): Kultbücher, Würzburg 2004, S. 101–116.

McCalla, Douglas: s.v. staples thesis, in: Gerald Hallowell (Hg.): The Oxford Companion to Canadian History, Oxford 2004, S. 597.

McCrindle, Mark/ Wolfinger, Emily: The ABC of XYZ. Understanding the Global Generations, Chicago 2011.

McCrone, David: The Sociology of Nationalism. Tomorrow's ancestors, London, New York 1998 (International Library of Sociology).

McIntyre, David W.: The Strange Death of Dominion Status, in: The Journal of Imperial and Commonwealth History 27.3 (1999), S. 193–212.

McKenna, Mark: 'I Wonder Whether I belong'. Manning Clark and the Politics of Australian History 1970–2000, in: Australian Historical Studies 34.122 (2003), S. 364–383.

McKenna, Mark: An Eye for Eternity. The life of Manning Clark, Carlton, Vic. 2011.

McKenna, Mark: The history anxiety, in: Alison Bashford, Stuart Macintyre (Hgg.): The Cambridge History of Australia. Vol. 2: The Commonwealth of Australia, Cambridge 2013, S. 561–580.

McKenzie, Francine: Redefining the Bonds of Commonwealth, 1939–1948. The Politics of Preference, Houndmills 2002 (Cambridge Imperial and Post-Colonial Studies Series).

McKenzie, Francine: In the National Interest: Dominions' Support for Britain and the Commonwealth after the Second World War, in: The Journal of Imperial and Commonwealth History 34.4 (2006), S. 553–576.
Meaney, Neville: The End of 'White Australia' and Australia's Changing Perceptions of Asia, 1945–1990, in: Australian Journal of International Affairs 49.2 (1995), S. 171–189.
Meaney, Neville: Britishness and Australian Identity. The Problem of Nationalism in Australian History and Historiography, in: Australian Historical Studies, 32.116 (2001), S. 76–90.
Meaney, Neville: Britishness and Australia. Some Reflections, in: Carl Bridge, Kent Fedorowich (Hgg.): The British World: Diaspora, Culture and Identity, London 2003, S. 121–135.
Meaney, Neville: 'In History's Page': Identity and Myth, in: Deryck M. Schreuder, Stuart Ward (Hgg.): Australia's Empire, Oxford u.a. 2008 (The Oxford History of the British Empire. Companion Series), S. 363–387.
Meaney, Neville: Australia and the Wider World: Selected Essays of Neville Meaney, hgg. von James Curran und Stuart Ward, Sydney 2013.
Mein Smith, Philippa: A Concise History of New Zealand, Cambridge 2012 (Cambridge Concise Histories).
Mein Smith, Philippa: The 'NZ' in Anzac: different remembrance and meaning, in: First World War Studies. Journal of the International Society for First World War Studies 7.2 (2016), S. 193–211.
Mein Smith, Philippa/ Hempenstall, Peter: Australia and New Zealand: Turning Shared Pasts into a Shared History, in: History Compass 1 (2003), S. 1–10.
Meredith, Paul: Urban Māori – Urbanisation, in: Te Ara – The Encyclopedia of New Zealand, abgerufen unter: https://teara.govt.nz/en/graph/3571/maori-urbanisation-1926-86, (17.7. 2019).
Merlan, Francesca: Indigeneity. Global and Local, in: Current Anthropology 50.3 (2009), S. 303–333.
Mitcham, John C.: Race and Imperial Defence in the British World, 1870–1914, Cambridge 2016.
Mitchell, James: Immigration and National Identity in 1970s New Zealand, Dissertation, Otago 2003.
Moody, John: Past Attempts to Change New Zealand's Flag, in: The XIX International Congress of Vexillology. Proceedings, York, England, 23–27 July 2001, 2009 (Flag Institute), S. 47–50.
Moore, Bruce: s.v. larrikin, in: Ders. (Hg.): The Australian Oxford Dictionary, Melbourne, Oxford 1999, S. 755.
Moran, Anthony: As Australia decolonizes: indigenizing settler nationalism and the challenge of settler/ indigenous relations, in: Ethnic and Racial Studies 25.6 (2002), S. 1013–1042.
Moran, Anthony: The Public Life of Australian Multiculturalism. Building a Diverse Nation, Cham 2017.
Morgan, Cecilia: Building Better Britains? Settler Societies in the British World, 1783–1920, Toronto 2017 (International Themes and Issues 4).
Müller-Doohm, Stefan: Theodor W. Adorno und die Kultursoziologie, in: Stephan Moebius, Frithjof Nungesser und Katharina Scherke (Hgg.): Handbuch Kultursoziologie, Bd. 1: Begriffe – Kontexte – Perspektiven – Autor_innen, Wiesbaden 2019 (Springer Reference Sozialwissenschaften), S. 333–342.
Mulsow, Martin: Prekäres Wissen. Eine andere Ideengeschichte der Frühen Neuzeit, Berlin 2012.

Munro, Doug: Rez. zu John Thompsons *The Patrician and the Bloke: Geoffrey Serle and the Making of Australian History*, in: New Zealand Journal of History 42.1 (2008), S. 128 f.

Murihead, Bruce: Customs Valuations and Other Irritants: The Continuing Decline of Anglo-Canadian Trade in the 1960s, in: Phillip Buckner (Hg.): Canada and the End of Empire, Vancouver, Toronto 2005, S. 133–150.

Murphy, Philip: Monarchy and the End of Empire. The House of Windsor, the British Government, and the Postwar Commonwealth, Oxford 2013.

Nabers, Dirk/ Stengel, Frank A.: Trump und der Populismus, Berlin 2017 (Heinrich Böll Stiftung Demokratie).

Neuberger, Oswald: Mikropolitik und Moral in Organisationen. Herausforderung der Ordnung, Stuttgart ²2006 (UTB 2743).

Nieswand, Boris/ Sinanoglu, Cihan: Scheinriese Kultur. Anmerkungen zu einem umkämpften Begriff, in: Ronald Grätz (Hg.): Kann Kultur Europa retten?, Bonn 2017 (bpb 10105), S. 43–54.

Niethammer, Lutz: Kollektive Identität. Heimliche Quellen einer unheimlichen Konjunktur, Reinbek bei Hamburg 2000 (Rowohlts Enzyklopädie 55594).

NN: USS *Buchanan* refused entry to New Zealand. 4 February 1985, abgerufen unter: https://nzhistory.govt.nz/page/uss-buchanan-refused-entry-new-zealand, (1.5.2022).

Noack, Juliane: Erik H. Erikson: Identität und Lebenszyklus, in: Benjamin Jörissen, Jörg Zirfas (Hgg.): Schlüsselwerke der Identitätsforschung, Wiesbaden 2010, S. 37–54.

Nola, Nina: Exploring Disallowed Territory: Introducing the Multicultural Subject into New Zealand Literature, in: John Docker, Gerhard Fischer (Hgg.): Race, Colour and Identity in Australia and New Zealand, Sydney 2000, S. 203–217.

Nossal, Kim R.: A European Nation? The Life and Times of Atlanticism in Canada, in: John English, Norman Hillmer (Hgg.): Making a Difference? Canada's Foreign Policy in a Changing World Order, Toronto 1992, S. 79–102.

O'Malley, Vincent/ Stirling, Bruce/ Penetito, Wally: Maori Renaissance, in: Dies. (Hgg.): The Treaty of Waitangi Companion. Māori and Pākehā from Tasman to Today, Auckland 2010, S. 291 f.

Ongley, Patrick/ Pearson, David: Post-1945 International Migration: New Zealand, Australia, and Canada Compared, in: International Migration Review 29.3 (1995), S. 765–793.

Orange, Claudia: Treaty of Waitangi – Honouring the treaty – 1940 to 2000s, in: Te Ara – The Encyclopedia of New Zealand, abgerufen unter: https://teara.govt.nz/en/treaty-of-waitangi/page-7, (23.6.2021).

Osterhammel, Jürgen: Symbolpolitik und imperiale Integration: Das britische Empire im 19. und 20. Jahrhundert, in: Rudolf Schlögl, Bernhard Giesen und Jürgen Osterhammel (Hgg.): Die Wirklichkeit der Symbole. Grundlagen der Kommunikation in historischen und gegenwärtigen Gesellschaften, Konstanz 2004 (Historische Kulturwissenschaft), S. 395–404.

Osterhammel, Jürgen: Imperien, in: Gunilla Budde, Sebastian Conrad und Oliver Janz (Hgg.): Transnationale Geschichte. Themen, Tendenzen und Theorien, Göttingen 2006, S. 56–67.

Osterhammel, Jürgen/ Jansen, Jan C.: Kolonialismus. Geschichte, Formen, Folgen, München ⁷2012 (bsr 2002).

Osterhammel, Jürgen: Vergangenheiten. Über die Zeithorizonte der Geschichte. Rede gehalten am 17. Juli 2014 anlässlich des 60. Geburtstags von Frau Bundeskanzlerin Dr. Angela Merkel (Manuskript).

Owram, D. R.: Canada and the Empire, in: Robin W. Winks (Hg.): Historiography, Oxford 1999 (ND 2007) (The Oxford History of the British Empire 5), S. 146–162.

Palmer, Bryan D.: Canada's 1960s. The Ironies of Identity in a Rebellious Era, Toronto u. a. 2009.

Parr, Rolf: s.v. Diskurs, in: Clemens Kammler, Rolf Parr und Ulrich Johannes Schneider (Hgg.): Foucault Handbuch. Leben – Werk – Wirkung, Stuttgart, Weimar 2008, S. 233–237.

Pawson, Eric: Postcolonial New Zealand?, in: Kay Anderson, Fay Gale (Hgg.): Cultural Geographies, Melbourne ²1999, S. 25–50.

Pernau, Margrit: Transnationale Geschichte, Göttingen 2011 (Grundkurs Neue Geschichte).

Phillips, Ruth B.: Show times: de-celebrating the Canadian nation, de-colonising the Canadian museum, 1967–92, in: Annie E. Coombes (Hg.): Rethinking settler colonialism. History and memory in Australia, Canada, Aotearoa New Zealand and South Africa, Manchester 2006, S. 121–139.

Phillips, Ruth B. mit Brydon, Sherry: "Arrow of Truth": The Indians of Canada Pavilion at Expo 67, in: Ruth B. Phillips: Museum Pieces. Towards the Indigenization of Canadian Museums, Montreal u. a. 2011, S. 27–47.

Pickles, Katie: Colonisation, Empire and Gender, in: Giselle Byrnes (Hg.): The New Oxford History of New Zealand, South Melbourne 2009, S. 219–241.

Pickles, Katie: The Obvious and the Awkward: Postcolonialism and the British World, in: New Zealand Journal of History 45.1 (2011), S. 85–101.

Pickles, Katie: Transnational History and Cultural Cringe: Some Issues for Consideration in New Zealand, Australia and Canada, in: History Compass 9.9 (2011), S. 657–673.

Pollock, Jacob: Cultural Colonization and Textual Biculturalism. James Belich and Michael King's General Histories of New Zealand, in: New Zealand Journal of History 41.2 (2007), S. 180–198.

Porter, Andrew: Introduction: Britain and the Empire in the Nineteenth Century, in: Ders. (Hg.): The Nineteenth Century, Oxford, New York 1999 (The Oxford History of the British Empire 3), S. 1–28.

Pose, Melanie: Indigenous Protest. Australian Bicentenary, 1988, in: Museums Victoria Collection, abgerufen unter: https://collections.museumsvictoria.com.au/articles/2835, (6.6.2020).

Raphael, Lutz: „Ideen als gesellschaftliche Gestaltungskraft im Europa der Neuzeit": Bemerkungen zur Bilanz eines DFG-Schwerpunktprogramms, in: Ders., Heinz-Elmar Tenorth (Hgg.): Ideen als gesellschaftliche Gestaltungskraft im Europa der Neuzeit. Beiträge für eine erneuerte Geistesgeschichte, München 2006 (Ordnungssysteme. Studien zur Ideengeschichte der Neuzeit 20), S. 11–27.

Rau, Susanne: Räume. Konzepte, Wahrnehmungen, Nutzungen, Frankfurt, New York ²2017.

Reckwitz, Andreas: Praktiken und Diskurse. Zur Logik von Praxis-/ Diskursformationen, in: Ders.: Kreativität und soziale Praxis. Studien zur Sozial- und Gesellschaftstheorie, Bielefeld 2016, S. 49–66.

Reuther, Nina: Die indigene Geschichte Kanadas, in: Ursula Lehmkuhl (Hg.): Länderbericht Kanada, Bonn 2018 (bpb 10200), S. 194–221.

Richards, Parehau/ Ryan, Chris: New Zealand. Waitangi Day. New Zealand's National Day, in: Linda K. Fuller (Hg.): National Days/ National Ways. Historical, Political, and Religious Celebrations around the World, Westport, Conn. 2004, S. 145–157.

Rickard, John: Response. Imagining the Unimaginable?, in: Australian Historical Studies 32.116 (2001), S. 128–131.

Roberts, Lance W. et al. (Hgg.): Recent Social Trends in Canada 1960–2000, Montreal u. a. 2005 (Comparative charting of social change).

Robinson, Helen: Remembering the Past, Thinking of the Present: Historic Commemorations in New Zealand and Northern Ireland, 1940–1990, Dissertation, Auckland 2009.

Robinson, Helen: Making a New Zealand Day. The Creation and Context of a National Holiday, in: New Zealand Journal of History 46.1 (2012), S. 37–51.

Rolfe, Mark: Faraway Fordism: The Americanization of Australia and New Zealand during the 1950s and 1960s, in: New Zealand Journal of History 33.1 (1999), S. 65–86.

Rothermund, Dietmar: Einleitung: Erinnerung und Handlungskompetenz, in: Ders. (Hg.): Erinnerungskulturen post-imperialer Nationen, Baden-Baden 2015, S. 9–27.

Rönnefarth, Helmuth K. G./ Heinrich Euler: 1931 Dez. 11 – Statut von Westminster, in: Konferenzen und Verträge. Vertrags-Ploetz. Ein Handbuch geschichtlich bedeutsamer Zusammenkünfte und Vereinbarungen, bearbeitet von dens., Teil II, Bd. IV: Neueste Zeit 1914–1959, Würzburg ²1959, S. 110–112.

Rutherdale, Myra/ Miller, Jim: "It's Our Country": First Nation's Participation in the Indian Pavilion at Expo 67, in: Journal of the Canadian Historical Association/ Revue de la Société historique du Canada 17.2 (2006), S. 148–173.

Rutherford, Paul: The Persistence of Britain: The Culture Project in Postwar Canada, in: Phillip Buckner (Hg.): Canada and the End of Empire, Vancouver, Toronto 2005, S. 195–205.

Sabrow, Martin: Zäsuren in der Zeitgeschichte, in: Frank Bösch, Jürgen Danyel (Hgg.): Zeitgeschichte – Konzepte und Methoden, Göttingen 2012, S. 109–130.

Said, Edward W.: Orientalism, New York 1978.

Saldern, Adelheid von: Medientexte als Quelle, in: Dies.: Amerikanismus. Kulturelle Abgrenzung von Europa und US-Nationalismus im frühen 20. Jahrhundert, Stuttgart 2013 (Transatlantische Historische Studien 49), S. 23–28.

Saunders, Robert: Brexit and Empire: 'Global Britain' and the Myth of Imperial Nostalgia, in: The Journal of Imperial and Commonwealth History 48.6 (2020), S. 1140–1174.

Schech, Susanne/ Haggis, Jane: Migrancy, Whiteness and the Settler Self in Contemporary Australia, in: John Docker, Gerhard Fischer (Hgg.): Race, Colour and Identity in Australia and New Zealand, Sydney 2000, S. 231–239.

Schildt, Axel/ Siegfried, Detlef/ Lammers, Karl Christian: Einleitung, in: Dies. (Hgg.): Dynamische Zeiten. Die 60er Jahre in den beiden deutschen Gesellschaften, Hamburg 2000 (Hamburger Beiträge zur Sozial- und Zeitgeschichte 37), S. 11–20.

School of Literature, Languages and Linguistics, ANU: Meanings and Origins of Australian words and idioms: s.v. cobber, abgerufen unter: https://slll.cass.anu.edu.au/centres/andc/meanings-origins/c, (5.3.2020).

School of Literature, Languages and Linguistics, ANU: Meanings and Origins of Australian words and idioms: s.v. larrikin, abgerufen unter: https://slll.cass.anu.edu.au/centres/andc/meanings-origins/l, (5.3.2020).

Schreuder, Deryck M./ Ward, Stuart: Introduction: What Became of Australia's Empire?, in: Dies. (Hgg.): Australia's Empire, Oxford u. a. 2008 (The Oxford History of the British Empire. Companion Series), S. 1–23.

Schreuder, Deryck M./ Ward, Stuart: Epilogue: After Empire, in: Dies. (Hgg.): Australia's Empire, Oxford u. a. 2008 (The Oxford History of the British Empire. Companion Series), S. 389–402.

Schreuder, Deryck M./ Ward, Stuart (Hgg.): Australia's Empire, Oxford u. a. 2008 (The Oxford History of the British Empire. Companion Series).

Seltmann, Clara-Maria: Butter, Wut und Tränen. Australien, Kanada und Neuseeland während Großbritanniens Verhandlungen mit der Europäischen Wirtschaftsgemeinschaft, 1958–1973, Dissertation, Tübingen 2020.

Simmonds, Alecia/ Rees, Anne/ Clark, Anna: Testing the Boundaries: Reflections on Transnationalism in Australian History, in: Dies. (Hgg.): Transnationalism, Nationalism and Australian History, Singapore 2017, S. 1–14.

Simon, Vera Caroline: Gefeierte Nation. Erinnerungskultur und Nationalfeiertag in Deutschland und Frankreich seit 1990, Frankfurt a. M., New York 2010 (Campus Historische Studien 53).

Skorupski, John: Symbol and Theory. A philosophical study of theories of religion in social anthropology, Cambridge u. a. 1976.

Smith, Allan: From Guthrie to Greenberg: Canadian High Culture and the End of Empire, in: Phillip Buckner (Hg.): Canada and the End of Empire, Vancouver, Toronto 2005, S. 206–215.

Smits, Katherine: Dialogue: Why Does Culture Matter? The political uses of minority cultures, in: Politics, Groups, and Identities 2.4 (2014), S. 674–680.

Soeffner, Hans-Georg: Gesellschaft ohne Baldachin. Über die Labilität von Ordnungskonstruktionen, Weilerswist 2000 (Velbrück Wissenschaft).

Spoonley, Paul: Renegotiating Citizenship: Indigeneity and Superdiversity in Contemporary Aotearoa/ New Zealand, in: Jatinder Mann (Hg.): Citizenship in Transnational Perspective. Australia, Canada, and New Zealand, Cham 2017, S. 209–222.

Stanley, George F. G.: Louis Riel, in: The Canadian Encyclopedia, abgerufen unter: https://www.thecanadianencyclopedia.ca/en/article/louis-riel, (16.9.2021).

Stasiulis, D./ Yuval-Davis, N.: Introduction: Beyond Dichotomies – Gender, Race, Ethnicity and Class, in: Dies. (Hgg.): Unsettling Settler Societies: Articulations of Gender, Race and Class, London u. a. 1995 (Sage Series on Race and Ethnic Relations 11), S. 1–38.

Strangio, Paul: Instability, 1966–82, in: Alison Bashford, Stuart Macintyre (Hgg.): The Cambridge History of Australia. Vol. 2: The Commonwealth of Australia, Cambridge 2013, S. 135–161.

Straub, Jürgen: Identität, in: Friedrich Jaeger, Burkhard Liebsch (Hgg.): Handbuch der Kulturwissenschaften. Grundlagen und Schlüsselbegriffe, Vol. 1, Stuttgart, Weimar 2011, S. 277–303.

Thackeray, David/ Toye, Richard: Debating Empire 2.0, in: Stuart Ward, Astrid Rasch (Hgg.): Embers of Empire in Brexit Britain, London u. a. 2019, S. 15–24.

The Editors of the Encyclopædia Britannica: s.v. Australasia, in: Encyclopædia Britannica, abgerufen unter: https://www.britannica.com/place/Australasia, (28.8.2019).

Thorne, Tony: s.v. galah, in: Ders.: Dictionary of Contemporary Slang, London u. a. ⁴2014, S. 177.

Timperley, Claire: Constellations of indigeneity: The power of definition, in: Contemporary Political Theory 19.1 (2019), S. 38–60.

Tobias, John L.: s.v. White Paper on Indian Policy, in: Gerald Hallowell (Hg.): The Oxford Companion to Canadian History, Oxford 2004, S. 659 f.

Tout, Dan: 'A gumtree is not a branch of an oak'. Indigenising settler nationalism in 1930s Australia, Dissertation, Melbourne 2018.

Turner, Stephen: Being Colonial/ Colonial Being, in: New Zealand Journal of Literature 20 (2002), S. 39–66.

Vernon, James: The history of Britain is dead; long live a global history of Britain, in: History Australia. Journal of the Australian Historical Association 13.1 (2016), S. 19–34.

Voigt, Johannes H.: Geschichte Australiens und Ozeaniens. Eine Einführung, Köln u. a. 2011 (Geschichte der Kontinente 4).

Vucetic, Srdjan: The Anglosphere. A Genealogy of a Racialized Identity in International Relations, Stanford 2011.

Ward, Stuart: A Matter of Preference: the EEC and the Erosion of the Old Commonwealth Relationship, in: Alex May (Hg.): Britain, the Commonwealth and Europe. The Commonwealth and Britain's Applications to join the European Communities, Basingstoke u. a. 2001, S. 156–180.

Ward, Stuart: "Post-Imperial" Australia: Introduction, in: Australian Journal of Politics and History 51.1 (2005), S. 1–5.

Ward, Stuart: "Culture up to our Arseholes": Projecting Post-Imperial Australia, in: Australian Journal of Politics and History 51.1 (2005), S. 53–66.

Ward, Stuart: The 'New Nationalism' in Australia, Canada and New Zealand: Civic Culture In the Wake of the British World, in: Kate Darian-Smith, Patricia Grimshaw und Stuart Macintyre (Hgg.): Britishness Abroad. Transnational Movements and Imperial Cultures, Melbourne 2007, S. 231–263.

Ward, Stuart: Imperial Identities Abroad, in: Sarah Stockwell (Hg.): The British Empire. Themes and Perspectives, Malden u. a. 2008, S. 219–244.

Ward, Stuart: Whirlwind, Hurricane, Howling Tempest: The Wind of Change and the British World, in: L.J. Butler, Sarah Stockwell (Hgg.): The Wind of Change. Harold Macmillan and British Decolonization, Basingstoke u. a. 2013, S. 48–69.

Ward, Stuart: The European Provenance of Decolonization, in: Past and Present 230.1 (2016), S. 227–260.

Ward, Stuart: The Redundant "Dominion": Refitting the National Fabric at Empire's End, in: Matthew Hayday, Raymond B. Blake (Hgg.): Celebrating Canada. Vol. 1: Holidays, National Days, and the Crafting of Identities, Toronto, Buffalo, London 2016, S. 335–441.

Ward, Stuart: Distempers of Decline: The Identity Pandemic at Empire's End, Keynote gehalten an der Universität Tübingen anlässlich der Tagung „End of Empire. The British World after 1945", 10.–12. Oktober 2018.

Ward, Stuart: Untied Kingdom: A World History of the End of Britain, Cambridge (voraussichtl. 2023, Manuskript).

Ward, Stuart/ Rasch, Astrid: Introduction: Greater Britain, Global Britain, in: Dies. (Hgg.): Embers of Empire in Brexit Britain, London u. a. 2019, S. 1–13.

Wehler, Hans-Ulrich: Nationalismus. Geschichte, Formen, Folgen, München ⁴2011 (bsr 2169).

Welsch, Wolfgang: Transkulturalität. Zur veränderten Verfaßtheit heutiger Kulturen, in: Zeitschrift für Kulturaustausch 45.1 (1995), S. 39–44.

Wende, Peter: Grossbritannien 1500–2000, München 2001 (OGG 32).

Wende, Peter: Das Britische Empire. Geschichte eines Weltreichs, München 2012.

Williams, Callum: Patriality, Work Permits and the European Economic Community: The Introduction of the 1971 Immigration Act, in: Contemporary British History 29.4 (2015), S. 508–538.

Willmott, Bill: Introduction: Culture and National Identity, in: David Novitz, Bill Willmott (Hgg.): Culture and Identity in New Zealand, Wellington 1990, S. 1–20.

Wilmer, Franke: Indigenous Peoples' Responses to Conquest, in: Lester Kurts (Hg.): Encyclopedia of Violence, Peace, and Conflict, Vol. 2, San Diego u. a. 1999, S. 179–195.

Winkler, Heinrich August: Geschichte des Westens. Vom Kalten Krieg zum Mauerfall, München 2014.

Wolfe, Richard: Zealandia – Mother of the Nation?, in: New Zealand Geographic 23 (1994), abgerufen unter: https://www.nzgeo.com/stories/zealandia-mother-of-the-nation, (24.5.2017).
Wright, Donald: The Professionalization of History in English Canada, Toronto, Buffalo, London 2005.
Wright, Donald: Donald Creighton. A Life in History, Toronto, Buffalo, London 2015.
Wright, Donald/ Saunders, Christopher: The Writing of the History of Canada and of South Africa, in: Stuart Macintyre, Juan Maiguashca und Attila Pók (Hgg.): The Oxford History of Historical Writing, Vol. 4: 1800–1945, Oxford 2011, S. 390–408.
Zapf, Hubert: s.v. Différance/Différence, in: Ansgar Nünning (Hg.): Metzler Lexikon Literatur- und Kulturtheorie. Ansätze – Personen – Grundbegriffe, Stuttgart, Weimar ⁵2013, S. 138f.

Wolfe, Richard: Zealandia – Mother of the Nation, in: New Zealand Geographic 25 (1994), abgerufen unter: https://www.nzgeo.com/stories/zealandia-mother-of-the-nation, (24.5. 2017).
Wright, Donald: The Professionalization of History in English Canada, Toronto, Buffalo, London 2005.
Wright, Donald Creighton. A Life in History, Toronto, Buffalo, London 2015.
Wright, Donald/Saunders, Christopher: The Writing of the History of Canada and of South Africa, in: Stuart Macintyre, Juan Maiguashca und Attila Pók (Hg.): The Oxford History of Historical Writing, Vol 4: 1800–1945, Oxford 2011, S. 390–408.
Zapf, Hubert: s.v. Différance/Difference, in: Ansgar Nünning (Hg.): Metzler Lexikon Literatur- und Kulturtheorie. Ansätze – Personen – Grundbegriffe, Stuttgart, Weimar 2013, S. 138f.

Personen- und Sachverzeichnis

Aborigines Fn. 78 (Kap. I)
– siehe auch Aboriginals
Aboriginals 228–230, 232, 234 f., 253 f., 333, 337, 356, 380–382, 385–389, 391 f.
– siehe auch Indigene
Amerikanisierung 3, 156 f., 162–164, 175 f., 187–190
– siehe auch *cultural cringe* sowie Kanada und die USA
Anglosphere *siehe* Brexit
ANZAC 40, 102 f., 117, 182, 195, 329, Fn. 384 (Kap. III)
Apartheid 399
– siehe auch Südafrika
Austerica 176 f., 448
Australia Council for the Arts *siehe* Australien/ Kulturpolitik
Australien
– und Asien 185, 193, 204 f., 213, 232 f., 235 f., 269, 271 f., 288, 291–293, 304, 306, 330 f., 358, Fn. 446 (Kap. III), Fn. 467 (Kap. IV)
– und der Australia Day 328–334, 349, 353, 390–392, 415, 422
– und das Bicentennial 229, 418–420
– und die Debatte über die Nationalflagge 313 f., 332
– und die Debatte über die Nationalhymne 328, 332, 334–337, 340 f., 355
– und die Debatte über nationale Orden und Auszeichnungen 325–329, 334
– und Kanada 129, 168 f., 185–188, 211, 325, 353, 378 f., 382, 385–387, 421
– und seine Kulturpolitik 165 f., 169–178, 180 f., 184–186, 191, 240, *siehe auch* Bedrohung/ *re-ordering*
– und der *New Nationalism* 287–293, 296–303, 314, 328–334, 388, 418 f., 421

– und die Verfassungskrise 352
Awatere, Donna 400, 416 f.
Aykroyd, Peter H. 370

Bailey, Kenneth 41
Beaglehole, John 75
Bedrohung
– Bedrohte Ordnungen 3 f., 14–17, 119 f., 150–154, 158, 249, 259 f., 306, 363, 393, 400, 402
– Bedrohungskommunikation 15, 17 f., Fn. 69 (Kap. I), 150, 180, 188, 190, 192 f.
– *re-ordering* 18 f., 121, 129 f., 159, 171 f., 260–266, 271, 304 f., 311 f., 316, 355 f., 420
Berger, Carl 110–112
Bicentennial *siehe* Australien und das Bicentennial
Bikulturalismus (Kanada) 131, 134, 144–146, 154 f., 161, 193, 247 f., 278–281, 316 f., 320, 365–367, 369 f., 374, 378, Fn. 396 (Kap. IV)
– siehe auch Multikulturalismus
Bikulturalismus (Neuseeland) 107 f., 161 f., 193, 211 f., 222, 224 f., 234, 378, Fn. 396 (Kap. IV), 399, 403, 407, 409 f., 416 f.
– siehe auch Multikulturalismus
– siehe auch Neuseeland und der Waitangi/ New Zealand Day
– siehe auch Waitangi, Treaty of
Blainey, Geoffrey 200–204, 209 f., 420
– siehe auch *tyranny of distance*
Boyd, Robin 176, 184, 186 f., 204, 213, 217, 379, 421
Brexit 4–11, 450–452
Britisches Empire
– Einflussbereiche Fn. 217 (Kap. II)
– Empire-Begriff Fn. 82 (Kap. I), Fn. 56 (Kap. V)

- Empire-Mythos 6 f.
- Erinnerungskultur 78 f., 84–86
- Niedergang 3, 28 f., 69 f., Fn. 116 (Kap. I), Fn. 127 (Kap. II), *siehe auch* Bedrohung
- Nostalgie 3–5, 7, 11, 66, 450–452
- Schule 1 f., 125

Britishness siehe Identität
Brook, Norman 24, 79

Calwell, Arthur 100, Fn. 121 (Kap. II), 289
Canada Council *siehe* Kanada/ Kulturpolitik
CANZUK *siehe* Brexit
Cardinal, Harold 254 f.
Careless, James M. S. 42, 255
Casey, Richard 327
Centennial *siehe* Kanada und sein Centennial
Chifley, Ben 79, 100, 269
Clark, Manning 84 f., 201, 215, 228–236, 238–240, 269, 275 f., 296 f., 334, 337
Cole, Douglas 110–112, 114
Commission on Bilingualism and Biculturalism 154 f., 248, 280, 317, 366, Fn. 425 (Kap. IV)
- *siehe auch* Bikulturalismus (Kanada)
- *siehe auch* Multikulturalismus
Commission on Canadian Studies *siehe* Symons Report
Commonwealth 5, 25–28, 30 f.
- *siehe auch* Britisches Empire/ Erinnerungskultur
- *siehe auch* Identität/ *family values*
Conway, John 125, 351
Cook, Ramsay 131, 154, 255, Fn. 422 (Kap. IV)
Coombs, Herbert C. 170 f., 174 f., 186, 388 f.
Crean, Susan M. 159 f., 178, 200, 208, 285
Creighton, Donald 73–75, 142 f., 198, 241–245, 250, 315 f., 320, 355, 364 f., Fn. 419 (Kap. IV)
- *siehe auch* Laurentian Thesis
cultural cringe 66, 123–131, 139, 159 f., 168, 174 f., 181 f., 191 f., 214, 228, 259 f., 267, 270, 276, 374, 377 f., 389 f., 392 f., 396
- *siehe auch* Australien und seine Kulturpolitik
- *siehe auch* Bedrohung/ *re-ordering*

- *siehe auch* Kanada und seine Kulturpolitik
- *siehe auch* Massey Commission
- *siehe auch* Nationalismus/ Geschichtsschreibung
- *siehe auch* Nationalismus/ *New Nationalism*
- *siehe auch* Neuseeland und seine Kulturpolitik
- *siehe auch* Raum

Curtin, John 40 f., 269

Day, David 40, 76 f.
Dekolonisation 30 f., 56 f., 70 f., 82–84, 91 f., 123 f., Fn. 128 (Kap. II), 160 f., 228, 233, 259 f., 276, 398, 422
Delisle, Andrew 384
Demographie *siehe* Einwanderung
Denison, Merrill 125 f., 136
Derrida, Jacques *siehe* Differenz
Diefenbaker, John 25 f., 127, 136, 152, Fn. 183 (Kap. IV), 246, 268, 314 f., 319, 355
Differenz 86, 93
- *siehe auch* Identität/ *othering*
Dilke, Charles 101, Fn. 56 (Kap. V)
Dixson, Miriam 252 f., Fn. 300 (Kap. III)
Dominion 72 f., 79
- *siehe auch* Statut von Westminster
Donnellan, Frank 391 f., 422
Dupuy, Pierre 379, 394
Dutton, Geoffrey 351

Einwanderung 30, 44 f., 47–51, 67 f., 100, Fn. 121 (Kap. II), 205, 213, 224, 273, 279, 300–303, 333, 358, Fn. 396 (Kap. IV), 398, 403, 406 f., 410
Empire 2.0 *siehe* Brexit
Ende des Empire *siehe* Britisches Empire/ Niedergang
Erbe, imperiales 5 f., 10 f., 91, 450, 452
Erikson, Erik H. 118 f.
Erinnerungspraxis 361 f., 368–375, 378 f., 382–389, 391–393, 405–412, 415 f., 420–424
- *siehe auch* Wissen, (prekäres)
Erster Weltkrieg 48
- *siehe auch* ANZAC

Eureka Stockade 299–303
Europa 3, 13, 87, 104, 113, 133 f., 143, 175, 194, 200, 202 f., 205, 209 f., 282, 295, 297, 309
– siehe auch Großbritannien und die EWG
Europäische Wirtschaftsgemeinschaft siehe Großbritannien und die EWG
Expo 1967 366 f., 374, 376–379, 381–395, 405, 415, 421–423, Fn. 430 (Kap. IV)
– siehe auch Erinnerungspraxis
– siehe auch Kanada und sein Centennial

family values siehe Identität
Fanon, Frantz 91, 160
Farage, Nigel 9
Farthing, John 242
First Nations 244, 253–255, 317, 371–374, 382–385, 388, 393, 397–400, 419–422, Fn. 442 (Kap. IV), Fn. 522 (Kap. III)
– *siehe auch* Indigene
Fisher, John 368 f.
Fitzpatrick, Brian 252
Forsey, Eugene 315 f.
Fraser, Malcolm 232, Fn. 313 (Kap. IV), 327 f., 336, Fn. 396 (Kap. IV), 419
Fraser, Peter 77
Freedom Ride 380, 422
Front de Libération du Québec 57 f.
frontier 105, Fn. 142 (Kap. II), 182, 198, 201, Fn. 244 (Kap. III), Fn. 300 (Kap. III), Fn. 369 (Kap. III), 386–388, 392, 421, 423, 439

Gaulle, Charles de 51, 180, 218, 367 f.
Gedächtnis, kollektives 11, Fn. 50 (Kap. I), Fn. 51 (Kap. I), 84, 102, 116, 361, 366
– *siehe auch* Mythos
– *siehe auch* Wissen, (prekäres)
gender 195, 224, 232, 234, 252 f., Fn. 300 (Kap. III)
Geschichtsschreibung *siehe* Nationalismus
Global Britain siehe Brexit
Gorton, John 166, 170–173, 185, 268–271, 287, 304, 321 f., 357
Granatstein, Jack L. 286 f.
Grant, George 56, 110, 155, 242, 246 f., 364 f.
Grassby, Albert J. 331–333, 353

Great Betrayal siehe Day, David
Greater Britain 9 f., 83, 117, 119, Fn. 275 (Kap. II), 451
– *siehe auch* Dilke, Charles
Greenish, R. P. 382, 385
Großbritannien
– und der Militärabzug *east of Suez* 30, 52 f., Fn. 127 (Kap. II), 325, *siehe auch* Identität/ Identitätskrise
– und die EWG 11, 28–31, 179, 190, 207, 217 f., 220, 230 f., 267–269, 294, 321, 330, 339, 350 f., 357 f., 396, 413, *siehe auch* Identität/ Identitätskrise
Group of Seven 197 f., Fn. 307 (Kap. III)

Hancock, Valston 386, 392
Hancock, William Keith 75, 109
Harkness, David B. 38, 74 f.
Hasluck, Paul Fn. 165 (Kap. IV), 331
Hawke, Bob 43, 336, 419
Hawthorn Commission 380
Highet, David Allan 339 f., 342, 345, 349, 354
History Wars 254, 420, 425 f., Fn. 645 (Kap. IV)
Holt, Harold 54, 166, 170 f., 268–270, 292 f., 304, 379 f., 390, 396
Holyoake, Keith 152, 211, 394, 417
Horne, Donald 127, 171, 176–180, 183 f., 204 f., 209, 213, 217, 236, 263, 265, 270, 273, 287 f., 292 f., 296 f., 305, 351, 356, 360, 388
Hughes, William Morris 40
Hunn Report 398 f.

Identität
– Begriff 93–95
– *Britishness* 13, 21, 165 f., 238–241, 249, 269 f., 272 f., 295 f., 378, 407–409, *siehe auch* Mythos
– *family values* 13, Fn. 17 (Kap. I), 21, 26, 79–82, 99 f., 379, 393 f., *siehe auch* Mythos
– Identitätskrise 12–17, 45–49, 51–54, 63 f., 67, 69 f., 83, 85, 93, 127 f., 161 f., 206, 213 f., 361, 378, 414, *siehe auch* Bedrohung/ Bedrohte Ordnungen;

cultural cringe; Erikson, Erik H.; Raum sowie Nationalismus/ *New Nationalism*
- *othering* 17, Fn. 28 (Kap. II), 92 f., 101–109, 132, 136, 164 f., 194, 223 f., 295, 298, 397 f., 402, 410, 414, *siehe auch* Kanada und die USA; Mythos; Neuseeland und Australien *sowie* Raum
- *personale* und *kollektive* Identität 12, 95–97, 376
- *Whiteness* 10, 13, 21, 30, 100 f., 392, *siehe auch* Mythos *sowie* Rassismus

Ihimaeara, Witi 412 f.
Indien 78 f., Fn. 165 (Kap. II)
Indigene 18 f., 30, 44, 85, 88, 120, 130, 161 f., 185, 195 f., 202, 266, Fn. 300 (Kap. III), 356, 378, 380, 399 f., 424 f.
- *siehe auch* Erinnerungspraxis; Identität/ *othering*; Identität/ *Whiteness*; Indigenität; Multikulturalismus *sowie* Rassismus

Indigenität 359–361, 372, 374, Fn. 388 (Kap. IV), 388, 392, 416–418, 420, 423 f.
Inferioritätskomplex 38–40, 64–66, 75, 83, 132, 232 f., 270 f.
- *siehe auch cultural cringe*; Erikson, Erik H. *sowie* Nationalismus/ *thwarted nationalism*

Innis, Harold 73, 137–140, 198
- *siehe auch* Staple Thesis

Jaenen, Cornelius 368
Jesson, Bruce 125
Johnson, Boris 9 f., 450
Johnstone, Dick 405–409, 415

Kalter Krieg 148, 292, 377, Fn. 446 (Kap. III)
Kanada
- und *Britishness* 131–136, 145, 152–156, 247, 279, 281 f., 287, 318 f., 364 f.
- und der Canada Day Fn. 136 (Kap. II), 310, 318, 415
- und sein Centennial 167 f., 243, 278 f., 284, 309, 365–370, 372–375, 378, *siehe auch* Erinnerungspraxis
- und der *cultural cringe* 132 f., 142, 150, 155 f., 164, *siehe auch* Bedrohung/ Bedrohte Ordnungen *sowie* Massey Commission
- und der Flaggenstreit 307–310, 312–321, 351 f., 354 f., *siehe auch* Bedrohung/ *re-ordering*
- und seine Historiker(-schulen) Fn. 28 (Kap. II), 73 f., 77 f.
- und seine Kulturpolitik 166 f., *siehe auch* Bedrohung/ *re-ordering sowie* Massey Commission
- und seine Nationalhymne 309 f., 354 f.
- und der *New Nationalism* 277–289, 291, 298 f., 314, 317, 374, 381, 388
- und Québec 55–60, 149, 154, 156, 165, 244, 247 f., 257, 277 f., 313 f., 351 f., 367–369, *siehe auch* Kanada und der *New Nationalism*
- und die USA 61, 116, 136–140, 241–248, 256 f., Fn. 297 (Kap. II), 365 f., Fn. 423 (Kap. IV), Fn. 553 (Kap. IV), *siehe auch* Kanada und der *New Nationalism*; Massey Commission; North Atlantic Triangle *sowie* Peaceable Kingdom

Keating, Paul 215
King, Michael 225, 227 f.
King, William Lyon Mackenzie 243, 310
Kirk, Norman 47, 166, 206, 211, 268, 291 f., 294 f., 300, 303, 345 f., 348, 396 f., 403 f., 406, 409–411, 413–415
Klima 105 f., 182, Fn. 297 (Kap. II)
Krise Fn. 64 (Kap. I)
Kultur 43, 88, 98, 114 f., Fn. 206 (Kap. II), 376

Lange 1960er Jahre 4, 370, 393, 400, 422
Latimer, Graham 348
Laurentian Thesis Fn. 28 (Kap. II), 73 f., Fn. 309 (Kap. III)
Lesage, Jean 56, Fn. 77 (Kap. II)
Lévesque, René 58
Lower, Arthur R. M. 73, 75 f., 109, 139, 198, 241

Macdonald, John A. 242 f., 247
Macmillan, Harold 24, 80
Maori 222–228, 230, 253 f., 346–349, 396 f., 403–405, 417, 422
- *siehe auch* Bikulturalismus (Neuseeland)
- *siehe auch* Erinnerungspraxis
- *siehe auch* Indigene

Maori Women's Welfare League 348
Massey Commission 133, 140–149, 165, 243 f., 256, 279 f., 379
– siehe auch Bedrohung/ Bedrohte Ordnungen sowie Bedrohungskommunikation
Massey Report siehe Massey Commission
Massey, Vincent 73, 132–134, 137, 210, 242, Fn. 297 (Kap. II), 312
– siehe auch Massey Commission
May, Henry Leonard James 345, Fn. 346 (Kap. IV)
May, Theresa 450
McEwen, John 54
mental maps 218, Fn. 293 (Kap. III)
– siehe auch Raum
Menzies, Robert G. 37, 127, 152, 165, 172, 178 f., 268–270, 289, 297, 380 f.
Monarchie 6, 45, 48, 109, 116, 134–136, 242, 244, 332, 350–352, 355
Morton, William L. 198, 242, 246–249, 315 f., 364 f.
Muldoon, Robert 349, Fn. 396 (Kap. IV), 402, 415
Multikulturalismus 145 f., 155, 193, 197, 200, 210, 225, 248, 278, 280–286, 291, 301–304, 306 f., 316–318, 320, 333, 342, 346–348, 356–359, 361, 365 f., 368 f., 371 f., 374, 387, Fn. 394 (Kap. IV), 403 f., 409 f., 416–420, 422–424
– siehe auch Erinnerungspraxis
– siehe auch Mythos
Mythos 98–100, 103, 113–118, 120 f., 128, 216 f., 230, 233, 237, 249, Fn. 265 (Kap. II), Fn. 267 (Kap. II), 298, 303 f., 306, 317 f., 320, 322 f., 332, 353–355, 374, 401 f., 405, 409, 413–416
– siehe auch Bedrohte Ordnungen/ re-ordering

Nash, Walter 344, 397 f., 401
Nation 114 f., siehe auch Nationalismus
National Indian Council 380 f., 422
Nationalismus
– cultural nationalism 167, 172, 208, 212 f., 230, 241, 260 f., 284 f., siehe auch cultural cringe

– Geschichtsschreibung 41 f., 214 f., 237 f., 246, 249, 252–255, siehe auch Cardinal, Harold; Careless, James M. S.; Clark, Manning; Cook, Ramsay; Creighton, Donald; Dixson, Miriam; King, Michael; Morton, William L.; Oliver, W. H.; Serle, Geoffrey; Sinclair, Keith; Stanner, William E. H.; Sutch, William B.
– New Nationalism 67, 171, 221, 233 f., 243, 253, 263 f., 272–277, 305 f., 321–323, 353 f., 357–360, 405, 415, 420, 422 f., siehe auch Australien und der New Nationalism; Bedrohung/ re-ordering; Kanada und der New Nationalism sowie Neuseeland und der New Nationalism
– Siedlernationalismus 21, 109–119, 183 f.
– thwarted nationalism 75 f., 110–112, 191 f., 260 f., 274, 282 f., 298, 302–304, 320, 339 f., 344 f., siehe auch cultural cringe sowie Nationalismus/ Geschichtsschreibung
– Universitäten und akademische Ausbildungswege 250 f., 255–257
Neatby, Hilda 196 f., 200, 210
Neu-Verortung, kulturelle 18, 193, 393
– siehe auch Bedrohung/ re-ordering
Neuseeland
– und Australien Fn. 34 (Kap. II), 206–209, 211 f., 218, 222 f., 323–325, 338, 340, 343, 353, 357, 393 f., 418
– und die Debatte über die Nationalflagge Fn. 201 (Kap. IV), 312–314
– und die Debatte über die Nationalhymne 321, 338–342, 354
– und Kanada 129, 173, 185, 188, 207 f., 211 f., 218, 237, 250, 323–325, 338, 353, 357, 393–395, Fn. 396 (Kap. IV), 417
– und seine Kulturpolitik 165 f., 173, 189–191, siehe auch Bedrohung/ Bedrohungskommunikation, re-ordering
– und der New Nationalism 288–292, 294–296, 298 f., 314, 338, 340–343, 346 f., 350, 395–397, 413 f., 416 f.
– und der Pazifik 193, 205, 209, 213, 218 f., 222 f., 225, 237, 291 f., 338, 340, 348, 357 f.

Personen- und Sachverzeichnis

- und der Waitangi/ New Zealand
  Day 338, 343–349, 353, 355, 395 f.,
  402–405, 412–416, 418, *siehe auch*
  Erinnerungspraxis
New Imperial History 22 f., Fn. 87 (Kap. I)
New Nationalism siehe Nationalismus
New Zealand Jaycees 338 f.
Ngā Tamatoa 399, 402, 413, 422
North Atlantic Triangle 62 f., 131–133,
  135 f., 242
Nostalgie *siehe* Britisches Empire

Oliver, William H. 104, 194, 221 f., 239,
  398
Ordnung, gesellschaftliche 2
- *siehe auch* Bedrohung
Orientalismus *siehe* Said, Edward

Parti Québécois 58 f.
Peaceable Kingdom Fn. 91 (Kap. IV), 285 f.
Pearson, Bill 124 f.
Pearson, Lester B. 79, 135, 165, 246, 248,
  251, 256, 268, 277 f., 280–283, 287, 300,
  307 f., 312–317, 319–321, 325, 351–353,
  367, 369, 374, 384, 394
Perkins, Charles 380, 392
- *siehe auch* Freedom Ride
Phillips, Arthur A. *siehe cultural cringe*
Porritt, Arthur 294, 303 f., Fn. 552
  (Kap. IV)
postcolonial studies 19, 89
- *siehe auch* Postkolonialismus
Postkolonialismus 88–91, 220, 251, 377, 387
Protestbewegungen 3 f., 68 f., 85, 274,
  291 f., 329, 333, 349 f., 399 f., 402, 416,
  418, 422

Queen Elizabeth II Arts Council 188, 190
Queen Elizabeth II. 64, 79, 164, 179, 260,
  343, 348, Fn. 369 (Kap. IV), 374, 384,
  397, 405, 409–412, 415
- *siehe auch* Monarchie
Quiet Revolution *siehe* Kanada und Québec

Rassismus 10 f., 68, 83 f., 106, 127, Fn. 176
  (Kap. II), 205, 213, 223, 226, 234, 270,
  273, 293, 358, 380 f., 387–389, 397, 399,
  401–403, 410, 422 f.

Rata, Matiu 345
Raum 105 f., 108, 144, 146, 193–213
- *siehe auch frontier*
re-ordering siehe Bedrohung
Rhodesien 81–83
Riel, Louis 372 f., 424
Roy, Gabriele 377
Royal Canadian Legion 315, 319, 321

Said, Edward 86
Saint-Exupéry, Antoine de 376
Saint-Laurent, Louis 135 f., 166 f., 243
Sandys, Duncan 24
Savage, Michael Joseph 37
Schule *siehe* Britisches Empire/ Schule
Separatismus *siehe* Kanada und Québec
Serle, Geoffrey 176, 187, 240 f., 260
Siedlerkolonien
- Begriff 13, Fn. 56 (Kap. I)
- Kanadas, Australiens und Neuseelands
  Selbstverständnis 3 f., 13, 27 f., 88, 92,
  182, 194–196, 199 f., 205, 209, 296 f.,
  siehe auch Identität/ *Britishness*,
  Whiteness und family values
Siedlernationalismus *siehe* Nationalismus
Sinclair, Keith 104, 113, 208 f., 211–213,
  215–226, 229 f., 233, 236, 238 f., 249 f.,
  402, 406
Singapur, Fall von 39 f.
- *siehe auch* Day, David
Slessor, Kenneth 381, 386, 389
Staatsbürgerschaft 43 f.
Stanner, William E. H. 254, 360
Staple Thesis Fn. 28 (Kap. II), Fn. 142
  (Kap. II)
Steinkopf, Maitland 375
Südafrika 23 f., 80 f., 83, 223 f.
Sutch, William B. 217 f.
Symons Report *siehe* Symons,
  Thomas H. B.
Symons, Thomas H. B. 257, 315

thwarted nationalism siehe Nationalismus
Traditionen 11 f., Fn. 51 (Kap. I), 111,
  311 f.
Transnationale Geschichte 22 f., Fn. 88
  (Kap. I), 121, 214

Trudeau, Pierre E. 165, 188, 254, 268, 283–285, 318, 324, Fn. 396 (Kap. IV), Fn. 425 (Kap. IV)
Trudeaumania siehe Trudeau, Pierre E.
tyranny of distance 177, 202–204, 206–211

Underhill, Frank H. 109f., 136, 149, 242
Universitäten und akademische Ausbildungswege *siehe* Nationalismus

Vallières, Pierre 57f.

Waitangi, Treaty of Fn. 34 (Kap. II), 107, 223, 343f., 397, 399, 403, 406, 408–412, 415f.
– *siehe auch* Bikulturalismus (Neuseeland)
– *siehe auch* Neuseeland und der Waitangi/New Zealand Day

Walker, Kath 334
Walker, Ranginui 413
Ward, Russel 182f., 195, 252
White, Patrick 180f., 232, 240
Whiteness siehe Identität
Whitlam, Gough 171, 187, 228f., 231f., 268, 272, 287, 289f., 292, 296f., 299–302, 319, 325–328, 332, 334–336, 394
Williams, Norman 125f.
Wind of Change 80, 83f., Fn. 175 (Kap. II)
Wissen, (prekäres) 362–364, 372, 374, 378f., 386, 393, 403, 407f., 420–422, 424–426
Wood, Frederick L. W. 39, 75

Zweiter Weltkrieg 3, 37f., 41, 43, 48

Bedrohte Ordnungen

Herausgegeben von
Renate Dürr, Ewald Frie und Mischa Meier

Beirat
Regina Bendix, Astrid Franke, Klaus Gestwa,
Andreas Holzem, Irmgard Männlein-Robert, Rebekka Nöcker,
Steffen Patzold, Christoph Riedweg, Martina Stercken,
Hendrik Vollmer, Uwe Walter, Benjamin Ziemann

Historische und gegenwärtige Gesellschaften unter Stress sind Gegenstand der Reihe *Bedrohte Ordnungen,* die dem gleichnamigen Sonderforschungsbereich 923 an der Universität Tübingen verbunden ist. Gefragt wird nach dem „Ob" und dem „Wie" sozialen Wandels sowie nach regionalen und epochalen Unterschieden von Ordnungen und Bedrohungen.

Extremereignisse wie Aufruhr und Katastrophen, darüber hinaus Phänomene wie Ordnungszersetzung und Ordnungskonkurrenz stehen im Zentrum der Studien. Gesellschaften von der griechischen Antike bis zur Gegenwart werden zum Thema. Der Zusammenhang der Bedrohungskommunikation mit der Materialität, der Emotionalität sowie dem Verdichtungsmoment bedrohter Ordnungen ist von besonderem Interesse.

Angesichts allgegenwärtiger Krisendiagnosen verbindet die Untersuchung *Bedrohter Ordnungen* Gegenwartsinteresse und historische kulturwissenschaftliche Forschung. Durch die Zusammenführung bislang disziplinär getrennter Themen und Zugangsweisen kann der Beitrag der Kulturwissenschaften zum Verständnis von Gegenwart und Zukunft neu bestimmt werden.

Alle Bände dieser Reihe werden durch einen internationalen Beirat begutachtet. Die Reihe steht auch Autoren außerhalb des Sonderforschungsbereichs offen.

ISSN: 2197-5477
Zitiervorschlag: BedrO

Alle lieferbaren Bände finden Sie unter *www.mohrsiebeck.com/bedro*

Mohr Siebeck
www.mohrsiebeck.com